NEUES TESTAMENT

SERIE PIPER
Band 348

Zu diesem Buch

Die Schriften des Neuen Testaments, der wichtigsten Quelle des Christentums, werden in dieser zum Standardwerk gewordenen Ausgabe des »Buches der Bücher« neu erschlossen. Für die Auswahl der neutestamentlichen Schriften war nicht die Überlieferung, sondern die Sicht der heutigen Forschung maßgebend.

»Dieses schwierige Unternehmen ist überzeugend gelungen. Die einführenden Texte fassen die Vielfalt der biblischen Verkündigung in übersichtlichen Themenkreisen zusammen, geben knapp und sachlich die wichtigsten Forschungsergebnisse zu historischen und literarischen Fragen wieder und skizzieren die theologische Absicht der Texte und Textgruppen. Den Verfassern gelingt es auf diese Weise, die vielen zum Verständnis des Neuen Testaments notwendigen Informationen in größere Orientierungseinheiten zu bündeln, die dem Leser helfen können, den Ursprung und die Kriterien des christlichen Glaubens besser zu durchschauen. So ist für den Leser ein biblisches Andachtsbuch entstanden, in dem die Information selbst zur Erbauung wird.«

Hessischer Rundfunk

NEUES TESTAMENT

Einführungen, Texte, Kommentare

Herausgegeben von Gerhard Iber in Verbindung mit Hermann Timm

Mit einer Einführung von Günther Bornkamm

Piper
München Zürich

Das Buch der Bücher:

ALTES TESTAMENT

Herausgegeben von
Hanns-Martin Lutz +
Hermann Timm
Eike Christian Hirsch

NEUES TESTAMENT

Herausgegeben von
Gerhard Iber
in Verbindung mit
Hermann Timm

ISBN 3-492-10348-0
Neuausgabe November 1984 von
»Das Buch der Bücher – Neues Testament«
5. Auflage, 20.–23. Tausend Oktober 1987
(2. Auflage, 10.–13. Tausend dieser Ausgabe)

Umschlag: Federico Luci
Satz: Kösel, Kempten
Druck und Bindung: Clausen & Bosse, Leck
Printed in Germany

Inhalt

Vorwort

Die Verkündigung Jesu und seiner Anhänger war für die Zeitgenossen ein unfaßlicher Skandal. So ist er uns in den Schriften des Neuen Testaments dokumentiert worden. Aber die lange Tradition des christlichen Abendlands hat daraus ein Buch mit unantastbarer Autorität werden lassen, das man in Goldschnitt präsentiert. Erst die moderne historische Wissenschaft hat das aufgerichtete Tabu durchbrechen können und damit eine neue, sachgerechte Begegnung mit dem Grundtext unserer Geschichte ermöglicht. Das vorliegende Buch faßt den reichen Ertrag dieser Forschung so zusammen, daß er einem breiteren Leserkreis zu einem besseren Verständnis des Neuen Testaments verhelfen kann.

Es ist in Fortsetzung des Bandes ›Altes Testament‹ entstanden und gehört mit diesem zu dem *einen* ›Buch der Bücher‹ zusammen. Die neutestamentlichen Texte werden nach den bewährten älteren Übersetzungen von Althaus, Bauer, Dibelius, Klostermann, Lietzmann, Michel, Wendland und Windisch geboten, sind jedoch zum Teil stark überarbeitet. Mit nur geringen Änderungen sind die neueren Übersetzungen von Hans Conzelmann (1. Korinther, Epheser, Kolosser, Apostelgeschichte) und Eduard Lohse (Philemon und Apokalypse) übernommen worden.

Günther Bornkamm, Dieter Lührmann und Hartwig Thyen haben die Herausgeber fortlaufend beraten. Zu danken haben wir der Leitung der Evangelischen Landeskirche in Baden, ohne deren großzügiges Entgegenkommen die Erarbeitung des Buches nicht möglich gewesen wäre.

Gerhard Iber
Hermann Timm

Einführung

von Günther Bornkamm

In der Bibel der christlichen Kirche leben die Zeugen des Alten und Neuen Testaments wie die Bewohner eines Hauses friedlich unter einem Dach. Dogma, Tradition und frommer Brauch haben um die »Heilige Schrift« eine Art Bannmeile gezogen und sie damit aus aller übrigen Literatur ausgesondert und in eine sakrale Welt entrückt, zu der der Zugang immer schwerer geworden ist. Inzwischen ist dieser einst strikt bewahrte Schutzraum um sie längst durchbrochen. Im Zuge der neuzeitlichen Wissenschaft haben wir gelernt, die Bibel nicht mehr als eine direkt vom Himmel gefallene, bis in jedes Wort vom Heiligen Geist eingegebene göttliche Offenbarungsurkunde anzusehen, sondern ihre Schriften als Dokumente einer irdisch-menschlichen Geschichte zu lesen: geschichtlich in dem, was sie bezeugen und wie sie es bezeugen, geschichtlich geworden aber auch in der Zusammenfügung des alt- und neutestamentlichen Kanons zu einem Ganzen, an dem christliche Lehre und christlicher Glaube sich ausrichten.

Nur ein gedankenloses und ängstliches Vorurteil kann behaupten, mit dieser Erkenntnis der Zeit- und Geschichtsgebundenheit der Bibel sei sie definitiv in ein religionsgeschichtliches Museum abgeschoben und ihrer Kraft lebendiger Anrede beraubt. Wie weit diese von vielen Christen gehegte Sorge berechtigt ist, soll hier nicht erörtert werden. Soviel aber ist sicher, daß wir den biblischen Autoren und Zeugen ins Wort fallen und sie nicht ausreden lassen, wenn wir ihnen die Möglichkeit nehmen, zu ihrer Zeit, an ihrem Ort, mit ihrer Sprache, in ihrer Welt, die nicht mehr ohne weiteres die unseren sind, die für sie entscheidende Sache zu sagen. Sie selbst lassen es sich nicht gefallen, zu bloßen Trägern eines Spruchbandes degradiert zu werden, die diese oder jene zeitlos gültige Wahrheit zu dem Ganzen einer uniformen Glaubenslehre beisteuern. Ohne Zweifel hat die sicher gut gemeinte Praxis unserer Bibelausgaben, durch Fettdruck bestimmte Aussagen herauszuheben, unwillkürlich dieser irrigen Meinung Vorschub geleistet. Stillschweigend zum Dogma erhoben, bedeutet sie auf alle Fälle eine Vergewaltigung der Bibel, die ihre Texte um jeden Preis griffig und eingängig zu machen sucht. Sie verführt dazu, sie voreilig zu vereinnahmen, und beraubt die Texte ihrer heilsamen Ferne, aus der allein sie in unsere gewandelte Welt, Zeit und Geschichte hineinzusprechen vermögen. Zum rechten Verstehen und Auslegen der Bibel gehört darum unabdingbar, sich ihrer oft verwirrenden Mannigfaltigkeit und ihren tiefgreifenden Unterschieden auszusetzen, ohne sie schnellfertig einzuebnen und zu harmonisieren.

Diese Notwendigkeit wird uns nicht zuletzt durch die geschichtliche Tatsache aufgedrängt, daß die Zusammenordnung ihrer beiden Testamente ganz und gar keine Selbstverständlichkeit ist; sie ist erst in einem langen Werdeprozeß zustandegekommen. Wie bekannt, bekennen sich Juden und Christen gleicherweise zu dem einen Gott Abrahams, Isaaks und Jakobs, der sich in einer bestimmten Geschichte offenbart hat, und anerkennen beide »Gesetz und Propheten«. Aber die Juden kennen kein »Neues« Testament und also auch kein »Altes« im Sinne der christlichen Bibel. Ja, nicht einmal das Urchristentum und die Alte Kirche der ersten Jahrhunderte haben je daran gedacht, dem alttestamentlichen Kanon eine weitere Sammlung maßgeblicher Schriften hinzuzufügen. Unser neutestamentlicher Kanon ist erst in der Zeit zwischen dem ausgehenden zweiten und dem Ende des vierten Jahrhunderts entstanden. Wie für Jesus selbst war auch für seine Jünger, für Paulus und alle übrigen frühchristlichen Autoren allein das Alte Testament »Heilige Schrift«. In Verständnis und Deutung derselben unterscheiden sich freilich beide, Juden und Christen, von Anfang an grundlegend. Einst wie heute bekennt allein der christliche Glaube, daß Gott in dem gekreuzigten und auferstandenen Jesus von Nazareth sein letztgültiges, entscheidendes Heilswort gesprochen hat, und zwar für alle Welt, nicht nur für Israel. Wie sehr schon die erste Christenheit allenthalben bemüht war, das Alte Testament auf die Gestalt und Geschichte Jesu hin und von ihm her zu lesen und zu deuten und umgekehrt seine Bedeutung im Lichte der im Alten Bund geschehenen Gottesoffenbarung verständlich zu machen, beweisen die neutestamentlichen Schriften allerorten.

Aber diese Glaubenserkenntnis, auf der bis heute die Einheit der christlichen Bibel beruht, läßt sich nicht unmittelbar wie eine Erfahrungstatsache an eindeutigen historischen Fakten und Vorgängen verifizieren, auch wenn der christliche Glaube unaufgebbar auf eine Geschichte, den geschichtlichen Menschen Jesus, bezogen ist und bleibt. Wie aber soll der heutige, mit der historischen Betrachtung der Bibel mehr oder weniger vertraut gewordene und zu ihr aufgeforderte Leser sich diese Sicht des Glaubens von vornherein zu eigen machen? Das Neue Testament gibt sie ihm in der Tat mit auf den Weg. Doch wandelt sich die Zusammengehörigkeit beider Testamente unter der Hand immer wieder in eine offene Frage und darf auf keinen Fall die ebenso deutliche Verschiedenartigkeit der in ihnen dokumentierten Geschichte überspielen.

Schon im Vorfeld drängen sich handgreifliche Unterschiede auf. Dort eine weiträumige, mehr als tausendjährige, wechselvolle Geschichte, die das Volk Israel unter der Führung Jahwes erfahren hat und sich in den verschiedensten Situationen seines Daseins – in der Ära seiner Könige, im Exil und in nachexilischer Zeit – immer von neuem vergegenwärtigte, dokumentiert in einer Unzahl von mündlichen und schriftlichen Überlieferungen, Sagen,

Geschichtswerken, Gesetzeskorpora, in der Predigt der Propheten, den Glaubenszeugnissen der Psalmen und in den Lehren der Weisheit. Hier dagegen, im Neuen Testament, eine Geschichte sehr anderer Art und dementsprechend bis in die literarischen Formen hinein (Evangelien, Briefe, Apokalypse) sehr anders bezeugt. Wohl ist auch der Schauplatz des Lebens Jesu und der ersten christlichen Gemeinde Palästina, er selbst wie seine ersten Jünger und Gegner sind Juden. Der Inhalt seiner Predigt, für die er lebt und stirbt, ist die Herrschaft und der Wille des Gottes Israels, wie auch die urchristliche Gemeinde sich nicht als eine andere »Religion« konstituierte, sondern sich als das neue, endzeitliche Israel verstand. Religionsgeschichtlich, nicht sofort christlich-theologisch betrachtet, läßt sich die im Neuen Testament beurkundete Geschichte darum durchaus als eine zwar eminent folgenreiche, aber doch späte, von der klassischen Zeit Israels durch weite Zeiträume getrennte Endphase seiner Geschichte ansehen, verflochten schon in die Wirren und Aufstände des jüdischen Volkes gegen die römische Fremdherrschaft wenige Jahrzehnte vor der Zerstörung Jerusalems und des Tempels. Im Zuge dieser auf die Endkatastrophe zutreibenden Geschehnisse wurde Jesus selbst wie ein politischer Rebell gekreuzigt, und bald nach ihr hat das seiner Eigenstaatlichkeit beraubte, pharisäisch verengte Judentum die Christen als eine häretische Sekte aus seinem Verband ausgestoßen. So gesehen also ein tragischer Abgesang.

Kein Zweifel, dieser zeitgenössische Horizont gehört unabdingbar hinzu. Ja, erst auf diesem Hintergrund läßt sich das erstaunliche Phänomen ermessen, daß die Urchristenheit nichts von solchen Todeszuckungen einer verendenden Epoche an sich trägt. Der Grund für diese Tatsache ist das eine mannigfaltig variierte und aktualisierte Thema des Neuen Testaments: das Christusgeschehen als die äonenwendende, heilbringende Zuwendung Gottes zur Welt in dem Gekreuzigten und Auferstandenen. So gewiß dieser vielstimmig im Urchristentum bezeugte Glaube auf eine bestimmte Geschichte ausgerichtet ist und im höchsten Maße in ihr sich ausgewirkt hat, sprengt ihr Verständnis doch alle Grenzen und Begriffe sonstiger Historie. Nicht erst der moderne, nach Fakten, Vorgängen und Zusammenhängen fragende Historiker erfährt angesichts dieses vom Glauben bestimmten Geschichtsverständnisses das Ungenügen seines Instrumentars und mag von seinen Voraussetzungen her geneigt sein, dem hier bezeugten Geschehen den Charakter von Geschichte überhaupt abzusprechen. Schon den jüdischen und heidnischen Zeitgenossen Jesu und seiner Jünger war damit Unerhörtes zugemutet. In den Augen der Außenstehenden war Jesu Wirken und Ende eine Episode, ein flüchtiger Ablauf von unwiderruflich in die Vergangenheit abgesunkenen Ereignissen. Ja, die Ostererzählungen lassen erkennen, daß auch die Jünger anfangs von der Frage angefochten waren, daß diese in Bitternis geendete Sternstunde ihre Hoffnungen mit sich ins Grab genommen habe, ehe ihnen aufgrund der Erscheinungen des Auferstandenen und der Erfahrungen seiner Gegenwart im Geist der Sinn dieses Geschehens aufging: Gottes Widerspruch zu dem von den Menschen über Jesus gefällten Spruch, sein Bekenntnis zu ihm, dem sie ihr Bekenntnis verweigert hatten, aber damit zugleich das Ja Gottes zu der Welt, die ihn verneinte.

Bereits die Verbindung der beiden Namen »Jesus Christus«/»Christus Jesus« in den neutestamentlichen Texten bringt das Spannungsfeld des Glaubens, der die Bedeutung der Geschichte Jesu als Gottesgeschehen verkündet, in gedrängtester Form zum Ausdruck. Ihrem ursprünglichen Sinne nach ist sie nicht ein menschlicher Doppelname wie Pontius Pilatus, Sergius Paulus u. a., sondern ein Urbekenntnis, das zwei ganz verschiedene Aspekte zu einer Einheit zusammenbindet: Der irdisch-menschliche Name Jesus hält das einmalige, unwiederholbare Damals und Dort seiner Geschichte fest, aber der Hoheitsname Christus (d. h. der gesalbte König der Heilszeit) durchbricht diese Schranken und bekennt ihn ebenso wie die zahlreichen anderen neutestamentlichen Hoheitsprädikate – Gottes Sohn, Menschensohn, Herr, Heiland – als denselben heute, gestern und in Ewigkeit (Hebr 13, 8). Beides, jene Geschichte und diese Aufsprengung und Aufhebung aller Zeit und Geschichte faßt sich in Predigt und Bekenntnis des Urchristentums zusammen.

Im Blick auf dieses eine Thema: Jesus Christus und seine Geschichte als Gottesgeschehen, will das ganze Neue Testament gelesen und befragt werden. Das gilt nicht erst für die »lehrhaften« Schriften, sondern bereits für die Evangelien. Zwar heben sich diese nach ihrem Inhalt und ihrer literarischen Eigenart charakteristisch von den Paulus- und anderen Briefen bis zur Offenbarung Johannes ab, sofern sie das vorösterliche irdische Leben Jesu bis zu den Passions- und Osterereignissen berichten. In den übrigen dagegen ist die Geschichte des Irdischen merkwürdig abgeblendet, von dem Mann aus Nazareth, dem prophetischen Verkünder der nahenden Gottesherrschaft, seinem Ruf zur Umkehr, seinen Gleichnissen, Streitgesprächen, seinem Umgang mit Zöllnern und Sündern, seinen Taten und der dramatischen Geschichte seines Endes verlautet nichts mehr. Statt dessen ist, was in den Evangelien als Ende und Ziel berichtet wird, Jesu Kreuz und Auferstehung, hier Grund und Ursprung, von dem Predigt und Theologie seiner Zeugen herkommen. Er selbst, sein Sterben, seine Auferstehung und Erhöhung und sein Kommen am Ende der Tage als Retter und Richter ist zum bestimmenden Inhalt der Verkündigung geworden, entfaltet zu einer im einzelnen sehr verschiedenartigen theologischen Erlösungslehre zu Weisung und Trost für die urchristlichen Gemeinden. Nur der Gedankenlose kann diese tiefgreifenden, oft bemerkten und nicht selten beklagten Unterschiede übersehen – nach Meinung vieler ein verhängnisvoller Verfremdungsprozeß, für den vornehmlich Paulus verantwortlich gemacht wird.

Wir haben uns darum angewöhnt, die Evangelien von den übrigen neutestamentlichen Schriften abzusondern, in der Erwartung, in ihnen die von den Glaubensgedanken und -vorstellungen der nachösterlichen Kirche noch einigermaßen unberührte »schlichte« Botschaft des irdischen Jesus und damit zugleich ein historisch verläßliches Fundament zu finden. Daß die Evangelien, vorab die ersten drei, tatsächlich einen nicht unbeträchtlichen Bestand authentischer Jesusworte und -überlieferungen aufbewahrt haben, die sich von der Glaubenslehre der späteren Christenheit deutlich abheben, kann auch nur eine übertriebene historische Skepsis bezweifeln. Eine andere Frage ist jedoch, ob eine in dieser Weise auf eine gesicherte Historie Jesu ausgerichtete Betrachtung den Intentionen und der Eigenart der Evangelien gerecht wird. Sie kann in Wahrheit nur verneint werden.

Denn auch die mit Jesu irdischer Geschichte befaßten Evangelien, ja schon die in ihnen gesammelten und verarbeiteten Jesusüberlieferungen sind Manifestationen des auf dem Karfreitags- und Ostergeschehen begründeten Christusglaubens, dazu bestimmt, den Glauben an den lebendigen, gegenwärtigen Herrn zu wecken und zu befestigen. Kein Wort, keine einzige Szene aus Jesu Leben wäre ohne diesen Glauben auf uns gekommen; er hat offenkundig auch das Verständnis und die Darstellung seiner Geschichte aufs stärkste geprägt. Unter diesem Aspekt wollen auch die Besonderheiten der einzelnen Evangelien verstanden werden, schon der ersten drei, nach Inhalt und Art der Gestaltung einander eng verwandt, und vollends die Eigenart des Johannes-Evangeliums, in dem Jesu irdisches Wirken konsequent in das Licht von Ostern gerückt ist. Ihre Unterschiede erklären sich keineswegs nur aus dem verschiedenen Bestand der von ihnen verarbeiteten Traditionen, sondern wesentlich daraus, daß sie die Christusbotschaft im engsten Zusammenhang mit Leben und Glauben, Fragen und Anfechtungen der Gemeinden, aus denen sie stammen und für die sie verfaßt sind, ausrichten. Ihre jeweils verschiedene aktuelle Situation ist deshalb bei der Auslegung der Evangelien immer zugleich mitzubedenken. Trotz ihrer handgreiflichen Unterschiede rücken darum die ersten Bücher und die übrigen neutestamentlichen Schriften als Glaubenszeugnisse der frühen Christenheit wieder viel enger, als oft angenommen wurde, zusammen, wird es aber zugleich schwieriger, ihnen allen eine uniforme Lehre über Gott und Welt, Christus und Kirche, Altes und Neues Testament und dergleichen abzugewinnen. So wenig wie im Alten gibt es im Neuen Testament ein geradlinig reguliertes Strombett göttlicher Offenbarung. Auch das Wort von Jesus Christus vernehmen wir nicht anders als durch die Stimmen von Menschen, die an ihn glaubten und ihren Glauben in der Sprache ihrer Zeit und in ihren sehr unterschiedlichen Möglichkeiten und Grenzen bezeugten. Das gilt gleicherweise für Paulus und Johannes wie für die übrigen Evangelisten und Autoren.

Der Leser heute soll und darf darum auch und gerade das Fragmentarische, das den Texten notwendig anhaftet, nicht übersehen. Je sorgfältiger er liest, wird ihm oft das Erstaunen, ja Befremden nicht erspart bleiben über die Mannigfaltigkeit der Stimmen, die Fremdartigkeit und vielfache Situations- und Zeitgebundenheit ihrer Aussagen, die Verschiedenheit der gedanklichen Konzeptionen und die Gegensätze der Geister. Doch soll er erst recht bemerken, daß das Neue Testament dennoch alles eher ist als ein Gewirr von Meinungen, vielmehr vielstimmig auf die Frage antwortet: Nicht nur wer *war*, sondern wer *ist* Jesus? Mit jeder dieser Antworten aber, gleichviel, ob die Aussagen der einzelnen Schriften die Bedeutung des Christusgeschehens erhellend und befreiend zur Sprache bringen oder sichtlich hinter ihm zurückbleiben, wecken und halten sie diese Frage wach in Erwartung einer neuen Antwort von seiten der Angeredeten. Niemals einzufangen in das System einer Lehre, stellt sich diese Frage über die Jahrhunderte hinweg je neu und anders und bleibt doch, mit Paulus zu sprechen, die eine Frage, ob der für Menschenaugen am Kreuz Gescheiterte ein »Skandal« sei wie für die Juden seiner Zeit und ein »Unsinn« wie für die Griechen oder ob der Gekreuzigte Gottes Kraft und Weisheit ist.

Nach weit verbreiteter Meinung ist unsere Zeit der Bibel so hoffnungslos entfremdet, daß sie ihren Anruf als Herausforderung Gottes und sein heilbringendes Angebot in Christus nicht mehr zu hören vermag. Üblicherweise wird dieser Kontrast zwischen ihrer Botschaft und unserer radikal verweltlichten Welt, wenn überhaupt noch eines Gedankens gewürdigt, als unwiderrufliches Faktum konstatiert und von anderen als Verhängnis und Folge eines greulichen Abfalls bezeichnet. Recht verstanden birgt diese viel berufene und oft beklagte Entfremdung jedoch eine ungewöhnliche Chance. Wir sind in der Tat nicht mehr wie unsere Väter selbstverständlich in christlicher Lehre und Bibel zu Haus, und diese ist nicht mehr wie für frühere Generationen ein unantastbarer, alles bestimmender Bestand unserer Welt. Aber ist schon das im Alten Testament erklingende Wort Gottes und erst recht die Christusbotschaft des Neuen in Wahrheit je dazu angetan gewesen, zu einem vertrauten Gehäuse zu werden und sich in die Welt der Angeredeten integrieren zu lassen? Um so mehr aber hat die Sache, um die es in der Bibel geht, noch immer die Kraft bewiesen, von den aus Ferne und Fremde ihr Begegnenden neu gehört zu werden.

Das Christuswort des Neuen Testaments wendet sich, wie es im Galaterbrief heißt, an »mündige« Hörer. Doch ist mit dieser Mündigkeit nicht eine sich überlegen dünkende, aufgeklärte Denkweise gemeint, die diese Botschaft an die Vergangenheit verabschiedet, sondern das Recht der Freigesprochenen, das vor ihnen liegende Erbe zu ergreifen.

Einleitung

An seiner Wirkung gemessen, gehört Jesus von Nazareth zu den Großen der Weltgeschichte. Er hat eine Bewegung ausgelöst, die eine neue geschichtliche Epoche heraufführte und Gesicht und Gestalt der Welt über Jahrhunderte hin bis in unsere Gegenwart prägte. Die Größe Jesu, die die Geschichte enthüllte, war seinen Zeitgenossen freilich verborgen. Jesus war zu seiner Zeit ein namenloser Mann. In seinem eigenen Volk ohne durchschlagenden Erfolg, blieb er in der übrigen Welt völlig unbekannt. Die Gesellschaft des Römischen Reiches nahm von ihm keine Notiz. Er hat kein Aufsehen erregt. So ist es nicht verwunderlich, daß die römischen Geschichtsschreiber, die diese Zeit darstellen, keinen Aufschluß über ihn geben. Tacitus (etwa 50–115 n. Chr.) erwähnt ihn zwar und berichtet von seiner Hinrichtung unter dem Kaiser Tiberius (14–37 n. Chr.). Aber das geschieht nur beiläufig. Seine Kenntnis verdankt er (vermutlich römischen) Christen. Sie war dürftig genug, und vor allem: er hielt es nicht für erforderlich, die Spuren zurückzuverfolgen und zu erkunden, wer dieser Jesus war. Ähnlich uninteressiert zeigt sich der Kaiserbiograph Sueton (um 70–130 n. Chr.). Er spricht von einem gewissen Chrestus, womit höchstwahrscheinlich Jesus Christus gemeint ist; er hält ihn aber für einen Juden, der zur Zeit des Kaisers Claudius (41–54 n. Chr.) in der Judenschaft Roms Unruhe stiftete und damit die Vertreibung der Juden durch kaiserliches Edikt verursachte. Das zeigt, wie ungenau er Bescheid wußte.

An der »Nachlässigkeit« der römischen Historiker ist abzulesen, was man in der großen Welt von Jesus hielt. Man mag darüber hinaus die Frage stellen, wo sie zu ihrer Zeit nähere Auskünfte hätten einholen können. Gewiß, es gab einen Jesus-Prozeß vor der römischen Justiz. Der Beamte, dem seine Führung oblag, der Statthalter Pontius Pilatus, hat seinen Verlauf jedoch kaum in einer Akte festgehalten. Man darf nicht einmal voraussetzen, daß Pilatus begriff, was für ein Mann da vor ihm stand. Die jüdischen Oberen haben ihm Jesus als gefährlichen Aufrührer übergeben, und er hat ihn als solchen hinrichten lassen. Weshalb sollte er irgend etwas riskieren? Wie Pilatus den »Fall Jesus« wirklich beurteilte, entzieht sich unserer Kenntnis. Auch wenn Jesus unschuldig gewesen sein sollte – so wie die Dinge lagen, konnte er sicher sein, daß seine Verurteilung keine Konsequenzen nach sich ziehen würde.

Jesus ist das Opfer eines willkürlichen Urteils geworden. Dieses hat freilich nicht ausschließlich in der Gewissenlosigkeit und mangelnden Sorgfalt des Pilatus seinen Grund. Zu einem guten Teil ist es durch die religiöse und politische Situation in Palästina bedingt. Sie war durch Bewegungen und Strömungen gekennzeichnet, die den Argwohn der römischen Besatzungsmacht erregen konnten und teilweise ausdrücklich revolutionäre Ziele verfolgten. Die Grundlage dieser Bewegungen und Strömungen war die Überzeugung, daß Gott diese Welt voller Ungerechtigkeit und Bosheit in nächster Zukunft vernichten und dann seine Herrschaft, eine neue Zeit und Welt heraufführen werde. In der Erwartung dieses Endgeschehens schlossen sich z. B. die Essener zu einer ordensähnlichen Gemeinschaft abseits des offiziellen Judentums zusammen [1]. Neben ihnen standen andere Kreise, in denen eine derart gespannte Enderwartung lebendig war. Das bezeugen die sog. Apokalypsen aus der Römerzeit, deren hauptsächlicher Inhalt die Schilderung des Endgeschehens ist [2]. Auch Jesus mit seiner Botschaft von der Gottesherrschaft und Johannes der Täufer mit seiner Ankündigung des Weltgerichts gehören in diesen Zusammenhang.

Diese eschatologischen Bewegungen und Strömungen waren keine ausschließlich religiöse Erscheinung. Die Enderwartung hatte meist eine politische Spitze, sofern sie das Unrechtsregiment der gegenwärtigen Machthaber anprangerte und ihnen das vernichtende Gericht Gottes ansagte. Sie ist demnach als Form politischen Protestes zu bewerten, wenn sich ihr Inhalt darin auch nicht erschöpft. Wegen ihrer politischen Brisanz hat das offizielle Judentum, das sich mit den Römern zu arrangieren wünschte, die endzeitlichen Lehren der sektiererischen Randgruppen bewußt verworfen. Bezeichnend ist in diesem Zusammenhang auch die Haltung des jüdischen Geschichtsschreibers Josephus (37–100). In seiner Schilderung der Zeit kommt er auch kurz auf Jesus und Johannes den Täufer zu sprechen. Er schildert beide als Morallehrer, beseitigt also die verdächtigen eschatologischen Momente ihrer Verkündigung, um die Juden vor der römischen Öffentlichkeit in einem möglichst günstigen Licht erscheinen zu lassen.

In der Zeit Jesu entfaltete noch eine weitere Gruppe ihre Wirksamkeit: die Zeloten (»Eiferer«). Dabei handelt es sich um eine radikale, in ihren Methoden wenig zimperliche revolutionäre Bewegung, die die Befreiung von römischer Herrschaft als Ziel ansteuerte. Die zelotische Bewegung wollte unmittelbar politisch wirksam werden. Ihr Programm und Selbstverständnis waren jedoch religiös begründet, nämlich in der Messias-Idee. Der entscheidende Punkt war dabei die Erwartung eines irdisch-weltlichen Herrschers aus dem Königsgeschlecht Davids, der nach langer Zeit der Unterdrückung durch

---

1 Bei den Essenern handelt es sich um eine im ersten Jahrhundert entstandene jüdische Sekte. Über ihre Eigenart, Grundsätze und Theologie geben die nach dem Zweiten Weltkrieg (seit 1947) entdeckten »Schriften vom Toten Meer«, auch Qumran-Schriften genannt, Auskunft.

2 Näheres über diese Bücher in der Einleitung zu Kapitel XII (S. 430 ff.).

fremde Mächte die Größe Israels wiederherstellen und seine Weltherrschaft begründen werde. Die messianische Erwartung reicht Jahrhunderte zurück; die Zeloten haben sie aktualisiert und in unmittelbare politische Aktion umgesetzt. Einige ihrer Führer haben auf einen kommenden Messias nicht nur hingewiesen, sondern sich selbst als Messias proklamiert.

Die nationale Freiheitsbewegung der Zeloten hat sich in der Zeit nach Jesu Geburt zu einer Widerstandsgruppe formiert. Den Anstoß dazu gab die Volkszählung (Zensus), die der Kaiser Augustus (31 v.–14 n. Chr.) im Jahre 6 n. Chr. für Judäa angeordnet hatte. Diese Gruppe wirkte zunächst im Untergrund und suchte durch einzelne bewaffnete Aktionen die bestehenden politischen und militärischen Mächte zu erschüttern. Es gelang den Zeloten schließlich, die Herrschaft über das Land zu erringen. Diese Vorgänge führten zum sog. jüdischen Krieg (67–70 n. Chr.), in dem die Römer ihre Herrschaft über Palästina mit Heeresmacht zurückeroberten. Jerusalem und auch der Tempel wurden völlig zerstört. Zugleich wurde damit der Geschichte des jüdischen Volkes als einer eigenständigen politischen Größe ein gewaltsames Ende gesetzt. Von nun an war es nur noch eine »Religionsgemeinschaft«. Ein paar Jahrzehnte später wurde Jerusalem sogar in eine hellenistische Stadt mit heidnischen Kultstätten umgewandelt, und die Juden wurden aus ihr vertrieben [3].

Die eschatologischen und messianischen Bewegungen dieser Zeit bilden den Hintergrund, von dem her das Todesurteil nicht zu rechtfertigen ist, von dem her es aber begreiflich und politisch motiviert erscheint. Für einen Römer waren die Sachverhalte kaum zu durchschauen. Es ist auch nicht ausgeschlossen, daß man auf seiten der jüdischen Bevölkerung von Jesus die Erfüllung messianischer Hoffnungen erwartete. Aber weder dadurch noch durch die geschichtlichen Zusammenhänge wird Jesus zu dem, als der er von Pilatus hingerichtet worden ist. Er war kein politischer Revolutionär im Sinne der Messias-Idee. Anders als verwandte Zeiterscheinungen hatte seine eschatologische Verkündigung nicht die Gestalt eines politischen Protestes. Dennoch war seine Hinrichtung letztlich kein Mißverständnis oder Versehen. Man muß sie als eine Konsequenz begreifen, zu der Jesu Verkündigung und Wirken herausforderten. Deren Inhalt war letztlich doch von politischer Relevanz und Brisanz, wenn auch in einer anderen Weise, als das Todesurteil vermuten läßt. Zunächst will es scheinen, als bewege sich Jesus mit seiner Botschaft im Bereich der Religion. Ihr Thema war: Gott und seine Herrschaft. Er wollte sagen und zeigen, wer Gott ist und was er bedeutet, was er gewährt und fordert. In der Radikalität aber, in der umfassenden Weite und eindringenden Tiefe, mit der das geschah, bedeutete dies die Erschütterung aller überkommenen Werte, Grundsätze, Ordnungen im persönlichen, gesellschaftlichen und religiösen Bereich. Die Verantwortlichen sahen die Existenz

3 Anlaß dazu war der messianisch motivierte sog. Bar-Kochba-Aufstand (132–135 n. Chr.), der von Kaiser Hadrian (117–138 n. Chr.) niedergeschlagen wurde.

des jüdischen Volkes und seiner Lebensgrundlage elementar und grundsätzlich bedroht. So ist es kein Zufall, daß sich in der Feindschaft gegen Jesus die verschiedensten Kräfte und Gruppen zu einer Einheit zusammenfanden: die konservativ eingestellten Sadduzäer und die Reformpartei der Pharisäer, Schriftgelehrte und Priesterschaft. Da man sich auf Jesu Wahrheit nicht einlassen, sich von ihr nicht beunruhigen lassen wollte und konnte, brachte man ihn gewaltsam zum Schweigen. In dem Römer Pilatus fand man einen bereitwilligen Helfer und Vollstrecker.

Der Tod schien das Schicksal Jesu und seiner Sache zu besiegeln. Nach Lage der Dinge durfte man damit rechnen, daß die Geschichte über ihn hinweggehen und er in Vergessenheit geraten würde. Es kam anders. Nach seinem Tod erst kam Jesus zu voller geschichtlicher Wirkung. Jetzt erst entfaltete seine Botschaft ihre Kraft und zeitigte sie Erfolge. Das Kreuz, das ein Ende setzen sollte, wurde gegen alle Wahrscheinlichkeit und Erfahrung zu dem Zeichen, unter dem Jesus seinen Siegeszug durch die Welt antrat. Daß seine Sache mit ihm nicht starb, das ist das Geheimnis, das »Wunder« seiner Geschichte. Die überraschende Wende läßt sich nicht erklären und als notwendig begreifen. Sie ist eine Tatsache, als solche freilich auch kein Wahrheitsbeweis; sie bleibt ein unverrechenbares und in diesem Sinne »wunderbares« Ereignis. Die christliche Gemeinde des Anfangs ist sich dessen bewußt gewesen. Sie hat dies dadurch zum Ausdruck gebracht, daß sie in diesem Zusammenhang von der Auferweckung Jesu durch Gott sprach.

Diese Skizze hat Vorgänge, Umstände, Kräfte und Reaktionen ins Blickfeld gerückt, die den geschichtlichen Rahmen des Wirkens Jesu, den Horizont seiner Zeit ausmachen. Sie hat den Raum seiner Geschichte in weitem Kreis umschritten. So drängt sich die Frage nach ihrer Gestalt und ihrem Gehalt, nach ihr selbst, auf. Diese Frage soll durch Texte beantwortet werden, die nach dem Urteil heutiger Forschung über Leben und Wirken Jesu authentisch Auskunft geben, Jesus also selbst zu Wort kommen lassen. Wer nach der Geschichte des irdischen Jesus fragt, stößt zunächst jedoch auf eine andere Gestalt dieser Zeit, auf Johannes den Täufer.

I. Johannes der Täufer

Am »Anfang des Evangeliums Jesu Christi« steht Johannes der Täufer. So stellte es der Evangelist Markus (um 70 n. Chr.) dar, aus dessen Hand der erste zusammenhängende Bericht von der Geschichte Jesu stammt. Es war freilich nicht seine Idee, das Wirken des Täufers in diesen Bericht einzubeziehen. Das hatte vor ihm auch die Überlieferung der urchristlichen Gemeinde getan. Aus ihr geht hervor, daß der Täufer von Anfang an zu den Inhalten der urchristlichen Verkündigung gehörte.

Die Kenntnis jener großen Gestalt aus der Spätzeit des antiken Israel verdanken wir ausschließlich dem Interesse der christlichen Gemeinde. Sie findet zwar auch bei dem jüdischen Geschichtsschreiber Josephus Beachtung. Er steuert aber keine zusätzlichen Informationen bei. Die christlichen Überlieferungen hingegen sind verhältnismäßig umfangreich und auch konkret genug, um ein Bild vom Wirken des Täufers und dem Inhalt seiner Verkündigung zu vermitteln. Freilich sind nicht alle in gleichem Maße ergiebig. Die Legende hat sich des Täufers bemächtigt. Vor allem aber ist in Rechnung zu stellen, daß die christliche Gemeinde die Nachrichten über ihn ihrer eigenen Verkündigung dienstbar gemacht und zu diesem Zweck mit einer bestimmten Deutung, Beleuchtung und Akzentuierung versehen hat. Stellenweise ist die Entfernung vom historischen Täufer beträchtlich. Es zeigt sich also: In der christlichen Überlieferung ist nicht nur von Johannes dem Täufer selbst die Rede, sondern zugleich auch davon, wie die christliche Gemeinde ihn verstanden und ihr Verhältnis zu ihm bestimmt hat.

Johannes der Täufer gleicht in vielem den großen Propheten des Alten Testamentes. So haben auch viele seiner Zeitgenossen in ihm eine Prophetengestalt gesehen. Ähnlich wie die alte prophetische Predigt war seine Verkündigung eine Gerichtsansage über seine Zeit und ein eindringlicher Ruf zur Umkehr. Für ihn war das Endgericht ein Faktum, das drohend in die Gegenwart hereinragt. Er sah den Horizont bereits von seinem Feuerschein erhellt. Mit der Androhung des nahen Gerichts wollte er den Hörern den Ernst ihrer Lage vor Augen führen, damit sie die notwendigen Folgerungen ziehen. Die Verkündigung des Täufers ist also wie die der Essener (Qumran-Gemeinschaft) und dann die Jesu wesentlich durch eine akute eschatologische Naherwartung bestimmt. Von ihr her erschließt sich auch die Bedeutung der Taufe, zu der er aufrief. Sie war Zusage und Zeichen der Rettung vor dem Endgericht.

Die Taufe war das hervorstechende Merkmal seines Wirkens. Man hat ihn deshalb, auch außerhalb der christlichen Überlieferung, den »Täufer« genannt. Offenbar hat er mit seiner Predigt und Taufe Breitenwirkung erlangt. Sie spiegelt sich in der Bewegung wider, die damals weite Kreise des jüdischen Volkes erfaßte.

Auch Jesus gehörte zu denen, die sich ihr anschlossen. Er hat sich von Johannes im Jordan taufen lassen. Schon daraus ergibt sich, welche Bedeutung Jesus ihm beimaß. Zudem hat die Gemeinde Überlieferungen bewahrt, in denen er die einzigartige Größe des Täufers herausstellt. Offenbar wußte er sich mit ihm in Auftrag und Ziel völlig einig. Er hat darum auch keine Notwendigkeit empfunden, die Grenzen des Täufers aufzuweisen und ihn als einen Vorläufer zu kennzeichnen, über den er selbst hinausführen sollte.

In dieser Hinsicht entstand für die Gemeinde nach Jesu Tod allerdings eine neue Situation. Sie konnte bei dem unbefangenen Urteil Jesu nicht stehenbleiben, sondern mußte versuchen, sein Verhältnis zum Täufer differenzierter zu bestimmen. Nachdem sie in Jesus den Messias erkannt hatte, ergab sich für sie zwangsläufig, daß sie Johannes Jesus nur vor- und unterordnen konnte. So ist aus der eigenständigen Gestalt des Täufers, der das endzeitliche Kommen Gottes zum Gericht ansagt, der *»Vorläufer«* des in die Messiaswürde gehobenen Jesus geworden. Mit dieser Vorstellung eines Vorläufers hat die Gemeinde eine erste Antwort auf die Frage nach dem Verhältnis des Täufers zu Jesus gegeben.

Dabei ist es jedoch nicht geblieben. Nach dem gewaltsamen Tod des Täufers war aus der breiten Volksbewegung eine abgegrenzte Gemeinde von Täuferjüngern entstanden, die Johannes als den kommenden Messias verkündete. Es ist außerordentlich wenig, was wir von ihr wissen. Ihre Spur verläuft sich rasch wieder. Um so bedeutsamer ist, daß die Apostelgeschichte von Täuferjüngern zu berichten weiß, auf die Paulus bei seiner Missionsarbeit in Ephesus (Kleinasien) gestoßen war. Neben der christlichen Gemeinde gab es also eine konkurrierende Gemeinde der Täuferjünger. Die Konkurrenz der beiden Gemeinden führte zu Auseinandersetzungen, deren Gegenstand den Überlieferungen zufolge die Messiaswürde des Täufers oder Jesu war. Waren die Christen überzeugt, daß Jesus der Messias ist, so mußten sie den Anspruch bestreiten, den die Täuferjünger für Johannes erhoben. Die Lage war für die Christen nicht zuletzt darum schwierig, weil Jesus von Johannes getauft worden war und daraus auf Jesu untergeordneten Rang geschlossen werden konnte. So war der Täufer zu einem theologischen Problem geworden. Am schärfsten tritt es im Johannesevangelium zutage. Hier ist der Täufer nicht einmal mehr »Vorläufer« Jesu mit einem gewissen eigenen Gewicht, sondern nur noch sein *Zeuge.* Seine Funktion ist hier also ganz von dem her bestimmt, was er für Jesus und seine Bewegung ist. Es ist einer der erstaunlichsten Sachverhalte der urchristlichen Geschichte, daß man trotz aller Schwierigkeiten christlicherseits an Johannes dem Täufer festhielt.

Die Täufertraditionen der vier Evangelisten spiegeln eine bewegte Geschichte wider. Sie lassen erkennen, wie die christliche Gemeinde zu verschiedenen Zeiten Person und Werk Johannes des Täufers theologisch interpretierte und das damit gestellte Problem bewältigte. Wurde dem Täufer der Rang des Messias zugesprochen, so stand für die Christen die Wahrheit ihres eigenen Glaubens auf dem Spiel. Von daher war die Auseinandersetzung mit dem Täufer für sie von hoher Dringlichkeit. Die Schwierigkeiten waren beträchtlich. Das zeigen die vielfältigen Spannungen innerhalb der christlichen Täuferüberlieferung.

Die Verkündigung

Über den Inhalt der Täufer-Predigt gibt ein Text Aufschluß, der der sog. Spruchquelle[1] entstammt. Danach ist eines ihrer wesentlichen Momente die Aussage des unmittelbar bevorstehenden Gerichts, das sich Johannes als Vernichtung durch Feuer vorstellt. Es kam ihm darauf an, seine Hörer den unerbittlichen Ernst der Stunde spüren zu lassen. Das Mittel, dessen er sich bedient, sind Bilder von bezwingender Kraft. Es sollte klar werden, daß die Zeit drängt und die Umkehr zu einem wirklichen Gehorsam gegen Gottes Forderung jetzt vollzogen werden muß. Dabei läßt Johannes keinen Zweifel: die Umkehr ist eine Sache der Tat; niemandem wird es helfen, daß er sich auf seine Zugehörigkeit zum Gottesvolk beruft. Damit greift Johannes die religiöse Selbstsicherheit seiner Zeitgenossen an, die in der Überzeugung gründete, daß ihnen als Juden und Nachkommen Abrahams auf alle Fälle das Heil zukäme und sie vom Zugriff des Gerichts ausgenommen seien. Johannes entlarvt diese Überzeugung als Illusion.

Als Johannes viele Pharisäer und Sadduzäer zur Taufe kommen sah[2], sprach er zu ihnen: »Ihr Schlangenbrut, wer hat euch weisgemacht, ihr könntet dem künftigen Zorn entfliehen? Bringt Frucht, die der Umkehr entspricht. Wähnt nur nicht, daß ihr denken könnt: Wir haben Abraham zum Vater. Denn ich sage euch: Gott vermag dem Abraham aus diesen Steinen Kinder zu erwekken. Aber schon ist die Axt den Bäumen an die Wurzel gelegt. Jeder Baum, der nicht gute Frucht trägt, wird abgehauen und ins Feuer geworfen« ... »Seine Wurfschaufel hat er schon in der Hand. Er wird die Tenne säubern;

---

1 Die Spruchquelle, üblicherweise mit dem Buchstaben Q bezeichnet, ist nicht erhalten. Ihr Inhalt ist aus dem Matthäus- und Lukasevangelium (Mt, Lk) zu erschließen. Man weist ihr diejenigen Texte zu, in denen die beiden genannten Evangelien übereinstimmend über das hinausgehen, was das Markusevangelium enthält. Näheres zu Q und den Abfassungsverhältnissen der Evangelien siehe unten Kap. VI und VII (S. 158 ff. bzw. 185 ff.). – Die Texte aus Q werden im folgenden entweder nach Mt oder Lk zitiert.

2 Die Adressierung an die Pharisäer und Sadduzäer (vgl. S. 48 f.) geht auf den Evangelisten Matthäus zurück. Der Täufer hatte sich mit seiner Predigt allgemein an die gewandt, die zu ihm gekommen waren, um sich taufen zu lassen, also an das »Volk« im ganzen.

seinen Weizen wird er in die Scheuer sammeln; die Spreu aber wird er verbrennen mit unauslöschlichem Feuer.« (Mt 3, 7–12)

Die Taufe

Die Taufe, zu der Johannes aufrief, hat ihm seinen Namen gegeben. Wir wissen nicht, wie er zu der Taufe kam und welche Vorstellungen er damit verband. Sie ist in der Umwelt ohne Parallele.

Die Frage nach dem theologischen Sinn der Johannestaufe beantwortet ein Text am Anfang des Markusevangeliums mit der prägnanten Wendung: »Taufe der Umkehr (Buße) zur Vergebung der Sünden«. Danach ist die Taufe zweierlei: Bestätigung vollzogener Umkehr und Vermittlung der Sündenvergebung, zugleich damit: Zeichen und Zusage der Rettung im Gericht.

Der Ort der Taufe ist der *Jordan*. Diese Angabe konkurriert mit der anderen, daß Johannes in der *Wüste* aufgetreten sei. Wenn man beide Angaben verbindet, wird man an die Steppe am Unterlauf des Jordan denken. »Wüste« hat freilich darüber hinaus einen theologischen Sinn. Seit der Zeit des babylonischen Exils galt in Israel die Wüste als Ort der endzeitlichen Ankunft Gottes (vgl. Band AT, S. 464 ff.). Wenn der Täufer mit seiner Verkündigung in der Wüste auftritt, so steht das in unmittelbarem Zusammenhang mit seiner akuten Enderwartung.

Johannes der Täufer trat in der Wüste auf und predigte eine Taufe der Buße zur Vergebung der Sünden. Das ganze jüdische Land und alle Jerusalemer zogen zu ihm hinaus, bekannten ihre Sünden und wurden im Jordan getauft. Johannes war mit Kamelhaaren und einem ledernen Gürtel um seine Hüften bekleidet. Er aß Heuschrecken und wilden Honig. (Mk 1, 4–7)

Jesus über den Täufer

Der Täufer hat mit seiner von prophetischer Vollmacht und Überzeugungskraft getragenen Predigt zunächst eine allgemeine Begeisterung unter seinen jüdischen Zeitgenossen hervorgerufen. Man fühlte sich in jene große Zeit versetzt, in der Gott durch seine Propheten gesprochen hatte und seine Nähe hatte erfahren lassen. Der anfänglichen Begeisterung war die Enttäuschung gefolgt. Dies ist der Hintergrund eines Wortes, in dem Jesus sein Urteil über den Täufer abgibt. In drei aneinandergereihten, zupackenden Fragen enthüllt er den mangelnden Ernst der ehemals so Begeisterten.

Was gingt ihr hinaus in die Wüste?
Ein Rohr zu schauen, vom Winde bewegt?
Oder was gingt ihr sonst hinaus?
Einen Menschen in weichen Kleidern zu sehen?
Siehe, die weiche Kleider tragen, sind an den Höfen der Könige!
Oder was gingt ihr sonst hinaus?
Einen Propheten zu sehen?
Ja, ich sage euch: noch mehr als einen Propheten.

Unter den von Frauen Geborenen ist kein Größerer aufgetreten als Johannes der Täufer[3]. (Mt 11, 7–11)

Jesus hat seine uneingeschränkte Solidarität mit dem Täufer ausdrücklich bekundet. In der Verkündigung der Gottesherrschaft sieht er das Gemeinsame. Nach seinem Urteil ist es dieselbe Sache, die sie beide umtreibt. Auch die Erfahrungen sind dieselben: Ablehnung von seiten der Frommen und der offiziellen Kreise, Offenheit und betroffene Anteilnahme bei den Außenseitern, den Verachteten und Verworfenen.

Von den Tagen Johannes des Täufers bis jetzt erfährt das Reich der Himmel[4] Gewalt, und Gewalttätige tun ihm Gewalt an. (Mt 11, 12)

Johannes ist zu euch gekommen auf dem Weg der Gerechtigkeit, doch ihr habt ihm nicht geglaubt. Die Zöllner und Dirnen aber glaubten ihm. Obwohl ihr das saht, habt ihr euch aber auch später nicht besonnen, daß ihr ihm dann (wenigstens) geglaubt hättet. (Mt 21, 32)

Bei Lukas hat dieses Wort eine andere Fassung:

Das ganze Volk, das Johannes hörte, und die Zöllner gaben Gott recht, indem sie sich mit der Johannestaufe taufen ließen. Die Pharisäer und Gesetzesgelehrten jedoch setzten den Willen Gottes für sich außer Kraft, indem sie sich nicht von ihm taufen ließen. (Lk 7, 29–30)

Jesus hat bei seinen Zeitgenossen die Frage nach der Legitimation für sein Wirken herausgefordert, sich den Fragestellern jedoch mit der Gegenfrage nach der Autorität Johannes des Täufers entzogen. Daran sollte deutlich werden: Wer die Autorität Johannes des Täufers nicht in der *Sache*, die er vertrat, erfahren hat, wird auch in der Frage nach der Autorität und Legitimation Jesu ohne Antwort bleiben. Denn nicht anders als Johannes ist er einzig durch den Inhalt seiner Verkündigung und die Überzeugungskraft seines Werkes legitimiert und autorisiert.

Als Jesus im Tempel umherging, kamen zu ihm die Oberpriester, Schriftgelehrten und Ältesten, und sie sagten zu ihm: »In welcher Vollmacht tust du das? Oder wer hat dir Vollmacht gegeben, daß du dies tust?« Jesus antwortete ihnen: »Ich will euch eine Frage stellen. Antwortet mir, und ich werde euch sagen, in welcher Vollmacht ich dies tue. War die Taufe des Johannes von Gott oder von Menschen? Antwortet mir!« Und sie antworteten Jesus: »Wir wissen es nicht.« Da sagte Jesus zu ihnen: »Dann sage ich euch auch nicht, in welcher Vollmacht ich dies tue.« (Mk 11, 27–30.33)

---

3 Das ursprüngliche Jesuswort wurde durch den Zusatz erweitert: »Aber der Kleinste im Himmelreich ist größer als er.« Er steht in deutlicher Spannung zu Jesu uneingeschränkt positivem Urteil. Man wird ihn deshalb der Gemeinde zuschreiben, die die Absicht leitete, täuferischen Ansprüchen entgegenzutreten.

4 Anstelle von »Gottesherrschaft« oder »Reich Gottes« sagt Matthäus ohne Bedeutungsunterschied »Himmelreich«, »Reich der Himmel«.

Der Vorläufer

Johannes hat sich selbst als den Propheten verstanden, der das endzeitliche Kommen *Gottes* anzukündigen und vorzubereiten hat. Für Jesus war er das Zeichen der großen Wende, die Gott jetzt in der Weltgeschichte heraufführt. Die christliche Gemeinde mußte seine Funktion neu bestimmen und sein Verhältnis zu Jesus erläutern. Sie bediente sich dabei einer im Judentum verbreiteten Lehre. Hier kannte man eine Endzeitgestalt, die dem Messias vorangeht, um dessen Auftreten vorzubereiten. Häufig wurde diese Vorläufergestalt mit dem wiederkommenden Propheten Elia identifiziert. Diese Vorstellung hat man von seiten der Gemeinde aufgegriffen, um mit ihrer Hilfe das Verhältnis des Täufers zu Jesus deutlich zu machen: Johannes ist der Vorläufer *ihres Messias* Jesus, dazu beauftragt, ihm den Weg zu bereiten[5]. Damit war der Täufer eindeutig Jesus untergeordnet, zugleich aber als fester Bestandteil in das »Evangelium« einbezogen worden.

Mit dieser Deutung des Geschehens hängt die sogenannte messianische Verkündigung des Täufers eng zusammen. Sie unterstreicht seine Unterlegenheit und verweist auf den »Stärkeren«, den Messias Jesus, der nicht mit Wasser, sondern mit dem *Geist* taufen wird. So lautet der Text bei Markus. In der Fassung des Matthäus und Lukas ist darüber hinaus von einer Taufe mit *Feuer* die Rede. Wahrscheinlich schimmert hier ein echtes Täuferwort durch, das mit dieser Formulierung auf das Gericht Gottes hinweisen sollte.

Anfang des Evangeliums Jesu Christi: Wie es im Propheten Jesaia geschrieben steht[6]: ›Siehe, ich sende meinen Boten vor dir her, der dir den Weg bereiten soll‹, ›seine Stimme ruft in der Wüste: Bereitet den Weg des Herrn, macht eben seine Pfade‹ – so trat Johannes der Täufer in der Wüste auf und predigte eine Taufe der Buße zur Vergebung der Sünden. Das ganze jüdische Land und alle Jerusalemer zogen zu ihm hinaus, bekannten ihre Sünden und wurden von ihm im Jordan getauft. Johannes war mit Kamelhaaren und einem Ledergurt um seine Lenden bekleidet. Er aß Heuschrecken und wilden Honig. Und er verkündete: »Ein Stärkerer als ich kommt nach mir, dessen Schuhriemen gebückt zu lösen ich nicht gut genug bin; ich taufe euch mit Wasser, er aber wird euch mit heiligem Geist taufen.« (Mk 1, 1–8)

Die Geburt Johannes des Täufers

Die Erzählung von der Geburt Johannes des Täufers ist nichtchristlichen Ursprungs. Sie entstand in Kreisen der Täuferjünger. Das beweist die Tatsache, daß ihr Johannes

---

5 Der Glaube an das Wiederkommen berühmter alttestamentlicher Männer war im Judentum verbreitet. Außer Elia werden in diesem Zusammenhang noch andere Propheten und Mose genannt. Jesus hat man gelegentlich für den wiedererstandenen Täufer, Elia oder einen anderen Propheten gehalten. Die Wiederkunftsvorstellung gehört eng mit der Enderwartung zusammen. Man glaubte, daß das endzeitliche Geschehen durch das Auftreten eines »Gottesmannes« aus alter Zeit eingeleitet werde.

6 Zitate aus dem Alten Testament werden durch einfache Anführungsstriche kenntlich gemacht.

selbst als der eschatologische Heilbringer gilt. Für einen »Stärkeren«, der *nach* ihm kommt, ist hier kein Platz. Dementsprechend wird Johannes ein »Großer vor dem Herrn« genannt, der, erfüllt von Gottes Geist, sein Volk bekehren und zu Gott führen wird. Im sog. Benediktus, einer hymnischen Dichtung, mit der die Erzählung endet, greifen die Aussagen noch höher: Johannes werde Heilserkenntnis und Sündenvergebung vermitteln und als »Licht aus der Höhe« die Menschen erleuchten, die in der Finsternis und dem Schatten des Todes sitzen. Dem Hause Davids entsprossen[7], werde er das Volk der Juden vor seinen Feinden retten. All das sind Bestimmungen, die in urchristlicher Überlieferung sonst Jesus vorbehalten sind. Der Täufer erscheint in diesem Text als messianischer Konkurrent Jesu.

Der Erzählweise nach handelt es sich bei der Erzählung von der Geburt des Täufers um eine Legende. Charakteristisch ist etwa die Art, wie die Erzählung die Geburt des Kindes durch Verknüpfung mit wunderbaren, auf Gottes Eingreifen zurückgehenden Begebenheiten aus dem Bereich des Alltäglichen herausnimmt, um damit dessen künftige Größe anzudeuten.

Es lebte in den Tagen des Herodes, des Königs von Judäa[8], ein Priester namens Zacharias aus der Wochenabteilung Abia; er hatte eine Frau aus den Töchtern Aarons; deren Name war Elisabeth[9]. Beide waren gerecht vor Gott, indem sie in allen Geboten und Forderungen des Herrn untadelig wandelten. Sie hatten kein Kind, weil Elisabeth unfruchtbar war; und beide waren hochbetagt.

Es geschah aber, als er in der Ordnung seiner Dienstklasse vor Gott Priesterdienst tat, daß ihn nach dem Brauche des Priesterdienstes das Los traf, den Tempel des Herrn zu betreten und das Räucheropfer darzubringen, während die ganze Menge des Volkes zur Stunde des Räucheropfers draußen betete. Da erschien ihm ein Engel des Herrn; der stand zur Rechten des Räucheraltars. Als Zacharias ihn sah, wurde er bestürzt, und Furcht befiel ihn. Der Engel aber sprach zu ihm: »Fürchte dich nicht, Zacharias; denn deine Bitte ist erhört. Deine Frau Elisabeth wird dir einen Sohn gebären, und du sollst ihm den Namen Johannes geben. Freude und Jubel wirst du haben, und viele werden sich über seine Geburt freuen. Denn er wird groß sein vor dem Herrn, und ›Wein und berauschendes Getränk soll er nicht trinken‹, sondern mit heiligem Geist wird er schon von Mutterleib an erfüllt werden. Er wird viele von den Kindern Israels zu dem Herrn, ihrem Gott, bekehren; und er wird vor ihm herziehen mit dem Geist und der Kraft des Elia, ›die Herzen der Väter zu den Kindern zu bekehren‹ und die Ungehorsamen zur

---

7 Diese Bestimmung ist theologisch gemeint. Sie soll den messianischen Rang des Täufers andeuten.

8 Herodes regierte 37–4 v. Chr. Mit dem Beinamen »der Große« ist er in die Geschichte eingegangen. Politisches Geschick ist ihm nicht abzusprechen. Ihm gelang es unter dem Schutz der Römer, in Palästina ein jüdisches »Großreich« zu schaffen, das alle jüdischen Provinzen (auch etwa Galiläa oder Samaria) umfaßte. Aus dem benachbarten Idumäa stammend, galt er den Juden als Fremder. Trotz eines aufwendigen Tempelausbaus konnte er bei der jüdischen Bevölkerung nie Anerkennung finden.

9 Diesen Angaben ist zu entnehmen, daß Johannes einer jüdischen Priesterfamilie entstammte.

Einsicht der Gerechten, um so dem Herrn ein rechtes Volk zu bereiten.« Zacharias sagte zu dem Engel: »Woran soll ich das erkennen? Ich bin alt, und meine Frau ist hochbetagt.« Da antwortete der Engel und sprach zu ihm: »Ich bin Gabriel, der vor Gott steht, und ich wurde gesandt, zu dir zu reden und dir diese frohe Botschaft zu bringen. Siehe, du wirst stumm sein und nicht reden können bis zu dem Tag, an dem dies eintrifft, dafür daß du meinen Worten nicht geglaubt hast, die doch zu ihrer Zeit werden erfüllt werden.«

Und das Volk wartete auf Zacharias, und sie wunderten sich über sein langes Verweilen im Tempel. Als er aber herauskam, konnte er nicht zu ihnen reden. Da merkten sie, daß er eine Erscheinung im Tempel gesehen hatte. Er konnte ihnen nur Zeichen machen und blieb stumm. Und es geschah, als die Tage seines Dienstes vollendet waren, daß er in sein Haus zurückkehrte. Nach diesen Tagen aber empfing seine Frau Elisabeth und hielt sich fünf Monate lang verborgen; sie dachte: »So hat mir der Herr getan, in den Tagen, da er darauf sah, ›meine Schande‹ bei den Menschen ›wegzunehmen‹.«

Für Elisabeth aber vollendete sich die Zeit, in der sie gebären sollte. Und sie gebar einen Sohn. Die Nachbarn und ihre Verwandten hörten, daß der Herr sein Erbarmen an ihr reichlich erwiesen hatte, und sie freuten sich mit ihr. Und es geschah am achten Tage, daß sie kamen, das Kind zu beschneiden; sie wollten es nach dem Namen seines Vaters Zacharias nennen. Da nahm seine Mutter das Wort und sprach: »Nein, sondern Johannes soll er heißen.« Da sagten sie zu ihr: »Es ist doch niemand in deiner Verwandtschaft, der mit diesem Namen genannt wird.« Sie winkten aber seinem Vater zu, wie er ihn wohl genannt haben wollte. Da verlangte er ein Täfelchen und schrieb darauf die Worte: »Johannes ist sein Name.« Und alle verwunderten sich. Sein Mund und seine Zunge wurden aber sofort aufgetan, und er redete und pries Gott. Da kam über alle ihre Nachbarn Furcht, und im ganzen Gebirge Judäas wurden alle diese Ereignisse beredet. Alle, die davon hörten, nahmen es sich zu Herzen und sagten: »Was wird wohl aus diesem Kinde werden?« Auch war die Hand des Herrn mit ihm. Sein Vater Zacharias wurde voll heiligen Geistes, weissagte und sprach:

»Gepriesen[10] sei der Herr, der Gott Israels;
denn besucht und mit Erlösung beschenkt hat er sein Volk.
Er hat für uns aufgerichtet ein Horn (Kraft) der Errettung
im Hause seines Knechts David
(wie er verkündet hat durch den Mund
seiner heiligen Propheten von Urzeiten her),
um Rettung zu schaffen vor unseren Feinden
und aus der Hand aller, die uns hassen,
um Barmherzigkeit zu erweisen an unseren Vätern
und seines heiligen Bundes zu gedenken,

10 Von diesem Hymnus-Eingang her hat der Text die Bezeichnung »Benediktus«.

um den Eid (zu erfüllen), den er unserem Vater Abraham geschworen,
uns zu verleihen,
daß wir furchtlos, aus Feindeshand befreit,
ihm dienen können in Frömmigkeit und Gerechtigkeit
vor ihm alle unsere Tage.
Und du[11] Kind, wirst Prophet des Höchsten genannt werden;
denn du wirst ›vor dem Herrn einherziehen, ihm die Wege zu bereiten‹,
sein Volk das Heil erkennen lehren, in der Vergebung ihrer Sünden,
um des herzlichen Erbarmens unseres Gottes willen,
mit dem uns besuchen wird das Licht aus der Höhe,
›um denen zu leuchten, die in Finsternis und Todesschatten
sitzen‹,
und unsere Schritte zu lenken auf den ›Weg des Friedens‹.«

Das Kind aber wuchs und wurde stark am Geist und blieb in Einsamkeit bis zum Tage seiner Einsetzung vor Israel. (Lk 1, 5–25.57–80)

Der Zeuge

In den christlichen Täufertexten ist die Absicht zu spüren, gewissen Ansprüchen der Täuferjünger entgegenzutreten oder wenigstens keinen Vorschub zu leisten. Als Vorläufer und Wegbereiter Jesu hatte Johannes der Täufer in Überlieferungsstücken bei Markus, Matthäus und Lukas durchaus ein eigenes heilsgeschichtliches Gewicht. In den Täuferabschnitten des Johannesevangeliums ist das anders. Hier wird nicht allein die Messianität des Täufers bestritten, es werden darüber hinaus alle Titel abgewehrt, die auf eine selbständige eschatologische Gestalt hindeuten könnten.

Diese veränderte Einstellung hängt mit der scharfen Konkurrenz zusammen, in der sich die Gemeinde, aus der das Johannesevangelium hervorgegangen ist, gegen die Täufergemeinde theologisch zu behaupten hatte. Die Darstellung beruft sich hierfür auf den Täufer selbst. Unmißverständlich weist dieser von sich weg auf Jesus hin: »Er muß wachsen, ich abnehmen.« Der Täufer ist der erste, der Jesus als den von Gott gesandten Offenbarer, als Gottessohn, erkennt und öffentlich ausspricht, wer er ist.

Mit dieser Auffassung hängt zusammen, daß der Taufe des Johannes die selbständige Bedeutung genommen wird. Im Johannesevangelium dient sie nur noch dazu, dem Täufer den bislang unerkannten Gottessohn kenntlich zu machen, damit er für ihn Zeugnis ablegen kann (vgl. S. 390 f.).

Dieses ist das Zeugnis des Johannes, als die Juden aus Jerusalem Priester und Leviten zu ihm schickten, ihn zu fragen: »Wer bist du denn?« Und er bekannte und leugnete nicht und bekannte: »Ich bin nicht der Christus.« Und sie fragten ihn weiter: »Was denn? Bist du Elias?« Und er sagte: »Ich bin es

---

11 An dieser Stelle ist ein deutlicher Bruch erkennbar. Nun erst ist ausdrücklich von Johannes die Rede. In dem vorangehenden Stück des Hymnus ging es um den Messias allgemein. Dieser Sachverhalt deutet darauf hin, daß ein jüdischer Hymnus auf den Messias und sein Werk nachträglich zu einem Hymnus auf den als Messias verehrten Täufer umgestaltet wurde.

nicht.« »Bist du der Prophet?« Und er antwortete: »Nein.« Da sagten sie zu ihm: »Wer bist du? Damit wir denen Antwort geben können, die uns gesandt haben. Was sagst du von dir selbst?« Er sprach: »Ich bin die Stimme eines, der in der Wüste ruft: ›macht gerade dem Herrn den Weg‹, wie der Prophet Jesaia gesagt hat.« Sie waren von den Pharisäern abgesandt. Und sie fragten ihn und sagten zu ihm: »Was taufst du denn, wenn du weder der Christus bist noch Elias noch der Prophet?« Johannes antwortete ihnen: »Ich taufe mit Wasser; mitten unter euch steht der, den ihr nicht kennt, der nach mir kommt, dem den Schuhriemen zu lösen, ich nicht würdig bin.« (Joh 1, 19–27)

Hierauf kamen Jesus und seine Jünger nach Judäa; dort hielt er sich mit ihnen auf und taufte. Aber auch Johannes taufte in Ainon nahe bei Salim, weil dort viel Wasser war. Und man kam herzu und ließ sich taufen. Johannes war nämlich noch nicht ins Gefängnis geworfen[12]. Da kam es nun zu einem Streit zwischen den Jüngern des Johannes und einen Juden über die Reinigung. Und sie gingen zu Johannes und sprachen zu ihm: »Rabbi, der jenseits des Jordans bei dir war, für den du Zeugnis abgelegt hast, siehe, der tauft, und alle kommen zu ihm.« Johannes antwortete und sprach: »Kein Mensch kann etwas bekommen, es sei ihm denn vom Himmel gegeben. Ihr selbst seid meine Zeugen, daß ich gesagt habe: Ich bin der Christus nicht, sondern ein Abgesandter bin ich nur vor jenem her. Bräutigam ist, wer die Braut hat. Der Freund des Bräutigams aber, der dabei steht und auf ihn hört, freut sich über die Stimme des Bräutigams. Diese meine Freude ist erfüllt. Jener muß wachsen, ich aber muß abnehmen.« (Joh 3, 22–30)

Der Tod des Täufers

Die urchristliche Überlieferung hat auch eine Erzählung über den gewaltsamen Tod Johannes des Täufers aufbewahrt. Es handelt sich um die Geschichte von dem Versprechen, das Herodes Antipas (4 v. Chr.–39 n. Chr.) – einer der Söhne Herodes des Großen und nach dessen Tod von Rom mit der Regierung der Provinzen Galiläa und Peräa betraut – leichtfertigerweise auf einer Geburtstagsfeier gab. Anlaß war der Tanz seiner Stieftochter Salome, deren Wunsch ihre Mutter Herodias zu steuern wußte. Den Haß dieser Herodias hatte sich der Täufer dadurch zugezogen, daß er das Unrecht ihrer Ehe aufdeckte. Sie ist in erster Ehe mit dem Halbbruder des Herodes Antipas verheiratet gewesen, hatte sich von ihm aber scheiden lassen, um eine Ehe mit Herodes Antipas einzugehen.

Es ist in höchstem Maße unwahrscheinlich, daß die Erzählung die Vorgänge um die Ermordung Johannes des Täufers in den Einzelheiten historisch zutreffend wiedergibt. Der öffentliche Tanz einer Königstochter ist in der damaligen Zeit undenkbar. Die Gebärde, mit der Herodes seiner Stieftochter sein halbes Reich zu Füßen legt,

---

12 Es fällt auf, daß hier wie nirgends sonst in der Tradition von einem Taufen Jesu und von einem gleichzeitigen Wirken Jesu und des Täufers gesprochen wird. Diese historisch unzutreffenden Bemerkungen illustrieren die Rivalität der Täufer- und Jesusgemeinde.

steht in krassem Widerspruch zu der beschränkten Souveränität eines kleinen Fürsten von Roms Gnaden. Möglicherweise wurde ein fremder Erzählungsstoff zur Ausgestaltung des Berichtes vom Tode des Täufers herangezogen.

Herodes sandte einst aus und ließ Johannes festnehmen. Er hielt ihn gefesselt im Gefängnis wegen Herodias, der Frau seines Bruders Philippus [13], weil er sie geheiratet hatte. Johannes hatte nämlich zu Herodes gesagt: »Du darfst nicht die Frau deines Bruders haben.« Herodias aber trug es ihm nach und hätte ihn gern töten lassen, konnte es jedoch nicht; denn Herodes hatte Angst vor Johannes, weil er wußte, daß er ein gerechter und heiliger Mann war, und nahm ihn in Schutz. Wenn er ihn hörte, kam er in Verlegenheit; und doch hörte er ihn gern. Es kam ein gelegener Tag, als Herodes an seinem Geburtstag seinen Würdenträgern und Obersten und den Vornehmen von Galiläa ein Mahl gab. Da erschien die Tochter der Herodias und tanzte und erregte das Wohlgefallen des Herodes und seiner Tischgäste. Der König aber sagte zu dem Mädchen: »Verlange von mir, was du willst, ich werde es dir geben!« Und er schwor ihr: »Was du auch von mir verlangst, will ich dir geben, bis zur Hälfte meines Königreiches!« Da ging sie hinaus und sagte zu ihrer Mutter: »Was soll ich verlangen?« Die sagte: »Den Kopf Johannes des Täufers.« Und sogleich ging sie eilends hinein zum König und verlangte: »Ich wünsche, daß du mir sofort auf einer Schüssel den Kopf Johannes des Täufers geben läßt.« Da wurde der König sehr betrübt. Doch wegen seines Schwurs und der Tischgäste mochte er sie nicht abweisen. Und der König sandte sogleich einen Henker ab und trug ihm auf, seinen Kopf zu holen. Der ging hin, enthauptete ihn im Gefängnis und brachte seinen Kopf auf einer Schüssel und gab ihn dem Mädchen; und das Mädchen gab ihn seiner Mutter. Als seine Jünger es hörten, kamen sie und holten seinen Leichnam und setzten ihn in einem Grabe bei. (Mk 6, 17–29)

Der Tod des Täufers wird auch von dem jüdischen Geschichtsschreiber Josephus berichtet. Er bestätigt das Faktum, nennt aber als Ort der Ermordung die an der Ostgrenze Peräas gelegene Festung Machärus (die Markuserzählung denkt an die Residenz des Herodes in dem galiläischen Tiberias). Bei Josephus ist die Ermordung des Täufers politisch motiviert.

Diesen Johannes hatte Herodes hinrichten lassen, obwohl er ein gerechter Mann war und die Juden anhielt, der Tugend nachzustreben, gegen ihre Nächsten Gerechtigkeit und gegen Gott Frömmigkeit zu üben und so zur Taufe zu kommen ... Da man nun von allen Seiten ihm zuströmte, weil jeder sich durch solche Reden gehoben fühlte, fing Herodes an zu fürchten, der Einfluß eines solchen Mannes, von dessen Rat sich alles leiten ließ, könne einen Aufruhr herbeiführen, und hielt es daher für geratener, ihn vor Aus-

---

13 In dem Namen des Philippus hat sich der Erzähler geirrt. Es handelte sich um einen Bruder namens Herodes.

bruch einer solchen Gefahr unschädlich zu machen, als später bei einer Wendung der Dinge seine Unschlüssigkeit bereuen zu müssen. Auf diesen Verdacht des Herodes hin wurde Johannes in Ketten geworfen, nach der Feste Machärus geschickt ... und dort enthauptet.

(Josephus, Altertümer XVIII, 116–119a)

II. Jesus

Die Erforschung des Lebens und Wirkens Jesu hat im Laufe ihrer mehr als zweihundertjährigen Geschichte eine bunte Fülle von Erkenntnissen, Ansichten, Deutungen und Bildern hervorgebracht. Eine ihrer seltsamsten Früchte war die These, daß der Jesus der christlichen Tradition überhaupt nicht gelebt habe. Man sah den Ursprung des Christentums in einer eindrucksvollen religiösen Idee, einem Christus-Mythos, den man nachträglich in der erdichteten Lebensgeschichte eines irdischen Menschen verankert habe. Die Erregung und Empörung, die diese These einmal verursachte, sind längst abgeklungen, sie selbst fast vergessen. Niemand zweifelt heute mehr daran, daß Jesus eine geschichtliche Gestalt war, ein Mensch von Fleisch und Blut, mit Fähigkeiten und Grenzen, Zielen und Hoffnungen, Enttäuschungen und Schmerz, mit einem bestimmten Charakter und einer persönlichen Lebensgeschichte.

Freilich, diese persönliche Lebensgeschichte ist uns nicht mehr zugänglich. Jesus hat weder ein Tagebuch noch gar eine Biographie hinterlassen. Er hat nicht einmal dafür gesorgt, daß seine Worte und wichtige Begebenheiten seines Lebens und Wirkens für die Nachwelt festgehalten wurden. Alles, was wir wissen, wissen wir aus der Überlieferung, die die christliche Gemeinde in den Jahren und Jahrzehnten nach seinem Tod schuf.

Aber auch die Gemeinde hat es nicht für wichtig gehalten, ein Bild des irdischen Jesus den Tatsachen entsprechend zu entwerfen und weiter zu vermitteln. Statt dessen entwickelte man hochgreifende dogmatische Lehren über Jesu Person und Werk. Ein wesentlicher Bestandteil solcher Lehre waren die *Hoheitstitel*, z. B. Messias, Erlöser, Gottessohn, mit denen man Jesus über den irdisch-geschichtlichen Bereich hinaushob. Man sprach ferner nicht von den Begebenheiten in Galiläa, sondern Ereignissen ganz anderer, wir würden sagen, mythischer Art: von der Menschwerdung eines Gottwesens in Jesus, von seiner jungfräulichen Geburt, seiner Auferstehung oder Auffahrt in den Himmel. Mit alledem hat die christliche Gemeinde nach Ostern den irdischen Jesus dennoch nicht in eine mythische Gestalt verwandelt. Im Gegenteil: Man hat mit diesen mythologischen Aussagen niemanden anders gemeint als den *irdischen* Jesus, den Mann aus Nazareth. Man wollte damit lediglich zum Ausdruck bringen, was dieses Leben erbracht hat und was es bedeutet. Aber eben: Diese dogmatische *Deutung* stand im Vordergrund des Interesses. Die konkreten geschichtlichen Einzelheiten wurden von ihr gleichsam aufgesogen.

Es gibt allerdings im Neuen Testament eine breite Schicht von Überlieferungen, die sich im Bereich der irdischen Geschichte bewegen und Worte Jesu und konkrete Ereignisse seines Lebens festhalten: die Überlieferung der *Evangelien.* Aber man darf sich über den Charakter der Evangelienüberlieferung nicht täuschen. Sie ist offenkundig nicht von der Absicht geleitet, Tatsachen und Vorgänge mit der Genauigkeit und Objektivität zu schildern, wie wir sie von einem Berichterstatter oder Historiker erwarten würden. Die Träger der Überlieferung wollten Jesus vielmehr so zur Geltung bringen, wie sie ihn erfahren und verstanden hatten und wie er in ihrem Leben wirksam geworden war. Die Evangelienüberlieferung enthält ebenfalls in einem hohen Maße theologische Deutung. Viele Gemeinden, Kreise und Bewegungen innerhalb des ältesten Christentums haben ihren Teil zur Ausformung der Überlieferung von Jesus beigetragen. Sie gleicht darum einem bunten und vielschichtigen Gewebe und läßt Geschlossenheit und Einheit in einem befremdlichen Ausmaß vermissen. Entsprechend verschieden und verschiedenartig sind die Dokumente der Jesusüberlieferung in Inhalt und theologischer Ausrichtung.

In erster Linie gibt die Jesusüberlieferung also darüber Auskunft, was Jesus den Gemeinden bedeutete. Damit ist jedoch nicht gesagt, daß uns der irdische Jesus für immer entschwunden sei und die Frage, was er damals gesagt und getan hat, unbeantwortet bleiben müsse. Jahrzehnte intensivster Arbeit an den Texten haben die Mittel an die Hand gegeben, durch die verschiedenen Schichten der Deutung hindurch zu dem historischen Jesus vorzudringen. Die heute vorliegenden Evangelien*schriften* sind das Endstadium eines sich über sieben Jahrzehnte hinweg erstreckenden Entwicklungsprozesses. Ihre Verfasser waren weder Augenzeugen, noch hatten sie eigene Kenntnisse von den Vorgängen des Lebens und Wirkens Jesu; aber sie haben in ihren Schriften älteres *Material* aufbewahrt, das danach befragt werden kann. Freilich kommt nur ein kleiner Teil dieses Materials dafür in Betracht. Es sind Maßstäbe entwickelt worden, die es erlauben, die alten Traditionen ausfindig zu machen. Das ist darum wichtig, weil diese zu einer Zeit entstanden, in der das Leben der Gemeinden noch durch die Augenzeugen des Geschehens, die Jünger Jesu also, mitbestimmt wurde. Ein weiterer Anhaltspunkt ergibt sich aus dem Geschichtsverlauf. Durch das Wirken Jesu ist auf dem Boden des Judentums eine neue Bewegung mit eigenem Gepräge entstanden. Man wird also in der Regel solche Worte und Begebenheiten mit ihm in Verbindung bringen, die einen geschichtlichen Impuls erkennen lassen, die einerseits den Rahmen des Judentums sprengen und andererseits auf das Neue hindrängen, das in der Urgemeinde und dem Urchristentum[1] dann

---

1 Unter Urgemeinde hat man die nach Ostern sich formierende Gemeinschaft von Jesus-Anhängern in Jerusalem zu verstehen, unter Urchristentum die christliche Bewegung des 1. Jahrhunderts im ganzen.

Gestalt annahm. Trotzdem ist es oft nicht leicht, über einzelne Worte und Erzählungen ein sicheres Urteil zu fällen. Die Meinungen der Forscher gehen denn auch da und dort stark auseinander.

Die Evangelienüberlieferung vermittelt einen Eindruck vom *Wirken* Jesu. *Biographisch* ist sie hingegen wenig ergiebig. Ein Bild vom Lebensweg und der Persönlichkeit Jesu läßt sich daraus nicht gewinnen. Viele Fragen, mit denen wir an sie herantreten, bleiben ohne Antwort. So erfahren wir nichts über das Aussehen und die körperliche Gestalt Jesu, über seinen Charakter, seine Entwicklung von den Kindheitsjahren zum Mannesalter, nichts über Ausbildung und Beruf, nichts über seine wirtschaftlichen Verhältnisse und seine gesellschaftliche Stellung. Nichts verlautet auch darüber, ob er verheiratet war oder weshalb er ehelos blieb. Ebensowenig ist in der Überlieferung die Bemühung erkennbar, die Entscheidungen und Taten Jesu von seinen Motiven her zu erläutern oder Zusammenhänge und Hintergründe aufzuzeigen. Weshalb hat sich Jesus zum Beispiel der Täuferbewegung angeschlossen? Wie beurteilte er die sich formierende Feindschaft der offiziellen und einflußreichen Kreise? Hat er mit einem gewaltsamen Tod gerechnet?

Das wenige, was die Evangelien an biographischen Nachrichten enthalten, ist rasch zusammengestellt. Jesus ist in Nazareth, einem kleinen, im Bergland Galiläas gelegenen Dorf aufgewachsen. Wahrscheinlich ist er da auch geboren, wie sein Beiname »Nazarener« zu zeigen scheint. Sein Vater war ein Zimmermann namens Josef; seine Mutter hieß Maria. Das Geburtsjahr läßt sich nicht errechnen. Wir haben keine zuverlässigen Quellen über die Geburt und die Kindheit Jesu. Die bekannten Geburtsgeschichten bei Matthäus und Lukas können nicht als solche gelten. Sie gehören einer jungen Überlieferungsschicht an und sind als Legenden anzusehen, was die Bedenken gegen die historische Auswertung ihrer Angaben verstärkt. Diese sind im übrigen widersprüchlich. Matthäus verlegt die Geburt Jesu noch in die Regierungszeit Herodes des Großen (gest. 4 *vor* Chr.), während Lukas sie mit dem sog. Zensus (Volkszählung) in Verbindung bringt, den Augustus bei Übernahme Judäas in römische Verwaltung im Jahre 6/7 *nach* Chr. angeordnet hatte.

Die Evangelien sprechen gelegentlich von Brüdern und Schwestern Jesu. Bei ihnen hat Jesus kein Verständnis gefunden, ebensowenig bei seiner Mutter. Manche Bemerkungen erwecken den Eindruck, als habe sich Jesus von seiner Familie losgesagt. Nach seinem Tod hingegen schlossen sich Maria und sein Bruder Jakobus der Urgemeinde in Jerusalem an. Jakobus war lange Jahre ihr Leiter.

Jesus ist nach dem Tod Johannes des Täufers an die Öffentlichkeit getreten. Er hat, ähnlich wie die jüdischen Gesetzeslehrer, die Rabbinen, einen Jüngerkreis gesammelt und zunächst in Galiläa, dann in Jerusalem gewirkt. Kapernaum, am nördlichen Ufer des Sees Genezareth gelegen, war wohl ein bevorzugter Ort seines Wirkens. Vielleicht stand ihm dort sogar ein Haus zur Verfügung. Im übrigen führte er ein Wanderleben. Für seinen Lebensunterhalt (und den seiner Jünger) sorgte ein Kreis von Anhängern und Freunden. Über die Dauer seines Wirkens lassen sich keine Angaben machen.

Der Weg nach Jerusalem, dem politischen und religiösen Zentrum des Judentums, war ein Weg in den Tod. Um das Jahr 30 wurde er auf Betreiben seiner jüdischen Feinde von dem römischen Statthalter Pilatus (26–36 n. Chr.) zum Tode verurteilt und am Kreuz hingerichtet.

Die Begegnung mit Johannes dem Täufer war für Jesus das entscheidende Ereignis. Sie hat ihm eine Wahrheit erschlossen, die ihn von nun an ganz in Anspruch nahm und seinen Dienst forderte. Der sachliche Gehalt dieser Wahrheit ist von Jesus selbst mit dem Begriff der »Gottesherrschaft« umschrieben worden (vgl. S. 21 f.). Sie bestand in der Überzeugung, daß die Endzeit als Heil oder Gericht jetzt anbricht und darum jetzt endgültige, letzte Entscheidungen fallen – sowohl auf seiten Gottes wie auf der der Menschen.

Diese Überzeugung war Johannes und Jesus gemeinsam. Während jedoch Johannes den Ernst der Stunde durch eine asketische Lebensführung veranschaulichte, begegnete Jesus seinen Zeitgenossen als einer der Ihren. Sein Ort war nicht die Wüste, sondern da, wo der Alltag des Lebens sich abspielte, wo man arbeitete oder feierte, sich plagte oder es sich gut sein ließ, sich verloren gab oder mit sich zufrieden war. Auch der Grundtenor der Verkündigung ist bei Jesus ein anderer. Johannes sah am Horizont der Gegenwart den Zorn Gottes heraufziehen. So auch Jesus; aber für ihn hatte die Nähe der Gottesherrschaft zugleich und vor allem Heilssinn. Ihr Anbrechen war für ihn ein Geschehen, das ein neues Leben eröffnet. Gottes Nähe hat in Jesu Botschaft letztlich nichts Bedrohliches, sondern ist Grund zur Freude.

Die Verkündigung Jesu stellt kein umfassendes religiös-theologisches Gedankengebäude dar, sondern besteht in einer Vielzahl von Einzelworten, die in eine konkrete Situation hinein gesprochen sind. Ihr Merkmal ist die unmittelbare Nähe zu dem Leben der Menschen, denen Jesus begegnete. Dennoch fällt seine Verkündigung nicht in Einzelheiten und Gelegenheitsäußerungen auseinander. Es sind einige Grundthemen erkennbar: einmal das Anbrechen der endzeitlichen Gottesherrschaft (Abschnitt 1), dann: Gott selbst, wie er den Menschen sieht und wie er sich zu ihm verhält. Jesus sagt zwar nichts Neues, wenn er Gott den »Vater« nennt, der den Menschen mit vergebender und tragender Güte umfängt; aber dies wird zum beherrschenden Gesichtspunkt. Darin liegt das Neue im Gottesgedanken Jesu (Abschnitt 2). Eine große Zahl von Worten haben schließlich das Verhalten des Menschen zum Thema. Der Gegensatz zum damaligen Judentum wird hier besonders deutlich. Die Frage »Was soll ich tun?« galt längst für endgültig beantwortet – in dem von Gott offenbarten, durch Mose vermittelten Gesetz, der Tora, die das private, religiös-kultische und gesellschaftliche Leben bis ins kleinste hinein erfaßte. Jesus hat die Tora nicht revolutionär außer Kraft setzen wollen. Aber er hat dahinter zurück gefragt, um Gottes ursprünglichen Willen unverstellt zur Geltung zu bringen. Dabei verfiel allerdings vieles der Kritik, insbesondere aus dem Bereich der religiös-kultischen Bestimmungen (Abschnitt 3). Zugleich hat Jesus jedoch die ethische Forderung viel tiefer angesetzt und radikal verschärft. Ihr Gehalt kommt in dem Gebot der Liebe zum Ausdruck (Abschnitt 4).

Mit alledem hat Jesus eine neue Gotteserfahrung erschlossen. Im Grunde war es ein anderer Gott, der aus seinen Worten sprach, ein anderer als der, den man seit langem kannte. Dabei ging es jedoch nicht um eine theologische Theorie. Er hat die Menschen, indem er sie ansprach, unmittelbar vor Gott gestellt und damit ihr Leben in ein neues Licht gerückt. So faßten sie wieder Fuß, und ihr Leben bekam Grund und Sinn, Maß und Ziel. Die Worte Jesu haben erstlich und letztlich den Menschen im Auge. Sie sind die Zeichen eines Weges, der in die Freiheit führen sollte.

Vieles von dem, was Jesus damals sagte, klingt für uns heute selbstverständlich und schlicht vernünftig. Damals sah das freilich ganz anders aus. Eine große Zahl von Menschen hat Jesu Wort als Befreiung erfahren, also als etwas ganz und gar nicht Selbstverständliches. Andere haben in Jesus einen gefährlichen Neuerer gesehen, der mit empörender Anmaßung die gottgegebene, durch Jahrhunderte bewährte Lebensordnung in Frage stellte.

Gerade diese Sachlage macht deutlich, wie ungeheuer der Anspruch war, der hinter Jesu Verkündigung und Taten stand. Man hat denn auch energisch die Frage nach seiner Autorität und Legitimation gestellt. Wer war er denn, dieser Zimmermannssohn aus Nazareth? Ein Schriftgelehrter, der mit besonderer Überzeugungskraft ausgerüstet war? Ein Prophet? Einer der Männer, deren Wiederkommen die Endzeit ankündigen sollte? Es ist nicht ausgeschlossen, daß man ihn insgeheim für den Messias hielt. Jesus hat sich nie dazu geäußert, wer er war, wie er sich und sein Wirken verstand und wie er gesehen werden wollte. Nie hat er sich als Messias oder Gottessohn bezeichnet oder mit einem anderen Hoheitstitel die Frage seines Selbstverständnisses beantwortet. Alle diese Titel hat erst die Gemeinde an ihn herangetragen, aus dem Bedürfnis heraus, die Frage, wer er sei, ein für allemal und umfassend zu beantworten. Jesus selbst hat es offenbar sogar abgelehnt, sich auszuweisen; er hat nicht einmal auf eine Berufung durch Gott verwiesen, wie das die alttestamentlichen Propheten und auch Paulus taten. Der Anspruch, den er erhob, war für ihn vielmehr mit der Sache gegeben, die er vertrat (vgl. S. 23). Sie war es, die ihn in seinem Anspruch trug und legitimierte. Ihre Wahrheit war seine Autorität. Darum forderte er, anders als später die Gemeinde, nicht den Glauben an sich, sondern dies, daß man hörte, was er sagte, und sich seiner Botschaft anvertraute. In der Gemeinde wurde Jesu Autorität dann auf Formeln gebracht. Man kann ihr das Recht dazu nicht bestreiten. Aber es muß klar sein, daß alle Fixierungen nur darin ihren Sinn haben, auf die Sache zurückzuverweisen, für die Jesus lebte und in den Tod ging.

1. Die anbrechende Gottesherrschaft

Die Verkündigung Jesu ist in hohem Maße von Anschauungen bestimmt, die von der Apokalyptik entwickelt wurden. Mit »Apokalyptik« bezeichnet man die durch eine akute Enderwartung geprägten Bewegungen und Strömungen des späten Judentums (seit etwa der Mitte des zweiten Jahrhunderts vor Chr.). Ein Grundzug der Apokalyptik war die Lehre von zwei sich ablösenden Weltzeiten oder Äonen, dem gegenwärtigen bösen Äon, in dem Sünde, Ungerechtigkeit und Gewalt triumphieren und der deshalb der Vernichtung anheimfällt, auf der einen Seite und dem kommenden Äon des Heils und des Lebens ohne Schmerz, Leid und Tod auf der anderen. So war auch Jesus überzeugt, daß das Weltende in Gestalt einer kosmischen Katastrophe hereinbrechen und Gott eine neue Zeit und Welt heraufführen wird – und zwar noch in der gegenwärtigen Generation. Ganz selbstverständlich sprach er auch von einem Endgericht, der Hölle, ewiger Pein und der Finsternis als dem Ort ewiger Strafe. Das Heil kennzeichnete er als Tischgemeinschaft mit Abraham, Isaak und Jakob, den Vätern Israels, im kommenden Äon. Jedoch hat Jesus auf eine Ausmalung der Endereignisse verzichtet. Die apokalyptischen Motive und Vorstellungen waren nicht der eigentliche Inhalt seiner Verkündigung; sie klingen immer nur kurz auf. Sie sind deswegen nicht unwichtig. So fremd sie uns heute anmuten mögen, sie stehen im Dienst seiner Verkündigung, und zwar insofern, als sie den Horizont der menschlichen Existenz und aller Geschichte in den Blick bringen und so ein bestimmtes Welt- und Selbstverständnis vermitteln. In diesem Sinne ist seine Verkündigung *eschatologische* Verkündigung.

Im Zentrum dieser Verkündigung steht der Begriff der (Königs-)Herrschaft Gottes. Man hat Jesus geradezu den Propheten der Gottesherrschaft genannt. Die Wurzeln des Begriffs reichen weit zurück in die alttestamentlich-jüdische Tradition. Er hat hier aber keine beherrschende Rolle gespielt. Schon das nachexilische Israel hat seinen Glauben in dem Satz ausgesprochen: Gott ist König. Man bekannte sich im kultischen Lied feierlich zu diesem Glauben und pries Gottes ewige, alle Völker und die ganze Schöpfung umspannende herrscherliche Macht. Obgleich das eigene Schicksal das Gegenteil, nämlich die Ohnmacht Gottes zu beweisen schien, hielt man an diesem Bekenntnis fest. Man gab ihm die Form der *Erwartung*, daß Gott seine Herrschaft aus der gegenwärtigen Verborgenheit herausführen und vor aller Welt machtvoll offenbaren würde. Andererseits griff man den *Widerspruch* bewußt auf und sprach von dem »Joch der Gottesherrschaft«, das man als Jude und als Heide beim Übertritt zum Judentum auf sich zu nehmen habe. Der Sache nach waren damit das Bekenntnis zu dem einen, verborgenen Gott und der Gehorsam gegen sein Gesetz gemeint. Für Jesus war »Gottesherrschaft« der Inbegriff einer Erwartung, die auf den kommenden *Heils-Äon* gerichtet ist. Das entscheidende Merkmal dieses Äons sah er darin, daß Gott herrscht. Alles ist bei ihm auf dieses Moment konzentriert. Um es in seinem ganzen Gewicht zur Geltung kommen zu lassen, hat er die ausmalenden Beschreibungen irgendwelcher Heilszustände, wie sie die Apokalyptik bot, beiseite geschoben. Charakteristischerweise fehlt bei Jesus auch das nationalpolitische Element, das die Erwartungsinhalte damals sonst weithin prägte. In der Gottesherrschaft hat Israel als Gottesvolk nach Auffassung Jesu keine Vorzugsstellung. Jesus sieht mit ihr vielmehr ein Ereignis in die Welt hereinbrechen, das die Menschheit insgesamt und jeden persönlich trifft und zum Heil oder Verderben für sie ausschlägt. Darum verkündigt er die Gottesherrschaft in der Weise, daß den Hörern durch Angriff und Drohung, Kritik und Ermahnung, Zuspruch und Ermunterung die Wirklichkeit ihres Lebens erschlossen wird und sie im Lichte seines Wortes begreifen, zu welchen Konsequenzen sie nun gefordert oder befreit sind.

Der Begriff Gottesherrschaft hat nicht in allen Jesusworten die gleiche Bedeutung. Einerseits bezeichnet er das *Geschehen*, in dem Gottes Herrschaft wirksam wird. Auf der anderen Seite nötigen einige Worte zu einem räumlichen Verständnis. Gottesherrschaft bedeutet hier den *Lebensraum*, der dem Menschen gewährt wird, in den er eingehen darf oder von dem er ausgeschlossen bleibt. In diesem Fall kann man auch von einem *Reich* Gottes sprechen.

Die Nähe der Gottesherrschaft

Jesus sah den Horizont der Zeit eng begrenzt. Er erwartete das Anbrechen der Gottesherrschaft noch für seine Generation. Seine Verkündigung kennzeichnet also eine eschatologische Naherwartung, ähnlich wie wir sie bei Johannes dem Täufer kennengelernt haben. Anders als dieser hat Jesus aber nicht das Bedrohliche an der zeitlichen Nähe der Gottesherrschaft herausgestellt. Überhaupt hat die Terminfrage bei ihm kein großes Gewicht. Die gespannte Naherwartung war eine Anschauung, die er mit vielen anderen teilte.

Es sind nur sehr wenige Worte erhalten, in denen Jesus die zeitliche Nähe der Gottesherrschaft ausdrücklich ansagt. So verwies er etwa auf Zeichen, aus denen man auf sie schließen kann, nicht weniger sicher als aus dem Treiben des Feigenbaumes auf die Nähe des Sommers.

Amen, ich sage euch, diese Generation wird gewiß nicht vergehen, bis dies alles geschieht. (Mk 13, 30)

Amen, ich sage euch, es sind einige unter denen, die hier stehen, die werden den Tod nicht schmecken, bis sie die Herrschaft Gottes sehen gekommen in Kraft. (Mk 9, 1)

Vom Feigenbaum lernt ein Gleichnis. Wenn seine Zweige schon zart werden und Blätter treiben, so erkennt man, daß der Sommer nahe ist. So auch ihr: Wenn ihr dies geschehen seht, so erkennt, daß es nahe vor der Tür steht. (Mk 13, 28.29)

Ich werde nicht mehr von dem Gewächs des Weinstocks trinken, bis zu dem Tage, wo ich es neu trinke in der Herrschaft Gottes [2]. (Mk 14, 25)

Im Horizont der künftigen Gottesherrschaft

Jesus hat die künftigen Dinge nicht beschrieben, weder das Gericht noch die neue Welt Gottes, sondern immer nur gesagt, wie die Gottesherrschaft die Menschen betreffen wird und was man von ihr zu gewärtigen hat. Viele seiner Worte sind von bestürzender Schärfe. Niemand konnte sich in seinem Leben und seinen Auffassungen bestätigt fühlen. Er ließ keinen Zweifel daran, daß Gott überraschend anders verfahren wird als erwartet und für sicher angenommen. Auf diese Weise forderte er seine Hörer dazu heraus, neu über sich nachzudenken und nach dem Ertrag des eigenen Lebens zu fragen.

Jesus hat sich in seiner eschatologischen Verkündigung mit Vorliebe des *Gleichnisses* als Stilform bedient. Wie keine andere Form scheint das Gleichnis für Jesus charakteristisch gewesen zu sein. Sie war freilich auch bei den Rabbinen verbreitet. Bei Jesus hat sie eine geradezu klassische Gestalt gewonnen. Viele seiner Gleichnisse sind von unvergleichlicher sprachlicher Schönheit und Ausdruckskraft. Das Gleichnis stellt einen alltäglichen und allgemein bekannten Vorgang vor Augen, um von daher Einsicht in einen noch nicht erkannten Sachverhalt zu geben. Sehr oft wird es durch eine Einführungsformel kenntlich gemacht. Meist lautet sie: »Mit der Gottesherrschaft verhält (ist) es sich wie ...«.

Um ein Gleichnis handelt es sich in dem folgenden Text. Jedermann weiß, was der Fischer tut, wenn er seinen Fang gemacht hat. Jesus meint, so kann man auch wissen, was auf die Menschen mit der Gottesherrschaft zukommt.

Mit dem Himmelreich verhält es sich wie mit einem Netz, das ins Meer geworfen worden ist und Fische jeder Art sammelte. Als es voll war, zog man es an das Ufer, setzte sich hin und sammelte die guten in den Eimer, die schlechten warf man hinaus. (So wird es sein am Ende der Zeit: Die Engel werden ausgehen und die Bösen unter den Gerechten aussondern und sie in den Feuerofen werfen [3].) (Mt 13, 47–50)

Wenn Jesus von der Gottesherrschaft sprach, dann wollte er die Verantwortlichkeit der Menschen für ihre Worte und Taten einschärfen. Es ist ein Wahn, zu meinen, daß man dies mit sich selbst aushandeln könne. Rechenschaftsablage ist das Thema des bekannten Gleichnisses von den *Talenten*. Hier schildert Jesus einen Großkaufmann, der nach seiner Rückkehr von einer langen Reise mit seinen Sklaven abrechnet. Der Blick haftet an dem einen »faulen« Sklaven, der das ihm anvertraute Talent aus Furcht eingräbt, obwohl er weiß, daß sein Herr einen Gewinn sehen will. Die Katastrophe ist unvermeidlich: So kommt die Gottesherrschaft als Katastrophe auf die

---

2 Ob die beiden zuerst angeführten Aussprüche auf Jesus zurückgehen, ist umstritten. Möglicherweise handelt es sich um Bildungen der Gemeinde.

3 Die eingeklammerten Sätze stellen eine nachträglich angefügte, sachlich aber zutreffende Erläuterung des Gleichnisses dar. – Die sprachliche Variante »Himmelreich« (statt Gottesherrschaft), die Matthäus bevorzugt, erklärt sich aus der Scheu des Juden, den Namen Gottes auszusprechen.

Menschen zu, die wohl wissen, was von ihnen verlangt ist, es aber dennoch nicht tun. Wer sich auf seine Furcht herauszureden versucht, muß erfahren, daß er sich damit selbst das Urteil spricht.

Von jedem nichtsnutzigen Wort, das die Menschen reden, müssen sie am Gerichtstag Rechenschaft ablegen. (Mt 12, 36)

Es ist, wie wenn ein Mann vor der Abreise seine Sklaven rief und ihnen seine Habe übergab. Dem einen gab er fünf Talente [4], dem zweiten zwei, dem dritten eins, jedem nach seiner Tüchtigkeit, und reiste ab. Sofort ging der, der die fünf Talente bekommen hatte, weg und machte Geschäfte mit ihnen und gewann weitere fünf. Desgleichen gewann der mit den zweien weitere zwei. Der aber, der das eine bekommen hatte, ging hin, grub ein Loch in die Erde und versteckte das Geld seines Herrn.

Nach langer Zeit aber kam der Herr jener Sklaven und rechnete mit ihnen ab. Der die fünf Talente bekommen hatte, trat herzu, brachte weitere fünf Talente und sagte: »Herr, fünf Talente hast du mir übergeben, da sind andere fünf, die ich gewonnen habe.« Sein Herr sprach zu ihm: »Gut, du tüchtiger und treuer Sklave. Du bist über wenigem treu gewesen, ich will dich über viel setzen; gehe ein zu deines Herrn Freude!« Auch der mit den zwei Talenten trat herzu und sagte: »Herr, zwei Talente hast du mir übergeben, da sind weitere zwei, die ich gewonnen habe.« Sein Herr sprach zu ihm: »Gut, du tüchtiger und treuer Sklave. Du bist über wenigem treu gewesen, ich will dich über viel setzen; gehe ein zu deines Herrn Freude!« Es trat aber auch der herzu, der das eine Talent bekommen hatte, und sagte: »Herr, ich kenne dich als einen harten Mann, daß du erntest, wo du nicht gesät, und sammelst, wo du nicht ausgeteilt; und aus Furcht ging ich hin und verbarg dein Talent in der Erde – da hast du dein Eigentum.« Sein Herr aber gab ihm zur Antwort: »Du böser und fauler Sklave! Du wußtest doch, daß ich ernte, wo ich nicht gesät, und sammle, wo ich nicht ausgeteilt! Dann hättest du mein Geld den Wechslern bringen sollen; dann hätte ich bei der Heimkehr mein Eigentum mit Zinsen wieder bekommen. Darum nehmt ihm das Talent und gebt es dem, der die zehn Talente hat. Den nichtsnutzigen Sklaven werft hinaus in die Finsternis draußen; dort wird sein Heulen und Zähneknirschen.«

(Mt 25, 14–30)

Mit scharfen Worten hat Jesus seinem *Volk* das *Gericht* angekündigt. Ihm war mit der Erwählung zum Gottesvolk das Heil versprochen worden. Durch sein gottloses Verhalten und seinen Ungehorsam hat es jedoch seine Anwartschaft darauf verspielt. *Anderen* wird das Heil zuteil werden: den Heiden aus Ost und West und dem Auswurf der Gesellschaft.

---

4 1 Talent entspricht (in syrischer Währung) 985,– DM. Es handelt sich um sehr hohe Summen, mit denen im Gleichnis gearbeitet werden soll. In der Lukasfassung ist von Minen die Rede, deren Wert etwa 80,– DM betrug.

Viele werden von Osten und Westen kommen und mit Abraham, Isaak und Jakob im Himmelreich zu Tische liegen. Die Söhne des Reiches aber werden in die Finsternis draußen geworfen werden. (Mt 8, 11–12)

Amen, ich sage euch: Die Zöllner und Dirnen kommen vor euch in die Gottesherrschaft. (Mt 21, 31)

Vor allem hat Jesus den Armen, Hungernden und Weinenden, also denen, die das Leben als Last erfuhren, das Heil der Gottesherrschaft zugesprochen. Sie müssen die sogenannten *Seligpreisungen* als die große Befreiung gehört und verstanden haben. Ihr Ja hob das Nein auf, das das Schicksal zu sprechen und die Gesellschaft unerbittlich zu vollziehen schien, und schuf damit neue Möglichkeiten. Die Pointe dieses Zuspruchs liegt darin, daß er diejenigen ausschloß, die ihrer Sache im Blick auf das Heil der Gottesherrschaft sicher waren.

Heil euch Armen, denn euer ist die Gottesherrschaft.
Heil euch, die ihr jetzt hungert; denn ihr werdet satt werden.
Heil euch, die ihr jetzt weint; denn ihr werdet lachen. (Lk 6, 20–21)

Bekannter sind die Seligpreisungen in der Form, in der sie das Matthäusevangelium bietet[5]:

Selig, die arm sind im Geist, denn ihrer ist das Himmelreich.
Selig die Trauernden, denn sie werden getröstet werden.
Selig die Demütigen, denn sie werden die Erde erben.
Selig, die nach Gerechtigkeit hungern und dürsten, denn sie werden gesättigt werden.
Selig die Barmherzigen, denn sie werden Erbarmen finden.
Selig, die reines Herzens sind, denn sie werden Gott schauen.
Selig die Friedensstifter, denn sie werden Söhne Gottes heißen.
Selig die um der Gerechtigkeit willen Verfolgten, denn ihrer ist das Himmelreich. (Mt 5, 3–10)

Energisch wies Jesus den Versuch zurück, das endgültige Urteil über die Menschen vorwegzunehmen und bereits jetzt, in der Zeit, zu vollziehen. Wer das tut, handelt so unmöglich und unsachgemäß wie ein Bauer, der vor der Ernte das Unkraut von dem Weizen trennen und verbrennen wollte. Dadurch würde alles verdorben. In

5 Diese Form hat die Gemeinde den ursprünglichen Seligpreisungen Jesu gegeben. Ihr Umfang ist hier beträchtlich erweitert. Aber das ist nicht die einzige Veränderung. Hatte Jesus einen als anwesend zu denkenden Personenkreis unmittelbar mit »ihr« angesprochen, so werden nun allgemeine und allgemein gültige Regeln formuliert, in denen Heilsverheißungen auf bestimmte Bedingungen bezogen werden: »Selig sind die...; denn sie werden...«. Die Veränderung der Sprachgestalt zeigt eine inhaltliche Verschiebung an. Bei Jesus waren die Seligpreisungen konkreter Zuspruch. In der Gemeindeüberlieferung wurde daraus eine tafelartige Zusammenstellung christlicher Eigenschaften und Verhaltensweisen.

diesem Gleichnis schiebt Jesus das Gericht bewußt über die Zeit hinaus in die endzeitliche *Zukunft* der Gottesherrschaft. Ihre Zukünftigkeit ist ein tragendes theologisches Motiv. Das letztgültige Urteil ist dem Menschen entzogen und allein Gottes Sache. Es hat verheerende Folgen, wollten sich Menschen Gottes Recht anmaßen. Vielleicht hat Jesus mit diesem Gleichnis einem ungeduldigen Fanatismus entgegenzuwirken versucht, den es in den messianisch-eschatologischen Bewegungen der Zeit und auch im Kreis seiner Anhänger gegeben haben mag.

Mit der Himmelsherrschaft verhält es sich wie mit einem Mann, der guten Samen in seinen Acker gesät hatte. Als die Leute schliefen, kam sein Feind und säte Unkraut zwischen den Weizen und ging davon. Als aber die Saat aufging und Frucht ansetzte, da zeigte sich auch das Unkraut. Da traten die Sklaven des Hausherrn herzu und sagten zu ihm: »Herr, hast du nicht guten Samen auf deinen Acker gesät? Woher hat er denn das Unkraut?« Er aber sprach zu ihnen: »Das hat ein Feind getan.« Und die Sklaven sagten zu ihm: »Willst du, daß wir hingehen und es sammeln?« Er aber sprach: »Nein, damit ihr nicht beim Sammeln des Unkrauts zugleich auch den Weizen ausreißt. Laßt beides zusammen wachsen bis zur Ernte; und zur Zeit der Ernte werde ich den Schnittern sagen: Sammelt zuerst das Unkraut und bindet es in Bündel, um es zu verbrennen, den Weizen aber bringt in meine Scheuer!«

(Mt 13, 24–30)

Jesus hat sich nicht nur als Prophet einer kommenden Gottesherrschaft verstanden, sondern zugleich als den *jetzt*, in der Gegenwart, gewährten Erweis ihrer Wirklichkeit und Macht. In seiner eigenen Verkündigung und in seinen Taten sah er sie zum Zuge kommen. Unter den Taten sind die Dämonenaustreibungen besonders hervorgehoben. Sie waren deswegen von erhöhter Beweiskraft, weil dämonische Besessenheit – wir würden heute von Geisteskrankheit sprechen – als Offenbarung satanischer Macht galt. Jesus war davon überzeugt, daß in dem, was durch seine Hände geschah, die alte prophetische Heilsverheißung sich erfüllte – für den, der sehen und begreifen wollte. Darum war schon jetzt Zeit der Freude.

Blinde werden sehend, und Lahme gehen.
Aussätzige werden rein, und Stumme hören.
Tote werden auferweckt, und den Armen wird das Evangelium verkündigt.
Heil dem, der sich nicht an mir ärgert[6]. (Mt 11, 5–6)

Wenn ich mit dem Finger Gottes Dämonen austreibe, ist die Gottesherrschaft bereits zu euch gelangt. (Lk 11, 20)

---

6 Die Aufzählung der Werke Jesu hält sich im Wortlaut sehr eng an alte Prophetenworte. Diese sollen als erfüllt dargestellt werden. Jesus sah endzeitliches Heil zeichenhaft in die Gegenwart hereinwirken. Daß Jesus außergewöhnliche Taten vollbrachte, ist historisch kaum zu bestreiten. Auch seine Gegner mußten seine Erfolge anerkennen. Sie führten sie aber auf die Macht des Satans zurück. Von der historischen Feststellung zu trennen ist die Frage, wie die Wundererzählungen der Evangelien zu beurteilen sind (vgl. S. 129 ff.).

Die Gottesherrschaft kommt nicht so, daß man es beobachten kann. Man kann auch nicht sagen: Siehe hier oder dort. Denn siehe, Gottes Herrschaft ist unter euch[7]. (Lk 17, 20–21)

Die Johannesjünger und die Pharisäer pflegten zu fasten. Und man kam und sagte zu ihm: »Weshalb fasten die Jünger der Pharisäer und des Täufers, die deinen aber nicht?« Da sagte ihnen Jesus: »Können denn die Hochzeitsleute fasten, solange der Bräutigam bei ihnen ist[8]?« (Mk 2, 18.19)

Heil den Augen, die sehen, was ihr seht; denn ich sage euch: Viele Propheten und Könige wollten sehen, was ihr seht, und haben es nicht gesehen und wollten hören, was ihr hört, und haben es nicht gehört. (Lk 10, 23–24)

Die Gottesherrschaft ist in Jesu Verkündigung Gegenwart und Zukunft zugleich. Die Gegenwarts- und Zukunftsaussagen dürfen nicht gegeneinander ausgespielt werden. Gerade ihr spannungsvolles Nebeneinander macht die Eigenart der eschatologischen Verkündigung Jesu aus. In seinem gegenwärtigen Wirken sah Jesus das Kommende sich ankündigen. Deshalb die Gegenwartsaussagen. Wenn gleichwohl die Künftigkeit der Gottesherrschaft betont wird, so soll das Mißverständnis abgewehrt werden, als sei schon das die volle Heilswirklichkeit, was jetzt durch Jesus in Erscheinung getreten ist.

Diese Spannung bestimmt die Gleichnisse vom *Senfkorn* und *Sauerteig*. Beide Male geht es um eine kontrastierende Gegenüberstellung: wie winzig das Senfkorn und doch so mächtig der Strauch, der daraus wird; ein bißchen Sauerteig, und doch durchsäuert er eine große Teigmenge! Was es mit der Gottesherrschaft ist, wird erst das Ende sichtbar machen. Im Augenblick ist sie noch eine unscheinbare Größe; Mißerfolg, Ohnmacht, Widerspruch und Leiden sind ihr Geschick. Man darf sich dadurch aber nicht irremachen lassen; die Zukunft wird ein ganz anderes Bild enthüllen.

Mit der Himmelsherrschaft ist es wie mit dem Senfkorn. Ein Mann nahm es und säte es in seinen Acker. Es ist der kleinste von allen Samen. Wenn es aber ausgewachsen ist, ist es größer als alle Pflanzen und wird ein Baum, so daß die Vögel unter dem Himmel kommen und in seinem Gezweig nisten können. (Mt 13, 31–32)

Mit der Himmelsherrschaft ist es wie mit dem Sauerteig. Eine Frau nahm ihn und verbarg ihn in drei Sat Mehl[9], bis es ganz durchsäuert war. (Mt 13, 33)

Viel von dem Samen, den ein Bauer ausstreut, geht verloren. Das weiß jeder. Aber der kleine Teil, der auf guten Boden fällt, bringt überreichlich Frucht. Darauf darf

7 Nicht: »inwendig in euch«, wie Luther übersetzte und bis heute oft zitiert wird. Für Jesus war die Gottesherrschaft keine Sache religiöser Innerlichkeit und frommer Empfindung, bei der die Wirklichkeit des Lebens und der Welt außer Betracht bleibt.

8 Die Hochzeit ist das Bild für die Heilszeit und Bild endzeitlicher Freude.

9 3 Sat sind etwa 80 Pfund.

sich der Bauer verlassen. Wer sich auf die Sache der Gottesherrschaft eingelassen und sich in ihren Dienst gestellt hat, kann daraus lernen. Viel Mühe ist umsonst. Dennoch besteht kein Grund, sich Sorgen zu machen. Der Erfolg wird sich gewiß einstellen.

Ein Sämann ging aus, zu säen. Beim Säen fiel einiges auf den Weg; da kamen die Vögel und fraßen es auf. Anderes fiel auf Felsboden, wo es nicht viel Erde hatte; und es sproßte sofort auf, weil es keine tiefe Erdschicht hatte; doch als die Sonne aufging, da wurde es versengt, und weil es keine Wurzel hatte, verdorrte es. Anderes fiel in die Dornen; da gingen die Dornen auf und erstickten es, und es brachte keine Frucht. Und anderes fiel auf gutes Land und brachte Frucht; es ging auf, wuchs und trug dreißig-, sechzig- und hundertfach. (Mk 4, 3–8)

Die Saat wächst und reift von selbst zur Frucht. Der Bauer tut nichts dazu. Diesen Sachverhalt rückt Jesus in einem Gleichnis in den Blick, um einen religiösen, wohl aus einer gespannten Enderwartung genährten Fanatismus abzuwehren: Wer mit der Gottesherrschaft zu tun hat, muß warten und darauf vertrauen können, daß Gott den Erfolg am Ende sichtbar machen wird.

Mit der Gottesherrschaft verhält es sich so, wie wenn ein Mann Samen aufs Land streut und schläft und wieder aufsteht, Nacht und Tag. Der Same sproßt und schießt auf, ohne daß er davon weiß; selbsttätig bringt die Erde Frucht, erst Halm, dann Ähre, dann volles Korn in der Ähre. Wenn aber die Frucht es erlaubt, schickt er sofort die Sichel hin, denn die Ernte ist da. (Mk 4, 27–29)

Die Stunde der Entscheidung

Jesu Predigt von der Herrschaft Gottes hat nicht den Charakter einer Wissensvermittlung über die Endereignisse, etwa über die Zumessung von Lohn und Strafe, die sich die Menschen durch ihre Taten erwirkt haben. Sie ist vielmehr ein sich in Wortgestalt darbietendes Geschehen, das eine persönliche Stellungnahme und eine bewußte und bedachte Entscheidung herausfordert. Es geht darin nicht nur um Dinge am Rande oder auch um Fragen der Lebensgestaltung, sondern um das Ganze der menschlichen Existenz. Je nachdem, ob man Jesu Wort annimmt oder ablehnt, bedeutet das Heil und Leben oder Verdammnis und Tod. Jesu Wort ist selbst der Maßstab des endzeitlichen Urteils, das Gott fällen wird. Jesus hat freilich nie erklärt, begründet oder gar bewiesen, weshalb das so ist. Er hat die Menschen seiner Zeit so angesprochen, daß sie unmittelbar Vertrauen faßten und überzeugt wurden – oder sich empört abwandten. Viele Zeitgenossen, gerade solche, die für verworfen und verloren galten und sich auch selbst dafür ansahen, haben begriffen, was ihnen mit Jesu Botschaft angeboten wurde. Andere, vor allem die Repräsentanten des damaligen Israel, haben sich ihm ebenso entschieden verweigert – das war für sie keine Wahrheit, der sie sich öffnen konnten.

Die Herrschaft Gottes nimmt den Menschen in Anspruch, fordert ihn heraus, will etwas von ihm. Man muß sich auf sie einlassen und ungeteilt auf sie einstellen. Wer alles einzusetzen wagt, und nur er, wird gewinnen – nicht anders als der Mann, der im Acker einen *Schatz*, oder der Händler, der eine überaus wertvolle *Perle* fand. Der springende Punkt ist in diesen Gleichnissen der entschlossene, das Risiko nicht scheuende Einsatz (nicht der unvergleichliche Wert des märchenhaften Schatzes und der Perle auf der einen Seite und der Gottesherrschaft auf der anderen).

Mit der Himmelsherrschaft ist es wie mit einem im Acker verborgenen Schatz, den jemand fand und verbarg; und er ging hin in seiner Freude und verkaufte alles, was er besaß, und kaufte dafür jenen Acker. (Mt 13, 44)

Mit der Himmelsherrschaft ist es wie mit einem Kaufmann, der schöne Perlen suchte. Als er aber eine kostbare Perle fand, ging er hin und verkaufte alles, was er besaß, und kaufte sie. (Mt 13, 45.46)

Wir haben das Gleichnis als charakteristische Stilform der Predigt Jesu an einigen Beispielen kennengelernt. Neben dem Gleichnis hat sich Jesus zur Entfaltung seiner Botschaft einer verwandten Form bedient, der *Parabel.* Die Parabel bietet sich als eine geschlossene, in sich sinnvolle Erzählung dar, der man den Gleichnischarakter nicht sofort ansieht. Im Unterschied zum Gleichnis, das einen typischen Vorgang aufgreift, schildert die Parabel eine einmalige, außergewöhnliche Begebenheit, aber eine Begebenheit, deren Ablauf jedermann überzeugt und zu dem Urteil führt: ja, so ist das. Auch die Parabel zielt darauf ab, einen bisher fremden Sachverhalt zu erhellen, Verständnis zu erschließen und zu einem Urteil anzuleiten.

Um eine Parabel handelt es sich bei der folgenden Erzählung vom *Gastmahl,* zu dem ein angesehener und reicher Mann einige Mitbürger einlädt. Ihr zufolge gleicht Jesu Botschaft der Einladung zu einem festlichen Mahl. Sie betont auf diese Weise das Moment der Freude, das diese Botschaft prägt. Die Einladung will freilich angenommen werden. Es ist unmöglich, sie auszuschlagen. Wer sich ihr, mit welchen Gründen auch immer, entzieht, den wird der Zorn des Hausherrn treffen. Der Zorn behält in der Parabel allerdings nicht das letzte Wort. Der Hausherr öffnet sein Haus für Leute, die bisher abseits gestanden haben, die Außenseiter der Gesellschaft, die Armen, Unterdrückten und von Krankheit Geschlagenen. Damit wird ein Urteil über die herrschenden Kreise gefällt, die sich als Repräsentanten des Gottesvolkes fühlten und nicht merkten, was Gott wirklich wollte.

Ein Mann wollte ein großes Mahl geben und lud viele ein. Er sandte seinen Sklaven aus zur Stunde des Mahles, um den Geladenen sagen zu lassen: »Kommt, denn es ist jetzt alles bereit.« Da verlegten sich auf einmal alle darauf, sich zu entschuldigen. Der erste sagte zu ihm: »Ich habe einen Acker gekauft und muß unbedingt hinausgehen und ihn besehn; ich bitte dich, halte mich für entschuldigt!« Der nächste sagte: »Ich habe fünf Joch Ochsen gekauft und gehe gerade, sie zu prüfen; ich bitte dich, halte mich für entschuldigt!« Und noch ein anderer sagte: »Ich habe mir eine Frau genommen; deshalb kann ich nicht kommen.« Der Sklave kam zurück und meldete das seinem Herrn. Da wurde der Hausherr zornig und sagte zu seinem Sklaven: »Gehe schnell hinaus auf die Straßen und Gassen der Stadt und hole die Bettler und Krüppel, die Blinden und Lahmen herein!« Und der Sklave sagte: »Herr, was du angeordnet hast, ist ausgeführt; aber es ist noch Platz da.« Da antwortete der Herr: »Gehe hinaus auf die Landstraßen und an die Zäune und nötige sie, hereinzukommen, damit mein Haus voll werde. Ich sage euch: Keiner von den Männern, die zuerst eingeladen waren, wird an meinem Mahl teilhaben [10].« (Lk 14, 16–24)

Gelegentlich hat Jesus seine Hörer schockiert, um ihnen das Gebot der Stunde vor Augen zu stellen. In der Parabel vom *ungerechten Haushalter* lobt er einen durchtriebenen Schurken, weil er in richtiger Einschätzung der Situation seine Klugheit entschlossen einsetzt, um sich vor der Katastrophe zu bewahren. So gilt es angesichts der anbrechenden Gottesherrschaft, kluge Entschlossenheit an den Tag zu legen. Darauf wollte Jesus hinaus. Natürlich sollte der Schurke nicht als moralisches Vorbild hingestellt werden.

Es war ein reicher Mann, der einen Verwalter hatte; dieser wurde bei ihm beschuldigt, er verschleudere sein Vermögen. Da ließ er ihn rufen und sagte zu ihm: »Was höre ich da von dir! Lege Rechenschaft über deine Verwaltung ab. Denn du kannst nicht länger Verwalter sein.« Der Verwalter sagte bei sich: »Was soll ich anfangen, denn mein Herr nimmt mir meine Stellung? Graben kann ich nicht; zu betteln schäme ich mich – halt, ich weiß jetzt, was ich tue, damit die Leute, wenn ich aus meiner Stellung entfernt bin, mich in ihre Häuser aufnehmen.« Und er ließ jeden einzelnen Schuldner seines Herrn kommen und sagte zu dem ersten: »Wieviel schuldest du meinem Herrn?« Der sagte: »Hundert Bat Öl [11].« Da sagte er zu ihm: »Nimm hier deinen Schein, setz dich hin und schreibe schnell ›Fünfzig‹!« Darauf sagte er zu einem anderen: »Du, wieviel bist du schuldig?« Der sagte: »Hundert Kor Weizen [12].« Da sagte er zu ihm: »Nimm hier deinen Schein und schreib ›achtzig‹.« Und der Herr lobte den ungerechten Verwalter, daß er klug gehandelt habe [13]. (Lk 16, 1–8)

Viele Hörer Jesu haben den Sinn der Zeit nicht erkannt und das *Gebot* der *Stunde* überhört. Diese Erfahrung gab Jesus den Anlaß zu der kritischen Frage: Wie kommt es, daß ihr, die ihr euch sonst auf alles versteht, in der Sache, die euer Leben betrifft, so unverständig seid?

---

10 Die Fassung, die die Parabel bei Matthäus hat (22, 1–14), weicht von der des Lukas erheblich ab (vgl. S. 206). Die Gleichnisse Jesu sind im Laufe der Zeit immer wieder bearbeitet und neu erzählt worden.

11 1 Bat = etwa 37 l; 100 Bat waren der Ertrag von 140 Ölbäumen.

12 1 Kor = etwa 370 kg; 100 Kor waren der Ertrag von 42 ha Land.

13 Die Pointe der Parabel wurde offenbar schon bald nicht mehr erfaßt. Man empfand sie darum als anstößig. Man half sich so, daß man in Zusätzen den vermeintlichen Sinn der Parabel zusammenfassend formulierte. Einer dieser Zusätze liest aus ihr die Aufforderung heraus, sich mit Geld den Himmel zu erkaufen: »Macht euch Freunde mit dem ungerechten Mammon, damit man euch, wenn er im Stich läßt, aufnimmt in die ewigen Hütten« (Lk 16, 9).

Ein anderer Zusatz kehrt den Sinn der Parabel um und stellt den Schurken als abschreckendes Beispiel hin: »Wer bei ganz wenigem treu ist, ist auch bei vielem treu. Wer bei ganz wenigem unredlich ist, ist auch bei vielem unredlich. Wenn ihr euch nun bei dem ungerechten Mammon nicht als treu erwiesen habt, wer wird euch das wahre Gut anvertrauen? Und wenn ihr euch bei fremdem Gut nicht als treu erwiesen habt, wer wird euch das unsere geben?« (Lk 16, 10–12)

Wenn ihr eine Wolke aufsteigen seht im Westen, sagt ihr sofort: es kommt Regen; und so geschieht es. Wenn ihr den Südwind wehen seht, sagt ihr: es gibt Hitze; und es geschieht. Ihr Heuchler, das Angesicht des Himmels wißt ihr zu beurteilen; warum beurteilt ihr diese Zeit nicht? (Lk 12, 54–56)

Rascher Begeisterung hat Jesus nicht viel zugetraut. Im Gegenteil: Er hat sich vor allem für Besonnenheit, Übersicht, klares Abwägen und Urteilen ausgesprochen. Sich mehr vorzunehmen, als man durchstehen kann, ist dumm und verdient Spott.

Denn wer unter euch, der einen Turm bauen will, setzt sich nicht erst hin und berechnet die Kosten, ob er genug hat zur Ausführung? Damit nicht, wenn er den Grund gelegt und es dann nicht zu Ende führen kann, alle Zuschauer anfangen, ihn zu verspotten und zu sagen: Dieser Mensch fing an zu bauen, und er konnte es nicht zu Ende führen. Oder welcher König, der auszieht, um mit einem anderen König Krieg zu führen, setzt sich nicht erst hin und geht mit sich zu Rate, ob er imstande ist, mit seinen Zehntausend dem entgegenzutreten, der mit Zwanzigtausend gegen ihn anrückt? Wo nicht, so schickt er doch, während jener noch fern ist, eine Gesandtschaft zu ihm und bittet um die Friedensbedingungen. (Lk 14, 28–32)

Jesus konnte hart fordern. Das zeigen zwei Worte von nicht zu überbietender Radikalität. In dem ersten wird dem Jünger der Bruch mit der Familie und die Selbstaufgabe zur Pflicht gemacht. Nicht weniger radikal klingt das zweite: Um des Heils willen muß man auf alles verzichten können. Natürlich wollte Jesus damit kein Gesetz proklamieren, das für den Jünger immer und überall gilt. Er wollte aber, vielleicht um allzu rasche Begeisterung zu dämpfen, Klarheit darüber schaffen, daß ein Jünger bis an die äußerste Grenze gefordert sein kann und daß er diese Forderung annehmen muß, wenn er glaubwürdig bleiben will.

Wenn jemand zu mir kommt und haßt nicht Vater, Mutter, Frau und Kinder, Brüder und Schwestern und dazu noch sich selbst, der kann nicht mein Jünger sein. (Lk 14, 26)

Die Forderung Jesu erschien unerträglich. Darum brachte man sie in der Gemeinde auf ein zumutbares Maß und gab dem Ausspruch Jesu folgende Fassung:

Wer Vater oder Mutter mehr liebt als mich, ist meiner nicht würdig; und wer Sohn oder Tochter mehr liebt als mich, ist meiner nicht würdig. (Mt 10, 37)

Wenn dich deine Hand zu Fall bringt, haue sie ab. Es ist besser für dich, als Krüppel ins Leben einzugehen, als daß du mit beiden Händen in die Hölle kommst, in das unauslöschliche Feuer. Und wenn dich dein Fuß zu Fall bringt, haue ihn ab. Es ist besser für dich, lahm ins Leben einzugehen, als daß du mit beiden Füßen in die Hölle geworfen wirst. Und wenn dein Auge dich zu Fall bringt, reiße es aus. Es ist besser für dich, mit nur einem Auge in die

Gottesherrschaft zu gelangen, als mit beiden Augen in die Hölle geworfen zu werden. (Mk 9, 43-47)

2. Gott ist anders

Jesus hat den Armen, Weinenden und Trauernden, den Verachteten und Deklassierten das Heil der Gottesherrschaft zugesprochen. Dieser Zuspruch beschränkte sich nicht auf Worte, sondern war programmatische Tat. Jesu Weg war ein Weg zu den religiös und sozial Minderwertigen. Ihnen hat er sich vor den Augen der Öffentlichkeit zugewandt. Hier wird das Neue, das er gebracht hat, am deutlichsten greifbar. Mit vollem Recht hat ihm darum die Gemeinde später, den Gehalt seines Lebens zusammenfassend, das Wort in den Mund gelegt: »Die Starken bedürfen des Arztes nicht, sondern die Kranken. Ich bin nicht gekommen, Gerechte zu rufen, sondern Sünder.« Das war es freilich auch, was bei vielen Empörung und leidenschaftlichen Haß hervorrief. Seine Gegner haben ihm das Etikett »Fresser und Weinsäufer, Freund von Zöllnern und Sündern«[14] angehängt und ihn damit unglaubwürdig zu machen versucht. »Zöllner und Sünder« – das waren die Leute, die in offenkundigem Widerspruch gegen das Gebot Gottes lebten und es sich auch nicht einfallen ließen, dies zu ändern. Sein Umgang mit ihnen brachte ihn in den Augen der jüdischen Frommen in Verruf. Der eigentliche Grund der Empörung gegen Jesus war nicht der Versuch, Gräben innerhalb der Gesellschaft zu überbrücken oder gesellschaftliche Vorurteile abzubauen. Darüber hätte man wohl mit sich reden lassen. Für den Juden stand bei alledem mehr auf dem Spiel – schlechthin alles: die Wahrheit seiner Gotteserfahrung und die Grundlage seines Lebens.

In der Zeit Jesu war das jüdische Gottesverständnis in der Hauptsache durch das alttestamentliche Gesetz, die Tora, bestimmt. Die konsequente Ausrichtung auf dieses Gesetz der fünf Bücher Mose ist aus der Situation des Exils und der Diaspora zu verstehen, in der sich das jüdische Volk seit etwa 600 v. Chr. befand. Im Zusammenhang damit stand auch die Bildung der Synagoge. So war das Gesetz seit langem der Raum, in dem Gott gegen-

---

14 Hier handelt es sich um einen festen Ausdruck. Er enthält ein vernichtendes Urteil über den Berufsstand der Zöllner. Es war durchaus nicht unbegründet. Die Zöllner waren keine Staatsbeamten, sondern Zollpächter, in gewissem Sinne also freie Unternehmer. Ihnen oblag die Eintreibung indirekter Abgaben, etwa bei Warenein- und -ausfuhr, Verkäufen, Verpachtungen. Das Recht dazu wurde von der staatlichen Finanzverwaltung verpachtet. Dieses System ließ dem Zöllner großen Spielraum in der Festsetzung der Gebühren. Es war gang und gäbe, daß er hemmungslos in die eigene Tasche wirtschaftete. Man sah in den Zöllnern darum notorische Betrüger. Ihr Ansehen wurde zusätzlich noch dadurch belastet, daß sie im Dienst der verhaßten jüdischen Machthaber (z. B. des Herodes Antipas) oder der Römer standen.

wärtig war und man Gott erfuhr. Der Gehorsam gegenüber seinen Forderungen machte den Juden zum Juden. Er war die Gestalt seines Lebens; in ihm fand er letzte Sinnerfüllung. Das Gesetz war zugleich die Größe, die dem jüdischen *Volk* seine Gestalt gab und seinen Weg bestimmte. An ihm wurde es seiner Erwählung gewiß. In Zeiten politischer Ratlosigkeit, Ohnmacht und Unterdrückung verhalf es ihm dazu, sich als eigenständiges Volk zu behaupten und seine Identität festzuhalten. Dem kulturellen und religiösen Verschmelzungs- und Nivellierungsprozeß des Hellenismus konnte es sich mit Erfolg widersetzen. Die Juden der über fast alle Mittelmeerländer ausgedehnten Diaspora haben ihre Eigenart und Besonderheit gegen zum Teil erheblichen gesellschaftlichen Druck bewahrt.

Am eindrucksvollsten ist der Tora-Gehorsam bei den Pharisäern in Erscheinung getreten. Die Pharisäer waren eine durch bestimmte theologische und politische Anschauungen geprägte Gruppe oder Partei, die eine umfassende religiöse Neubesinnung des Judentums zum Ziel hatte und mit Ernst und Konsequenz betrieb [15]. Durch ihre Haltung wußten sie weithin zu überzeugen. Zur Zeit Jesu stellten sie die Macht dar, die das gesellschaftliche Leben und die öffentliche Meinung weithin bestimmte. Sie waren es auch, die das Judentum über den totalen Zusammenbruch des Jahres 70 n. Chr. hinüberretteten und ihm fortan – in Gestalt des rabbinischen Judentums – das Gepräge gaben.

Ihr Lebensideal war der konsequente und bedingungslose, bisweilen selbstverleugnerische Tora-Gehorsam. Das Ungefähre war ihnen nicht genug. Ihr Bemühen ging dahin, das Leben in allen seinen Äußerungen bis in die alltäglichsten und banalsten Vorgänge und Verrichtungen hinein von der Tora her

---

15 Bei den *Pharisäern* handelt es sich um eine religiöse Laienbewegung. Sie ist aus der sog. Chassidim (Fromme) hervorgegangen, die in der Makkabäerzeit (2. Jahrhundert v. Chr.) den Widerstand gegen die Oberherrschaft der syrischen Könige (Seleukiden) getragen hatte. Ziel der Pharisäer war die religiöse Erneuerung des jüdischen Volkes. Politisch beschränkten sie sich auf den passiven Widerstand gegen die Inhaber staatlicher Gewalt. Die Forderung, um der eigenen Glaubwürdigkeit willen sich von den »Sündern« und Heiden fernzuhalten, hat ihnen bei ihren Gegnern den Namen Pharisäer (= Abgesonderte) eingetragen. Ihrem Verband gehörten viele Schriftgelehrte an – verständlicherweise, denn für sie spielte die schriftgelehrte Auslegung der Tora eine entscheidende Rolle. Man muß aber Pharisäer und *Schriftgelehrte* grundsätzlich auseinanderhalten. Diese stellen den Berufsstand der Gesetzeskundigen dar, die durch Ordination mit ihrem Amt betraut und mit dem Titel »Rabbi« angeredet wurden. – Neben den Pharisäern spielt in der Geschichte Jesu eine zweite Gruppe eine Rolle, die *Sadduzäer*. Sie stellten einen politisch-religiösen Verband aus Angehörigen der Priesterschaft und Aristokratie dar (der Hohepriester kam aus ihrer Mitte). Ihre politische Einstellung war durch die Bereitschaft charakterisiert, sich mit den jeweiligen Machthabern zu arrangieren. Ihre Theologie war insofern konservativ, als sie sich theologischen Neuerungen, etwa in Fragen der Enderwartung oder Totenauferstehung, konsequent verschlossen. Im Gegensatz zu den Pharisäern lehnten sie es auch ab, den durch schriftgelehrte Arbeit gewonnenen Vorschriften Gesetzeskraft zuzuerkennen.

zu erhellen und in den Griff zu bekommen. Dem diente die schriftgelehrte Arbeit, die die im Alten Testament niedergelegten Rahmengesetze inhaltlich zu konkretisieren und in Ausführungsbestimmungen zur Geltung zu bringen versuchte. Die aus dieser Auslegungsarbeit heraus entstandene *schriftgelehrte Tradition* hatte für die Pharisäer die gleiche Verbindlichkeit wie die Forderungen der Tora selbst.

Strenger Tora-Gehorsam war auch der Grundsatz der *Qumran-Bewegung*. In diesem Sinne heißt es in einer ihrer Schriften: »Gott zu suchen mit ganzem Herzen und ganzer Seele, zu tun, was gut und recht vor ihm ist, wie er durch Mose und alle seine Knechte, die Propheten, befohlen hat; und alles zu lieben, was er erwählt hat, und alles zu hassen, was er verworfen hat; sich fernzuhalten von allem Bösen, aber anzuhangen allen guten Werken; und Treue, Gerechtigkeit und Recht zu tun im Lande.« In der vollkommenen Verwirklichung des Tora-Gehorsams lag der Zweck, um dessentwillen man sich von den übrigen Juden absonderte und sich zu einer mönchischen Gemeinschaft zusammenschloß. Nach dem Selbstverständnis der Qumran-Gemeinde war er nur hier möglich. »Draußen« herrschen Irrtum und Bosheit. Der Eintritt in die Gemeinschaft der »Männer vollkommener Heiligkeit« bedeutete also Umkehr von allem Bösen und Festhalten an allem von Mose Befohlenen – was eidlich zu bekräftigen war. Die absichtliche Übertretung auch nur eines Gebotes zog den Ausschluß nach sich.

Die Pharisäer haben es mit ihrem Tora-Gehorsam tief ernst und ehrlich gemeint. Die christliche Polemik hat ihr Bild sehr entstellt. Ihnen ging es um nichts anderes als um eine Lebensführung, die den von Gott gesetzten Maßstäben genügt. Damit verbanden sie die Erwartung, daß Gott den »Gerechten« den Lohn zuerkennen werde, der ihrer Gehorsamsleistung im einzelnen entspricht. Dies wirkte sich auf ihr Gottesverständnis aus. Sie sahen in Gott im Grunde einen himmlischen Buchhalter, der dem Menschen die Bilanz seines Lebens vorlegt. Es besteht ein verrechenbarer Zusammenhang zwischen Tat und Lohn bzw. Strafe. Dem in Gerechtigkeit Bewährten, dem Frommen, schuldet er geradezu Lohn; er ist nicht frei in seinem Schenken und Geben.

Gewiß wußte auch der fromme Jude, daß er hinter der Forderung des Gesetzes aus Versehen, Unkenntnis oder Schwäche zurückbleiben konnte und tatsächlich auch blieb. So stehen neben Äußerungen ungebrochenen Selbstvertrauens Äußerungen quälender Sorge, ob man würde bestehen können. In die stolze Selbstsicherheit mischt sich das Wissen, daß die Rechnung des auf die eigene Leistung gegründeten Lebens doch nicht ganz aufgeht. Darum darf man, wie man überzeugt war, auf Gottes Barmherzigkeit vertrauen. Das gilt allerdings nur für den *Gerechten*, der gefehlt hat. Gottes Barmherzigkeit ist nicht die Macht, die den Gefallenen und Verlorenen aufrichtet, sondern nur noch ein Mittel, allzu große Härten auszugleichen.

Die Elemente des jüdischen Gottes- und Lebensverständnisses sind auch bei Jesus anzutreffen. Auch er verwies auf die Tora als den Maßstab des Handelns. Auch er sprach von Lohn und Strafe, Sünde und Schuld. Auch ihm ging es um Gehorsam. Dennoch sieht das Ganze völlig anders aus. So eng sich einzelne Motive und Aussagen berühren mögen, so neu ist das Gottesverständnis, das bei Jesus zum Durchbruch kommt, im ganzen. Im Grunde sprengt es den Rahmen des Judentums. Man kann sogar sagen: Jesu Worte und in nicht geringerem Maße sein Verhalten zeigen einen anderen Gott, als die Juden ihn damals kannten, zeigen ihn jedenfalls anders, als man ihn damals sah und sehen zu dürfen meinte. Der entscheidende Schritt war der, daß Jesus die Barmherzigkeit und Güte Gottes in den Mittelpunkt seines Gottesgedankens stellte. Wer Gott ist und wie er ist, zeigt sich nach seiner Auffassung darin, daß er den Menschen, wer er auch sei, mit Barmherzigkeit und Güte trägt. Gott ist der »Vater«, und zwar der Vater aller Menschen, der Gerechten und Ungerechten, Guten und Bösen. Weil das so ist, gilt es auch, den Mitmenschen als »Nächsten« anzunehmen. Es lag in der Konsequenz dieser entscheidenden Wende im Gottesverständnis, daß Jesus von Vergebung der Schuld sprach, ohne Vorleistungen zu verlangen oder Bedingungen zu stellen. So konnte er sie gerade denen zusagen, die nichts vorzuweisen hatten als ihre Fehler und ihr Versagen. Diese Zusage hatte eine sichtbare Gestalt – in der Tischgemeinschaft mit ihnen.

Die jüdischen Frommen waren tödlich betroffen. Denn wenn Gott allen Menschen seine väterliche Güte zuwendet und nicht auf Leistung sieht, dann sind alle Menschen unterschiedslos auf Gottes freies Gewähren angewiesen. War das nicht zu billig? War Gott da noch wirklich ernst genommen? War damit nicht auch jede Bemühung um Gehorsam in einer empörenden Weise ins Leere gestoßen und verächtlich gemacht? Man kann den Protest der jüdischen Frommen verstehen: Es ging ja nicht nur um unterschiedliche Auffassungen von Gott; Jesu Botschaft und Verhalten verletzte ihre menschliche Würde und ihren Stolz! Es schien ihnen entwürdigend, sich nur als Empfangende und Beschenkte begreifen zu sollen.

Jene Fragen und dieser Protest kamen aus dem Gefühl existentieller Bedrohung. Jesus ist darüber nicht rasch hinweggegangen. So scharf der Gegensatz zu den jüdischen Frommen bisweilen in Erscheinung getreten sein mochte, Jesus fühlte sich ihnen dennoch verbunden und verpflichtet. Man traf ihn nicht nur in der Tischgemeinschaft mit den »Zöllnern und Sündern«, sondern auch mit Pharisäern. Wir können uns kein Bild davon machen, wie die Gespräche aussahen, die bei solchen Gelegenheiten geführt wurden. Aber wir wissen, daß Jesus bei seinen Widersachern gerade in der zentralen Frage des Gottesverständnisses um Einsicht und Einverständnis geworben hat. Diese Bemühungen haben in der Überlieferung ihre Spuren hinterlassen – in der Gestalt von Parabeln, die durch ihre innere Überzeugungskraft Einsicht und Einverständnis geradezu zu erzwingen scheinen. Jedoch: man ist bei dem Nein geblieben. Das Kreuz Jesu war seine letzte Konsequenz und seine Besiegelung.

Der Freund der Zöllner und Sünder

In verschiedenen Überlieferungsstücken wird der Weg Jesu zu den »Verlorenen« geschildert. In welchem Ausmaß darin wirkliche Erinnerung verarbeitet ist, mag offen bleiben. Insbesondere kann das bei den Erzählungen von der Bekehrung des Zöllners *Zachäus* und der *Salbung* Jesu durch eine Dirne gefragt werden. Dennoch ist nicht zweifelhaft, daß sie, aufs Ganze gesehen, die historische Wirklichkeit treffen. Sicherlich war es für Jesus charakteristisch, daß er mit »Zöllnern und Sündern« Tischgemeinschaft pflegte. Solch ein Verhalten war von außerordentlicher Tragweite. Denn Tischgemeinschaft war für den Juden damals Zeichen und Ausdruck engster Verbundenheit. Es ist kein Zufall, daß sich der Protest der Frommen gerade hier entzündete.

Es geschah, daß Jesus in seinem Hause zu Tische saß. Und viele Zöllner und Sünder saßen mit Jesus und seinen Jüngern zusammen. Es waren nämlich ihrer viele, die ihm folgten. Als die Schriftgelehrten von den Pharisäern sahen, daß er mit den Zöllnern und Sündern aß, sagten sie zu seinen Jüngern: »Warum ißt er mit den Zöllnern und Sündern?« (Mk 2, 15–16)

Da war ein Mann mit Namen Zachäus. Der war Oberzöllner und ein reicher Mann; und er suchte Jesus zu sehen, wer er wäre. Doch er konnte es nicht wegen der Volksmenge; denn er war klein von Wuchs. So lief er weiter voraus und stieg auf einen Maulbeerfeigenbaum, um ihn sehen zu können; denn dort mußte er durchkommen. Und wie Jesus an den Ort kam, blickte er auf und sprach zu ihm: »Zachäus steig rasch herab, denn ich muß heute in deinem Hause Herberge nehmen!« Da stieg er eilends herab und nahm ihn auf mit Freuden. Und alle, die es sahen, murrten, daß er zu einem Sünder ging, um zu rasten. Zachäus aber trat hin und sagte zu dem Herrn: »Sieh, Herr, die Hälfte meiner Habe will ich den Armen geben; und was ich von jemand erpreßt habe, will ich vierfach zurückerstatten.« Jesus aber sprach: »Heute ist diesem Hause Rettung zuteil geworden; auch er ist doch ein Sohn Abrahams.« (Lk 19, 2–9)

Ein Pharisäer bat Jesus, mit ihm zu speisen. Er trat in das Haus des Pharisäers und legte sich zu Tisch. Und siehe, eine Frau in der Stadt, eine Sünderin, hatte erfahren, daß er im Haus des Pharisäers zu Tisch lag; und sie brachte ein Alabastergefäß voll Salböl und stellte sich hinten bei seinen Füßen hin, weinte und begann, mit ihren Tränen seine Füße zu netzen; mit ihrem Haupthaar wischte sie sie ab. Und sie küßte seine Füße und salbte sie mit dem Salböl. Als das der Pharisäer, der ihn eingeladen hatte, sah, sprach er bei sich: »Wäre dieser wirklich ein Prophet, so wüßte er, wer und was für eine die Frau ist, die ihn da anrührt, daß sie nämlich eine Sünderin ist.« Da nahm Jesus das Wort und sprach zu ihm: »Simon, ich habe dir etwas zu sagen.« Und er erwiderte: »Meister, sprich!« Und zu der Frau gewandt, sprach er zu Simon:

»Du siehst diese Frau? Ich trat in dein Haus; Wasser für die Füße hast du mir nicht gegeben, sie aber hat mit ihren Tränen meine Füße genetzt und mit ihrem Haar abgewischt. Einen Kuß hast du mir nicht gegeben; sie aber hat, seit ich eintrat, nicht abgelassen, meine Füße zu küssen. Mit Öl hast du mein Haupt nicht gesalbt, sie aber hat mit Salböl meine Füße gesalbt. Darum sage ich dir, vergeben sind ihre vielen Sünden, weil sie viel geliebt hat. Wem aber wenig vergeben ist, der liebt wenig.« Und er sprach zu ihr: »Vergeben sind deine Sünden.« (Lk 7, 36–40.44–48)

Jesus wollte in seinem Verhalten Gottes Güte und Barmherzigkeit gleichsam abbilden. Auf allgemeine Zustimmung konnte er dabei nicht rechnen. Es widersprach allzu schroff überkommenen Maßstäben und Werturteilen. Jesus war deshalb in besonderem Maße darauf angewiesen, sein Verhalten zu erläutern und Verständnis dafür zu wecken. Diesem Zweck dienten einige Parabeln. Jesus hat sie erzählt, um zu zeigen, daß das Tun, mit dem er Gott auszulegen beansprucht, so einleuchtend und selbstverständlich ist wie das des Hirten oder der Hausfrau, die alles liegen und stehen lassen, um ein *verlaufenes Schaf* oder *verlorenes Geldstück* wiederzufinden.

Wer unter euch, der hundert Schafe besitzt und eins von ihnen verliert, läßt nicht die neunundneunzig in der Steppe und geht dem verlorenen nach, bis er es findet? Und wenn er es gefunden hat, nimmt er es auf seine Schulter voll Freude, und wenn er nach Hause kommt, ruft er seine Freunde und Nachbarn herbei und sagt zu ihnen: »Freut euch mit mir; denn ich habe mein Schaf wiedergefunden, das verloren gegangen war.« (Lk 15, 4–6)

Welche Frau, die zehn Drachmen[16] besitzt, zündet nicht, wenn sie eine verliert, eine Lampe an, fegt das Haus und sucht sorgfältig, bis sie sie findet? Und wenn sie sie gefunden hat, ruft sie ihre Freundinnen und ihre Nachbarinnen herbei und sagt: »Freut euch mit mir, denn ich habe meine Drachme wiedergefunden, die ich verloren hatte.« (Lk 15, 8–9)

Die eindrucksvollste Gestalt hat Jesu Botschaft von dem den Menschen bedingungslos annehmenden Gott in der Parabel gefunden, die als Gleichnis vom *verlorenen Sohn* bekannt ist. Sie zeichnet in ihrem ersten Teil das Bild eines Vaters, der den davongelaufenen und in der Fremde gescheiterten Sohn wieder aufnimmt, ihm sogar einen festlichen Empfang bereitet. Ein meist weniger beachteter zweiter Teil schildert den Protest des älteren Bruders (bei dem man an den Protest der jüdischen Frommen gegen Jesus zu denken hat). Er ärgert sich: Wieviel eher wäre sein jahrelanger, treuer Dienst eines rauschenden Festes wert gewesen!

Die Parabel ist darauf angelegt, daß die Hörer ein Urteil fällen und dem Vater gegen den an seiner Leistung orientierten und darum zur Mitfreude unfähigen Bruder recht geben. Jesus erwartet dabei, daß dieses Urteil den Hörern, Gegnern und Bedenklichen die Augen öffnet für den Sinn dessen, was er tut, daß es Einsicht und Zustimmung bewirkt. Er beruft sich gleichsam auf das Urteil, das sie selbst fällen. Denn so gewiß der Vater im Recht, der Bruder im Unrecht ist, so gewiß muß man ihm gegen die Frommen recht geben, die es ihm verdenken, daß er den Verlorenen Got-

16 1 Drachme = etwa 0,80 DM.

tes Vergebung bedingungslos zusagt. Nach Jesu Überzeugung ist es unnatürlich und widersinnig, verdrossen die Mitfreude darüber zu verweigern, daß dies durch ihn geschieht. Wer könnte etwas verlieren, wenn er sich mitfreut?

Ein Mann hatte zwei Söhne. Der jüngere von ihnen sagte zum Vater: »Vater, gib mir den mir zufallenden Teil des Vermögens!« Da teilte er den Besitz unter sie. Kurze Zeit danach nahm der Jüngere alles zusammen und reiste in ein fernes Land. Dort brachte er sein Vermögen in einem liederlichen Leben durch. Als er aber alles vertan hatte, kam eine schwere Hungersnot über jenes Land, und er begann Not zu leiden. Da ging er hin und hängte sich an einen Bürger jenes Landes; der schickte ihn auf seine Felder, Schweine zu hüten. Und er begehrte, sich den Bauch mit den Schoten zu füllen, die die Schweine fraßen; doch niemand gab sie ihm. Da ging er in sich und dachte: »Wie viele Tagelöhner meines Vaters haben Überfluß an Brot; ich aber gehe hier vor Hunger zugrunde. Ich will mich aufmachen und zu meinem Vater zurückgehen und ihm sagen: ›Vater, ich habe gesündigt gegen den Himmel und vor dir; ich bin nicht mehr wert, dein Sohn zu heißen. Mache mich zu einem deiner Tagelöhner!‹« Und er machte sich auf und kam zu seinem Vater. Als er noch weit weg war, erblickte ihn sein Vater, und es ging ihm ans Herz. Er lief ihm entgegen, fiel ihm um den Hals und küßte ihn. Und der Sohn sagte zu ihm: »Vater, ich habe gesündigt gegen den Himmel und vor dir; ich bin nicht mehr wert, dein Sohn zu heißen.« Der Vater aber sprach zu seinen Knechten: »Bringt rasch das feinste Gewand, zieht es ihm an, steckt ihm einen Ring an die Hand und gebt ihm Schuhe an die Füße und holt das Mastkalb und schlachtet es! Dann wollen wir essen und guter Dinge sein. Denn dieser mein Sohn war tot und ist wieder lebendig geworden, er war verloren und ist wiedergefunden.« Sie begannen guter Dinge zu sein.

Der ältere Sohn aber war noch auf dem Felde. Als er heimkam und sich dem Hause näherte, hörte er Musik und Reigen. Da rief er einen der Knechte heran und erkundigte sich, was das bedeuten solle. Der aber sagte ihm: »Dein Bruder ist da, und dein Vater hat das Mastkalb schlachten lassen, weil er ihn gesund wiederhat.« Da wurde er zornig und wollte nicht eintreten; sein Vater aber kam heraus und redete ihm zu. Er aber gab dem Vater zur Antwort: »Sieh, so viele Jahre diene ich dir, ohne je ein Gebot von dir übertreten zu haben, und mir hast du nie einen Ziegenbock geschenkt, daß ich hätte mit meinen Freunden feiern können! Als aber dieser dein Sohn gekommen ist, der deinen Besitz mit Dirnen verpraßt hat, da hast du für ihn das Mastkalb geschlachtet.« Er aber sagte zu ihm: »Mein Sohn, du bist allezeit bei mir, und alles Meinige ist dein. Man mußte sich aber doch freuen und feiern; denn dieser dein Bruder war tot und ist lebendig geworden, war verloren und ist wiedergefunden.« (Lk 15, 11–32)

Der Lohn

Der Weinbauer in der Parabel von den *Arbeitern im Weinberg* handelt nicht ungerecht; er zahlt seinen Tagelöhnern den vereinbarten Lohn. Er handelt aber auch nicht gerecht! Wenn er den noch am späten Abend angeworbenen Arbeitern den vollen Lohn zahlt, dann läßt er sich von seiner Güte, nicht vom Gesichtspunkt der Arbeitsleistung bestimmen. Das kann ihm niemand verwehren. Jesus verteidigt mit dieser Parabel das Recht Gottes, aus Güte zu lohnen – gegen den verständlichen Einspruch, der Gott auf den Maßstab der Leistung festlegen und damit verfügbar machen möchte. Er entlarvt den Grund dieses Einspruchs: Es ist nicht das (dem Menschen gut zu Gesicht stehende) Gerechtigkeitsempfinden, sondern der blanke Neid!

Jesus hat auf den traditionellen Lohngedanken nicht verzichtet. Er war ihm sogar wichtig. Lohn – das heißt doch: Gott läßt niemanden leer ausgehen; wer sich auf ihn einläßt, empfängt. Was Jesus jedoch entschieden verwarf, war die verhältnisgerechte Zuordnung von Lohn und Leistung, der Gedanke, daß der Mensch sich durch »gute Werke« Gottes Lohn verdienen und einen Anspruch darauf geltend machen könnte. Diesem im Judentum ausgeprägten Lohndenken hält er entgegen: Gott schuldet dem Menschen nichts; was er als Lohn ihm zuteil werden läßt, ist Geschenk aus freier Güte.

Mit der Himmelsherrschaft verhält es sich wie mit einem Hausherrn, der am frühen Morgen ausging, Arbeiter für seinen Weinberg zu dingen. Als er sich mit den Arbeitern auf einen Denar[17] für den Tag geeinigt hatte, schickte er sie in seinen Weinberg. Und um die dritte Stunde (9 Uhr) ging er wieder aus und sah andere auf dem Markt müßig stehen und sagte zu ihnen: »Geht auch ihr hin in den Weinberg; und was recht ist, will ich euch geben.« Und sie gingen hin. Wieder ging er aus um die sechste und neunte Stunde und tat ebenso. Als er in der elften Stunde ausging, fand er andere dastehn und sagte zu ihnen: »Was steht ihr hier den ganzen Tag müßig herum?« Sie sagten zu ihm: »Niemand hat uns gedungen.« Er sprach zu ihnen: »Geht auch ihr hin in den Weinberg.« Als es aber Abend geworden war, sagte der Weinbergbesitzer zu seinem Verwalter: »Rufe die Arbeiter und bezahle den Lohn und fange dabei bei den letzten an bis zu den ersten.« Die von der elften Stunde kamen und empfingen je einen Denar. Da kamen die ersten und meinten, sie würden mehr empfangen; doch auch sie empfingen nur jeder einen Denar. Als sie ihn aber empfingen, murrten sie gegen den Hausherrn und sagten: »Diese letzten haben nur eine Stunde gearbeitet, und du machst sie uns gleich, die wir des Tages Last und die Hitze getragen haben.« Er aber gab einem von ihnen zur Antwort: »Ich tue dir kein Unrecht, mein Lieber; hast du dich nicht auf einen Denar mit mir geeinigt? So nimm das Deine und gehe! Es ist aber mein Wille, diesem letzten ebensoviel zu geben wie dir auch. Darf ich nicht mit dem Meinen tun, was ich will? Oder bist du neidisch, weil ich gütig bin?« (Mt 20, 1–15)

---

17 1 Denar = etwa 0,70 DM.

Gegen den stolzen Menschen

Es ist gerade der tüchtige, pflicht- und leistungsbewußte Mensch, den Jesus mit seiner Botschaft in Frage stellt. Ihn sieht er in der Gefahr, sich falsch zu sehen und einzuschätzen und so die Wirklichkeit seines Lebens zu verfehlen. Die Selbsttäuschung des stolzen Menschen spiegelt sich darin wider, daß er meint, seine Leistung verdiene besondere Anerkennung und Dank. Die Frage: »Wer ist der Mensch?« erhält bei Jesus eine ernüchternde Antwort: Jesus vergleicht ihn mit einem Sklaven! Was immer er tut, wie gut, wie tüchtig, wie erfolgreich er sein mag, er tut nie mehr, als er schuldig ist; denn er steht ganz in Gottes Schuld. Gehorsam ist kein Verdienst, das Gott verpflichtet, sondern schlicht das Selbstverständliche.

Keiner von euch, der einen Sklaven beim Pflügen oder Weiden hat, wird, wenn dieser vom Felde heimkommt, zu ihm sagen: »Schnell, komm her und setze dich zu Tisch!« Er wird vielmehr zu ihm sagen: »Richte mir etwas zu essen her, binde dir die Schürze um und warte mir auf, bis ich gegessen und getrunken habe; danach magst du selbst essen und trinken!« Bedankt er sich etwa bei dem Sklaven, daß er das Aufgetragene getan hat? So auch ihr: Wenn ihr all das euch Aufgetragene getan habt, so sagt: »Wir sind armselige Sklaven; wir haben nur getan, was wir schuldig waren.« (Lk 17, 7–10)

Direkt hat Jesus seine Kritik am stolzen und selbstsicheren Menschen in der berühmten Beispielgeschichte vom *Pharisäer und Zöllner* ausgesprochen. Für diesen steht hier der Pharisäer, den man allerseits wegen seines kompromißlosen religiösen und moralischen Ernstes achtete – und zu achten allen Grund hatte. Ausgerechnet dem vorbildlich gesetzesfrommen Pharisäer verweigert Jesus das Prädikat »gerecht«, um es dem verworfenen und verachteten Zöllner zuzuerkennen. Man darf das nicht mißverstehen. Jesu Kritik gilt nicht den Taten des Pharisäers, sondern seiner Haltung. Die Art, wie er vor Gott hintritt, läßt deutlich werden, daß er von Gott eigentlich nur die Bestätigung seiner Gerechtigkeit erwartet und nicht auf den Gedanken kommt, daß er ebenso wie der Zöllner auf Gottes Güte und Vergebung angewiesen sein könnte. Diese Selbsteinschätzung hat den Pharisäer auch daran gehindert, den »Sünder« als Bruder anzusehen; so spielt er die Rolle seines Richters.

Zwei Männer gingen hinauf in den Tempel, um zu beten, der eine ein Pharisäer und der andere ein Zöllner. Der Pharisäer stellte sich hin und betete bei sich folgendermaßen: »Ich danke dir, Gott, daß ich nicht bin wie die anderen Menschen, Räuber, Betrüger, Ehebrecher oder auch wie dieser Zöllner. Ich faste zweimal in der Woche und gebe den Zehnten von allem, was ich gewinne.« Der Zöllner aber stand von ferne und wagte nicht einmal, seine Augen zum Himmel zu erheben, sondern schlug an seine Brust und sagte: »Gott, sei mir Sünder gnädig!« Ich sage euch, dieser ging gerechtfertigt in sein Haus, nicht jener! (Lk 18, 9–14)

Die Frage, wie der Mensch sich vor Gott sehen soll, hat Jesus durch den Hinweis auf das Kind beantwortet. Dabei hat er freilich nicht an die angebliche Unschuld oder die natürliche Naivität und Ursprünglichkeit der Kinder gedacht. Ihre Vorbildlichkeit sah er darin, daß sie fähig sind, ein Geschenk unbefangen anzunehmen, und es sie nicht stört, ganz aus dem Empfangen, aus dem Beschenktwerden zu leben.

Sie brachten Kinder zu Jesus, daß er sie segnete. Die Jünger aber schalten sie. Als Jesus das sah, wurde er unwillig und sprach zu ihnen: »Laßt die Kinder zu mir kommen, haltet sie nicht ab; denn solchen gehört die Herrschaft Gottes. Amen, ich sage euch: Wer die Herrschaft Gottes nicht annimmt wie ein Kind, wird in sie nicht hineingelangen.« Und er schloß sie in seine Arme, legte seine Hände auf sie und segnete sie. (Mk 10, 13–16)

Der Vater

In der jüdischen Umwelt Jesu war das Wort »Vater« als Gottesbezeichnung verbreitet. Die urchristlichen Gemeinden haben sie sich nicht nur zu eigen gemacht, sondern ihr eine Vorzugsstellung eingeräumt. Jesus hingegen hat sich ihrer verhältnismäßig selten bedient; er hat aber – und darin liegt das Entscheidende – den darin verborgenen theologischen Aussagegehalt nachdrücklich zur Geltung gebracht. In eindrucksvollen Bildern hat er Gott als den väterlichen Schöpfer erkennen gelehrt, der den Menschen das Leben gibt und sie in seiner Güte trägt, unterschiedslos: die Guten und die Bösen. Am Leben der wertlosen Spatzen, an der Sonne und dem Regen wird anschaulich, wie Gott es mit seinen Geschöpfen meint. Wer das weiß, kann ohne Furcht leben.

Sind nicht fünf Sperlinge für zwei Pfennige zu kaufen? Und doch ist keiner von ihnen vor Gott vergessen. Aber auch die Haare eures Hauptes sind alle gezählt. Fürchtet euch nicht: Ihr seid mehr wert als viele Sperlinge.
(Lk 12, 6–7)

Liebt eure Feinde und betet für eure Verfolger, damit ihr Söhne eures Vaters im Himmel seid; denn er läßt seine Sonne aufgehen über Böse und Gute und regnen über Gerechte und Ungerechte. (Mt 5, 45)

Jesus hat seine Hörer aufgefordert, aus der unvergleichlichen Schönheit der Feldblumen und dem sorglosen Leben der Raben die Folgerung für sich selbst zu ziehen: daß für sie erst recht gesorgt ist. Weil der »Vater« sorgt, ist den Menschen die Sorge verboten. Natürlich wußte auch Jesus, daß man sich Speise und Kleidung beschaffen muß, um zu leben. Das ist selbstverständlich. Aber ebenso klar sollte sein, daß man aus der Sorge nicht leben kann. Jesus wollte zu einem ursprünglichen Vertrauen ermuntern, zu dem Vertrauen darauf, daß sich das Leben von selbst auftut und man darauf hoffen darf. Er wollte die Menschen von dem zwanghaften Wahn befreien, ihr Leben durch ängstliche Vorsorge, Planung, Arbeit und hektische Betriebsamkeit im voraus besorgen und sichern zu wollen; denn er wußte, daß das nicht gelingen kann. Jesus sah den Menschen in der elementaren Gefahr, daß er seine Möglichkeiten überschätzt und in Angst und Krampf verkümmert.

Sorgt nicht für das Leben, was ihr essen, noch für euren Leib, was ihr anziehen sollt. Das Leben ist mehr als Nahrung und der Leib mehr als Kleidung. Achtet auf die Raben: Weder säen sie noch ernten sie. Sie haben keine Vorratskammer oder Scheuer, und Gott ernährt sie doch. Wieviel mehr wert seid ihr als die Vögel! Achtet auf die Lilien, wie sie weder spinnen noch weben.

Aber ich sage euch: Selbst Salomo war in all seiner Pracht nicht gekleidet wie eine von diesen. Wenn Gott schon das Gras auf dem Felde, das heute steht und morgen in den Ofen geworfen wird, so kleidet, wieviel mehr euch, ihr Kleingläubigen! Macht euch auch keine Gedanken, was ihr essen und was ihr trinken sollt, und ängstigt euch nicht. Denn nach all dem trachten die Heiden in der Welt. Euer Vater weiß, daß ihr das braucht. Vielmehr trachtet nach seiner Herrschaft; das andere werdet ihr obendrein bekommen.

(Lk 12, 22–24.27–31)

Jesus hat sich nicht gescheut, seine Hörer an ihr eigenes Verhalten zu erinnern, um sie der Güte Gottes gewiß zu machen und zu »kindlichem« Vertrauen zu ermutigen. Wenn schon sie selbst ihren Kindern selbstverständlich Gutes erweisen, um wieviel sicherer gilt das von Gott! Jesus setzt dabei freilich nicht die Güte des Menschen voraus; im Gegenteil: Er hebt ausdrücklich seine Bosheit hervor.

Wer von euch wird, wenn ihn sein Sohn um Brot bittet, ihm etwa einen Stein geben? Oder wenn er ihn um einen Fisch bittet, wird er ihm etwa eine Schlange geben? Wenn nun ihr, die ihr böse seid, euren Kindern gute Gaben zu geben versteht, wie viel mehr wird euer Vater im Himmel denen Gutes geben, die ihn bitten! (Mt 7, 9–11)

Das Gebet

Das Gebet war ein fester Bestandteil des jüdischen Lebens. Auch für Jesus war es selbstverständlich. Er hat sich allerdings auch kritisch über das Gebet geäußert. Seine Kritik galt dem Wortreichtum, der heidnische, aber ebenso jüdische Gebete kennzeichnete. Bei dieser Kritik ging es freilich nicht nur um die äußere Gestalt des Gebetes, sondern letztlich um seinen theologischen Sinn. Hinter dem wortreichen Beten steht eine bestimmte Auffassung. Wer viele Worte macht, sieht im Gebet offenbar ein frommes Werk, das zu Ehren der Gottheit geleistet werden muß, und zugleich das Werkzeug, mit dem er Gott in den Dienst seiner Wünsche zu zwingen versucht. Jesus hingegen verstand das Gebet als eine Gebärde, mit der der Mensch über sein Selbstverständnis Auskunft gibt. Hier bekundet er verbindlich (das ist das Wesentliche), daß er weiß, wer er ist: ein der Güte Gottes Bedürftiger und darauf angewiesen, mit dem Leben beschenkt zu werden. Er spricht es aber nicht ins Leere, sondern wendet sich wie ein Kind an den Vater, getragen von der Gewißheit, daß Gott seinem Bitten immer schon voraus ist und weiß, was er braucht.

Wenn ihr aber betet, so plappert nicht wie die Heiden; denn sie meinen, um ihrer vielen Worte willen erhört zu werden. Gleicht also ihnen nicht; denn euer Vater weiß, was ihr braucht, ehe ihr ihn bittet. (Mt 6, 7–8)

Jesus hat mit Nachdruck zum Beten aufgefordert und ermuntert. Es stand für ihn außer Frage: Wer Gott bittet, empfängt. Um Zuspruch in diesem Sinne geht es in den Parabeln von der bittenden *Witwe* und von dem Mann, der seinen *Freund* mitten in der Nacht aus dem Schlaf aufschreckt. Beide Parabeln zeichnen anschaulich das Bild sehr hartnäckiger Bittsteller. Sie finden zunächst kein Gehör. Erst ihr unverschämtes Drängen führt zum gewünschten Erfolg. Jesus will sagen: Wenn der verärgerte Freund und der pflichtvergessene Richter dem Drängen nachgeben, um wieviel gewisser darf der Mensch darauf vertrauen, daß Gott ihn erhört.

Bittet, so wird euch gegeben werden;
sucht, so werdet ihr finden;
klopft an, so wird euch geöffnet werden. (Mt 7, 7)

Es lebte einst in einer Stadt ein Richter, der Gott nicht fürchtete und vor keinem Menschen Achtung hatte. Und es lebte in jener Stadt auch eine Witwe, die fortwährend zu ihm kam und sagte: »Schaffe mir Recht gegen meinen Widersacher!« Doch er wollte eine ganze Zeit nicht. Schließlich aber dachte er bei sich: »Wenn ich auch Gott nicht fürchte und keinen Menschen achte – weil diese Witwe mir lästig wird, will ich ihr zu ihrem Recht verhelfen, damit sie nicht schließlich noch kommt und mich verprügelt.« (Lk 18, 2–5)

Wer unter euch hätte einen Freund und ginge mitten in der Nacht zu ihm und sagte zu ihm: »Freund, leih mir drei Brote; denn ein Freund von mir ist auf der Reise bei mir abgestiegen, und ich habe ihm nichts vorzusetzen« – und der würde von drinnen zur Antwort geben: »Behellige mich nicht; die Tür ist schon geschlossen, und meine Kinder sind bei mir im Bett; ich kann nicht aufstehen und dir geben.« Ich sage euch: Wenn er auch nicht aufsteht und ihm gibt, weil er sein Freund ist, wird er sich doch wegen seiner Zudringlichkeit erheben und ihm geben, was er braucht. (Lk 11, 5–8)

Jesus hat seinen Jüngern ein Gebet in die Hand gegeben, das Vaterunser. Seinen genauen Wortlaut kennen wir nicht mehr. Es wurde im Gottesdienst der urchristlichen Gemeinden gebraucht, und dabei haben sich zwei unterschiedliche Fassungen herausgebildet. Die eine bietet Matthäus, die andere Lukas. Vermutlich steht die lukanische Fassung dem Wortlaut näher, den Jesus selbst dem Gebet gab.

Von den jüdischen Gebeten unterscheidet sich das Vaterunser durch seine Kürze und seinen schlichten Inhalt. Hier wird nur das Notwendige gesagt. Zunächst ist das Gebet auf das Offenbarwerden der Gottesherrschaft gerichtet. Sie ist die Grundbedingung des Lebens. Dann kommen die elementaren Fragen irdisch-menschlicher Existenz zur Sprache: das tägliche Brot, die eigene und fremde Schuld, die Bedrohung durch die Macht des Bösen. Keine Spur von frommer Versenkung in Gott oder einem Höhenflug über diese Welt hinaus. Im Vaterunser spricht ein Mensch, der sich seiner Situation bewußt ist und in ihr als Mensch bestehen möchte – und deshalb Gottes Hilfe erbittet.

Vater! Geheiligt werde dein Name,
Es komme deine Herrschaft!
Unser tägliches Brot gib uns täglich.
Und vergib uns unsere Sünden.
Denn auch wir vergeben jedem, der an uns schuldig geworden ist.
Und führe uns nicht in Versuchung! (Lk 11, 2–4)

Unser Vater im Himmel!
Geheiligt werde dein Name.

Es komme deine Herrschaft.
Es geschehe dein Wille wie im Himmel, so auch auf Erden!
Unser tägliches Brot gib uns heute.
Und vergib uns unsere Schuld, wie wir unsern Schuldnern vergeben.
Und führe uns nicht in Versuchung,
sondern errette uns vor dem Bösen[18]. (Mt 6, 9–13)

3. Der Durchbruch zur Freiheit

Die Botschaft Jesu von dem Vater, der das Leben der Menschen sorgend umfängt und mit vergebender Güte trägt, war ein Durchbruch in die Freiheit. Jesus hat damit grundsätzlich über das Lebensprinzip »Gesetz« hinausgeführt und eine neue Lebensmöglichkeit eröffnet. Der Durchbruch in die Freiheit wurde von Jesus noch in einer anderen Gestalt vollzogen – in Gestalt einer Kritik an einzelnen Inhalten des Gesetzes und der schriftgelehrten Gesetzestradition. Jesus hat mit seiner Kritik in den Bestand der Tora an entscheidenden Punkten eingegriffen.

Um die Tragweite seiner Torakritik ermessen zu können, muß man sich die Lage vergegenwärtigen, in der sich das Judentum der Tora gegenüber befand. Ursprünglich, im alten Israel, hatte sie den Charakter einer Lebensordnung, die Verhaltensmaßstäbe an die Hand gab. Die Funktion einer Orientierungshilfe war im Zuge der Entwicklung immer mehr verdeckt worden. Im Judentum zur Zeit Jesu sah man den Gehorsam gegen die Forderungen der Tora als Selbstzweck an. So konnte man sagen, der Mensch sei dazu geschaffen, daß er der Tora gehorche. Die veränderte Situation zeigte sich darin, daß die Tora nun die Gestalt einer unüberschaubaren Menge von Geboten, Verboten, Vorschriften, Ausnahmeregelungen und Sanktionen angenommen hatte. Damit war auch ihr Sinn ein anderer geworden. Sie begegnete nun als ein unentrinnbares System einzelner gesetzlicher Bestimmungen, in dem das Leben eingefangen und die zu fällenden Entscheidungen im voraus fixiert waren. Es kam nicht mehr darauf an, daß man ethisch urteilen lernte, sondern die von Schriftgelehrten gleichsam programmierten Entscheidungen kannte. Deshalb maß man dem schriftgelehrten Wissen eine so ungeheure Bedeutung bei. Man war überzeugt: Wissen führt zum Tun. Der Ungebildete, d. h. Tora-Unkundige, tut die Tora nicht. Verflucht ist das »Volk«, das sie nicht kennt!

---

18 Das Vaterunser wurde liturgisch noch weiter ausgestaltet. Das zeigt seine Fassung in der sog. Didache, einer um 100 n. Chr. entstandenen urchristlichen Schrift. Der Text läuft dem des Matthäus parallel. Am Schluß wurde aber eine Doxologie (Lobspruch) angefügt. Sie lautet: »Denn dein ist die Kraft und die Herrlichkeit in Ewigkeit« (Did 8, 2). Einige späte Handschriften bieten das Vaterunser auch bei Matthäus in einer um eine Doxologie erweiterten Form. Hier lautet der Schlußsatz: »Denn dein ist das Reich und die Kraft und die Herrlichkeit in Ewigkeit. Amen«.

Das Erscheinungsbild der Tora im Judentum war weiter durch das Übergewicht der religiösen und kultisch-rituellen Forderungen gekennzeichnet. Es ist, als habe man seine ganze religiöse Kraft in der Genauigkeit sichtbar gemacht, mit der man die Formen des Fastens und Gebetes, die Opfer oder die kultischen Abgaben regulierte.

Eine besondere Stellung hatte das *Sabbatgebot* inne. Der Sabbat war eines der markantesten Merkmale des Judentums. Man meinte sogar, die Erfüllung des Sabbatgebotes ziehe die anderer Gebote nach sich. Jedoch: Was war da nun genau verboten, was erlaubt? Die schriftgelehrte Diskussion hat versucht, das ganze Feld der Möglichkeiten auszuleuchten und die nötigen Unterscheidungen zu treffen. So hielt man das Bereiten von Speisen für verboten, gestattete aber, am Vortage Gekochtes aufzuwärmen. Es galt mit gewissen Ausnahmen als Arbeit, Gegenstände von einem Haus ins andere zu tragen, ebenso das Abreißen von Ähren in einem Kornfeld. Allen Ernstes wurde darüber gestritten, ob man ein am Sabbat gelegtes Ei essen dürfe. Auch die Wegstrecke, die man am Sabbat gehen durfte, war genau festgelegt; der sog. Sabbatweg betrug etwa 800 Meter. Trotz all dieser Strenge war es natürlich nie strittig, daß die Rettung eines Menschenlebens oder Tieres den Sabbat »verdrängte«, wie man sagte.

Die jüdische Gesetzlichkeit kommt auch in den Bestimmungen über kultische *Reinheit* und *Unreinheit* zutage. Für den frommen Juden hatten sie große praktische Bedeutung. Reinheit oder Unreinheit – das war nichts Äußerliches, sondern betraf sein Verhältnis zu Gott und darum ihn selbst. Tiere, Speisen, bestimmte Gegenstände, die Berührung von Leichen sowie der Verkehr mit Nicht-Juden – all dies verursachte Unreinheit. Der Alltag war in dieser Hinsicht für den Juden voller Gefahren. Man mußte wissen, wie man ihnen begegnete, vor allem auch, wie man verlorene Reinheit wieder erlangen konnte. Hier waren insbesondere die verschiedenen Opfer und kultischen Waschungen wichtig. Wie sehr die Frage von rein und unrein in das alltägliche Leben hineinreichte, zeigen die Vorschriften über das Händewaschen vor der Mahlzeit. Selbst hier mußte alles seine rituelle Richtigkeit haben. Nichts war dem Belieben des einzelnen überlassen. So war genau verfügt, was kultrechtlich als »Hand« anzusehen ist, bei welchen Mahlzeiten das Abspülen der Hände erforderlich ist, daß es zweimal zu geschehen hat – der Sicherheit halber: es könnte beim erstenmal ein »unreiner« Tropfen zurückgeblieben sein!

Eine Welt kleinlicher Enge und frommer Seltsamkeiten! Aber so fremd, verstiegen oder absurd uns heute so vieles anmuten mag, im Grunde geht es hier um Fragen, die die Menschen zu allen Zeiten umtrieben und eine Antwort forderten. In der Furcht des Menschen vor unreinen Tieren, Speisen oder Menschen steckt das Wissen, daß das Menschsein ständiger Gefährdung ausgesetzt ist, daß der Mensch sich verlieren oder verfehlen kann. Alle die Opfer und Reinigungszeremonien wollen als Wege verstanden werden, den Menschen wieder in Ordnung zu bringen. Letztlich steht hinter den kultisch-rituellen Vorschriften wie hinter der Gesetzlichkeit überhaupt das urmenschliche Bedürfnis, die Lebensunsicherheit zu überwinden und des wahren Lebens sich zu bemächtigen.

Aber gerade dann stellt sich die Sinnfrage mit erhöhter Dringlichkeit. Die Kritik Jesu an der Gesetzesfrömmigkeit des Judentums seiner Zeit hat neuen Einsichten zum Durchbruch verholfen. Jesus hat sich über das mit so leidenschaftlichem Ernst beachtete Sabbatgebot hinweggesetzt, um das Recht des *Menschen* zur Geltung zu bringen. Ihm war der Mensch wichtiger als der Bestand der religiösen Ordnung – ohne daß er diese darum schon verworfen hätte. Er hat die kultisch-rituellen Reinheitsvorschriften für nichtig erklärt; denn er sah tiefer: Unheil und Gefahr drohen dem Menschen nicht von außen, von Dingen oder Stoffen, sondern von innen, von ihm selbst her; kein Opfer, kein Bad kann da etwas helfen. Jesu Gesetzeskritik mutet vernünftig an. Dennoch wäre es falsch, hier von »Aufklärung« zu sprechen. Gewiß geht es Jesus um die Befreiung des Menschen aus Zwängen, die ihn einengen und nicht ins Leben vordringen lassen. Er beruft sich aber – und das ist entscheidend – auf den unmittelbar einleuchtenden, aus allen schriftgelehrten Verfestigungen herausgelösten Willen *Gottes*. Seine Gesetzeskritik ist theologisch begründet und beruht auf der tieferen Einsicht in das, was Gott wirklich will.

Freiheit war freilich für Jesus kein Programm, auf dessen Grundlage er eine revolutionäre Änderung der religiösen und gesellschaftlichen Verhältnisse betrieb. In einzelnen Fällen, da und dort, hat er durch sein Tun oder ein Wort Freiheit gewirkt. Was von ihm in dieser Hinsicht berichtet wird, hat etwas Zufälliges an sich. Aber diese zufälligen Beispiele waren durch ihre innere Überzeugungskraft von grundsätzlicher Bedeutung. Was hier geschah oder gesagt wurde, traf das ganze System der jüdischen Gesetzesfrömmigkeit. Die christliche Gemeinde hat die Tragweite der Gesetzeskritik Jesu erkannt, am schärfsten Paulus. So hat er den Sinn des Werkes Jesu in die Worte zusammenfassen können: »Zur Freiheit hat euch Christus befreit!« Die gesetzeskritische Haltung der Christen hat auch dazu geführt, daß die Jesus-Anhänger schon bald aus dem Verband des Judentums, dem sie zunächst noch angehört hatten, herausgedrängt wurden und sich zu einer selbständigen Bewegung und Gemeinde formierten.

Der Sabbat

Die Evangelienüberlieferung berichtet von Fällen, in denen Jesus das Sabbatgebot brach bzw. seinen Bruch zuließ und rechtfertigte. In keinem der Berichte wird eine dringende, keinen Aufschub duldende Notlage geschildert. Die Jünger, die die Ähren abrissen und die Getreidekörner aßen, waren nicht am Verhungern. Die Heilung der Kranken wäre aufschiebbar gewesen. Es ging nicht auf Leben und Tod. Jesus dachte zwar nicht im entferntesten daran, den Sabbat abzuschaffen. Er meinte aber, daß er schon da sein Recht verliert, wo er verhindert, daß das Gute, das Heilsame oder das geschieht, was dem Leben des Menschen dienlich ist. Jesus wollte mit der Verletzung des Sabbatgebotes das Recht des Menschen herausstellen und zugleich die Fragwürdigkeit einer Frömmigkeit aufdecken, die den Gehorsam gegenüber dem Gesetz und der religiösen Ordnung um seiner selbst willen verlangte.

In welchem Umfang den Sabbaterzählungen Erinnerung an wirkliche Begebenheiten zugrunde liegt, bleibt im einzelnen unsicher. Es kann aber behauptet werden, daß sie eine für Jesus charakteristische Verhaltensweise zutreffend herausstellen. Jesus stand dem Sabbatgebot mit ungeheurer Freiheit gegenüber – das hat sich den Jüngern eingeprägt!

Es geschah, daß Jesus am Sabbat durch die Felder ging; und seine Jünger begannen, unterwegs Ähren abzureißen. Da sagten die Pharisäer zu ihm: »Sieh, was sie am Sabbat Verbotenes tun ...« Da sprach er zu ihnen: »Der Sabbat ist um des Menschen willen da, nicht der Mensch um des Sabbats willen.« (Mk 2, 23–24.27)

Wieder kam er in eine Synagoge. Da war ein Mann mit einer gelähmten Hand, und man beobachtete ihn, ob er ihn am Sabbat heilen würde, um ihn anklagen zu können. Da sagte er zu dem Mann mit der gelähmten Hand: »Tritt in die Mitte.« Und er sprach zu ihnen: »Soll man am Sabbat Gutes tun oder Böses, Leben retten oder töten?« Sie aber verharrten in Schweigen. Da blickte er sie ringsherum voller Zorn an, betrübt über die Verhärtung ihrer Herzen. Und er sagte zu dem Mann: »Strecke deine Hand aus!« Da streckte er sie aus, und seine Hand wurde wiederhergestellt. (Mk 3, 1–5)

Er lehrte in einer Synagoge am Sabbat. Siehe, da war eine Frau, die hatte schon achtzehn Jahre lang einen Krankheitsgeist, war verkrümmt und konnte sich nicht völlig aufrichten. Als Jesus sie sah, rief er sie an und sprach zu ihr: »Frau, du bist erlöst von deiner Krankheit«; und er legte ihr die Hände auf. Da richtete sie sich sofort auf und pries Gott. Der Synagogenvorsteher aber nahm das Wort, unwillig, daß Jesus am Sabbat heilte, und sagte zu dem Volk: »Sechs Tage gibt es, an denen man arbeiten soll; an denen kommt und laßt euch heilen; aber nicht am Sabbat.« Der Herr aber antwortete ihm und sprach: »Ihr Heuchler, bindet nicht jeder von euch am Sabbat seinen Ochsen oder Esel von der Krippe los und führt ihn zur Tränke? Und diese, eine Tochter Abrahams, die der Satan schon achtzehn Jahre gebunden hat, sollte nicht am Sabbat von dieser Bande gelöst werden dürfen?« Als er das sagte, schämten sich alle seine Widersacher. Doch das ganze Volk freute sich über alle die herrlichen Taten, die von ihm geschahen. (Lk 13, 10–17)

Gottes Gebot und Menschengebote

Die Tora-Auslegung der Schriftgelehrten wollte und sollte ursprünglich den im Alten Testament niedergelegten Willen Gottes im Alltag des Lebens greifbar machen. Oft genug kam das Gegenteil heraus. Es war nicht allein dies, daß die schriftgelehrten Ausführungsbestimmungen, die »Überlieferung der Väter«, wie man sie nannte, praktisch wichtiger waren als die Gebote Gottes selbst. An manchen Punkten wurden diese tatsächlich außer Kraft gesetzt. So ergab sich ein absurder Sachverhalt: Man hob Gottes Gebot durch »Menschengebote« auf – und berief sich dabei noch auf die Autorität Gottes!

Jesus hat diesen Sachverhalt am Beispiel des vierten Gebotes erläutert, in dem gefordert wird, die Eltern zu ehren. Zu den Pflichten, die damit eingeschärft wurden, gehörte auch die, daß Kinder ihre Eltern im Alter unterstützen sollten. Nun gab es andererseits eine gesetzliche Bestimmung, nach der man durch Aussprechen einer Gelübdeformel Geld oder Sachwerte dem Tempelschatz zusprechen und damit für sich selbst und andere unverfügbar machen konnte. Gegebenenfalls war es auf diese Weise einem Sohn möglich, sich seiner Unterstützungspflicht zu entziehen.

Die Pharisäer und einige aus Jerusalem gekommene Schriftgelehrte versammelten sich um Jesus. Als sie einige seiner Jünger mit unreinen, das heißt mit ungewaschenen Händen das Brot essen sahen, ... befragten sie ihn: »Warum halten sich deine Jünger nicht an die Überlieferung der Alten, sondern essen das Brot mit unreinen Händen?« Er sprach zu ihnen: »Mit Recht hat Jesaia in bezug auf euch Heuchler geweissagt, wie geschrieben steht: ›Dies Volk ehrt mich mit seinen Lippen, ihr Herz aber ist ferne von mir; vergebens ehren sie mich, indem sie Menschengebote als Lehre vortragen.‹ Gottes Gebot laßt ihr außer acht und haltet euch an die Überlieferung der Menschen.« Und er sprach zu ihnen: »Trefflich setzt ihr Gottes Gebot außer Kraft, um nur ja eure Überlieferung zur Geltung zu bringen! Moses zum Beispiel hat gesagt: ›Ehre deinen Vater und deine Mutter‹ und: ›Wer Vater oder Mutter schmäht, soll des Todes sterben.‹ Ihr aber sagt: Wenn jemand zu seinem Vater oder seiner Mutter gesagt hat, ›Korban‹, das heißt Opfergabe sei, was dir von mir zugute kommen sollte – dann laßt ihr ihn für seinen Vater oder seine Mutter nichts mehr tun und macht damit Gottes Wort ungültig durch eure Überlieferung, die ihr überliefert. Und ähnliche solche Dinge tut ihr viel.«

(Mk 7, 1–2.5–13)

Rein und unrein

Es war eine uralte, schon im Alten Testament verkündigte Wahrheit, daß die Berührung unreiner Dinge den Menschen unrein mache, das heißt von der Gemeinschaft mit Gott ausschließe. Begreiflich, daß der fromme Jude ängstlich darauf achtete, mit wem oder was er umging. Jesus hat mit einem einzigen Satz jene Wahrheit zum Irrtum und die auf sie gründende religiöse Bemühung für nichtig erklärt. Er hält die Frage von rein und unrein nach wie vor für wesentlich. Aber er verkündet, daß sie allein durch das entschieden wird, was der Mensch sagt und tut, durch die Weise, wie er in Wort und Tat mit dem Mitmenschen umgeht. Hier zeigt sich, ob er wirklich Mensch ist oder nicht.

Dieses Wort ist vielleicht das kritischste Wort, das Jesus gesprochen hat. Sein Angriff richtete sich nicht nur gegen die nachträglich entwickelte schriftgelehrte Tradition, sondern gegen Kultgesetze aus dem Alten Testament selbst.

Die in diesem Wort ausgesprochene Kritik hat eine noch größere Reichweite. Im Grunde führt Jesus damit über die Welt der antiken Religion überhaupt hinaus. Deren grundlegendes Merkmal war die Auffassung, daß den sichtbaren Dingen bestimmte Qualitäten anhaften und wirksame Kräfte, dämonische oder göttliche, innewohnen. So grenzte man aus der profanen Welt heilige Orte (Tempel) aus, an denen die Gottheit wohnt. Heiligkeit ist dabei ganz dinglich gedacht. Man konnte an ihr Anteil gewinnen, indem man sich in den heiligen Bezirk begab und hier die göttliche Gegenwart erlebte. Jesus lehrte, in den Dingen nichts als eben Dinge zu sehen. Alles war für ihn Welt, profan, zum Gebrauch und Verbrauch bestimmt. Gott ist nicht wie ein Stück Welt greifbar und an einem bestimmten Ort dingfest zu machen. Er ist dennoch in der Welt der profanen Dinge gegenwärtig – in Gestalt seiner Willensoffenbarung. An ihm teilhaben kann darum allein heißen: seinen Willen tun.

Nichts, was von außerhalb des Menschen in ihn eingeht, kann ihn unrein machen; vielmehr das, was aus dem Menschen herauskommt, das macht ihn unrein. (Mk 7, 15)

Der Tempel

Der Tempel in Jerusalem war der zentrale Kultort des Judentums. Der hier vollzogene Opferdienst war eine wesentliche Äußerung des religiösen Lebens auch für die Juden in der weltweiten Diaspora. Sie kamen zu Tausenden, vor allem an den großen Festen, um ihre Teilhabe am Tempel zu bekunden.

Im Zusammenhang mit dem Tempeldienst entstand im sog. Vorhof eine Art Markt, auf dem Händler opferfähige, d. h. fehlerlose Tiere verkauften und Wechsler die Möglichkeit boten, sich an Ort und Stelle die für die Tempelsteuer vorgeschriebenen Münzen zu beschaffen. Bei der Strenge der Kultgesetze war diese Einrichtung insbesondere im Blick auf die ausländischen Pilger und Gäste erforderlich, um die Teilnahme am Tempeldienst zu ermöglichen.

Der Markt im Tempelhof war der Schauplatz einer vehementen Aktion Jesu. Sie betraf die Händler und Wechsler. Nicht daß Jesus in ihrem Treiben an sich eine Entweihung des Heiligtums gesehen hätte! Die sogenannte Tempelreinigung war ein Protest gegen den Opferkult selbst. Aus dem Bericht wird freilich nicht klar, worin Jesus das Fragwürdige des Opferkults sah. Protestierte er deshalb gegen den Opferkult, weil er nur fromme Fassade war, hinter der man seinen Ungehorsam zu verbergen suchte?

Der Vorgang ist so, wie ihn die Evangelien schildern, nicht vorstellbar. Ein einzelner Mann konnte sich in dem riesigen Vorhofgelände kaum bemerkbar machen, geschweige denn eine umfassende Aktion durchsetzen. Daß die Jünger oder andere Tempelbesucher eingriffen, ist nicht gesagt, ist historisch auch ganz unwahrscheinlich. Jede Bewegung im Tempelvorhof wurde von der römischen Besatzung in Jerusalem aufmerksam verfolgt. Eine Bewegung vom Ausmaß der »Tempelreinigung« wäre zweifellos sofort unterbunden worden.

Sie kamen nach Jerusalem. Jesus betrat den Tempel und begann alle, die im Tempel verkauften und kauften, hinauszutreiben; und er stieß die Tische der Wechsler und die Stände der Taubenverkäufer um und verwehrte jedem, ein Gefäß durch den Tempel(vorhof) zu tragen. Und er lehrte und sprach zu ihnen: »Steht nicht geschrieben ›Mein Haus soll allen Völkern ein Bethaus heißen‹? Ihr aber habt es zu einer ›Räuberhöhle‹ gemacht[19].« (Mk 11, 15–17)

Almosen – Beten – Fasten

Jesus hat die überkommenen Formen des religiösen Lebens nicht als solche angegriffen. Seine Kritik galt vielmehr den Leuten, die Frömmigkeit öffentlich vorführten und damit zum Mittel religiöser Selbstdarstellung machten. Das ist »Heuchelei«. Echter Frömmigkeit ist es nach Jesu Urteil um Gott zu tun. Sie will nicht bewundert werden.

---

19 Dieser Satz enthält eine Anspielung auf die berühmte Tempelrede des Propheten Jeremia (vgl. Band AT, S. 407–408). Jesus aktualisiert gleichsam die hier ausgesprochene Kritik am Opferkult.

Wenn du Almosen gibst, so laß nicht vor dir her posaunen, wie die Heuchler in den Synagogen und auf den Gassen tun, um von den Menschen gerühmt zu werden. Amen, ich sage euch, sie haben ihren Lohn schon empfangen! Vielmehr, wenn du Almosen gibst, so soll deine Linke nicht wissen, was deine Rechte tut, damit dein Almosen im Verborgenen bleibe. Dein Vater, der in das Verborgene blickt, wird dir vergelten. (Mt 6, 2–4)

Wenn ihr betet, sollt ihr es nicht wie die Heuchler machen; denn sie lieben es, in den Synagogen und an den Straßenecken zu stehen und zu beten, um den Leuten in die Augen zu fallen. Amen, ich sage euch, sie haben ihren Lohn schon empfangen! Vielmehr, wenn du betest, so ›geh in deine Kammer und schließe die Tür zu‹ und bete zu deinem Vater im Verborgenen. Dein Vater, der in das Verborgene blickt, wird dir vergelten. (Mt 6, 5–6)

Wenn ihr fastet, so seht nicht trübselig drein wie die Heuchler; denn sie entstellen ihr Gesicht, um den Leuten mit ihrem Fasten in die Augen zu fallen. Amen, ich sage euch, sie haben ihren Lohn schon empfangen! Vielmehr, wenn du fastest, so salbe dein Haupt und wasche dein Gesicht, damit du mit deinem Fasten nicht den Menschen in die Augen fällst, sondern deinem Vater im Verborgenen. Dein Vater, der in das Verborgene blickt, wird dir vergelten. (Mt 6, 16–18)

4. Der neue Gehorsam

Einen Durchbruch in die Freiheit aus der Welt gesetzlicher Enge und ängstlicher Pedanterie bedeutete auch die ethische Botschaft Jesu. Gewiß wird auch hier gefordert. Jesus proklamierte nicht die Autonomie des Menschen. Er konnte das nicht. Denn damit hätte er die Grundwahrheit alttestamentlicher Offenbarung verleugnet, daß der Mensch nicht aus sich selbst und nach eigenen Maßstäben lebt, sondern Gottes Geschöpf ist. Das Entscheidende war, daß Jesus in seinen Forderungen *Gottes* Willen und Maß sichtbar gemacht hat und dadurch dem Menschen die Möglichkeit auftat, zu sich selbst zu finden und sich seiner Bestimmung gemäß zu verhalten. Darin liegt das Moment der Freiheit, das in Jesu ethischer Verkündigung aufleuchtet.

Die ethische Verkündigung Jesu hat die Gestalt einzelner Weisungen. Ihre Erscheinungsform ist der knapp formulierte, prägnante Spruch. Von einer ausgearbeiteten ethischen Lehre, wie sie Philosophie und Theologie boten und bieten, kann man bei ihr nicht sprechen. Auch hat Jesus seine Forderungen weder begründet noch sich mit Einwänden auseinandergesetzt. Offenbar hat er damit gerechnet, daß sie in sich selbst überzeugen und die Kraft haben, die Hörer unmittelbar in Anspruch zu nehmen, Klarheit zu schaffen und Entscheidungen herbeizuführen. Sie kennzeichnet eine zupackende Ursprünglichkeit. Aber war es wirklich Gottes Wille, der hier zur Sprache kam?

Jesu eigene Überzeugung in dieser Sache beweist nichts. Wer war er denn? Ein Zimmermannssohn aus Nazareth! Keine allgemein anerkannte Lehr-Autorität. Gewiß, man hat Jesus »Rabbi« genannt und ihn damit in die Reihe der offiziellen theologischen Lehrer einbezogen. Es ist jedoch unwahrscheinlich, daß er durch ein regelrechtes Studium bei einem Rabbi ausgewiesen war; vor allem aber ging seine Verkündigung weit über das hinaus, wozu ein Rabbi ermächtigt war. Er leitete seine Forderungen nicht aus den biblischen Geboten ab, sondern setzte sie in souveräner Vollmacht[20]. Um so mehr war er darauf angewiesen, daß der Inhalt seiner Worte seine Vollmacht erkennen ließ und die Fragen und Zweifel eindeutig beantwortete.

Jesus teilte die jüdische Auffassung, daß Gott seinen Willen im Alten Testament, genauer: im Gesetz des Mose kundgetan hat. Nur waren für ihn Mosegesetz und Gotteswille nicht gleichbedeutend, wie seine Kritik an den kultisch-rituellen Vorschriften zeigt. Nach seiner Meinung bekundet er sich vor allem in den ethischen Forderungen des Gesetzes, insbesondere des Dekalogs. Die energische Konzentration auf diese Inhalte ist ein markantes Merkmal der Verkündigung Jesu. Für ihn war Gottes Wille etwas höchst Einfaches: sittlicher Gehorsam, glaubwürdiges mitmenschliches Verhalten.

Jesus hat allerdings die ethischen Forderungen etwa des Dekalogs nicht einfach wiederholt. Gewiß konnte er auch einmal ohne Kommentar auf sie verweisen. Seiner Meinung nach sagen sie in der Tat, was Gott von den Menschen verlangt. Vor allem ging es Jesus darum, ihren ursprünglichen Sinn freizulegen und die Reichweite und Tiefe ihres Anspruchs erkennbar zu machen. In einem gewissen Sinne war Jesus nichts anderes als ein Ausleger der alttestamentlichen Gebote, also das, was die Schriftgelehrten auch waren. Was er freilich in seiner Auslegung zum Zuge brachte, war doch etwas ganz anderes. Da wurde das Gebot nicht bis in die kleinsten Details hinein durchbuchstabiert oder der Versuch gemacht, Bedingung und Bereich seiner Geltung festzulegen. Im Munde Jesu bekam es vielmehr einen radikalen Inhalt, insofern radikal, als es das moralische Bewußtsein des Menschen an der »Wurzel« anging und jedermann klar werden mußte: Hier bin ich *ganz* gefordert; auch Gedanken, Blicke, Wünsche und Emotionen können nicht außer Betracht bleiben; mit einer rein äußerlichen, buchstäblichen Gebotserfüllung, bei der man nicht mit dem Herzen dabei ist, wäre *nichts* getan! Jesus machte mit seiner Auslegung begreiflich, was echter und wirklicher Gehorsam ist. Bei aller Radikalität war Jesus kein Moral-Fanatiker. Das geht schon

---

20 Dieser Sachverhalt ist eingefangen in der einprägsamen sprachlichen Wendung, mit der die Bergpredigt des Matthäusevangeliums einige ethische Forderungen Jesu einführt. Sie lautet: »Ihr habt gehört, daß zu den Alten gesagt ist: ...; ich aber sage euch ...« Die Autorität Jesu wird hier der des alttestamentlichen Gesetzes und des Mose entgegengesetzt und über sie hinausgehoben. Wahrscheinlich handelt es sich hier allerdings nicht um eine auf Jesus selbst zurückgehende, sondern erst in der Gemeinde geprägte Sprachform. Dennoch spiegelt sie die Wirkung wider, die Jesu souveränes, das sittliche Bewußtsein bindendes Gebieten auf die Hörer ausübte.

daraus hervor, daß er keine Sanktionen und Strafen androhte oder Maßnahmen ersann, um seine Forderungen durchzusetzen. Seine Ethik war ganz vom Vertrauen in die Kraft der Einsicht und des Urteils getragen.

Das Besondere und Neue der ethischen Verkündigung Jesu kommt am deutlichsten und eindrucksvollsten im Gebot der Liebe zutage. Hier hat sie die Gestalt gewonnen, in der sie kaum noch zu ermessende weltgeschichtliche Wirkung erlangte. Die neutestamentlichen Schriften haben das Liebesgebot fast sämtlich aufgegriffen und von daher das christliche Verhalten erläutert. Am großartigsten ist das bei Paulus geschehen: in dem berühmten Kapitel, das die Liebe als den Sinn menschlichen Seins beschreibt (vgl. S. 255 f.). »Liebe wurde zum Inbegriff der christlichen Ethik.

Beim Liebesgebot handelt es sich nicht um ein zusätzliches Einzelgebot, das die übrigen Gebote ergänzt und gleichsam das christliche »Mehr« ausmacht. Man hat darin vielmehr die Zusammenfassung aller ethischen Forderungen zu sehen. Im Sinne Jesu ist die Liebe das, was hier eigentlich gefordert ist, das Ganze aller ethischen Inhalte und das eine, worum es im mitmenschlichen Verhalten geht.

An dieser Zusammenfassung zeigt sich, wie wenig die ethische Verkündigung Jesu den Charakter eines Gesetzes hat, das buchstäblich und sklavisch zu befolgen ist. Jesus hat nicht versucht, dem Menschen das Handeln fertig programmiert vorzugeben. Andererseits hat er ihn aber auch nicht seiner eigenen Willkür oder den Umständen ausgeliefert. Er hat seine Hörer mit radikalen ethischen Forderungen konfrontiert. Damit wollte er sie sehen lehren, was der Mensch tun kann und soll, um als Mensch glaubwürdig zu sein und zu bleiben. Je weniger aber ethisch programmiert ist, desto deutlicher wird, in wie hohem Maße er die eigene Einsicht und Überlegung, Mut und Initiative des Menschen einbezogen hat.

Der Ort ethischer Bewährung ist für Jesus der Alltag der Welt. Er hat sich mit seinen Jüngern und Anhängern nicht in die Abgeschiedenheit einer ordensähnlichen Gemeinschaft zurückgezogen, um hier unter Gleichgesinnten Gehorsam in einer reinen Hochform darzustellen. Diesen Weg ist die Qumran-Gemeinschaft gegangen. Es gibt auch keine Anhaltspunkte dafür, daß Jesus wenigstens eine teilweise Weltenthaltung, etwa in Form eines Verzichts auf Ehe, Familie und Besitz gefordert hätte. Auch er selbst hat kein asketisches Leben geführt. Schwerlich hätte man ihn sonst »Fresser und Weinsäufer« nennen können. Ihm ging es schlicht und einfach um eine »bessere Gerechtigkeit«, wie später Matthäus formulierte. Damit ist eine Gerechtigkeit gemeint, die sich im Alltag der Welt als besser bewährt und schöpferisch, als Kraft zum Guten konkret in Erscheinung tritt.

Was ist gefordert?

So wurde Jesus einmal von einem *reichen Mann* gefragt. Er wies ihn an die Forderungen des Dekalogs. Hier war gültig und umfassend gesagt, was der Mensch tun soll. Der Reiche wollte jedoch ein übriges tun, mehr als das, was sich von selbst versteht. So forderte Jesus ihn auf, seinen Besitz zu verschenken und sich ihm als Jünger anzuschließen. Damit war aber der Reiche überfordert. Sein Reichtum hielt ihn fest. In seiner Weigerung, Jesus zu folgen, stellte sich heraus, daß er Vorbehalte hatte und seinem Gehorsam der letzte Ernst fehlte. Das eine, das ihm fehlte, war in Wirklichkeit das Ganze.

Als sich Jesus auf den Weg machte, lief einer herzu, fiel vor ihm auf die Knie und fragte ihn: »Guter Meister, was muß ich tun, um das ewige Leben zu ererben?« Jesus aber sprach zu ihm: »Was nennst du mich gut? Niemand ist gut außer dem *einen* Gott. Du kennst doch die Gebote: Du sollst nicht töten, du sollst nicht ehebrechen, du sollst nicht stehlen, du sollst nicht falsch Zeugnis reden, du sollst nicht wegnehmen, ehre deinen Vater und deine Mutter.« Er aber sagte zu ihm: »Meister, das alles habe ich von Jugend auf gehalten.« Jesus aber sah ihn an, gewann ihn lieb und sprach zu ihm: »Eins fehlt dir; gehe hin, verkaufe, was du hast, und gib es den Armen, und du wirst einen Schatz im Himmel haben; dann komm und folge mir nach!« Er aber wurde betrübt wegen dieses Wortes und ging traurig davon; denn er hatte viele Güter[21]. (Mk 10, 17–22)

Das Tun

Der Gehorsam, den Jesus fordert, ist Gehorsam im Tun. Versprechungen und Vorsätze zählen ebensowenig wie ein nur guter Wille.

Ein Mann hatte zwei Söhne. Er ging zu dem ersten und sprach: »Mein Sohn, gehe und arbeite im Weinberg.« Der gab zur Antwort: »Ja, Herr«, aber ging nicht hin. Darauf wandte er sich zu dem zweiten und sprach ebenso. Der aber gab zur Antwort: »Ich mag nicht!« Später besann er sich eines Besseren und ging. Wer von den beiden hat den Willen des Vaters getan? Sie sagten: »Der letztere.« (Mt 21, 28–31)

Was nennt ihr mich »Herr, Herr!« und tut nicht, was ich sage? (Lk 6, 46)

---

21 Der Evangelist Matthäus hat die Erzählung verändert. Er machte aus dem reichen Mann einen reichen *Jüngling*. Einschneidender ist, daß er Jesus dem Jüngling antworten läßt: »Willst du *vollkommen* sein, dann gehe hin, verkaufe deine Habe ... und folge mir.« Er brachte damit die Auffassung zum Ausdruck, daß von dem *Jünger* Jesu etwas verlangt ist, was über das für alle Menschen gültige Maß hinausgeht. Jesus selbst hat den Gedanken einer besonderen Ethik, die nur für einen Kreis Auserwählter gilt und nur ihn verpflichtet, nicht vertreten.

Jeder, der zu mir kommt, auf meine Worte hört und sie tut – wem der gleich ist, will ich euch zeigen: Er ist gleich einem Mann, der beim Bau seines Hauses in die Tiefe grub und das Fundament auf Fels legte. Als Hochwasser kam, da stieß die Flut gegen jenes Haus, sie vermochte es jedoch nicht zu erschüttern. Wer aber hört und nicht entsprechend handelt, der ist gleich einem Mann, der ein Haus auf die Erde ohne Fundament baute. Als die Flut dagegen stieß, da stürzte es sofort ein, und es gab bei jenem Haus einen großen Zusammenbruch. (Lk 6, 47–49)

Der Nächste

Daß der Mitmensch ein Recht darauf hat, zu leben und in seinem Leben unversehrt zu bleiben, war keinem Juden zweifelhaft. Das lehrte seit langem das Alte Testament. Es genügt aber nicht, sich daran zu halten, um als »anständiger« Mensch gelten zu können. Das hat Jesus bewußt gemacht. Der Sinn des alttestamentlichen Gebotes ist erst dann erfaßt, wenn man erkennt: schon der Zorn, der Haß ist Mord. Ethisch bedeutsam ist nicht allein das, was sichtbar in Erscheinung tritt, sondern auch die verborgenen Gedanken und Regungen. Das menschliche Miteinander kommt nicht dadurch in Ordnung, daß man dies oder jenes unterläßt. Jesus wollte zu der Einsicht führen, daß man ganz, in der Tiefe seines Herzens, anders werden und ein neues Verhältnis, eine neue Einstellung zum anderen gewinnen muß, wenn es in den zwischenmenschlichen Beziehungen gut werden soll.

Ihr habt gehört, daß den Alten gesagt ist: Du sollst nicht töten; wer aber tötet, soll dem Gericht verfallen sein. Ich aber sage euch: Jeder, der seinem Bruder zürnt, soll dem Gericht verfallen sein[22]. (Mt 5, 21.22 a)

Jesus gab der Versöhnung mit dem Mitmenschen den Vorrang vor der Erfüllung religiöser Pflichten. In einem provozierenden Wort hat er dazu aufgefordert, mit der Versöhnung selbst den Anfang zu machen. Hier zeigt sich, daß Jesus die zu den religiösen Pflichten des Juden gehörenden Opfer nicht grundsätzlich verwarf.

Wenn du dabei bist, dein Opfer auf dem Altar darzubringen, und dich dort erinnerst, daß dein Bruder etwas gegen dich hat, so laß dein Opfer dort vor dem Altar und gehe erst hin und versöhne dich mit deinem Bruder. Dann magst du wiederkommen und dein Opfer darbringen. (Mt 5, 23–24)

---

22 Das ursprüngliche Jesuswort endete hier. In der Gemeindeüberlieferung wurde es erweitert. Sie läßt Jesus fortfahren: »Wer aber zu seinem Bruder sagt: Dummkopf, soll dem Synedrium verfallen sein; wer aber sagt: Gottloser, soll der Feuer-Hölle verfallen sein« (Mt 5, 22 b). Dieser Zusatz bewirkt eine nicht unbeträchtliche Verschiebung der Aussage. Jesus hatte das 5. Gebot, um das es hier geht, radikal ausgelegt, so daß der Hörer in seinem Innersten getroffen wurde. In der neuen Fassung ist einfach der Geltungsbereich des Gebotes ausgedehnt worden – und zwar auf einige kräftige Schimpfworte. Man kam damit wieder in die Nähe schriftgelehrt-jüdischer Praxis, die darauf abzielte, unmittelbar verwendbare Verhaltensregeln auszuarbeiten (vgl. S. 179 ff.).

Es ist Unrecht, sich zum Richter seiner Mitmenschen aufzuwerfen; denn sie leben kraft eigenen Rechtes und sind in ihrem Eigenrecht unantastbar. Gott will, daß man dem fehlenden Mitmenschen zurechthilft (ohne Schuld zu verharmlosen) und vergibt – und dies ohne Grenzen.

Richtet nicht, damit ihr nicht gerichtet werdet; denn das Urteil, mit dem ihr richtet, wird euch selbst treffen, und das Maß, mit dem ihr meßt, wird euch angelegt werden. (Mt 7, 1–2)

Was siehst du den Splitter im Auge deines Bruders, bemerkst aber nicht den Balken in deinem Auge? Oder wie kannst du zu deinem Bruder sagen: laß mich den Splitter aus deinem Augen ziehen – und siehe, der Balken sitzt in deinem Auge? Du Heuchler ziehe zuerst den Balken aus deinem Auge; dann magst du zusehen, wie du den Splitter aus dem Auge deines Bruders ziehst. (Mt 7, 3–5)

Habt acht auf euch. Wenn dein Bruder sich vergeht, so weise ihn zurecht. Wenn es ihm leid tut, so vergib ihm. Und wenn er sich siebenmal am Tage gegen dich vergeht und siebenmal wieder zu dir kommt und sagt: »Es tut mir leid«, so sollst du ihm vergeben. (Lk 17, 3–4)

Mann und Frau

Das Verhältnis von Mann und Frau ist verschiedentlich Thema von Jesusworten. Es darf dabei unterstellt werden, daß Jesus eine sexuelle Begegnung auf die Ehe beschränkt wissen wollte. Ebenso galt ihm der Ehebruch – das heißt: der Einbruch eines Mannes in eine fremde Ehe – als Verstoß gegen Gottes Gebot. In diesem Punkt bewegte er sich im Rahmen der jüdischen Rechtsnormen und Moralvorstellungen. Neu war, daß er den Hörern, denen das alles selbstverständlich war, sagte: schon der begehrende Blick auf die Frau des anderen ist Ehebruch. Damit gibt er dem 6. Gebot einen radikalen Sinn: Gedanken, Wünsche, Blicke sind Wirklichkeiten, mit denen der Mensch auch und gerade in der Frage der Beziehungen zwischen Mann und Frau offenbart, wer er ist. Hier schon, nicht erst in vollzogenen Taten, fällt die Entscheidung über die moralische und menschliche Glaubwürdigkeit.

In derselben Linie liegt es, wenn Jesus die Ehescheidung verwirft. Jesus widersprach damit nicht allein der gängigen Praxis seiner Zeit, sondern auch den Bestimmungen des Alten Testamentes. Hier war dem Mann die Möglichkeit einer Scheidung zugestanden worden. Er wurde lediglich darauf verpflichtet, sie ordnungsgemäß, d. h. durch Ausstellung eines sog. Scheidebriefes, zu vollziehen. Jesus sah hierin ein Zugeständnis, das Gottes Willen widerspricht.

Auffälligerweise wandte sich Jesus mit seinen Weisungen in dieser Frage ausschließlich an den Mann. Das hat darin seinen Grund, daß das jüdische Eherecht ihm eine bevorzugte Stellung einräumte. So war ihm zum Beispiel erlaubt, mit einer unverheirateten Frau eine (zweite) Ehe einzugehen, ohne daß dies den Bestand seiner bestehenden Ehe berührte, der Frau hingegen nicht. Von diesem Hintergrund her wird die Absicht erkennbar, die Jesus mit seinem Verbot der Ehescheidung verfolgt: Ihm ging es um das eigene Recht und die Würde der Frau.

Ihr habt gehört, daß gesagt ist: ›Du sollst nicht ehebrechen‹. Ich aber sage euch: Jeder, der eine Frau ansieht, sie zu begehren, hat in seinem Herzen schon Ehebruch mit ihr getrieben. (Mt 5, 27–28)

Da traten Pharisäer heran und fragten ihn: »Ist es einem Mann erlaubt, seine Frau zu entlassen?« Womit sie ihn auf die Probe stellen wollten. Er aber gab ihnen zur Antwort: »Was hat euch Mose geboten?« Sie aber sagten: »Mose hat gestattet, ›einen Scheidebrief zu schreiben und zu entlassen‹.« Jesus aber sprach zu ihnen: »Nur mit Rücksicht auf eure Herzenshärtigkeit hat er euch dies Gebot geschrieben. Vom Anfang der Schöpfung her aber gilt: ›Als Mann und Frau hat er sie gemacht; darum wird ein Mann seinen Vater und seine Mutter verlassen und seiner Frau anhangen, und die beiden werden zu einem Fleisch werden.‹ Also sind sie nicht mehr zwei, sondern ein Fleisch. Was Gott zusammengefügt hat, soll der Mensch nicht trennen.« (Mk 10, 2–9)

Wer seine Frau entläßt und eine andere heiratet, bricht die Ehe; und wer eine von einem Mann Entlassene heiratet, bricht die Ehe[23]. (Lk 16, 18)

In der griechisch-römischen Welt hatte auch die Frau das Recht, eine Scheidung herbeizuführen. Die rechtlichen Verhältnisse waren also anders als im Judentum. Dementsprechend mußte das Wort von der Scheidung und Wiederverheiratung umgeformt werden, wenn es auch für die Christen im Bereich der griechisch-römischen Welt gültig sein sollte. In der neuen Fassung wird neben dem Mann auch die Frau angesprochen.

Wer seine Frau entläßt und eine andere heiratet, bricht ihr gegenüber die Ehe. Und wenn sie ihren Mann entläßt und einen anderen heiratet, bricht sie die Ehe. (Mk 10, 11–12)

Echter Gehorsam gegen Gottes Willen bedeutete für Jesus nicht: asketische Lebenshaltung. So hat er nirgends dazu aufgerufen, ehelos zu bleiben – auch die Jünger nicht. Von Petrus wissen wir, daß er verheiratet war. Allerdings spricht ein wahrscheinlich ursprüngliches Jesuswort von Leuten, die »um der Gottesherrschaft willen« auf die Ehe verzichtet haben, was auch von Jesus selbst gilt. Ein solcher Verzicht konnte in einem konkreten Fall um eines bestimmten Auftrages willen durchaus geboten sein. Er wurde von Jesus jedoch nicht *grundsätzlich* gefordert.

Es gibt Verschnittene, die aus einer Mutter Leib so geboren sind; und es gibt Verschnittene, die von den Menschen verschnitten worden sind; und es gibt Verschnittene, die sich selbst wegen der Himmelsherrschaft verschnitten haben[24]. Wer es fassen kann, der fasse es! (Mt 19, 12)

---

23 Im Matthäusevangelium ist das Wort wieder um einen Zusatz erweitert. Es lautet hier: »Wer seine Frau entläßt – *abgesehen* vom Fall der *Hurerei* –, der bringt sie in Ehebruch...« (Mt 5, 32). Auch dieser Zusatz deutet darauf hin, daß man Jesu Wort über die Scheidung im Sinne einer gesetzlichen Vorschrift verstand. Man hatte in der Gemeinde jedoch offenbar Schwierigkeiten, sie durchzusetzen, und entschloß sich, wenigstens Scheidung aufgrund von Ehebruch zuzugestehen.

24 In dem Sinne von: ehelos bleiben.

Die Wahrhaftigkeit

Seit den Tagen des Alten Testaments bediente man sich in Israel des Eides als Mittel, in wichtigen Fällen, etwa in einem Prozeß, die Wahrheit einer Aussage zu erzwingen. Jesus hat die Eidespraxis strikt verworfen. Seine Absicht war dabei nicht, zu einer bewährten Einrichtung der Rechtspraxis Stellung zu nehmen. Mit seinem schockierenden Nein wollte er zu der Einsicht führen, daß man immer und überall »unter Eid« steht. Der für das beeidete Wort anzulegende Maßstab absoluter und rückhaltloser Wahrhaftigkeit gilt für *jedes* Wort, für das ausgesprochene wie für das verschwiegene oder verweigerte! Auch die Wahrhaftigkeitsforderung verstand Jesus radikal, indem er sie auf das Wort des Menschen überhaupt bezog.

Wie das Jesuswort ursprünglich lautete, ist nicht mehr mit Sicherheit zu ermitteln. Es ist doppelt überliefert: bei Matthäus und im Jakobusbrief. Welche der beiden Fassungen der ursprünglichen am nächsten kommt, muß von inhaltlichen Gesichtspunkten her entschieden werden. Der Vergleich zeigt, daß das Wort in der Form des Jakobusbriefes die radikalere Forderung stellt. Man kann hier den Jesus erkennen, der auch anderen alttestamentlichen Geboten einen radikalen Sinn gegeben hat. Von daher liegt es nahe, bei der Rekonstruktion des ursprünglichen Jesuswortes im entscheidenden Teil auf den Jakobusbrief zurückzugreifen.

Ihr habt gehört, daß zu den Alten gesagt ist: ›Du sollst keinen Meineid schwören.‹ und: ›Du sollst dem Herrn deinen Eid erfüllen.‹ Ich aber sage euch: Ihr sollt überhaupt nicht schwören. Euer Ja sei Ja und euer Nein sei Nein[25]. (Mt 5, 33–34a; Jak 5,12)

Im Matthäusevangelium liegt das Wort in erweiterter und inhaltlich veränderter Gestalt vor. Auch hier verbietet Jesus den Eid, aber aus anderem Grunde und mit anderem Ziel. Gottes Name soll nicht in die weltlichen Geschäfte hineingezogen und so entheiligt werden. Auch das Judentum hat hier schon ein theologisches Problem gesehen. Man löste es, indem man für den Gottesnamen Ersatzformeln wie Himmel, Erde, Thron, Herrlichkeit einführte. Das Eidwort des Matthäusevangeliums entlarvt dies jedoch als eine Scheinlösung. Es fordert den Verzicht auf den Eid und setzt an seine Stelle die schlichte und unfeierliche *Beteuerung*.

Ihr habt gehört, daß zu den Alten gesagt ist: ›Du sollst keinen Meineid schwören‹ und: ›Du sollst dem Herrn deinen Eid erfüllen.‹ Ich aber sage euch: Ihr sollt überhaupt nicht schwören, weder bei dem Himmel, denn er ist der Thron Gottes, noch bei der Erde, denn sie ist der Schemel seiner Füße, noch bei Jerusalem, denn es ist die Stadt des großen Königs. Auch sollst du nicht bei deinem Haupte schwören, denn du kannst kein einziges Haar weiß oder schwarz machen. Eure Rede sei vielmehr: »ja, ja« und: »nein, nein«. Was aber darüber hinausgeht, ist vom Bösen. (Mt 5, 33–37)

---

25 Der Text Jakobus 5, 12 lautet vollständig: »Vor allem aber, meine Brüder, schwört nicht, weder beim Himmel noch bei der Erde, noch irgendeinen anderen Eid. Es sei vielmehr euer Ja ein Ja und das Nein ein Nein, damit ihr nicht unter das Gericht fallt.«

Der Besitz

Die Qumran-Gemeinschaft verpflichtete ihre Mitglieder, ihren Besitz in die Gemeinschaft einzubringen. Es wurde bis in alle Einzelheiten hinein genau festgelegt, wie das zu geschehen hat. Das deutet darauf hin, daß es sich hier um ein wesentliches Anliegen der Qumran-Gemeinschaft handelt. Jesus hingegen verlangte weder von seinen Hörern noch von seinen Jüngern Armut oder die Preisgabe von Hab und Gut. Wohl aber wies er auf die Gefahr hin, die dem Menschen von daher droht: Reicher Besitz an irdischen Gütern kann dumm machen, so daß man die wirkliche Lage des Menschen nicht mehr klar erfaßt und verkennt, worauf es ankommt. Davon sprechen die Beispielgeschichte vom reichen *Kornbauern* und einige Einzelworte.

Wie schwer werden die Begüterten in das Reich Gottes hineingelangen.
(Mk 10, 23)

Leichter kommt ein Kamel durch ein Nadelöhr hindurch als ein Reicher in das Reich Gottes hinein. (Mk 10, 25)

Das Land eines reichen Mannes hatte gut getragen. Da überlegte er bei sich: »Was soll ich tun; denn ich kann meine Früchte nicht unterbringen?« Dann sagte er: »Das will ich tun; ich will meine Scheuern abreißen und größere bauen und dort meine ganze Ernte unterbringen; und dann will ich zu meiner Seele sagen: Liebe Seele, du hast reichlich Vorrat für viele Jahre; ruh aus, iß, trink und genieße.« Aber da sprach Gott zu ihm: »Du Tor, noch in dieser Nacht wird dein Leben von dir gefordert. Wem wird das gehören, was du gespeichert hast?« (Lk 12, 16–20)

Die Liebe

Das Gebot der Liebe ist seinem Bestand nach bereits alttestamentlich. Gelegentlich hat man auch in der theologischen Tradition des Judentums Bezug darauf genommen und in ihm eine Zusammenfassung aller einzelnen Gebote gesehen. Hier wurde auch die handliche Formel geprägt, die als sog. *goldene Regel* in die Evangelienüberlieferung Eingang fand. Sie lautet in ihrer positiven Form: »Alles, was ihr wollt, daß euch die Leute tun, tut ebenso ihnen. Das ist das Gesetz und die Propheten[26]« (Mt 7, 12). Im Judentum jedoch scheint eine solche Zusammenfassung keine grundsätzliche Bedeutung gewonnen zu haben. Nirgends wird erkennbar, daß man von hier aus die einzelnen gesetzlichen Bestimmungen und Vorschriften kritisch gesichtet und

---

26 Meist wird im Judentum die goldene Regel in ihrer negativen Form angeführt; etwa: »Was dir unlieb ist, tue keinem anderen; das ist die ganze Tora, alles übrige ist Erklärung; geh und lerne.«

beurteilt hätte. Wirkliches Gewicht bekam das Liebesgebot erst in der Verkündigung Jesu. Neu war also nicht seine Formulierung, sondern die Stellung und Funktion, die es hier erhielt. Erst bei Jesus wurde die Liebe zum Inbegriff mitmenschlichen Verhaltens.

Die Evangelienüberlieferung berichtet von einem Gespräch, in dem Jesus von einem Schriftgelehrten nach dem *größten Gebot* gefragt wird. Jesus antwortet mit dem Hinweis auf die Gebote der Gottes- und Nächstenliebe. Daß sich der Vorgang so abgespielt hat, wie er berichtet wird (übrigens in den Evangelien unterschiedlich), ist unwahrscheinlich. Als historischer Kern ist lediglich das Jesuswort selbst anzusehen: das sog. Doppelgebot der Liebe. Es ist nicht näher erläutert, wie sich Gottes- und Nächstenliebe zueinander verhalten. Sie fallen nach Jesu Meinung offenbar nicht zusammen; aber sie sind engstens aufeinander bezogen. Jesus wollte wohl zum Ausdruck bringen, daß erst und nur im Verhalten zum anderen die bedingungslose Bindung an Gott wirksam und wahr wird.

Als die Pharisäer hörten, daß er die Sadduzäer zum Schweigen gebracht hatte, versammelten sie sich, und einer von ihnen stellte ihn auf die Probe mit der Frage: »Meister, welches Gebot ist das größte im Gesetz?« Er aber sprach zu ihm: »›Du sollst den Herrn, deinen Gott lieben mit deinem ganzen Herzen und mit deiner ganzen Seele und mit deiner ganzen Vernunft.‹ Dies ist das größte und oberste Gebot. Das zweite gleich wichtige ist dies: ›Du sollst deinen Nächsten lieben wie dich selbst.‹ In diesen beiden Geboten liegt das ganze Gesetz und die Propheten.« (Mt 22, 34–40)

In der Erzählung vom *barmherzigen Samariter* hat Jesus ein Beispiel der Liebe geschildert. Es ist für den Sinn der Erzählung nicht unwichtig, daß es ein Samaritaner ist, dessen Verhalten Jesus als vorbildlich hinstellt. Ursprünglich gehörten auch die Bewohner Samarias zum Volk Israel. Seit der Teilung Israels (vgl. Band AT, S. 270 ff.) in ein Nordreich und Südreich (Judäa) sind sie geschichtlich und religiös einen eigenen Weg gegangen. Ihre Beziehungen zu den Bewohnern Judäas, den Juden im engeren Sinne, waren aus verschiedenen Gründen jahrhundertelang gespannt. Das Zerwürfnis wurde endgültig, als die Samaritaner auf dem Berg Garizim einen eigenen Tempelkult begründeten. Unbeschadet der Tatsache, daß der Pentateuch (5 Bücher Mose) auch für die Samaritaner die Lebensgrundlage darstellte, sahen die Juden in ihnen seitdem Abtrünnige, die die Religion der »Väter« verraten haben und ebenso zu beurteilen sind wie die gottlosen Heiden. Die Verachtung und der Haß, mit dem sie in der Zeit Jesu den Samaritanern begegneten, gehören zum Hintergrund der Beispielgeschichte Jesu.

Sie berichtet von einem Samaritaner, der sich eines Überfallenen in wüstenartiger Gegend annimmt, während ein Priester und ein Levit (Priester niederen Ranges) vorbeigehen. Das unterschiedliche Verhalten wird kontrastierend herausgestellt. An Priester und Levit wird deutlich, wie man sich in dieser Situation auch verhalten könnte, aber nicht wirklich verhalten *kann*, wenn man Mensch bleiben will! Der Samaritaner tut das Natürliche und eigentlich Selbstverständliche, jedenfalls das, was der Überfallene mit Fug und Recht erwarten durfte. Es kennzeichnet die Liebe, daß sie das Natürliche und Selbstverständliche tut. Andererseits kennzeichnet es die Einstellung der Menschen, daß dies als etwas Außergewöhnliches erscheint.

Durch die Gegenüberstellung des Samaritaners und der Jerusalemer Kultbeamten bekam die Erzählung für den jüdischen Hörer etwas Provozierendes: Nicht die Repräsentanten der jüdischen Religion, nicht die, die es wissen müßten, tun das Rechte, sondern der verachtete und verhaßte Samaritaner.

Ein Mann wanderte von Jerusalem nach Jericho und fiel unter die Räuber. Die zogen ihn aus und schlugen ihn, machten sich davon und ließen ihn halbtot liegen. Zufällig zog ein Priester des Weges, der sah ihn liegen und ging vorbei. Dann kam auch ein Levit an die Stelle; der sah ihn und ging vorbei. Ein reisender Samariter aber kam zu ihm; der sah ihn und hatte Erbarmen mit ihm. Er trat herzu, goß Öl und Wein in seine Wunden und verband sie. Dann setzte er ihn auf sein Tier, brachte ihn in eine Herberge und sorgte weiter für ihn. Am anderen Tag zog er zwei Denare hervor, gab sie dem Wirt und sagte: »Pflege ihn weiter; und was du darüber aufwendest, werde ich dir auf meinem Rückweg bezahlen.« (Lk 10, 30–35)

Das Revolutionäre am Liebesgebot Jesu liegt darin, daß es nicht nur an den von Natur, Neigung oder gesellschaftlich-politischen Gegebenheiten her nahestehenden Mitmenschen weist, sondern den *Feind* mit einbegreift. Auch der Jude kannte das Gebot der Nächstenliebe. Er dachte dabei an seine jüdischen Volksgenossen. Die Essener in Qumran hatten sogar nur die Mitglieder ihrer Ordensgemeinschaft im Auge. Außenstehenden gegenüber war Haß nicht nur erlaubt, sondern geradezu geboten. In der Botschaft Jesu wird der Kreis der Menschen, die man normalerweise als Nächste bezeichnet, aufgesprengt. Es gibt *niemanden*, der außerhalb dieses Kreises stände oder aus ihm verbannt werden dürfte! Jesus gab dem Liebesgebot eine umfassende Weite und ursprüngliche Tiefe. In seinem Licht werden alle noch so verständlichen Einschränkungen, Vorbehalte und Sicherungen fraglich. Denn Liebe heißt: die Not, das Bedürfnis, das Interesse des *Mitmenschen* uneingeschränkt zum Maßstab des eigenen Denkens und Handelns machen und damit auf das eigene Recht und die eigene Sicherheit verzichten. Jesus forderte freilich nicht abstrakt, alle Menschen, die Menschheit zu lieben. Die Partner, mit denen man wirklich zu tun hat, *sind* ja nicht alle Menschen oder die Menschheit. Die Liebe, von der Jesus sprach, gilt dem *Nächsten*, d. h. dem, der je und dann in den Situationen des Lebens konkret, leiblich als Nächster begegnet.

Liebt eure Feinde. Tut wohl denen, die euch hassen. Segnet die, die euch fluchen. Betet für die, die euch mißhandeln... Wenn ihr nur die liebt, die euch lieben, welchen Dank solltet ihr dafür haben? Auch die Sünder lieben doch die, die sie lieben. Wenn ihr nur denen wohltut, die euch wohltun, welchen Dank solltet ihr dafür haben? Auch die Sünder tun doch dasselbe. Wenn ihr nur denen leiht, von denen ihr zu empfangen hofft, welchen Dank solltet ihr dafür haben? Auch die Sünder leihen Sündern, um das gleiche zu empfangen. Nein, liebt eure Feinde, tut wohl und leiht, ohne etwas zu erwarten, und euer Lohn wird groß sein, und ihr werdet Söhne des Höchsten sein; denn er ist gütig gegen die Undankbaren und Bösen. (Lk 6, 27–28.32–35)

Wer dich auf die eine Backe schlägt, dem biete auch die andere dar. Und wer dir deinen Mantel nimmt, dem verweigere auch den Rock nicht. (Lk 6, 29)

Gott und Mensch

Die Radikalität der Ethik Jesu fordert die Frage heraus, ob sie unter den Bedingungen irdischen Lebens sinnvoll ist. Jesus hat diese Frage nicht diskutiert; er hat seine Hörer und Jünger durch sein Wort in Pflicht genommen und ihnen Gehorsam zugemutet. Das war aber keine Willkür. Jesus hat Menschen in Pflicht genommen, die durch sein Wirken Gott erfahren haben, und zwar als den erfahren haben, der sie bedingungslos angenommen hat und annimmt. Er hat die väterlich schenkende Güte Gottes verkündigt und durch sein eigenes Verhalten glaubhaft gemacht und vollzogen. Bedingungslose Annahme und Forderung, schenkende Güte und radikaler Anspruch sind aufeinander bezogen. Beide Momente stehen nur scheinbar in Gegensatz zueinander. In Wirklichkeit bedingen sie sich gegenseitig: Wer könnte sich auf Gottes Willen einlassen, wenn er nicht seines Angenommenseins gewiß sein dürfte? Wer könnte umgekehrt Gottes schenkende Güte ernst nehmen, wenn er nicht auch seinen totalen Anspruch vernommen hätte?

In dem Wort, das den Jünger den Forderungen des Feindes aussetzt und sogar preisgibt, bringt Jesus die Barmherzigkeit Gottes in Erinnerung. Wer sie erfahren hat, braucht nicht um sich zu fürchten. Thema ist dieser Zusammenhang in der Parabel vom »Schalksknecht«. Hier wird die unabdingbare Verpflichtung zur Vergebung herausgestellt. Sie ist ihrerseits begründet in der erfahrenen Vergebung. An dem ungeheuren Unterschied der erlassenen bzw. nicht erlassenen Schuld soll deutlich werden, daß empfangene und zu gewährende Vergebung in keinem Verhältnis zueinander stehen. Wie ernst es mit der Verpflichtung ist, führt der Schluß der Parabel vor Augen: Verweigerte Vergebung seitens des Menschen verspielt die Vergebung Gottes. Ihre Wahrheit und Wirklichkeit hängen daran, daß sie mitmenschlich bewährt wird.

Seid barmherzig, wie[27] euer Vater barmherzig ist. (Lk 6, 36)

Mit der Himmelsherrschaft verhält es sich wie mit einem König, der mit seinen Sklaven abrechnen wollte. Als er aber abzurechnen anfing, da wurde ihm einer vorgeführt, der ihm 10 000 Talente[28] schuldete. Da er nicht zahlen konnte, befahl der Herr, ihn zu verkaufen, dazu seine Frau, seine Kinder und all seine Habe, und damit die Schuld zu begleichen. Der Sklave aber fiel ihm zu Füßen und sagte: »Habe Geduld mit mir; ich werde dir alles bezahlen.« Da empfand der Herr jenes Sklaven Mitleid und ließ ihn frei, und das Darlehen erließ er ihm auch. Als jedoch jener Sklave davonging, traf er einen seiner Mitsklaven, der ihm 100 Denare[29] schuldete. Und er packte und würgte ihn und sagte: »Bezahle, was du schuldest!« Sein Mitsklave aber fiel nieder und bat ihn: »Habe Geduld mit mir; ich werde alles bezahlen.« Er aber wollte nicht, sondern ging hin und ließ ihn ins Gefängnis werfen, bis er die Schuld bezahlt hätte. Als nun seine Mitsklaven sahen, was geschah, waren sie sehr

27 »Wie« hat im Neuen Testament oft begründenden Sinn.

28 Die Summe beträgt annähernd 10 Millionen DM, eine unvorstellbar hohe Summe.

29 100 Denare = etwa 70,– DM.

empört, kamen und berichteten ihrem Herrn alles, was vorgefallen war. Da ließ ihn sein Herr zu sich rufen und sagte zu ihm: »Du böser Sklave, jene ganze Schuld habe ich dir erlassen, weil du mich batest. Mußtest du dich nicht auch über deinen Mitsklaven erbarmen, wie ich mich ja über dich erbarmt habe?« Voller Zorn übergab ihn sein Herr den Folterern, bis er die ganze Schuld bezahlt hätte. (Mt 18, 23–34)

III. Die Verkündigung von Jesus Christus

Die Verkündigung Jesu ist nicht ohne Wirkung geblieben. Innerhalb kurzer Zeit entstand aus ihr heraus eine Bewegung, deren Kern die von Jesus berufenen Jünger waren. Darüber hinaus gab es einen weit über das Land verstreuten Kreis von Anhängern und Freunden. Über das Ausmaß der Jesusbewegung können wir uns heute kein genaues Bild mehr machen. Wenn es sich auch nicht um eine Massenbewegung gehandelt hat, so war sie doch eine Größe, die öffentlich in Erscheinung trat und gesellschaftliche Bedeutung erlangte. Jedenfalls hat man in ihr von offizieller Seite her eine Gefahr gesehen und die Notwendigkeit empfunden, sie zu zerschlagen. Das war nicht aus der Luft gegriffen. Denn in der Tat bedeutete Jesu Verkündigung einen Angriff auf die religiöse Grundlage und das gesellschaftliche Gefüge des jüdischen Volkes. Auch war die Furcht nicht unbegründet, die Jesusbewegung könnte den Argwohn der römischen Besatzungsmacht erregen und die politische Lage verschärfen. So hat man denn den Träger der Bewegung, Jesus, mit Gewalt zum Schweigen gebracht und war überzeugt, damit die Gefahr gebannt zu haben.

Die Rechnung der Oberen schien aufzugehen. Als Jesus verhaftet wurde, flohen die Jünger. Sie hatten Angst, mit in sein Schicksal hineingerissen zu werden. Keiner von ihnen hielt zu ihm. Zur Rede gestellt, stritt Petrus ab, je etwas mit ihm zu tun gehabt zu haben. Alles deutete darauf hin, daß mit Jesu Tod auch das Schicksal seiner Bewegung besiegelt war, nichts darauf, daß ihr noch eine Zukunft bevorstehen könnte. Was Jesus widerfuhr, mußten die Jünger als das große Nein Gottes deuten, den Karfreitag als die Stunde ernüchternder Wahrheit. Jesus hatte sie in ihren Bann geschlagen und überzeugt. In seinen Worten und Taten hatten sie Gottes Nähe und Gegenwart erfahren. Und sie meinten, daß diese Erfahrungen sich in der Zukunft bestätigen würden und Erwartungen wahr werden könnten, die in Israel seit langer Zeit lebendig waren. Vielleicht setzten sie auf Jesus sogar die Hoffnung, daß er die Heilszeit heraufführen würde. All dies wurde unter dem Kreuz Jesu jäh zunichte. Die innere Lage der Jünger spiegelt sich in dem resignierenden Wort der Emmausjünger wider: »Wir aber hofften, er sei der, der Israel erlösen würde« (Luk 24, 21).

Die urchristliche Gemeinde hat später gerade den Kreuzestod Jesu als Siegel der Wahrheit interpretiert und als *das* Heilsereignis verkündet. Das zeigt zum Beispiel das Jesus in den Mund gelegte Wort: »Der Menschensohn ist

... gekommen, ... zu dienen und sein Leben zu geben zur Erlösung für viele« (Mk 10, 45). Derartige Gedanken darf man jedoch nicht bei den Jüngern annehmen. Sie hatten noch keine Mittel zur Hand, die Passion Jesu theologisch zu begreifen und in einen Sinnzusammenhang einzuordnen. Zwar hat Jesus offenbar mit der Möglichkeit eines gewaltsamen Todes gerechnet und sich entsprechend geäußert. Nirgends aber hat er auch nur angedeutet, daß sein Tod um des Heils der Menschen willen notwendig sei oder ein tragendes Moment seines Werkes darstelle. Eine Brücke zum Verstehen war für die Jünger auch von Jesus selbst her nicht gegeben.

Die Ereignisse in Jerusalem nahmen einen unerwarteten Verlauf. Wenige Tage nach Jesu Tod sammelten sich die geflohenen Jünger in der Stadt. Mit Freimut und ungeachtet aller Gefahr traten sie an die Öffentlichkeit und begannen zu predigen, der gekreuzigte Jesus sei von den Toten auferweckt worden; er sei der von Gott ausersehene und legitimierte Träger des endzeitlichen Heils. Mit dieser Verkündigung wurde ein neuer Anfang gesetzt. Sie rief eine Bewegung ins Leben, die bald weltweite Ausmaße annehmen sollte: die christliche Kirche.

Was hat diesen allen Erfahrungen, Berechnungen und Erwartungen widersprechenden Umschwung hervorgerufen? Wenn man mit dieser von geschichtlichem Verstehen-Wollen geleiteten Frage an das Neue Testament herantritt, ist man zunächst enttäuscht. Es antwortet nicht mit einer Erklärung, sondern mit dem Bekenntnis: Jesus ist auferstanden von den Toten; Gott hat ihn auferweckt. Dieses Bekenntnis markiert den Umschwung, es gibt indes keine Auskunft über seine historischen Ursachen. Wenn wir hinter dieses Ur-Bekenntnis zurückfragen, werden wir auf bestimmte Erfahrungen verwiesen, die den Jüngern nach Jesu Tod zuteil geworden sind. Den neutestamentlichen Berichten zufolge handelte es sich darum, daß Jesus den Jüngern *»erschienen«* ist. Im Zusammenhang mit diesen Erscheinungen – Visionen, wie wir heute sagen würden – sind die Jünger zu der Überzeugung gelangt, daß der Tod nicht Herr über Jesus geblieben ist, sondern daß er aus dem Tod zum Leben geführt und von Gott in seinem Recht bestätigt wurde.

Sicher haben die Jünger und ersten Christen sich Jesu Auferweckung ganz realistisch vorgestellt. Sie dachten freilich nicht, wie oft unterstellt wird, an eine Rückkehr Jesu in die irdische Wirklichkeit, sondern an die Erhöhung in ein Leben bei Gott. Aber nicht die Vorstellung ist das Entscheidende. Sie gehört zu den Vorgegebenheiten der damaligen Zeit. Bezeichnenderweise hat das Neue Testament auch völlig darauf verzichtet, das Leben des Auferstandenen in der himmlischen Herrlichkeit anschaulich zu machen. Der entscheidende Gehalt der Ostererscheinungen war, daß die Jünger begriffen und zu sagen wußten, wer ihnen in Jesus begegnet ist. Was er gesagt und getan hatte, wurde in ihnen neu gegenwärtig und lebendig und erschien ihnen in einem neuen Licht. Jetzt erst erschloß es sich ihnen in seiner wahren Bedeutung. Jetzt wurde ihnen unumstößlich gewiß, daß Gott in Jesu Wort und Werk in der Welt gegenwärtig ist und ihr in ihm Heil und Leben gewährt.

Diese Gewißheit kommt in dem Bekenntnis: »Jesus ist auferstanden von den Toten«, »Gott hat ihn auferweckt« zum Ausdruck. Aber weshalb hat man das gerade so gesagt? Der theologische Gehalt der Auferstehungsaussage bestimmt sich von dem Hintergrund apokalyptischer Enderwartung her. Hier rechnete man mit einer Auferstehung der Toten und sah darin das Ereignis, das den neuen Äon und die Zeit der Heilsvollendung einleiten sollte. Wenn man im Urchristentum sagte, Jesus sei von den Toten auferstanden, so sollte das heißen: Jesus ist der Anfang des endzeitlichen Geschehens, und sein Wirken eröffnet den neuen Heilsäon über und in dieser Welt der Ungerechtigkeit, des Leidens und des Todes. Man hatte in der Auferstehungsaussage also nicht allein das persönliche Schicksal Jesu im Blick. Ihr Horizont ist viel weiter gespannt [1]. Sie enthielt für die ersten Christen zugleich die Überzeugung, daß die Kräfte des kommenden Äons bereits jetzt wirksam seien: in einer neuen Sicht der Dinge, in neuen Erkenntnissen und Erfahrungen. So erklärt sich, daß die ersten Christen Jesu Auferstehung umfassend als Sieg über den Tod feierten (nicht nur: daß da »einer« ihm entkam!), als Freiheit von dem Zwang, sich und sein Leben vom Tode her sehen zu müssen. Mit »Auferstehung« wollte man freilich nicht *allgemein* die Wende der Zeiten anzeigen; sie war ein Bekenntnis zu *Jesus* als der Wende der Zeiten. Sinn und Bedeutung *seiner* Lebensgeschichte, seines Wirkens sollen damit kenntlich gemacht werden. Wenn man von Jesu Auferstehung sprach, wollte man sagen: was er gebracht hat, gilt, gilt für alle Zeiten; an Jesus fällt die letztgültige Entscheidung über das Geschick der Menschen und den Sinn des Lebens, über Heil und Verderben, Leben und Tod. Aus alledem erklärt sich schließlich das Selbstverständnis der christlichen Gemeinde, die endzeitliche Heilsgemeinde zu sein.

Die Jünger verstanden die Ostererscheinungen als ein Widerfahrnis, das sie völlig unerwartet traf. Seine Wirkung erschöpfte sich nicht in der neuen Erkenntnis und Sicht der Dinge. Die Jünger sahen sich von daher zugleich zu der Konsequenz gedrängt, eine eigene Wirksamkeit im Sinne Jesu zu entfalten. Sie fingen an, Jesus als den Messias zu verkündigen und zunächst in Jerusalem und wahrscheinlich auch in Galiläa eine Jesus-Gemeinde zu sammeln. Die Ostererscheinungen führten unmittelbar zu missionarischer Aktivität.

Wenn man den Inhalt dieser anfänglichen Verkündigung im Urchristen-

---

1 Scharf abzuheben ist die Auferstehungsaussage gegen die Lehre vom Weiterleben einer unsterblichen Seele im Jenseits, wie sie in der griechischen Philosophie entwickelt worden ist. Nach urchristlicher Auffassung gibt es nichts im oder am Menschen, das ihn über den Tod hinausträgt. Der Tod ist vielmehr als ein Ereignis verstanden, das den Menschen *ganz* betrifft und eine absolute Grenze darstellt. Auch wo vom Tod Jesu die Rede ist, wird der Tod als ein wirkliches und totales Ende gesehen und ernst genommen. Jesus erleidet das Schicksal des Menschen in seiner vollen Härte; er ist dem Tode ohnmächtig preisgegeben. An diesem dem Tode Preisgegebenen erweist aber Gott seine schöpferische Macht.

tum ins Auge faßt, stößt man auf einen merkwürdigen Sachverhalt. Gewiß hat man teilweise seine Aufgabe darin gesehen, Jesu eigene Verkündigung aufzunehmen und fortzusetzen. Diese Art von Verkündigung ist literarisch in der sog. Spruchquelle Q greifbar [2]. Aufs ganze gesehen hat die urchristliche Verkündigung jedoch einen anderen Weg eingeschlagen. Man hat die an Ostern erschlossene Erkenntnis selbst zum Thema gemacht und, gewissermaßen den Ertrag seines Wirkens zusammenfassend, ausgesprochen, wer Jesus ist und was er bedeutet. Hatte Jesus den Anbruch der Gottesherrschaft angesagt oder Gott und seinen Willen neu sehen gelehrt, so wird er jetzt selbst Verkündigungsinhalt und seine Person zum Gegenstand einer Lehre und theologischer Reflexion. Jetzt wird direkt zum Ausdruck gebracht, daß er der von Gott bevollmächtigte Heilsträger ist. In dem, was uns an Worten und Nachrichten über Jesus erhalten geblieben ist, erscheint er als ein Mensch, anders als andere Menschen, ausgerüstet mit einem prophetisch-klaren und in die Tiefe dringenden Blick und echter Autorität, aber eben doch als ein Mensch, der dem Mißerfolg, dem Irrtum und der Angst ausgesetzt war. In der urchristlichen Verkündigung wird er über die Menschheit hinausgehoben und nimmt die Züge einer des Menschlichen entkleideten und alles irdische Maß sprengenden Gestalt, die Züge eines göttlichen Wesens an. Aus der Verkündigung Jesu wird nach Ostern die Verkündigung *von* Jesus Christus, aus dem Verkündiger der Verkündigte. Dementsprechend geht es jetzt nicht nur darum, Jesu Worte ernst zu nehmen, sondern um eine Bindung an die Person Jesu, das heißt: um *Glauben* an Jesus, wie man nun bündig formulierte.

Die Verkündigung von Jesus Christus in dem eben charakterisierten Sinne wurde die ideologische Grundlage des Urchristentums. Sie hat sich weit über die Anfänge hinaus als geschichtsmächtig erwiesen. Sie war auch der geistige Raum, in dem seine literarischen Äußerungen, die Schriften des Neuen Testaments, entstanden. Das gilt nicht allein von den sog. apostolischen Schriften, den Briefen, die diese Verkündigung in schriftlicher Form darbieten. Das gilt ebenso von der Jesus-Überlieferung der Evangelien. Wenn man von Jesus erzählte und seine Worte wiedergab, tat man es im Lichte der Ostererkenntnis und mit dem Ziel, den Glauben an Jesus zu bekunden. In der Jesus-Überlieferung der Evangelien tritt also nicht der irdische Jesus vor uns hin. Sie zeichnet vielmehr ein Jesus-Bild, das mehr oder minder stark von Glaubensanschauungen her geprägt, also dogmatisch bestimmt ist [3].

Wie die Gestalt der Verkündigung in den ersten Gemeinden aussah, entzieht sich unserer Kenntnis. Keine einzige Predigt aus urchristlicher Zeit ist erhalten geblieben. Aufschluß ist nur über die theologischen Inhalte zu gewinnen, die hier zur Sprache kamen. Denn die Gemeinde der Anfangszeit hat ihren Glauben in festgefügten sprachlichen Gebilden wie Bekenntnissen, Hym-

---

2 Näheres zur Spruchquelle vgl. S. 158 ff.

3 Vgl. die Einleitung zu Kap. V (S. 109 ff.).

nen oder Liedern zum Ausdruck gebracht und festgehalten. Wir wissen von ihnen aus den neutestamentlichen Schriften, die auf dieses Überlieferungsmaterial, oft in Form wörtlicher Zitate, zurückgreifen. Sie waren vielfach der Ausgangspunkt für theologische Argumentation und Gedankenentfaltung. Das konnten sie sein, weil sie den Gemeinden vertraut und als verbindliche Texte anerkannt waren.

Die theologische Aussage der Bekenntnisse, Hymnen und Lieder ist sehr unterschiedlich. Am Anfang stand eine bunte Mannigfaltigkeit von Gedanken und Anschauungen über Jesus. Man war im Urchristentum noch weit entfernt von einer einheitlichen, in sich geschlossenen theologischen Lehre. Ein Teil dieser alten Überlieferung kennzeichnet die Bedeutung Jesu mit Hilfe von Hoheitstiteln wie Messias (griechisch: Christus), Gottessohn oder Herr. Andere bringen sie zur Geltung, indem sie Jesu Heils*werk* schildern. Auch hier ging man verschiedene Wege. So hat man Jesu Tod als das eigentliche Heilsereignis gedeutet und in ihm das Opfer gesehen, das die Sünden der Menschen sühnt und so aus der Welt schafft. Blieb man damit noch im Bereich der irdischen Geschichte Jesu, so wird in anderen Texten dieser Rahmen aufgesprengt. Jesu Werk nimmt kosmische Dimensionen an, wird zu einem Zeit und Ewigkeit, Himmel, Erde und die überirdischen Mächte, also die Welt umspannenden Geschehen. Man sprach von Jesus als einem Gottwesen, das sein göttliches Sein preisgibt, Mensch wird, als Mensch stirbt und dann von Gott zum Herrn des Kosmos »erhöht« wird. Oder man beschrieb Jesu Wirken als sieghafte Epiphanie Gottes, als ein Geschehen, in dem Gott seine Macht und Herrlichkeit sehen läßt. Oder man sah in Jesus den Mittler der ganzen Schöpfung, das Prinzip allen Seins, der dadurch das Heil wirkt, daß er die widergöttlichen Gewalten entmachtet. Die mythischen Züge sind hier überall unverkennbar. Dennoch ist Jesus nicht zum Mythos geworden. Denn die mythischen Elemente sind streng auf den irdischen Jesus bezogen, das heißt, sie haben nur dienende Funktion, nämlich die Reichweite dessen deutlich zu machen, was der irdische Jesus gebracht hat und sein Werk bedeutet.

Die sprachlichen Mittel dieser Deutungen hat die Urchristenheit nicht selbst entwickelt. Sie bediente sich der Vorstellungen und Anschauungen ihrer Umwelt. Diese Umwelt stellte sich nach Zeit und Ort jeweils verschieden dar. Zunächst hat man an das palästinensische Judentum zu denken, in dessen Bereich Jesus selbst lebte und die Urgemeinde entstand, dann an das hellenistische Diasporajudentum, dessen Theologie sich zum Teil wesentlich von der des palästinischen Judentums unterschied, und schließlich an die vielgestaltige und reich differenzierte hellenistische Kultur und Religion der griechisch-römischen Welt. Der Rückgriff auf Vorstellungen und Anschauungen der Umwelt geschah nicht beliebig. Die Gemeinde, die im Zuge ihrer Mission in die Welt vordrang, war auf die Sprache der Umwelt angewiesen, wenn sie sich verständlich machen wollte. Sie hat sich aber nicht an diese Vorgegebenheiten verloren, sondern sich ihrer kritisch bedient. So kann man immer wieder beobachten, wie die aufgenommenen Vorstellungen und Anschauungen an entscheidender Stelle umgeformt und inhaltlich verändert wurden. Die Bindung an den irdischen Jesus war in gewisser Weise ein kritisches Prinzip.

Im folgenden sollen einige charakteristische urchristliche Bekenntnisse, Lieder und Hymnen zusammengestellt werden. Sie kennzeichnet eine weitgespannte inhaltliche Mannigfaltigkeit, aber auch eine große Dichte der sprachlichen Gestalt. Ihr Ursprungsort ist der Gottesdienst: der Verkündigungsgottesdienst, das Herrenmahl, die Tauffeier, vielleicht auch der Unterricht, in dem neugewonnene Gemeindeglieder in die theologische Lehre eingeführt wurden. Man hat sie sich als feste, in den Ablauf des Gottesdienstes eingebaute Elemente vorzustellen. Sie sind auch darum von großer Bedeutung, weil hier die ersten Anfänge einer theologischen Lehre über Person und Bedeutung Jesu oder, wie der Fachausdruck lautet, der *Christologie* greifbar werden.

Die Erscheinungen

Am Anfang des berühmten Auferstehungskapitels im 1. Korintherbrief kommt Paulus auf die Ereignisse zu sprechen, die die Existenz der christlichen Gemeinde begründen. Er verweist in diesem Zusammenhang auf die *Erscheinungen* des Auferstandenen. Das geschieht in den Worten eines alten Glaubensbekenntnisses. Paulus hatte es selbst von anderen Christen als geprägte Form übernommen und den Korinthern bei der Gründung der Gemeinde (um 50) weitergegeben. Grundbestand des von Paulus aus aktuellem Anlaß (vgl. S. 258 ff.) wiederholten Bekenntnisses ist Jesu Tod und Auferstehung als das entscheidende Heilsgeschehen. Es beschränkt sich aber nicht – das ist das Besondere gerade dieser Formel – auf die Fakten, sondern gibt darüber hinaus deutende Erläuterungen und Begründungen. Die wichtigsten Elemente der Aussage sind:

(1) Tod und Auferstehung Jesu werden als Erfüllung der »Schriften« (Altes Testament) beschrieben. Auf diese Weise gab man damals zu erkennen: diese Begebenheit hat Gott gefügt; hier hat er gehandelt.

(2) Besonders hervorgehoben ist der Tod Jesu. Auf dem Hintergrund jüdischer Anschauungen wird er als Sühneopfer interpretiert, durch das Jesus die Schuld der Menschen vor Gott ausgleicht.

(3) Sie erwähnt die Ostererscheinungen vor Kephas (aramäische Form des griechischen »Petrus«) und den »Zwölf«. Daraus kann man schließen, daß diese Erscheinungen die ersten waren und ihnen grundlegende, d. h. kirchengründende Bedeutung zukam. Vermutlich lag in den Händen des Petrus und des Zwölferkreises[4] zunächst

---

4 Der Kreis der Zwölf stellt in gewisser Hinsicht ein Problem dar, das nicht sicher geklärt werden kann. Häufig nimmt man an, hier handle es sich um den von Jesus selbst berufenen und auf zwölf »Mitglieder« beschränkten Jüngerkreis. Andere sehen in den »Zwölf« eine Institution, die erst in der nachösterlichen Gemeinde geschaffen wurde. Nach Ostern waren sie jedenfalls ein tragendes Element in der Verfassung der Urgemeinde. Die Zahl zwölf ist dabei nicht zufällig. Sie kennzeichnet den Kreis als repräsentative Darstellung des die zwölf israelitischen Stämme umfassenden Gottesvolkes. Mit dem Verfassungselement des Zwölferkreises bekundete die Urgemeinde in Jerusalem ihren Anspruch, das wahre Gottesvolk zu sein.

auch die Leitung der Urgemeinde. Alte Berichte der in der Bekenntnisformel erwähnten Erscheinungen sind nicht mehr erhalten[5].

Christus ist gestorben für unsere Sünden nach den Schriften, und er wurde begraben.
Er wurde auferweckt am dritten Tage nach den Schriften, und er erschien dem Kephas, dann den Zwölf. (1 Kor 15, 3–5)

Um seine Argumentationsgrundlage zu verbreitern, hat Paulus die ursprüngliche Bekenntnisformel aufgefüllt und weitere Erscheinungen genannt, auf die man sich in der Urchristenheit berief. Zuletzt erwähnt er auch die Erscheinung, die ihm selbst zuteil geworden war und ihn auf die Seite der Christen gebracht hatte.

Dann erschien er mehr als 500 Brüdern auf einmal[6], von denen die meisten jetzt noch leben; einige aber sind entschlafen.

Dann erschien er dem Jakobus[7], dann allen Aposteln. Zuletzt von allen – gleichsam als Fehlgeburt – erschien er auch mir[8]. (1 Kor 15, 6–8)

Messias – Gottessohn – Herr

Auf dem Boden des Judentums war *Messias* (Christus) der gegebene Hoheitstitel, um den Rang Jesu als des endzeitlichen Heilsträgers zu fixieren. In dem Bekenntnis »Jesus ist der Messias« hat die judenchristliche, sich aus Juden zusammensetzende Gemeinde (wie etwa die Urgemeinde in Jerusalem) ihrem Glauben Ausdruck verliehen. Die Evangelienüberlieferung schildert eine Szene, in der sich Petrus als Sprecher der Jünger zu Jesus als dem Messias bekennt. Diese Schilderung gibt wohl keine historische Begebenheit wieder. Hier kommt vielmehr die spätere Gemeinde zu Wort, die ihr eigenes Bekenntnis in die Situation des irdischen Jesus zurücktrug und so begründete.

Die Übertragung des Messiastitels auf Jesus bedeutet nicht, daß man Jesus auch zum Messias im Sinne der jüdischen Anschauung, also zu einem königlichen Herrscher über ein weltweites Friedensreich machen wollte[9]. Durch die Übertragung wurde er in seinem Gehalt verändert. Das politische und nationale Element schied man völlig aus; vor allem interpretierte man Jesu Leiden und Sterben als den eigentlichen Selbsterweis des »Messias«.

In den heidenchristlichen, d. h. in ausschließlich oder vorzugsweise aus »Heiden« (Nichtjuden) bestehenden Gemeinden, die durch die Missionsarbeit in der griechisch-römischen Welt entstanden waren, mußte das Bekenntnis zu dem Messias Jesus seine Aussagekraft verlieren. Es verblaßte zu dem *Eigennamen* Jesus Christus.

---

5 Über die Erscheinungsberichte der Evangelien siehe Kap. V, Abschn. 6 (S. 150 ff.).

6 Worum es sich hier gehandelt hat, bleibt dunkel. Von einer derartigen Massenerscheinung ist sonst nirgends die Rede.

7 Gemeint ist der Bruder Jesu und spätere Leiter der Urgemeinde in Jerusalem (vgl. S. 94 f.), nicht zu verwechseln mit dem Jesusjünger Jakobus.

8 Mit »Apostel« bezeichnete man ursprünglich den Missionar. Diesen Sprachgebrauch setzt auch Paulus voraus. Mit den »Aposteln« ist hier also eine besondere Personengruppe gemeint. Sie sind nicht mit den »Zwölf« gleichzusetzen, wenn es auch zutrifft, daß einige aus dem Kreis der Zwölf zugleich Apostel, d. h. Missionare waren, z. B. Petrus.

9 Zur jüdischen Messiasvorstellung vgl. S. 141.

Jesus ging mit seinen Jüngern weg in die Dörfer von Cäsarea Philippi. Unterwegs befragte er seine Jünger und sagte zu ihnen: »Für wen halten mich die Leute?« Sie aber antworteten ihm: »Einige für Johannes den Täufer, andere für Elia, wieder andere für einen der Propheten [10]«. Und er fragte sie: »Aber ihr, für wen haltet ihr mich?« Petrus antwortete und sprach zu ihm: »Du bist der Messias.« (Mk 8, 27–29)

In den ersten Sätzen des Römerbriefes benutzt Paulus eine Bekenntnisformel, die eine Sonderstellung einnimmt. Hier wird Jesus nämlich sowohl die Würde des *Messias* als auch des *Gottessohnes* zugesprochen. Das Besondere liegt darin, daß diese beiden christologischen Titel gegeneinander abgehoben und zwei verschiedenen Epochen der Geschichte Jesu zugeordnet werden: »Messias« war der irdische Jesus; mit der Auferstehung ist er dann von Gott in die Würde des »Gottessohnes« eingesetzt worden.

Christus wurde geboren aus Davids Samen nach dem Fleisch [11],
eingesetzt zum Sohne Gottes in Macht
nach dem heiligen Geist seit der Auferstehung von den Toten. (Röm 1, 3–4)

Wenn die heidenchristlichen Gemeinden die Heilsbedeutung Jesu zum Ausdruck bringen wollten, konnten sie auf verschiedene in der hellenistischen Welt gebräuchliche Hoheitsprädikate zurückgreifen. Man konnte Jesus »Gottessohn« nennen. Besonders wichtig ist hier aber das Prädikat »Herr« geworden. So formulierte man das Bekenntnis: »Herr ist Jesus.« Das war eine nicht zu überbietende Aussage. Denn »Herr« war im Hellenismus eine Gottesbezeichnung. In der Septuaginta, der griechischen Übersetzung des Alten Testamentes, wurde der Gottesname »Jahwe« dementsprechend mit »Herr« wiedergegeben.

Wenn du mit deinem ›Munde‹ Jesus als Herrn bekennst und in ›deinem Herzen‹ glaubst, daß Gott ihn von den Toten erweckt hat,
so wirst du gerettet werden. (Röm 10, 9)

Der Tod Jesu als Heilsgeschehen

Einer der Wege, Jesu Tod theologisch zu erfassen und seinen Heilssinn aufzuzeigen, war der, ihn von den in der jüdischen Theologie entwickelten Opfer- und Sühnegedanken her zu deuten. So sah man in ihm die *Sühne*, die Jesus für die Sünden der Menschen leistete, um ihre Schuld abzugelten und so die Gemeinschaft mit Gott

10 In diesen Antworten wird Jesus als eine Gestalt bezeichnet, die das Heil zwar nicht bringt, es aber vorbereitet. Elia war einer der alttestamentlichen Propheten, die in der jüdischen Enderwartung eine besondere Rolle spielten (vgl. S. 24).

11 Zu den Merkmalen des Messias gehört nach alttestamentlich-jüdischer Auffassung die Herkunft aus dem Geschlecht des Königs David. Folgerichtig hat man darum im Urchristentum von dem »Messias« Jesus die Abstammung von David behauptet und in Form von Stammbäumen »nachgewiesen«. Von diesen Zusammenhängen erklärt sich auch die Übertragung des Titels »Davidssohn« auf Jesus.

wiederherzustellen. Oder man verband Jesu Tod mit dem *Stellvertretungsgedanken* und interpretierte ihn als Opfer, mit dem Jesus an die Stelle der Menschen trat, die durch ihre Sünden das Leben verwirkt haben. Beide Gedankenlinien berühren sich eng; sie laufen gelegentlich ineinander.

Diese Deutung des Todes Jesu ist zwar im Bereich der judenchristlichen Gemeinde entstanden, hat sich aber auch außerhalb dieses Bereichs durchsetzen können. Ihre Verbreitung auch in heidenchristlichen Gemeinden beweist, daß sie zum Grundbestand christologischer Lehre im Urchristentum gehört.

Er ist um unserer Übertretungen willen dahingegeben und um unserer Gerechtigkeit willen auferweckt worden. (Röm 4, 25)

Sie (die Menschen) werden gerechtgesprochen durch die Erlösungstat in Jesus Christus.
Ihn hat Gott als Sühnemittel hingestellt durch sein Blut zum Erweis seiner Gerechtigkeit,
um des Erlasses der vorher begangenen Sünden willen. (Röm 3, 24–25)

Christus hat für uns gelitten ...
Er hat ›keine Sünde getan und kein Trug wurde in seinem Munde gefunden‹,
gescholten, schalt er nicht wieder.
Als er leiden mußte, drohte er nicht, stellte es vielmehr dem anheim, der gerecht richtet.
Er hat ›unsere Sünden selbst mit seinem Leibe hinaufgetragen auf das Holz‹,
damit wir für die Sünden gestorben der Gerechtigkeit leben sollten.
Durch ›seine Wunden seid ihr geheilt worden‹. (1 Petrus 2, 21–24)

Jesu Tod und Sieg

Auch in dem folgenden Text, einem Christuslied, wird der Heilssinn des Todes Jesu (stellvertretendes Opfer) herausgestellt. Ihm werden aber andere heilsbedeutsame Vorgänge zugeordnet: Auferstehung, Predigt im Totenreich, Auffahrt in den Himmel. Hierin bekundet sich die Tendenz, die *ganze* Reichweite der Macht Jesu vor Augen zu führen. Auch die Toten sind nicht ausgeschlossen, wollte man sagen, und vor allem: Christus überragt auch die überirdischen, die Menschen bedrängenden Mächte; bei seiner Auffahrt hat er sie sich unterworfen. Bei den in dem Christuslied genannten »Gewalten und Mächten« hat man an kosmische Potenzen, wahrscheinlich an die Repräsentanten der Gestirnsphären zu denken, die die Erde schalenförmig umlagern, die Menschen wie in einem Gefängnis einschließen und so am Ort des Unheils festhalten. Von dieser Vorstellung her erklärt sich, wieso man in der Himmelfahrt ein besonderes Heilsereignis sehen konnte.

Christus ist einmal der Sünden wegen gestorben,
der Gerechte für die Ungerechten,
damit er uns zu Gott führe:

Getötet im Fleisch,
lebendig gemacht im Geist,
in dem auch er hinging und den Geistern im Kerker predigte.
Der zur Rechten Gottes ist,
aufgefahren in den Himmel,
wobei die Engel, Gewalten und Mächte ihm unterworfen wurden.
(1 Petrus 3, 18.19.22)

Die Epiphanie des Heilsträgers

Ein ganz anderes Bild vom Heilsgeschehen zeichnet das kurze Lied oder Liedfragment, das im 1. Timotheusbrief zitiert wird. Vom Tode Jesu ist hier nicht die Rede. Ganz andere Faktoren kommen in den Blick: die Geburt Jesu, die Verkündigung, die ihn vor den Völkern »proklamiert«. Das Lied »feiert« die sieghafte Epiphanie des Heilsträgers in den verschiedenen Macht- und Seinsbereichen, in der irdischen und überirdischen Welt. Ihre Wirkung hat weltgeschichtliche und kosmische Weite.

Er ist geoffenbart im Fleisch,
zum Sieg geführt im Geist,
erschienen den Engelmächten,
gepredigt unter den Heiden,
geglaubt in der Welt,
erhöht in der Herrlichkeit. (1 Tim 3,16)

Der Gehorsame

In die Reihe der Texte, die die christologischen Anschauungen des frühen Urchristentums in gebundener Form zum Ausdruck bringen, gehört auch der Christushymnus des Philipperbriefes. Er erzählt die Geschichte einer göttlichen Gestalt. Wer damit gemeint ist, erfährt man erst ganz am Schluß. Wir haben es hier – zum erstenmal – mit einem Text zu tun, der hinter die irdische Existenz Jesu auf ein vorweltliches Sein (Präexistenz) zurückgreift und das Heilsgeschehen sich von da her entwickeln läßt.

Christus verzichtet aus freier Entscheidung auf ein Sein in der Welt Gottes, um das Schicksal der Menschen auf sich zu nehmen. Das ist das bewegende Moment der Geschichte, die hier erzählt wird. In immer neuen Wendungen wird dieses Sich-Entäußern und Sich-Preisgeben vor Augen geführt. Der Gedanke, daß das göttliche Wesen verhüllt immer noch vorhanden ist, darf dabei nicht eingelesen werden. Christus wird ganz und in letzter Konsequenz Mensch. Das heißt: Er nimmt die »Knechtsgestalt« an, in der der Mensch auf Erden lebt, und erleidet den Tod[12].

Der Gehalt dieser Geschichte ist Gehorsam, ein Gehorsam, der sich in der Selbstpreisgabe bis hin zum Tod darstellt. Eine sinnlose Geschichte? Nein; Gott hat Christus – wie der Hymnus in einer zweiten Strophe neu ansetzend verkündigt – um sei-

---

12 Das Lied läßt deutliche Anklänge an das berühmte Gottesknechtslied aus Jesaia 53 erkennen (siehe Band AT, S. 478 f.).

nes Gehorsams willen erhöht und zum Herrn der Welt, zum Träger seines eigenen Namens »Herr« gemacht. Alle Mächte bringen ihm ihre Huldigung dar.

Der bis hin zum Tod Gehorsame ist aufgrund seines Gehorsams zum Weltenherrn *inthronisiert* worden. Das war für die urchristliche Gemeinde der entscheidende Punkt in der Aussage des Hymnus. Gewiß erzählt er die Geschichte Jesu Christi. Aber in eben dieser Geschichte hat sie eine Offenbarung gesehen, das heißt: durch sie ist ihr klar geworden, was die Wahrheit und den Sinn menschlichen Lebens ausmacht.

Der Hymnus ist stark von mythischen Motiven und Anschauungen bestimmt. Was hier von Christus gesagt wird, konnte ähnlich vom Erlöser der Gnosis[13] gesagt werden. Der Abstand ist gleichwohl unverkennbar. Nirgends in den religionsgeschichtlichen Parallelen ist von der völligen Selbstentäußerung eines Gottwesens die Rede, nirgends von einem rückhaltlosen Eingehen in die »Knechtsgestalt« menschlicher Existenz, nirgends auch davon, daß es stirbt und sein Weg wirklich im Tode endet. Daß die Geschichte hier dennoch nicht zu Ende ist, ist nicht Christi, sondern Gottes Tat.

Der in göttlicher Gestalt sein Dasein hatte,
beutete doch das Gott-gleich-Sein nicht aus,
sondern entäußerte sich,
nahm Knechtsgestalt[14] an,
wurde den Menschen gleich
und in seiner Erscheinung als ein Mensch erfunden.
Er erniedrigte sich selbst
und wurde gehorsam bis zum Tode[15].

Darum hat Gott ihn auch erhöht
und ihm den Namen über alle Namen verliehen,
damit in dem Namen Jesu ›sich alle Knie beugen sollen‹
– der Himmlischen, Irdischen und Unterirdischen –
und ›jede Zunge bekenne‹, daß Jesus Christus Herr ist – zur Ehre Gottes
des Vaters. (Phil 2, 6–11)

Das Bild Gottes

Die kosmische Dimension des Christusgeschehens – das ist das Thema auch des Hymnus, den der Kolosserbrief überliefert. Er ist, wie der des Philipperbriefes, in zwei Strophen gegliedert. In der ersten wird Christus als das *Haupt* der Schöpfung vorgestellt. Damit soll gesagt sein: Die Welt, alles, was es gibt, ist von Christus her und empfängt allein von ihm her seinen Sinn. So unzugänglich uns heute eine solche Aussage vorkommt, für die Menschen in der Zeit der frühen Mission war sie unmittel-

---

13 Die Gnosis war eine mächtige religiöse Bewegung der Spätantike. Ihre zentrale Idee war die der Erlösung durch »Erkenntnis« (gnosis). Näheres siehe S. 237.

14 Dahinter steht die Auffassung, daß der Mensch als solcher das Leben eines Sklaven führt. Der Hymnus wollte nicht zum Ausdruck bringen, Jesu irdische Existenz habe im Zeichen besonderer Armut, des Elends oder sozialer Niedrigkeit gestanden.

15 Paulus fügt hinzu: »ja bis zum Tode am Kreuz«.

bar verständlich. Eine menschliche Grunderfahrung in dieser Zeit war die Angst, das Gefühl, einem übermächtigen Schicksal oder an kosmische Mächte ausgeliefert zu sein. Wenn von Christus gesagt wurde: er war vor aller Welt; alles hat nur in ihm Bestand; er ist der Herr auch der kosmischen Mächte (repräsentiert durch die Gestirne), so hörte man das als ein befreiendes, von Angst erlösendes Wort.

Die zweite Strophe spricht von der *Versöhnung*, die Christus gestiftet hat. Damit ist nicht, wie an anderen Stellen des Neuen Testamentes, eine Versöhnung zwischen Gott und den Menschen gemeint. Die Menschen sind hier nicht unmittelbar im Blickfeld. Hier handelt es sich vielmehr um eine Versöhnung der (Gott-feindlichen) kosmischen Mächte. Sie wird mit der Auferstehung in Zusammenhang gebracht..

Der irdisch-geschichtliche Jesus bleibt in diesem Hymnus außer Betracht. Natürlich meinte man auch hier den Mann aus Nazareth. Das wird indes nicht klar gesagt. Das Beispiel dieses Hymnus zeigt, in welchem Maße die Gemeinde bei der Verwendung mythischer Motive und Anschauungen der Gefahr ausgesetzt war, den Boden der Geschichte zu verlassen und in kosmische Spekulationen zu geraten.

Er ist das Bild des unsichtbaren Gottes [16],
Erstgeborener der ganzen Schöpfung.
Denn in ihm wurde alles geschaffen
in den Himmeln und auf Erden,
das Sichtbare und das Unsichtbare,
ob Throne, Herrschaften, Mächte, Gewalten.
Alles ist durch ihn und auf ihn hin geschaffen,
und er ist vor allem,
und alles hat in ihm seinen Bestand,
und er ist das Haupt des Leibes [17].

Er ist der Ursprung,
Erstgeborener aus den Toten,
damit er in allem der Erste sei.
Denn es gefiel der ganzen Fülle, in ihm zu wohnen,
und durch ihn alles auf ihn hin zu versöhnen –
durch ihn das, was auf Erden, wie das, was in den Himmeln ist.

(Kol 1, 15–20)

Der Logos

Als Hymnus ist auch der Prolog des Johannesevangeliums anzusprechen, genauer: die Vorlage, die der Evangelist Johannes in dem Prolog seines Evangeliums benutzte. Die Gestalt, deren Wirken er beschreibt, ist der Logos (»Wort«). Er wird als ein göttliches Wesen vorgestellt, das »im Anfang«, vor aller Zeit, war. Alles ist durch ihn

16 »Bild des unsichtbaren Gottes« war in der religiösen Umwelt des Hymnus die Welt selbst. Wenn hier Christus so bezeichnet wird, so steckt darin gezielte Kritik: *nicht* die Welt und die kosmischen Mächte sind »Bild« Gottes, sondern der, durch den alles geschaffen ist.

17 Mit »Leib« ist das Ganze des Kosmos gemeint.

geschaffen worden. Den Menschen wollte er von Anfang an das Licht sein, das ihnen das Leben erschließt und Klarheit über sich gibt. Jedoch, sie lehnen ihn ab. Den Höhepunkt des Hymnus markiert der Satz: »Der Logos wurde Fleisch.« Die christliche Gemeinde dachte dabei an Jesus. In seiner Person hat sich nach ihrer Auffassung der ewige Logos in die Menschengeschichte hineinbegeben. Dieser Mensch Jesus ist kein anderer als der Logos. Man verkennt den Rang und das Wesen Jesu, wenn man das nicht sieht oder sehen will.

Ähnlich wie im Hymnus des Philipperbriefes wird hier der Weg einer göttlichen Gestalt geschildert. Im Unterschied zu diesem ist hier aber die Epoche vor der Menschwerdung inhaltlich ausgeführt.

Der Hymnus-Schluß hat die Gestalt eines Bekenntnisses: »*Wir* sahen seine *Herrlichkeit.*« Die Gemeinde hat in Jesus den göttlichen Logos erkannt. So stark die Menschwerdung des Logos betont ist, so deutlich ist auf der anderen Seite, daß er seine göttliche »Herrlichkeit« nicht restlos preisgegeben hat. Sie ist im Schicksal des Menschen Jesus verhüllt, für den Glaubenden dennoch sichtbar.

Religionsgeschichtlich gesehen, gehört der Logoshymnus in die Tradition jüdisch-hellenistischer Weisheitslehre. Hier dachte man sich die Weisheit als eine Person. Man sagte von ihr, sie sei vor der Welt von Gott erschaffen worden und habe an Gottes Schöpfung mitgewirkt. Sie hat demnach Züge einer mythologischen Gestalt. Von der Weisheit wurde ferner erzählt, sie habe sich zu den Menschen begeben, von ihrer Seite aber Ablehnung erfahren. Die Aussagen des Logoshymnus stehen auch den Erlöservorstellungen der Gnosis (vgl. oben Anm. 13) sehr nahe.

Im Anfang war der Logos,
und der Logos war bei Gott,
und Gott war der Logos.
Dieser war im Anfang bei Gott.
Alles ist durch ihn geworden,
und nichts ist ohne ihn geworden.
Was geworden ist,
in ihm war dafür das Leben.
Und das Leben war das Licht der Menschen.
Und das Licht scheint in der Finsternis,
doch die Finsternis ergriff es nicht.
Er war in der Welt,
und die Welt ist durch ihn geworden,
doch die Welt erkannte ihn nicht.
Er kam in sein Eigentum,
doch die Seinen nahmen ihn nicht auf.
Allen aber, die ihn aufnahmen, gab er Vollmacht, Kinder Gottes zu werden.
Und der Logos wurde Fleisch
und wohnte unter uns,
und wir sahen seine Herrlichkeit,
eine Herrlichkeit, wie sie dem einzigen Sohn vom Vater her zukommt,
voll Gnade und Wahrheit.
Aus seiner Fülle empfingen wir alle,
Gnade um Gnade.

(Joh 1, 1–5.10–12.14.16)

IV. Die Urgemeinde und die frühe Mission

Die theologischen Anschauungen, Gedanken und deutenden Entwürfe waren im Urchristentum vielfältig und breit gestreut. Das lassen die im vorigen Kapitel angeführten Bekenntnisse, Hymnen und Lieder erkennen. Zusammen mit der Jesusüberlieferung machen sie die geistige Leistung der urchristlichen Gemeinden aus – eine Leistung von hohem Rang und außerordentlicher, freilich erst im weiteren Verlauf der Geschichte enthüllter Tragweite. So klar ihr Bild uns heute vor Augen steht, in anderer Hinsicht tappen wir im Dunkeln, wenn nämlich nach Einzelheiten ihrer Geschichte, nach der äußeren Gestalt der Gemeinden, nach den Formen ihres Gemeinschaftslebens, ihrem Gottesdienst, ihrer Organisation, ihrer sozialen Zusammensetzung, ihrer wirtschaftlichen Kraft, ihrer gesellschaftlichen Bedeutung oder den zwischengemeindlichen Beziehungen gefragt wird. Das gilt vor allem im Blick auf die Anfänge der Urgemeinde und der Mission. Die Nachrichten, die darüber Auskunft geben, sind äußerst dürftig. Sie reichen nicht annähernd hin, ein umfassendes Bild zu zeichnen.

Es gibt allerdings im Neuen Testament eine Schrift, die das Leben der Urgemeinde, die von ihr ausgehende Mission und darüber hinaus das Missionswerk des Paulus eingehend beschreibt: die Apostelgeschichte. Sie ist gegen Ende des 1. Jahrhunderts nach altkirchlicher Überlieferung von einem Arzt namens Lukas verfaßt worden und war als Fortsetzung des Evangeliums gedacht, in dem derselbe Verfasser die Lebensgeschichte Jesu dargestellt hatte[1]. Das von der Apostelgeschichte entworfene Bild der ersten Jahrzehnte urchristlicher Geschichte (bis zum Tod des Paulus um 60 n. Chr.) hatte eine ungeheure Wirkung. Es hat die Vorstellungen über das Urchristentum bis in unsere Zeit hinein geprägt. Nicht zuletzt hat das daran gelegen, daß dieses Bild eine große Geschlossenheit aufwies und dadurch aufs ganze gesehen

---

1 Paulus erwähnt gelegentlich einen Lukas als Mitarbeiter. Wenn die altkirchliche Überlieferung diesen als den Verfasser von Lukasevangelium und Apostelgeschichte bezeichnet, so steckt dahinter die Absicht, diese Schriften in mittelbaren Zusammenhang mit einem Apostel zu bringen. Es ist aus sachlichen Gründen indes kaum denkbar, daß Lukasevangelium und Apostelgeschichte von einem Mitarbeiter des Paulus geschrieben wurden. Dazu ist einmal der zeitliche Abstand zu groß. Vor allem aber spricht dagegen, daß die lukanischen Schriften von paulinischer Theologie nicht beeinflußt und auch über Leben und Wirken des Paulus nur ungenau unterrichtet sind. Zur Apostelgeschichte vgl. Kap. X (S. 355 ff.).

glaubwürdig erschien. Außerdem gibt es keine anderen Quellen. Indessen hat die Forschung der letzten Jahrzehnte nachgewiesen, daß dieses Bild, so bedeutsam es als Entwurf sein mag, nicht oder nur in sehr geringem Maße der historischen Wirklichkeit entspricht. Lukas war ein Mann der dritten christlichen Generation; er schildert die Ereignisse und Vorgänge des Anfangs aus großem Abstand. Der Leitgedanke, den seine Darstellung bestimmt, ist der einer idealen Anfangszeit [2]. Es ist jedoch nicht nur die Perspektive, die den Quellenwert der Apostelgeschichte beeinträchtigt; offenbar standen Lukas auch nur wenige historisch zuverlässige Nachrichten und Traditionen zur Verfügung. Sie fehlen in seinem Werk jedoch nicht ganz. Es enthält eine Reihe von Namen, Notizen, chronikartigen Bemerkungen und Listen, die als Quellen in Betracht kommen. Aber diese Informationen sind nicht mehr als Lichtpunkte in einem dunklen Raum; sie haben nicht die Kraft, diesen wirklich zu erhellen. Die Quellenlage ist, wenn auch nur geringfügig, dadurch zu verbessern, daß man andere urchristliche Schriften einbezieht und daraufhin befragt, was sie von der Urgemeinde und der frühen Mission wissen. Insbesondere aus den Paulusbriefen läßt sich hierfür einiges Material gewinnen.

Das folgende Kapitel hat zwei Schwerpunkte. Zunächst sollen die Nachrichten zusammengestellt werden, die über die Urgemeinde Auskunft geben. Wegen der Quellenlage muß das großenteils in Form eines Berichtes geschehen. Nur zwei Ereignisse werden in Texten greifbar: die Spaltung der Urgemeinde in Jerusalem und die erste Verfolgung. Bei der Darstellung des gottesdienstlichen Lebens werden wir über den Bereich der Urgemeinde hinausgehen und Texte heranziehen, in denen Formen und Elemente des urchristlichen Gottesdienstes erkennbar werden. In dem zweiten Abschnitt geht es dann um die Anfänge der Mission, insbesondere auch um das theologische Missionsverständnis und um Fragen der missionarischen Praxis.

1. Die Urgemeinde

Nach der Darstellung der Apostelgeschichte beginnt der Weg der Kirche mit einem großartigen Ereignis: Gott habe an Pfingsten, dem jüdischen »Wochenfest«, seinen Geist über die Jünger ausgegossen, und durch ihre Predigt sei mit einem Schlage eine in Tausenden zu zählende Gemeinde entstanden. Die Wirklichkeit dürfte bescheidener ausgesehen haben. Irgendwann kurz nach Ostern sind die Jünger mit ihrer Jesus-Botschaft hervorgetreten. Sie fanden damit ein gewisses Interesse bei der Jerusalemer Bevölkerung. So gelang es ihnen, innerhalb kurzer Zeit eine Gemeinde zu sammeln. Eine Massenbewegung war das nicht. Man konnte ohne Schwierigkeiten in Privathäusern zusammenkommen. Die erste Gemeinde lebte nicht aus einem in Zahlen

2 Näheres über Lukas siehe auch Kap. VII, Abschnitt 3 (S. 207 ff.).

aufweisbaren Erfolg, sondern aus der Gewißheit, die von Gott aus dem Ganzen des jüdischen Volkes erwählte Heilsgemeinde zu sein. Damit hielt man einerseits an der in der alttestamentlichen Offenbarung begründeten Überzeugung fest, daß Israel das Gottesvolk sei; andererseits jedoch sagte man damit: Nicht das Volk als solches ist die erwählte Heilsgemeinde, sondern nur die Schar derer, die sich an Jesus hält; nicht die Zugehörigkeit zum Volksverband der Juden sichert die Teilhabe an Erwählung und Heil, sondern die Nachfolge Jesu.

Von diesem Selbstverständnis her erklärt sich, daß die ersten Christen den Zusammenhang mit dem Volk Israel aufrecht erhielten und Juden blieben. Was nach Ostern entstand, war zunächst keine selbständige Religionsgemeinschaft. Man nahm weiterhin am gottesdienstlichen Leben in Tempel und Synagoge teil. Das Alte Testament war die heilige Schrift, an der man sich orientierte. Ja, man fühlte sich sogar an die Bestimmungen der Tora gebunden, nur daß man in Jesus den erwarteten Heilsträger, den Messias, sah. Zwar war damit der Rahmen des Judentums dogmatisch nicht gesprengt; aber es war für die offizielle Führung unerträglich, daß die Jünger Jesus als Messias verkündigten, den Mann also, den man wegen gefährlicher Lehren hatte hinrichten lassen. Man hat darum auch den Versuch unternommen, die mit Freimut auftretenden Jünger einzuschüchtern und zum Schweigen zu bringen. Wenn es zunächst auch nicht zum offenen Konflikt kam, der Sache nach bedeutete das Bekenntnis zu Jesus den grundsätzlichen Bruch mit dem Judentum. Denn damit sprach man aus, daß das Verhältnis zu Jesus über Heil und Unheil entscheidet, nicht die Befolgung oder Nichtbefolgung der Tora-Bestimmungen. Für die Christen, die sich zu Jesus bekannten, war die Tora nicht hinfällig geworden; aber sie stand für sie nicht mehr in unlösbarem Zusammenhang mit der Heilsfrage. Zu einschneidenden Konsequenzen sahen sich die ersten Christen durch diesen Sachverhalt jedoch nicht gedrängt.

Es kann kein Zweifel sein, daß sich die Gemeinschaft der Christen auch sichtbar darstellte. Vermutlich ist man täglich zusammengekommen. Im Mittelpunkt dieser Zusammenkünfte standen, wie man annehmen darf, Verkündigung und Gebet, sie hatten also gottesdienstlichen Charakter. Aus den Zusammenkünften der Urgemeinde heraus entstand die für das ganze Urchristentum typische Form des sog. Wortgottesdienstes. Er gleicht in seinen Elementen stark dem jüdischen Synagogengottesdienst. Ein Hauptbestandteil des urgemeindlichen Lebens scheint ferner die gemeinsame Mahlzeit, das »Brotbrechen«, gewesen zu sein. Darin führte man die Mahlgemeinschaft Jesu mit seinen Jüngern weiter. Davon zu unterscheiden ist die (mit einer Mahlzeit verbundene) sakramentale Mahlfeier, in der man des Todes Jesu gedachte. In der Apostelgeschichte ist von dieser nicht die Rede. Dennoch kann kein Zweifel sein, daß bereits die Urgemeinde das »Herrenmahl« in dieser Form feierte und daß hier auch die liturgischen Elemente geformt wurden.

Ähnliches gilt von der Taufe. Ihr Ursprung liegt in der Johannestaufe. Wir wissen nicht, weshalb die Christen sie übernahmen. Sicherlich spielte die Tatsache eine Rolle, daß sich Jesus von Johannes hat taufen lassen. In der christlichen Gemeinde bekam die Taufe aber einen anderen Sinn. Sie war nun nicht mehr Zeichen der Bewahrung vor dem Endgericht, sondern Zeichen der Zugehörigkeit zur endzeitlichen Heilsgemeinde. Ferner verstand man sie als das Geschehen, in dem der heilige Geist mitgeteilt wurde. Die christliche Gemeinde ist sich der inhaltlichen Verschiebung bewußt gewesen. Sie hat darum ihre Taufe gegen die des Täufers ausdrücklich abgegrenzt und ihm das Wort in den Mund gelegt: »Ich taufe euch mit Wasser; er wird euch mit dem heiligen Geist taufen« (Mk 1, 8).

Die von dem gottesdienstlichen Geschehen her geprägte Gemeinschaft bot dem einzelnen Rückhalt und Sicherheit; für viele war die Aufnahme in sie auch in dieser Hinsicht der Beginn eines neuen Lebens. Wir wissen nicht, aus welchen sozialen Schichten die Glieder der Urgemeinde stammten. Die Mehrzahl wird arm gewesen sein. Sie fanden in der Gemeinde Hilfe. Die gemeinsamen Mahlzeiten waren auch ein Mittel, arme Gemeindeglieder zu versorgen. Eine Gütergemeinschaft, in der jeder einbrachte, was er besaß, hat es freilich nicht gegeben. Wohl aber geschah es, daß begüterte Gemeindeglieder einen Acker verkauften und den Erlös zur Verfügung stellten.

Wie so viele andere Fragen in der Geschichte des Urchristentums läßt sich auch die nach der Verfassung und Organisation der Urgemeinde nicht sicher beantworten. Wahrscheinlich war es so, daß die Leitung der Gemeinde anfangs in den Händen des Petrus (als Vorsitzender des Zwölferkreises? Vgl. S. 83 f.) lag. Aber schon bald scheinen Änderungen eingetreten zu sein. Einige Jahre später steht an der Spitze der Gemeinde ein Dreierkollegium, dem Jakobus, der Bruder Jesu, Petrus und der Jünger Johannes angehören. Die fünfziger Jahre zeigen wieder ein anderes Bild: Jakobus ist allein der Leiter der Urgemeinde; Petrus hatte Jerusalem inzwischen verlassen und Aufgaben in der Mission übernommen. In keinem Fall handelte es sich dabei jedoch um genau beschriebene Leitungsämter. Der Rang dieser Männer beruhte allein auf ihrer persönlichen Autorität. Ferner ist in den Quellen von Ältesten die Rede. Wir wissen freilich nicht, welche Aufgaben sie hatten. Man wird sich überhaupt die Verfassung der Urgemeinde nicht als ein festes Gefüge vorstellen dürfen, das den Autoritäten, Entscheidungsträgern und mit bestimmten Aufgaben (etwa den Finanzen) Betrauten ihr Recht und ihre Kompetenz zuwies und damit auch begrenzte. Viel eher dürfte zutreffen, daß in Fragen der Verfassung und Organisation vieles offen blieb und im Fluß war und man gar nicht das Bedürfnis empfand, eine straffe Gemeindeordnung festzulegen.

Die Urgemeinde konnte zunächst im wesentlichen ungehindert ihr Leben entfalten und Anhänger gewinnen. Bald jedoch brach eine Verfolgung über sie herein, die sogar ein Todesopfer forderte. Diese offenbar von der jüdischen Bevölkerung in Szene gesetzte Verfolgung wurde durch Vorgänge innerhalb der Urgemeinde ausgelöst, die diese selbst in eine äußerst kritische Situation brachten und schließlich zur Spaltung führten. Die Bewegung wurde von einer bestimmten Gruppe in der Gemeinde getragen, den sog. Hellenisten. Damit sind Judenchristen gemeint, die religiös und kulturell nicht im palästinischen, von der strengen Gesetzestheologie der Pharisäer bestimmten Judentum wurzelten, sondern aus dem hellenistischen Diaspora-Judentum stammten. Es war ein Judentum eigener Prägung. Es war in viel stärkerem Maße in die Kultur der hellenistischen Spätantike hineinverflochten. In der Einstellung auf die Umwelt hat es selbst Elemente dieser Umwelt in sich aufgenommen. Man sprach Griechisch und formulierte die eigenen theologischen Anschauungen und Gedanken in der Sprache der Philosophie dieser Zeit, ohne jedoch das Besondere des Judentums aufzugeben. Immerhin kann gesagt werden, daß die Diasporajuden in Fragen der Gesetzesfrömmigkeit und -auslegung eine weniger strenge Haltung einnahmen; das gilt vor allem im Vergleich zu der Haltung der orthodoxen Juden in Palästina. Aufs ganze gesehen standen für sie die sittlichen Forderungen der Tora im Vordergrund.

Hellenistische Diasporajuden gab es nicht allein in den Städten des römischen Weltreiches, sondern auch in Jerusalem, das auch ihnen als die Gottesstadt und Metropole galt. Hier hatten sie auch ihre eigenen Synagogen. Solche in Jerusalem ansässigen, griechisch-sprechenden Diaspora-Juden waren Glieder der Urgemeinde geworden, wahrscheinlich schon gleich am Anfang. Ihre freiere Einstellung zu Gesetzesfragen wurde durch die Botschaft Jesu zu einer gesetzeskritischen Haltung verstärkt. Offenbar hat man in ihren Kreisen die Gesetzes-Kritik Jesu bewußt aufgenommen. In der Sicht der orthodoxen Juden hieß das: Auflösung der Tora. Man reagierte entsprechend – mit Verfolgung und Vertreibung der gefährlichen Verführer.

Die Haltung der »Hellenisten« schien aber auch für die Gemeindeglieder untragbar, die am Gesetzesgehorsam festhielten und sich in dieser Haltung praktisch kaum von den orthodoxen Juden unterschieden haben. Die Spannung in der Gesetzesauffassung war nur so beizulegen, daß sich die »Hellenisten« zu einer auch organisatorisch *selbständigen* Gemeinde mit eigener Leitung zusammenschlossen.

Nach der Vertreibung der »Hellenisten« beruhigte sich die Lage in Jerusalem. Man ließ die Christen gewähren und konnte dies, solange sie die Tora nicht antasteten. Offenbar herrschte zwischen Judenschaft und Urgemeinde sogar gutes Einvernehmen. Eine der Autoritäten der Urgemeinde, Jakobus, genoß auch bei den Juden hohes Ansehen; ihm wurde der Titel eines »Gerechten« zugestanden. Gefahr drohte den Christen in Jerusalem offenbar nur während der kurzen Regierungszeit des Königs Agrippa (41–44 n. Chr.). Um Rückhalt bei der Bevölkerung zu gewinnen, gab er sich, den Tendenzen der Zeit entsprechend, den Anschein eines gesetzesstrengen Juden – und ging gegen die Christen vor, vor allem gegen die maßgeblichen Männer. Er ließ den Jünger Johannes hinrichten. Petrus konnte entkommen. Vielleicht waren die

Nachstellungen des Agrippa für ihn der Anlaß, sich der Missionsarbeit zuzuwenden.

Die Spaltung der Gemeinde

Ein Bericht, der die theologischen Spannungen innerhalb der Urgemeinde und die dadurch verursachte Spaltung schilderte, liegt in der Apostelgeschichte nicht vor. Sie weiß zwar auch von einem Konflikt; aber dieser berührt keine grundsätzlich-theologischen, sondern nur praktisch-organisatorische Fragen: Bei der täglichen Mahlzeit der Gemeinde waren die Witwen aus dem Kreis der »Hellenisten« schlecht bedient worden. Ihr Protest machte es erforderlich, den Tischdienst – den bisher die Apostel selbst versahen – neu zu ordnen. Man wählte sieben Männer aus, die den Tischdienst in Zukunft übernehmen sollten. Worum es wirklich ging, wird nicht mehr deutlich, nämlich darum, daß es über den gegensätzlichen theologischen Positionen zum Bruch kam und die »Hellenisten« ein siebenköpfiges Gremium wählten, das, selbständig neben den Aposteln stehend, die Leitung des abgespaltenen Teils der Urgemeinde wahrnehmen sollte. Zu den Sieben gehörten z. B. Stephanus, der bei der ersten Verfolgung zu Tode kam, und Philippus, der sich später als Missionar einen Namen machte.

Lukas stand das Ideal einer einigen und in allen wesentlichen Fragen einmütigen Gemeinschaft vor Augen. Er schildert darum nur einen harmlosen Konflikt. Bei genauerem Hinsehen zeigt sich aber, daß ihm die Retusche des Bildes nicht völlig gelungen ist. Sein Bericht weist Unstimmigkeiten auf, die ihn verraten: War es denn nötig, daß die Sieben gut beleumundet, voll von Geist und Weisheit waren – um bei Tisch aufwarten zu können? Weshalb haben alle sieben griechische Namen? Sollten wirklich ausschließlich »Hellenisten« zum Tischdienst abgestellt worden sein? Beides erklärt sich: In Wirklichkeit war der Auftrag der Sieben der Dienst der Verkündigung unter hellenistischen Judenchristen.

In diesen Tagen, da sich die Jünger mehrten, entstand ein Murren der Hellenisten gegen die Hebräer, weil ihre Witwen bei der täglichen Unterstützung übersehen wurden. Da beriefen die Zwölf die Versammlung der Jünger ein und sagten: »Es ist nicht in Ordnung, daß wir das Wort Gottes vernachlässigen und für die Mahlzeiten sorgen. Seht euch, Brüder, nach sieben Männern aus eurer Mitte um, mit gutem Ruf, voll Geist und Weisheit, die wir mit dieser Aufgabe betrauen wollen. Wir aber wollen uns dem Gebet und dem Dienst des Wortes widmen.« Der Vorschlag fand bei der ganzen Versammlung Zustimmung, und man wählte Stephanus, einen Mann voll Glaubens und heiligen Geistes, und Philippus und Prochorus und Nikanor und Timon und Parmenas und Nikolaus, einen antiochenischen Proselyten [3]. Diese stellten sie vor die Apostel, und sie beteten und legten ihnen die Hände auf.

(Apg 6, 1–6)

3 Proselyten: zum Judentum übergetretene Heiden.

Das Martyrium des Stephanus

Der führende Mann unter den »Hellenisten« war Stephanus. Einem in der Apostelgeschichte überlieferten Bericht zufolge entzündete sich die Empörung der rechtgläubigen Juden an Äußerungen, die er in einer Diskussion gemacht hatte. Die empörte Menge wartete einen Prozeß nicht erst ab, sondern brachte ihn in einem Akt der Lynchjustiz zu Tode – durch Steinigung.

Stephanus aber, voll Gnade und Kraft, tat große Wunder und Zeichen im Volk. Es erhoben sich aber einige von der sogenannten Synagoge der Libertiner und Kyrenäer und Alexandriner und von denen aus Cilicien und der Asia und disputierten mit Stephanus. Doch sie vermochten der Weisheit und dem Geist, mit dem er redete, nicht zu widerstehen. Da stifteten sie Leute an, die aussagten: »Wir haben ihn Lästerworte gegen Mose [4] und Gott sagen hören.« Und sie hetzten das Volk und die Ältesten und die Schriftgelehrten auf; sie gingen auf ihn los und ergriffen ihn. Voll heiligen Geistes aber blickte er auf zum Himmel und sah die Herrlichkeit Gottes und Jesus zur Rechten Gottes stehen und sprach: »Siehe, ich sehe die Himmel offen und den Menschensohn zur Rechten Gottes stehen.« Da schrieen sie mit lauter Stimme und hielten sich die Ohren zu und stürzten sich wie ein Mann auf ihn, schleppten ihn zur Stadt hinaus und steinigten ihn, der betete und sprach: »Herr Jesus, nimm meinen Geist auf!« Dann kniete er nieder und rief mit lauter Stimme: »Herr, behalte ihnen diese Sünde nicht!« Und nach diesen Worten entschlief er. Den Stephanus aber bestatteten fromme Männer; sie hielten eine große Totenklage über ihn. (Apg 6, 8–12; 7, 55–60; 8, 2)

Der Gottesdienst

Von der Form, in der der *Wortgottesdienst* der urchristlichen Gemeinden ablief, können wir uns kein Bild mehr machen. Sicherlich gab es überhaupt keine allgemeinverbindliche Form. Die Grundstruktur des Gottesdienstes entsprach der des jüdischen Synagogengottesdienstes. In seinem Mittelpunkt standen die Schriftlesung (Texte aus dem Gesetz und den Propheten) und die Auslegung. Die Auslegung war der Ort der Verkündigung im spezifischen Sinne. Hier konnten Aussagen der alttestamentlichen Texte auf Christus gedeutet werden. Die Gestaltung des Gottesdienstes war Sache der ganzen Gemeinde. Jeder leistete seinen Beitrag entsprechend seinen Fähigkeiten. Solche Beiträge konnten Lieder, Psalmen und Gebete sein, aber auch eine »Prophetie« (vgl. unten Anm. 7) oder ein belehrendes Wort. Insbesondere Paulus rechnete mit der Beteiligung der Gemeinde auch bei der Verkündigung.

Jesus kam nach Nazareth, wo er aufgewachsen war, und ging am Sabbat, wie es seine Gewohnheit war, in die Synagoge. Und er stand auf, um vorzulesen. Da wurde ihm die Rolle des Propheten Jesaia gegeben.

---

4 D. h. das Gesetz des Mose.

Er öffnete sie und fand die Stelle, wo geschrieben war: ›Der Geist des Herrn ruht auf mir, weil er mich gesalbt hat. Er hat mich gesandt, den Armen das Evangelium zu bringen, den Gefangenen Befreiung anzusagen und den Blinden, daß sie wieder sehen, Zerschlagene in die Freiheit zu entlassen und das angenehme Jahr des Herrn zu verkündigen.‹

Nachdem er das Buch zusammengerollt und dem Diener zurückgegeben hatte, nahm er Platz. Aller Augen in der Synagoge waren auf ihn gerichtet. Er aber hob an und sagte zu ihnen: »Heute ist dieses Schriftwort in euren Ohren in Erfüllung gegangen.«[5] (Lk 4, 16–21)

Das Wort Christi wohne in reichem Maße unter euch. Lehrt und ermahnt einander in aller Weisheit, singt Gott lieblich in euren Herzen mit geistgewirkten Psalmen, Hymnen und Liedern. (Kol 3, 16)

Wenn ihr zusammenkommt, hat jeder ein Lied, eine Belehrung, eine Offenbarung, eine Zungenrede[6], eine Weissagung. Alles soll der Erbauung dienen. Wenn jemand in Zungen redet, dann jeweils zwei oder höchstens drei, und der Reihe nach, und einer soll übersetzen. Wenn aber kein Übersetzer da ist, soll er in der Gemeinde schweigen und nur für sich und Gott reden. Propheten aber sollen zwei oder drei reden, die anderen sollen es prüfen. Wenn aber einem anderen, der dasitzt, etwas aufgeht, soll der erste schweigen. Ihr könnt doch alle der Reihe nach prophezeien[7], damit alle lernen und alle ermahnt werden. (1 Kor 14, 26–31)

Die *Taufe* wurde durch Untertauchen möglichst in fließendem Wasser oder auch durch Übergießen des Täuflings vollzogen. Dabei wurde der Name Christi genannt. Man taufte »auf ihn«. Mit dem Taufakt wurde der Täufling Jesus übereignet und unter seinen Schutz gestellt. Zum Taufritus gehörte auch das (vom Täufling gesprochene) Glaubensbekenntnis. – Später trat an die Stelle des Namens Christi der »Name des Vaters, des Sohnes und des heiligen Geistes«.

Im Zusammenhang der »Pfingstpredigt« ruft Petrus auf:

»Tut Buße, und ein jeder von euch lasse sich taufen im Namen Jesu Christi zur Vergebung eurer Sünden, so werdet ihr die Gabe des heiligen Geistes empfangen.« (Apg 2, 38)

Geht hin und macht zu Jüngern alle Völker, indem ihr sie auf den Namen des Vaters und des Sohnes und des heiligen Geistes tauft ... (Mt 28, 19)

---

5 An diesem (von Lukas frei gestalteten) Text wird die Grundstruktur des urchristlichen Wortgottesdienstes sichtbar.

6 Damit ist ein ekstatisches Reden gemeint. Näheres siehe S. 253, 360 f.

7 Das »prophetische« Wort hat im urchristlichen Gottesdienst eine bedeutende Rolle gespielt (vgl. S. 159, 176). Man hat dabei nicht allein an eine künftige Ereignisse enthüllende Weissagung zu denken, sondern in noch stärkerem Maße an die den Menschen in seinem Gewissen treffende »vollmächtige« Verkündigung.

Was die Taufe anlangt, haltet es so: Nachdem ihr dies alles vorher mitgeteilt habt, so taufet auf den Namen des Vaters und des Sohnes und des heiligen Geistes in fließendem Wasser. Hast du aber kein fließendes Wasser, so taufe in anderem Wasser; kannst du nicht in kaltem taufen, dann in warmem. Hast du aber beides nicht, so gieße dreimal Wasser auf das Haupt im Namen des Vaters und des Sohnes und des heiligen Geistes. (Didache[8] 7, 1–3)

Das Urchristentum kannte wohl von Anfang an eine gottesdienstliche Mahlfeier, das *Abendmahl* (Eucharistie, Herrenmahl). Ihr Kernstück war ein fester Ritus: das Essen und Trinken von Brot und Wein. »Einsetzungsworte« erläuterten den Ursprung dieses Ritus (Abschiedsmahl Jesu) und vergegenwärtigten seinen Sinn. Im Genuß von Brot und Wein vergewisserte sich die Gemeinde einmal der Gemeinschaft mit ihrem Herrn und der Teilhabe an seinem Heilswerk; deswegen ist in den Einsetzungsworten vom Tod Jesu die Rede. Zum anderen erfuhr sich die Gemeinde im gemeinsamen Mahl selbst als Gemeinschaft, und zwar als eine im Werk Jesu gründende Gemeinschaft.

Das Abendmahl wurde in der Urchristenheit im Zusammenhang einer Mahlzeit gefeiert. Ursprünglich lag diese zwischen den einzelnen Akten des Abendmahls. Aber schon bald scheint sich die Praxis herausgebildet zu haben, mit dem Abendmahl die Gemeindemahlzeit abzuschließen.

Im Neuen Testament sind die »Einsetzungsworte« in verschiedenen Fassungen überliefert. Wir führen sie in der Form an, in der Paulus sie bietet. Diese Fassung stellt nicht die Urform der Formel dar. Einige Wendungen sind erst nachträglich, im Zuge liturgischen Gebrauchs, zugewachsen, z. B. der Wiederholungsbefehl.

In der Nacht, in der Jesus ausgeliefert wurde, nahm er Brot, dankte, brach es und sprach: Dies ist mein Leib für euch. Dies tut zu meinem Gedächtnis!

Ebenso nach dem Essen auch den Becher mit den Worten: Dieser Becher ist der neue Bund in meinem Blut[9]. Dies tut, so oft ihr trinkt, zu meinem Gedächtnis! (1 Kor 11, 23–25)

In dem folgenden Text handelt es sich um eine Abendmahlsliturgie. Sie beginnt mit Gebeten, die sich auf Brot und Wein beziehen. Diese Gebete entstammen der hellenistisch-jüdischen Synagoge; ihnen wurde dadurch ein christlicher Sinn gegeben, daß man Brot und Wein auf Christus bezog. Auf diese Gebete folgte die gemeinsame Mahlzeit. Die gottesdienstliche Abendmahlsfeier wurde durch ein weiteres Gebet und durch einen liturgisch ausgestalteten, im Wechsel zwischen Leiter und Gemeinde gesprochenen Vorspruch, eingeleitet.

Was die Eucharistie anlangt, dankt folgendermaßen.

Zuerst betreffs des *Bechers:* Wir danken dir, unser Vater, für den heiligen Weinstock Davids[10], deines Knechtes, den du uns kundgetan hast durch Jesus, deinen Knecht. Dir sei die Ehre in Ewigkeit.

---

8 Zu dieser urchristlichen Schrift siehe S. 59.

9 Der Tod Jesu wird hier als das Opfer gedeutet, durch das der neue Bund, die neue Gemeinschaft zwischen Gott und den Menschen begründet und besiegelt wird.

10 Hier handelt es sich um einen bildhaften Ausdruck für das dem Gottesvolk verheißene Heil.

Weiter betreffs des *Brotes:* Wir danken dir, unser Vater, für das Leben und die Erkenntnis, die du uns kundgetan hast durch Jesus, deinen Knecht. Dir sei Ehre in Ewigkeit. Wie dies Brot zerstreut war auf den Bergen und zusammengebracht eins wurde, so laß auch deine Kirche von den Enden der Erde in dein Reich gebracht werden. Denn dein ist die Herrlichkeit und die Kraft durch Jesus Christus in Ewigkeit.

Nachdem ihr euch aber gesättigt habt, dankt also: Wir danken dir, heiliger Vater, für deinen heiligen Namen, den du in unseren Herzen hast wohnen lassen, und für die Erkenntnis und den Glauben und die Unsterblichkeit, die du uns kundgetan hast durch Jesus, deinen Knecht. Dir sei Ehre in Ewigkeit. Du, allmächtiger Herrscher, hast alles erschaffen um deines Namens willen, Speise und Trank hast du den Menschen zum Genuß gegeben, damit sie dir danken; uns aber hast du geistliche Speise und Trank gegeben und ewiges Leben durch deinen Knecht. Vor allem danken wir dir, weil du mächtig bist. Dir sei Ehre in Ewigkeit.

(Leiter:) Kommen möge die Gnade und vergehen möge diese Welt.

(Gemeinde:) Hosianna dem Gotte Davids.

(Leiter:) Ist jemand heilig, so trete er herzu, wer es nicht ist, der tue Buße. Maranatha [11].

(Gemeinde:) Amen! (Didache 9, 1–4; 10, 1–4.6)

2. Die Anfänge der Mission

Außer in Jerusalem sind in der Frühzeit auch in Galiläa oder Peräa (Landesteil östlich des Jordan) Gemeinden entstanden, von deren Existenz wir allerdings nur beiläufig erfahren. Man entwickelte schon gleich zu Anfang eine erfolgreiche missionarische Aktivität. Kurze Zeit nach Ostern gab es sogar in dem syrischen Damaskus eine christliche Gemeinde, wie wir aus der Lebensgeschichte des Paulus wissen. Die Spuren der palästinensischen Gemeinden verlieren sich freilich bald im Dunkel der Geschichte.

Wichtige Impulse empfing die Mission durch die Verfolgung der »Hellenisten« in Jerusalem. Aus den Vertriebenen wurden Missionare. Philippus, einer der Sieben, ist unter ihnen besonders hervorgetreten. Die hellenistischen Missionare trugen die christliche Botschaft in nicht-jüdische Gebiete, z. B. in die Dekapolis (östlich des Sees Genezareth), nach Samaria und Phönizien. Der entscheidende Schritt war die Gründung einer Gemeinde in *Antiochia*. Denn Antiochia, die Hauptstadt von Syrien, war eine Weltstadt, nach Alexan-

11 Die Deutung dieses aramäischen Wortes ist nicht ganz sicher. Es handelt sich um einen Gebetsruf, in dem die Gemeinde wahrscheinlich um das endzeitliche Kommen Jesu bat: »Komm, unser Herr«. Es wäre dann ein Zeichen für die eschatologische Ausrichtung der Mahlfeier im Urchristentum. – Die andere Möglichkeit: Die Bitte bezieht sich auf das Kommen Jesu zu der jetzt im Gottesdienst (Mahlfeier) versammelten Gemeinde.

dria die zweitgrößte im Osten des Römischen Reiches. Hier lebte man als Bürger der großen Welt und dachte in weltweiten Dimensionen. Dies war der Boden, auf dem die Idee einer weltumspannenden Mission entstehen konnte. Die Bedeutung Antiochias für die Ausbreitung des Christentums und den Verlauf der Kirchengeschichte ist kaum zu überschätzen [12]. Es entwickelte sich zum Zentrum der urchristlichen Mission. Hier wurden die missionarischen Unternehmungen geplant, organisiert und getragen, wohl auch finanziell. Kein Geringerer als Paulus stand eine Zeitlang im missionarischen Dienst der antiochenischen Gemeinde (vgl. S. 224). Bahnbrechend und zukunftweisend war ferner, daß in ihr (zum erstenmal?) auch Heiden Aufnahme fanden. Eine Notiz in der Apostelgeschichte besagt, daß in Antiochia der Name »Christen« aufkam. Einer der führenden Männer dieser Gemeinde war Josef *Barnabas;* vielleicht war er an ihrer Gründung maßgeblich beteiligt; jedenfalls war er einer derjenigen, die das Missionswerk verantworteten und entscheidend vorantrieben [13].

Ein wesentlicher Faktor in der Arbeit der christlichen Mission des Anfangs war das hellenistische Judentum. Es war gleichsam die Operationsbasis der christlichen Missionare. Die Juden waren eine, nicht immer wohl gelittene Minderheit im Römischen Reich; sie stellten dennoch eine gesellschaftlich bedeutsame Macht dar. Ihr Anteil an der Gesamtbevölkerung (etwa 70 Millionen) wird auf etwa 10 % geschätzt [14]. In fast allen größeren Städten gab es Judenschaften und Synagogen. Hier konnten die Missionare mit ihrer Verkündigung ansetzen. Da sie ja selbst Juden waren, war dies das Gegebene. Auch Paulus ist, wie sich aus der Apostelgeschichte und seinen Briefen ergibt, so vorgegangen. Indes hat man die christlichen Missionare meist nicht lange gewähren lassen. In der Regel wird die Zeit aber ausgereicht haben, ein paar Anhänger zu gewinnen und den Grund für den Aufbau einer Ge-

---

12 Lukas hat Antiochia in seiner Darstellung in den Hintergrund gedrängt. Für ihn ist Jerusalem *die* christliche Metropole, Sitz der »Kirchenleitung« und Ausgangspunkt aller relevanten kirchlichen und missionarischen Aktivität. Diese Darstellung ist der Ausdruck einer bestimmten theologischen Konzeption von der Kirche (siehe S. 356 f.). Historisch trifft sie nicht zu. Richtig ist, daß für die Urchristenheit Jerusalem das ideelle Zentrum war.

13 Barnabas war ein Mann der ersten Stunde. Er gehörte bereits der Urgemeinde in Jerusalem an. Die Apostelgeschichte weiß rühmend zu berichten, daß er einen Acker verkauft und den Erlös der Gemeinde habe zukommen lassen. – Der Rang des Barnabas wird aus der lukanischen Darstellung nicht deutlich. Er bleibt eine Gestalt im Schatten der Apostel und vor allem des großen Heidenmissionars Paulus. Gewiß hat Barnabas die Größe eines Paulus nicht erreicht. Um so wichtiger ist es jedoch, das von Lukas entworfene Bild mit Hilfe der verborgenen Nachrichten zurechtzurücken.

14 Bei den Diaspora-Juden handelt es sich freilich nicht ausschließlich um gebürtige Juden, sondern auch um Proselyten, die als Juden im Vollsinne galten; sie trugen ja auch das Merkmal des jüdischen Volkes, die Beschneidung, an sich. In den oben genannten Zahlen spiegelt sich die große Anziehungskraft wider, die das Judentum damals weltweit ausübte.

meinde zu legen. Was diese »Strategie« nahelegte, war die Tatsache, daß in der Synagoge gerade die Leute anzutreffen waren, die für die christliche Mission vor allem in Betracht kamen. Das war die Gruppe der sog. Gottesfürchtigen. Darunter hat man Heiden zu verstehen, die nach den Vorschriften der Tora lebten und an den Synagogengottesdiensten teilnahmen, aber – im Gegensatz zu den Proselyten – den letzten Schritt ins Judentum nicht taten, d. h. sich nicht beschneiden ließen. Gegenüber der Beschneidung bestanden weithin starke Vorbehalte. Um so unbefangener konnte man sich dem Christentum öffnen, das ohne Beschneidung all das auch bot, was die Anziehungskraft des Judentums ausmachte, insbesondere die Ethik. Die Zahl der Gottesfürchtigen scheint beträchtlich gewesen zu sein. Vermutlich stammten aus ihren Kreisen viele Erstbekehrte der jungen Gemeinden in Kleinasien, Griechenland oder Italien.

Der vom hellenistischen Judenchristentum getragene Durchbruch zu einer die Völker einbegreifenden Mission war das entscheidende Ereignis der urchristlichen Geschichte. Abgesehen davon, daß er der christlichen Kirche neue räumliche Dimensionen erschloß, war er theologisch von höchster Bedeutung. Denn diese Völkermission wurde als *Heiden*mission konzipiert und war dadurch gekennzeichnet, daß sie das Gesetz des Alten Testaments bewußt außer Betracht ließ. Man überschritt damit den heilsgeschichtlichen Rahmen, der durch die Erwählung *Israels* zum Gottes- und Heilsvolk gesteckt war. Die universale Mission ist als Konsequenz der Botschaft Jesu zu begreifen. Jesus selbst hatte allerdings keine weltweite Bewegung im Auge. Er wußte sich in seinem Auftrag ausschließlich an das jüdische Volk gebunden. Auf der anderen Seite hat er deutlich gemacht, und dies war ein wesentliches Merkmal seiner Verkündigung, daß Gott seine Heilsgabe an keine Bedingungen und Vorleistungen knüpft, sie auch und gerade den Sündern und Verworfenen zuwendet. Wenn das gilt, dann sind auch die Heiden nicht ausgeschlossen. Die Träger und Verfechter einer gesetzesfreien Heidenmission können das Verdienst in Anspruch nehmen, die in der Verkündigung Jesu liegende Konsequenz erkannt und realisiert zu haben.

Selbstverständlich und problemlos war das allerdings nicht. Die Heidenmission war in der Urchristenheit längere Zeit heiß umstritten. An den Auseinandersetzungen und Kämpfen, die teilweise leidenschaftliche Formen annahmen, wäre das Urchristentum beinahe zerbrochen. Die Position der Gegner war nicht einheitlich. Es gab Kreise im palästinensischen Judenchristentum, die aus der Auffassung heraus, daß das Heil ausschließlich dem jüdischen Volk zugesagt sei und auch Jesus diesen heilsgeschichtlichen Rahmen nicht gesprengt habe, eine Völkermission überhaupt ablehnten. Andere ebenfalls judaistische, das heißt orthodox-jüdisch orientierte Opponenten waren für eine missionarische Arbeit unter Nicht-Juden zwar offen, forderten aber um so entschiedener, daß diese auf das Gesetz verpflichtet und beschnitten werden müßten, wenn sie sich der christlichen Gemeinde anschließen wollten. So sollten sie in das jüdische Volk eingegliedert und in die heilsgeschichtliche Kontinuität des Gottesvolkes hineingestellt werden. Man darf diese Forderung nicht einfach als Borniertheit werten. Dahinter stand die Frage nach der Heilswirklichkeit. Die Judaisten waren der Meinung, daß man Jude sein oder werden müsse, um vollen Anteil am Heil zu haben.

Die judaistische Oppositon gegen die gesetzesfreie Heidenmission vollzog sich nicht nur auf der Ebene theologischer Diskussion. Ihre Forderungen waren die Grundlage einer agitatorischen Praxis in den heidenchristlichen oder »gemischten« Gemeinden, die nicht ohne Wirkung blieb. Dadurch spitzte sich der Konflikt zu, und man mußte versuchen, eine grundsätzliche Klärung herbeizuführen. Zu diesem Zweck trat Ende der vierziger Jahre in Jerusalem der sog. Apostelkonvent zusammen. Er bestätigte die freie und universale Missionsarbeit und fällte damit eine ›kirchenpolitische‹ Entscheidung von außerordentlicher Tragweite. Das Problem war, wie sich herausstellte, damit jedoch nicht gelöst. Aus den Paulusbriefen wissen wir, daß die judaistische Agitation weiterging und vielfach Verwirrung stiftete.

In Jerusalem hat man sich offiziell zu einem partnerschaftlichen Miteinander von Juden- und Heidenchristen in einer sich ökumenisch verstehenden Kirche bekannt. Am Ort war die Praktizierung dieses Miteinanders jedoch noch immer mit Problemen behaftet, jedenfalls in manchen Gemeinden. So sahen sich viele Judenchristen außerstande, an der Tischgemeinschaft mit den Heiden in der Gemeinde teilzunehmen, weil sie sich nach wie vor an die Vorschriften des Gesetzes gebunden fühlten. Man half sich in der Weise, daß man die Heidenchristen zur Einhaltung bestimmter Regeln aufforderte. Das geschah in dem sog. Aposteldekret. Die hier angestrebte Regelung, die der Tendenz des vom Apostelkonvent gefaßten Beschlusses zuwiderläuft, hat offenbar nur in einem engeren Bereich der Urchristenheit Geltung erlangt. Paulus weiß zum Beispiel nichts von ihr. Wahrscheinlich wurde die Tischgemeinschaft nicht in allen »gemischten« Gemeinden als Problem empfunden. Als Geltungsbereich des Dekrets kann man die syrische Kirche (Antiochia) vermuten.

Gemeindegründungen in Samaria und Antiochia

Eine nicht unbeträchtliche Anzahl von Erzählungen der Jesustradition ist in *Samaria* lokalisiert. Das deutet darauf hin, daß es hier Gemeinden gab. Von der Gründung einer Gemeinde in einer nicht namentlich genannten Stadt in Samaria berichtet die Apostelgeschichte. Ihrem Bericht zufolge war sie das Werk des Philippus, der nach dem Stephanus-Martyrium aus Jerusalem hatte fliehen müssen. Die Umstände seines Auftretens waren wenig ermutigend und erfolgversprechend. Ein gewisser *Simon* hatte die Stadt, schon bevor Philippus kam, in religiöse Begeisterung versetzt und es verstanden, eine große Anhängerschaft um sich zu sammeln. Simon wird von Lukas bzw. seiner Quelle als Gaukler und Zauberer charakterisiert; daher sein Name: Simon Magus. Das war er in Wirklichkeit jedoch nicht. Nach allem, was wir von ihm wissen, trat er mit dem Anspruch auf, der Erlöser der Menschen zu sein. Er begründete seinen Anspruch damit, daß er sich die »große Kraft« nannte und sich damit als Gott in

Menschengestalt vorstellte. Seine Botschaft: Er sei gekommen, die in irdische Körper gefallenen Seelen zu befreien und in die himmlische Welt zurückzuführen; Erlösung werde dem zuteil, der an ihn glaube[15]. Auftreten und Botschaft des Simon erlauben es, ihn der religiösen Bewegung der Gnosis zuzuordnen (Näheres über die Gnosis S. 237).

Die in dem Bericht über das Wirken des Philippus in Samaria geschilderte Situation ist typisch. Die christlichen Missionare in dieser Zeit mußten allenthalben mit Predigern und Propagandisten der verschiedensten Philosophien und religiösen Lehren konkurrieren und sich gegen sie durchsetzen.

An jenem Tag kam eine große Verfolgung über die Gemeinde in Jerusalem. Alle wurden zerstreut über die Landschaften von Judäa und Samaria hin außer den Aposteln. Die Zerstreuten zogen nun umher und predigten das Wort. Philippus kam in die Stadt von Samaria hinab und verkündete ihnen den Messias. Nun hatte ein Mann namens Simon vorher in der Stadt Zauberei getrieben und das Volk von Samaria hingerissen; er behauptete, er sei ein »Großer«. Dem hingen alle an, klein und groß, und sagten: Dieser ist die Kraft Gottes, die man »die große« nennt. Sie hingen ihm an, weil er sie geraume Zeit mit seiner Zauberei hingerissen hatte. Als sie aber dem Philippus Glauben schenkten, der vom Reich Gottes und dem Namen Jesu Christi predigte, ließen sich Männer und Frauen taufen. (Apg 8, 1.4.5.9–12)

Zu dem wenigen Zuverlässigen, was wir durch Lukas aus der Anfangszeit des Urchristentums erfahren, gehören die Nachrichten aus der Gemeinde in *Antiochia.* Besonders hervorgehoben ist die von einigen hellenistischen Judenchristen aus Zypern und der Cyrenaika vollzogene Öffnung der Gemeinde für die Heiden und die erfolgreiche Tätigkeit des Barnabas. Der chronikartige Bericht notiert ferner, daß Barnabas den damals schon bekannten Missionar Saulus (= Paulus) zur Mitarbeit in Antiochia hat gewinnen können.

Diejenigen nun, die sich wegen der Verfolgung gegen Stephanus zerstreut hatten, zogen bis nach Phönizien, Zypern und Antiochia, und sie verkündeten das Wort niemand außer Juden. Einige von ihnen waren aus Zypern und der Cyrenaika; diese sprachen nach ihrer Ankunft in Antiochia auch zu den Griechen und predigten ihnen den Herrn Jesus. Und die Hand des Herrn war mit ihnen, und eine große Zahl wurde gläubig und bekehrte sich zum Herrn. Die Kunde von ihnen kam der Gemeinde in Jerusalem zu Ohren, und man sandte Barnabas nach Antiochia. Als dieser ankam und die Gnade Gottes sah, freute er sich und ermahnte alle, entschlossen beim Herrn zu verharren; denn er war ein tüchtiger Mann und voll heiligen Geistes und Glaubens. Und viel Volk wurde dem Herrn zugeführt. Darauf ging er nach Tarsus, um Saulus aufzusuchen; und als er ihn gefunden hatte, brachte er ihn nach Antiochia. Es geschah ihnen, daß sie ein ganzes Jahr in der Gemeinde zusammenkamen

---

15 Nachrichten über Simon enthalten außer der Apostelgeschichte einige Schriften altkirchlicher Autoren. Simon galt in späterer Zeit häufig als der Urheber der Ketzerei.

und viel Volk lehrten und daß man die Jünger zuerst in Antiochia »Christianer« nannte. (Apg 11, 19–26)

Das theologische Verständnis der Mission

Man hat in den urchristlichen Gemeinden die Frage der Mission unterschiedlich, ja gegensätzlich beantwortet. Da es sich hier um eine Lebensfrage der jungen Kirche handelte, scheint es selbstverständlich, daß man sich bemühte, die jeweilige Entscheidung auch theologisch zu begründen. Man tat das in der Weise, daß man sie auf Jesus zurückführte, ihr sogar die Form eines Ausspruchs Jesu gab. Das war ein auch sonst in der Urchristenheit geübtes Verfahren: Man zitierte Jesus oder erzählte eine Begebenheit aus seinem Leben und Wirken, um sich in wesentlichen Fragen der Gegenwart Klarheit zu verschaffen und eigene Entscheidungen zu legitimieren.

Die Auffassung, daß die Heilsbotschaft Jesu allein dem jüdischen Volk gilt, kommt in den drei folgenden Jesus-Worten zum Ausdruck. In einem von ihnen wird die Mission der Jünger sogar ausdrücklich auf Israel beschränkt. Diese Beschränkung sollte freilich nicht den endgültigen Ausschluß der Völker (Heiden) vom Heil besagen. Man erwartete vielmehr, daß sie Gott selbst am Ende der Tage zum Heil führen wird. Diese Erwartung war akute Naherwartung und bezog sich auf die gegenwärtige Generation. Die partikularistische Einengung der missionarischen Tätigkeit auf das jüdische Volk hängt also engstens mit einer bestimmten, bereits in der Zeit des Alten Testamentes (Jesaia) ausgeprägten Form der Eschatologie zusammen.

Geht nicht den Weg zu den Heiden und betretet keine Stadt der Samariter, geht vielmehr zu den verlorenen Schafen vom Hause Israel. Geht aber und predigt: Die Himmelsherrschaft ist herbeigekommen. (Mt 10, 5.6)

Amen, ich sage euch: Ihr werdet nicht mit den Städten Israels zu Ende sein, bis der Menschensohn kommt. (Mt 10, 23)

Viele werden kommen von Osten und Westen und zu Tische liegen mit Abraham, Isaak und Jakob im Himmelreich. Die Söhne des Reiches werden jedoch ausgestoßen werden in die Finsternis draußen. (Mt 8, 11–12)

Der Gedanke einer weltweiten Mission findet sich als Wort des auferstandenen Jesus in dem sogenannten Missionsbefehl, mit dem Matthäus sein Evangelium abschließt. Daß man ein Recht dazu hatte, auch die Heiden einzubeziehen, war keine fraglose Selbstverständlichkeit. Die Opposition dagegen hielt ein theologisches Problembewußtsein wach. Um so mehr war man darauf angewiesen, sich zu legitimieren. So erzählte man, wie Jesus die Tochter einer heidnischen Frau und den Knecht eines römischen Hauptmanns in Kapernaum nach anfänglichem Widerstreben heilte. Mit diesen Erzählungen hat man sich die innere Freiheit zur Heidenmission erkämpft und sich ihrer versichert.

Mir ist alle Vollmacht im Himmel und auf Erden gegeben. So geht nun hin und macht alle Völker zu Jüngern, tauft sie im Namen des Vaters, des Sohnes und des heiligen Geistes und lehrt sie alles halten, was ich euch geboten habe. (Mt 28, 18–20)

Von da brach er auf und zog in das Gebiet von Tyrus ... Eine Frau, deren Töchterchen von einem bösen Geist besessen war, hörte von ihm, kam sogleich und fiel ihm zu Füßen. Die Frau war aber eine Heidin, eine Phönizierin von Herkunft. Und sie bat ihn, er möchte den Dämon aus ihrer Tochter austreiben. Er sprach zu ihr: »Laß doch erst die Kinder satt werden; denn es ist unrecht, den Kindern das Brot zu nehmen und es den Hunden hinzuwerfen.« Sie antwortete ihm und sagte: »Bitte, Herr, auch die Hunde unter dem Tisch fressen von den Brocken der Kinder.« Da sagte er zu ihr: »Um dieses Wortes willen, gehe hin! Der Dämon ist aus deiner Tochter ausgefahren.« Da ging sie in ihr Haus zurück und fand ihr Kind auf dem Bett liegend, von dem Dämon befreit. (Mk 7, 24–30)

Als er aber in Kapernaum einzog, trat ein Hauptmann zu ihm, bat ihn und sagte: »Herr, mein Knecht liegt gelähmt zu Hause und leidet große Qualen.« Er sagte zu ihm: »Ich soll kommen und ihn heilen?« Der Hauptmann antwortete und sprach: »Herr, ich bin nicht wert, daß du unter mein Dach trittst. Aber sprich nur ein Wort, und mein Knecht wird genesen. Denn auch ich bin ein Mann unter Vorgesetzten, und ich habe unter mir Soldaten; ich sage zu diesem: geh, und er geht, und zu einem andern: komm, und er kommt, und zu meinem Sklaven: tu das, und er tut es.« Als Jesus das hörte, wunderte er sich und sprach zu den Begleitern: »Amen, ich sage euch, bei keinem in Israel habe ich so großen Glauben gefunden.« Und Jesus sprach zu dem Hauptmann: »Geh; dir soll geschehen, wie du geglaubt hast.« Und der Knecht wurde zu derselben Stunde gesund. (Mt 8, 5–10.13)

Der Apostelkonvent in Jerusalem (48 n. Chr.)

Als man Ende der vierziger Jahre in Jerusalem zum Apostelkonvent zusammentrat, war die gesetzesfreie Mission unter den Völkern schon seit Jahren im Gange. Man hatte beachtliche Erfolge aufzuweisen. Jedenfalls waren die Heidenchristen eine unübersehbare Realität. Dies alles wurde grundsätzlich in Frage gestellt durch die Forderung der Judaisten, auch die Heidenchristen auf die Tora zu verpflichten und zu beschneiden.

Die »Hellenisten« konnten zwar auf ihren Erfolg hinweisen, aber damit war ihre Arbeit noch nicht theologisch gerechtfertigt. Die theologische Rechtmäßigkeit der Heidenmission und der durch sie entstandenen Gemeinden war das Thema, über das auf dem Apostelkonvent verhandelt und entschieden wurde. Die endgültige und verbindliche Klärung dieser Frage war lebenswichtig, nicht allein für die Judaisten, sondern in noch viel stärkerem Maße für die Vertreter und Verfechter der gesetzesfreien Heidenmission. Für diese reisten Barnabas und Paulus – wohl als Abgesandte von Antiochia – nach Jerusalem, um ihr Recht zu verteidigen. Ihre Gesprächspartner waren die Autoritäten der Urgemeinde: Jakobus, Petrus und Johannes – die drei »Säulen«, wie sie genannt wurden. Das Ergebnis der Verhandlungen war, daß die Jerusalemer Autoritäten die gesetzesfreie Heidenmission offiziell freigaben und sich somit eindeutig auf die Seite des Barnabas und Paulus stellten. Diese Entscheidung war kein widerwilliges Zugeständnis. Sie beruhte auf Einsicht und bedeutete die volle Anerkennung der Heidenmission und der Heidenchristen. Ferner wurde eine Sammlung der heidenchristlichen Gemeinden für die Urgemeinde in Jerusalem vereinbart. Damit sollte nicht nur einer akuten Notlage abgeholfen werden. Die Sammlung war zugleich als das Zeichen gedacht, in dem die Einheit der Kirche und das gleichberechtigte Miteinander von Juden- und Heidenchristen in einer Kirche zum Ausdruck kommen sollte.

Wir verdanken unsere Kenntnis vom Apostelkonvent in der Hauptsache Paulus, der im Galaterbrief – aus akutem Anlaß – die damals getroffenen Entscheidungen anführt und sich darauf beruft. Auch Lukas bietet in seiner Apostelgeschichte einen Bericht vom Apostelkonvent, der freilich stark von dem des Paulus abweicht. Offenbar hat ihn Lukas ohne genaue Kenntnis der Vorgänge nach eigenen Vorstellungen und mit bestimmten theologischen Absichten gestaltet (vgl. S. 373 ff.).

Vierzehn Jahre später ging ich (Paulus) von neuem nach Jerusalem hinauf mit Barnabas und nahm auch Titus mit. Ich ging aber aufgrund einer Offenbarung. Und ich legte ihnen das Evangelium, das ich unter den Heiden verkündige, zur Beurteilung vor, besonders aber den Angesehenen, mit der Frage, ob ich ohne Erfolg laufe oder gelaufen sei. Aber nicht einmal mein Begleiter Titus, der ein Grieche war, wurde genötigt, sich beschneiden zu lassen. Um der eingeschlichenen falschen Brüder willen, die sich eingedrängt hatten, um unsere Freiheit, die wir in Christus Jesus haben, zu belauern, damit sie uns versklavten – ihnen haben wir nicht einen Augenblick unterwürfig nachgegeben, damit die Wahrheit des Evangeliums bei euch bleibe. Von seiten derer, die etwas gelten – wer immer sie waren, geht mich nichts an; Gott sieht nicht die Person an –, mir nämlich haben die maßgebenden Männer nichts auferlegt. Vielmehr im Gegenteil: Als sie sahen, daß mir das Evangelium für die Unbeschnittenen anvertraut ist so wie dem Petrus das für die Beschneidung[16] – denn der für Petrus wirksam war zum Apostolat unter der Beschneidung, der war auch für mich wirksam zum Apostolat unter den Heiden – und als sie die Gnade erkannten, die mir gegeben ist, da gaben Jakobus und Kephas und Johannes, die als die Säulen galten, mir und Barnabas den Handschlag der Gemeinschaft: wir unter den Heiden, sie unter der Beschneidung. Nur sollten wir der Armen gedenken. Eben dies zu tun, habe ich mich auch eifrig bemüht. (Gal 2, 1–10)

Das Aposteldekret

Für den frommen Juden bedeutete die Tischgemeinschaft mit Heiden eine Zumutung, die in Gewissenskonflikte führen konnte. Die Tora unterschied reine und unreine Speisen und enthielt eingehende Speisevorschriften. Wie sollte man sich als Jude bei den Gemeindemahlzeiten verhalten, bei denen Juden und Heiden an einem Tisch saßen? Viele Judenchristen fühlten sich durch ihren Glauben dazu befreit, unbedenklich an diesen Gemeindemahlzeiten teilzunehmen. Aber das galt nicht für alle. Das zeigt ein merkwürdiger Zwischenfall, auf den Paulus – ebenfalls im Galaterbrief –

16 Das heißt unter den Juden.

zu sprechen kommt. Er berichtet, Petrus und Barnabas hätten in Antiochia die gemeindliche Tischgemeinschaft plötzlich wieder aufgegeben. Anlaß dazu war die Ankunft einer Gesandtschaft aus der Umgebung des Jakobus. Offenbar rechnete man mit Vorwürfen von dieser Seite. Um der mancherorts aufgetauchten Schwierigkeiten Herr zu werden und der Unsicherheit im Verhalten zu steuern, verfaßte man ein Dekret, das den Heidenchristen zwar nicht die Befolgung der ganzen Tora, aber doch einiger grundlegender Bestimmungen zur Pflicht machte. Das Ziel dieses Dekretes war, das Zusammenleben von Juden und Heiden in einer Gemeinde, vor allem die Tischgemeinschaft zu ermöglichen. Es enthielt in der Hauptsache Speisevorschriften.

Lukas sieht in dem Aposteldekret irrigerweise das Ergebnis des Apostelkonvents, das in einem Brief an die betroffenen Gemeinden festgehalten und durch eine offizielle Gesandtschaft überbracht worden sei.

Da beschlossen die Apostel und Ältesten mit der ganzen Gemeinde, Männer aus ihrer Mitte zu wählen und mit Paulus und Barnabas nach Antiochia zu senden, nämlich Judas, genannt Barsabbas, und Silas, führende Männer unter den Brüdern, und ließen durch sie schreiben: »Die Apostel und Ältesten, eure Brüder, grüßen die Brüder aus den Heiden in Antiochia, Syrien und Cilicien. Da wir gehört haben, daß einige von uns, denen wir keinen Auftrag gegeben haben, mit ihren Reden Unruhe unter euch brachten und Verwirrung in eure Seelen trugen, haben wir einmütig beschlossen, Männer zu wählen und zu euch zu senden samt unseren lieben Barnabas und Paulus, welche ihr Leben für den Namen unseres Herrn Jesus Christus eingesetzt haben. Wir senden also Judas und Silas, die mündlich dasselbe berichten sollen. Denn der heilige Geist und wir haben beschlossen, euch weiter keine Last aufzuerlegen außer diesen notwendigen Stücken: Enthaltung von Götzenopferfleisch[17], Blut, Ersticktem und Unzucht. Wenn ihr euch davor bewahrt, werdet ihr recht tun. Lebt wohl!« (Apg 15, 22–29)

17 Unter Götzenopferfleisch verstand man das Fleisch von Tieren, die in heidnischen Kulten als Opfer dienten. Dem Juden war der Genuß von Blut verboten; darum mußte er auch das Fleisch von Tieren meiden, die nicht nach den Vorschriften der Tora geschlachtet, also nicht »geschächtet« wurden.

V. Die Erzählungen der Jesusüberlieferung

Zu den großen schöpferischen Leistungen des Urchristentums gehört neben der fest geformten *Christus*-Verkündigung (Kerygma) in Bekenntnis, Lied und Hymnus die Bildung der *Jesus*-Überlieferung. Sie ist der Ertrag eines sich über Jahrzehnte erstreckenden Prozesses, der mit der Sammlung und Fixierung der vorher mündlich tradierten Jesusgeschichten und -worte sein Ende erreichte. Die Schriften, um die es sich dabei handelt, sind die synoptischen Evangelien (Synoptiker), die Evangelien des Markus, Matthäus und Lukas [1]. Stellt man Christus-Kerygma und Jesusüberlieferung nebeneinander, so hat man zunächst den Eindruck, daß hier zwei völlig verschiedene Grundkonzeptionen des christlichen Glaubens vorliegen. Während das Christus-Kerygma die Bedeutung Jesu in dogmatischen oder mythologischen Formulierungen umreißt, entwirft die Jesusüberlieferung ein detailliertes Bild vom Wirken des Menschen Jesus. Schilderte das Kerygma ein alle Zeiten, Räume und Mächte umfassendes kosmisches Geschehen, so hält sich die Jesusüberlieferung aufs ganze gesehen im Rahmen irdisch-menschlicher Geschichte, wenn auch hier von Jesus ebenfalls überhöhend gesprochen wird. Der Unterschied zwischen beiden Linien ist so offenkundig, daß man darin sogar einen im Grundsätzlichen wurzelnden Gegensatz sehen konnte. So hat man, des Christus der auf das urchristliche Kerygma zurückgehenden Dogmatik überdrüssig geworden, in der Jesustradition den ursprünglichen und unverfälschten Glauben und damit das wahre Wesen des Christentums finden wollen. An die Stelle des kerygmatisch-dogmatischen Christus sollte der irdische Jesus, an die Stelle des göttlichen Wesens der Mensch treten. Dies war das Motiv und das letzte Ziel der sog. Leben-Jesu-Forschung des 19. und beginnenden 20. Jahrhunderts.

Indessen hat die wissenschaftliche Diskussion der letzten 50 Jahre den Beweis erbracht, daß die Jesusüberlieferung keine Alternative zum Christuskerygma darstellt, sosehr sie sich von ihm unterscheidet. Denn auch sie gründet im Osterereignis und ist somit dogmatisch gebunden, in dem Sinne, daß sie den Osterglauben und das Bekenntnis der Gemeinde voraussetzt. Mit dem,

---

1 Der Name Synoptiker besagt, daß die Darstellung dieser drei Evangelien auf weite Strecken parallel läuft. Das 4. Evangelium (Johannesevangelium) bleibt hier außer Betracht, weil es nur in geringem Umfang Material von der Art der synoptischen Tradition enthält.

was man von Jesus berichtete, wollte man nicht neutral und unbeteiligt unterrichten, sondern verkündigen, das heißt die Heilsbedeutung Jesu begreiflich machen, Glauben wecken und Glaubenserkenntnis eröffnen. Darum versah der Evangelist Markus sein Buch mit der Überschrift »Evangelium Jesu Christi« und bediente sich damit eines Begriffes für die christliche Verkündigung. In die gleiche Richtung weist der Satz, mit dem Johannes sein Evangelium abschließt: »Diese (Zeichen) ... sind aufgeschrieben, damit ihr glaubt, daß Jesus der Christus ist, der Sohn Gottes, und damit ihr im Glauben durch seinen Namen Leben habt« (Joh 20, 31). Die Ausrichtung auf Verkündigung und Glauben war aber nicht erst die Leitidee der Evangelisten, sondern Gestaltungsprinzip der Jesusüberlieferung von Anfang an, also schon im Stadium der Überlieferungsbildung. Der Unterschied zwischen Jesusüberlieferung und Christuskerygma ist kein Unterschied in der Intention oder der Sache, sondern lediglich in den Mitteln und Formen.

Die Jesusüberlieferung besteht zu einem großen Teil aus Erzählungen, die in sich geschlossene Einheiten darstellen. Diese Erzählungen sind nicht alle von gleicher Art; es lassen sich einige Geschichtengruppen, Gattungen, unterscheiden, deren Kennzeichen jeweils eine spezifische Form ist. So finden wir in den Evangelien Wundergeschichten und Legenden. Dabei handelt es sich um Formen, die in der Umwelt verbreitet waren und von der Gemeinde für ihre Zwecke in Dienst genommen werden konnten. Das Urchristentum hat aber auch eigene Formen entwickelt. Für die Evangelientradition am meisten charakteristisch ist neben der Leidensgeschichte die Gruppe der Erzählungen, die auf einen Ausspruch Jesu hin komponiert sind. Beiden kommt auch insofern besonderes Interesse zu, als sie aller Wahrscheinlichkeit nach die älteste Schicht der Jesusüberlieferung darstellen.

Die Vielfalt der Formen ist nicht allein unter literarischen Gesichtspunkten von Belang. Sie deutet zugleich auf eine Vielfalt in den theologischen Aussagen und Absichten hin. Die einzelnen Gattungen bekunden unterschiedliche christologische Auffassungen. Es besteht ein Entsprechungsverhältnis zwischen der Form einer Erzählung auf der einen Seite und ihrer Christologie, ihrem Jesusbild und theologischen Gehalt auf der anderen. Zugespitzt könnte man sagen: Der Jesus der Legende ist ein anderer als der der Wundergeschichten; und wieder anders tritt der Jesus der alten Erzählungen oder der Leidensgeschichte vor uns hin.

Die verschiedenen Erzählungen sind in unseren Evangelienschriften in einer Großform zusammengebracht worden und erfüllen in diesem Rahmen die ihnen zugewiesene Funktion. Darüber darf aber nicht übersehen werden, daß es sich hier um ein spannungsvolles Nebeneinander handelt, das sich dagegen sperrt, in eine umfassende Einheit aufgehoben zu werden.

1. Die alten Erzählungen

Die ältesten Jesuserzählungen der synoptischen Tradition sind durch eine äußerst knappe Darstellung gekennzeichnet. Die Vorgänge werden mehr skizziert als wirklich geschildert. Wesentliche erzählerische Elemente, wie Ortsangaben, Namen der handelnden Personen, biographische Einzelheiten, Charakterisierungen und Motivierungen, fehlen. Sie sind in gewisser Weise unanschaulich. Vieles bleibt unausgesprochen. Das ist kein Zeichen erzählerischen Unvermögens, sondern die Folge des Willens zu kerygmatischer Zuspitzung. Das Ziel, auf das sie hinführen, ist in der Regel ein markantes Jesuswort. Hier liegt ihr Interesse. Alles andere ist nur rahmendes Beiwerk ohne Eigengewicht. Man hat diese Art von Erzählungen darum als Illustrationen für die Predigt verstehen wollen. Nicht ohne Recht; denn in der Tat gipfeln sie in einem Wort, das im Sinne der christlichen Verkündigung etwas grundsätzlich Gültiges, eine verbindliche Wahrheit ausspricht und damit über den szenischen Rahmen hinausgreift. Es wendet sich im Grunde nicht an die in der Erzählung genannten Personen, sondern an die Hörer und Leser, an die zum Gottesdienst versammelte Gemeinde.

Obgleich in dieser Gruppe von Erzählungen die Botschaft in Gestalt eines Jesuswortes alles Gewicht trägt, ist es nicht ohne Bedeutung, daß es im Zusammenhang einer Erzählung geltend gemacht wird, die eine Begebenheit aus der Geschichte Jesu darstellt. Darin bezeugt die Gemeinde, daß sie sich in ihrer Existenz an Jesus gebunden und ihr Leben durch die Wahrheit bestimmt weiß, die Jesus in seinem Leben und Wirken ans Licht gebracht hat. Von ihm her denkt sie, versteht sie sich, gewinnt sie Klarheit in ihren Entscheidungen und vollzieht die nötigen Abgrenzungen. Jesus erscheint in diesen Erzählungen als die Autorität, der man sich anvertraut und auf die man sich beruft [2].

Es sind verschiedene Probleme und Fragen, die in den Erzählungen dieser Gruppe zur Sprache kommen: ob und wieweit das Gesetz noch Gültigkeit hat; wer an der Gottesherrschaft teilhaben wird; wie man sich zu den politischen Gegebenheiten zu stellen hat. Auch Entscheidungen theologischer Lehre standen zur Debatte. In all diesen Geschichten geht es um Sachverhalte, die die Existenz der Gemeinde oder eine grundlegende Wahrheit betreffen. Ihr strukturelles Merkmal ist es, daß sie die Klärung dieser Sachverhalte auf Jesus zurückführen und dadurch legitimieren und verbindlich machen.

Die alten Geschichten kennzeichnet eine große zeitliche und sachliche Nähe zum historischen Jesus. Die Situationen waren weithin auch die seines Lebens und Wirkens. Vermutlich sind sie in den christlichen Gemeinden Palästinas entstanden. Man wird annehmen dürfen, daß sie wirkliche Erinne-

---

2 Nur ausnahmsweise wird die Autorität Jesu in diesen alten Geschichten durch einen christologischen Hoheitstitel zum Ausdruck gebracht.

rung an Jesus enthalten. Dennoch muß grundsätzlich festgehalten werden, daß sie in erster Linie über Leben und Selbstverständnis der Gemeinden, die sie erzählt haben, Auskunft geben und nur als indirekte Quellen für die Kenntnis des historischen Jesus in Betracht kommen.

Die Kinder

Wer wird das Heil der Gottesherrschaft erlangen? Welches sind die Bedingungen der Teilhabe an ihm? Für den Juden ergab sich die Antwort auf diese Frage aus dem alttestamentlichen Gesetz. Die urchristliche Gemeinde hingegen gewann ihre Antwort aus dem, was in Jesu Wirken sich gezeigt hat. In diesem Sinne erzählte sie die Geschichte von der Kindersegnung durch Jesus. Ihre überraschende, dem menschlichen Leistungswillen zuwiderlaufende Botschaft lautet: Laßt euch von den Kindern sagen, wie man als Mensch zu leben hat; das Heil der Gottesherrschaft gehört denen, die wie sie empfangen können (vgl. S. 55 f.).

Die Geschichte von den Kindern ist ein lehrreiches Beispiel für die sprachliche Form der alten Erzählungen. Die Szene wird nicht wirklich anschaulich. Eine Reihe von Fragen nach dem Vorgang bleibt unbeantwortet: Wo spielte sich das alles ab? Was waren es für Kinder? Wer brachte sie? Weshalb waren die Jünger ärgerlich? Wie reagierten sie auf Jesu Verhalten? Deutlich markierter Höhepunkt der Erzählung ist das Jesuswort, das die gültige Wahrheit ausspricht.

Sie brachten Kinder zu Jesus, daß er sie segnete. Die Jünger aber schalten sie. Als Jesus das sah, wurde er unwillig und sprach zu ihnen: »Laßt die Kinder zu mir kommen, haltet sie nicht ab; denn solchen gehört die Herrschaft Gottes. Amen, ich sage euch: Wer die Herrschaft Gottes nicht annimmt wie ein Kind, wird nicht in sie hineingelangen.« Und er schloß sie in die Arme, legte seine Hände auf sie und segnete sie. (Mk 10, 13–16)

Der Herr des Sabbats

Daß Jesus das Sabbatgebot gelegentlich verletzte, war einer der markanten Punkte seines Wirkens (vgl. S. 61 f.) Die Anhänger Jesu haben davon freilich nicht deshalb berichtet, weil sie einen historischen Tatbestand festhalten wollten, sondern um von Jesu Verhalten her die eigene Einstellung zum Sabbatgebot zu klären und sich der eigenen Freiheit zu vergewissern. Diese Freiheit war für die ersten Christen auf dem Boden des Judentums kein selbstverständlicher Besitz, sondern ein Geschenk, zu dessen Gebrauch man sich durch Jesus, den »Herrn des Sabbats«, ermächtigt sah. Mit dem Hinweis auf ihn haben sie ihre Haltung gegen den Einspruch des gesetzesstrengen Juden verteidigt und gerechtfertigt.

Es geschah, daß Jesus am Sabbat durch die Felder ging; und seine Jünger begannen, unterwegs Ähren abzureißen. Da sagten die Pharisäer zu ihm: »Sieh, was sie am Sabbat Verbotenes tun!« Und er erwiderte ihnen: »Habt ihr denn nie gelesen, was David tat, als er Not litt und er und seine Gefährten Hunger hatten? Wie er da in das Gotteshaus hineinging, zur Zeit, als Abiathar Hoherpriester war, und die ›Schaubrote‹ aß, die außer den Priestern niemand essen darf, und auch seinen Gefährten gab? Und er sprach zu ihnen: Der Sabbat ist um des Menschen willen da, und nicht der Mensch um des Sabbats willen. Also ist der Menschensohn [3] auch Herr über den Sabbat.« (Mk 2, 23–28)

Wieder kam er in eine Synagoge, und es war da ein Mann mit einer gelähmten Hand. Und man beobachtete ihn, ob er ihn am Sabbat heilen würde, um ihn anklagen zu können. Da sagte er zu dem Mann mit der gelähmten Hand: »Tritt in die Mitte.« Und er sprach zu ihnen: »Soll man am Sabbat Gutes tun oder Böses, ein Leben retten oder töten?« Sie aber verharrten in Schweigen. Da blickte er sie ringsherum voller Zorn an, betrübt über die Verhärtung ihrer Herzen. Und er sagte zu dem Mann: »Strecke deine Hand aus!« Da streckte er sie aus, und seine Hand wurde wiederhergestellt. (Mk 3, 1–5)

Das Zöllnergastmahl

Offenbar haben die Gemeinden Palästinas sich nicht gescheut, »Zöllner und Sünder« (vgl. S. 47) in ihre Gemeinschaft aufzunehmen. Sie waren deswegen heftiger Kritik und Anfeindung insbesondere von seiten der Pharisäer ausgesetzt. Für den frommen Juden war es religiöse Pflicht, sich in deutlichem Abstand von Leuten zu halten, deren Gottlosigkeit offenkundig war. Den Gemeinden war ihr grundsätzliches Recht aber nicht fraglich: Jesu Wirken galt ja gerade den »Kranken« und den »Ungerechten«; damit war auch ihnen der Weg gewiesen.

Es geschah, daß er in seinem Hause zu Tische saß; und viele Zöllner und Sünder saßen mit Jesus und seinen Jüngern zusammen. Es waren ihrer nämlich viele, die ihm folgten. Und als die Schriftgelehrten von den Phärisäern sahen, daß er mit den Zöllnern und Sündern aß, sagten sie zu seinen Jüngern: »Warum ißt er mit den Zöllnern und Sündern?« Als Jesus das hörte, sprach er zu ihnen [4]: »Nicht die Gesunden bedürfen des Arztes, sondern die Kranken. Ich bin nicht gekommen, Gerechte zu rufen, sondern Sünder.«

(Mk 2, 15–17)

---

3 Menschensohn ist ein christologischer Titel, mit dem Jesu Autorität zum Ausdruck gebracht werden soll. Er stammt aus der jüdischen Apokalyptik und bezeichnet hier die Gestalt eines endzeitlichen Richters und Retters (vgl. unten Anm. 20 und S. 163 f.).

4 Es fällt auf, daß hier die *Jünger* wegen des Verhaltens Jesu zur Rede gestellt werden und *Jesus* antwortet. Damit gibt der Erzähler zu erkennen, daß es sich um ein zwischen den Jüngern, also der Gemeinde, und ihren Gegnern strittiges Problem handelt, das durch den Rückverweis auf Jesus entschieden wird.

Die Vergebung der Sünden

Die Schar der ersten Christen verstand sich als endzeitliche Heilsgemeinde (vgl. S. 80, 93). Diesem Selbstverständnis entsprach, daß sie sich ermächtigt glaubte, Sündenvergebung gültig zuzusagen und so die durch die Sünde verwirkte Gemeinschaft mit Gott (die nach jüdischem Verständnis das Heil bedeutete) wiederherzustellen. Von jüdischer Seite wurde dies als Lästerung betrachtet: Wer Sünden vergibt, greift in Gottes eigenes Recht ein und befindet über einen Tatbestand, über den allein Gott befinden kann. Dies wurde von der christlichen Gemeinde nicht bestritten. Darin sah sie aber keinen Einwand. Sie war gewiß, daß ihr die Ausübung dieses Rechtes Gottes auf Erden übertragen sei. Mit der Erzählung von der Heilung des Gelähmten führt sie den »Beweis«.

Als Jesus nach Tagen wieder nach Kapernaum kam, wurde bekannt, daß er im Hause sei. Da versammelten sie sich in so großer Zahl, daß auch der Platz vor der Tür nicht mehr reichte; und er redete zu ihnen das Wort. Da kamen Männer, die brachten zu ihm einen Gelähmten, von Vieren getragen. Da sie ihn wegen der Menschenmenge nicht zu ihm heranbringen konnten, deckten sie das Dach ab über der Stelle, wo er war, gruben es durch und ließen die Bahre, auf der der Gelähmte lag, hinab. Als Jesus ihren Glauben sah, sprach er zu dem Gelähmten: »Mein Sohn, deine Sünden sind dir vergeben.« Es saßen aber einige Schriftgelehrte dabei und dachten in ihrem Herzen: »Wie kann dieser so reden? Das ist Lästerung! Wer kann Sünden vergeben außer Gott allein?« Und sofort merkte Jesus in seinem Geist, daß sie so bei sich dachten, und sprach zu ihnen: »Was denkt ihr so in eurem Herzen? Was ist denn leichter, dem Gelähmten zu sagen: deine Sünden sind dir vergeben, oder: steh auf, nimm deine Bahre auf, und geh umher? Damit ihr aber einseht, daß der Menschensohn Vollmacht hat, auf Erden Sünden zu vergeben« – sagte er zu dem Gelähmten –, »ich sage dir[5] stehe auf, nimm deine Bahre und gehe nach Hause.« Da stand er auf und nahm sofort seine Bahre auf und ging vor aller Augen hinaus, so daß alle außer sich gerieten und Gott priesen und sagten: »So etwas haben wir noch nie gesehen.« (Mk 2, 1–12)

Amen, ich sage euch, was ihr auf Erden bindet, wird im Himmel gebunden sein; und was ihr auf Erden löst, wird im Himmel gelöst sein. (Mt 18, 18)

---

5 An dieser Stelle ist ein Bruch zu bemerken. Er rührt vermutlich daher, daß es sich bei der vorliegenden Erzählung nicht um eine ursprüngliche Einheit handelt. Offenbar ist in die Heilungsgeschichte nachträglich die Diskussion um die Sündenvergebung eingearbeitet worden.

Die Totenauferstehung

Die Lehre von einer Auferstehung der Toten ist im Judentum erst verhältnismäßig spät entwickelt worden. Zum erstenmal begegnet sie im Danielbuch (um 150 v. Chr.); im übrigen Alten Testament ist sie unbekannt. Zur Zeit Jesu und des Urchristentums war sie in der jüdischen Theologie heiß umstritten. In den Pharisäern hatte sie ihre Verfechter, während die Sadduzäer sie als theologische Neuerung ablehnten.

Die Totenauferstehung war Bestandteil auch urchristlicher Lehre. Man begründete seine Überzeugung damit, daß man sich auf eine Lehrentscheidung Jesu berief. Wie das geschah, geht aus der folgenden Erzählung hervor. Sie schildert ein Streitgespräch, das in typisch schriftgelehrter (uns reichlich spitzfindig anmutender) Argumentationsweise zwischen den Sadduzäern und Jesus geführt wird. Das durchschlagende Argument gewinnt Jesus aus dem Gottesverständnis: Der im Alten Testament bezeugte Gott ist ein Gott der Lebendigen, nicht der Toten.

Es kamen zu ihm Sadduzäer, die lehren, es gebe keine Auferstehung, und fragten ihn: »Meister, Mose hat uns vorgeschrieben: ›Wenn einem sein Bruder stirbt und läßt eine Frau zurück, aber kein Kind, so soll sein Bruder die Frau nehmen und seinem Bruder Nachkommen erwecken.‹ Es waren nun einmal sieben Brüder. Der erste nahm eine Frau, hinterließ aber, als er starb, keine Nachkommen. Da nahm sie der zweite und starb, ohne Nachkommen zu hinterlassen; und der dritte ebenso. Alle sieben hinterließen keine Nachkommen. Als letzte von allen starb auch die Frau. Bei der Auferstehung nun, wenn man aufersteht – wessen Frau wird sie da sein? Alle sieben hatten sie ja zur Frau bekommen.« [6] Jesus sprach zu ihnen: »Zeigt ihr nicht gerade damit, daß ihr im Irrtum seid und weder die Schrift kennt noch die Macht Gottes? Denn wenn man von den Toten aufersteht, heiratet man nicht, noch läßt man sich heiraten, sondern man ist wie die Engel im Himmel. Was aber die Toten betrifft, daß sie nämlich auferweckt werden: Habt ihr nicht im Buch des Mose gelesen, in der Geschichte vom Dornbusch, wie Gott zu ihm sprach: ›Ich bin der Gott Abrahams und der Gott Isaaks und der Gott Jakobs‹? Er ist doch kein Gott von Toten, sondern von Lebendigen! Ihr irrt gewaltig.« (Mk 12, 18–27)

Das größte Gebot

Das Gesetz des Alten Testamentes war für die ersten christlichen Gemeinden nicht mehr die Autorität, die ihr Leben bestimmte. Man war an Jesus gebunden und sah sich durch ihn von gesetzlichem Zwang befreit. Damit war das Gesetz für sie freilich nicht hinfällig geworden. Es blieb für sie Wort Gottes. Um so wichtiger war es, sich über den positiven Sinn des Gesetzes klar zu werden und in den Blick zu bekommen, worum es ihm eigentlich geht.

6 Grundlage der Argumentation ist die alttestamentliche Bestimmung über die sog. Leviratsehe, die einen Mann zur Ehe mit seiner Schwägerin verpflichtete, wenn der Bruder starb, ohne Nachkommen zu hinterlassen.

Als die Pharisäer hörten, daß er die Sadduzäer zum Schweigen gebracht hatte, versammelten sie sich, und einer von ihnen stellte ihn mit der Frage auf die Probe: »Meister, welches Gebot ist das größte im Gesetz?« Er aber sprach zu ihm: »›Du sollst den Herrn deinen Gott lieben mit deinem ganzen Herzen und mit deiner ganzen Seele und mit deiner ganzen Vernunft.‹ Dies ist das größte und oberste Gebot. Das zweite gleichwichtige ist dies: ›Du sollst deinen Nächsten lieben wie dich selbst.‹ In diesen beiden Geboten liegt das ganze Gesetz und die Propheten.« (Mt 22, 34–40)

Gott und Kaiser

Für die Juden war die Kopfsteuer, die seit 6 n. Chr. an den römischen Kaiser zu entrichten war, ein Stein des Anstoßes. Sie erinnerte ständig an die bedrückende Gegenwart einer fremden Macht. Wichtiger war indes der religiöse Aspekt. War diese Steuer nicht das sichtbare Zeichen dafür, daß der römische Kaiser sein herrscherliches Recht auf sie – das Gottesvolk – geltend machte? In der Zeit des Urchristentums hatte die religiös-nationale Revolutionsbewegung der Zeloten (vgl. S. 16 f.) diese Problematik bewußt zu machen und zum Widerstand aufzurufen versucht. Eine Stellungnahme zu der Steuerfrage war jedenfalls von hoher Brisanz. Entweder man machte sich den Römern gegenüber verdächtig, oder man kompromittierte sich in den Augen der jüdischen Bevölkerung.

Dies ist die Situation, die die bekannte Erzählung vom »Zinsgroschen« voraussetzt und in ihrem Ablauf bestimmt. Jesus soll sich in der Steuerfrage wie in einer Falle verfangen. Er zeigt jedoch in seiner sprichwörtlich gewordenen Antwort eine Überlegenheit, die die hinterhältigen Frager entwaffnet und augenblicklich zum Schweigen bringt: »Gebt dem Kaiser, was des Kaisers ist, und Gott, was Gottes ist.«

Mit dieser Antwort bekundet Jesus politische Loyalität und grenzt sich gegen die revolutionäre Bewegung der Zeloten ab. Danach wollte auch die christliche Gemeinde eingeschätzt und beurteilt werden. Die Betonung der Loyalität hat freilich in dem Jesuswort nicht das entscheidende Gewicht. Seine Absicht geht nicht dahin, staatsbürgerliche und religiöse Christenpflicht gleichrangig nebeneinanderzustellen. Der Nachdruck liegt auf der zweiten Hälfte: Vor allem gilt es, Gott sein Recht werden zu lassen. Das ergibt sich aus dem Textzusammenhang. Die Steuerfrage ist kein Testfall des Gottesglaubens. Wer sie – wie die Gegner Jesu – dazu macht, spielt nur religiösen Ernst, hat aber in Wirklichkeit von Gott nichts begriffen.

Sie schickten einige Pharisäer und Herodianer[7] zu ihm, um ihn durch ein Wort zu fangen. Sie kamen und sagten zu ihm: »Meister, wir wissen, daß du wahrhaftig bist und auf niemanden Rücksicht nimmst; denn du siehst die Person nicht an, sondern lehrst der Wahrheit gemäß den Weg Gottes: Ist es erlaubt, dem Kaiser Kopfsteuer zu geben oder nicht? Sollen wir diese entrichten oder nicht entrichten?« Er aber durchschaute ihre Verstellung und sprach zu ihnen: »Was stellt ihr mich auf die Probe? Reicht mir einen Denar,

7 Mit Herodianer sollen wohl Anhänger des Herodes und typische Gegner Jesu bezeichnet werden. Eine festumrissene Gruppe oder Partei (vergleichbar mit der der Pharisäer) gab es nicht.

daß ich ihn sehe.« Sie aber reichten einen. Und er fragte sie: »Wessen ist dies Bild und die Aufschrift?« Sie antworteten ihm: »Des Kaisers«. Da sprach Jesus zu ihnen: »Gebt dem Kaiser, was des Kaisers ist, doch gebt Gott, was Gottes ist.« (Mk 12, 13–17)

2. Die Leidensgeschichte

Die ersten Christen haben von Vorgängen aus dem Leben Jesu ursprünglich in Form einzelner kurzer und selbständiger Erzählungen berichtet. Das ist eine der Grundeinsichten der heutigen Evangelienforschung. Es gibt eine bedeutsame Ausnahme: die Leidensgeschichte. Sie wurde von Anfang an als eine Abfolge verschiedener Begebenheiten erzählt, war also von vornherein auf einen Erzählungszusammenhang hin angelegt. Dieser Erzählungszusammenhang ist allerdings in einzelne Szenen und Episoden gegliedert. Dabei handelt es sich in der Regel nicht um selbständige und abgerundete Einheiten, sondern lediglich um Momente eines umfassenden Geschehens, das durch den Todesbeschluß der jüdischen Behörde in Gang gebracht wird und erst im Tode Jesu an sein Ziel gelangt. Alles, was an Einzelheiten des Passionsgeschehens berichtet wird, ist von jenem Todesbeschluß her auf dieses Ziel hin ausgerichtet. Wie fest der Erzählungszusammenhang war, geht auch daraus hervor, daß das Johannesevangelium die Leidensgeschichte in ähnlicher Gestalt bietet wie die synoptischen Evangelien, während es sich sonst mit diesen nur wenig berührt. Daraus kann auch gefolgert werden, daß die Leidensgeschichte zur alten Tradition gehört.

Der älteste Bericht von Jesu Leiden und Tod ist der des Markusevangeliums. Was hier vorliegt, ist aber eine bereits entwickeltere und breiter ausgestaltete Fassung der Leidensgeschichte. Darauf deuten Widersprüche, Nahtstellen und Dubletten in der Darstellung hin. Die alte Leidensgeschichte ist jedoch einigermaßen deutlich zu erkennen. Ihr Text soll unten (Abschnitt a) zusammengestellt werden.

Die Veränderungen und Erweiterungen, die die ursprüngliche Leidensgeschichte erfahren hat, sind von erheblichem Umfang und inhaltlich gewichtig. Es wurden ganze Abschnitte und sogar ehemals selbständige Erzählungen aufgenommen und in den Zusammenhang eingepaßt. Zu den Erweiterungsstücken gehören beispielsweise die »Salbung in Bethanien« und die Verhandlung vor dem Hohenpriester. Eine völlig neue Gestalt erhielt der Bericht vom letzten Mahl Jesu: Aus dem Abschiedsmahl im Kreise der Jünger wurde eine Passamahlfeier, bei der Jesus das Abendmahl stiftete. Die Ausgestaltung der Passionsgeschichte setzte sich auch dann noch fort, als sie durch Markus bereits schriftlich aufgezeichnet war. Matthäus berichtet Einzelheiten, von denen Markus noch nichts wußte.

Die alte Leidensgeschichte liest sich wie ein nüchterner Tatsachenbericht.

Urteile, Empfindungen und Motivierungen bleiben aus dem Spiel. Es fallen keine Worte, die eine innere Bewegtheit, teilnehmend-mitleidsvolles Bedauern oder Empörung über das maßlose Unrecht ausdrücken, das Jesus angetan wird. Auch was Jesus erlebt, die Qualen und Schmerzen, die er erdulden muß, haben für den Erzähler kein Interesse. Sein Augenmerk ist einzig auf das Geschehen gerichtet, in dem sich Jesu Schicksal erfüllt.

Mit der Form der Leidensgeschichte in diesem Sinne hängt es zusammen, daß auch der heutige Leser ihrem Bericht in historischer Hinsicht weithin Vertrauen entgegenbringt. Dies beruht jedoch auf einem Trugschluß. Wie auch immer die historische Frage zu beantworten ist, die sprachliche Gestalt der alten Leidensgeschichte beweist nicht die Nähe zu den Tatsachen, sondern ist in ihrem theologischen Aussagewillen begründet. In erster Linie geht es ihr darum, den Tod Jesu in ein bestimmtes Licht zu rücken, ihn in seiner inneren Notwendigkeit, theologisch, begreiflich zu machen. Als Tatsachenbericht wäre sie im Grunde nicht zu verstehen. Der Ablauf der Ereignisse wird nicht folgerichtig und einleuchtend geschildert. An vielen Stellen wird nicht einmal klar gesagt, was sich zugetragen hat. Der Fragen, die man an den Erzähler stellen möchte, ist kein Ende. Man erfährt nicht, was Judas verrät und welche Absichten er verfolgt, ebensowenig, wer Jesus verhaftet hat. Und: Wessen wurde Jesus von den Juden vor Pilatus beschuldigt? Weshalb hat sich dieser ihren Wünschen nicht widersetzt?

Die einzelnen Szenen und Motive, die die alte Leidensgeschichte ins Bild bringt, lassen eine bestimmte Tendenz und erzählerische Absicht erkennen. Wenn der Verrat des Judas, das Versagen der Jünger, die Preisgabe Jesu an die Römer, seine tumultuarische Verwerfung, der Spott der Soldaten und Passanten unter dem Kreuz so beherrschend in den Vordergrund gerückt werden, dann soll man offenbar heraushören, daß Jesus am Haß und dem Versagen der Menschen und in völliger Verlassenheit stirbt. Nach der alten Erzählung endet der Weg Jesu in einem hoffnungslosen Dunkel. Auch mit Gott kann er nicht mehr rechnen.

Das ist indes nur die eine Seite der Sache. Ebenso kräftig arbeitet der Erzähler einen anderen Leitgedanken heraus, dies nämlich, daß Jesus sein Schicksal nicht willenlos-ohnmächtig über sich ergehen läßt, sondern bewußt auf sich nimmt. Er »kennzeichnet« selbst den Verräter und sagt den Verrat, die Flucht der Jünger, die Verleugnung durch Petrus voraus. Jesus weiß, was ihm bevorsteht; dennoch entzieht er sich seinem Schicksal nicht.

Für die Sinnerhellung der Leidensgeschichte ist schließlich noch ein Drittes bedeutsam. Die Darstellung ist durchsetzt mit Anspielungen auf alttestamentliche Texte und wörtlichen Zitaten. Das ist nicht nur Beiwerk; darin ist vielmehr die Grundlage zu erkennen, von der her die Leidensgeschichte gestaltet worden ist. Zugespitzt kann man sagen, die ersten Christen hätten vom Leiden und Sterben Jesu in den Worten des Alten Testamentes erzählt.

Eine besondere Rolle haben dabei die sog. Leidenspsalmen gespielt, vor allem Psalm 22:

Mein Gott, mein Gott, warum hast du mich verlassen,
bist ferne meinem ›Schreien‹, den Worten meines Flehens?
Ich rufe bei Tage, und du antwortest nicht,
bei Nacht, und finde keine Ruhe.
Doch du thronst als Heiliger,
du Lobpreis Israels!
Auf dich vertrauten unsere Väter,
sie vertrauten, und du hast sie gerettet.
Zu dir schrien sie und wurden befreit,
auf dich vertrauten sie und wurden nicht zuschanden!
Aber ich bin ein Wurm und kein Mensch,
der Leute Spott, vom Volke verachtet.
Alle, die mich sehen, verhöhnen mich,
verziehen den Mund, schütteln den Kopf.
›Er hat's gewälzt‹ auf Jahwe, der befreie ihn,
der rette ihn, denn er ist ihm ja wohlgesonnen!
Du zogest mich aus dem Mutterleib,
bargst mich an der Mutterbrust.
Auf dich bin ich geworfen vom Mutterleibe an,
vom Mutterschoße her bist du mein Gott.
Sei mir nicht ferne,
denn nah ist die Not,
denn niemand hilft...
Wie Wasser bin ich hingegossen,
gelöst haben sich alle meine Glieder.
Mein Herz ist wie Wachs geworden,
zerflossen in meinem Inneren...
Ich kann zählen alle meine Gebeine.
Sie schauen und gaffen auf mich.
Sie teilen meine Kleider unter sich
und werfen über meinem Gewand das Los.
Doch du, Jahwe, bleibe mir nicht ferne;
meine Stärke, eile mir zu Hilfe!
(Psalm 22, 2–20)

Was bedeutet dieser Rückgriff auf das Alte Testament? Die Juden sahen im Alten Testament die Urkunde, in der Gott seinen Willen bekanntgegeben hat. Wenn hier der Leidensweg Jesu vorgezeichnet ist, dann heißt das: Es war Gottes Wille, daß Jesus diesen Weg ging. In der Leidensgeschichte wird Jesu Tod nicht als Sühne oder Opfer gedeutet (vgl. S. 85 ff.); sie erläutert auch nicht, wieso an diesem Tod das Heil der Menschen hängt. Hier sagte man zunächst nur: Es war kein sinnloses Sterben, hier triumphierte nicht menschliche Bosheit und Unzulänglichkeit. Ganz anders: Hier erfüllte sich Gottes Wille; Jesu Ja dazu war die Tat eines bedingungslosen Gehorsams. Darum konnte man auch darauf verzichten, den Feinden Jesu ihre Schuld vorzuhalten und sie zu verurteilen. Sie waren ja nur vordergründig die Handelnden – was ihre Schuld jedoch nicht aufhebt.

Die Erkenntnis, daß die Leidensgeschichte alte Überlieferung bietet, ist für die historische Bewertung ihrer Aussagen von Belang. So lückenhaft ihr Bericht sein mag, was sie berichtet, dürfte sich im großen und ganzen so zugetragen haben. Andererseits muß man in Rechnung stellen, daß die Darstellung vom Alten Testament her angereichert und Einzelheiten der Passion aus ihm herausgelesen wurden.

(a) Die alte Leidensgeschichte

Der Beschluß der jüdischen Führer und der Plan des Judas. Die jüdischen Führer sind fest entschlossen, Jesus zu beseitigen, und fassen einen entsprechenden Beschluß. Der Schwierigkeiten seiner Durchführung ist man sich bewußt. Aber es fügt sich günstig: Einer der Jünger will ihnen Jesus in die Hände spielen. So nehmen die Dinge ihren Lauf.

Die Einleitung bringt die Passion Jesu mit dem jüdischen Mazzotfest in Verbindung, das mit dem Passafest am 15. Nisan begann und eine Woche lang gefeiert wurde[8]. Die Zeitangabe der Einleitung (»Zwei Tage vor dem Passa und den ungesäuerten Broten«) läßt vermuten, daß der Bericht den Tag *vor* dem Fest, also den 14. Nisan, als Tag der Hinrichtung und des Todes Jesu ansah. Wahrscheinlich trifft das auch historisch zu. Dieser Tag muß ein Freitag gewesen sein. Das Todesjahr Jesu ist nicht mehr zu errechnen. Man muß sich mit der ungenauen Angabe begnügen: um das Jahr 30.

Die Umgestaltung der alten Leidensgeschichte ergab auch eine andere Datierung des Todes Jesu. Nach der jetzt bei Markus (und den anderen Synoptikern) vorliegenden Fassung der Leidensgeschichte ist Jesus am 15. Nisan, also am Passafest selbst, gekreuzigt worden, nachdem er am Abend vorher noch mit seinen Jüngern das Passamahl gegessen hatte (vgl. unten S. 125 f.).

Es war zwei Tage vor dem Passa und dem Fest der ungesäuerten Brote. Und die Hohenpriester und Schriftgelehrten[9] suchten, wie sie sich Jesu mit List bemächtigen und töten könnten. Denn sie sagten sich: nicht am Fest, es könnte sonst ein Aufruhr im Volk ausbrechen. Und Judas Ischarioth, einer

---

8 Das Passa wurde im Frühjahr zur Erinnerung an die Befreiung Israels aus ägyptischer Gefangenschaft gefeiert, am 15. Nisan. Es bestand aus einem feierlichen Mahl im Kreis der Familie oder auch Freunde am Vorabend des Festes (14. Nisan), bei dem das Passa-Lamm gegessen wurde. Die Mahlzeit wurde nach einem genau festgelegten liturgischen Ritus gestaltet. Mit dem Passafest war das Fest der »ungesäuerten Brote«, das Mazzotfest verbunden – ein ursprüngliches Erntefest, das man aber auch auf den Auszug aus Ägypten bezog (vgl. Band AT, S. 31 ff.).

9 Hohepriester und Schriftgelehrte stehen hier als Vertreter des Synedriums. Bei dem Synedrium handelt es sich um die oberste jüdische Behörde. Unter dem Vorsitz des Hohenpriesters übte es unter römischer Oberhoheit die Regierungsgewalt einschließlich der Rechtsgewalt aus; seine Zuständigkeit erstreckte sich nicht allein auf den religiösen und kultischen Bereich. Das Recht, die Todesstrafe zu verhängen, scheint freilich dem römischen Statthalter vorbehalten gewesen zu sein. Die Mitglieder des Synedriums kamen in früherer Zeit aus den alten Priester- und Adelsfamilien: Oberpriester und Älteste. Zur Zeit des Neuen Testamentes war darin ferner die Gruppe der Schriftgelehrten vertreten. In der Einbeziehung der Schriftgelehrten spiegelt sich deren wachsender Einfluß auf das Leben des jüdischen Volkes wider.

der Zwölf, ging hin zu den Hohenpriestern und erbot sich, ihn auszuliefern. Sie aber freuten sich, als sie es hörten, und versprachen, ihm Geld zu geben. Und er suchte, wie er ihn bei guter Gelegenheit ausliefern könnte.

(Mk 14, 1.2.10.11)

Das Abschiedsmahl. Was der alte Bericht in diesem Abschnitt enthielt, ist nicht mehr genau zu erkennen. Sein Text ist an dieser Stelle stark verändert worden (vgl. unten). Zum ursprünglichen Bestand hat sicherlich die Ansage des Verrats gehört, die von einem Psalmwort her gestaltet wurde; ferner das Wort, mit dem Jesus das Mahl als Abschiedsmahl kennzeichnete.

Als es Abend geworden war, kam er mit den Zwölfen. Während sie zu Tisch lagen und aßen, sprach Jesus: »Amen, ich sage euch, einer von euch, ›der mit mir ißt‹, wird mich ausliefern.« Da wurden sie betrübt und sagten einer nach dem andern zu ihm: »Doch nicht etwa ich?« Er aber sprach zu ihnen: »Einer der Zwölf, der mit mir in die Schüssel eintaucht ...«[10] »Amen, ich sage euch, ich werde nicht mehr von dem Gewächs des Weinstocks trinken, bis zu dem Tage, wo ich es neu trinke in der Herrschaft Gottes.«

(Mk 14, 17–20.25)

Die Verhaftung Jesu und die Flucht der Jünger. Nach dem Lobgesang[11] gingen sie hinaus zum Ölberg. Und Jesus sprach zu den Jüngern: »Ihr werdet alle zu Fall kommen. Denn es steht geschrieben: ›Den Hirten werde ich schlagen, und die Schafe werden sich zerstreuen.‹« Petrus aber erwiderte ihm: »Wenn auch alle fallen, so doch ich nicht.« ... Da sprach Jesu zu ihm: »Amen, ich sage dir, heute, in dieser Nacht, ehe der Hahn das zweitemal kräht, wirst du mich dreimal verleugnen.« Er aber versicherte hoch und heilig: »Selbst wenn ich mit dir sterben müßte, werde ich dich doch niemals verleugnen.« Ebenso sagten auch alle anderen. (Mk 14, 26–31)

Sogleich erschien Judas, einer der Zwölf, und mit ihm eine Schar von Männern mit Schwertern und Knütteln, gesandt von den Hohepriestern, Schrift-

10 An dieser Stelle werden in dem jetzt vorliegenden Text des Markusevangeliums die Abendmahlsworte wiedergegeben. Vermutlich haben sie einen älteren Text verdrängt.

11 »Lobgesang« ist ein fester Ausdruck für den liturgischen Abschluß des jüdischen Passamahles. Möglicherweise hat im alten Bericht hier etwas anderes gestanden.

gelehrten und Ältesten[12]. Der Verräter hatte mit ihnen ein Zeichen vereinbart und gesagt: »Wen ich küsse, der ist es; nehmt ihn fest und führt ihn sicher ab!« Wie er nun kam, trat er sofort an Jesus heran und sagte: »Rabbi!« und küßte ihn. Sie aber legten Hand an ihn und nahmen ihn fest. Einer aber von denen, die dabei standen, zog das Schwert und schlug nach dem Sklaven des Hohenpriesters und hieb ihm das Ohr ab. Jesus nahm das Wort und antwortete ihnen: »Wie gegen einen Räuber seid ihr ausgezogen mit Schwertern und Stangen, um mich gefangen zu nehmen. Täglich war ich bei euch im Tempel und lehrte; doch ihr habt mich nicht festgenommen. Aber es geschieht so, damit die Schriften erfüllt werden!« Da verließen ihn alle und flohen. Ein junger Mann war ihm nachgefolgt, bekleidet mit einem Leinengewand auf dem nackten Körper. Und sie wollten ihn festnehmen; er aber ließ das Leinengewand los und floh nackt. (Mk 14, 43–52)

Die Verleugnung des Petrus. Sie führten Jesus ab zu dem Hohepriester. Petrus aber folgte ihm in weitem Abstand bis in den Hof des Hohenpriesters, setzte sich hier zu den Dienern und wärmte sich am Feuer. Und während er unten im Hofe war, kam eine von den Mägden des Hohenpriesters. Als sie Petrus sich wärmen sah, schaute sie ihn an und sagte: »Auch du warst bei Jesus, dem Nazarener.« Er aber leugnete und sprach: »Ich weiß überhaupt nicht, was du meinst.« Und er ging in den Vorhof hinaus. Und die Magd entdeckte ihn dort wiederum und sagte zu den Umstehenden: »Der gehört zu ihnen.« Aber wieder leugnete er. Und nach einer kleinen Weile wiederum sprachen die Umstehenden Petrus an: »Du gehörst wirklich zu ihnen; du bist doch auch ein Galiläer.«Er aber verlegte sich aufs Fluchen und Schwören: »Ich kenne den Mann gar nicht, von dem ihr redet.« Und sogleich krähte der Hahn zum zweiten Male. (Mk 14, 53–54.66–72)

Der Prozeß. Nach der Verhaftung Jesu tritt das Synedrium am frühen Morgen zu einer Beratung zusammen und kommt überein, Jesus dem römischen Statthalter Pilatus zu übergeben und bei ihm ein Todesurteil durchzusetzen. Von der Haltlosigkeit der Anschuldigung überzeugt, bemüht sich Pilatus zunächst, Jesus zu retten. Seine Bemühungen gehen jedoch ins Leere. Die fanatisierte Menge fordert die Freilassung eines anderen Gefangenen an der Stelle Jesu, des Barabbas: Der gefährliche Mörder, als der er dargestellt wird, ist ihr lieber als Jesus – so blind und heillos ist sie in ihrem Haß!

---

12 Es ist nicht klar, wer die Leute waren, die Jesus verhafteten. Die Formulierung klingt nicht so, als ob es sich um die Tempelpolizei gehandelt habe, d. h. das Polizeiorgan, über das der Hohepriester zur Aufrechterhaltung der Ordnung verfügte.

Ob Barabbas historisch in den Prozeß hineingehört, ist unsicher. Nicht belegt und in dieser Form nahezu undenkbar ist jedoch ein Gewohnheitsrecht, nach dem der römische Statthalter am Passafest einen jüdischen Gefangenen freigegeben haben soll.

Der Bericht läßt viele Fragen offen. Der Prozeßverlauf wird aus ihm nicht wirklich klar. Um so stärker kommt sein Verkündigungsinteresse zutage. Gleich zu Anfang der Szene wird alle Aufmerksamkeit auf den messianischen Titel »König der Juden« gesammelt – und zwar gerade dadurch, daß er völlig unvermittelt und erzählerisch ungeschickt eingeführt wird. Dieser Titel trägt die ganze Darstellung bis hin zur Kreuzigung. Die Juden verwerfen in grotesker Verblendung und in Verkennung ihrer wahren Interessen ihren eigenen König! Und Jesus schweigt zu all den Ungeheuerlichkeiten. Dieses Schweigen soll als Sprache des Gehorsams verstanden werden.

Und gleich in der Frühe hielten die Hohenpriester mit den Ältesten und Schriftgelehrten und das ganze Synedrium eine Beratung ab, ließen Jesus fesseln und abführen und übergaben ihn Pilatus. Und Pilatus fragte ihn: »Bist du der König der Juden?« Er aber gab ihm zur Antwort: »Du sagst es.« Und die Hohenpriester verklagten ihn hart. Pilatus aber fragte ihn wiederum: »Antwortest du nichts? Sieh, was sie alles gegen dich vorbringen!« Jesus aber antwortete nichts mehr, so daß Pilatus verwundert war.

Zum Fest pflegte er ihnen einen Gefangenen freizulassen, den sie sich ausbitten durften. Es lag aber ein gewisser Barabbas mit anderen Aufrührern gefangen, die bei einem Aufruhr einen Mord begangen hatten. Und die Volksmenge zog hinauf und hob an zu erbitten, was er ihnen zu gewähren pflegte. Pilatus aber gab ihnen zur Antwort: »Soll ich euch nicht den König der Juden freigeben?« Er hatte nämlich gemerkt, daß ihn die Hohenpriester nur aus Mißgunst ausgeliefert hatten. Aber die Hohenpriester hetzten die Menge auf, daß er ihnen lieber Barabbas freigeben sollte. Pilatus aber nahm wieder das Wort und sagte zu ihnen: »Was soll ich denn mit dem machen, den ihr den König der Juden nennt?« Sie aber schrieen darauf: »Laß ihn kreuzigen!« Pilatus sagte zu ihnen: »Was hat er denn Böses getan?« Sie aber schrien noch lauter: »Laß ihn kreuzigen!« Pilatus wollte die Menge zufriedenstellen und ließ ihnen Barabbas frei; Jesus aber ließ er geißeln und übergab ihn zur Kreuzigung. (Mk 15, 1–15)

Kreuzigung und Tod. Als König der Juden wird Jesus gehenkt, wie die Kreuzesaufschrift zeigt, und von den Passanten verspottet. – Der Bericht schloß ursprünglich wohl damit, daß im Augenblick des Todes Jesu der Vorhang im Tempel zerriß. Damit hat es eine besondere Bewandtnis. Der Tempelvorhang trennte das Allerheiligste vom übrigen Tempel ab. Sein Zerreißen bedeutet die Entweihung des jüdischen Heiligtums, des Ortes, an dem Gott – wie man glaubte – inmitten seines Volkes gegenwärtig ist. Hatten die Juden gerade eben ihren König verworfen, so zeigt das Zerreißen des Tempelvorhangs Gottes Antwort darauf an. Sie lautet: Gott verläßt und verwirft sein Volk; er gibt es preis.

Die Soldaten führten Jesus ab in das Innere des Palastes, das heißt des Prätoriums[13]. Und sie riefen die ganze Kohorte zusammen. Sie zogen ihm einen Purpurmantel an und setzten ihm eine Dornenkrone auf, die sie geflochten hatten, und begrüßten ihn: »Heil dir, König der Juden!« Und sie schlugen ihn mit einem Rohr auf den Kopf und spieen ihn an, beugten die Knie und warfen sich vor ihm nieder. Nachdem sie ihn so verspottet hatten, nahmen sie ihm den Purpurmantel wieder ab und zogen ihm seine eigenen Kleider an.

Dann führten sie ihn ab, um ihn zu kreuzigen. Und sie zwangen einen Vorübergehenden, der gerade vom Felde kam, Simon von Kyrene, den Vater des Alexander und Rufus, ihm das Kreuz zu tragen. Und sie brachten ihn an den Platz Golgatha, das heißt übersetzt: Schädelplatz[14]. Und sie reichten ihm mit Myrrhen gewürzten Wein[15]; er aber nahm ihn nicht. Dann kreuzigten sie ihn und ›verteilten seine Kleider, indem sie darüber losten‹, was jeder bekommen solle. Es war die dritte Stunde am Tag (9 Uhr morgens), als sie ihn kreuzigten. Und es wurde eine Aufschrift mit Angabe seiner Schuld angebracht: »Der König der Juden«. Mit ihm kreuzigten sie zwei Räuber, einen zu seiner Rechten und einen zu seiner Linken. Und die Vorübergehenden ›schüttelten ihre Köpfe‹, schmähten ihn und sprachen: »He du, der du den Tempel niederreißt und in drei Tagen wieder aufbaust, steige doch herab vom Kreuz und rette dich selbst!« Ebenso spotteten auch die Hohenpriester mit den Schriftgelehrten untereinander und sagten: »Andere hat er gerettet, sich selber kann er nicht retten; der Messias, der König von Israel, er steige jetzt herab vom Kreuz, daß wir es sehen und glauben.« Auch die mit ihm zusammen Gekreuzigten schmähten ihn.

Und um die sechste Stunde kam eine Finsternis über das ganze Land bis zur neunten Stunde. Und um die neunte Stunde rief Jesus laut: ›Eli, Eli, lama sabachthani‹, das heißt übersetzt: ›Mein Gott, mein Gott, warum hast du mich verlassen?‹[16] Und einige von den Umstehenden sagten, als sie es hörten: »Seht, er ruft den Elia!« Einer aber lief, füllte einen Schwamm mit ›Essig‹, steckte ihn auf ein Rohr und bot ihm zu trinken und sagte: »Laßt, wir werden sehen, ob Elia noch kommt, um ihn herunterzuholen.« Jesus aber stieß einen lauten Schrei aus und verschied. Da riß der Tempelvorhang entzwei von oben bis unten. (Mk 15, 16–38)

13 Gemeint ist die Residenz des römischen Statthalters in Jerusalem.

14 Der Name Golgatha rührt wahrscheinlich von der Schädelform des Hügels her.

15 Ein Betäubungstrank.

16 Das Wort Jesu ist ein Zitat aus dem 22. Psalm (siehe oben S. 119), wie überhaupt eine ganze Reihe von Motiven des Kreuzigungsberichtes auf diesen Psalm zurückweisen: das Verlosen der Kleider, der Spott und das Kopfschütteln der Passanten, der Spott der Oberpriester und Schriftgelehrten. Keines der Motive ist historisch unwahrscheinlich. Aber es handelt sich wenigstens zum Teil doch um so unwichtige Dinge, daß man sagen muß, davon ist nur deswegen überhaupt gesprochen worden, weil es im Alten Testament »belegt« war.

(b) Einzelgeschichten und Szenen zur Ausgestaltung der Leidensgeschichte

Im folgenden sollen Texte zusammengestellt werden, die zur synoptischen Passionstradition gehören, jedoch erst nachträglich in den Zusammenhang der Leidensgeschichte eingearbeitet worden sind. Zum Teil handelt es sich um Texte, die die Gestalt der Leidensgeschichte in der Endfassung wesentlich mitbestimmen.

Die Salbung in Bethanien

Eine nicht mit Namen genannte Frau aus Bethanien bei Jerusalem opfert ein Vermögen, um ihrer Verehrung für Jesus sichtbar Ausdruck zu verleihen. Die Gemeinde erzählte von dieser Frau, um ihr Verhalten als Beispiel hingebender Frömmigkeit zu schildern. Ursprünglich hatte die Erzählung keinen Bezug zur Passion Jesu. Den bekam sie erst, als sie in den Rahmen der Leidensgeschichte eingepaßt wurde. Zugleich wurde damit ihre Aussage verändert. Die Salbung ist jetzt nicht mehr nur die Gebärde gläubiger Verehrung, sondern die vorweggenommene Totensalbung (die wegen des Sabbats hat unterbleiben müssen).

Als Jesus in Bethanien war, im Hause Simons des Aussätzigen, kam, während er zu Tische lag, eine Frau mit einem Alabastergefäß voll kostbaren Salböls aus echter Narde. Sie zerbrach das Gefäß und goß den Inhalt über sein Haupt. Einige aber äußerten untereinander ihren Unwillen: »Wozu ist diese Vergeudung des Salböls geschehen? Dieses Salböl hätte für mehr als dreihundert Denare verkauft [17] und der Erlös hätte den Armen gegeben werden können!« Und sie fuhren ihn an. Jesus aber sprach: »Laßt sie! Warum kränkt ihr sie? Eine gute Tat hat sie an mir getan. Denn die Armen habt ihr allezeit unter euch, und wenn ihr wollt, könnt ihr ihnen Gutes tun. Mich aber habt ihr nicht allezeit. Was sie konnte, hat sie getan. Sie hat im voraus meinen Leib zum Begräbnis gesalbt.« (Mk 14, 3–8)

Das Passamahl Jesu und der Jünger

Der Bericht vom letzten Mahl Jesu ist im Zuge der Ausbildung der Passionsüberlieferung völlig umgestaltet worden. Zunächst hat man ihn mit einer ausführlichen *Einleitung* versehen, die im Stil einer Legende erzählt, wie Jesus zwei Jünger von Bethanien nach Jerusalem sandte, um dort einen Raum für die gemeinsame Passafeier zu besorgen. Durch diese Einleitung wird das Abschiedsmahl Jesu (vgl. S. 121) zum Passamahl. Die zweite Änderung besteht in der Einfügung der in der Gemeinde liturgisch gebräuchlichen *Abendmahlsworte.*

---

17 Die für die Salbe aufzuwendende Summe entsprach dem Jahresverdienst eines Tagelöhners.

Der ganze Bericht schildert in seiner vorliegenden Form die Einsetzung des Abendmahls durch Jesus. Mit ihm begründete die Gemeinde ihre Mahlfeier. Man kann die Erzählung darum eine ätiologische Kultlegende nennen (vgl. dazu Band AT, S. 38 f.). Wichtig ist ferner, daß die Einsetzung des Abendmahls im Rahmen des Passamahles erfolgt. Darin ist die Absicht bestimmter judenchristlicher Kreise zu erkennen, die das christliche Abendmahl als die legitime Fortsetzung des jüdischen Passamahles darstellen und so zeigen wollten, daß die Zeit des Passa und des Alten Bundes überhaupt vorbei ist.

Was in diesem Abschnitt zum alten Bericht gehörte, ist durch Kursivdruck kenntlich gemacht.

Am ersten Tag der ungesäuerten Brote, als man das Passalamm zu schlachten pflegte[18], sagten seine Jünger zu ihm: »Wohin sollen wir gehen und anrichten, daß du das Passamahl essen kannst?« Und er schickte zwei seiner Jünger weg und sprach zu ihnen: »Geht in die Stadt; da wird euch ein Mann begegnen, der einen Wasserkrug trägt. Ihm folgt; wo er eintritt, da sprecht zu dem Hausherrn: Der Meister läßt fragen, wo ist die Unterkunft für mich, in der ich mit meinen Jüngern das Passa essen kann? Und er wird euch ein großes Obergemach zeigen, mit Teppichen ausgelegt und bereit. Dort richtet für uns an.« Und die Jünger gingen weg, kamen in die Stadt und fanden es, wie er ihnen gesagt hatte. Und sie bereiteten das Passamahl vor.

Als es Abend geworden war, kam er mit den Zwölfen. Während sie zu Tisch lagen und aßen, sprach Jesus: »Amen, ich sage euch, einer von euch, ›der mit mir ißt‹, wird mich ausliefern.« Da wurden sie betrübt und sagten zu ihm einer nach dem anderen: »Doch nicht etwa ich?« Er aber sprach zu ihnen: »Einer der Zwölf, der mit mir in die Schüssel eintaucht. Denn der Menschensohn geht zwar dahin, wie über ihn geschrieben ist, aber wehe dem Menschen, durch den der Menschensohn ausgeliefert wird. Für jenen Menschen wäre es besser, er wäre nicht geboren.«

Als sie aßen, nahm er ein Brot, sprach den Segen, brach es und gab es ihnen und sprach: »Nehmt, das ist mein Leib.« Und er nahm einen Becher, sprach das Dankgebet, und gab ihn ihnen, und sie tranken alle daraus. Und er sprach zu ihnen: »Das ist mein ›Bundesblut‹, das für viele vergossen wird.«[19] *»Amen, ich sage euch, ich werde nicht mehr von dem Gewächs des Weinstocks trinken, bis zu dem Tage, wo ich es neu trinke in der Herrschaft Gottes.«*

(Mk 14, 12–25)

Das Gebet in Gethsemane

Die ersten Christen haben der Versuchung widerstanden, Jesus zu einer unangefochtenen und sieghaft-überlegenen Heldengestalt zu machen. In diesem Sinne ist die Gethsemane-Erzählung eines der bemerkenswertesten Stücke der Jesusüberlieferung.

---

18 Eine mißverständliche Zeitangabe. Gemeint ist der Tag vor dem Passa, der 14. Nisan, der sog. Rüsttag. Zum Passa und dem Fest der »ungesäuerten Brote« vgl. oben Anm. 8.

19 Zum Verständnis der Abendmahlsworte vgl. S. 99 f.

Denn sie schildert Jesus als einen Menschen, der vom Leiden und Tod zutiefst betroffen ist, Angst hat vor dem, was auf ihn zukommt, und um Gehorsam gegen Gottes Willen erst ringen muß. Zum Schicksal Jesu gehört nicht nur dies, daß er diesen Weg gehen muß, sondern auch, daß er ihn, von seinen engsten Vertrauten verlassen, allein gehen muß.

Sie kamen zu einem Landgut mit Namen Gethsemane. Und er sagte zu seinen Jüngern: »Setzt euch hier hin, bis ich gebetet habe. ›Meine Seele ist tief betrübt‹ bis an den Tod; bleibt hier und wacht.« Und er ging ein wenig weiter, warf sich zur Erde nieder und betete, daß diese Stunde, wenn es möglich wäre, an ihm vorübergehen möge, und sprach: »Abba, Vater, dir ist alles möglich; laß diesen Kelch an mir vorübergehen! Doch nicht, was ich will, sondern was du willst!« Und er kam (zu den Jüngern) zurück und fand sie schlafend und sprach zu Petrus: »Simon, du schläfst? Konntest du nicht eine Stunde wachen? Wacht und betet, daß ihr nicht in Versuchung geratet. Es ist genug. Die Stunde ist gekommen.« (Mk 14, 32–38.41)

Jesus vor dem Synedrium

Die Beratung des Synedriums, von der im alten Passionsbericht die Rede war (vgl. oben S. 123 f.), ist zu einer Gerichtsverhandlung mit rechtsverbindlichem Urteil ausgebaut worden. Der Bericht darüber ist ein verhältnismäßig junges Traditionsstück. Das sieht man daran, daß Hoheit und Rang Jesu gleichzeitig mit drei Titeln bezeichnet werden, die ursprünglich zu verschiedenen Traditionssträngen gehörten und inhaltlich Unterschiedliches aussagen: Messias, Gottessohn, Menschensohn.

Die in dem Abschnitt dargestellte Verhandlung läuft auf den Punkt zu, an dem Jesus sich feierlich zu seinem Auftrag bekennt und von sich sagt, er sei der von Gott bevollmächtigte Heilbringer, der Messias. Dieses Bekenntnis ist das »Verbrechen«, um dessentwillen Jesus zum Tode verurteilt wird, weil man darin eine Gotteslästerung sieht. Es ist jedoch nicht das Recht, das in seinem Prozeß triumphiert, sondern die Macht – und auch ihr Triumph ist nur ein Triumph des Augenblicks. Am Tag der Offenbarung des »Menschensohns«, der als nahe bevorstehend gedacht ist, werden die Richter Jesu sehen, wen sie in ihrem Unverstand und verblendeten Haß verurteilt haben. Die Pointe der Szene liegt darin, daß das irdische Gerichtsgeschehen vom Endgericht her beleuchtet und von daher als Unrecht entlarvt wird.

Die Gemeinde hat Jesus hier ihr eigenes Bekenntnis in den Mund gelegt (vgl. dazu S. 84 f.). Für die historische Frage nach dem Prozeß Jesu ist dieser Abschnitt nicht auszuwerten. Nach jüdischem Recht war es keine Gotteslästerung und somit kein todeswürdiges Verbrechen, sich Messias zu nennen.

Sie führten Jesus ab zu dem Hohenpriester; und die Hohenpriester, Ältesten und Schriftgelehrten versammelten sich alle ... Die Hohenpriester aber und das ganze Synedrium suchten ein Zeugnis gegen Jesus, um ihn zum Tode verurteilen zu können, fanden aber keines. Denn es legten viele falsches Zeugnis wider ihn ab; aber die Aussagen stimmten nicht überein. Da traten einige auf und brachten ein falsches Zeugnis vor, indem sie sagten: »Wir haben ihn sagen hören: Ich will diesen mit Händen gemachten Tempel niederreißen, und in drei Tagen will ich einen anderen aufbauen, der nicht mit Händen gemacht ist.« Aber auch so stimmte ihre Aussage nicht überein. Da trat der Hohepriester in die Mitte und fragte Jesus: »Antwortest du nichts? Was sagen diese Männer doch gegen dich aus!« Er aber schwieg und antwortete nichts. Noch einmal fragte ihn der Hohepriester und sagte zu ihm: »Bist du der Messias, der Sohn des Hochgelobten?« Jesus aber sprach: »Ich bin es, und ›ihr werdet den Menschensohn sitzen sehen zur Rechten der Kraft und kommen mit den Wolken des Himmels‹ [20].« Der Hohepriester aber zerriß seine Kleider und sagte: »Was brauchen wir noch Zeugen! Ihr habt die Lästerung gehört. Was ist eure Meinung?« Sie aber sprachen ihn alle des Todes schuldig. (Mk 14, 53.55–64)

Die Bestattung Jesu

Die Bestattung Jesu ist fest mit dem Namen des Ratsherren (Mitglied eines örtlichen Gemeindegerichts) Joseph von Arimathäa verbunden, der der Jesusbewegung nicht angehörte, aber sie unterstützte. Von den Jüngern ist keiner dabei, als Jesus stirbt; keiner kümmert sich darum, was mit Jesu Leichnam geschieht. –

Es war schon Abend geworden; und weil es Rüsttag, d. h. der Tag vor dem Sabbat war, kam Joseph von Arimathäa, ein vornehmer Ratsherr, der selbst auch auf die Herrschaft Gottes wartete, und faßte sich ein Herz, zu Pilatus zu gehen und um den Leichnam Jesu zu bitten. Pilatus aber wunderte sich, daß er schon tot sein sollte, ließ den Hauptmann kommen und fragte ihn, ob er schon lange gestorben sei. Als er es von dem Hauptmann erfahren hatte, schenkte er Joseph den Leichnam. Und dieser kaufte Leinwand, nahm ihn herab, wickelte ihn in die Leinwand und setzte ihn bei in einem Grab, das in Fels gehauen war, und wälzte einen Stein vor die Tür des Grabes.

(Mk 15, 42–46)

Die Verhandlung vor Pilatus bei Matthäus

Die Leidensgeschichte ist auch nach ihrer schriftlichen Fixierung durch Markus in der mündlichen Überlieferung noch weiter ausgestaltet worden. Das beweist zum Beispiel die Gestalt, die der Bericht von der Verhandlung vor Pilatus bei Matthäus erhalten hat. Er läßt die Tendenz erkennen, die Schuld der Juden stärker zu betonen und Pilatus zu entlasten. So wird erzählt, Pilatus sei von seiner Frau gewarnt worden, »jenen Gerechten« zu verurteilen, und er habe sich zum Zeichen seiner Unschuld die Hände gewaschen, woraufhin die fanatische Menge sich selbst verflucht. – Die eingefügten Sätze sind kursiv gedruckt.

---

20 Menschensohn ist der Name einer himmlisch-überirdischen Endzeitgestalt, deren Kommen man in Kreisen des apokalyptischen Judentums erwartete. Von ihm ist zum erstenmal im Danielbuch (siehe Band AT, S. 555) die Rede. Die Menschensohnerwartung ist auch in Gemeinden des Judenchristentums lebendig gewesen. Sie diente hier dazu, die Funktion Jesu als des *endzeitlichen* Retters und Heilbringers zu umschreiben. Mit diesem Titel konnte aber auch einfach Jesu Autorität zur Geltung gebracht werden (vgl. oben Anm. 3).

Jesus wurde vor den Statthalter gestellt; und der Statthalter fragte ihn: »Bist du der König der Juden?« Jesus aber sprach: »Du sagst es.« Auf die Anklage der Hohenpriester und Ältesten erwiderte er nichts. Da sagte Pilatus zu ihm: »Hörst du nicht, was sie alles gegen dich vorbringen?« Doch er antwortete ihm nicht auf ein einziges Wort mehr, so daß der Statthalter sich sehr wunderte.

Zum Fest aber pflegte der Statthalter dem Volk einen Gefangenen, den sie wünschten, freizulassen. Man hatte damals einen berühmten Gefangenen mit Namen Barabbas. Als sie versammelt waren, sagte Pilatus zu ihnen: »Wen soll ich euch freilassen, Barabbas oder Jesus, der Messias heißt?« Er wußte nämlich, daß sie ihn nur aus Mißgunst übergeben hatten. *Während er aber auf dem Richterstuhl saß, sandte seine Frau zu ihm und ließ ihm sagen: »Habe nichts zu tun mit jenem Gerechten, denn ich habe heute im Traum seinetwegen viel ausgestanden.«*

Die Hohenpriester aber und die Ältesten überredeten die Volksmassen, sie sollten sich Barabbas ausbitten und Jesus dem Verderben preisgeben. Da nahm der Statthalter das Wort und sagte zu ihnen: »Wen von den beiden soll ich euch freilassen?« Sie aber sagten: »Barabbas.« Pilatus sagte zu ihnen: »Was soll ich denn mit Jesus machen, den man Messias nennt?« Sie riefen alle: »Er soll gekreuzigt werden.« Er aber sagte: »Was hat er denn Böses getan?« Doch sie schrieen noch lauter: »Er soll gekreuzigt werden!« *Als aber Pilatus sah, daß er nichts ausrichtete, sondern der Tumult noch größer wurde, nahm er Wasser und wusch sich vor der Volksmenge die Hände und sagte: »Ich bin unschuldig an diesem Blut; es ist eure Sache.« Da gab das ganze Volk zur Antwort: »Sein Blut komme auf uns und auf unsere Kinder!«* Da ließ er ihnen Barabbas frei, Jesus aber ließ er geißeln und übergab ihn zur Kreuzigung. (Mt 27, 11–26)

3. Die Wundergeschichten

Von Jesus wurden Wunder verschiedenen Inhalts erzählt. In der Hauptsache handelt es sich um Heilungen und Dämonenaustreibungen (Exorzismen). Daneben stehen Totenerweckungen, Speisungen oder sog. Naturwunder. Alle diese Erzählungen gehören zum festen Bestand der Jesusüberlieferung. Man darf annehmen, daß Jesus tatsächlich außerordentliche Taten vollbracht und damit selbst den Anstoß zur Ausbildung einer spezifischen Wundertradition gegeben hat. Mehr als dies Allgemeine läßt sich historisch freilich nicht sagen. Es ist sinnlos, die einzelnen Wundererzählungen danach zu befragen, was sich wirklich abgespielt hat und ob ihnen überhaupt eine wirkliche Begebenheit zugrunde liegt.

Die Wundererzählungen gehören einer jüngeren Traditionsschicht an als die alten Jesusgeschichten oder die Passion. Sie setzen eine weiter fortgeschrittene missionarische Bewegung des Christentums voraus. Ihr geschichtlicher Hintergrund ist nicht mehr das palästinensische Judentum. Die Fragen, vor die sich die ersten Christen in Palästina von der jüdischen Theologie her gestellt sahen, spielen in ihnen keine Rolle. Man muß sie darum anderen Kreisen zuordnen. Unsere Kenntnis des Urchristentums reicht zwar nicht hin, diese Kreise näher zu beschreiben; immerhin kann gesagt werden, daß die Wundergeschichten auf dem Boden hellenistischer, das heißt von hellenistischer Kultur und Religiosität geprägter Gemeinden entstanden sind.

Wundergeschichten waren eine Ausdrucksform hellenistischer Volksfrömmigkeit. Hier spielte der Glaube an Heilgötter und mit außergewöhnlichen Heilkräften begabte Menschen eine große Rolle. Ihre Wundertaten und Erfolge hielt man in Erzählungen und Sammelberichten fest. Den höchsten Ruhm als Heilgott erlangte Asklepios. Wunderkraft wurde auch alten Philosophen wie Pythagoras oder Empedokles zugeschrieben. In neutestamentlicher Zeit hat sich der philosophische Wanderprediger Apollonius von Tyana (1. Jahrh. v. Chr.) als Wundertäter einen Namen gemacht.

Das Vertrauen in seine Macht war ohne Grenze. Man wußte von ihm sogar eine Totenerweckung zu berichten. Diesen Bericht führen wir als Beispiel einer hellenistischen Wundergeschichte an:

> Ein Mädchen schien zur Stunde ihrer Hochzeit gestorben zu sein. Der Bräutigam folgte der Totenbahre und wehklagte viel über die unvollendete Hochzeit. Aber auch ganz Rom wehklagte mit ihm; denn das Mädchen stammte aus einem Haus, das zu den angesehensten zählte. Da nun Apollonius gerade zu dem Unglück dazukam, sprach er: »Setzt die Bahre ab; denn ich werde dafür sorgen, daß ihr nicht mehr um das Mädchen weinen müßt.« Zugleich fragte er nach ihrem Namen. Die Leute meinten, er werde eine öffentliche Rede halten von der Art, wie die Leichenreden sind, die Wehklagen wecken. Er aber berührte sie lediglich und sagte unbemerkt etwas und erweckte so das Mädchen von dem vermeintlichen Tode. Die Jungfrau gab einen Laut von sich und kehrte in das Haus ihres Vaters zurück wie Alcestis, als Herakles sie ins Leben zurückgerufen hatte. Als die Verwandten des Mädchens dem Apollonius ein Geschenk von 150000 Denaren machten, sagte er, er füge sie der Ausstattung der Tochter hinzu. Ob er nun einen Funken Leben in ihr fand, der den Ärzten verborgen geblieben war ... oder ob er das erloschene Leben wieder anfachte und zurückrief, dies war nicht nur für mich, sondern auch für alle Anwesenden ein unaussprechliches Geheimnis.
>
> (Philostrat, Das Leben des Apollonius)

Das Urchristentum hat sich der Wundergeschichte bedient, um in der hellenistischen Welt für Jesus zu werben. Der antike Mensch erfuhr schwere Krankheit als elementare Bedrohung seiner Existenz. Er sah sich ihr ohnmächtig ausgeliefert. Für ihn gab es keine Rettung – es sei denn durch ein Wunder! Auf dem Hintergrund dieser Unheilserfahrung müssen die Wundererzählungen der Jesusüberlieferung gesehen werden. Sie wollen auf ihre Weise das Heil, das Jesus gebracht hat, veranschaulichen und sind deshalb als eine spezifische Form urchristlicher Verkündigung zu begreifen.

Mit dieser Form ist eine bestimmte religiöse und theologische Anschauung verbunden. Im Wunder, im außergewöhnlichen, alles menschliche Vermögen und Begreifen übersteigenden Ereignis meinte man göttlicher Macht zu begegnen. So schildern die Wundererzählungen die glanzvollen Erscheinungen und Krafterweise einer Gottheit. Dem widerspricht nicht, daß die Wunder von Menschen vollbracht werden. Der Wundertäter galt als Träger übermenschlicher Kräfte, ja, als eine Verkörperung der Gottheit selbst. Man nannte ihn darum einen »göttlichen Menschen« (griechisch: theios anér). Als die Missionare Paulus und Barnabas – wie die Apostelgeschichte berichtet – in einer kleinasiatischen Stadt einen Lahmen heilten, erweckten sie damit eine kaum zu bändigende religiöse Begeisterung. Man glaubte, »die Götter haben Menschengestalt angenommen und sind zu uns herabgestiegen«, und wollte ihnen Stieropfer darbringen. Diese Episode ist charakteristisch für die Theologie, die in den Wundererzählungen zur Sprache kommt. Von dieser Theologie her bestimmt sich auch das Interesse, das sie leitet. Es gilt ausschließlich den wunderbaren Begebenheiten und Taten, in denen sich der »göttliche Mensch« darstellt und vor staunendem Publikum seine Macht und Größe demonstriert. Die Wundererzählungen der Evangelien mögen sich in Einzelheiten von denen der Umwelt unterscheiden; in der theologischen Grundanschauung und ihrem Interesse stimmen sie mit ihnen überein. Sie schildern eben *Jesus* als den »göttlichen Menschen« und verkündigen *ihn* als die macht- und glanzvolle Epiphanie Gottes.

Das Problem der Wundergeschichten im Neuen Testament besteht nicht in erster Linie darin, daß sie Vorgänge berichten, die wir auf Grund unserer Erkenntnisse und Erfahrungen nicht als wirklich geschehen betrachten können. Es liegt darin, daß Jesus hier mit den Trägern göttlicher Kraft und Wundertätern, wie sie die Umwelt des frühen Christentums schätzte und feierte, in eine Reihe gestellt wird. So bleibt unklar, weshalb Heil und Leben des Menschen allein in Jesu Werk begründet sein soll, wie die christliche Botschaft verkündigt. Außerdem muß man sehen, daß das Bild eines über die Erde schreitenden Gottes, das die Wundertradition von Jesus entwirft, in eklatantem Widerspruch zum Bild des Gekreuzigten steht.

Es ist schwer zu beurteilen, welche Verbreitung die in den Wundergeschichten sich dokumentierende Christologie im Urchristentum gefunden hat. Eine Randerscheinung ist sie sicher nicht gewesen. Als einer ihrer Repräsentanten im Neuen Testament hat der Evangelist Lukas zu gelten. Für ihn ist Jesus der »Mann, der von Gott ... durch Machttaten, Wunder und Zeichen beglaubigt worden ist, die Gott durch ihn tat« (Apg 2, 22). Die übrigen neutestamentlichen Schriften stehen dieser Christologie jedoch eher kritisch gegenüber. Es will beachtet sein, daß die Wundererzählungen nur *einen* Strang der viel breiteren und vielschichtigen Jesusüberlieferung darstellen. Man ist der Faszination glanzvoller Wunder im Urchristentum nicht erlegen. Das zeigt sich auch daran, daß man darauf verzichtete, von Jesus bloße »Schauwunder« zu erzählen. In der Versuchungsgeschichte lehnt Jesus es ab, von der Tempelzinne zu springen (vgl. S. 150). Die Hauptzeugen der kritischen Haltung sind vor allem Paulus und der Evangelist Markus. Beide bekämpfen die hinter der Wundertradition stehende Anschauung vom »göttlichen Menschen« Jesus mit grundsätzlicher Argumentation. Beide setzen ihr, wenngleich in verschiedener Weise, eine Christologie entgegen, die sich am Kreuzesgeschehen orientiert und dieses zum Inhalt der Verkündigung wie zum Maßstab christlicher Existenz macht (vgl. S. 188 ff., 240 ff.).

Die Wundererzählung der Jesusüberlieferung weist eine typische Form auf, ist also nicht allein dadurch charakterisiert, daß sie von einem außergewöhnlichen Vorgang berichtet[21]. Sie setzt damit ein, daß sie den Fall oder die Situation vor Augen führt. Von da her wird das Wundergeschehen vorbereitet und motiviert. Oft ist in dieser Exposition von der Schwere oder Dauer der Krankheit und dem Versagen der Ärzte die Rede. Das Hauptgewicht liegt naturgemäß – das ist das zweite Formelement – auf dem Vorgang selbst. Es gehört zur stilechten Wundererzählung, daß sie verrät, was der Wundertäter sagte und machte, um das Wunder zu wirken. Das eine Mal ist es eine Gebärde, das andere Mal die Berührung oder ein Machtwort. Ein drittes Formelement ist die Feststellung des Erfolgs. Oft endet die Erzählung mit einer Bemerkung darüber, welche Reaktion das Geschehen bei den Anwesenden auslöst. Auffälligerweise verzichten die Wunderberichte der Evangelien in der Regel darauf, das Tun Jesu ethisch, etwa durch Mitleid, zu motivieren. Ihnen waren die Tatsachen an sich wichtig. Nach ihrem Selbstverständnis sind diese ja als solche theologisch relevant – als sichtbare Beweise göttlicher Kraft und der überragenden Größe des Wundertäters.

(a) Wunderheilungen

Taubstumme, Blinde und Gelähmte werden zu Jesus gebracht – unheilbar Kranke. Ihre Lage muß nicht erst geschildert werden. Jedermann weiß: das sind aussichtslose Fälle. An ihnen kann Jesus seine Macht unter Beweis stellen. Es wird in diesen Geschichten genau beschrieben, was er macht, um das Wunder zu vollbringen. Manchmal gelingt die Heilung nicht auf Anhieb. Die Maßnahme muß dann wiederholt werden. Was Jesus tut, ist freilich nicht in ärztlicher Erfahrung und medizinischer Erkenntnis begründet; es dient vielmehr dazu, die überirdische Heilkraft auf den Kranken zu übertragen. Der Erfolg der Heilung wird mit einer lapidaren Feststellung aufgewiesen: Die Kranken sprechen, sehen, tragen ihr Bett.

Der Taubstumme

Man brachte Jesus einen Taubstummen und bat ihn, ihm die Hand aufzulegen. Da nahm er ihn beiseite, weg von der Volksmenge, legte ihm seine Finger in die Ohren, bestrich mit Speichel seine Zunge und blickte auf zum

21 Die Sabbatheilungen (vgl. oben S. 62) sind keine Wundergeschichten im eigentlichen Sinne.

Himmel, seufzte und sagte zu ihm: »Ephatha«[22], das heißt: »Sei geöffnet!« Da öffneten sich seine Ohren und löste sich das Band seiner Zunge, und er redete richtig. Und er befahl ihnen, es niemand zu sagen; je mehr er es ihnen aber befahl, desto mehr verkündeten sie es. (Mk 7, 32–36)

Der Blinde von Bethsaida

Und sie kamen nach Bethsaida[23]. Da brachte man Jesus einen Blinden und bat ihn, daß er ihn anrühre. Da nahm er den Blinden bei der Hand und führte ihn aus dem Dorfe hinaus. Dann brachte er ihm Speichel in die Augen, legte ihm die Hände auf und fragte ihn: »Siehst du etwas?« Und er sah auf und sagte: »Ich sehe die Menschen; denn wie Bäume sehe ich sie herumlaufen.« Darauf legte er ihm ein zweites Mal die Hände auf die Augen; da sah er klar und wurde hergestellt und erblickte nun alles deutlich. Und er schickte ihn nach Haus. (Mk 8, 22–26)

Die Frau mit dem Blutfluß

Die Evangelienüberlieferung beschreibt die Wunder in der Regel als Taten, die Jesus bewußt und willentlich vollzieht. Eine Ausnahme macht die folgende Erzählung. Hier wird die Heilung der Kranken durch ein von Jesu Willen unabhängiges Ausströmen der Heilkraft bewirkt. Der Erzähler hat offenbar die Problematik der Vorstellung eines mit Heilkraft gleichsam aufgeladenen Wundermannes empfunden und am Schluß der Erzählung eine Korrektur angebracht. Das hat es zu bedeuten, wenn Jesus der kranken Frau bestätigt, daß sie ihrem Glauben die Heilung verdanke. Man darf allerdings in das Wort »Glauben« nicht zuviel hineinlesen. Damit ist hier einfach das Vertrauen gemeint, das man dem Wundertäter entgegenbringt, nicht »Glaube« im spezifisch christlichen Sinne.

Es war eine Frau, die schon zwölf Jahre am Blutfluß litt; sie hatte viel durchgemacht bei vielen Ärzten und hatte ihr ganzes Vermögen daran gewandt. Es hatte ihr jedoch nichts genützt, sondern es war nur schlimmer mit ihr geworden. Sie hatte von den Taten Jesu gehört und kam nun in der Volksmenge von hinten an ihn heran und berührte seinen Mantel; denn sie dachte, »berühre ich nur seine Kleider, so werde ich geheilt«. Und wirklich versiegten die Quellen des Blutes, und sie spürte es in ihrem Körper, daß sie von ihrem Leiden geheilt war. Sofort spürte es auch Jesus an sich, daß eine Kraft von ihm ausgegangen war, und er drehte sich in der Volksmenge um und fragte: »Wer hat meine Kleider berührt?« Da sagten ihm seine Jünger: »Du siehst

22 Das wunderwirkende Wort wird gerne in einer fremden Sprache gesprochen. Es ist das Geheimnis des Wundertäters. Dem geheimnisvollen fremden Wort traut man eine besondere Wirkung zu.

23 Bethsaida ist ein Ort am Nordufer des Sees Genezareth.

doch, wie das Volk dich umdrängt, und da fragst du: wer hat mich berührt?« Aber er schaute umher nach der, die das getan hatte. Und die Frau, die wußte, was ihr widerfahren, trat in Furcht und Zittern vor ihn, fiel nieder und sagte ihm die ganze Wahrheit. Da sprach er zu ihr: »Meine Tochter, dein Glaube hat dir Heilung gebracht, gehe hin in Frieden und frei von deinem Leiden!« (Mk 5, 25–34)

(b) Dämonenaustreibungen

Geisteskrankheiten hatten für den antiken Menschen etwas bestürzend Unheimliches. Man konnte sie sich nur so erklären, daß man sie auf Dämonen zurückführte und sie als dämonische Besessenheit interpretierte. Solche Besessenheit stellte man sich dabei ganz realistisch vor. Die Heilung von Geisteskranken geschieht dementsprechend durch Austreibung des Dämons, die dessen Vernichtung bedeutet. Es fällt auf, daß die Dämonenaustreibungen in der Jesusüberlieferung einen breiten Raum einnehmen. Sie sah darin offenbar etwas für Jesus Charakteristisches. Man wird annehmen dürfen, daß diese Sicht den historischen Sachverhalt zutreffend wiedergibt – aufs ganze gesehen; die einzelnen Erzählungen können nicht als historische Berichte gelten.

Der Besessene in der Synagoge

Die Dämonenaustreibung wird als Kampf geschildert: Der Dämon erkennt (»wittert«) den mächtigen und überlegenen Gegenspieler und wehrt sich gegen ihn; dieser überwindet den Dämon durch ein Machtwort.

Er ging am Sabbat in die Synagoge und lehrte ... Da war in ihrer Synagoge ein Mann, der von einem bösen Geist besessen war; der schrie auf: »Was willst du von uns, Jesus von Nazareth? Du bist nur gekommen, uns zu verderben! Ich weiß, wer du bist, der Heilige Gottes.« Da bedrohte ihn Jesus und sagte: »Verstumme und fahre von ihm aus!« Da riß ihn der böse Geist hin und her und brüllte mit lauter Stimme und fuhr von ihm aus. Da gerieten alle in Staunen, so daß sie untereinander stritten und sagten: »Was ist dies? Sogar den unreinen Geistern gebietet er, und sie gehorchen ihm!«

(Mk 1, 21.23–27)

Der epileptische Knabe

Komplizierter ist der Aufbau der Erzählung von der Heilung eines epileptischen Knaben, was auf eine längere überlieferungsgeschichtliche Entwicklung hindeutet. Die Erzählung enthält viel Spannung und Bewegung. Sie vermittelt nicht nur eine in die Einzelheiten gehende Anschauung von dem Krankheitsbild, sondern läßt den Leser einen der furchtbaren Anfälle des kranken Jungen miterleben.

Die Erzählung schildert in der heute vorliegenden Form zwei Handlungsabläufe. Sie berichtet einmal von der Heilung, die Jesus dem Jungen auf das Drängen seines

Vaters hin widerfahren läßt. Dieser Bericht ist in eine Rahmenerzählung eingefügt, deren Thema die Unfähigkeit der Jünger ist, mit dem »Fall« fertig zu werden. Durch die Zuordnung dieser beiden Erzählungslinien entstand ein Bild, in dem sich Jesus und die Jünger, überlegene Macht und Ohnmacht kontrastierend gegenüberstehen.

Den Abschluß der Erzählung bildet eine Bemerkung Jesu, wie dieser Art von Dämonen beizukommen ist. Diese Bemerkung ist aufschlußreich. Sie zeigt, daß die Erzählungen dieser Art in den urchristlichen Gemeinden durchaus praktische Bedeutung hatten – als Anleitung zu eigener exorzistischer Betätigung. Außergewöhnliche Heilungen und Dämonenaustreibungen waren nicht allein Kennzeichen des Wirkens Jesu, sondern erlebte Gegenwart. Man verstand sie als sichtbare Auswirkungen des Geistes, den Gott über die Gemeinde ausgegossen hatte. Dementsprechend werden die zur Mission entsandten Jünger angewiesen: »Heilt Kranke, weckt Tote auf, macht Aussätzige rein, treibt Dämonen aus« (Mt 10, 8).

Jesus kam zu den Jüngern und sah sie inmitten einer großen Volksmenge und Schriftgelehrte mit ihnen streiten. Als alle die Leute ihn erblickten, gerieten sie sofort in eine große Erregung, liefen herzu und begrüßten ihn. Da fragte er sie: »Was habt ihr mit ihnen zu streiten?« Und einer aus der Menge antwortete ihm: »Meister, ich brachte meinen Sohn zu dir, der von einem stummen Geist besessen ist; und wenn er ihn packt, so wirft er ihn zu Boden, dann tritt ihm Schaum vor den Mund, und er knirscht mit den Zähnen und wird starr. Und ich sagte deinen Jüngern, sie möchten ihn austreiben, doch sie waren nicht imstande.« Er aber antwortete ihnen und sprach: »Du ungläubiges Volk, wie lange soll ich bei euch sein? Wie lange soll ich euch ertragen? Bringt ihn mir her!« Da brachten sie ihn zu ihm. Und sobald er ihn sah, riß ihn der Geist sofort hin und her; und er fiel um und wälzte sich mit Schaum vor dem Mund auf dem Boden. Und er fragte seinen Vater: »Seit wie langer Zeit geschieht dies?« Der aber sagte: »Von Kind auf; oft hat er ihn auch ins Feuer und ins Wasser geworfen, um ihn umzubringen. Aber wenn du etwas vermagst, so komm uns zu Hilfe aus Erbarmen mit uns.« Jesus aber sprach zu ihm: »Was das ›wenn du vermagst‹ anlangt, alles ist dem möglich, der glaubt.« Sofort rief der Vater des Knaben: »Ich glaube, hilf meinem Unglauben!« Als aber Jesus sah, daß die Menge zusammenlief, drohte er dem unreinen Geist und sagte zu ihm: »Du stummer und tauber Geist, ich gebiete dir, fahre von ihm aus und kehre nicht wieder in ihn zurück!« Da schrie er und zerrte gewaltig hin und her und fuhr aus ihm heraus. Der aber lag da wie tot, so daß die meisten sagten: »Er ist gestorben.« Jesus aber faßte ihn bei der Hand und richtete ihn auf; und er stand auf.

Als er nach Hause kam, fragten ihn seine Jünger insgeheim: »Warum konnten wir ihn nicht austreiben?« Da sagte er zu ihnen: »Diese Art kann nur durch Gebet und Fasten ausgetrieben werden.« (Mk 9, 14–29)

(c) Totenerweckungen

Wie Krankenheilungen gehören auch Totenerweckungen zum Erscheinungsbild des hellenistischen Wundertäters. So ist es nicht verwunderlich, daß man auch von Jesus

Totenerweckungen erzählte. Es scheint aber, als wäre man im Urchristentum mit einer gewissen Zurückhaltung dazu übergegangen. Manche Erweckungsgeschichten sind ursprünglich Heilungsgeschichten gewesen und erst nachträglich zu Erweckungsgeschichten gesteigert worden. Die Neigung, das Wunderhafte zu steigern, läßt sich auch sonst beobachten.

Die Tochter des Jairus

Jesus wird zu dem schwerkranken, bereits mit dem Tode ringenden Mädchen gerufen. Während sein Vater mit Jesus spricht, stirbt es. Damit ist die letzte Hoffnung zerronnen. Die Boten, die dem Vater die Nachricht bringen, geben resignierend auf; im Hause des Jairus hebt die Totenklage an. Das ist die Situation, in der Jesus seine grenzenlose, auch dem Tod überlegene Macht sehen lassen kann. Am Unmöglichen und Undenkbaren zeigt es sich, was er vermag und wer er ist.

Da kam einer von den Synagogenvorstehern namens Jairus zu ihm und, als er ihn sah, fiel er ihm zu Füßen und bat ihn flehentlich: »Mein Töchterchen liegt in den letzten Zügen, komm doch und lege ihr die Hand auf, damit sie gesund werde und lebe.« Es folgte ihm eine große Menge von Leuten und umdrängte ihn [24].

(In der Zwischenzeit) kamen Leute aus dem Hause des Synagogenvorstehers und sagten: »Deine Tochter ist gestorben; was bemühst du den Meister noch!« Jesus aber hörte nebenbei, was da gemeldet wurde, und sprach zu dem Synagogenvorsteher: »Fürchte dich nicht, glaube nur!« Und er erlaubte niemand, ihn zu begleiten außer Petrus, Jakobus und Johannes, dem Bruder des Jakobus. Sie kamen zum Hause des Synagogenvorstehers; und er bemerkte Lärm, wie man laut weinte und wehklagte. Da trat er ein und sagte zu ihnen: »Was lärmt und weint ihr? Das Kind ist nicht gestorben, es schläft nur.« Doch man lachte ihn aus. Er aber trieb alle hinaus, nahm nur den Vater und die Mutter des Kindes und seine Begleiter mit und ging dorthin, wo das Kind war. Und er faßte das Kind bei der Hand und sagte zu ihm: »Talitha kumi«, das heißt übersetzt: »Mädchen, ich gebiete dir, steh auf!« Sofort stand das Mädchen auf und ging wieder umher. Und es war zwölf Jahre alt. Da überfiel sie sofort Staunen und Schrecken. Und er sagte, man solle ihr zu essen geben. (Mk 5, 22–24.35–43)

Der Jüngling von Nain

Dem Inhalt nach geht es auch in der folgenden Erzählung um eine Totenerweckung. Die Form der Wundergeschichte ist hier aber nicht so deutlich ausgeprägt. Untypisch ist es, die Anteilnahme Jesu zu betonen. Jesus demonstriert hier nicht seine Macht,

---

24 An dieser Stelle ist im heute vorliegenden Text die Erzählung von der Frau mit dem Blutfluß (vgl. oben S. 133 f.) eingeschaltet worden. Erzählerisch recht geschickt: so wird Jesus durch die Beschäftigung mit der Frau aufgehalten; in der Zwischenzeit stirbt die Jairus-Tochter.

sondern gibt der Mutter ihren Sohn wieder. – Bei der Ausgestaltung der Erzählung hat offenbar die alttestamentliche Geschichte vom Propheten Elia eine Rolle gespielt (1. Könige 17, 17 ff.). So wird denn Jesus auch als ein Prophet »gefeiert«. – Nain ist ein Dorf im Süden Galiläas.

Jesus kam in einen Ort mit Namen Nain, und mit ihm zogen seine Jünger und eine große Menge Volks. Als sie nahe beim Stadttor waren, siehe, da trug man einen Toten heraus, den einzigen Sohn einer Mutter, die Witwe war, und viele Leute aus dem Ort waren dabei. Als der Herr sie sah, empfand er Mitleid mit ihr und sprach zu ihr: »Weine nicht.« Und er trat heran und faßte an die Bahre, da blieben die Träger stehen. Und er sprach: »Junger Mann, ich sage dir, erhebe dich.« Da setzte sich der Tote auf und begann zu reden. ›Und er gab ihn seiner Mutter wieder!‹ Da ergriff sie alle Furcht, und sie priesen Gott und sprachen: »Ein großer Prophet ist unter uns erschienen« und: »Gott hat sein Volk heimgesucht.« (Lk 7, 11–16)

(d) Die wunderbare Speisung

Von der Speisung einer vieltausendköpfigen Menschenmenge durch Jesus wird mehrfach berichtet. Überlieferungsgeschichtlich handelt es sich jedoch um eine einzige Erzählung. Die Unterschiede der einzelnen Fassungen betreffen Details (wie etwa die Zahl der Gespeisten oder die Menge der Vorräte), nicht die Struktur.

Die Erzählung spricht eingangs vom Mitleid Jesu mit der großen Menge. Damit soll Jesu Tat motiviert werden. Die Erzählung selbst ist jedoch nicht vom Mitleidmotiv her gestaltet und wird nicht von ihm beherrscht. Sie ist konsequent im Stil der Wundergeschichte gehalten. Dementsprechend ist Jesus hier ganz »göttlicher Mensch«. Sein Wunder hat Demonstrations-Charakter. Das kommt am Ende der Geschichte deutlich zutage. Die Jünger sammeln noch korbweise Reste auf: So viel ist noch übrig geblieben, obwohl doch 5000 Menschen zu sättigen waren und nichts weiter zur Verfügung stand als ein paar Brote und ein wenig Fisch.

Als er ausstieg, sah er eine große Menschenmenge und bekam Mitleid mit ihnen, denn sie waren ›wie Schafe ohne Hirten‹ [25], und begann, sie vieles zu lehren. Da es schon spät geworden war, traten seine Jünger zu ihm und sagten: »Die Gegend ist einsam und es ist schon spät. Entlasse sie, damit sie in die umliegenden Höfe und Dörfer gehen und sich etwas zu essen kaufen.« Doch er antwortete ihnen und sagte: »Gebt ihr ihnen zu essen!« Da sagten sie zu ihm: »Sollen wir etwa hingehen und für zweihundert Denare Brot kaufen und ihnen zu essen geben?« Er aber sprach zu ihnen: »Wie viele Brote habt ihr? Geht hin und seht nach!« Sie vergewisserten sich und sagten: »Fünf,

---

25 Wahrscheinlich wurde das Mitleidmotiv erst nachträglich an die Erzählung herangetragen. Die Gestaltung des Erzählungsanfangs würde dann zeigen, in welchem Sinne man sich in der Gemeinde die bereits geformte Wundergeschichte aneignete. Darin bekundet sich, daß man früh Bedenken empfand, Jesus so ungebrochen als einen Wundermann darzustellen, wie es dem Stil der Wundererzählung an sich entsprach.

und zwei Fische.« Da gab er ihnen Anweisung, alle sollten sich in einzelnen Tischgemeinschaften auf dem grünen Rasen lagern. Und sie lagerten sich gruppenweise zu je hundert und je fünfzig. Da nahm er die fünf Brote und die zwei Fische, blickte auf zum Himmel und sprach den Segen, und brach die Brote und gab sie den Jüngern, damit diese sie ihnen vorlegten[26]; auch die zwei Fische teilte er allen aus. Und alle aßen und wurden satt. Und man hob an Brocken zwölf volle Körbe auf und auch von den Fischen; und es waren fünftausend Leute, die die Brote gegessen hatten. (Mk 6, 34–44)

(e) Die Stillung des Sturmes

Wie den Dämonen gebietet Jesus dem Sturm und dem Meer; auch über die elementaren Naturgewalten ist er Herr. Auch dies entspricht dem Bild des »göttlichen Menschen«. Jesus rettet die Jünger aus Seenot vor dem sicheren Tod. Das Rettungsmotiv ist aber nicht durchgehalten. So sehen sich die Geretteten nicht veranlaßt, dem Retter zu danken oder sich über die Rettung zu freuen. Sie werden vielmehr von »Furcht« ergriffen und fragen staunend: »Wer ist dieser Mann?«

Als es Abend wurde, sprach Jesus zu den Jüngern: »Wir wollen über den See fahren.« Sie entließen die Leute und nahmen ihn, so, wie er war, im Schiff mit, und andere Schiffe begleiteten ihn. Da erhob sich ein gewaltiger Sturm, die Wogen schlugen über sie hin, so daß das Schiff sich schon (mit Wasser) füllte. Doch Jesus lag hinten im Schiff auf einem Kissen und schlief. Da rüttelten sie ihn wach und schrien: »Meister, liegt dir nichts daran, daß wir untergehen?« Und er erhob sich, drohte dem Sturm und rief dem See zu: »Schweige, sei still!« Da legte sich der Wind, und es wurde ganz still auf dem Wasser. Zu ihnen aber sprach er: »Was seid ihr so furchtsam? Warum habt ihr keinen Glauben?« Da überfiel sie große Furcht, und sie sagten zueinander: »Was ist das für ein Mann, daß ihm selbst Sturm und See gehorchen?«
(Mk 4, 35–41)

4. Christologische Lehrerzählungen

Die Jesuserzählungen sind Elemente urchristlicher Verkündigung. Sie sind geprägt von einem charakteristischen Verständnis Jesu und seines Werkes, enthalten also Christologie. Zu ihrer Eigenart gehört aber, daß sie ihre christologische Sicht in der Regel indirekt, das heißt: durch erzählerische Gestaltung zum Ausdruck bringen und nicht anhand christologischer Formeln

26 In diesen Wendungen sind Anklänge an die Abendmahlsworte zu erkennen. Eine bewußte und theologisch auszuwertende Beziehung soll jedoch nicht hergestellt werden. Jesus spricht den üblichen jüdischen Brotsegen. Dieser hat allerdings seinerseits auf die Gestaltung der Abendmahlsworte eingewirkt.

und Titel entwickeln. Dies geschieht in einer weiteren Gruppe von Erzählungen, in den christologischen Lehrerzählungen. Ihnen ist es nicht um einzelne bedeutungsvolle Begebenheiten aus dem Leben Jesu zu tun, sondern um seine Person, um das Ganze seines Werkes. Sie erzählen nicht, was Jesus da oder dort getan und gesagt hat, sondern verkünden, wer er ist. Meist steht darum eine christologische Hoheitsbezeichnung Jesu im Mittelpunkt. Sie erhalten ihre eigentümliche Gestalt dadurch, daß sie entscheidende Aussagen des urchristlichen Bekenntnisses aufgreifen und in den Rahmen einer Erzählung hineinstellen.

In den christologischen Lehrerzählungen spielt das »Urbekenntnis« der Christenheit: Jesus ist der *Messias* (Christus), eine wichtige Rolle. Es steht im Mittelpunkt der Szene, in der sich Petrus feierlich zu Jesus bekennt, ebenso in der Verhandlung vor dem Synedrium im Rahmen der Passionsgeschichte (vgl. oben S. 127 f.). Von anderer Art ist die Erzählung vom Einzug Jesu in Jerusalem. Hier wird das Bekenntnis nicht »zitiert«, sondern gleichsam in einen Vorgang umgesetzt. Der Boden, auf dem alle diese Erzählungen um den Messiastitel entstanden sind, ist die judenchristliche Gemeinde.

In anderen Erzählungen dieser Gruppe wird Jesus als der *Sohn Gottes* proklamiert. Diese Hoheitsbezeichnung hat indes nicht überall den gleichen Sinn. Einmal beruht die Gottessohnschaft darauf, daß Gott Jesus in einem Rechtsakt zum Gottessohn macht. An einer anderen Stelle ist Gottessohn eine Aussage über sein Wesen, seine übermenschliche »Natur«. In einer bei Lukas erhaltenen Überlieferung ist mit »Gottessohn« der von Gottes Geist Gezeugte und von der Jungfrau Maria Geborene gemeint. Bei Paulus bezeichnet der Titel die präexistente göttliche Gestalt, die Gott in die Welt sandte, um sie zu erlösen. Daß man in der Urchristenheit den Würdenamen Gottessohn unterschiedlich interpretierte, ist ein bemerkenswerter Sachverhalt. Viele Gruppen und Strömungen haben ihn sich angeeignet. So offenbart sich am Gebrauch des Gottessohn-Titels eindrucksvoll die theologische Vielschichtigkeit des Urchristentums[27].

Die christologischen Lehrerzählungen stellen theologische Äußerungen der Gemeinde dar und lassen keine Schlüsse auf das Bewußtsein zu, von dem der irdische Jesus getragen war. Das schließt jedoch nicht aus, daß die eine oder andere Erzählung einen historischen Kern enthält. Bei der Tauferzählung ist das tatsächlich der Fall. Denn es ist nicht zweifelhaft, daß Jesus von Johannes dem Täufer im Jordan getauft wurde. Zugleich muß man aber sehen, daß der Erzählung an dieser historischen Tatsache gar nichts liegt. Ihr Interesse haftet ausschließlich an dem Geschehen, das sich bei der Taufe zwischen Gott und Jesus begibt.

27 Weiteres zu der Bezeichnung »Gottessohn« S. 85, 290.

Das Petrusbekenntnis

Was Petrus, der Repräsentant und Sprecher der Jünger, ausspricht, ist das Bekenntnis, das die judenchristliche Gemeinde konstituiert und gegen ihre jüdische Umwelt abgrenzt. Die breit angelegte Erzählung bricht nach dem Bekenntnis des Petrus unvermittelt ab; man vermißt eine Stellungnahme Jesu. Vielleicht hat sie Markus in der Tat nicht vollständig überliefert. Schon in urchristlicher Zeit hat man den fragmentarischen Charakter des Markustextes empfunden und Abhilfe geschaffen, indem man die Erzählung (wie die Matthäusfassung ergibt) um eine ausführliche Antwort Jesu erweiterte. Es handelt sich um jenes kirchengeschichtlich so außerordentlich folgenreiche Wort, das Petrus in seine Stellung als den »Felsen«, auf dem Jesus seine Gemeinde aufbauen will, einweist. Diese Antwort hat die Form einer feierlichen Seligpreisung. Der Sache nach kommt hier zum Ausdruck: Das Messiasbekenntnis ist die durch Gott offenbarte Lehr- und Lebensgrundlage der Gemeinde, der Garant seiner Wahrheit und somit die Autorität, an die die Gemeinde in den Fragen des Heils gewiesen ist und deren Entscheidung in Zeit und Ewigkeit gilt.

Wir bieten das Petrusbekenntnis hier in der Matthäusfassung. Der Markustext wurde bereits in Kap. III (S. 85) angeführt. Die in den beiden Fassungen (im wesentlichen) übereinstimmenden Sätze sind durch Kursivdruck kenntlich gemacht.

Als Jesus in die Gegend von Cäsarea Philippi[28] *kam, fragte er seine Jünger: »Für wen halten die Leute* den Menschensohn?« *Sie sprachen: »Die einen für Johannes den Täufer, andere für Elia, wieder andere für Jeremia oder einen der Propheten.« Er sagte: »Ihr, für wen haltet ihr mich?« Da antwortete Simon Petrus und sagte: »Du bist der Messias*, der Sohn des lebendigen Gottes.« Jesus aber antwortete und sprach zu ihm: »Selig bist du, Simon, Sohn des Jona; denn nicht Fleisch und Blut hat dir das offenbart, sondern mein Vater im Himmel. So sage auch ich dir: Du bist Petrus, und auf diesen Felsen will ich meine Gemeinde bauen, und die Todesmächte werden sie nicht bezwingen. Ich will dir die Schlüssel zum Himmelreich geben. Was du auf der Erde binden wirst, wird im Himmel gebunden sein; was du auf der Erde lösen wirst, wird auch im Himmel gelöst sein.« Darauf gebot er den Jüngern, niemandem zu sagen, daß er der Messias sei. (Mt 16, 13–19)

Der Einzug in Jerusalem

Alttestamentliche Propheten kündigten verschiedentlich das Kommen eines messianischen Friedenskönigs an. Eines dieser Prophetenworte findet sich im Sacharja-Buch (9,9). Es lautet: »Frohlocke laut, Tochter Zion! Jauchze, Tochter Jerusalem! Siehe, dein König kommt zu dir; gerecht und siegreich ist er. Demütig ist er und reitet auf einem Esel, auf dem Füllen einer Eselin.« Die Christen haben in Jesus diesen Friedenskönig gesehen. Ihrer Überzeugung gaben sie in der Weise Ausdruck, daß sie in freier Anlehnung an jenes Prophetenwort von einem messianisch-triumphalen Einzug Jesu

---

28 Cäsarea Philippi liegt nördlich des Sees Genezareth außerhalb Galiläas im Quellgebiet des Jordan.

in Jerusalem erzählten und damit die prophetische Verheißung als gegenwärtig erfüllt darstellten. Höhepunkt der Erzählung ist die jubelnde Akklamation, mit der Jerusalem und die Festpilger den Messias Jesus feiern und in kühner Vorwegnahme den Anbruch der messianischen Heilszeit ansagen. – Der Erzählung könnte eine historische Begebenheit zugrunde liegen. Jerusalempilger pflegten feierlich in die Stadt einzuziehen und mit Jubel begrüßt zu werden. Vielleicht ist Jesus in den Tagen vor seinem Tod als Pilger in Jerusalem eingezogen. Für das Verständnis der Einzugserzählung ist von daher jedoch nichts zu gewinnen. Sie spricht offenkundig von dem Einzug des messianischen Friedenskönigs.

Als sie in die Nähe von Jerusalem, nach Bethphage und Bethanien am Ölberg[29] kamen, sandte er zwei Jünger voraus und sprach zu ihnen: »Geht in das Dorf, das da vor euch liegt, und gleich, wenn ihr hineinkommt, werdet ihr ein Eselsfüllen angebunden finden, auf dem noch nie ein Mensch gesessen hat. Das bindet los und bringt es her. Und wenn euch jemand sagt: Was macht ihr da?, so sagt nur: Der Herr braucht es und schickt es sofort wieder hierher zurück.« Sie gingen weg und fanden das Eselsfüllen angebunden am Tor draußen auf der Straße und banden es los. Und einige von den Leuten, die dort standen, sagten zu ihnen: »Was macht ihr da, daß ihr das Füllen losbindet?« Sie aber sprachen zu ihnen, wie Jesus gesagt hatte, und man ließ sie gewähren[30]. Da brachten sie das Füllen zu Jesus und legten ihre Mäntel auf, und er setzte sich darauf. Und viele breiteten ihre Kleider auf den Weg, andere grüne Zweige, die sie auf den Feldern abschnitten. Und die, die vorauszogen, und die, die nachfolgten, riefen: »›Hosianna! Gepriesen, der da kommt im Namen des Herrn‹, gepriesen das kommende Reich unseres Vaters David. ›Hosianna‹ in der Höhe!«[31] (Mk 11, 1–10)

Die Taufe Jesu

Jesus hat von Johannes die Taufe empfangen. Offensichtlich hat er vom Täufer auch den entscheidenden Anstoß zu seiner eigenen Verkündigung erhalten. Dies ist der historische Hintergrund der Tauferzählung. Ihr geht es jedoch nicht um die Erläuterung der historischen Zusammenhänge, sondern darum, Jesus theologisch zu legiti-

---

29 Bethphage und Bethanien sind Orte in unmittelbarer Nähe von Jerusalem. Möglicherweise waren sie ursprünglich in der Erzählung nicht genannt. Anders steht es mit dem Ölberg. Er spielte in der jüdischen Messias-Dogmatik eine gewisse Rolle, ist also wohl ein Element, das auf die Messianität Jesu hinweisen sollte und so die Absicht der Erzählung mit trägt.

30 Die Einleitung der Erzählung ist im Stil der Legende gehalten: Jesus weiß im voraus, was geschieht; es tritt genau so ein, wie es angekündigt worden war.

31 Hier klingen Elemente der jüdischen Erwartung an, die auf die Neuinstitution eines davidischen Königtums gerichtet war. Die christliche Gemeinde dachte dabei an die Heilswirklichkeit, die Jesus in der Endzeit erschließen würde. Die politische Komponente wurde im Urchristentum bewußt und konsequent ausgeschaltet – auch bei dem Titel »Davidssohn«, den man als gängige messianische Würdebezeichnung auf Jesus übertrug.

mieren. Das geschieht in der Weise, daß sie von seiner Legitimierung durch Gott selbst berichtet. In einer knappen Offenbarungsszene schildert sie, was Jesus bei der Taufe durch Gott widerfährt: die Einsetzung in Würde und Stellung eines Gottessohnes und die Berufung in sein messianisches Amt.

Auf die Ausgestaltung der Szene hat entscheidend Psalm 2 eingewirkt. Dieser Psalm hat seinen Platz in dem kultischen Akt, in dem die Einsetzung des Königs in Israel seit alters her feierlich vollzogen oder erneuert wurde. Im Mittelpunkt stand die Adoption des Königs zum Sohne Gottes. Die Adoptionsformel lautete: »Mein Sohn bist du, ich habe dich heute gezeugt.« In der Tauferzählung griff die Gemeinde auf diese Adoptionsformel zurück, um das Ereignis der Taufe Jesu theologisch zu interpretieren[32].

Es geschah in jenen Tagen, daß Jesus aus Nazareth in Galiläa kam und von Johannes im Jordan getauft wurde. Und sofort, als er aus dem Wasser stieg, sah er, wie der Himmel sich auftat und der Geist wie eine Taube auf ihn herabkam, und aus dem Himmel ertönte eine Stimme: »Du bist mein lieber Sohn, an dir habe ich Wohlgefallen.« (Mk 1, 9–11)

Die Verklärung Jesu

Der (namenlose) hohe Berg, auf den die Erzählung führt, ist der Ort einer besonderen, ein Letztes zeigenden Offenbarung, deren nur die engsten Vertrauten gewürdigt werden. Hier auf dem Offenbarungsberg enthüllt Jesus das Geheimnis seiner Person und läßt die himmlische Glorie sehen, die sein Wesen kennzeichnet. Für einen Augenblick verwandelt er sich vor den Augen seiner Jünger in eine himmlische Gestalt, umhüllt von leuchtend weißen Gewändern. Die äußere Erscheinung macht augenfällig, daß Jesus wesensmäßig in die Welt Gottes gehört. Darauf deutet auch das (inhaltlich nicht ausgeführte) Gespräch Jesu mit Mose und Elia hin. Von diesen beiden Männern glaubte man im Judentum, daß sie nicht gestorben, sondern zu Gott in die Herrlichkeit der himmlischen Welt entrückt worden seien. Der christliche Erzähler zeigt Jesus im Gespräch mit ihnen, um die eigentliche Identität Jesu, seine Gottessohnschaft herauszustellen.

Am Ende führt die Erzählung wieder in die irdische Wirklichkeit zurück. Die Jünger wissen jetzt, wer Jesus in Wahrheit ist, und sie erfahren, daß es darauf ankommt, auf ihn zu *hören*. In der Anweisung zum Hören liegt der Schwerpunkt der Erzählung.

Nach sechs Tagen nahm Jesus Petrus und Jakobus und Johannes und führte sie allein abseits auf einen hohen Berg. Da wurde er vor ihren Augen verwandelt. Seine Gewänder wurden ganz strahlend weiß, wie sie kein Walker auf Erden so weiß machen kann! Da erschien ihnen Elia zusammen mit Mose, und sie unterhielten sich mit Jesus. Und Petrus sprach Jesus an und sagte: »Rabbi, es ist gut, daß wir hier sind! Wir wollen drei Zelte aufschlagen, für dich eins und für Mose eins und für Elia eins.« ... Dann kam eine Wolke und überschattete sie, und aus der Wolke erklang eine Stimme: »Dieser ist ›mein lieber Sohn, hört auf ihn‹!« Als sie sich umblickten, sahen sie auf einmal niemanden mehr bei sich, außer Jesus allein. (Mk 9, 2–8)

---

32 Zu Psalm 2 und seiner Bedeutung vgl. Band AT, S. 238 f.

5. Die Legende

Im Gegensatz zu anderen Erzählformen weist die Legende keine äußeren Formmerkmale auf. Dennoch handelt es sich bei ihr um eine typisch ausgeprägte literarische Gattung. Sie wird zunächst von dem Thema her greifbar, das sie darstellt: Leben und Schicksal, Haltung und Bewährung eines vorbildlich frommen und gottbegnadeten Menschen, des religiösen Helden oder »Heiligen«. Ihr Interesse gilt außerordentlichen Situationen und Leistungen. Typisch für sie ist ferner, daß sie Erlebnisse, seelische Bewegungen, innere Kämpfe, besondere Fähigkeiten und Eigenschaften schildert und auf diese Weise etwas von der Persönlichkeit ihres »Helden« mitzuteilen versucht. In die gleiche Richtung weist die Vorliebe für überraschende Bekehrungen und Umschwünge in Haltung und Gesinnung [33].

Mit all dem zeigt die Legende eine gewisse Nähe zur Biographie. Anders als diese richtet sich ihr Interesse aber nicht auf die Daten und Zusammenhänge im Lebensgang des »Heiligen« als solche, sondern primär darauf, Gottes Führung und Fügung anschaulich werden zu lassen. Von daher erklärt sich ihre erzählerische Ausstattung mit Visionen, Träumen, Engelsbotschaften und wunderbaren oder rätselhaften Zeichen, womit Gott unmittelbar in das Geschehen eingreift.

Dieses Interesse wirkt sich auch auf die erzählten Inhalte aus. Eines ihrer Themen ist die Bewahrung vor Unheil oder Tod oft im letzten Augenblick. Das heißt allerdings nicht, daß in der Legende alles auf ein gutes Ende zuläuft. Gerade der Märtyrer ist eine ihrer bevorzugten Gestalten. Wie ausführlich sie auch sein Leiden und Sterben ins Bild bringt, entscheidend ist, daß sie das Schicksal des Märtyrers nicht als Katastrophe schildert, sondern als Gelegenheit zu endgültiger Bewährung. Der Märtyrer bleibt in dem, was ihm widerfährt, dessen gewiß, daß Gott es gefügt hat und ihn auch im Tod trägt. So zeigt er sich als der Überlegene; er kann für seine Henker beten.

Der religiösen Leitidee entsprechend, sieht die Legende im gehorsamen Sichfügen die dem Menschen zukommende Haltung. Sie stellt diese Haltung in eindrucksvollen Beispielen dar, zugleich mit der Absicht, zur Nachahmung zu ermuntern.

Die Legende hat sich der Gestalt Jesu zunächst nicht bemächtigt. Die ersten Christen sahen in ihm weder den religiösen Helden, den man bewundernd betrachtet, noch den vorbildlich Frommen, den man nachzuahmen hat. Zur Ausbildung einer Jesuslegende kam es erst in einem späten Stadium der Überlieferungsgeschichte. Sie beschränkt sich auf bestimmte Traditions-

---

33 Das bekannteste Beispiel innerhalb des Neuen Testamentes ist die Erzählung von der Bekehrung des Paulus (vgl. S. 371 ff.).

bereiche[34]. Im Legendenstil sind fast ausschließlich die Kindheitsgeschichten und einige Ostererzählungen (siehe Abschnitt 6) gehalten. Bemerkenswert ist insbesondere, daß man die Passion Jesu nicht als Legende gestaltete und sein Schicksal nicht als ein Märtyrerschicksal darstellte[35].

Die für die Legende typischen Motive und Themen sind in den Legenden der Jesusüberlieferung in großer Zahl anzutreffen. Die inhaltlichen Besonderheiten erklären sich zum großen Teil daraus, daß sie von dem Jesus-Kind handeln. Daraus ergab sich beispielsweise die Notwendigkeit, die Eltern Jesu und oft ganz unbedeutende Zeitgenossen einzubeziehen. Deutlich bleibt jedoch überall, daß nicht deren Erlebnisse und Entscheidungen im Mittelpunkt stehen, sondern Jesus selbst. Seine Größe und Bedeutung sollen ins Licht gerückt werden. Zugleich soll der Leser begreifen, daß Gottes Hand von Anfang an auf diesem Leben liegt und sich in ihm sein Plan mit der Menschheit erfüllt.

Die Eigenart der Legende, die Bedeutung des Mannes schon am Kind sichtbar werden zu lassen, eröffnete dem Erzähler die Möglichkeit, christologische Verkündigung und Lehre in die Geschichten aus der Kindheit Jesu hineinzutragen und so etwas Umfassendes über seine Person und sein Werk zu sagen. Man hat diese Möglichkeit in hohem Maße genutzt und sich dabei von den geläufigen Hoheitstiteln der Bekenntnisse und den entsprechenden Anschauungen leiten lassen. In ihrer theologischen Aussage berühren sich die Jesus-Legenden infolgedessen sehr eng mit den christologischen Lehrerzählungen.

Die Tatsache, daß die Legenden einer jungen Schicht der Jesusüberlieferung angehören, gibt einen Anhaltspunkt für ihre historische Beurteilung. In der Tat ist es unwahrscheinlich, daß ihrer Darstellung eine wirkliche Kenntnis von den Vorgängen um die Geburt Jesu oder von seiner Kindheit zugrunde liegt. Aber es wäre verfehlt, die Legende als »unhistorische Geschichte« zu definieren. Sie ist wie die Wundergeschichte, die Anekdote, die Novelle oder der Roman eine spezifische literarische Form. Man mag auch die Legende der für uns unvermeidlichen historischen Frage aussetzen und dann im Einzelfall prüfen, was sie historisch hergibt, muß sich dabei aber bewußt bleiben, daß man dabei nicht bei der Sache ist, um die es der Legende geht.

---

34 In der Folgezeit sollte die Legende eine wesentlich gewichtigere Rolle spielen, vor allem in Form der »Heiligen«-Legende. Sie war ein charakteristisches Kennzeichen des Christentums im Mittelalter. Durch sie wurde ein Bild von christlicher Frömmigkeit und christlichem Glaubensverständnis geprägt, das bis heute nachwirkt.

35 In diese Richtung geht allerdings die Passionsdarstellung des Evangelisten Lukas (vgl. S. 213 ff.).

Die Ankündigung der Geburt Jesu

Maria ist von Gott zu Großem ausersehen: Sie soll die Mutter des Mannes werden, der der Welt das Heil bringen wird. Der Besuch des Engels Gabriel, der ihr dies mitteilt, reißt sie heraus aus ihrem bescheidenen und unscheinbaren Leben und umgibt sie mit himmlischem Glanz. Sie kann nicht fassen, was mit ihr und durch sie geschehen soll. Verwundert wehrt sie ab; sie läßt sich jedoch überwinden und fügt sich demütig-fromm dem Willen Gottes.

Die Erzählung ist stark mit christologischen Aussagen durchsetzt, ohne daß damit die ihr eigene Intimität verletzt würde. Diese Aussagen sind Elemente der Botschaft, die Gabriel an Maria richtet. Das erste Engelwort stellt Jesus in der Sprache der jüdischen Erwartung als Messias vor, der die Herrschaft Davids wieder aufrichten wird (vgl. oben Anm. 31). Den Schwerpunkt bildet das zweite Engelwort. Den Anschauungskreis der jüdischen Erwartung sprengend, verkündet es Jesus als den Gottessohn und enthüllt das Geheimnis seiner Geburt: Der Heilige Geist, die Kraft Gottes wird sich mit der Jungfrau Maria verbinden; daraus wird der Gottessohn hervorgehen. Das Motiv der Jungfräulichkeit Marias hat tragende Funktion; nach verbreiteter Vorstellung kann nur eine Jungfrau des Umgangs mit der Gottheit gewürdigt werden.

Der Engel Gabriel wurde von Gott in eine Stadt Galiläas mit Namen Nazareth gesandt zu einer Jungfrau aus dem Hause Davids; die Jungfrau hieß Maria. Und der Engel trat bei ihr ein und sprach: »Sei gegrüßt, Begnadigte, der Herr sei mit dir!« Sie aber wurde über dem Wort verwirrt und fragte sich: »Was ist das für ein Gruß?« Da sprach der Engel zu ihr: »Fürchte dich nicht, Maria; denn du hast Gnade gefunden bei Gott. Siehe, du wirst schwanger werden und einen Sohn gebären, und du sollst ihm den Namen Jesus geben. Er wird ein Großer sein und Sohn des Höchsten heißen; Gott, der Herr, wird ihm den Thron seines Vaters David verleihen, und er wird über das Haus Jakobs herrschen in Ewigkeit, und seine Herrschaft wird kein Ende haben.« Maria aber sagte zu dem Engel: »Wie soll das geschehen, wo ich doch mit keinem Manne Umgang habe?« Da antwortete der Engel und sprach zu ihr: »Heiliger Geist wird über dich kommen und des Höchsten Kraft dich überschatten; darum wird das so erzeugte Heilige Sohn Gottes heißen.« Maria aber sprach: »Siehe, ich bin des Herrn Magd, mir geschehe nach deinem Wort.« Da verließ sie der Engel. (Lk 1, 26–35.38)

Joseph und Maria

Auch in der folgenden Erzählung geht es um das geheimnisvoll-wunderbare Geschehen, mit dem die Geschichte Jesu anhebt. Jedoch sind ihre Voraussetzungen ganz andere als in der vorigen: Während diese Joseph überhaupt nicht erwähnt[36], wird er

36 Das ist kein Versehen. Es wird ausdrücklich betont, daß es im Leben der Maria weder einen Joseph noch sonst einen Mann gibt.

hier als Verlobter der Maria eingeführt. Man ahnt die Verwicklung, die sich ergeben wird und gelöst werden muß.

Die Erzählung verhandelt ein »Problem«; ihr fehlt die Unbekümmertheit und Unbefangenheit, die die vorige Erzählung auszeichnete. Man konnte die Jungfrauengeburt offenbar nicht mehr einfach als das große Wunder verkünden, sondern sah sich gedrängt, darüber zu reflektieren und sie zu verteidigen. Dafür bediente man sich des unverdächtigsten Zeugen, den es geben konnte – des Verlobten der Maria.

Das theologische Motiv der Jungfrauengeburt, das im Glaubensbekenntnis und der christlichen Lehre dann eine so große Rolle spielen sollte, ist nur hier und in der vorigen Erzählung belegt. In den übrigen Teilen der Jesusüberlieferung und sonst im Neuen Testament ist es unbekannt. Hier finden sich zum Teil ihm sogar widersprechende Aussagen.

Mit der Geburt Jesu Christi war es so: Als seine Mutter Maria mit Joseph verlobt war, fand sich, ehe sie noch zusammengekommen waren, daß sie schwanger war vom heiligen Geist. Joseph aber, ihr Mann, der rechtschaffen war und sie nicht bloßstellen wollte, entschloß sich, sich heimlich von ihr zu trennen. Während er aber dies bei sich erwog, siehe, da erschien ihm ein Engel des Herrn im Traum und sprach: »Joseph, Sohn Davids, trage keine Bedenken, Maria, deine Frau zu dir zu nehmen; denn das in ihr erzeugte Kind ist vom heiligen Geist. Sie wird einen Sohn gebären, und du sollst ihm den Namen Jesus geben; denn er wird sein Volk von seinen Sünden befreien.« Als Joseph aber vom Schlaf erwachte, tat er, wie der Engel des Herrn ihm befohlen hatte; und er nahm seine Frau zu sich. Doch hatte er mit ihr keinen Umgang, bis sie einen Sohn geboren hatte; und er gab ihm den Namen Jesus.

(Mt 1, 18–21.24–25)

Die Geburt Jesu

Die berühmte Weihnachtsgeschichte ist bis ins einzelne hinein von einer theologischen Idee getragen. Ihr Thema ist die Geburt des messianischen Kindes. Sie sagt die Zeit des Friedens und der Freude für alle Welt und damit die Erfüllung uralter Erwartungen an: »heute« ist der Mann geboren, der sie nach Gottes Willen und Plan bringen wird. Niemand ahnt indes etwas von der weltgeschichtlichen Bedeutung des Geschehens im Stall von Bethlehem. Für einen kurzen Blick wird die Szene wunderbar erhellt, und Engelchöre lassen die Ahnungslosen einen Blick in das bisher im Schoße der Zeit noch verborgene Geheimnis tun.

Die Beziehung zur messianischen Erwartung kommt u. a. im Namen des Geburtsortes Jesu zum Ausdruck. Bethlehem galt in der jüdischen Tradition als »Stadt Davids«; in ihr soll der »Davidssohn«, d. h. der Messias, geboren werden. »Bethlehem« ist also Bestandteil der theologischen Aussage. Die Reise der Eltern Jesu dahin hat demnach theologische Gründe, keine historischen. In der heute vorliegenden Gestalt wird sie freilich historisch begründet, nämlich mit der Augusteischen Volkszählung. Dies war in der ursprünglichen Erzählung wohl nicht der Fall. Erst der Evangelist Lukas hat – durch eine von ihm geschaffene Einleitung (in Klammern) – die Geburt Jesu mit jener Begebenheit verbunden. Er verfolgte damit die Absicht, die Ereignisse in Bethlehem in die große Geschichte hineinzustellen und zu weltgeschichtlichem Rang emporzuheben [37].

(In jenen Tagen erging ein Erlaß des Kaisers Augustus, die ganze Welt solle aufgezeichnet werden. Dies war die erste Aufzeichnung, und sie fand statt, als Quirinius Statthalter von Syrien war. Und alle gingen hin, um sich einzutragen zu lassen, ein jeder in seinen Heimatort.) Auch Joseph zog von Galiläa aus der Stadt Nazareth hinauf nach Judäa in die Davidsstadt, die Bethlehem heißt, weil er aus dem Hause und Geschlecht Davids stammte, um sich eintragen zu lassen mit seiner Frau Maria; die war schwanger. Als sie aber dort waren, geschah es, daß die Tage, da sie gebären sollte, sich erfüllten. Und sie gebar ihren ersten Sohn, wickelte ihn in Windeln und legte ihn in eine Krippe, weil sie in der Unterkunft keinen (anderen) Platz hatten [38].

Es waren Hirten in jener Gegend auf dem Felde und hielten Nachtwache bei ihrer Herde. Da trat ein Engel des Herrn zu ihnen, und die Herrlichkeit des Herrn umleuchtete sie, und sie bekamen große Angst. Und der Engel sprach zu ihnen: »Fürchtet euch nicht! Siehe, ich verkündige euch eine große Freude, die dem ganzen Volk widerfahren wird, denn euch wurde heute in der Davidsstadt ein Retter geboren, der der Messias, der Herr, ist. Und dies ist das Zeichen für euch: Ihr werdet ein Kind finden, in Windeln gewickelt und in einer Krippe liegen.« Da war plötzlich bei dem Engel eine Menge des himmlischen Heeres, die priesen Gott und sprachen: »Herrlichkeit in der Höhe für Gott und auf Erden Frieden den Menschen des Wohlgefallens!«

Als die Engel von ihnen in den Himmel gegangen waren, da sprachen die Hirten untereinander: »Wir wollen doch nach Bethlehem gehen und nach diesen Dingen, die da geschehen sind und die uns der Herr kundgetan hat, sehen.« Und sie kamen eilends und fanden Maria und Joseph und das Kind in der Krippe liegen. Als sie es aber sahen, berichteten sie von dem Wort, das über dieses Kind zu ihnen gesprochen worden war. Und alle, die es hörten, wunderten sich über das, was ihnen von den Hirten erzählt wurde. Maria aber behielt alle diese Worte und überdachte sie in ihrem Herzen. Die Hirten kehrten zurück, priesen und lobten Gott für all das, was sie gehört und gesehen hatten – so wie es zu ihnen gesagt worden war. (Lk 2, 1–20)

---

37 Die Volkszählung (Zensus) wurde durch Augustus für Judäa angeordnet, und zwar im Jahre 6 n. Chr., als Judäa in unmittelbare römische Verwaltung übernommen werden sollte. Sie diente der steuerlichen Erfassung der Einwohner von Judäa, betraf jedoch nicht die Bewohner Galiläas, auch dann nicht, wenn sie aus Judäa stammten.

38 Joseph und Maria gelten in der Weihnachtsgeschichte als Ehepaar – ein Zeichen dafür, daß es sich um ein selbständiges Überlieferungsstück handelt, das mit der Erzählung von der Ankündigung der Geburt Jesu (vgl. oben) nichts zu tun hat.

Die Huldigung der Weisen

In den Sternen sah die Antike Zeichen, an denen bedeutsame Ereignisse des irdischen Geschehens abzulesen sind. Alten Traditionen folgend, beobachteten die Gelehrten der Zeit die Sterne, ihren Stand, ihre Bahn, ihre Konstellationen, ihr Aufleuchten und Verschwinden, um daraus Kenntnisse über Vorgänge auf der Erde zu gewinnen. Als das klassische Land derartiger Wissenschaft war Chaldäa (Zweistromland) hoch berühmt.

Repräsentanten dieser uralten geheimnisvollen Wissenschaft (griechisch: Magier) werden in der zweiten Erzählung von der Geburt Jesu aufgeboten, um die Bedeutung Jesu in einem Augenblick zu bezeugen, wo sie noch niemand sehen oder ahnen kann. Der Erzähler denkt sich ihre Heimat im Osten. Ihnen war bei ihren Forschungen das Aufleuchten eines neuen Sternes aufgefallen; sie zogen den Schluß: In Judäa ist ein neuer König geboren. Dabei ist vorausgesetzt: ein König von überragender Macht und weltgeschichtlich-epochaler Bedeutung.

Ihm wollen die Gelehrten ihre Huldigung darbringen. Ihr Weg führt sie in den Palast des »amtierenden« Königs Herodes. Hier weiß man jedoch nichts von der Geburt eines Königssohnes. Herodes ahnt aber, daß es sich um die Geburt des messianischen Königs handeln muß. Er läßt seine Hoftheologen nach dem geweissagten Geburtsort forschen und weist den Gelehrten den Weg nach Bethlehem. Ein Stern geleitet sie schließlich zum Ziel.

Auch diese Erzählung ist eine Legende um die Geburt des Messias im Sinne der jüdischen Erwartung. Neben dem Bethlehem-Motiv kommt das darin zum Ausdruck, daß Herodes über die Nachricht der Gelehrten erschrickt und Jesus umbringen will. Er weiß: Die Geburt des Messias bedeutet das Ende seiner Herrschaft.

In späterer Zeit wurden aus den Gelehrten (»Magier«) unbestimmter Zahl drei Könige. Diese Änderung war durch die Zahl und den Charakter der dargebrachten Geschenke nahegelegt. Gold, Weihrauch und Myrrhe galten als königliche Geschenke.

Als Jesus in den Tagen des Königs Herodes zu Bethlehem in Judäa geboren wurde, siehe, da kamen Magier aus dem Morgenlande nach Jerusalem und fragten: »Wo ist der neugeborene König der Juden? Wir haben nämlich seinen Stern bei seinem Aufgehn gesehen und sind gekommen, ihm zu huldigen.« Als der König Herodes das hörte, erschrak er und ganz Jerusalem mit ihm. Er versammelte alle Hohenpriester und Schriftgelehrten des Volkes und suchte von ihnen zu erfahren, wo der Messias geboren werden sollte. Sie aber sagten zu ihm: »Zu Bethlehem in Judäa; denn so steht bei den Propheten geschrieben: ›Und du, Bethlehem, Land Judas, bist keineswegs die geringste unter den Fürsten Judas; denn aus dir wird ein Herrscher hervorgehn, der mein Volk Israel weiden wird‹.« [39]

Darauf ließ Herodes die Magier heimlich rufen und erkundete genau von ihnen die Zeit, in der der Stern erschien. Und er sandte sie nach Bethlehem und sagte: »Geht hin und stellt genaue Nachforschungen nach dem Kinde an; wenn ihr es aber findet, so meldet es mir, damit auch ich hinkomme und ihm

---

39 Die Ortsangabe Bethlehem hat – wie in der lukanischen Weihnachtsgeschichte – rein theologischen Sinn. Hier wird auch die alttestamentliche Stelle (Micha 5, 1.3) zitiert, aus der man im Judentum den Geburtsort des Messias bestimmte.

huldige.« Nachdem sie aber den König angehört hatten, brachen sie auf. Und siehe, der Stern, den sie bei seinem Aufgehen gesehen hatten, zog vor ihnen her, bis er über dem Ort stehen blieb, wo das Kind war[40]. Als sie aber den Stern sahen, wurden sie hoch erfreut. Sie traten in das Haus und sahen das Kind mit seiner Mutter Maria, fielen nieder und huldigten ihm. Und sie öffneten ihre Schätze und brachten ihm Geschenke dar, Gold, Weihrauch und Myrrhe. Da sie im Traum Weisung empfingen, nicht zu Herodes zurückzukehren, zogen sie auf einem anderen Wege heim in ihr Land.

(Mt 2, 1–12)

Jesus im Tempel

Diese Erzählung nimmt unter den Jesuslegenden insofern eine Sonderstellung ein, als sie nicht vom christlichen Bekenntnis her gestaltet ist. Sie hält sich im Rahmen jüdischer Frömmigkeit. Ihr Leitbild ist der fromme, ganz an die Sache Gottes und sein Gesetz hingegebene Schriftgelehrte. Typisch für die Legende ist es, daß sie den erst 12jährigen Jesus als ein Wunder frommer Gelehrsamkeit vorführt, der mit seinen Fähigkeiten die erfahrensten Gelehrten in höchstes Staunen versetzt.

Die Erzählung ist von einer Spannung zwischen Jesus und seinen Eltern durchzogen. Bezeichnenderweise kommt es jedoch nicht zum Konflikt. Jesus hat deutlich gemacht, wohin er gehört. Fortan ist er gehorsamer Sohn.

Jesu Eltern reisten jedes Jahr am Passafest nach Jerusalem. Als er zwölf Jahre alt war, zogen sie nach der Festsitte hinauf; und als sie die Festtage vollendet hatten, blieb der Knabe Jesus in Jerusalem zurück, während sie heimkehrten; doch seine Eltern merkten es nicht. Sie meinten vielmehr, er sei bei dem Pilgerzug; sie reisten noch eine Tagesstrecke und suchten ihn dann unter ihren Verwandten und Bekannten. Doch als sie ihn nicht fanden, kehrten sie nach Jerusalem zurück und suchten ihn dort. Und nach drei Tagen fanden sie ihn im Tempel mitten unter den Lehrern sitzen und ihnen zuhören und Fragen stellen. Alle aber, die ihm zuhörten, waren hoch erstaunt über seinen Verstand und seine Antworten. Und als sie ihn sahen, waren sie erschrocken; und seine Mutter sprach zu ihm: »Kind, was hast du uns da angetan? Siehe, dein Vater und ich haben dich mit Sorgen gesucht.« Da sprach er zu ihnen: »Wie konntet ihr mich suchen? Wußtet ihr nicht, daß ich im Hause meines Vaters sein muß?« Sie aber verstanden das Wort nicht, das er zu ihnen geredet. Und er zog mit ihnen hinab und kam nach Nazareth und war ihnen gehorsam.

(Lk 2, 41–51)

40 Im Eingang der Erzählung war vom Aufleuchten des Sterns die Rede, aus dem die Weisen auf ein bedeutsames Ereignis schlossen. Hier liegt ein völlig anderes Motiv vor: von einem Stern, der den fremden Besuchern den Weg zeigt und das Geburtshaus des Messiaskindes bezeichnet.

Die Versuchung Jesu

Die Bewährung des Heiligen ist ein häufig begegnendes Legendenthema. Auch in der Jesusüberlieferung ist es gestaltet worden. Jesus wird vom Satan selbst auf die Probe gestellt. Er besiegt ihn souverän in drei »Waffengängen«, die in Form schriftgelehrter Diskussionen geführt werden. Der Satan muß seine Sache verloren geben und verschwinden; den Bewährten belohnen die Engel mit ihrem Dienst.

Jesus wurde vom Geist in die Wüste geführt, um vom Teufel versucht zu werden. Als er vierzig Tage und vierzig Nächte gefastet hatte, hungerte ihn dann. Und der Versucher trat heran und sprach zu ihm: »Wenn du Gottes Sohn bist, so befiehl, daß diese Steine zu Broten werden.« Er jedoch antwortete und sprach: »Es steht geschrieben: ›Nicht von Brot allein lebt der Mensch, sondern von jedem Wort, das aus Gottes Mund kommt‹.«

Darauf nahm ihn der Teufel mit in die heilige Stadt und stellte ihn auf die Zinne des Tempels und sprach zu ihm: »Wenn du Gottes Sohn bist, so stürze dich hinab; denn es steht geschrieben: ›Er wird seinen Engeln deinetwegen Auftrag geben, und sie werden dich auf Händen tragen, damit du deinen Fuß nicht an einen Stein stößt‹.« Jesus sprach zu ihm: »Aber es steht auch geschrieben: ›Du sollst den Herrn, deinen Gott, nicht auf die Probe stellen‹.«

Schließlich nahm ihn der Teufel mit auf einen sehr hohen Berg und zeigte ihm alle Reiche der Welt mit ihrer Herrlichkeit und sprach zu ihm: »Das alles will ich dir geben, wenn du niederfällst und mir huldigst.« Darauf sprach Jesus zu ihm: »Hinweg mit dir, Satan! Denn es steht geschrieben: ›Dem Herrn deinem Gott sollst du huldigen und ihn allein anbeten‹.«

Darauf ließ der Teufel von ihm ab, und siehe, Engel traten herzu und dienten ihm. (Mt 4, 1–11)

6. Die Ostererzählungen

Den Ostererzählungen wendet sich häufig deswegen besonderes Interesse zu, weil sie näheren Aufschluß über das Geschehen versprechen, in dem die ganze urchristliche Bewegung gründet. Im Bekenntnis wird immer nur formelhaft gesagt, Jesus sei auferstanden von den Toten, allenfalls noch: er sei erschienen. Sollte man von den Erzählungen nicht erwarten dürfen, daß sie das hier nur formelhaft Ausgesprochene in einem faßlichen Bild darbieten?

Wer mit solchen Erwartungen an die Ostererzählungen herantritt, wird enttäuscht. Statt eines geschlossenen und einleuchtenden Bildes von den Ereignissen um Jesu Auferstehung bietet sich ihm eine breit gestreute Mannigfaltigkeit einzelner Bilder dar. In keinem Teil der Jesusüberlieferung gehen die Berichte so weit auseinander wie in den Ostererzählungen (und den Kindheitsgeschichten). Hier gibt es kaum Übereinstimmung, kaum Parallelen. Dieser Sachverhalt deutet darauf hin, daß die Ostererzählungen nicht dem alten Traditionsbestand, sondern einer jungen Schicht angehören. Sie führen also nicht an die Ereignisse heran, die das Bekenntnis der Urchristenheit als grundlegend bezeugt.

Dieses Urteil läßt sich durch Beobachtungen an den Erzählungen selbst stützen. Viele von ihnen tragen deutlich Spuren theologischer Reflexion und Auseinandersetzung an sich. Die Auferstehungsbotschaft gab schon in urchristlicher Zeit zu mannigfachen Fragen, Verdächtigungen und Angriffen Anlaß. Man mußte darauf antworten, Bedenken zerstreuen und die Wahrheit des Osterglaubens verteidigen. Man tat das, indem man reflektierend und problembezogen erzählte. Diese Art des Erzählens ist das sichere Kennzeichen eines fortgeschritteneren Stadiums der Traditionsgeschichte. Darauf deutet auch hin, daß die synoptischen Evangelien keinen Bericht über die Erscheinung des Auferstandenen vor Petrus bieten. Sie wird nur erwähnt. Das ist deswegen aufschlußreich, weil gerade ihr im Urchristentum eine grundlegende Bedeutung zukam[41].

Mit diesen Feststellungen sollen falsche Erwartungen abgebaut werden. Die Bedeutung der Ostererzählungen beruht nicht auf ihrem Alter und ihrer Nähe zu den Ereignissen, sondern auf ihrem theologischen Aussagegehalt und dem sich in ihnen bekundenden Verständnis der Auferstehung Jesu.

Die inhaltliche Gestaltung sieht im einzelnen recht unterschiedlich aus. So wird etwa erzählt, was die Jünger oder die Frauen, die Jesu Leichnam salben wollen, erfahren und wie sie zu der Überzeugung geführt werden, daß Jesus auferstanden sei. Andere Ostererzählungen schildern die Aussendung der Jünger durch den Auferstandenen oder ihre Bevollmächtigung. An allgemein wichtigen Gesichtspunkten läßt sich zusammenfassend festhalten:

(1) In den Ostererzählungen bekundet die Gemeinde, daß ihre Glaubensüberzeugung nicht das Ergebnis eigener Bemühung ist, sondern auf einem zwingenden Widerfahrnis beruht.

(2) Dieses Widerfahrnis ist an bestimmte Personen gebunden: an die Jünger oder die Frauen am Grabe. Die Glaubensüberzeugung, in der die Gemeinde lebt, gründet im Zeugnis dieser ersten Zeugen.

(3) Die Auferstehung wird nicht als ein objektives Faktum dargestellt, sondern als ein Ereignis, das die Zeugen unmittelbar mit einbezieht und ein neues Begreifen Jesu, neue Erkenntnisse und Verpflichtungen beinhaltet.

Dem Stoff nach sind zwei Gruppen von Erzählungen zu unterscheiden: Erscheinungsgeschichten und die Geschichte vom leeren Grab. Überlieferungsgeschichtlich haben beide Gruppen nichts miteinander zu tun. Alle Erzählungen stehen für sich und sind unabhängig voneinander entstanden. Die Erscheinungsgeschichten setzen die Geschichte vom leeren Grab nicht voraus. Der gegenteilige Eindruck konnte durch den Bericht der Evangelien aufkom-

---

41 Das ergibt sich aus der Bekenntnisformel in 1. Kor 15 (vgl. S. 84). Auch von den anderen hier erwähnten Erscheinungen wird in der synoptischen Tradition nichts berichtet.

men, die das Ostergeschehen als eine Folge einzelner Begebenheiten und so als zeitlich und räumlich gegliederten Ablauf darstellen. Die Geschichte vom leeren Grab ist eine späte Form urchristlichen Osterzeugnisses. Von Erscheinungen Jesu sprach man von Anfang an, nicht aber vom leeren Grab. Das ergibt sich unter anderem aus der Bekenntnisformel in 1 Kor 15 (vgl. S. 84), die auf Erscheinungen des Auferstandenen verweist, aber vom leeren Grab schweigt. Auch Paulus selbst weiß von einem Leersein des Grabes nichts – was um so schwerer wiegt, als seine Briefe die ältesten literarischen Dokumente des Neuen Testamentes sind und die von ihm verarbeiteten Traditionen in die Zeit der ersten Anfänge zurückführen.

Der heutige Leser hat mit den Ostererzählungen seine Schwierigkeiten, weil er dazu neigt, das hier Gesagte mit der Elle seines Wirklichkeitsverständnisses zu messen und dann als Mythos oder fromme Phantasie zu verwerfen. Derartige Schwierigkeiten hat man in neutestamentlicher Zeit nicht empfunden, und zwar auch in außerchristlichen Kreisen nicht. Um so bemerkenswerter ist, wie nüchtern und zurückhaltend von der Auferstehung Jesu in den Ostererzählungen gesprochen wird. Die urchristlichen Erzähler haben weithin der Versuchung widerstanden, das Ostergeschehen auszumalen und nach Belieben mit wunderhaften Zügen auszustatten. Man war sich bewußt, daß es sich dem unmittelbaren Zugriff entzieht. Insbesondere verdient Beachtung, daß der Vorgang der Auferstehung Jesu in keiner Ostererzählung des Neuen Testamentes geschildert wird. Am »handgreiflichsten« ist noch die Geschichte vom leeren Grab – und da wird nur geschildert, daß die Frauen das Grab leer finden. Die zurückhaltende Art der neutestamentlichen Osterberichte tritt deutlich heraus, wenn man sie der Ostergeschichte des sog. Petrusevangeliums[42] gegenüberstellt. Hier wird die Auferstehung bis in die Einzelheiten hinein beschrieben. Aber damit stehen wir bereits jenseits der Grenzen des Neuen Testamentes. Allerdings bahnt sich die Entwicklung, die im Petrusevangelium greifbar wird, innerhalb des Neuen Testamentes an, nämlich bei Matthäus. Er lüftet in seiner Grabesgeschichte das Geheimnis der Auferstehung Jesu schon etwas, wenn er die Begebenheiten schildert, die den Auferstehungsvorgang begleiten. Aber das ist das Äußerste, was sich im Neuen Testament zum Thema Auferstehung findet.

Die Emmausjünger

Unter dem Eindruck der Katastrophe vom Karfreitag gehen zwei Jünger bedrückt aus der Stadt. Ziel ihres Weges ist Emmaus, ein Dorf etwa 15 km östlich von Jerusalem. Unterwegs gesellt sich ein unbekannter Wanderer zu ihnen; ihm offenbaren sie ihre abgrundtiefe Enttäuschung. Der Fremde scheint von all dem unberührt,

42 Beim Petrusevangelium handelt es sich um eine nur fragmentarisch erhaltene apokryphe, d. h. nicht-neutestamentliche Schrift aus der Zeit um 150 n. Chr. Sie gibt an, von Petrus verfaßt zu sein.

was sie ihm klagend vortragen. Er hat nichts gehört von dem furchtbaren Geschehen der letzten Tage. Mit dem, was er im Gespräch sagt, ist er jedoch ganz bei ihrem Thema – was sie freilich erst später bemerken; er belehrt sie nämlich aus dem Alten Testament über Weg und Schicksal des Messias. Aber sie hören und verstehen nichts. Erst beim gemeinsamen Mahl gehen ihnen die Augen auf. In dem Augenblick jedoch, als sie in dem Fremden Jesus erkennen, entschwindet er ihnen.

Im Stil einer Legende beschreibt diese vielleicht schönste Ostergeschichte, wie Jünger zum Glauben und glaubenden Begreifen geführt werden. Der entscheidende Durchbruch geschieht in der Begegnung mit dem Auferstandenen. Aber kaum haben sie ihn erkannt, entzieht er sich ihnen. In diesem Motiv liegt der Schlüssel zum Verständnis der Erzählung. Der Leser soll einsehen: Nicht Jesu leibliche Gegenwart ist das Entscheidende, sondern das Wort, das der Unbekannte auf dem Wege sprach und jetzt als das Wort des auferstandenen Jesus erkennbar ist. So endet die Erzählung damit, daß sich die Jünger an das Gespräch unterwegs erinnern; jetzt begreifen sie, daß das Kreuz Jesu ihre Hoffnung nicht zunichte macht, sondern allererst begründet.

Zwei von den Jüngern wanderten an demselben Tage in ein Dorf namens Emmaus, sechzig Stadien von Jerusalem entfernt. Und sie besprachen sich über all das, was geschehen war. Es begab sich, während sie miteinander sprachen und Überlegungen anstellten, da kam Jesus selbst heran und wanderte mit ihnen. Aber ihre Augen waren gebannt, so daß sie ihn nicht erkannten. Und er sprach zu ihnen: »Was sind das für Reden, die ihr auf dem Weg miteinander führt?« Da blieben sie mit trauriger Miene stehen. Der eine von ihnen, der Kleopas hieß, gab ihm zur Antwort: »Bist du denn der einzige Fremde in Jerusalem, der nichts von dem erfahren hat, was hier in diesen Tagen geschehen ist?« Er sprach zu ihnen: »Was denn?« Sie aber sagten zu ihm: »Das von Jesus, dem Nazarener; er war ein Prophet, mächtig in Tat und Wort vor Gott und allem Volk – wie ihn unsere Hohenpriester und Ratsherren zur Hinrichtung ausgeliefert und ihn gekreuzigt haben? Wir aber hofften, er sei der, der Israel erlösen würde.« ... Da sprach er zu ihnen: »Was seid ihr unverständig und träge in eurem Herzen, all das zu glauben, was die Propheten geredet haben! Mußte der Messias dies denn nicht leiden, um in seine Herrlichkeit einzugehen?« Und er fing mit Mose und allen Propheten an und deutete ihnen in allen Schriften die Worte, die über ihn sprechen. Und als sie an das Dorf, wohin sie wanderten, herankamen, tat er, als wollte er weiterziehen. Da nötigten sie ihn und sagten: »Bleibe mit uns hier, denn es geht gegen Abend und der Tag hat sich schon geneigt.« Und er trat ein, um mit ihnen Herberge zu nehmen. Und es geschah, als er sich mit ihnen zu Tische gesetzt hatte, daß er das Brot nahm, den Segen sprach, es brach und ihnen reichte. Da gingen ihnen die Augen auf, und sie erkannten ihn. Aber er verschwand vor ihnen. Da sagten sie zueinander: »Brannte uns nicht das Herz im Leibe, wie er unterwegs mit uns redete, wie er uns die Schriften erschloß?« Und sie brachen noch zur selben Stunde auf und kehrten zurück nach Jerusalem. (Lk 24, 13–21.25–33)

Der Auftrag an die Jünger

Der folgende Text aus dem Lukasevangelium ist das Beispiel einer von theologischen Reflexionen bestimmten Ostererzählung. Hatten die Jünger nicht doch nur ein Gespenst gesehen? Wenn hier geschildert wird, wie die verwirrten und in törichten Gedanken gefangenen Jünger von der Wirklichkeit des Geschauten überzeugt werden, so geht es um eine gültige Antwort auf die Fragen und Zweifel, die in der Gemeinde aufbrachen oder an sie herangetragen wurden.

Die Geschichte ist freilich nicht allein erzählt, um den Osterglauben zu verteidigen. Sie erreicht ihr eigentliches Ziel erst in dem Wort, mit dem der Auferstandene die Jünger auf ihre künftige Aufgabe hinweist: Verkündigung in seinem Namen – unter allen Völkern[43].

Während die Jünger so redeten, stand er selbst mitten unter ihnen. Erschrocken und von Furcht ergriffen, meinten sie aber, einen Geist zu sehen. Und er sprach zu ihnen: »Was seid ihr verwirrt, und warum steigen Bedenken in euren Herzen auf? Seht meine Hände und Füße! Ich bin es selbst! Betastet mich und begreift, daß ein Geist nicht Fleisch und Bein hat, wie ihr es an mir seht.« Da sie aber vor Freude immer noch nicht glauben wollten und nur staunten, sprach er zu ihnen: »Habt ihr etwas zu essen hier?« Da gaben sie ihm ein Stück gebratenen Fisch; und er nahm und aß es vor ihren Augen.

Und er sprach zu ihnen: »Das sind die Worte, die ich zu euch gesprochen habe, als ich noch bei euch war, daß nämlich alles erfüllt werden muß, was im Gesetz des Mose, in den Propheten und Psalmen über mich geschrieben ist.« Dann öffnete er ihnen den Sinn, die Schriften zu verstehen, und sprach zu ihnen: »So steht geschrieben, daß der Christus leiden muß und am dritten Tage aufersteht und daß in seinem Namen allen Völkern[44] Buße verkündet wird zur Vergebung der Sünden.« (Lk 24, 36–47)

Die Vollmacht der Jünger

Die Erscheinung des Auferstandenen beinhaltete für die ersten Christen nicht nur einen Auftrag, sondern zugleich eine Ermächtigung. Die Erteilung der Vollmacht ist das Thema eines Osterberichtes, den das Johannesevangelium bietet: Jesus tritt in den Kreis der hinter verschlossenen Türen versammelten Jünger und haucht ihnen – wie es ganz realistisch heißt – den Geist ein. Damit überträgt er den Jüngern die Macht,

---

43 Einen weltumspannenden Missionsauftrag erteilt der Auferstandene auch in dem Text, mit dem Matthäus sein Evangelium ausklingen läßt: vgl. S. 207.

44 In manchen Motiven berührt sich diese Erzählung mit der Erzählung von den Emmausjüngern, darin etwa, daß den Jüngern Weg und Schicksal des Messias Jesus vom Alten Testament her begreiflich gemacht wird. – Es ist nicht sicher, ob es sich hier um einen überlieferten Stoff handelt. Möglicherweise hat ihm erst der Evangelist Lukas die heutige Form gegeben.

von Sünden freizusprechen oder sie festzuhalten, das heißt, Anteil an Gottes Heil zu verleihen oder zu verweigern. Der Sache nach werden hier die Macht und Autorität der christlichen Verkündigung zur Geltung gebracht.

Als es Abend war an jenem ersten Tag der Woche, und die Türen des Hauses, in dem die Jünger sich aufhielten, aus Furcht vor den Juden verschlossen waren, kam Jesus und trat in ihre Mitte und sagte zu ihnen: »Friede sei mit euch!« Nach diesen Worten zeigte er ihnen die Hände und die Seite. Da freuten sich die Jünger, als sie den Herrn sahen. Da sagte er noch einmal zu ihnen: »Friede sei mit euch! Wie mich der Vater gesandt hat, sende auch ich euch.« Nach diesen Worten hauchte er sie an und sagte zu ihnen: »Empfangt heiligen Geist. Wem ihr die Sünden erlaßt, denen sind sie erlassen; wem ihr sie festhaltet, denen sind sie festgehalten.« (Joh 20, 19–23)

Das leere Grab

Die Erzählung vom leeren Grab ist Verkündigung der Auferstehung Jesu in Form einer Legende. Ihr besonderer Reiz liegt darin, wie sie das wunderbare Geschehen im Erlebnis der Frauen sich widerspiegeln läßt und auf diese Weise indirekt sichtbar macht. So wahrt sie einerseits sein Geheimnis und kann andererseits doch seine Wirklichkeit hervorheben, ohne es in die Welt handgreiflicher Tatsachen hereinzuziehen. Sie will die Wirklichkeit der Auferstehung Jesu nicht beweisen oder gegen Zweifel oder Verdächtigungen sichern. Die Erzählung kennzeichnet noch eine naive Ursprünglichkeit. Sie berichtet von der Auffindung des leeren Grabes, um Raum zu schaffen für das verkündigende Wort: Jesus ist auferstanden. Es ist nicht so, daß dieses Wort durch das leere Grab gesichert werden soll.

Als der Sabbat vorüber war, kauften Maria von Magdala und Maria, die Tochter des Jakobus, und Salome wohlriechende Salben, um hinzugehn und Jesus zu salben. Und ganz früh am ersten Wochentag, als die Sonne aufging, kamen sie zu dem Grab. Sie sagten bei sich: »Wer wird uns den Stein vom Eingang des Grabes wegwälzen?« Doch als sie aufblickten, sahen sie, daß der Stein schon weggewälzt war – er war nämlich sehr groß. Da betraten sie das Grab und sahen auf der rechten Seite einen jungen Mann in weißem Gewand sitzen; und sie erschraken. Dieser sprach zu ihnen: »Erschreckt nicht! Ihr sucht Jesus von Nazareth, den Gekreuzigten? Er ist auferweckt worden und ist nicht hier. Da ist der Platz, wo man ihn hingelegt hat.« Da gingen sie hinaus und flohen von dem Grab, denn Furcht und Entsetzen hatte sie erfaßt. Jedoch sagten sie niemand etwas; denn sie fürchteten sich.

(Mk 16, 1–6.8)

Matthäus bietet die Grabesgeschichte in wesentlich erweiterter Form. Die hier vorgenommenen Veränderungen erklären sich aus dem Bedürfnis, die christliche Deutung des leeren Grabes zu verteidigen und den Tatsachenbeweis für die Auferstehung Jesu anzutreten. Matthäus hatte bei der Bestattung Jesu berichtet, die jüdische Behörde habe das Grab Jesu durch Wächter sichern lassen. So müssen diese zu Zeugen der Auferstehung Jesu werden. Natürlich können sie das Wunder nicht verhindern: ein Engel erscheint, sie werden zu Boden geworfen und bleiben wie tot liegen. Die jüdischen Oberen fürchten ihre Zeugenschaft; sie versuchen deshalb, sich der Wächter zu versichern, indem sie sie bestachen. Während sie die Jünger des Betrugs bezichtigen (sie hätten Jesu Leichnam gestohlen), erweisen sie sich selbst als Betrüger.

Matthäus schildert zwar noch nicht den Vorgang der Auferstehung, aber er stellt die den Auferstehungsvorgang begleitenden wunderbaren Ereignisse dar und läßt sie den Leser miterleben.

Nach dem Sabbat aber, in der Dämmerung auf den ersten Wochentag kamen Maria von Magdala und die andere Maria, um nach dem Grab zu sehen. Siehe, da kam ein starkes Erdbeben. Ein Engel des Herrn nämlich stieg vom Himmel herab, trat heran und wälzte den Stein weg und setzte sich darauf. Sein Aussehen aber war wie ein Blitz und sein Gewand weiß wie Schnee. Aus Furcht vor ihm aber erbebten die Wächter und wurden wie tot. Der Engel aber wandte sich zu den Frauen und antwortete: »Fürchtet euch nicht! Ich weiß ja, daß ihr Jesus, den Gekreuzigten, sucht. Er ist nicht hier; denn er ist auferweckt worden, wie er gesagt hat. Kommt und seht den Platz, wo er gelegen hat. Und geht schnell hin und sagt seinen Jüngern, er sei auferweckt worden von den Toten. Und siehe, er zieht euch voraus nach Galiläa; dort werdet ihr ihn sehen. Siehe, ich habe es euch gesagt.« Und sie gingen schnell aus dem Grabe heraus voll Furcht und großer Freude und liefen, um es seinen Jüngern zu verkünden. Und siehe, da begegnete Jesus ihnen und sprach: »Seid gegrüßt!« Sie aber traten herzu, erfaßten seine Füße und warfen sich vor ihm nieder. Darauf sprach Jesus zu ihnen: »Fürchtet euch nicht! Geht und verkündet es meinen Brüdern, daß sie nach Galiläa gehen; dort werden sie mich sehen.«

Während sie aber gingen, siehe, da kamen einige von der Wache in die Stadt und meldeten den Hohenpriestern alles, was geschehen war. Da versammelten sie sich mit den Ältesten, hielten Rat und gaben den Soldaten viel Geld und sprachen: »Sagt: seine Jünger sind in der Nacht gekommen und haben ihn gestohlen, während wir schliefen. Wenn dies dem Statthalter zu Ohren kommt, so wollen wir ihn beschwichtigen und machen, daß ihr nichts zu befürchten habt.« Die aber nahmen das Geld und taten, wie man ihnen angegeben hatte. Und dieses Gerede verbreitete sich bei den Juden bis heute.

(Mt 28, 1–15)

Der Endpunkt der sich bei Matthäus bereits abzeichnenden Entwicklung ist beim Petrusevangelium erreicht. Hier ist alle Zurückhaltung aufgegeben. Der Leser erfährt, bis in die Einzelheiten hinein, wie die Auferstehung Jesu vor sich gegangen ist, und wird so Zeuge eines großartigen Schauspiels. Die Ostererzählung des Petrusevangeliums ist der Tatsachenbericht eines Mirakels.

Frühmorgens, als der Sabbat anbrach, kam ein Volkshaufen aus Jerusalem und der Umgebung, um das versiegelte Grab zu sehen. In der Nacht aber, in welcher der Herrentag aufleuchtete, als die Soldaten, jede Ablösung zu zweit,

Wache standen, erscholl eine laute Stimme am Himmel, und sie sahen die Himmel geöffnet und zwei Männer in einem großen Lichtglanz von dort herniedersteigen und sich dem Grabe nähern. Jener Stein, der vor den Eingang des Grabes gelegt war, geriet von selbst ins Rollen und wich zur Seite, und das Grab öffnete sich, und beide Jünglinge traten ein. Als nun jene Soldaten dies sahen, weckten sie den Hauptmann und die Ältesten – auch diese waren nämlich bei der Wache zugegen. Und während sie erzählten, was sie gesehen hatten, sahen sie wiederum drei Männer aus dem Grabe herauskommen und die zwei den einen stützen und ein Kreuz ihnen folgen und das Haupt der zwei bis zum Himmel reichen, dasjenige des von ihnen an der Hand Geführten aber die Himmel überragen. (Petrusevangelium 34–40)

VI. Die Worte Jesu

Die Worte Jesu, auch Logien genannt, sind ein wesentlicher Bestandteil der Jesusüberlieferung. Das gilt für ihr inhaltliches Gewicht wie für ihren Umfang. In die Darstellung des Markusevangeliums sind nur wenige Jesusworte aufgenommen worden. Hier überwiegen die Erzählungen. Anders ist das bei den umfangreicheren Evangelien des Matthäus und Lukas. Sie geben den Jesusworten viel Raum und bieten sie in »Reden« dar. Matthäus und Lukas haben das Spruchgut jedoch nicht selbst zusammengetragen. Sie konnten auf eine ältere Sammlung von Jesusworten, die sog. Spruch- oder Logienquelle Q, zurückgreifen. Diese Quelle ist zwar nicht mehr erhalten; ihre Existenz ist aber aus der Tatsache zu erschließen, daß Matthäus und Lukas den Stoff der Reden weithin gleichlautend darbieten, ohne voneinander abhängig zu sein. Daß man Jesusworte in einer Schrift gesondert sammelte, läßt erkennen, welch hohe Bedeutung die Gemeinde gerade diesem Teil der Jesustradition beimaß.

Charakteristisch ist für sie der Einzelspruch, der eine in sich geschlossene, selbständige Sinneinheit bildet. Es handelt sich um sprachliche Formen von großer gedanklicher Dichte und Prägnanz. Die Reden der Evangelien sind Zusammenstellungen solcher Einzelsprüche. Sie entfalten kein Thema, beschreiben keinen gedanklichen Weg und führen auch nicht auf ein Ziel hin, sind also keine Reden im üblichen Sinne.

Wie bei den Erzählungen, so ist auch bei der Spruchüberlieferung eine Vielfalt von Stilformen zu erkennen. Neben dem sprichwortartig belehrenden Weisheitswort steht der Propheten-Spruch mit Heilszusage oder Drohung, neben dem apokalyptischen Wort, das endzeitliches Geschehen enthüllt, die ethische Anweisung, neben dem Bildwort oder Gleichnis der Grundsatz einer Gemeinschaftsordnung [1]. In der Spruchüberlieferung zeigt sich Jesus also in den verschiedensten »Gestalten«: als Weisheitslehrer und Prophet, als apokalyptischer Seher und Gesetzeslehrer. Ihr Jesusbild ist frei von dogmatisch-überhöhender Deutung; es hält sich, ähnlich wie das der alten Geschichten (vgl. S. 111 ff.), im Rahmen des Menschlichen. Ein christologischer Hoheitstitel begegnet einzig in einer kleinen Gruppe von Texten, in den Menschensohn-Worten. Dennoch enthält die Überlieferung der Jesusworte eine ausgeprägte Christologie. Mit ihr bekundet die Gemeinde, daß

1 Wir werden verschiedene Stilformen unten an Textbeispielen verdeutlichen.

sie sich in ihrem ganzen Leben, in Fragen der Gemeindeordnung, des sittlichen Verhaltens und ihres Selbstverständnisses auf Jesus beruft und von ihm her die Maßstäbe ihres Denkens und Tuns gewinnt. Das heißt: Jesus wird hier als absolute Autorität bezeugt. Wenn man im Urchristentum einen Ausspruch als Jesuswort kennzeichnete, dann tat man es nicht, um den historischen Urheber zu nennen, sondern um zum Ausdruck zu bringen: Was hier gesagt ist, hat den Rang letztverbindlicher Wahrheit [2].

Eine große Zahl der synoptischen Jesusworte geht auf Jesus zurück. Die urchristliche Gemeinde sammelte sie im Rahmen ihrer Überlieferung. Sie fühlte sich jedoch nicht verpflichtet, von Jesus Überkommenes respektvoll zu bewahren. Es fällt im Gegenteil auf, wie freizügig man damit umging. Es gibt kaum ein Jesuswort, das in den verschiedenen Evangelien völlig gleichlautend überliefert wäre. Die Gemeinde hat die Jesusworte unbedenklich umgeformt, auch in ihrem Sinn verändert. Tradition war für sie ein Prozeß der Aktualisierung von Überliefertem. Man zog die Worte Jesu in die geschichtlichen Bewegungen der Gemeinde hinein und versuchte, sie den Gegebenheiten entsprechend neu zur Geltung zu bringen. Die Gemeinde hat darüber hinaus aber auch selbst Jesusworte geschaffen. Den ersten Christen ist dabei nie der Gedanke gekommen, damit gegen das Gebot der Wahrhaftigkeit zu verstoßen (wie wir das heute sehen). Das hat seinen Grund darin, daß man in der Anfangszeit des Christentums in einer für uns unvorstellbaren Weise der unmittelbaren Gegenwart Jesu gewiß war. Das Versprechen Jesu: »Wo zwei oder drei in meinem Namen versammelt sind, da bin ich mitten unter ihnen« (Mt 18, 20), war erfahrene Wirklichkeit. Man sprach und handelte in Jesu Namen. Die Gegenwart Jesu wurde geradezu greifbar in dem Wirken urchristlicher Propheten, die mit charismatischer Überzeugungskraft aussprachen, was der »Herr« jetzt und hier sagt – ähnlich wie die alttestamentlichen Propheten, die mit dem Anspruch auftraten, das Wort Jahwes zu sagen. Die von der Gemeinde geschaffenen Jesusworte sind zum Teil als Aussprüche solcher Propheten zu verstehen.

Die in der Logienüberlieferung zur Sprache gebrachten Inhalte sind sehr verschiedenartig. Zu einem großen Teil weisen sie in eine Situation, die sich für die Christen dadurch ergab, daß sie sich aus dem Verband des Judentums lösten und vor der Notwendigkeit standen, eine eigene Gemeinde zu bilden. So geht es in vielen Jesusworten um Fragen des Selbstverständnisses der Gemeinde. Was ist christliche Gemeinde? Worin gründet ihr theologisches Recht? Wie verhält es sich mit Israel, dem alten Gottesvolk, ist es endgültig verworfen? Der Missionsaufgabe ist man sich von Anfang an bewußt gewesen: Was haben die christlichen Missionare auf ihren Wegen zu beachten? Die Mission war nicht nur eine Sachfrage, sondern auch eine Frage der persönlichen Glaubwürdigkeit der Missionare. Man mußte auch darüber Klar-

2 Natürlich kann die Angabe »Jesus sprach« auch historisch zutreffen. Entscheidend ist indessen, daß diese Angabe nicht historisch *gemeint* ist.

heit gewinnen, wie das Leben eines Christen aussehen soll und was Nachfolge Jesu heißt – im Blick auf das ethische Verhalten allgemein wie in der brüderlichen Gemeinschaft im besonderen. Wahrscheinlich hat man Verhaltensanweisungen schon sehr früh in größeren Spruchеinheiten zusammengefaßt und im Gemeindeunterricht als eine Art Katechismus verwandt.

Einen breiten Raum nimmt in der Wortüberlieferung neben all dem die Enderwartung ein. Sie wurde in der Urchristenheit zum Problem, da sie sich – wie mit der Zeit zunehmend deutlicher wurde – nicht erfüllte. Die Wortüberlieferung läßt in eindrucksvoller Weise erkennen, wie man sich dieses Problems bewußt wurde und es bewältigte.

Wir werden im folgenden so vorgehen, daß wir den Stoff der Spruchüberlieferung nicht nach äußeren Formmerkmalen, sondern nach thematischen Gesichtspunkten geordnet darbieten. Die Jesusworte sind Dokumente, die über das Leben und Denken des Urchristentums Auskunft geben. Sie ergänzen das bisher aus anderen Zusammenhängen gewonnene Bild des Urchristentums, erschließen aber auch neue Erkenntnisse. Wir beginnen mit den Texten, in denen die Enderwartung zur Sprache kommt.

1. Die Enderwartung

Jesus war, wie schon vor ihm Johannes der Täufer, davon überzeugt, daß das Ende der Welt und das Kommen der Gottesherrschaft unmittelbar bevorstehen. Naherwartung in diesem Sinne war eines der Merkmale seiner Verkündigung. In einer gespannten Naherwartung befand sich auch die urchristliche Gemeinde der ersten Zeit. Vielleicht hat sich hier die Spannung auf das Ende gegenüber Jesus selbst noch gesteigert. War man doch gewiß, daß mit der Auferstehung Jesu die Endereignisse bereits in Gang gekommen seien und ihre Vollendung keine Frage der *Zeit* mehr sein könne. Man rechnete anfangs allgemein damit, daß das Weltende innerhalb der gegenwärtigen Generation eintreten würde.

Allen Erwartungen zum Trotz blieben die Endereignisse aus. Dieser Erfahrung mußte sich die Gemeinde stellen. Je länger die Zeit sich dehnte, desto dringlicher wurde das Problem. Zunächst hat man noch versuchen können, die eschatologische Spannung aufrecht zu erhalten. Man sprach von einer Verzögerung des Endes, ließ den Zeitpunkt seines Eintretens offen, betonte aber, es werde *plötzlich* hereinbrechen. Deshalb gelte es, wachsam und *jederzeit* bereit zu sein. Damit war die ursprüngliche Naherwartung in eine »zeit«-gerechte Form überführt. Eine dauerhafte Lösung des Problems war damit nicht gewonnen. Die Entwicklung ging weiter. Mit der Zeit verlor die Enderwartung ihre aktuelle Bedeutung und spielte nur noch die Rolle einer Lehre von den »letzten Dingen«. Diese Lösung liegt freilich außerhalb des Zeitraums, in dem die Spruchüberlieferung entstand.

Diese Entwicklung läßt die Bereitschaft des Urchristentums erkennen, sich auf die Zeiterfahrung einzustellen und die eschatologische Erwartung ihr entsprechend zu gestalten. Man war sich der Problematik voll bewußt. Das zeigt sich vor allem darin, daß man da und dort sich bemerkbar machenden Tendenzen entgegentrat, die Naherwartung in ihrer ursprünglichen Form neu zu entfachen.

Offenbar hat man die Fragwürdigkeit einer eschatologischen Schwärmerei durchschaut. »Es ist noch nicht das Ende«, betonte man ihr gegenüber mit Nachdruck. Zugleich begann man, ein eschatologisches Zukunftsbild zu entwerfen. Die Endereignisse wurden ausführlich und in der Abfolge ihrer einzelnen Phasen geschildert. Damit vergewisserte man sich ihrer Realität. Die detaillierte Kenntnis über den Ablauf des Endgeschehens konnte dazu helfen, die Enttäuschung über seine Verzögerung zu überwinden. Man machte es damit greifbar. Bei seiner Darstellung bediente man sich des reichen Bestandes an Vorstellungen, Bildern und Motiven, die in der spätjüdischen Apokalyptik entwickelt worden sind (vgl. S. 36). Jesus hatte ihnen in seiner Verkündigung keinen Raum gewährt. Jetzt, im Urchristentum, strömen apokalyptische Traditionen und Anschauungen in reichem Maße ein und gewinnen Eigengewicht. So entsteht eine christlich firmierte Apokalyptik. Ihr ältestes Zeugnis ist die sog. synoptische Apokalypse [3].

Die Enderwartung wurde im Rahmen der Logientradition noch in anderer Richtung ausgestaltet. Sprach Jesus in seiner Verkündigung vom Kommen der *Gottes*herrschaft [4], so sah man sich in der nachösterlichen Gemeinde veranlaßt, *Jesus* eine Funktion im endzeitlichen Geschehen zuzuschreiben. Jetzt richtete sich die Erwartung auf Jesus selbst, auf seine Parusie, das heißt: sein endzeitliches Kommen auf die Erde zum Gericht und zur Sammlung der Heilsgemeinde [5]. Bei der Schilderung der endzeitlichen Funktionen Jesu hat man auf vorgeprägte jüdische Vorstellungen zurückgegriffen. Besondere Bedeutung erlangte die große apokalyptische Richter- und Heilbringergestalt »Menschensohn«, mit der man Jesus identifizierte, um seine Rolle im Endgeschehen zu fixieren. Diese neue Sicht Jesu ist jedoch keineswegs auf ein unkontrolliertes Einströmen jüdisch-apokalyptischer Traditionen zurückzuführen. Sie liegt vielmehr in der Konsequenz der glaubensmäßigen Bindung an Jesus: Wie er der ist, der durch sein Wort und Wirken *jetzt* Heil ge-

---

3 Darunter versteht man die die Endereignisse enthüllende Rede Jesu in Markus 13 (bzw. Mt 24 und Lk 21). In der Bezeichnung wird ein sachlicher Zusammenhang mit der Schriftengruppe der Apokalypsen (vgl. S. 430 ff.) angedeutet, zu der auch die »Offenbarung des Johannes« im Neuen Testament gehört.

4 »Gottesherrschaft« war im Urchristentum nicht überall der Begriff, in den man die Zukunfterwartung zusammenfaßte. Bei Paulus spielt er zum Beispiel keine wesentliche Rolle.

5 Den Sinn von »Wiederkunft« bekam der Begriff »Parusie« erst später, als man das gesamte Werk Jesu umfassend darstellte und das Kommen Jesu in der Gestalt eines Menschen und das endzeitliche Kommen als Richter und Heilbringer unterscheiden wollte.

währt, so liegt auch dessen künftige *Vollendung* in seiner Hand. Es ist freilich zu beachten, daß nicht der auf Erden wirkende Jesus »Menschensohn« genannt wird, sondern speziell der kommende Richter und Heilbringer. Beide Stadien des Wirkens Jesu sind deutlich auseinandergehalten[6].

Das Ausbleiben der Parusie war für das Urchristentum ein Problem, das bewältigt werden mußte. Es hat aber keine lebensgefährliche Krise ausgelöst. Erstaunlicherweise ist das nicht geschehen. Der Grund dafür ist darin zu sehen, daß die christliche Gemeinde aus dem lebte, was die Geschichte Jesu bereits gebracht und gezeigt hat; das vor allem bestimmte und erfüllte ihre Gegenwart. Die Fragen endzeitlicher Zukunft waren nicht bedeutungslos; hier ging es aber nicht um fundamentale Glaubensfragen.

Die Nähe des Endes

Amen[7], ich sage euch, ihr werdet nicht mit den Städten Israels zu Ende sein[8], bis der Menschensohn kommt. (Mt 10, 23)

Amen, ich sage euch, diese Generation wird gewiß nicht vergehn, bis dies alles geschieht. (Mk 13, 30)

Amen, ich sage euch, es sind *einige* unter denen, die hier stehen, die werden den Tod nicht schmecken, bis sie das Reich Gottes sehen gekommen in Kraft[9]. (Mk 9, 1)

Wachsamkeit und Bereitschaft

Die Erfahrung, daß sich die Parusie Jesu offenbar verzögert, ist der Hintergrund des immer wieder abgewandelten Aufrufs zur Wachsamkeit, zu dauernder Bereitschaft und gewissenhaftem Dienst. Der Aufruf ist oft in die Form von Gleichnissen gekleidet, die das Ziel haben, die eigene Situation durchsichtig zu machen.

Wenn der Hausherr wüßte, in welcher Nachtwache der Dieb kommt, würde er wachen und nicht in sein Haus einbrechen lassen. Darum seid auch ihr bereit; denn der Menschensohn kommt zu einer Stunde, wo ihr es nicht vermutet. (Mt 24, 43–44)

---

6 Zum Menschensohntitel vgl. S. 118, Anmerkung 20.

7 Im Judentum diente die Formel »Amen« dazu, das von einem anderen gesprochene Wort zu bekräftigen und zu bestätigen. In der Evangelienüberlieferung leitet »Amen« einen Ausspruch Jesu ein. So entsteht die charakteristische Redeform: »Amen, ich sage euch ...«. Die Formel bekräftigt schwurartig die unbedingte Verläßlichkeit des Gesagten und soll zugleich die Autorität bzw. den Autoritätsanspruch Jesu markieren. Die Redeform geht wahrscheinlich auf Jesus selbst zurück.

8 Gemeint ist: mit der Mission in den Städten Israels.

9 Bei diesem Spruch handelt es sich um eine apokalyptische Weissagung.

Wer ist der treue und kluge Verwalter, den der Herr über seine Dienerschaft setzen wird, damit er ihnen zur rechten Zeit ihre Brotration zuteile? Selig der Sklave, den sein Herr, wenn er kommt, solches tun findet. Wahrhaftig, ich sage euch, über seine ganze Habe wird er ihn setzen. Wenn aber jener Knecht bei sich spricht: »Mein Herr bleibt noch lange aus«, und anfängt, die Sklaven und Mägde zu schlagen, zu essen und zu trinken und betrunken zu werden, dann wird der Herr jenes Sklaven an einem Tage kommen, da er es nicht erwartet, und zu einer Stunde, die er nicht kennt, und wird ihn entzweihauen und ihm seinen Platz bei den Treulosen geben. (Lk 12, 42–46)

Habt acht auf euch, daß eure Herzen nicht von Rausch und Trunkenheit und Sorgen um das tägliche Leben belastet werden und jener Tag euch plötzlich wie ein Fallstrick überfällt. Denn er wird kommen über alle, die auf der ganzen Erde wohnen. Vielmehr wacht allezeit und betet, damit ihr all dem, was geschehen wird, entrinnen und vor den Menschensohn hintreten könnt. (Lk 21, 34–36)

Eure Lenden seien gegürtet und eure Leuchten angezündet. (Lk 12, 35)

Gebt acht! Wacht! Denn ihr wißt nicht, wann der Zeitpunkt da ist. Es ist wie bei einem Mann, der auf Reisen ging. Er verließ sein Haus und gab den Sklaven Vollmacht, jedem seine Arbeit; und dem Türhüter trug er auf zu wachen. Also wacht! Denn ihr wißt nicht, wann der Hausherr kommt, ob abends oder um Mitternacht oder beim Hahnenschrei oder morgens, daß er nicht plötzlich kommt und euch schlafend findet. (Mk 13, 33–36)

Der Tag des Menschensohns

Er wird plötzlich wie ein Blitz über der Welt aufleuchten und die Menschen mitten in ihrem Alltag überraschen. Dieses Ereignis hat große klassische Vorbilder: das Flutgericht zur Zeit Noahs und das Feuergericht über Sodom. Wenn der Tag des Menschensohnes da ist, wird niemand darüber im unklaren sein.

Möglicherweise geht der Grundbestand des folgenden Textes auf Jesus selbst zurück. Er hätte dann nicht nur den Anbruch der Gottesherrschaft verkündet, sondern daneben auch vom Kommen des Menschensohns gesprochen. In diesem Fall hätte sich Jesus allerdings nicht selbst für den Menschensohn gehalten! Die Gleichsetzung von Jesus und Menschensohn vollzog erst die Gemeinde.

Es werden Tage kommen, in denen ihr danach verlangen werdet, auch nur einen der Tage des Menschensohns zu sehen; und ihr werdet ihn nicht sehen. Und man wird zu euch sagen: Siehe, dort! Siehe, hier! Geht nicht hin und lauft nicht nach! Denn wie der aufzuckende Blitz von der einen Seite des Horizonts bis zur anderen aufleuchtet, so wird es mit dem Menschensohn an seinem Tage sein ... Und wie es in den Tagen Noahs war, so wird es auch in den Tagen des Menschensohns sein: Man aß, trank, heiratete, ließ sich heiraten bis zu dem Tag, an dem ›Noah in die Arche ging‹. Da brach die Flut ein und vernichtete alle. Ähnlich war es in den Tagen Lots: Man aß, trank, kaufte, pflanzte, baute; aber an dem Tag, an dem Lot aus Sodom fortzog, ›da ließ er Feuer und Schwefel vom Himmel regnen‹ und vernichtete alle. Genauso wird es sein an dem Tage, an dem der Menschensohn erscheint. Wer an jenem Tage auf dem Dach ist und seine Geräte im Hause hat, soll nicht hinabsteigen, um sie zu holen. Ebenso soll, wer auf dem Felde ist, nicht zurückkehren. Denkt an die Frau Lots! ... Ich sage euch: In dieser Nacht werden zwei Menschen auf einem Lager sein; der eine wird angenommen, der andere zurückgelassen werden. Zwei werden zusammen mahlen; die eine wird angenommen, die andere zurückgelassen werden. (Lk 17, 22–35)

Das Gleichnis von den klugen und törichten Jungfrauen

Das Gleichnis von den klugen und törichten Jungfrauen ist eine allegorische Erzählung, das heißt: die in Bildern verschlüsselte Schilderung eines Vorgangs. Es wirkt weithin konstruiert. Gewiß war es Brauch, daß der Bräutigam zur Hochzeit von Jungfrauen eingeholt wurde; aber man hat aufs ganze gesehen den Eindruck, als werde hier von etwas ganz anderem als von einer Hochzeit gesprochen. Durchsichtig wird die Erzählung erst dann, wenn man weiß, daß der Bräutigam niemand anders ist als Jesus.

Die Erzählung setzt damit ein, daß sie die Situation der Gemeinde im Blick auf die Parusie Jesu bildhaft veranschaulicht: Das Kommen Jesu zieht sich hin. Sie hebt nicht auf die Wachsamkeit ab. Die Jungfrauen schlafen alle! Darüber fällt auch kein Wort des Tadels. Dem Gleichnis geht es vielmehr darum, die Situation selbst bewußt zu machen und am Beispiel der klugen Jungfrauen aufzuzeigen, was sie verlangt. Ihre Klugheit besteht darin, daß sie auf das Ausbleiben des Bräutigams eingestellt waren und vorgesorgt haben. Die fünf anderen bleiben ausgeschlossen. Darin liegt eine Warnung an die Gemeinde: Es kommt alles darauf an, die *ganze* Zeit durchzustehen.

Dann wird das Himmelreich zehn Jungfrauen gleichen, die ihre Lampen nahmen und auszogen, dem Bräutigam entgegen. Fünf von ihnen waren aber töricht und fünf klug. Die törichten nämlich nahmen wohl ihre Lampen, aber kein Öl mit sich; die klugen aber nahmen zu ihren Lampen auch Öl in Gefäßen mit. Als aber der Bräutigam lange ausblieb, nickten sie alle ein und schliefen. Mitten in der Nacht aber erscholl der Ruf: »Da ist der Bräutigam! Zieht ihm entgegen!« Da standen alle die Jungfrauen auf und brachten ihre Lampen in Ordnung. Die törichten aber sagten zu den klugen: »Gebt uns von eurem Öl; denn unsere Lampen wollen ausgehen.« Die klugen aber gaben zur Antwort: »Es könnte nicht reichen für uns und euch. Geht lieber zu den Händlern und kauft euch!« Während sie aber zum Einkaufen weggingen, kam der Bräutigam; und diejenigen, die bereit waren, gingen mit ihm hinein zur Hochzeit. Und die Tür wurde geschlossen. Später aber kamen auch die übrigen Jungfrauen und sagten: »Herr, Herr, mache uns auf!« Er aber gab zur Antwort: »Amen, ich sage euch, ich kenne euch nicht.« (Mt 25, 1–12)

Die synoptische Apokalypse

Im Markusevangelium ist ein Text erhalten, der den Ablauf des Endgeschehens in seinen einzelnen Phasen schildert. Er hat die Form einer die Zukunft enthüllenden Offenbarungsrede Jesu. Der Stoff stammt zu wesentlichen Teilen aus der jüdischen Apokalyptik. Es finden sich z. T. wörtliche Anklänge an die älteste jüdische Apokalypse, das Buch Daniel. Manches deutet darauf hin, daß der apokalyptischen Rede eine kurze jüdische Apokalypse als Quelle zugrunde liegt. Höhepunkt des Geschehens ist das Erscheinen des Menschensohns, das nach Daniel 7 beschrieben wird (vgl. Band AT, S. 555 ff.). Krieg, Bedrängnis und kosmische Katastrophen gehen ihm voraus. Die Auserwählten, die diese Zeit der Wirren durch Klugheit und Ausdauer bestehen, wird der Menschensohn in der endzeitlichen Heilsgemeinde sammeln. Mit diesem Zukunftsbild will der Text die vielleicht akut bedrängte Gemeinde zur Bewährung aufrufen. Er will aber auch warnen: vor falschen Propheten und Leuten, die sich als Messias ausgeben.

Da begann Jesus zu ihnen zu sprechen: »Gebt acht, daß niemand euch irreführt! Viele werden in meinem Namen kommen und sagen: ›Ich bin es‹, und werden viele irreführen. Wenn ihr aber von Kriegen und Kriegsgerüchten hört, erschreckt nicht! Das ›muß so kommen‹; *aber es ist noch nicht das Ende.* Denn: ›Volk wird sich erheben gegen Volk und Reich gegen Reich.‹ Erdbeben werden sein hier und da, Hungersnöte werden sein; aber das ist erst der Anfang der Bedrängnis. Ihr aber, seht euch vor! Man wird euch den Gerichten überliefern, in den Synagogen geißeln und vor Statthalter und Könige stellen um meinetwillen, ihnen zum Zeugnis. Wenn man euch hinführt und überliefert, macht euch vorher keine Sorgen, was ihr reden sollt, sondern was euch zu jener Stunde gegeben wird, das redet. Denn nicht ihr seid es, die reden, sondern der heilige Geist. Ein Bruder wird den Bruder überliefern zum Tode und ein Vater sein Kind; und ›Kinder werden sich erheben gegen ihre Eltern‹ und sie zu Tode bringen. Ihr werdet von allen gehaßt sein um meines Namens willen. Wer aber standhält bis ans Ende, der wird gerettet werden.

Wenn ihr den ›Greuel der Verwüstung‹ [10] stehen seht an einer Stelle, wo es nicht sein darf – der Leser merke auf! –, dann sollen die Leute von Judäa in die Berge fliehen. Wer auf dem Dache ist, soll nicht hinabsteigen und hineingehen, um etwas aus dem Hause zu holen. Wer auf dem Felde ist, soll nicht zurückkehren, um seinen Mantel zu holen. Wehe den Schwangeren und den Stillenden in jenen Tagen. Betet auch, es möge nicht im Winter geschehen. Denn jene Tage werden sein ›eine Bedrängnis, wie es keine gab von Anfang der Schöpfung‹, die Gott geschaffen hat, bis jetzt und nicht mehr sein wird. Und wenn der Herr jene Tage nicht verkürzt hätte, würde niemand gerettet;

---

10 Diese Wendung stammt aus dem Danielbuch. Vermutlich bestand für die Verfasser der synoptischen Apokalypse aktueller Anlaß, darauf zurückzugreifen. Der römische Kaiser Caligula (37–41 n. Chr.) hatte die Absicht, im Tempel zu Jerusalem eine Götterstatue aufzustellen. Darauf könnte mit dieser Wendung angespielt sein.

aber um der Erwählten willen, die er erwählt hat, hat er die Tage verkürzt. Wenn euch dann jemand sagt: hier ist der Messias, dort ist er, so glaubt es nicht; denn es werden falsche Messiasse und falsche Propheten auftreten und ›Zeichen und Wunder tun‹, um womöglich auch die Erwählten zu verführen. Ihr aber sehet zu; ich habe euch alles vorausgesagt.

Aber in jenen Tagen nach jener Bedrängnis wird ›die Sonne sich verfinstern und der Mond seinen Schein nicht mehr geben, die Sterne werden vom Himmel fallen und die Himmelsmächte erschüttert werden‹. Dann wird man ›den Menschensohn in den Wolken kommen‹ sehen mit großer Macht und Herrlichkeit. Und dann wird er die Engel aussenden und die Erwählten sammeln ›aus den vier Winden, vom Ende der Erde bis zum Ende des Himmels‹. (Mk 13, 5–9.11–27)

2. Jüngerschaft und Nachfolge

Jesus hat Männer aus Galiläa aufgefordert, ihm als Jünger nachzufolgen. Die Überlieferung hat dies festgehalten und dazu Aussprüche aufgezeichnet, die erläutern, was mit »Nachfolge« gemeint ist. Für die Gemeinde hatten diese Worte und Szenen einen aktuellen Sinn. Ihre sprachliche Gestaltung, vor allem die der Berufungsszenen, deutet darauf hin, daß hier etwas Allgemeines und Grundsätzliches zum Ausdruck gebracht werden soll, daß es also nicht um die Jünger damals geht, sondern um Jüngerschaft und Nachfolge Jesu überhaupt, jetzt und immer. Mit anderen Worten: Die Berufungsgeschichten und Nachfolgeworte sind Zeugnisse, in denen die Gemeinde ihr Verständnis christlicher Existenz erläutert. »Jünger« war im Urchristentum eine feste Bezeichnung für »Christen«.

Nach dem Bild der Spruchüberlieferung hat Jüngerschaft ihren Grund allein in dem berufenden Wort Jesu. Nirgends ist von Fähigkeiten und Eigenschaften die Rede, die den einen oder anderen empfohlen haben könnten. Die Gründe der Wahl Jesu werden nicht durchsichtig gemacht. Statt dessen wird sein Ruf als das souverän bestimmende Machtwort dargestellt, das aus beruflichen und familiären Bindungen herauslöst und in neue Aufgaben oder ein neues Leben einweist. Jüngerschaft ist keine Weise menschlicher Selbstdarstellung, sondern Gehorsam, ein *Nach*folgen.

Ebenso wichtig ist ein Zweites: Jüngerschaft und Nachfolge werden nicht von lehrmäßigen oder weltanschaulichen Überzeugungen her interpretiert, sondern als gelebte Gefolgschaft. Mit schneidender Schärfe bisweilen wird bewußt gemacht: Hier geht es um ein bedingungsloses Ja oder Nein.

Jüngerschaft ist christlich gesehen etwas anderes als im zeitgenössischen Judentum. Hier begab sich der Schüler aus eigenem Entschluß zu einem Rabbi, um bei ihm zu studieren und in die Kunst der Schriftauslegung eingeführt zu werden. Nach Beendigung des Studiums war er selbst ein »Meister«; ihm stand nun das Recht zu, mit »Rabbi« angesprochen zu werden.

Jüngerschaft Jesu endet nicht in »Meisterschaft«, sondern ist eine bleibende Grundbestimmung der Existenz.

Wenn die ersten Christen über Jüngerschaft und Nachfolge nachdachten, konnten sie nicht an der Situation vorbeigehen, in der sie zu leben hatten. Diese war von Anfang an durch einen mehr oder minder massiven Druck der Umwelt gekennzeichnet. Er konnte sich zur Verfolgung steigern. Soweit sie Judenchristen waren, gehörten sie »juristisch« zum Verband des Judentums und konnten vor die Synagogen-Gerichte gebracht und verurteilt werden, etwa zu öffentlicher Auspeitschung.

Diese Situation ist Thema vieler Nachfolgeworte. Sie stellen vor das Entweder-Oder von Bekennen und Verleugnen, mahnen zur Standfestigkeit oder fordern dazu auf, die Situation als das dem Jünger Jesu zugewiesene Geschick zu begreifen. So kompromißlos hart ihre Sprache ist, so deutlich ist auch: Sie wollen den Weg zeigen, dem eine unverbrüchliche Heilszusage gilt.

Jüngerberufungen

Erzählt wird eigentlich gar nichts: weder im Fall der vier galiläischen Fischer, die später berühmte Persönlichkeiten in der Gemeinde waren, noch bei dem empörenden Fall des Mannes im Zollhaus; man erfährt weder etwas darüber, weshalb Jesus gerade diese Männer ansprach, noch etwas über die Gründe, die diese veranlaßten, alles liegen zu lassen und ihm zu folgen. Die Szene ist ganz auf den verfügenden Ruf abgestellt, mit dem sich Jesus wie ein Souverän an die Männer wendet und sie zur Nachfolge bestimmt.

Im Vorübergehen sah Jesus Levi, den Sohn des Alphäus, im Zollhaus sitzen und sprach zu ihm: »Folge mir nach!« Da stand er auf und folgte ihm nach. (Mk 2, 14)

Als Jesus am See von Galiläa entlangging, sah er Simon und Andreas, den Bruder Simons, das Netz auf dem See auswerfen; sie waren nämlich Fischer. Da sprach Jesus zu ihnen: »Kommt her, mir nach; ich will euch zu Menschenfischern machen.« Und sogleich verließen sie die Netze und folgten ihm nach. Und als er ein wenig weiterging, sah er Jakobus, den Sohn des Zebedäus, und seinen Bruder Johannes, auch sie im Boot, wie sie die Netze instandsetzten. Und sofort rief er sie. Da ließen sie ihren Vater Zebedäus mit seinen Tagelöhnern im Boot und gingen weg, hinter ihm her.(Mk 1, 16–20)

Nachfolgeworte

Die Nachfolge Jesu bedeutet ein Heraustreten aus dem gewohnten, von allgemein anerkannten Grundsätzen vorgezeichneten Leben. Rasch aufflackernde Begeisterung reicht nicht aus. Nachfolge erfordert »rücksichtslose« Entschiedenheit, die sich nicht beirren läßt. So konnte Jesus mit äußerster Schroffheit einem Jünger die Erfüllung selbstverständlicher Pietätspflicht gegenüber dem toten Vater untersagen.

Als sie so gingen, sagte unterwegs jemand zu ihm: »Ich will dir folgen, wohin du auch gehst.« Da sprach Jesus zu ihm: »Die Füchse haben Höhlen und die Vögel des Himmels Nester, aber der Menschensohn hat keinen Platz, wo er sein Haupt hinlegen kann.«

Zu einem anderen aber sprach er: »Folge mir.« Der aber sagte: »Erlaube mir, vorher zu gehen und meinen Vater zu begraben.« Er aber sprach zu ihm: »Laß die Toten ihre Toten begraben, du aber gehe und verkünde die Herrschaft Gottes!«

Es sagte aber noch ein anderer: »Ich will dir folgen, Herr; erlaube mir nur erst, von den Leuten in meinem Haus Abschied zu nehmen.« Jesus aber sprach zu ihm: »Niemand, der die Hand an den Pflug legt und zurückschaut, taugt für die Herrschaft Gottes.« (Lk 9, 57–62)

Der Weg des Jüngers

Familiäre Zerwürfnisse, Haß, Verhöre – das sind die markanten Merkmale der Situation, in der sich der Jünger vorfindet und in die er durch Jesus immer wieder hineingeführt wird. So haben die ersten Christen ihr Christsein erfahren, und sie waren sich dessen bewußt, daß dies eine notwendige, unvermeidbare Erfahrung war – es sei denn, daß sie alles preisgeben wollten. Ihr »Bekennen« wurde nicht von einem irdisch aufweisbaren Sinn getragen, sondern von der Gewißheit, daß es sich am Ende der Tage als sinnvoll enthüllen wird. Den Nachfolgeworten geht es darum, die bedrängten Christen in dieser Gewißheit zu halten.

Jeder, der sich zu mir bekennt vor den Menschen, zu dem wird sich auch der Menschensohn bekennen vor den Engeln Gottes. Wer mich aber verleugnet vor den Menschen, der wird verleugnet werden vor den Engeln Gottes. (Lk 12, 8–9)

Selig seid ihr, wenn man euch schmäht, verfolgt und verleumderisch alles mögliche Böse wider euch redet um meinetwillen. Freut euch und frohlockt; denn euer Lohn ist groß im Himmel. Genauso hat man die Propheten vor euch verfolgt. (Mt 5, 11–12)

Wenn mir jemand nachfolgen will, so soll er sich selbst verleugnen und sein Kreuz aufnehmen – und mir nachfolgen. Denn wer sein Leben bewahren will, wird es verlieren. Wer aber sein Leben um meinet- oder des Evangeliums willen verliert, der wird es bewahren. Was könnte es einem Menschen nützen, die ganze Welt zu gewinnen und sein Leben einzubüßen? Was kann der Mensch als Preis für sein Leben geben[11]? (Mk 8, 34–37)

11 Die beiden letzten Sätze haben den Charakter von sprichwortartigen Weisheitslehren.

Nehmt euch in acht vor den Menschen, denn sie werden euch den Gerichten überliefern und euch in ihren Synagogen geißeln; auch vor Statthalter und Könige werdet ihr gebracht werden um meinetwillen, ihnen und den Heiden zum Zeugnis. Wenn sie euch aber überliefern, so macht euch keine Sorgen, wie oder was ihr reden sollt; denn es wird euch in jener Stunde gegeben werden, was ihr reden sollt. Denn nicht ihr seid es, die reden, sondern der Geist eures Vaters, der durch euch redet. Es wird aber ein Bruder den andern zum Tode ausliefern und ein Vater sein Kind; und ›Kinder werden sich erheben gegen ihre Eltern‹ und sie zu Tode bringen. Ihr werdet von allen gehaßt sein um meines Namens willen; wer aber standhält bis ans Ende, der wird gerettet werden. (Mt 10, 17–22)

Meint ihr, ich sei gekommen, Frieden zu schaffen auf der Erde? Nein, sage ich euch, sondern Entzweiung. Denn von jetzt an werden fünf in einem Hause entzweit sein, drei gegen zwei und zwei gegen drei, Vater gegen Sohn und ›Sohn gegen Vater‹, Mutter gegen Tochter und ›Tochter gegen die Mutter‹, Schwiegermutter gegen ihre Schwiegertochter und ›Schwiegertochter gegen die Schwiegermutter‹. (Lk 12, 51–53)

Ich sage euch, meinen Freunden: Fürchtet euch nicht vor denen, die den Leib töten und darüber hinaus nichts weiter tun können. Ich will euch aber zeigen, wen ihr fürchten sollt: Fürchtet den, der nach dem Töten Macht hat, in die Hölle zu werfen. Ja, sage ich euch; diesen fürchtet. Kauft man nicht fünf Sperlinge für zwei Pfennige? Und doch ist keiner von ihnen vor Gott vergessen. Aber auch die Haare auf eurem Haupt sind alle gezählt. Fürchtet euch nicht, ihr seid mehr wert als viele Sperlinge. (Lk 12, 4–7)

3. Die Gemeinde

Jesus hat die christliche Gemeinde weder gegründet noch ihre Gründung ins Auge gefaßt; er hat auch keine Vorstellungen entwickelt, wie es mit der von ihm ins Leben gerufenen Bewegung nach seinem Tode weitergehen solle. Die Zukunft, die er vor Augen hatte, war die Gottesherrschaft. Die Idee einer Gemeinde entstand erst nach Ostern. Ihre Wurzeln lagen in der durch Ostern erschlossenen Erkenntnis, daß Jesu Geschichte Heilsgeschehen und die Zeit der Heilsverwirklichung angebrochen sei. Die Jünger sahen ihre Aufgabe darin, dies zu verkündigen und im Zeichen dieser Verkündigung eine Gemeinde zu sammeln. Daraus entsprang auch das eigentümliche Selbstverständnis der Gemeinde. Sie wollte keine Gruppe innerhalb des Judentums mit einigen religiösen Besonderheiten, keine Jesus-gläubige Sondersynagoge sein. Gewiß war sie das ihrer Erscheinungsform nach, zunächst jedenfalls. Sie selbst sah sich anders, nämlich als das wahre Israel – als die endzeitliche (eschatologische) Heilsgemeinde. Das äußerte sich in der Überzeugung, daß der für die Endzeit verheißene Geist über sie ausgegossen und in ihr wirksam sei, oder in theologisch so gefüllten Selbstbezeichnungen wie die »Heiligen« oder die »Auserwählten«. Besondere Bedeutung hat der Begriff »Ekklesia« erlangt, was mit »Gemeinde« oder »Kirche« wiederzugeben ist. Dieser Begriff hat alttestamentlichen Hintergrund. Im Alten Testament, bezeichnete er die vor Gott versammelte Gemeinde. Die Christen erhoben den Anspruch, *die* rechtmäßige Gemeinde Gottes auf Erden zu sein, und machten dies der jüdischen Tempel- bzw. Synagogengemeinde streitig.

Neben der Notwendigkeit, sich theologisch über sich selbst klarzuwerden, bestand die andere, ihrem Leben eine überzeugende Gestalt zu geben. Nach dem Zeugnis der Wortüberlieferung muß man sich die ersten Gemeinden als Bruderschaft vorstellen. Ein geistliches Amt gab es noch nicht, erst recht keine Ämterhierarchie. Die Autorität, an die man gebunden war, war Jesus selbst. Das hinderte zunächst die Ausbildung festgefügter Ämter. Über die wesentlichen Fragen hat man wohl in der Gemeinde entschieden, was jedoch nicht ausschließt, daß es Persönlichkeiten gab, die Leitungsfunktionen innehatten und als Autoritäten angesehen wurden, Petrus zum Beispiel oder Jakobus. Die Gemeindeversammlung war jedenfalls, wie wir wissen, letzte Instanz in Sachen Gemeindedisziplin. Bruderschaft beinhaltete nicht, daß man alles ertrug und hingehen ließ, wohl aber, daß man den fehlenden Bruder zunächst im persönlichen Gespräch zurechtzubringen suchte. Für den Fall, daß diese Bemühungen nichts fruchteten, dachte man an Ausschluß – worüber dann in der Öffentlichkeit der Gemeinde zu befinden war. In dieser Verfahrensregelung sind Ansätze zu einer Gemeindeordnung greifbar. In der Frühzeit brauchte man eine Gemeindeordnung offenbar noch nicht, ebensowenig wie eine Zusammenfassung der Einzelgemeinden in regionale Verbände.

Das Selbstverständnis der Gemeinde

Ein bedeutsamer Ausdruck des urchristlichen Selbstverständnisses ist das Wort, in dem Jesus dem Jünger Simon den beziehungsvollen Namen Petrus (Fels) verleiht und ihn in seine künftige Aufgabe einweist. Hier wird von der Gemeinde gesagt, daß die Todesmächte sie nicht bezwingen werden, daß sie also in der über die Welt hereinbrechenden Endkatastrophe bewahrt bleiben wird. Grundlegend für das Geschehen in der Gemeinde ist die ihr übertragene Vollmacht, in Sachen des Heils hier auf Erden für Zeit und Ewigkeit gültige Entscheidungen zu treffen.

Eigentümlich ist die Zuspitzung auf die Person des Petrus. Die Gemeinde, die es formulierte, hat in Petrus den Gewährsmann der christlichen Tradition und Verkündigung gesehen. Eine kirchenrechtlich zu fassende, grundsätzlich gemeinte Sonderstellung oder auch nur eine Auszeichnung des Petrus ist hier ebensowenig wie sonst im Neuen Testament erkennbar. Hier handelt es sich offenbar um eine Lokaltradition. In anderen Versionen des Vollmacht-Wortes werden denn auch nicht Petrus, sondern die Jünger insgesamt oder die Gemeinde ermächtigt.

»Selig bist du Simon, Sohn des Jona; denn nicht Fleisch und Blut hat dir das offenbart, sondern mein Vater im Himmel. So sage auch ich dir: Du bist Petrus, und auf diesen Felsen will ich meine Gemeinde bauen, und die Todesmächte werden sie nicht bezwingen. Ich will dir die Schlüssel zum Himmelreich geben. Was du auf Erden binden wirst, wird im Himmel gebunden sein; was du auf Erden lösen wirst, soll im Himmel gelöst sein[12].« (Mt 16, 17–19)

Amen, ich sage euch, was ihr auf Erden bindet, wird im Himmel gebunden sein, und was ihr auf Erden löst, das wird im Himmel gelöst sein. (Mt 18, 18)

Empfangt den heiligen Geist. Welchen Leuten ihr die Sünden erlaßt, denen sind sie erlassen; welchen ihr sie festhaltet, denen sind sie festgehalten. (Joh 20, 22.23)

Die Gemeinde lebt in der Gewißheit, daß sie von Gott nichts mehr trennt und Jesus selbst in ihrer Mitte gegenwärtig ist.

Wenn sich zwei von euch auf Erden einig werden, was sie bitten wollen, so wird es ihnen von meinem Vater im Himmel zuteil werden. Denn wo zwei oder drei in meinem Namen versammelt sind, da bin ich mitten unter ihnen. (Mt 18, 19–20)

Die Überzeugung, daß der Geist Gottes das Leben der Gemeinde bestimmt, ist der Hintergrund des folgenden Ausspruchs, der die Lästerung des Geistes als unvergebbare Sünde bezeichnet. Gemeint ist der bewußte und willentliche Widerspruch gegen die christliche Verkündigung. Die Ablehnung des historischen Jesus war vergebbar. Sie konnte revidiert werden – dadurch, daß man sich der Verkündigung der nachösterlichen Gemeinde erschloß.

Jeder, der ein Wort gegen den Menschensohn sagt, es wird ihm vergeben werden; dem aber, der gegen den heiligen Geist lästert, wird nicht vergeben werden. (Lk 12, 10)

Man hat es als anstößig empfunden, daß die Lästerung Jesu sollte vergeben werden. Wahrscheinlich hat man den Sinn einer Unterscheidung zwischen dem irdischen Jesus und dem verkündigten Christus nicht mehr begriffen. So formulierte man:

Alles wird den Menschensöhnen vergeben werden, die Sünden und die Lästerungen, so viel sie lästern mögen; wer aber gegen den heiligen Geist lästert, hat in Ewigkeit keine Vergebung, sondern ist ewiger Sünde schuldig. (Mk 3, 28–29)

Das Selbstverständnis der Gemeinde hat seinen Grund nicht in einem übersteigerten Selbstgefühl, sondern ist Konsequenz des Glaubens, daß Jesus der von Gott legitimierte Heilbringer ist. Die Gemeinde war sich durchaus dessen bewußt, daß sie

12 Vgl. zu diesem Text auch S. 140.

nichts von sich aus darstellt und aufzuweisen hat. In einigen Logien klingt noch etwas von staunender Betroffenheit darüber durch, daß Gott gerade sie, ganz unbedeutende Leute, ausersehen hat.

Fürchte dich nicht, du kleine Herde. Denn euer Vater hat beschlossen, euch das Reich zu geben. (Lk 12, 32)

Ich preise dich, Vater, Herr des Himmels und der Erde, daß du dies den Weisen und Klugen verborgen, den Unmündigen aber offenbart hast. Ja, Vater, denn das war dein Wille. Alles ist mir von meinem Vater übergeben; niemand kennt den Sohn als nur der Vater, und niemand kennt den Vater als nur der Sohn und dem es der Sohn offenbaren will.
(Mt 11, 25–27 und Lk 10, 21–22)

Der fehlende Bruder

Jesus hatte geboten, man solle den Mitmenschen, der einem Unrecht getan hat, im Gespräch zur Rede stellen und ihm vergeben. In der sich zu einer geschlossenen Gemeinschaft formierenden Gemeinde genügte diese Anweisung nicht mehr. Das Unrecht eines Gemeindegliedes ging nicht mehr nur den Betroffenen an, sondern auch die Gemeindeöffentlichkeit. Man entwickelte ein regelrechtes Verfahren für den Fall, daß ein Gemeindeglied sich nicht richtig verhält.

Vermutlich ist diese Verfahrensordnung aus dem ursprünglichen Jesuswort heraus entwickelt worden. Die inhaltliche Verschiebung ist mit Händen zu greifen: Aus einer allgemeinen Anweisung zum Verhalten gegenüber dem Mitmenschen ist ein Ordnungselement für das Leben einer Gemeinschaft geworden.

Wir stellen das Jesuswort und die Verfahrensordnung der Gemeinde nebeneinander:

Wenn dein Bruder sich vergeht, so weise ihn zurecht. Wenn es ihm leid tut, so vergib ihm. Und wenn er sich siebenmal am Tag gegen dich vergeht und siebenmal wieder zu dir kommt und sagt: »Es tut mir leid«, so sollst du ihm vergeben. (Lk 17, 3–4)

Wenn dein Bruder sich vergeht, so gehe hin und weise ihn unter vier Augen zurecht. Hört er auf dich, so hast du deinen Bruder gewonnen. Hört er aber nicht auf dich, so ziehe noch einen oder zwei hinzu, damit ›aufgrund der Aussage zweier oder dreier Zeugen jeder Fall festgestellt werde‹. Hört er auch auf sie nicht, so sag es der Gemeinde[13]. Wenn er sogar auf die Gemeinde nicht hört, so soll er für dich wie ein Heide oder Zöllner sein.
(Mt 18, 15–17)

13 »Gemeinde« hat hier den konkreten Sinn von »Gemeindeversammlung«.

Die Bruderschaft

Die Christen lebten als brüderliche Gemeinschaft. Hier gab es Funktionen, Aufgaben und Tätigkeiten, aber keine mit Autorität ausgestatteten Amtsträger. Vielleicht lag ein konkreter Anlaß vor, das einmal ganz deutlich herauszustellen. – In der Bruderschaft zählt nur eines: der Dienst; christlich gesehen besteht menschliche Größe im Dienen. Sie bewährt sich vor allem in der Vergebung. Mit der Zeit mußte die Frage auftauchen, wie weit das Vergeben geht. Gibt es da wirklich keine Grenze des Zumutbaren?

Ihr sollt euch nicht »Rabbi« nennen lassen; denn einer ist euer Meister, ihr alle aber seid Brüder. Auch »Vater« sollt ihr euch nicht nennen auf Erden; denn einer ist euer Vater, der im Himmel. Auch »Lehrer« sollt ihr euch nicht nennen lassen; denn einer ist euer Lehrer: Christus. Der Größte unter euch aber soll euer Diener sein. (Mt 23, 8–11)

Es entstand ein Streit unter den Jüngern, wer von ihnen als der Größte gelten könne. Da sprach Jesus zu ihnen: »Die Könige der Völker herrschen über sie, und ihre Gewalthaber lassen sich Wohltäter nennen. Aber nicht so ihr; sondern der Größte unter euch soll werden wie der Geringste und der Leiter wie der Diener. Denn wer ist größer, der zu Tische sitzt oder der bedient? Ich aber bin in eurer Mitte wie der, der dient. (Lk 22, 24–27)

»Herr, wie oft darf mein Bruder sich gegen mich vergehen und ich muß ihm vergeben? Bis siebenmal?« Jesus sprach zu ihm: »Ich sage dir: nicht bis siebenmal, sondern bis siebzigmal siebenmal.« (Mt 18, 21–22)

4. Anweisungen für die Missionare

Auch der Impuls zur Mission kam aus der Erkenntnis, daß die Heilszeit angebrochen sei. Man wußte sich von Jesus dazu gesandt, die »Ernte« einzubringen. So berichtet die Spruchüberlieferung von einer offiziellen Aussendung der Jünger durch Jesus. Bemerkenswert ist, daß diese Aussendung in einer Situation des *irdischen* Wirkens Jesu verankert ist – bemerkenswert deshalb, weil es in der Osterüberlieferung der *Auferstandene* ist, der den Missionsauftrag erteilt (vgl. Kap V, S. 154 f.). Die Spannung zwischen beiden Ansätzen ist unverkennbar; man hatte nicht das Bedürfnis, sie auszugleichen.

In der Praxis missionarischer Arbeit tauchten Fragen unterschiedlicher Art auf. Sie erstreckten sich auf den Lebensunterhalt und das Auftreten der Missionare ebenso wie auf ihr Selbstverständnis, ihre Würde oder die Grenze ihres Auftrags. Ein Großteil der Fragen ergab sich dadurch, daß die Mission keine überwältigenden Erfolge brachte, sondern eher gegen Mißerfolg durchgehalten werden mußte. Wie man dieser Situation begegnete, zeigen die Anweisungen, die die Spruchüberlieferung über die missionarische Arbeit erteilt. Es stand nicht in der Macht der Gemeinde, diese Situation zu ändern. Sie konnte ihren Missionaren nur sagen, wie es aussieht, und sie des Schutzes Gottes versichern. Trotz allem gilt: In den Boten kommt Gott selbst zu den Menschen. Wer sie aufnimmt oder abweist, entscheidet sich für oder gegen Gott.

Den Erfolg konnte man nicht erzwingen. Offenbar überlegte man sich nicht einmal, wie man die missionarische Arbeit organisieren sollte, um den Erfolg nach Möglichkeit zu gewährleisten. Die Missionare wurden angehalten, ihre Botschaft auszurichten und gegebenenfalls auch eine Ablehnung anzunehmen. Man hielt es nicht für richtig, das Angebot immer wieder zu erneuern, in der Hoffnung, dann doch noch etwas zu erreichen. Immerhin war man darauf bedacht, daß die Missionare in ihrer Haltung und ihrem Auftreten glaubwürdig erschienen. So bestimmte man, daß sie nichts an Geld und Kleidung mitnehmen dürfen; um der von ihnen vertretenen Sache willen sollten sie rückhaltlos auf die Leute angewiesen sein, zu denen ihr Weg sie führte. Diese rigorosen Bestimmungen muß man auf dem Hintergrund der Zeit sehen. Unzählige Missionare, Wanderpropheten und -prediger zogen durch die Lande. Ihre Tätigkeit scheint einträglich gewesen zu sein. Aber nicht allen war es Ernst; unter ihnen gab es auch solche, die es nur auf das Geld ihrer Hörer und Anhänger abgesehen hatten. Von daher versteht man das Anliegen, alles zu vermeiden, was einen Verdacht auf Gewinnsucht erregen könnte [14].

Die Aussendungsrede

Die Belehrung, die die Spruchüberlieferung zum Thema der missionarischen Praxis enthält, wird im Rahmen der sog. Aussendungsrede dargeboten, einer Art Dienstanweisung für Missionare. Sie wird zwar Jesus in den Mund gelegt, aber die in ihr vorausgesetzte Situation ist eindeutig die der urchristlichen Mission: Die ausgesandten Missionare bleiben längere Zeit an einem Platz und gründen Gemeinden.

Jesus sagte zu den Jüngern: »Die Ernte ist groß; aber es gibt nur wenige Arbeiter. Bittet den Herrn der Ernte, daß er Arbeiter in seine Ernte sende. Geht hin; siehe, ich sende euch wie Schafe mitten unter Wölfe.

Tragt keinen Geldbeutel, keine Reisetasche, keine Schuhe. Grüßt niemand unterwegs!

Wenn ihr aber ein Haus betretet, so sprecht zuerst: ›Friede diesem Haus!‹ Und ist dort ein Friedensmensch, so wird euer Friedensgruß auf ihm ruhen; wenn aber nicht, wird er auf euch zurückkehren [15]. In diesem Haus bleibt, eßt

---

14 Über die frühe Mission des Urchristentums siehe Näheres in Kap. IV (S. 100 ff.).

15 Dem Grußwort (»Schalom«) wird hier eine besondere Macht zugeschrieben. Indem es ausgesprochen wird, vermittelt es Heil. Auch Fluch- und Bannworten wohnt nach antiker Auffassung eine solche Wirklichkeit schaffende Macht inne.

und trinkt von dem, was es bei ihnen gibt; denn der Arbeiter ist seines Lohnes wert. Wechselt nicht von einem Haus zu einem anderen!

Und wenn ihr in eine Stadt kommt und man euch aufnimmt, so eßt, was euch vorgesetzt wird. Heilt die Kranken in ihr, und sprecht zu den Leuten: ›Nahe gekommen ist zu euch die Gottesherrschaft‹. Wenn ihr aber in eine Stadt kommt und man euch nicht aufnimmt, so geht hinaus auf ihre Straßen und sprecht: ›Selbst den Staub von eurer Stadt, der an unseren Füßen haftet, schütteln wir ab euch zum Schaden[16]; doch das wißt: Nahe gekommen ist die Gottesherrschaft.‹

Wer euch hört, hört mich; und wer euch verwirft, verwirft mich; wer aber mich verwirft, verwirft den, der mich gesandt hat.

Siehe, ich habe euch die Vollmacht gegeben, auf Schlangen und Skorpione zu treten, und über jede feindliche Macht, und nichts wird euch schaden!«

(Lk 10, 2–11.16.19)

Der fremde Exorzist

Die Tätigkeit der Missionare beschränkte sich nicht auf die Verkündigung, sondern umfaßte auch Krankenheilungen und die Bannung von Dämonen. Nach urchristlichem Verständnis betrifft das Heil Gottes den ganzen Menschen, schenkt ihm nicht nur eine neue Erkenntnis, sondern zielt ebenso auf seine seelische und körperliche Gesundung. Man darf annehmen, daß die urchristlichen Missionare in dieser Hinsicht Außerordentliches vollbracht haben (vgl. S. 263 f.). Diese »Machterweise« haben ihren Eindruck nicht verfehlt. Das zeigt der im folgenden geschilderte Fall, daß ein Außenstehender sich des Namens Jesu als einer Machtformel bedient, um Dämonen zu bannen. Was ist davon zu halten? Kann man das zulassen?

Da sagte Johannes zu Jesus: »Meister, wir sahen einen, der uns nicht nachfolgt, in deinem Namen Dämonen austreiben, und wir wollten es ihm verwehren.« Jesus aber sprach: »Verwehrt es ihm nicht! Denn es gibt niemanden, der in meinem Namen Wunder vollbringen kann und bald darauf mich schmähen wird. Denn wer nicht gegen uns ist, der ist für uns.«

(Mk 9, 38–40)

5. Israel

Der Gegensatz zu dem Volk Israel ist der urchristlichen Gemeinde von ihrem Ursprung her eingestiftet. Sie verstand sich als das wahre Israel und bestritt den Juden das Erwählungsbewußtsein, für das sie sich auf den geschichtlichen Zusammenhang mit den Vätern (insbesondere Abraham) und auf das Mose-Gesetz beriefen. Dieser Gegensatz kommt in fast allen Zeugnissen des Urchristentums zutage. Seine schärfste Zuspitzung erreicht er in

16 Das Staubabschütteln ist als eine Gebärde zu verstehen, die die Verwerfung zum Ausdruck bringen soll.

der Logientradition, in den Drohworten und Gerichtsansagen gegen das Volk Israel und den Wehe-Rufen gegen die Schriftgelehrten und Pharisäer. Sie geben sich als prophetische Enthüllungen des Urteils, das Gott über Israel gefällt hat und alsbald vollziehen wird. Vermutlich sind sie von urchristlichen Propheten vor der versammelten Gemeinde gesprochen worden.

In diesen Worten spiegelt sich der Sachverhalt wider, daß sich das jüdische Volk der Verkündigung der Jünger verweigert und Jesus damit verworfen hat. In der Sicht der Christen hat sich Israel damit von dem ihm verheißenen Heil ausgeschlossen und seine Erwählung zunichte gemacht. Die prophetischen Gerichtsankündigungen führen die letzte Konsequenz dieser Entscheidung vor Augen.

Von dieser Entscheidung her rückt auch die *Geschichte* des Volkes in ein neues Licht. Was sich jetzt zeigt, ist kein einmaliges Versagen, sondern liegt auf der Linie seines bisherigen Verhaltens. In diesem Sinne stellen die Prophetenworte fest: Israel hat *schon immer* nicht hören und begreifen wollen; noch schärfer: es hat die Boten, die es im Namen Gottes rufen sollten, umgebracht. Jesus war die letzte Möglichkeit für das jüdische Volk, seiner Geschichte eine Wendung zu geben. Sie ist vertan! Damit ist das Gericht unwiderruflich geworden [17].

Das Gericht über Israel

Die Gerichtsankündigungen lassen auch in ihrer schriftlichen Gestalt etwas von der geistlichen Kraft urchristlicher Prophetie ahnen. Gewiß hat sie nicht den Rang der großen alttestamentlichen Prophetie. Dennoch darf man von einem Wiederaufleben prophetischen Geistes im Urchristentum sprechen.

Die Aussage der Gerichtsworte ist im einzelnen recht verschieden. Die meisten sind konkret ausgerichtet: auf Jerusalem, den Tempel oder einige galiläische Städte. Die Gerichtsankündigung wird aber auch allgemein auf »dieses Geschlecht«, das heißt: auf das Volk Israel, bezogen. – Zum Stil der Worte gehört auch, daß die Gründe des Gerichts offengelegt werden. Das Gericht Gottes kommt nicht als unverdientes Schicksal, sondern behaftet bei der eigenen Schuld.

Jerusalem, Jerusalem, die du tötest die Propheten und steinigst die zu dir Gesandten: Wie oft habe ich deine Kinder sammeln wollen, wie eine Vogelmutter ihre Jungen unter ihre Flügel sammelt; doch ihr habt nicht gewollt! Siehe, ›euer Haus wird euch verlassen werden‹. (Mt 23, 37–38)

Darauf begann Jesus, die Städte zu schelten, in denen die meisten seiner Machttaten geschehen waren, weil sie trotzdem nicht umgekehrt waren: »Wehe dir, Chorazin! Wehe dir, Bethsaida! Denn wären in Tyrus und Sidon die Machttaten geschehen, die bei euch geschehen sind, sie hätten längst in

17 Die Frage nach dem endzeitlichen Geschick Israels hat vor allem Paulus beschäftigt. Vgl. Röm 9–11, S. 317 ff.

Sack und Asche Buße getan. Doch ich sage euch: Tyrus und Sidon wird es erträglicher ergehen am Gerichtstag als euch. Und du, Kapernaum: Wirst du ›bis zum Himmel erhoben werden‹? ›Zum Hades wirst du hinabfahren!‹ Denn wären in Sodom die Machttaten geschehen, die in dir geschehen sind, es stände bis heute. Doch ich sage euch, dem Lande Sodom wird es erträglicher ergehen am Gerichtstag als dir.« (Mt 11, 20–24)

Die Königin des Südlandes wird mit den Männern dieses Volkes vor Gericht treten und sie verurteilen; denn sie kam von den Enden der Erde, um die Weisheit Salomos zu hören – und siehe hier ist mehr als Salomo. Die Männer von Ninive werden mit diesem Volk vor Gericht treten und es verurteilen; denn auf die Predigt des Jonas hin kehrten sie um – und siehe, hier ist mehr als Jona[18]. (Lk 11, 31–32)

Als Jesus den Tempel verließ, sagte einer seiner Jünger zu ihm: »Meister, was sind das für Steine und Bauten!« Und Jesus sprach zu ihm: »Siehst du diese gewaltigen Bauten? Es wird hier kein Stein auf dem anderen bleiben, der nicht abgebrochen wird.« (Mk 13, 1–2)

Siehe, ich sende zu euch Propheten, Weise und Schriftgelehrte. Einige davon werdet ihr töten und kreuzigen; andere werdet ihr geißeln in euren Synagogen und von Stadt zu Stadt verfolgen, damit über euch komme alles gerechte Blut, das auf die Erde gegossen ist... Amen, ich sage euch, alles dies wird über dieses Volk kommen. (Mt 23, 34–36)

Wehe-Rufe über die Schriftgelehrten und Pharisäer

Jesus hat an den Schriftgelehrten grundsätzliche Kritik geübt; er hat jedoch das Gespräch nicht abgebrochen. In der Zeit der frühen Gemeinde haben sich die Fronten verhärtet. Die Schriftgelehrten und Pharisäer haben eine führende Stellung errungen[19] und erschienen den Christen als die eigentlichen Gegenspieler. Das ist der Hintergrund, von dem her die Wehe-Rufe der Logienüberlieferung zu verstehen sind.

Sie kennzeichnen die Schriftgelehrten und Pharisäer als heillose Verführer. In scharfer Polemik wird ihre Schuld an konkreten Punkten aufgedeckt.

Die Schriftgelehrten und Pharisäer sitzen auf Moses Stuhl. Alles, was sie euch sagen, das tut und befolgt; nach ihren Werken aber handelt nicht, denn sie sagen zwar, aber tun nicht.

Sie binden schwere Lasten zusammen und legen sie den Leuten auf die Schulter, selbst aber wollen sie sie nicht mit ihrem Finger bewegen.

---

18 Näheres über die alttestamentlichen Geschichten, auf die in diesem Spruch angespielt wird, siehe Band AT, S. 244f. und 503ff.

19 Vgl. dazu S. 48.

Wehe euch, Schriftgelehrte und Parisäer, ihr Heuchler! Ihr verschließt das Himmelreich vor den Leuten. Ihr selbst nämlich gelangt nicht hinein, aber ihr laßt auch diejenigen nicht hineingelangen, die hinein wollen.

Wehe euch, ihr blinden Führer! Ihr sagt: wer beim Tempel schwört, das bedeutet nichts; wer aber beim Gold des Tempels schwört, der ist verpflichtet. Ihr blinden Toren, was ist denn größer: das Gold oder der Tempel, der das Gold erst heilig macht? Ferner: wer beim Altar schwört, das bedeutet nichts; wer aber bei dem Opfer schwört, das darauf liegt, der ist verpflichtet. Ihr Blinden, was ist denn größer: das Opfer oder der Altar, der das Opfer erst heilig macht?

Wehe euch Schriftgelehrte und Pharisäer, ihr Heuchler! Ihr verzehntet Minze, Dill und Kümmel und laßt das Wichtigste im Gesetz außer acht: das Recht, die Barmherzigkeit und die Treue. Dies aber sollte man tun, ohne jenes zu lassen. Ihr blinden Führer! Ihr seiht die Mücke und verschluckt das Kamel.

Wehe euch, Schriftgelehrte und Pharisäer, ihr Heuchler! Ihr reinigt die Außenseite von Becher und Schüssel, inwendig aber sind sie voll von Raub und Unmäßigkeit. Blinder Pharisäer, reinige zuerst, was im Becher ist, damit dann auch sein Äußeres rein werde. (Mt 23, 2–3.4.13.16–19.23–24.25–26)

Die Verweigerung eines Zeichens

Einer Gerichtsansage kommt es gleich, wenn in einem Spruch den Juden das geforderte Zeichen verweigert wird, das Jesus ausweisen und die Wahrheit seiner Botschaft beglaubigen soll. Wer seinen Glauben von einem solchen Zeichen abhängig machen will, wird auf das Wort Jesu zurückverwiesen und erneut zum Glauben gerufen. Die Verweigerung des Zeichens entschuldigt den Unglauben nicht. Wenn die Juden auf ihrer Bedingung beharren, erweisen sie sich als »böses Volk«.

Der Spruch ist in abweichenden Fassungen überliefert. In der einen, die wohl auf Jesus selbst zurückgeht, wird die Zeichenforderung abgelehnt. In der anderen wird das Zeichen des Jona gewährt. Damit ist der Forderung jedoch nur scheinbar entsprochen; denn »Jona« bedeutet Gericht.

Die Pharisäer kamen heraus und begannen, mit ihm zu disputieren; dabei forderten sie von ihm ein Zeichen vom Himmel[20], um ihn auf die Probe zu stellen. Da seufzte er auf in seinem Geist und sprach: »Was fordert dieses Volk ein Zeichen? Amen, ich sage euch, es wird diesem Volk kein Zeichen gegeben werden.« (Mk 8, 11–12)

Als die Massen sich versammelten, begann er zu sprechen: »Dieses Volk ist ein böses Volk. Es fordert ein Zeichen. Doch es wird ihm kein Zeichen gegeben werden – außer dem Zeichen des Jona.« (Lk 11, 29)

---

20 Bei »Zeichen« ist nicht an Heilungswunder, sondern an kosmische Wunder gedacht.

6. Ethische Orientierung

Die ersten Christen gewannen die Maßstäbe ihres Handelns in erster Linie aus der ethischen Verkündigung Jesu. Die hier erhobenen Forderungen wurden in der Überlieferung festgehalten und als verbindliche Normen zur Geltung gebracht. Damit war der Grund einer eigenständig christlichen Ethik gelegt. Gewiß blieben die ethischen Weisungen des Alten Testamentes weiterhin in Kraft. Man hielt es in dieser Hinsicht nicht anders als Jesus selbst. Aber er war in seiner ethischen Verkündigung weit darüber hinausgegangen. Von daher konnte und mußte sich die Besonderheit der christlichen Gemeinde auch ethisch darstellen. Dahin sollte eine Unterweisung die Gemeinde führen, die »Lehrern« oblag. Für diesen Unterricht hat man die Forderungen Jesu schon früh in kleineren Sammlungen als »Katechismus« zusammengestellt.

Die ethische Verkündigung Jesu braucht hier nicht noch einmal dargeboten zu werden (vgl. S. 65 ff.). Wir halten jetzt gleichsam eine Nachlese in der Wortüberlieferung der Evangelien. Dabei heben wir das für die Ethik der Gemeinde Charakteristische heraus. Sie hat die Weisungen Jesu aufbewahrt und weitergegeben, dazu aber von sich aus Gebote, Weisungen und Regeln geschaffen und mit der Autorität Jesu versehen. Sie hat allgemeine Verhaltensregeln entworfen und die endzeitliche Rechenschaft vor Augen geführt. Unter den konkreten ethischen Sachfragen ist in der Gemeinde die nach Besitz und Reichtum offenbar in verstärktem Maße wichtig geworden.

Neben diesen Überlieferungsstücken sollen auch Weisungen angeführt werden, die zwar letztlich der Verkündigung Jesu entstammen, aber von der Gemeinde umgeformt wurden. Man hat die ethischen Forderungen Jesu nicht einfach wiederholt, sondern sie in Vorschriften umgewandelt, die das Verhalten der Christen beschrieben und gesetzlich festlegten und buchstäblich befolgt werden sollten. Jesus hatte seine Verkündigung nicht so gemeint (vgl. S. 69, 71). So hat man den Eindruck, die Gemeinde habe Jesus weithin mißverstanden. Andererseits muß man das praktische Bedürfnis nach einer Verhaltensorientierung in Rechnung stellen. Die Gemeinde war in anderer Lage als Jesus. Sie war eine Gruppe, eine sich sichtbar darstellende Gemeinschaft. Um der sittlichen Selbstdarstellung und Abgrenzung nach außen willen konnte man das Verhalten nicht allein der Verantwortung des einzelnen anheimstellen, sondern war genötigt, es im Rahmen der Gemeinschaft allgemein-verbindlich zu regulieren.

Ich aber sage euch

Das »Ich aber sage euch« ist eine Redewendung, die die sog. Antithesen der Bergpredigt kennzeichnet. Sie dient dazu, die Autorität Jesu gegenüber Mose, *der* Autorität im Judentum, herauszustellen. Jesus erscheint hier als der »Gesetzgeber« der Gemeinde, des neuen Gottesvolkes. Der historische Jesus hatte das Ziel, den unverstellten Gotteswillen sichtbar zu machen; er hat an Einsicht und Urteilsvermögen appelliert. Die Gemeinde hat diese Verkündigung in eine Reihe gesetzlicher Vorschriften umgesetzt, die die alten Verordnungen des Mose verschärfen und ihren Geltungsbereich ausdehnen.

Ihr habt gehört, daß den Alten [21] gesagt ist: ›Du sollst nicht töten‹, wer aber tötet, soll dem Gericht verfallen sein. Ich aber sage euch: Jeder, der seinem Bruder zürnt, soll dem Gericht verfallen sein; wer aber zu seinem Bruder »du Dummkopf« sagt, soll dem Synedrium verfallen sein; wer aber »du Gottloser« sagt, soll der Feuer-Hölle verfallen sein. (Mt 5, 21–22)

Es ist ferner gesagt: ›Wer seine Frau entläßt, gebe ihr einen Scheidebrief.‹ Ich aber sage euch: Jeder, der seine Frau entläßt – *abgesehen vom Fall der Hurerei* –, der bringt sie in Ehebruch, und wer eine Entlassene heiratet, der begeht Ehebruch. (Mt 5, 31–32)

Weiter habt ihr gehört, daß zu den Alten gesagt ist: ›Du sollst keinen Meineid schwören‹ und ›Du sollst dem Herrn deinen Eid halten.‹ Ich aber sage euch: Ihr sollt überhaupt nicht schwören . . . Eure Rede sei vielmehr: »ja ja,« und: »nein nein«; was darüber hinausgeht, ist vom Bösen. (Mt 5, 33–37)

Ihr habt gehört, daß gesagt ist: ›Auge um Auge, Zahn um Zahn‹. Ich aber sage euch: Widersteht dem Bösen nicht! Vielmehr: Wer dich auf die rechte Backe schlägt, dem halte auch die andere hin. Wer mit dir vor Gericht gehen und so deinen Rock bekommen will, dem laß auch den Mantel. Wer dich zwingt, eine Meile mit ihm zu gehen, mit dem gehe zwei. Wer dich bittet, dem gib. Wer von dir leihen will, von dem wende dich nicht ab [22]. (Mt 5, 38–42)

Ein Gesamtbild christlichen Verhaltens entwerfen die Seligpreisungen, mit denen Matthäus die Bergpredigt eröffnet. Hier werden die Eigenschaften des Christen zusammengestellt, und dem, der sich bewährt, wird das endzeitliche Heil zugesagt (vgl. S. 40).

»Selig, die arm sind im Geist, denn ihrer ist das Himmelreich.
Selig die Trauernden, denn sie werden getröstet werden.
Selig die Demütigen, denn sie werden die Erde erben.
Selig, die nach Gerechtigkeit hungern und dürsten, denn sie werden gesättigt werden.

21 Mit dieser Wendung wird auf die Gesetzgebung des Mose angespielt.
22 Die ersten Sätze dieses Textes sind echte Jesusworte. Daß sie als wörtlich zu befolgende Verhaltensvorschriften verstanden worden sind, ergibt sich nicht aus dem Wortlaut, sondern aus dem textlichen Zusammenhang; der letzte Satz ist eine typische Verhaltensvorschrift.

Selig die Barmherzigen, denn sie werden Erbarmen finden.
Selig, die reinen Herzens sind, denn sie werden Gott schauen.
Selig die Friedensstifter, denn sie werden Söhne Gottes heißen.
Selig die um der Gerechtigkeit willen Verfolgten, denn ihrer ist das Himmelreich. (Mt 5, 3–10)

Verhaltensregeln

Mit der sog. goldenen Regel (vgl. S. 73) führte man einen Maßstab ein, der zur Klarheit in allen möglichen sittlichen Entscheidungen verhelfen sollte. Auch in den kleinen Fragen des alltäglichen Miteinanders, auch des geselligen, bedurfte man der Orientierungshilfe. Diese Regeln enthalten oft nichts spezifisch Christliches, sondern vielfach gängige Spruchweisheit[23].

Alles, was ihr wollt, daß euch die Leute tun, tut ebenso ihnen. (Mt 7, 12)

Sorgt nicht für das Morgen, denn das Morgen wird für sich selber sorgen. Jeder Tag hat genug an seiner eigenen Plage. (Mt 6, 34)

Wenn du von jemand zu einem Hochzeitsmahl eingeladen bist, setze dich nicht auf den Ehrenplatz. Es könnte ein Vornehmerer als du von ihm eingeladen sein, und der, der dich und ihn eingeladen hat, könnte zu dir sagen: »Mach diesem Platz!« Dann müßtest du beschämt den letzten Platz einnehmen. Sondern, wenn du eingeladen bist, so gehe und setze dich auf den letzten Platz, damit, wenn der kommt, der dich eingeladen hat, zu dir sagt: »Freund, rücke weiter nach oben!« Dann widerfährt dir Ehre vor allen deinen Tischgenossen. (Lk 14, 8–10)

Wenn du ein Frühstück oder ein Mahl gibst, so bitte nicht deine Freunde, Brüder, Verwandten oder reiche Nachbarn. Sie könnten dich wieder einladen und es dir vergelten. Sondern, wenn du ein Gastmahl gibst, so lade Arme, Krüppel, Lahme und Blinde. Dann wirst du selig sein, weil sie dir nicht vergelten können; denn es wird dir bei der Auferstehung der Gerechten vergolten werden. (Lk 14, 12–14)

Sammelt euch nicht Schätze auf Erden

Jesus hat das Heil der Gottesherrschaft vornehmlich den »Armen« zugesprochen und vor der Gefahr des Reichtums gewarnt (vgl. S. 73). Die Gemeinde schlägt schärfere Töne an. Eine extreme Äußerung liegt in der bekannten Beispielgeschichte vom reichen Mann und armen Lazarus vor. Sie erzählt von dem jenseitigen Schicksal der

---

23 Zu der Spruchweisheit im Judentum vgl. Band AT, S. 248 ff. und 520 ff.

beiden Männer. Der Reiche wird zur Hölle verdammt; Lazarus dagegen wird von den Engeln in den Himmel getragen und bekommt Anteil an der himmlischen Herrlichkeit. In keinem der beiden Fälle wird das endzeitliche Schicksal vom Verhalten her begründet, im Fall des Reichen etwa von einem lieblosen Sich-Verschließen gegenüber der Not der Armen her. Davon ist nicht die Rede. Vielmehr wird gefolgert: Der Reiche hat sein Teil auf der Erde gehabt; *darum* ist die Hölle sein Los. In die gleiche Richtung weisen ausdrückliche Wehe-Rufe über die Reichen, die den Heil-Rufen über die Armen nachgebildet sind. Umgekehrt wird in der Wortüberlieferung als Ideal der Jünger hingestellt, der alles, Besitz und Familie, um Jesu willen preisgegeben hat.

Sammelt euch keine Schätze auf der Erde, wo Motte und Wurm zerstören, wo Diebe einbrechen und stehlen, sondern sammelt euch Schätze im Himmel, wo weder Motte noch Wurm zerstören, wo keine Diebe einbrechen und stehlen. Denn wo dein Schatz ist, da wird auch dein Herz sein. (Mt 6, 19–21)

Petrus begann ihm zu sagen: »Siehe, wir haben alles verlassen und sind dir gefolgt.« Jesus gab zur Antwort: »Amen, ich sage euch, jeder, der Haus, Brüder, Schwestern, Vater, Mutter, Kinder oder Äcker verlassen hat um meinet- und um der Heilsbotschaft willen, wird hundertfältig empfangen: Jetzt, in dieser Zeit, Häuser, Brüder, Schwestern, Mütter, Kinder und Äcker, wenn auch unter Verfolgungen, und in der künftigen Welt das ewige Leben.«

(Mk 10, 28–30)

Wehe euch Reichen, denn ihr habt euren Trost empfangen.
Wehe euch, die ihr jetzt satt seid, denn ihr werdet hungern.
Wehe euch, die ihr jetzt lacht; denn ihr werdet klagen und weinen.

(Lk 6, 24–25)

Es war ein reicher Mann; er kleidete sich in Purpur und Byssus und lebte alle Tage herrlich und in Freuden. Ein Armer aber, Lazarus mit Namen, lag vor seiner Tür, voller Geschwüre, und er wünschte nur, sich von dem zu sättigen, was von dem Tisch des Reichen abfiel; dazu kamen die Hunde und leckten seine Geschwüre. Es geschah aber, daß der Arme starb und von den Engeln weggetragen wurde in Abrahams Schoß. Es starb aber auch der Reiche und wurde begraben. Und als er in der Totenwelt seine Augen aufhob, wo er in Qualen lag, sah er Abraham von weitem und Lazarus in seinem Schoß. Da rief er laut: »Vater Abraham, erbarme dich meiner und sende Lazarus, daß er seine Fingerspitze in Wasser tauche und mir die Zunge kühle; denn ich leide Pein in dieser Flamme.« Abraham aber sprach: »Kind, denke daran, daß du dein Gutes in deinem Leben empfangen hast, wie Lazarus das Schlechte; jetzt wird er hier getröstet, du aber mußt Pein leiden. Und außerdem ist zwischen uns und euch eine große Kluft angebracht, damit die, die von hier zu euch hinüber wollen, es nicht können, noch die von dort zu uns herüber kommen.« Er sagte: »Dann bitte ich dich, Vater, daß du ihn in mein Vaterhaus sendest; denn ich habe noch fünf Brüder; er möchte sie warnen, daß nicht auch sie an diesen Ort der Qualen kommen.« Abraham aber sprach:

»Sie haben Mose und die Propheten; auf die sollen sie hören.« Er sagte: »Nein, Vater Abraham; sondern wenn einer von den Toten zu ihnen kommt, so werden sie sich ändern.« Er aber sprach zu ihm: »Wenn sie auf Mose und die Propheten nicht hören, dann werden sie sich auch nicht überzeugen lassen, wenn einer von den Toten aufersteht.« (Lk 16, 19–31)

Jeder Baum wird an seiner Frucht erkannt

Wo das Verhalten in Frage steht, zählt nicht die Berufung auf Jesus, sondern allein die Tat. Wer den Weg des Gehorsams geht, hat nicht viele Weggenossen. Das braucht ihn nicht irre zu machen. Sein Ziel ist ihm gewiß. In der Logientradition wird mit besonderem Nachdruck auf endzeitlichen Lohn und Strafe verwiesen, um der Mahnung Dringlichkeit zu verleihen. Damit nähert sie sich wieder jüdischen Anschauungen.

Es gibt keinen guten Baum, der schlechte Frucht bringt, noch umgekehrt einen schlechten Baum, der gute Frucht bringt. Jeder Baum wird an seiner eigenen Frucht erkannt. Denn man liest von Disteln keine Feigen, und vom Dornbusch pflückt man keine Traube. Ein guter Mensch bringt aus dem guten Schatz seines Herzens das Gute hervor, und ein böser bringt aus dem bösen das Böse hervor. (Lk 6, 43–45)

Geht ein durch die enge Pforte. Denn weit ist die Pforte und breit der Weg, der ins Verderben führt, und viele sind es, die auf ihm gehen. Denn eng ist die Pforte und schmal der Weg, der ins Leben führt, und wenige sind es, die ihn finden. (Mt 7, 13–14)

Das Joch Jesu

Die Gemeinde war sich des Ernstes bewußt, mit dem Jesus sie ethisch fordert. Sie hat von einem »Joch« gesprochen, das auf sich nimmt, wer seinem Ruf folgt. Dennoch hat sie in seinem Namen Erquickung versprochen und dazu eingeladen, seinen Weg zu gehen. Denn: Jesus stellt nicht allein Forderungen, sondern schenkt Sinnerfahrung, Lebenserfüllung. Nachfolge Jesu geht nicht ins Leere[24]. Als Gegensatz hat der folgende Text wohl die pharisäischen Gesetzesbestimmungen im Auge, die in der Sicht der urchristlichen Gemeinde deshalb eine unerträgliche »Last« bedeuten müssen, weil sie in die Irre führen.

Kommt her zu mir, die ihr euch plagt und belastet seid, ich will euch Erquickung schaffen. Nehmt mein Joch auf euch und lernt von mir, denn ich bin milde und von Herzen demütig, und ›ihr werdet Erquickung für euch finden‹. Denn mein Joch ist sanft, und meine Last ist leicht. (Mt 11, 28–30)

---

24 Jesus spricht hier wie die jüdische »Weisheit«, die – als Person gedacht – die Menschen einlädt, sich ihr anzuvertrauen (vgl. auch Band AT, S. 522 ff.).

Das Weltgericht

Eine eindrucksvolle Zusammenfassung urchristlicher Ethik bietet die gleichnisartige Erzählung vom Weltgericht. Jesus erscheint in ihr als der Weltenrichter, der unter den Menschen die große Scheidung vollzieht. Er fällt sein Urteil danach, ob sie den bedürftigen Mitmenschen das Notwendige getan oder verweigert haben. Maßstab des endgerichtlichen Urteils ist also das Liebesgebot. Sowohl die Verworfenen wie die Angenommenen sind überrascht, daß es in der Begegnung mit dem bedürftigen Mitmenschen um Jesus selbst gegangen sein sollte. In diesem Zug liegt das Besondere der Erzählung. Sie will mit allem Nachdruck deutlich machen, daß uns in dem bedürftigen Mitmenschen kein anderer als Jesus gegenübertritt. Was jenem gewährt oder verweigert wird, nimmt Jesus als Entscheidung für oder gegen sich selbst.

Wenn der Menschensohn kommt in seiner Herrlichkeit und ›alle Engel mit ihm‹, dann wird er sich auf den Thron seiner Herrlichkeit setzen. Alle Völker werden vor ihm versammelt werden, und er wird sie voneinander scheiden, wie der Hirt die Schafe von den Böcken scheidet; er wird die Schafe zu seiner Rechten und die Böcke zu seiner Linken stellen. Dann wird der König zu denen auf seiner Rechten sagen: »Kommt her, ihr Gesegneten meines Vaters; nehmt zum Erbe das Reich, das euch bereitet ist seit Grundlegung der Welt. Denn ich bin hungrig gewesen, und ihr habt mir zu essen gegeben; ich war fremd, und ihr habt mich aufgenommen, nackt, und ihr habt mich gekleidet, krank, und ihr habt mich besucht, im Gefängnis, und ihr seid zu mir gekommen! Dann werden ihm die Gerechten zur Antwort geben: »Herr, wann hätten wir dich hungrig gesehen und dich gespeist oder durstig und dich getränkt? Wann hätten wir dich als Fremden gesehen und dich aufgenommen oder nackt und dich gekleidet? Und wann hätten wir dich krank oder im Gefängnis gesehen und wären zu dir gekommen?« Und der König wird ihnen zur Antwort geben: »Amen, ich sage euch, was ihr einem von diesen meinen geringsten Brüdern getan habt, das habt ihr mir getan.« Dann wird er auch zu denen auf seiner Linken sprechen: »Geht weg von mir, ihr Verfluchten, in das ewige Feuer, das dem Teufel und seinen Engeln bereitet ist. Denn ich bin hungrig gewesen, und ihr habt mir nicht zu essen gegeben; ich bin durstig gewesen, und ihr habt mich nicht getränkt; ich war fremd, und ihr habt mich nicht aufgenommen, nackt, und ihr habt mich nicht gekleidet, krank und im Gefängnis, und ihr habt mich nicht besucht.« Dann werden auch sie zur Antwort geben: »Herr, wann hätten wir dich hungrig, durstig, fremd, nackt, krank oder im Gefängnis gesehen und hätten dir nicht gedient?« Dann wird er ihnen zur Antwort geben: »Amen, ich sage euch, was ihr einem von diesen Geringsten nicht getan habt, habt ihr auch mir nicht getan.« Diese werden dahingehen zur ewigen Strafe, die Gerechten aber zum ewigen Leben.« (Mt 25, 31–46)

VII. Die synoptischen Evangelien

Markus – Matthäus – Lukas

Der vielschichtige Stoff der Jesusüberlieferung, der durch Jahrzehnte hindurch in mündlicher Form existierte, wurde im letzten Drittel des 1. Jahrhunderts [1] in Schriften gesammelt. Damit hat ihre weitverzweigte Geschichte ihren Endpunkt erreicht. Seit dem 2. Jahrhundert tragen diese Schriften den Titel »Evangelien«. Ursprünglich fehlte ihnen eine Kennzeichnung. Ihre Verfasser sind unbekannt. Die Namen Matthäus, Markus und Lukas, nach denen man sie üblicherweise benennt, gehen auf altkirchliche Überlieferungen ebenfalls aus dem 2. Jahrhundert zurück. Historisch sind sie jedoch wertlos. Sie dienten offensichtlich nur dazu, die Evangelien zu autorisieren. So wurde das Matthäusevangelium mit dem Jesusjünger und Apostel Matthäus in Verbindung gebracht, die beiden anderen Synoptiker wenigstens mit Männern, die als Mitarbeiter und Begleiter berühmter Apostel bekannt waren [2].

Die synoptischen Evangelien sind nicht unabhängig voneinander entstanden. Sie bieten weithin den gleichen Überlieferungsstoff und stimmen auch im Aufbau überein, woraus sich die weitgehende Parallelität ihrer Berichte erklärt. Die Frage ist nur, welches der Evangelien das älteste ist und den anderen Evangelien als Vorlage gedient hat. Auch wenn ein einhelliges Urteil in dieser Frage noch nicht erreicht worden ist, darf als gesichert gelten, daß dem *Markusevangelium* dieser Rang zukommt und die beiden anderen Synoptiker es ihrer Darstellung zugrunde gelegt haben. Freilich sind Matthäus und Lukas erheblich umfangreicher. In dem, was sie über Markus hinaus bieten, stimmen sie ihrerseits auf weite Strecken überein. Das hat zu der Annah-

1 Das Markusevangelium ist um 70 n. Chr., vor dem jüdischen Krieg, entstanden.

2 Dabei galt Markus als »Dolmetscher« des Petrus, Lukas als Mitarbeiter und Begleiter des Paulus. Als Beispiel der altkirchlichen Überlieferungen über die Evangelien sei die über Markus im Wortlaut angeführt: »Markus hat die Worte und Taten des Herrn, an die er sich als Dolmetscher des Petrus erinnerte, genau, jedoch nicht in guter Ordnung aufgeschrieben. Er hat nämlich den Herrn weder gehört noch begleitet, später aber folgte er dem Petrus. Dieser gestaltete seine Lehrvorträge nach den Bedürfnissen, aber nicht so, daß er eine zusammenhängende Darstellung der Reden des Herrn gegeben hätte. Markus machte keinen Fehler, wenn er einiges, wie er sich erinnerte, aufschrieb. Er trug nur um eines Sorge: nichts von dem, was er gehört hatte, auszulassen oder zu verfälschen.«

me einer zweiten Quelle geführt, die man *Reden-* oder *Logienquelle Q* nennt, weil sie nahezu ausschließlich Worte Jesu enthält. Daneben findet sich in den Großevangelien Matthäus und Lukas in beträchtlichem Umfang *Sondergut.* Bei Lukas macht dieses etwa die Hälfte seines Werkes aus. Schon vom Stoff her haben die drei Synoptiker also ihr je eigenes Gesicht.

Markus ist mit seiner Schrift der Schöpfer einer neuen Literaturgattung »Evangelium« geworden. Sein Vorbild hat eine breite literarische Tätigkeit angeregt. Nur ein Teil dieser Evangelienschriften ist in das Neue Testament eingegangen. Unsere Kenntnis der außer-neutestamentlichen, sog. apokryphen Evangelien ist sehr gering. Von einigen wissen wir nur die Namen und das wenige, was Kirchenväter aus ihnen zitieren. Eines der wichtigsten ist das 1945 in Ägypten gefundene Thomas-Evangelium [3], das in seiner Art der Logienquelle gleicht.

Schriften, in denen Stoffe der Jesusüberlieferung zusammengestellt worden sind, gab es allerdings schon vor Markus. Ihnen ist z. B. die Logienquelle Q zuzurechnen. Außerdem hat man mit einem schriftlichen Bericht von Jesu Tod und Auferstehung sowie mit Sammlungen von Wundergeschichten zu rechnen. Das Johannesevangelium hat eine solche Wunder-Quelle verarbeitet (vgl. S. 384 f.), wahrscheinlich auch Markus.

Neu war bei Markus, daß er den Versuch unternahm, das Wirken Jesu umfassend darzustellen. Darin besteht seine schriftstellerische Leistung. Sie ist um so höher zu veranschlagen, als Analogien aus der antiken Literatur fehlen. Aus den damals verbreiteten und beliebten Gattungen der Memoiren oder Lebensbeschreibungen berühmter Männer (Vita) kann die Form »Evangelium« nicht abgeleitet werden. Markus schreibt keine Apostel-Memoiren und keine Vita Jesu. Er gibt auch an keiner Stelle zu erkennen, daß er sich mit seinem Buch auf das Gebiet der Literatur begeben möchte. Lukas hat das für sein Evangelium später getan, und in der Mitte des 2. Jahrhunderts hat man dann die Evangelien insgesamt als Apostel-Memoiren begreifen wollen.

Wie Markus seine Schrift verstanden wissen will, verrät er selbst. Gleich im ersten, überschriftartigen Satz seines Buches nennt er das, was er entfalten will, »Evangelium Jesu Christi«. Er wendet damit auf den Inhalt seines Buches den Begriff Evangelium an, mit dem man im hellenistischen Urchristentum lange vor ihm die christliche Predigt bezeichnete. Das Neue bei ihm war die Idee, die Heilsbotschaft als fortlaufenden Bericht vom *Wirken* Jesu und in Gestalt eines *Buches* zu verkündigen. Wenn man dann später (im 2. Jahrhundert) – in Anlehnung an seinen Sprachgebrauch – Evangelium zum *Gattungs*begriff machte und sein *Buch* Evangelium nannte, so entsprach das durchaus dem Sachverhalt und seinem Selbstverständnis.

Nicht ohne Berechtigung hat man die Evangelisten als Sammler charakterisiert, die die Jesusüberlieferung mit mehr oder weniger Geschick in Schrif-

3 Thomas war ein Jünger Jesu und Apostel. Mit seinem Namen sind eine ganze Reihe apokrypher Schriften verknüpft, u. a. eine Apostelgeschichte.

ten zusammengestellt haben. Diese Schriften machen in der Tat weithin den Eindruck von Sammelwerken. Szenen und Aussprüche reihen sich in dichter Folge aneinander. Die ursprüngliche Gestalt der einzelnen Erzählungen und Sprucheinheiten ist fast unversehrt geblieben. Dies ist jedoch nur die eine Seite der Sache. Die Evangelienforschung der jüngsten Zeit hat ans Licht gebracht, wie bewußt und theologisch reflektiert die Evangelisten ihre Bücher gestaltet haben. In der Art, den Überlieferungsstoff darzubieten, erweisen sie sich bei näherem Zusehen als eigenständige Schriftsteller mit einer bestimmten theologischen Konzeption und dem Willen zu eigener Aussage. Ihre Ausdrucksmittel waren allerdings vergleichsweise bescheiden. In die Traditionsstücke haben sie kaum eingegriffen. Sie begnügten sich im allgemeinen mit Straffungen des Erzählungsganges, Ergänzungen, mit dem Austausch einzelner Worte und stilistischen Glättungen. Ihre hauptsächlichen Ausdrucksmittel sind die kompositionelle Anordnung des Überlieferungsstoffes und die Einschaltung von frei entworfenen Sammelberichten oder eingestreuten Bemerkungen, in denen sie direkt aussprachen, was ihnen wichtig ist. So stellen die Evangelienschriften literarische Gebilde dar, in denen sich verschiedene Sinnschichten überlagern. Einerseits sind sie der Rahmen, in dem die vorgegebenen Überlieferungseinheiten aufgehoben und in ihrem Eigenleben nahezu ungebrochen bewahrt wurden. Andererseits bilden sie das Medium, in dem die Evangelisten ihre eigene schriftstellerisch-theologische Konzeption zur Geltung bringen.

Die synoptischen Evangelien weichen in ihrer Theologie erheblich voneinander ab. Zum Teil hängt das von dem Überlieferungsstoff ab, den sie aufnehmen und verarbeiten, zum anderen Teil offenbart sich darin der besondere Aussagewille der Evangelisten. Um die Darstellung der besonderen Konzeptionen des Markus, Matthäus und Lukas geht es in den folgenden Abschnitten.

1. Das Markusevangelium

Markus eröffnet sein Evangelium mit einer Art Prolog, in dem er von Johannes dem Täufer, der Taufe Jesu, seiner Versuchung und seinem Auftreten erzählt und den Inhalt seiner Verkündigung umreißt. Die Schilderung des Wirkens Jesu setzt ein mit der Jüngerberufung und enthält in seinem ersten Teil vorwiegend Wundergeschichten: Exorzismen, Heilungen, Speisungen, Stillung des Sturmes. Der geographische Raum dieses Wirkens Jesu ist Galiläa, das Forum, vor dem es sich abspielt, die jüdische Öffentlichkeit.

Einen deutlichen Einschnitt markiert in der Mitte des Buches das Petrusbekenntnis. Mit ihm beginnt etwas Neues. Von jetzt an wendet sich Jesus speziell an die Jünger und belehrt sie über den Leidensweg, den er gehen muß. Die Passion rückt ins Blickfeld. Der Einzug Jesu in Jerusalem und einige Konfliktszenen führen unmittelbar an sie heran. Jerusalem gilt Markus speziell als Ort der Passion Jesu. Hier tut Jesus kein einziges Wunder. Den Abschluß bildet die Erzählung von der Auffindung des leeren Grabes durch die Frauen. Im Unterschied zu allen anderen Evangelien fehlen bei Markus Berichte von Erscheinungen des Auferstandenen. Am Schluß steht lediglich ein Verweis auf Erscheinungen in Galiläa, wohin die Jünger beordert werden. Auch dies ein bedeutsames Element der markinischen Konzeption: Galiläa ist vorzugsweise der Ort des Offenbarungsgeschehens, im Gegensatz zu Jerusalem, der Stadt der Juden, die Jesus verwirft und dem Gericht verfällt.

Das Markusevangelium ist von einer starken Spannung durchzogen. In seiner Darstellung werden zwei kontrastierende Bilder von Jesus miteinander verbunden.

Jesus erscheint zunächst als der mit göttlicher Vollmacht ausgestattete Gottessohn. In drei Szenen fixiert Markus den Rahmen dieses Bildes. Sie kreisen um den Titel Gottessohn: Bei der Taufe (vgl. S. 142) wird Jesus in die Würde des Gottessohnes eingesetzt; in der Verklärung (vgl. S. 142) enthüllt er das Geheimnis seines Wesens, und unter dem Kreuz schließlich erkennt der römische Hauptmann, wer er in Wahrheit ist (vgl. S. 194). Das Bild wird im ersten Teil des Evangeliums durch Wundergeschichten ausgefüllt. Auf weite Strecken hat man den Eindruck, als wolle der Evangelist Jesus in den Farben malen, die die hellenistische Vorstellung vom »göttlichen Menschen« bereithielt. Vielleicht hat er eine Sammlung von Wundergeschichten verarbeitet, die von dieser christologischen Auffassung getragen war, also die Kraftakte eines überragenden Wundermannes darstellen wollte. Für Markus gilt dies indessen nicht. Er sieht in den Wundern Vollmachtserweise des endzeitlichen Heilbringers, Heilszeichen. Es sind die Momente eines Kampfes, in dem die Macht des Satans und der Dämonen gebrochen wird – daher die Vorliebe des Markus für Exorzismen. Mit ihnen realisiert sich im Raum der Geschichte die Herrschaft Gottes, deren Nähe Jesus in seiner Predigt ansagte.

Andererseits stellt Markus den Weg Jesu als Leidens- und Todesweg dar. Nicht nur, daß er ans Ende seines Buches die Leidensgeschichte stellt, wie das die anderen Evangelisten auch tun. Bei ihm ist die Schilderung der Geschichte Jesu auf dieses Ende hin orientiert. Gleich am Anfang bringt er es in den Blick, wenn er eine Gruppe von Konfliktszenen (in Kap. 2 und 3; vgl. die Texte auf S. 112–114) mit dem Satz beschließt: »Da gingen die Pharisäer hinaus und hielten sofort mit den Herodianern Rat gegen ihn, um ihn zu vernichten« (3,6). Den zweiten Teil des Evangeliums durchsetzt er mit regelmäßig wiederholten Leidensweissagungen. So hat man das Markusevangelium mit Recht eine Passionsgeschichte mit ausführlicher Einleitung genannt.

Das Nebeneinander dieser beiden Bilder stellt den Kern der theologischen Konzeption des Markus dar. Er verbindet sie beide bewußt miteinander. Darauf deutet verschiedenes hin: Es ist bezeichnenderweise der *gekreuzigte* Jesus, den der Führer des Hinrichtungskommandos als *Gottessohn* erkennt und bekennt. An die Geschichte von der Verklärung, in der Jesus die ihm eigene Herrlichkeit hat sehen lassen, fügt Markus ein Gespräch über das

Leidensgeschick des Täufers und Jesu selbst an. Markus will Jesus als den machtvollen Heilbringer der Endzeit verkünden, zugleich aber herausstellen, daß er als solcher vom Kreuzesgeschehen her begriffen werden will. Erst dort wird offenbar, wer Jesus in Wahrheit ist und was sein Wirken bedeutet. Allem Anschein nach verfolgt Markus mit seiner »Theologie des Kreuzes« die Absicht, einer in Wundertaten schwelgenden »Theologie der Herrlichkeit«, die er in seiner Zeit vor Augen hatte, entgegenzutreten.

Markus hat seine theologischen Gedanken auf eine merkwürdige Weise ausgesprochen. Allenthalben begegnet man in seinem Buch Sätzen, in denen Jesus die Kranken auffordert, ihre Heilung geheim zu halten, oder den Dämonen verbietet, ihn bekannt zu machen. In anderen Zusammenhängen betont der Evangelist, die Jünger hätten nichts von dem verstanden, was sie hörten und sahen. Schließlich interpretiert er die Gleichnisse als Verschlüsselungen der Heilsbotschaft, dazu bestimmt, ein Begreifen zu verhindern. Der markinische Jesus tut alles, um das Geheimnis seiner Person und Würde zu wahren, weshalb man die genannten Züge und Motive unter dem Begriff des Messiasgeheimnisses zusammenfaßt. Es wirkt in seiner Durchführung wenig einleuchtend, zuweilen geradezu unsinnig. Markus hat mit all dem nicht sagen wollen, Jesus sei zu Lebzeiten verkannt, erst nach seinem Tod und seiner Auferstehung erkannt worden. Das Messiasgeheimnis ist dogmatisch gemeint; es bezeichnet einen grundsätzlichen, theologischen Sachverhalt: Jesu »Herrlichkeit« ist nicht direkt zugänglich und erfahrbar, sondern erschließt sich erst vom Kreuz her und durch das Kreuz hindurch. Die Bedeutung Jesu ist nicht in glanzvollen Machtdemonstrationen objektiv gegeben, sondern kann nur im Glauben an den Gekreuzigten erfaßt werden.

Im folgenden sollen Texte, die für die Theologie des Markus charakteristisch sind, zusammengestellt werden. Weithin enthalten sie vorgeformtes Überlieferungsgut. Wo es nötig ist, werden die markinischen Eigentümlichkeiten im Druck hervorgehoben. Entsprechendes gilt für die Matthäus- und Lukastexte in den späteren Abschnitten dieses Kapitels.

Die Vorgeschichte

Jesu Auftreten in Galiläa, auf das die Vorgeschichte in einer Reihe kurzer Szenen Schritt für Schritt hinführt, eröffnet die Zeit der anbrechenden Gottesherrschaft; in seinem Wirken bricht sie sich Bahn, zum Heil der Menschen. Auf diese Aussage ist die Vorgeschichte ausgerichtet. Sie bezeichnet den Gesichtspunkt, unter dem der dann folgende Bericht vom Wirken Jesu gelesen werden soll. Zu den einzelnen Texten vgl. S. 24, 141 f.

Anfang des Evangeliums Jesu Christi:

Wie im Propheten Jesaia geschrieben steht: ›Siehe, ich sende meinen Boten vor dir her, der dir den Weg bereiten soll‹, ›eine Stimme ruft in der Wüste: bereitet den Weg des Herrn, macht eben seine Pfade‹ – so trat Johannes der

Täufer in der Wüste auf und predigte eine Taufe der Buße zur Vergebung der Sünden. Und das ganze jüdische Land und alle Jerusalemer zogen zu ihm hinaus, bekannten ihre Sünden und wurden von ihm im Jordan getauft. Johannes war mit Kamelhaaren und einem Ledergurt um seine Lenden bekleidet. Er aß Heuschrecken und wilden Honig. Und er verkündete: »Ein Stärkerer als ich kommt nach mir, dessen Schuhriemen gebückt zu lösen ich nicht gut genug bin. Ich taufe euch mit Wasser, er aber wird euch mit dem heiligen Geist taufen.«

Es geschah in jenen Tagen, daß Jesus von Nazareth in Galiläa kam und von Johannes im Jordan getauft wurde. Und sofort, als er aus dem Wasser stieg, sah er, wie sich der Himmel auftat und der Geist wie eine Taube auf ihn herabkam. Und eine Stimme erklang aus dem Himmel: »Du bist mein lieber Sohn, an dir habe ich Wohlgefallen«.

Da trieb ihn der Geist sofort in die Wüste hinaus. In der Wüste war er vierzig Tage und wurde vom Satan versucht. Er war hier mit wilden Tieren zusammen, und die Engel dienten ihm.

Nachdem Johannes ausgeliefert war, ging Jesus nach Galiläa und verkündete die Botschaft Gottes und sagte: »Die Zeit ist erfüllt und die Gottesherrschaft nahegekommen. Kehrt um und glaubt an die Botschaft.«

(Mk 1, 1–15)

Die Vollmacht Jesu

Im Kampf gegen die dämonischen Mächte, die den Menschen bedrohen, offenbart der Gottessohn seine Vollmacht. Der Evangelist widersteht der Versuchung, die Dämonenaustreibung zu einer unmittelbaren Selbstdarstellung Jesu zu machen. Die Augenzeugen ahnen zwar etwas von seinem göttlichen Rang. Aber die wahre und endgültige Erkenntnis des Gottessohnes bricht noch nicht durch. Dem Dämon, der weiß, mit wem er es zu tun hat, und es ausspricht, gebietet Jesus, zu schweigen.

Jesus ging am Sabbat in die Synagoge und lehrte. Und sie waren tief betroffen über seine Lehre; denn er lehrte sie wie einer, der Vollmacht hat, nicht wie die Schriftgelehrten. Da war in ihrer Synagoge ein Mann, der von einem bösen Geist besessen war. Der schrie auf: »Was willst du von uns, Jesus von Nazareth? Du bist nur gekommen, uns zu verderben! Ich weiß, wer du bist – der Heilige Gottes.« Da *bedrohte* ihn Jesus und sagte: »*Verstumme* und fahre von ihm aus!« Da riß ihn der böse Geist hin und her und brüllte mit lauter Stimme und fuhr von ihm aus. Da gerieten sie alle in Staunen, so daß sie untereinander stritten und sagten: »*Was ist dies? Eine neue Lehre in Vollmacht!* Sogar den unreinen Geistern gebietet er, und sie gehorchen ihm!« *Und die Kunde von ihm drang sofort überall hin in die ganze Umgebung von Galiläa.*

(1, 21–28)

Krankenheilungen und Dämonenbannungen

Ein darstellerisches Mittel des Markus sind die sog. Sammelberichte. Darunter versteht man zusammenfassende Schilderungen der Taten Jesu. Sie waren nicht von der Überlieferung vorgegeben, sondern sind vom Evangelisten geschaffen worden. Ihr Zweck ist, das Jesusbild abzurunden und einen Gesamteindruck zu vermitteln. – Weil vom Evangelisten selbst gestaltet, geben sie wichtige Hinweise für das Verständnis seiner Anschauungen. In dem folgenden Sammelbericht werden gerade die Wundergeschichten herausgehoben. Hier taucht auch das für Markus typische Schweigegebot auf.

Jesus zog sich mit seinen Jüngern an den See zurück. Eine große Menschenmenge aus Galiläa ging ihm nach, auch aus Judäa, Jerusalem, Idumäa, dem Land jenseits des Jordan und aus dem Land um Tyrus und Sidon – eine große Zahl von Leuten: Da sie gehört hatten, was er vollbringt, kamen sie zu ihm. Da sagte er zu seinen Jüngern, es solle für ihn wegen der Menschenmenge ein Boot bereitgehalten werden, damit sie ihn nicht erdrückten. Denn er heilte viele, so daß sich alle, die mit Leiden behaftet waren, auf ihn stürzten, um ihn anzufassen. Und die unreinen Geister fielen, immer wenn sie ihn erblickten, vor ihm nieder und riefen laut: »Du bist der Sohn Gottes.« Und er bedrohte sie heftig, daß sie ihn nicht bekannt machen sollten. (3, 7–12)

Der Sinn der Gleichnisse

Jesus hatte sich in seiner Predigt des Gleichnisses bedient, um seinen Hörern neue Einsichten und ein neues Sich-Verstehen zu erschließen. Markus hingegen deutet die Gleichnisse als rätselhaft verhüllende Redeweise und sieht ihren Sinn darin, die Hörer auf ein Nicht-Verstehen festzulegen. Einzig den Jüngern wird das verborgene Geheimnis enthüllt. Diese merkwürdige Gleichnistheorie besagt, daß die Gottesherrschaft nur dem aufgeht, der in dem gekreuzigten Jesus den Gottessohn erkennt. Kein anderer Weg führt zu ihrem Verstehen.

Wieder hob er an, am Seeufer zu lehren. Eine sehr große Menschenmenge sammelte sich um ihn, so daß er in ein Boot stieg und (darin) auf dem See draußen saß. Und die ganze Volksmenge war am Seeufer auf dem Land. Und er lehrte sie vieles in Gleichnissen; und er sagte ihnen in seiner Lehre: »Hört! Siehe, ein Sämann ging aus zu säen. Beim Säen fiel einiges auf den Weg; da kamen die Vögel und fraßen es auf. Anderes fiel auf Felsboden, wo es nicht viel Erde hatte; doch als die Sonne aufging, da wurde es versengt, und weil es keine Wurzel hatte, verdorrte es. Anderes fiel in die Dornen; da gingen die Dornen auf und erstickten es; und es brachte keine Frucht. Und anderes fiel auf gutes Land und brachte Frucht; es ging auf, wuchs und trug dreißig-, sechzig- und hundertfach.« Und er sprach: »Wer Ohren hat, zu hören, der höre!«

Als sie allein waren, fragten ihn seine Begleiter mit den Zwölfen nach den Gleichnissen. Da sagte er zu ihnen: »Euch ist das Geheimnis der Gottesherrschaft gegeben; jenen Leuten draußen aber wird alles in Rätseln zuteil, damit sich erfüllt: ›Sehend sehen sie und sehen doch nicht, und hörend hören sie und verstehen doch nicht – daß sie nicht schließlich noch umkehren und Vergebung finden‹.« (4, 1–12)

Der Weg Jesu und der Weg der Nachfolge

Markus hat die Erzählung vom Petrus-Bekenntnis (vgl. S. 85) mit anderen Überlieferungen verknüpft. So hat er eine neue kompositorische Einheit geschaffen. Wie in keinem anderen Abschnitt wird in ihr seine eigene Konzeption greifbar. Sie ist das theologische Herzstück des Markusevangeliums:

Jesus *ist* in der Tat der Messias, wie es Petrus ausspricht. Messianität jedoch bedeutet Weg in Leiden und Tod. Darum verbietet Jesus dem Petrus, seine Erkenntnis zu verbreiten (ähnlich wie den Dämonen), ehe er dies begriffen und akzeptiert hat.

Markus entwickelt hier nicht allein seine christologische Auffassung. Er zeigt zugleich die Konsequenzen auf, die sich daraus für das Verständnis christlicher Existenz ergeben. Im Weg Jesu ist der Weg der Christen gültig vorgezeichnet. Mit Nachdruck verweist er auf das Kreuz als Gestalt der Nachfolge. Paradoxerweise wird gerade dem, der sich preisgibt, das Leben zugesprochen; ihm ist Zukunft verheißen, Anteil am Heil der Gottesherrschaft.

Jesus ging mit seinen Jüngern weg in die Dörfer von Cäsarea Philippi. Und unterwegs befragte er seine Jünger und sagte zu ihnen: »Für wen halten mich die Leute?« Sie antworteten ihm: »Einige für Johannes den Täufer, andere für Elia, wieder andere für einen der Propheten«. Da fragte er sie: »Aber ihr, für wen haltet ihr mich?« Petrus antwortete und sprach: »Du bist der Messias.« *Und er bedrohte sie, daß sie ja niemandem etwas über ihn sagten.*

Da hob er an, sie zu lehren: »Der Menschensohn muß viel leiden, von den Ältesten, Hohenpriestern und Schriftgelehrten verworfen und getötet werden und nach drei Tagen auferstehen.« Und er redete das Wort ganz offen. Da nahm ihn Petrus beiseite und fing an, ihm Vorwürfe zu machen. Dieser jedoch wandte sich um, sah seine Jünger an und wies Petrus heftig zurecht mit den Worten: »Gehe weg von mir, Satan, du denkst nicht an die Sache Gottes, sondern an die der Menschen.« [4]

Und er rief das Volk zusammen mit seinen Jüngern zu sich und sagte ihnen: »Wenn jemand mir nachfolgen will, so soll er sich selbst verleugnen und sein Kreuz aufnehmen und mir nachfolgen. Wer nämlich sein Leben bewahren will, wird es verlieren. Wer das Leben aber um meinet- oder des Evangeliums willen verliert, der wird es bewahren. Was könnte es einem

---

4 Die Leidensweissagung enthält Überlieferungselemente, ist im ganzen aber vom Evangelisten selbst gestaltet worden. Mit ihrer Hilfe interpretiert Markus das traditionelle urchristliche Bekenntnis: Jesus ist der Messias.

Menschen nützen, die ganze Welt zu gewinnen und sein Leben einzubüßen? Was könnte der Mensch als Preis für sein Leben geben?

Denn wer sich meiner und meiner Worte in diesem ehebrecherischen und sündigen Geschlecht schämt, dessen wird sich auch der Menschensohn schämen, wenn er in der Herrlichkeit seines Vaters mit den heiligen Engeln kommt.« Und er sagte ihnen: »Amen, ich sage euch, es sind einige unter denen, die hier stehen, die werden den Tod nicht schmecken, bis sie die Gottesherrschaft in Kraft haben kommen sehen.« (8, 27–9, 1)

Leidensweg und Jüngerschaft

Wie eng für Markus der Weg Jesu und der der Jünger zusammengehören, zeigt auch der folgende Abschnitt.

Sie waren auf dem Weg nach Jerusalem hinauf. Jesus ging vor ihnen her, und sie waren erstaunt; die Nachfolgenden aber fürchteten sich. Und er nahm die Zwölf wieder beiseite und begann zu ihnen von dem zu reden, was ihm widerfahren werde: *»Seht, wir gehen nach Jerusalem hinauf, und der Menschensohn wird den Hohenpriestern und Schriftgelehrten ausgeliefert werden; und sie werden ihn zum Tode verurteilen und den Heiden übergeben; diese werden ihn verspotten, anspeien, geißeln und töten – und nach drei Tagen wird er auferstehen.«*

Da kamen zu ihm Jakobus und Johannes, die beiden Söhne des Zebedäus, und sagten: »Rabbi, wir wünschen, daß du uns eine Bitte erfüllst.« Er aber sagte zu ihnen: »Was wollt ihr denn, daß ich euch tue?« Sie aber sagten zu ihm: »Laß uns in deiner Herrlichkeit einen zur Rechten und einen zur Linken sitzen!« Jesus aber sprach zu ihnen: »Ihr versteht nicht, was ihr wünscht. Könnt ihr denn den Kelch trinken, den ich trinke, oder die Taufe auf euch nehmen, mit der ich getauft werde?« Sie antworteten ihm: »Wir können es.« Jesus aber sprach zu ihnen: »Ihr werdet (tatsächlich) den Kelch trinken, den ich trinke und mit der Taufe getauft werden, mit der ich getauft werde[5]; es ist jedoch nicht meine Sache, das Sitzen zu meiner Rechten oder Linken zu verleihen, sondern es wird denen zukommen, denen es bereitet ist.«

Als die zehn anderen dies hörten, begannen sie sich über Jakobus und Johannes zu ärgern. Und Jesus rief sie zu sich und sagte ihnen: »Ihr wißt, daß die, die als Herrscher der Völker gelten, sie ihre Herrschaft spüren lassen und ihre Großen Gewalt über sie ausüben. So ist das aber nicht unter euch! Wer unter euch der Größte sein will, der soll euer Diener sein; und wer der erste unter euch sein möchte, der soll aller Sklave sein. Denn auch der Menschensohn ist nicht gekommen, daß er sich dienen lasse, sondern daß er diene und sein Leben hingebe als Lösegeld für viele.« (10, 33–45)

---

5 In diesen Worten wird auf das Martyrium der beiden Zebedäus-Söhne angespielt.

Der Tod Jesu

Markus nimmt der Passion Jesu nichts von der Härte, die ihr in der ältesten Gestalt eignete (vgl. S. 120ff). Auch nach seiner Darstellung stirbt Jesus den Tod des Gescheiterten und von allen, scheinbar auch von Gott, Verlassenen. Indes ereignet sich unter dem Kreuz zugleich der Durchbruch zu der Wahrheitserkenntnis, die den Inhalt des christlichen Glaubens ausmacht. Markus hat sie dem römischen Zenturio (einem Heiden!) in den Mund gelegt: Die Heidenwelt öffnet sich für das Evangelium, während das alte Gottesvolk an ihm scheitert.

Um die sechste Stunde kam eine Finsternis über das ganze Land, bis zur neunten Stunde. Und um die neunte Stunde rief Jesus laut: »›Eli, Eli, lama sabachthani‹, das heißt übersetzt: ›Mein Gott, mein Gott, warum hast du mich verlassen?‹« Einige von den Umstehenden sagten, als sie es hörten: »Seht, er ruft den Elia!« Einer aber lief, füllte einen Schwamm mit ›Essig‹, steckte ihn auf ein Rohr und bot ihm zu trinken und sagte dabei: »Laßt, wir wollen sehen, ob Elia noch kommt, um ihn herabzuholen.« Jesus aber stieß einen Schrei aus und verschied. Da riß der Tempelvorhang von oben bis unten entzwei. Als aber der Hauptmann, der ihm gegenüber dabeistand, ihn so sterben sah, sagte er: »Wirklich, dieser Mann war Gottes Sohn.« (15, 33–39)

Zum Vergleich der parallele Abschnitt bei Matthäus. Er hat die Paradoxie der markinischen Theologie des Kreuzes nicht durchhalten können. Nach seiner Darstellung gewinnt der Hauptmann seine Erkenntnis nicht angesichts des Todes Jesu, sondern aufgrund der wunderbaren Begebenheiten, die sich im Zusammenhang damit ereigneten.

Von der sechsten Stunde bis zur neunten Stunde lag eine Finsternis über dem ganzen Land. Um die neunte Stunde aber rief Jesus mit lauter Stimme: »›Eli, Eli, lama sabachthani‹, das heißt: ›Mein Gott, mein Gott, warum hast du mich verlassen?‹« Einer aber von denen, die dabeistanden, sagte, als sie das hörten: »Er ruft nach Elia!« Und sofort lief einer von ihnen hin, nahm einen Schwamm, füllte ihn mit Essig und steckte ihn auf ein Rohr und gab ihm zu trinken. Die übrigen aber sagten: »Laß, wir wollen sehen, ob Elia kommt, um ihn zu retten.« Jesus aber schrie wiederum mit lauter Stimme und gab seinen Geist auf.

Und siehe, der Tempelvorhang zerriß von oben bis unten in zwei Stücke, *die Erde erbebte und die Felsen barsten, und die Gräber öffneten sich, und viele Leiber der entschlafenen Heiligen standen auf; sie gingen aus ihren Gräbern heraus, nach seiner Auferweckung, und begaben sich in die heilige Stadt und erschienen vielen.* Als der Hauptmann und seine Leute aber, die Jesus bewachten, *das Beben und all diese Dinge sahen*, erschraken sie sehr und sagten: »Wirklich, dieser war Gottes Sohn!« (Matth 27, 45–54)

2. Das Matthäusevangelium

Obgleich das Markusevangelium die älteste Evangelienschrift ist und einen bedeutenden Entwurf darstellt, hat es in der Kirche eher ein Schattendasein geführt. Das ein bis zwei Jahrzehnte später verfaßte Matthäusevangelium hat ihm den Rang abgelaufen. Was Markus berichtete, konnte man auch hier lesen – und noch viel mehr dazu! Zu seiner allgemeinen Beliebtheit hat sicherlich auch beigetragen, daß es den Überlieferungsstoff in klarer Ordnung und in handlicher Form, gebrauchsgerecht, darbot. Zudem hat eine Rolle gespielt, daß es als Werk eines unmittelbaren Jüngers und Apostels galt.

Ein charakteristisches Merkmal des Matthäusevangeliums ist sein leidenschaftlicher Kampf gegen die Pharisäer und Schriftgelehrten. Ihre Gesetzlichkeit und Frömmigkeit wird pauschal als Heuchelei verurteilt, sie selbst als Verführer entlarvt [6]. Vor ihnen kann nur gewarnt werden. Das Bild, das hier von den Pharisäern gezeichnet wird, wirkt bis heute nach. Man muß sich indessen vergegenwärtigen, daß es in hohem Maße tendenziös ist, zu verstehen aus der Situation, in der Matthäus schreibt. Es ist die Zeit nach dem jüdischen Krieg und der Zerstörung Jerusalems, als sich die Pharisäer um den inneren Wiederaufbau des Judentums bemühten und eine unumstrittene Führungsposition innehatten. Die Polemik des Matthäus ist auf dem Hintergrund der Auseinandersetzung zwischen pharisäisch bestimmter Synagoge und christlichen Gemeinden (wahrscheinlich in Syrien) zu sehen.

Dies genügt aber noch nicht zur Ortsbestimmung des Matthäus. So deutlich er sich gegen eine Gesetzlichkeit pharisäischer Prägung abgrenzt, so engagiert tritt er auf der anderen Seite für Gesetzesgehorsam ein. Es gibt keine Schrift im Neuen Testament, die die Gültigkeit des Gesetzes auch für die Christen mit ähnlicher Entschiedenheit behauptete. Das läßt auf eine aktuelle Frontstellung schließen. Man hat daran gedacht, Matthäus wende sich gegen den Heidenmissionar Paulus, der Christus als Ende des Gesetzes verkündigt hatte. Wesentlich näher liegt die Annahme, er habe einer enthusiastischen Strömung innerhalb des syrischen Christentums entgegenwirken wollen, die in überschwenglichen Geisterfahrungen lebte und sich über das Gesetz leichtfertig hinwegsetzte. Es ist allerdings nicht einfach das Gesetz des Alten Testamentes, das er diesen Enthusiasten vorhält, sondern das Gesetz, wie es Jesus zur Geltung gebracht hat. Die Gesetzesauslegung Jesu ist gleichzeitig die Grundlage, von der aus er das pharisäische Judentum bekämpft.

Die doppelte Frontstellung gegen christliche Schwärmerei und pharisäische Gesetzlichkeit ist eine wesentliche Voraussetzung der theologischen Konzeption des Matthäus. Von ihr her wird begreiflich, weshalb er das Hauptge-

6 Ähnlich scharfe Kritik begegnet bereits in der Logienüberlieferung.

wicht auf die ethische Verkündigung Jesu legt und die *Lehre* als das eigentliche Werk Jesu darstellt. Jesus – der Lehrer der Kirche, das ist, wie man gesagt hat, sein Thema. Anders als bei Markus stehen am Anfang seines Evangeliums nicht eine Reihe von Wundern Jesu, sondern die *Bergpredigt*, jene große »Rede« Jesu, die als Magna Charta christlichen Verhaltens in die Geschichte eingegangen ist. Sie ist aber nur *eine* der Jesus-Reden neben der Aussendungsrede (Kap. 10), der sog. Gemeinderede, einer Art Gemeindeordnung (Kap. 18), der Rede gegen die Pharisäer und Schriftgelehrten (Kap. 23) und der großen Rede über die Endereignisse (Kap. 24.25). Die Rede ist das charakteristische Darstellungsmittel des Evangelisten Matthäus.

»Bessere Gerechtigkeit« ist das Stichwort, unter dem er die ethische Verkündigung Jesu zusammenfaßt. Der Maßstab, an dem sie sich auszurichten hat, ist das Liebesgebot. Von ihm her erläutert er den Sinn der ethischen Gebote des Alten Testamentes, unterscheidet er Wichtiges und Unwichtiges im Gesetz und leitet er das Recht ab, die Barmherzigkeit den kultischen Geboten überzuordnen. Für das pharisäische Judentum hatten rituelle Forderungen das gleiche Gewicht wie die ethischen. Nach alledem hat man in Matthäus einen Judenchristen zu sehen, der am alttestamentlichen Gesetz festhält, ohne hinter die Kritik Jesu an ihm zurückzufallen [7].

Matthäus schärft mit besonderem Nachdruck die Unerläßlichkeit ethischer Bewährung ein. Ein bloßes Namenchristentum zählt nicht! Deshalb rückt er auch stärker als andere Evangelisten das Endgericht ins Blickfeld. Nicht zufällig steht am Ende seines Evangeliums (vor der Leidensgeschichte) die große Erzählung vom Weltgericht (vgl. S. 184). Die Lehre Jesu konstituiert die endzeitliche Heilsgemeinde. Wer zu ihr gehört, entscheidet sich aber allein im Tun des Gebotes Jesu. Auch den Christen steht das Gericht noch bevor; es kann auch für sie noch Verwerfung bedeuten: »Viele sind berufen, wenige auserwählt« (22, 14).

Bei aller Betonung der Lehre ist Jesus dennoch nicht als christlicher Schriftgelehrter gezeichnet. Für Matthäus ist die ethische Verkündigung Heilsbotschaft in umfassendem Sinne. Jesus hat eine ihn über alle Schriftgelehrten hinaushebende »Vollmacht«. Sein Rang wird mit all den Hoheitstiteln verdeutlicht, die in die synoptische Tradition Eingang gefunden haben. Darüber hinaus stellt Matthäus, das ist sein Besonderes, Jesus als die einzigartige Gestalt dar, in der sich die messianische Weissagung des Alten Testamentes aufs genaueste erfüllte. Hierfür hat er eine eigentümliche Form des Schriftbeweises entwickelt. Er erzählt nicht nur in Worten des Alten Testamentes, sondern zeigt reflektierend die wortwörtliche Übereinstimmung von Weissagung und Erfüllung auf. Das besagt: Jesus ist der Messias, auf dessen

---

7 Matthäus unterscheidet sich in seiner Einstellung zum Gesetz von den jüdisch-orthodox orientierten Kreisen des palästinensischen Judenchristentums (vgl. unten S. 199). Er war weit entfernt von judaistischen Anschauungen. Das zeigt auch seine Haltung in der Frage der Heidenmission (siehe unten S. 207).

Kommen die Erwartung seit langem ausgerichtet war; darum kann er sich auch mit einem souveränen und vollmächtigen »Ich aber sage euch« über die Autorität des Mose stellen. Ein konstitutives Element in der christologischen Anschauung des Matthäus ist ferner das Bild des Weltenrichters, als der Jesus am Ende der Tage in Erscheinung treten und die Menschen in Leben oder Verdammnis einweisen wird.

Auch die Wunder Jesu sind sinnvoll in die theologische Konzeption eingearbeitet. Wenn sie auch, verglichen mit Markus, merklich hinter die Lehre zurücktreten, so erzählt sie Matthäus doch nicht nur deswegen, weil sie ein Bestandteil der Überlieferung waren, der nicht übergangen werden konnte. Die Wunder haben eine Funktion. Der Evangelist hat sie speziell auf die Messianität Jesu bezogen. Es sind für ihn die Taten, die ihn als Messias beglaubigen. Er spricht geradezu von »Werken des Christus«.

Aus der Konzentration auf die ethische Botschaft erklärt sich, daß Matthäus das Sein der Gemeinde vom Bilde des Jüngers, des Schülers her bestimmt. Jüngerschaft ist das sie konstituierende Merkmal. In diesem Sinne gibt der Auferstandene am Ende des Evangeliums den Auftrag, alle Völker zu *Jüngern* zu machen, und das heißt: sie Jesu Gebot zu lehren. Diesen Jüngern verheißt der Auferstandene seine Gegenwart bis ans Ende der Tage.

Matthäus bindet die Kirche aller Zeiten an das, was der irdische Jesus geboten *hat*. Dieses »hat« läßt erkennen, daß er auf die Zeit Jesu als eine abgeschlossene Größe zurückblickt. So unterscheidet er auch zwei Epochen der christlichen Bewegung. Die Verkündigung Jesu selbst und seiner Jünger galt ausschließlich Israel. Israel jedoch hat Jesu Botschaft nicht angenommen, sondern sich endgültig gegen ihn entschieden. Mit der Auferstehung beginnt etwas Neues – die Zeit der Völkermission. Matthäus bekundet also schon ein historisches Bewußtsein. Grundlage der Völkermission ist die Lehre Jesu, die für alle Zeiten verbindlich gilt und den von Gott gezeigten Weg zum Heil darstellt. Der Evangelist sieht seine Aufgabe darin, sie für seine Zeit zu aktualisieren – durch sein Evangelium.

Erfüllte Verheißung

Matthäus stellt seinem Bericht vom Wirken Jesu die sog. Kindheitsgeschichte voran, die den Stammbaum Jesu, die Ankündigung seiner Geburt, die Anbetung der Magier und schließlich die Flucht nach Ägypten umfaßt. An ihrer Gestaltung hat er selbst bedeutenden Anteil. Er setzt hier das für ihn typische Mittel theologischer Deutung, den Schriftbeweis, in besonders starkem Maße ein. Im Lichte der messianischen Weissagung des Alten Testaments soll gleich zu Anfang sichtbar gemacht werden, was sich mit Jesus für die Menschen ereignete. In diesem Sinne wird in der Geburtsgeschichte der Jesus-Name (Emmanuel) mit Hilfe alttestamentlicher Weissagung ausgewertet.

Der matthäische Schriftbeweis hat eine bestimmte Form. Er wird durch die Formel »Das geschah, damit erfüllt würde das Wort...« eingeleitet und stellt sich als eine nachträgliche Überlegung zu einem Vorgang dar, weshalb man von »Reflexionszitaten« spricht.

Im folgenden werden zwei Texte angeführt, in denen Matthäus von dem Kompositionsmittel des Schriftbeweises in typischer Weise Gebrauch macht: die Geburtsgeschichte und der Bericht vom Auftreten Jesu in Galiläa.

Mit der Geburt Jesu Christi war es so: Als seine Mutter Maria mit Joseph verlobt war, fand sich, ehe sie noch zusammengekommen waren, daß sie schwanger war vom heiligen Geist. Joseph aber, ihr Mann, der rechtschaffen war und sie nicht bloßstellen wollte, entschloß sich, heimlich sich von ihr zu trennen. Während er aber dies bei sich erwog, siehe, da erschien ihm ein Engel des Herrn im Traum und sprach: »Joseph, Sohn Davids, trage keine Bedenken, Maria, deine Frau, zu dir zu nehmen! Denn das in ihr erzeugte Kind ist vom heiligen Geiste. Sie wird einen Sohn gebären, und du sollst ihm den Namen Jesus geben; denn er wird sein Volk von seinen Sünden befreien.« *Das alles geschah aber, damit erfüllt würde, was vom Herrn durch den Propheten geweissagt wurde, der sagte: ›Siehe, eine Jungfrau wird schwanger werden und einen Sohn gebären, und man wird ihm den Namen Emmanuel geben‹, das heißt übersetzt: ›Gott mit uns‹.* Als nun Joseph vom Schlaf erwachte, tat er, wie der Engel des Herrn ihm befohlen hatte. Und er nahm seine Frau zu sich. Doch hatte er keinen Umgang mit ihr, bis sie einen Sohn geboren hatte; und er gab ihm den Namen Jesus. (Mt 1, 18–25)

Als Jesus hörte, daß Johannes (der Täufer) ausgeliefert worden sei, zog er sich nach Galiläa zurück. Und er verließ Nazareth, ging nach Kapernaum am See im Gebiet von Sebulon und Naphthali und nahm hier Wohnung – *damit erfüllt würde, was durch den Propheten Jesaia gesagt wurde: ›Land Sebulon und Land Naphthali, am See, Land jenseits des Jordan, Galiläa der Heiden: das Volk, das in der Finsternis saß, sah ein großes Licht und über denen, die im Reich und dem Schatten des Todes saßen, ging ein Licht auf‹.* Von da an begann Jesus mit seiner Predigt und sagte: »Kehrt um; denn das Himmelreich ist nahe gekommen.« (4, 12–17)

Die Bergpredigt (Kap. 5–7)

In der Bergpredigt hat der Evangelist aus überkommenen Jesusworten den berühmtesten Text des Neuen Testamentes geschaffen. Nach seinem Verständnis enthält sie die Botschaft Jesu, an die die Kirche aller Zeiten gebunden ist.

Die Seligpreisungen. Die Bergpredigt setzt ein mit einer Heilszusage an die, die zur christlichen Gemeinde gehören und dem Bilde des Jüngers entsprechen. Besonderes Gewicht hat der Zuspruch an die Verfolgten und zu Unrecht Diffamierten. Die Gemeinde, in der Matthäus lebte, war massivem Druck von seiten der Synagoge ausgesetzt.

Als Jesus die Volksmassen sah, stieg er auf einen Berg. Als er sich gesetzt hatte, traten seine Jünger zu ihm. Und er tat seinen Mund auf und lehrte sie und sprach:

»Selig, die arm sind im Geist, denn ihrer ist das Himmelreich.
Selig die Trauernden, denn sie werden getröstet werden.
Selig die Demütigen, denn sie werden die Erde erben.
Selig, die nach Gerechtigkeit hungern und dürsten, denn sie werden gesättigt werden.
Selig die Barmherzigen, denn sie werden Erbarmen finden.
Selig, die reinen Herzens sind, denn sie werden Gott schauen.
Selig die Friedensstifter, denn sie werden Söhne Gottes heißen.
Selig die um der Gerechtigkeit willen Verfolgten, denn ihrer ist das Himmelreich.
Selig seid *ihr*, wenn man euch schmäht, verfolgt und verleumderisch alles mögliche Böse gegen euch redet um meinetwillen.
Freut euch und frohlockt; denn euer Lohn ist groß im Himmel.
Genau so hat man die Propheten vor euch verfolgt!«

(5, 1–12)

Die bessere Gerechtigkeit. Den Jüngern kommt aufgrund ihrer Bindung an Jesus ein besonderer Rang zu. Dies bedeutet zugleich, daß sie auch in besonderer Weise in Anspruch genommen sind: Licht ist nur dann sichtbar, wenn man es leuchten läßt. Was Matthäus damit des näheren meint, entfaltet er in Form einer ausführlichen Gesetzesauslegung, die in ihrem Grundbestand auf Jesus zurückgeht (vgl. S. 69 ff.). Sie wird als Antithesenreihe dargeboten. Der Evangelist wollte sie nicht so verstanden wissen, als sei damit das alttestamentliche Gesetz aufgehoben. Jesus setzt es nicht außer Kraft, sondern stellt seine Gültigkeit fest und enthüllt seinen Sinn. Er ist nicht das Ende der alttestamentlichen Geschichte, sondern deren messianische Erfüllung.

Die Stellung Jesu zum Gesetz wird am Anfang erläutert. Das geschieht in den Worten einer streng judenchristlichen Tradition, die im Sinne der jüdischen Orthodoxie vom ewigen Bestand des Gesetzes bis in die kleinsten Kleinigkeiten hinein sprach. Mit diesem Ausspruch polemisiert Matthäus gegen ein sich vom Gesetz emanzipierendes, enthusiastisches Christentum, ohne sich jedoch mit ihm völlig zu identifizieren. Er selbst steht dem jüdischen Gesetz freier und kritischer gegenüber (vgl. oben S. 196).

»Ihr seid das Salz der Erde. Wenn aber das Salz fade wird, womit soll es selbst wieder salzig gemacht werden? Es taugt zu nichts anderem mehr, als daß man es wegwirft und von den Leuten zertreten läßt. Ihr seid das Licht der Welt. Eine Stadt, die auf einem Berge liegt, kann nicht verborgen bleiben. Auch zündet man nicht ein Licht an und stellt es unter den Scheffel, vielmehr auf einen Leuchter; dann leuchtet es allen im Hause. So soll euer Licht vor den Menschen leuchten, damit sie eure guten Taten sehen und euren Vater im Himmel preisen.

Meint nicht, ich sei gekommen, das Gesetz oder die Propheten aufzulösen.

Ich bin nicht gekommen aufzulösen, sondern zu erfüllen[8]! Amen, ich sage euch, bis Himmel und Erde vergehen, wird kein Jota oder Häkchen vom Gesetz vergehen, bis alles geschehen ist. Wer also eines dieser kleinsten Gebote aufhebt und die Leute so lehrt, der wird der Geringste im Himmelreich heißen. Ich sage euch nämlich: *Wenn eure Gerechtigkeit die der Schriftgelehrten nicht weit übertrifft, werdet ihr gewiß nicht in das Himmelreich gelangen.*

Ihr habt gehört, daß zu den Alten gesagt ist: ›Du sollst nicht töten‹, wer aber tötet, soll dem Gericht verfallen sein. Ich aber sage euch: Jeder, der seinem Bruder zürnt, soll dem Gericht verfallen sein. Wer zu seinem Bruder »du Dummkopf« sagt, soll dem Synedrium verfallen sein. Wer »du Gottloser« sagt, soll der Feuer-Hölle verfallen sein. Wenn du dabei bist, dein Opfer auf dem Altar darzubringen, und dir dort einfällt, daß dein Bruder etwas gegen dich hat, so laß dein Opfer dort vor dem Altar, und gehe erst hin und versöhne dich mit deinem Bruder. Dann magst du wiederkommen und dein Opfer darbringen. Vergleiche dich rasch mit deinem Prozeßgegner, solange du mit ihm noch unterwegs bist. Es könnte sonst sein, daß dein Gegner dich dem Richter übergibt und dieser dem Gerichtsdiener und du ins Gefängnis geworfen wirst. Amen, ich sage dir, du wirst von dort nicht herauskommen, bis du den letzten Pfennig bezahlt hast.

Ihr habt gehört, daß gesagt ist: ›Du sollst nicht ehebrechen‹. Ich aber sage euch: Wer eine Frau ansieht, sie zu begehren, hat in seinem Herzen schon Ehebruch mit ihr getrieben. Wenn dich dein rechtes Auge zu Fall bringt, reiße es aus und wirf es von dir! Denn es ist besser für dich, daß eins deiner Glieder verdirbt, als daß dein ganzer Leib in die Hölle fährt. Und wenn deine rechte Hand dich zu Fall bringt, so haue sie ab und wirf sie von dir. Denn es ist besser für dich, daß du eins deiner Glieder verlierst, als daß dein ganzer Leib in die Hölle geht.

Es ist gesagt: ›Wer seine Frau entlassen will, soll ihr einen Scheidebrief geben‹. Ich aber sage euch: Jeder, der seine Frau – ausgenommen im Fall der Hurerei – entläßt, der bringt sie in Ehebruch, und wer eine Entlassene heiratet, begeht Ehebruch.

Ferner habt ihr gehört, daß zu den Alten gesagt ist: ›Du sollst keinen Meineid schwören, und du sollst dem Herrn deine Eide halten‹. Ich aber sage euch: Ihr sollt überhaupt nicht schwören – weder ›beim Himmel‹, denn er ist ›Gottes Thron‹, noch ›bei der Erde‹, denn sie ist der ›Schemel seiner Füße‹, noch bei Jerusalem, denn sie ist ›die Stadt des großen Königs‹; auch bei deinem Haupte sollst du nicht schwören, denn du kannst kein einziges Haar weiß oder schwarz machen. Vielmehr sei eure Rede »ja, ja« oder »nein, nein«. Was darüber hinausgeht, ist vom Bösen.

Ihr habt gehört, daß gesagt ist: ›Auge um Auge, Zahn um Zahn‹. Ich aber sage euch: Widersteht dem Bösen nicht. Vielmehr: Wer dich auf deine rechte

8 Das heißt: als gültig feststellen.

Backe schlägt, dem halte auch die andere hin. Wer mit dir vor Gericht gehen und so deinen Rock bekommen will, dem laß auch den Mantel. Wer dich zwingt, eine Meile mit ihm zu gehen, mit dem gehe zwei! Gib dem, der dich bittet, und wende dich nicht ab von dem, der von dir etwas leihen will.

Ihr habt gehört, daß gesagt ist: ›Du sollst deinen Nächsten lieben‹ und deinen Feind hassen. Ich aber sage euch: Liebt eure Feinde und betet für eure Verfolger, damit ihr Söhne eures Vaters im Himmel seid; denn er läßt seine Sonne aufgehen über Böse und Gute und regnen über Gerechte und Ungerechte. Wenn ihr nämlich die liebt, die euch lieben, was werdet ihr für einen Lohn haben? Tun nicht auch die Zöllner dasselbe? Und wenn ihr allein eure Brüder grüßt, was tut ihr Besonderes? Tun nicht auch die Heiden dasselbe? Ihr sollt also vollkommen sein, wie euer himmlischer Vater vollkommen ist.« (5, 13–48)

Echte Frömmigkeit. Die urchristliche Gemeinde hat die Formen jüdischer Frömmigkeit weithin beibehalten. Auch Matthäus redet nicht einem Bruch mit dem Herkömmlichen das Wort, er fordert die Gemeinde aber dazu auf, den Unterschied zur jüdischen Praxis deutlich zu markieren, indem sie in der Ausübung ihrer Frömmigkeit wahrhaftig ist. – Er schließt die Mahnung an, das Leben nicht von irdischen Gütern zu erwarten, sondern auf das einzig sinnvolle Ziel auszurichten.

Achtet auf eure Gerechtigkeit, daß ihr sie nicht vor den Leuten übt, um von ihnen gesehen zu werden; andernfalls habt ihr keinen Lohn von eurem Vater im Himmel zu erwarten. Wenn du Almosen gibst, so laß nicht vor dir her posaunen, wie die Heuchler in den Synagogen tun und auf den Gassen, um von den Menschen gerühmt zu werden. Amen, ich sage euch, sie haben ihren Lohn schon empfangen! Vielmehr: Wenn *du* Almosen gibst, so soll deine Linke nicht wissen, was die Rechte tut, damit dein Almosen im Verborgenen bleibe; und dein Vater, der in das Verborgene sieht, wird dir vergelten.

Wenn ihr betet, sollt ihr es nicht wie die Heuchler machen; denn sie lieben es, in den Synagogen und an den Straßenecken zu stehen und zu beten, um den Leuten in die Augen zu fallen. Amen, ich sage euch, sie haben ihren Lohn schon empfangen! Vielmehr, wenn *du* betest, ›gehe in deine Kammer und schließe die Tür ab‹, um zu deinem Vater im Verborgenen zu beten. Und dein Vater, der in das Verborgene sieht, wird dir vergelten[9]...

Wenn ihr aber fastet, sollt ihr nicht trübselig dreinschauen wie die Heuchler; denn sie entstellen ihr Gesicht, um den Leuten bei ihrem Fasten in die Augen zu fallen. Amen, ich sage euch, sie haben ihren Lohn schon empfangen! Vielmehr, wenn *du* fastest, so salbe dein Haupt und wasche dein Gesicht, damit du den Menschen mit deinem Fasten nicht in die Augen fällst,

9 Es folgen weitere Anweisungen über das Gebet, vgl. S. 57 f.

sondern deinem Vater im Verborgenen. Und dein Vater, der in das Verborgene sieht, wird dir vergelten.

Sammelt euch keine Schätze auf der Erde, wo Motte und Wurm sie zerstören und wo Diebe einbrechen und stehlen. Sammelt euch aber Schätze im Himmel, wo weder Motte noch Rost sie zerstören und wo keine Diebe einbrechen und stehlen. Denn wo dein Schatz ist, da wird auch dein Herz sein...

Niemand kann zwei Herren dienen. Er wird entweder den einen hassen und den anderen lieben oder sich an den einen halten und den anderen verachten. Ihr könnt nicht Gott und dem Mammon dienen!« [10]

(6, 1–6.16–21.24)

Verschiedene Verhaltensregeln. »Richtet nicht, damit ihr nicht gerichtet werdet! Denn das Urteil, mit dem ihr richtet, wird euch selbst treffen, und das Maß, mit dem ihr meßt, wird euch angelegt werden.

Was siehst du den Splitter im Auge deines Bruders, bemerkst aber nicht den Balken in deinem eigenen Auge? Oder wie kannst du zu deinem Bruder sagen: Laß mich den Splitter aus deinem Auge ziehen – und siehe, der Balken ist in deinem Auge? Du Heuchler, ziehe zuerst den Balken aus deinem Auge, und dann magst du zusehen, wie du den Splitter aus dem Auge deines Bruders ziehen kannst!

Gebt das Heilige nicht den Hunden, und werft eure Perlen nicht vor die Säue; sie könnten sie sonst mit ihren Füßen zertreten und sich umwenden und euch zerreißen.«

Nach ermunternden Worten über das Bittgebet (vgl. S. 57, 58) fährt der Text fort:

»Alles nun, was ihr wollt, daß euch die Menschen tun, tut genau so auch ihnen. *Denn das sind das Gesetz und die Propheten.* Gehet ein durch die enge Pforte. Denn weit ist die Pforte und breit der Weg, der ins Verderben führt, und viele sind es, die auf ihm gehen. Denn eng ist die Pforte und schmal der Weg, der ins Leben führt, und wenige sind es, die ihn finden.«

(7, 1–6.12–14)

Warnung vor falschen Propheten. Matthäus sieht die Gemeinde durch das Eindringen eines selbstsicheren, äußerlich schwungvollen Geist-Christentums bedroht. Seine Vertreter weissagen und tun Wunder, aber sie sind falsche Propheten – Leute ohne »Furcht«. Von ihnen darf man sich nicht faszinieren lassen. Echtes Christentum hat den Willen Gottes zum Maßstab und erweist sich in Taten.

---

10 An diesen Spruch schließt sich der Abschnitt über das Sorgen an. Er ist S. 56 f. aufgeführt.

»Nehmt euch in acht vor den falschen Propheten, die in Schafskleidern zu euch kommen, innerlich aber reißende Wölfe sind. An ihren Früchten werdet ihr sie erkennen! Liest man etwa Trauben von Dornsträuchern und Feigen von Disteln? So bringt jeder gute Baum schöne Früchte, der schlechte Baum aber bringt böse Früchte. Ein guter Baum kann keine bösen Früchte tragen und ein schlechter Baum keine schönen. Jeder Baum, der keine schöne Frucht bringt, wird abgehauen und ins Feuer geworfen. Also: *An ihren Früchten werdet ihr sie erkennen! Nicht jeder, der »Herr, Herr« zu mir sagt, wird in das Reich der Himmel gelangen, sondern der, der den Willen meines Vaters im Himmel tut.* Viele werden an jenem Tage zu mir sagen: Herr, Herr, haben wir nicht in deinem Namen geweissagt, in deinem Namen Dämonen gebannt und in deinem Namen viele Wundertaten vollbracht? Dann werde ich ihnen erklären: Ich habe euch nie gekannt. ›Weicht von mir, ihr, die ihr Unrecht tatet.‹« (7, 15–23)

Kluges und törichtes Verhalten

»Jeder, der meine Worte hört und sie befolgt, kann mit einem klugen Mann verglichen werden, der sein Haus auf Fels baute. Und der Regen fiel, die Ströme kamen, die Winde wehten und schlugen an jenes Haus. Doch es stürzte nicht zusammen, denn es war auf Fels gegründet. Doch jeder, der meine Worte hört und sie nicht befolgt, muß mit einem törichten Mann verglichen werden, der sein Haus auf Sand baute. Und der Regen fiel, die Ströme kamen, die Winde wehten und stießen gegen das Haus – und es stürzte zusammen; und sein Sturz war groß.« (7, 24–27)

Schluß der Rede

Als Jesus diese Worte beendet hatte, waren die Volksmassen über seine Lehre sehr betroffen. Denn *er lehrte sie wie einer, der Vollmacht hat, und nicht wie ihre Schriftgelehrten*[11]. (7, 28–29)

Das Miteinander in der Gemeinde

Gegenstand einer weiteren Rede Jesu ist das Zusammenleben in der Gemeinde. Matthäus verknüpft hier inhaltlich verschiedene Überlieferungseinheiten. Seine eigene Aussage macht er durch ihre Anordnung sichtbar. So ist diese Rede ein gutes Beispiel für seine Arbeitsweise; zugleich zeigt sie, wie schwierig es ist, seinen Gedanken auf die Spur zu kommen. Sie sind nur indirekt zu erschließen. Denn die Überlieferungs-

---

11 Dieser Satz steht bei Markus im Zusammenhang einer Dämonenaustreibung; vgl. S. 190.

einheiten haben ihr eigenes Gewicht und sperren sich bisweilen dagegen, dem Sinnzusammenhang zu dienen, in den sie der Evangelist einzuordnen wünscht.

Jesus hat die angemessene Haltung der anbrechenden Gottesherrschaft gegenüber durch den Hinweis auf das Empfangenkönnen des Kindes anschaulich gemacht. Matthäus greift darauf zurück, verändert aber seinen Sinn. Für ihn besagt er: Nach Rang und Größe kann in der christlichen Bruderschaft nicht gefragt werden. Von da lenkt er den Blick auf die kleinen Leute, die sozial Schwachen, wenig Angesehenen und Einflußreichen. Sie sind auf die Gemeinde angewiesen und werden mit besonderem Nachdruck ihrer Sorge befohlen. Diese muß so selbstverständlich sein, wie es für die Frau selbstverständlich ist, nach einem verlorenen Geldstück zu suchen. Wer die kleinen Leute geringachtet und auf ihrem Weg unsicher macht, ist ein »Skandal«, gegen den mit aller Härte einzuschreiten ist.

In jener Stunde traten die Jünger zu Jesus und sagten: »Wer ist nun der Größte im Himmelreich?« Da rief er ein Kind heran und stellte es in ihre Mitte und sprach: »Amen, ich sage euch, wenn ihr euch nicht ändert und wie die Kinder werdet, gelangt ihr gewiß nicht in das Himmelreich. *Wer sich demütig macht wie dieses Kind, der ist der Größte im Reich der Himmel.* Und wer ein solches Kind in meinem Namen aufnimmt, nimmt mich auf. *Wer aber einen von diesen Geringen, die an mich glauben, zu Fall bringt, dem wäre es besser, wenn ihm ein Mühlstein um den Hals gehängt und er im tiefen Meer ersäuft würde.* Wehe der Welt wegen der Verführung zum Abfall. Es müssen freilich Verführungen kommen; doch *wehe dem Menschen, durch den die Verführung kommt.* Wenn aber deine Hand oder dein Fuß dich verführen, so haue sie ab und wirf sie von dir! Denn es ist besser, verstümmelt oder lahm ins Leben einzugehen, als mit beiden Händen oder Füßen in das ewige Feuer geworfen zu werden. Und wenn dein Auge dich verführt, reiße es aus und wirf es von dir; denn es ist für dich besser, mit einem Auge in das Leben einzugehen, als mit zwei Augen in die Feuer-Hölle geworfen zu werden. *Hütet euch, einen von diesen Geringen zu verachten;* denn ich sage euch: Ihre Engel im Himmel sehen allezeit das Angesicht meines Vaters im Himmel.

Was meint ihr? Wenn ein Mann 100 Schafe hat und eines von ihnen verirrt sich, wird er nicht die 99 in den Bergen lassen und gehen, um das verirrte zu suchen? Und wenn es geschieht, daß er es findet, Amen, ich sage euch, er freut sich darüber mehr als über die 99, die sich nicht verirrt haben. *So ist es auch nicht der Wille von eurem Vater im Himmel, daß einer von diesen Geringen verloren geht.«* [12]

(18, 1–14)

Der zweite Teil der »Gemeinderede« enthält eine Disziplinarordnung, die festlegt, wie mit einem sich verfehlenden Gemeindeglied verfahren werden soll, bis hin zum Ausschluß aus der Gemeinde und damit vom Heil. Recht und Vollmacht dazu hat sie von Jesus empfangen, und sie darf gewiß sein, daß Jesus hinter ihrer Entscheidung steht.

---

12 Matthäus hat den Sinn der Parabel verschoben. Jesus wollte mit ihr ursprünglich die Liebe Gottes verkündigen, die den Verlorenen nachgeht.

Für Matthäus ist jedoch die Anwendung der Disziplinarordnung nur eine äußerste Möglichkeit. Über sie hinweg verweist er auf die Vergebung; *sie* ist das eigentliche Lebensgesetz der Gemeinde. So schließt die Rede mit der Parabel vom »Schalksknecht«, in der Jesus die Verpflichtung, dem Mitmenschen zu vergeben, herausgestellt hatte (vgl. S. 76 f.). Für Matthäus war dies der entscheidende Punkt. Hier gibt es für ihn auch keine Grenze des Zumutbaren.

»Wenn dein Bruder sich vergeht, so gehe hin und weise ihn unter vier Augen zurecht. Hört er auf dich, hast du deinen Bruder gewonnen. Hört er aber nicht auf dich, so ziehe noch einen oder zwei hinzu, damit ›aufgrund der Aussage zweier oder dreier Zeugen jeder Fall festgestellt werde‹. Hört er auch auf sie nicht, dann sage es der Gemeindeversammlung. Wenn er jedoch auch auf die versammelte Gemeinde nicht hört, dann soll er dir wie ein Heide oder Zöllner sein. Amen, ich sage euch: *Was ihr auf Erden bindet, wird im Himmel gebunden sein; und was ihr auf Erden löst, soll auch im Himmel gelöst sein.* Weiter sage ich euch: Wenn sich zwei oder drei von euch auf Erden einig werden, was sie bitten wollen, so wird es ihnen von meinem Vater im Himmel zuteil werden. *Denn wo zwei oder drei in meinem Namen versammelt sind, da bin ich mitten unter ihnen.*

Da trat Petrus herzu und sprach zu ihm: »Wie oft darf mein Bruder sich gegen mich vergehen, und ich muß ihm noch vergeben? Bis siebenmal?« Jesus sagte zu ihm: »Ich sage dir, nicht bis siebenmal, sondern bis siebzigmal siebenmal! Darum verhält es sich mit der Himmelsherrschaft wie mit einem König, der mit seinen Sklaven abrechnen wollte. Als er aber abzurechnen anfing, da wurde ihm einer vorgeführt, der ihm 10 000 Talente schuldete. Da er nicht zahlen konnte, befahl der Herr, ihn zu verkaufen, dazu seine Frau, seine Kinder und all seine Habe, und damit die Schuld zu begleichen. Der Sklave aber fiel ihm zu Füßen und sagte: »Habe Geduld mit mir; ich werde dir alles bezahlen.« Da empfand der Herr jenes Sklaven Mitleid und ließ ihn frei, und das Darlehen erließ er ihm auch. Als jedoch jener Sklave davonging, traf er einen seiner Mitsklaven, der ihm 100 Denare schuldete. Und er packte und würgte ihn und sagte: »Bezahle, was du schuldest!« Sein Mitsklave aber fiel nieder und bat ihn: »Habe Geduld mit mir; ich werde alles bezahlen.« Er aber wollte nicht, sondern ging hin und ließ ihn ins Gefängnis werfen, bis er die Schuld bezahlt hätte. Als nun seine Mitsklaven sahen, was geschah, waren sie sehr empört, kamen und berichteten ihrem Herrn alles, was vorgefallen war. Da ließ ihn sein Herr zu sich rufen und sagte zu ihm: »Du böser Sklave, jene ganze Schuld habe ich dir erlassen, weil du mich batest. Mußtest du dich nicht auch über deinen Mitsklaven erbarmen, wie ich mich ja über dich erbarmt habe?« Voller Zorn übergab ihn sein Herr den Folterern, bis er die ganze Schuld bezahlt hätte. *So wird mein himmlischer Vater auch mit euch verfahren, wenn ihr nicht jeder seinem Bruder von Herzen vergebt.*«

(18, 15–35)

Das königliche Hochzeitsmahl

Matthäus hat die Parabel Jesu vom Gastmahl (vgl. S. 44 f.) in stark veränderter Form erzählt. Wenn man seinen Veränderungen nachspürt, bekommt man ein gut Teil seiner eigenen theologischen Anschauungen zu fassen.

Zunächst hat er aus der Parabel eine verschlüsselnde (allegorische) Darstellung der Ungehorsams-Geschichte Israels gemacht. Aus dem wohlhabenden Bürger, der zum Abendessen einlädt, ist ein König geworden, aus dem Abendessen ein Hochzeitsmahl, das für den Königssohn ausgerichtet wird. Man soll an Gott denken, der seinem Volk das Heil bereitet hat und seine Boten immer aufs neue aussandte, um das zu verkünden. Diese werden jedoch mißhandelt und getötet: So behandelt Israel die Propheten bis hin zu Jesus und seiner Gemeinde. Darum ist Gottes Strafgericht über Israel hereingebrochen – in Gestalt der feindlichen Heere (Römer), die das Land verwüsteten. Die Katastrophe des jüdischen Krieges nimmt in der Deutung des Matthäus eschatologische Dimensionen an. Sie ist das Zeichen dafür, daß Israel endgültig verworfen ist; Gott hat sein Heil den Heiden zugewandt.

Diese Zuwendung ist für Matthäus (anders als für die ursprüngliche Parabel) jedoch *keine bedingungslose* mehr. Die Parabel erweiternd, erzählt er, wie der König beim Gang durch den Festsaal einen unpassend gekleideten Gast entdeckt und von seinen Dienern hinauswerfen läßt: Das Heil erlangt nur der, der sich im Tun bewährt hat. Mit der Heilszusage darf es nicht zu billig gemacht werden; sonst steht zu befürchten, daß der unerbittliche Ernst der Forderung Gottes verkannt wird.

Wiederum nahm Jesus das Wort und sprach in Gleichnissen zu ihnen: »Mit der Himmelsherrschaft verhält es sich wie mit einem *König, der für seinen Sohn die Hochzeit ausrichtete.* Er schickte *seine Knechte* aus, um die zur Hochzeit geladenen Gäste zu rufen. Doch sie wollten nicht kommen. Wieder schickte er *Knechte* aus, *andere,* und sagte: Sagt den Geladenen, siehe, ich habe mein Mahl gerichtet, meine Ochsen und Mastkälber sind geschlachtet, alles ist bereit; kommt zur Hochzeit. Sie aber *kümmerten sich nicht darum* und gingen weg – der eine auf seinen Acker, der andere zu seinen Geschäften. Die übrigen aber *ergriffen seine Knechte, mißhandelten und töteten sie.* Da wurde der König aber zornig; er *schickte seine Heere aus und vernichtete jene Mörder und verbrannte ihre Stadt.* Darauf sagte er zu seinen Knechten: Die Hochzeit ist zwar bereit, die Geladenen waren aber nicht würdig. Geht an die Straßenkreuzungen und ladet alle zu der Hochzeit, die ihr findet.

Und jene Knechte gingen auf die Straßen und führten alle zusammen, die sie fanden – Böse und Gute, und der Hochzeitssaal war gefüllt mit Gästen. Als der König aber hineinging, um sich die Gäste anzuschauen, entdeckte er dort einen Mann, *der kein Hochzeitsgewand anhatte.* Da sagte er zu ihm: Mein Lieber, wie bist du ohne Hochzeitsgewand hier hereingekommen? Der aber verstummte. Darauf sagte der König zu den Dienern: Bindet ihm Füße und Hände und werft ihn in die Finsternis draußen. Dort wird Wehklagen und Zähneknirschen sein! *Denn viele sind berufen, aber wenige auserwählt.*

(22, 1–14)

Der Missionsbefehl

Das Matthäusevangelium endet in einer weit geöffneten Szene. Hat sich sein Bericht über das Wirken des irdischen Jesus im Raum Galiläas und Jerusalems bewegt, so tritt jetzt der Auferstandene als der Herr der Welt vor seine Jünger, um sie in ihre Aufgabe einzuweisen. Dabei ist der Blick auf die Völker gerichtet. Ihnen sollen sie die *Lehre* Jesu übermitteln und sie durch die Taufe in die Gemeinde eingliedern.

Die elf Jünger gingen nach Galiläa, auf den Berg, wohin Jesus sie beschieden hatte. Als sie ihn sahen, warfen sie sich nieder; andere aber zweifelten. Da trat Jesus heran und sprach: »Mir ist alle Vollmacht im Himmel und auf Erden gegeben. So geht nun hin und macht alle Völker zu Jüngern, tauft sie im Namen des Vaters und des Sohnes und des heiligen Geistes und lehrt sie *alles halten, was ich euch geboten habe.* Und siehe, ich bin bei euch alle Tage bis an das Ende der Welt[13]. (28, 16–20)

3. Das Lukasevangelium

Auf eine Besonderheit des Lukasevangeliums wird der Leser schon in den ersten Sätzen gestoßen. Während Markus und Matthäus unmittelbar in die »Sache« hineinführen, um die es ihnen geht, erläutert Lukas zunächst sein Vorhaben, gibt Auskunft über Quellen und Ziel. Das geschieht im Rahmen einer Widmung, bei deren Ausgestaltung er einem verbreiteten literarischen Muster folgt. Er gibt damit zu erkennen, daß er sich als Schriftsteller begreift und für sein Werk einen Platz in der Welt der Literatur in Anspruch zu nehmen wünscht. Er sucht sein Publikum zwar nicht in der großen Öffentlichkeit, will aber andeuten, daß sein Buch von Vorgängen handelt, die ihre Aufmerksamkeit verdienen. Dabei geht seine Absicht nicht unmittelbar auf Verkündigung, sondern auf historisch fundierende Information. Er gibt nicht einfach Überliefertes weiter, sondern nimmt für sich in Anspruch, zu den Ereignissen selbst vorzudringen. Sein Werk soll als die Lebensbeschreibung jenes berühmten Mannes aus Nazareth verstanden werden.

Der *Historiker* Lukas hat seine Idee freilich nur eingeschränkt in die Tat umsetzen können. Die vorgegebenen Traditionen, auf die er angewiesen war, haben sich dagegen gesperrt, ihr dienstbar zu werden. So unterscheidet sich sein Evangelium faktisch doch nicht grundlegend von dem des Markus oder Matthäus. Seine historische Intention kam hingegen in der Apostelgeschichte voll zum Tragen. Hier war er in geringerem Grad an feste Überlieferungen gebunden und durch sie in der Entfaltung seiner Gedanken beengt. Vor allem aber bekundet sie sich in der Tatsache selbst, daß er den Gang der Be-

---

13 Der Schlußabschnitt ist eine Komposition des Evangelisten. Er hat hier mehrere Traditionsstücke verschiedener Herkunft zu einer Einheit zusammengefügt.

wegung Jesu über dessen Tod hinaus verfolgt und ihre Geschichte in einem eigenen Buch dargestellt hat. Die Zeit des irdischen Jesus und auch die der Urkirche liegen weit zurück; sie kommen für ihn bereits als abgeschlossene Geschichte, als Vergangenheit in den Blick. So kann er sie aus der Distanz heraus – als Historiker – beschreiben.

Es ist freilich nicht allein das ausgeprägte historische Bewußtsein und Interesse, das Lukas charakterisiert. Das eigentümlich Lukanische liegt in einer theologischen Deutung der Geschichte, die er beschreibt. Für die ersten Christen hat sich die Frage nach dem Sinn der Zeit, die sie durchschritten, nicht gestellt. Sie lebten in Erwartung der nahen Parusie Jesu. Als sie sich nicht erfüllte, sprach man von Verzögerung. Die eschatologische Spannung ließ nach; aber das bedeutete noch nicht, daß man der Zeit bis zur Parusie ein eigenes Gewicht beimaß. Sie war Zwischenzeit, Zeit des Wartens. Je länger sie sich aber dehnte, desto fühlbarer verlor die Ausrichtung auf die Parusie ihre bestimmende Kraft und desto mehr wurde sie zur Frage. Lukas hat die Problematik durchschaut und eine dauerhafte Lösung gesucht. Er rückt die Endereignisse in eine unbestimmte Zukunft: Nach ihrem Wann darf und braucht man nicht fragen. Die christliche Gemeinde hat eine lange Zeit vor sich. Darauf hat sie sich einzustellen. Mit dieser Anschauung hat Lukas der Zeiterfahrung der zweiten und dritten christlichen Generation Rechnung getragen und die Enttäuschung über das Ausbleiben der Parusie überwunden. Die eigentliche Lösung des eschatologischen Problems liegt freilich nicht in dem bewußten Hinausschieben der Endereignisse, sondern darin, daß er den theologischen Sinn dieser Zwischenzeit aufzeigte. Er sah sie im Heilsplan Gottes begründet und verstand sie als die Zeit, in der der Geist Gottes wirksam werden und die Kirche sich entwickeln, Geschichte machen sollte. Am Anfang der Apostelgeschichte hat er dies ausgesprochen (vgl. S. 358 f.): Der Auferstandene weist die Frage der Jünger, ob er »in dieser Zeit« die Herrschaft für Israel aufrichten werde, zurück. Die Zeit der eschatologischen Vollendung ist von Gott festgesetzt; darüber brauchen sie sich nicht zu kümmern. Aber sie werden den Geist empfangen und seine Botschaft in die Welt hineintragen.

Diese Interpretation ist Bestandteil einer umfassenden theologischen Konzeption, der Konzeption der Heilsgeschichte. Damit ist die besondere Geschichte gemeint, die Gott von Ewigkeit her vorgesehen hat und selbst vollzieht, um den Menschen das Heil zu bringen. Lukas begreift sie als einen kontinuierlichen Geschehensablauf, der mit der Erwählung Israels zum Gottesvolk beginnt und auf die Parusie hinführt. Eingebettet in die Weltgeschichte und vielfach mit ihr verflochten, durchmißt sie verschiedene Epochen. Lukas unterscheidet die Zeit Israels, Jesu und schließlich der Kirche.

Jede dieser Epochen hat ihr eigenes Gepräge. Mit besonderem Gewicht ist die Mitte versehen, die Zeit Jesu. Ihrer Darstellung widmet Lukas ein ganzes Buch, das Evangelium. Obgleich sie nur wenige Monate umfaßt, gibt er ihr die Dimension einer Epoche. Sie ist der Angelpunkt der ganzen Heilsgeschichte. Die Epoche Israels bereitet sie vor und führt auf sie hin; in der Kirchengeschichte geht es darum, Jesu »Namen« zur Geltung zu bringen. Vor allem hat die Zeit Jesu in der lukanischen Sicht die Qualität der reinen Heilszeit. In ihr ist das Reich Gottes ungebrochen verwirklicht. Der Satan verläßt die Szene, wie Lukas in der Versuchungsgeschichte ausdrücklich hervorhebt; erst in der Passion tritt er wieder auf den Plan.

Dieser Sicht der Dinge entspricht das Bild, das Lukas von Jesus und seinem Wirken zeichnet. Die Akzente setzt er gleich in der Kindheitsgeschichte. Hier wird Jesus als Weltenheiland eingeführt und in den Glanz göttlichen Lichtes gerückt; die Bühne menschlicher Geschichte ist für eine Zeitlang wunderbar erhellt. Das Jesuskind auf den Armen, spricht der greise jüdische Fromme: »Herr, nun läßt du deinen Diener ... in Frieden dahingehen; denn meine Augen haben dein Heil geschaut, das du bereitet hast im Angesicht aller Völker, ein Licht zur Offenbarung für die Heiden und zur Verherrlichung deines Volkes Israel« (2, 29–31).

Im lukanischen Bericht über das Wirken Jesu treten darum auch die Wundererzählungen wieder stark in den Vordergrund. Darin stimmt Lukas mit seinem Vorgänger Markus überein. Wie dieser eröffnet er die Geschichte Jesu mit einer Reihe von Wundertaten. Im Unterschied zu ihm stellt er diese aber der Berufung der Jünger betont *voran:* Erst muß Jesus zeigen, wer er ist, ehe er zur Nachfolge aufrufen kann. In dieser kompositorischen Anordnung kommt die christologische Auffassung des Lukas zutage. Sie ist im wesentlichen durch die hellenistische Vorstellung vom »göttlichen Menschen« geprägt. So nennt er Jesus einen Mann »von Gott ... beglaubigt durch mächtige Taten, Wunder und Zeichen, die Gott durch ihn ... gewirkt hat« (Apg 2, 22). Dem Leiden und Sterben Jesu mißt er kein theologisches Gewicht, geschweige denn Heilsbedeutung bei. Darin unterscheidet er sich grundlegend von Markus und dem Urchristentum sonst. Zwar bietet auch Lukas die Passion; aber er gibt ihr die Gestalt einer Märtyrergeschichte, die Jesu Überlegenheit und innere Festigkeit im Leiden bewegend schildert. Das Kreuz ist ein Geschehen, das Jesus auf sich nimmt und nach Gottes Fügung auf sich nehmen muß, um zur göttlichen Herrlichkeit durchzudringen. Es gehört zur Biographie Jesu, ist jedoch durch die Auferstehung und Erhöhung Jesu überstrahlt und der Sache nach überholt.

Offensichtlich hat die Passion bei Lukas, ebenfalls anders als bei Markus, nicht die Bedeutung eines theologischen Kontrapunktes zu dem Bild des glanzvollen »göttlichen Menschen«. Dennoch hat er Jesus nicht völlig zu einem bloßen Wundermann gemacht. Er berichtet nicht allein von Staunen erregenden Machterweisen, sondern nachdrücklich ebenso davon, daß sich Jesus der Entrechteten, Armen, Verkommenen und Ausgestoßenen annahm. Bei keinem Evangelisten hat dieser Zug im Wirken Jesu so großes Gewicht wie bei ihm. Die Erzählung vom Pharisäer und Zöllner (S. 55), vom reichen Mann und dem armen Lazarus (S. 182 f.), von der Bekehrung des Zöllners Zachäus (S. 51), die Parabeln vom verlorenen Groschen und dem verlorenen Sohn

– sie alle finden sich ausschließlich in seinem Evangelium und markieren einen inhaltlichen Schwerpunkt seines Buches. Mit der Aufnahme und Verarbeitung dieser Überlieferungen hat er das Bild des »göttlichen Menschen« entscheidend zurechtgerückt[14].

Vorwort

Lukas widmet sein Buch einem – vermutlich angesehenen – Gönner namens Theophilus. Im Rahmen der Widmung erklärt er sein Vorhaben und begründet es. Das schien ihm angezeigt, weil es Bücher ähnlicher Art schon gab. Insbesondere mag er an das Markusevangelium gedacht haben. Wie er kritisch vermerkt, haben seine Vorgänger jedoch nur Überlieferungen zusammengetragen. Er will es besser machen. Anhand der Überlieferungen sei er zu den Fakten selbst vorgestoßen und wolle sie in ihrem wirklichen Verlauf darstellen.

Lukas verfolgt nach seinen eigenen Worten den Zweck, die Wahrheit der christlichen Botschaft zu erweisen. Was er bietet, will nicht selbst Verkündigung sein, sondern ihre geschichtliche Grundlage sichtbar machen.

Viele schon haben es unternommen, einen Bericht über die Ereignisse, die sich unter uns zugetragen haben, zu verfassen, so wie sie uns von denen überliefert worden sind, die von Anfang an Augenzeugen und Diener des Wortes waren. Nun habe auch ich mich entschlossen, nachdem ich allem von Anfang an genau nachgeforscht habe, es der Reihe nach aufzuzeichnen – für dich, edler Theophilus, damit du die Zuverlässigkeit der Worte, in denen du unterrichtet worden bist, erkennen kannst. (1, 1–4)

Die Geburt Jesu

Es gehört zur Eigenart lukanischer Darstellung, die Begebenheiten der Heilsgeschichte mit Ereignissen der Weltgeschichte zu verknüpfen. Er bringt damit zum Ausdruck, daß Gottes Handeln auf die Welt im ganzen abzielt und Heil für *alle* Menschen bedeutet. In diesem Sinne hat er die überlieferte Geburtsgeschichte ausgestaltet: Der Weltenheiland wird zu dem römischen Kaiser, dem irdischen Herrn der Welt, in Beziehung gesetzt. Die Reise der Eltern Jesu hat nach seiner Version in einem Erlaß des Augustus ihren Grund. Wenn Lukas Jesus hier als den »Retter« (Heiland) verkündet, hat er möglicherweise daran gedacht, daß man im Römischen Reich Augustus als solchen gefeiert hatte (zur Geburtsgeschichte selbst siehe S. 146 f.).

In jenen Tagen erging ein Erlaß des Kaisers Augustus, die ganze Welt solle aufgezeichnet werden. Dies war die erste Aufzeichnung, und sie fand statt, als Quirinius Statthalter von Syrien war. Und alle gingen, um sich eintragen zu lassen, ein jeder in seinen Heimatort. Auch Joseph zog von Galiläa aus der Stadt Nazareth hinauf nach Judäa in die Davidsstadt, die Bethlehem heißt, weil er aus dem Hause und Geschlechte Davids stammte, um sich mit

14 Weiteres zu Lukas siehe Kap. X (S. 355 ff.).

Maria, *seiner Verlobten*[15], eintragen zu lassen; die war schwanger. Als sie aber dort waren, geschah es, daß die Tage sich erfüllten, da sie gebären sollte. Und sie gebar ihren ersten Sohn, wickelte ihn in Windeln und legte ihn in eine Krippe, weil sie in der Unterkunft sonst keinen Platz hatten.

Und es waren Hirten in jener Gegend auf dem Felde und hielten Nachtwache bei ihrer Herde. Da trat der Engel des Herrn zu ihnen, und die Herrlichkeit des Herrn umleuchtete sie, und sie bekamen große Angst. Und der Engel sprach zu ihnen: »Fürchtet euch nicht! Siehe, ich verkündige euch eine große Freude, die dem ganzen Volk widerfahren wird. Denn euch ist heute in der Davidsstadt ein Retter geboren worden, der der Messias, der Herr, ist. Und dies ist das Zeichen für euch: Ihr werdet ein Kind finden, in Windeln gewickelt und in einer Krippe liegen.« Da war plötzlich bei dem Engel eine Menge des himmlischen Heeres; die priesen Gott und sprachen: »Herrlichkeit in der Höhe für Gott, und auf Erden Frieden den Menschen des Wohlgefallens«. (2, 1–11)

Jesus in Nazareth

»Als der Teufel mit allen seinen Versuchungen am Ende war, *ließ er von Jesus ab bis zu seiner Zeit.*« Mit diesem Satz schließt Lukas die Versuchungsgeschichte (vgl. S. 150) ab. Es folgt eine von ihm selbst gestaltete Szene[16], die Jesu »Antrittspredigt« in Nazareth darstellt. Sie proklamiert die Gegenwart der Heilszeit, auf die der Prophet Jesaia vorauswies. Das betonte »heute« bezieht sich auf die Zeit Jesu. Für Lukas selbst liegt es bereits in der Vergangenheit.

Die Reaktion der Zuhörer ist zwiespältig. Die Bewunderung schlägt in Empörung um. Man will Jesus sogar umbringen. Man kann ihn jedoch nicht fassen. Er schreitet unbehelligt durch die tobende Menge und verläßt die Szene – ein Motiv, das mit der Vorstellung vom »göttlichen Menschen« zusammengehört.

Jesus kam nach Nazareth, wo er aufgewachsen war, und ging am Sabbat in die Synagoge, wie es seine Gewohnheit war. Und er stand auf, um vorzulesen. Da wurde ihm die Rolle des Propheten Jesaia gegeben. Er öffnete sie und fand die Stelle, wo geschrieben war: ›Der Geist des Herrn ruht auf mir, weil er mich gesalbt hat. Er hat mich gesandt, den Armen das Evangelium zu bringen, den Gefangenen Befreiung anzusagen und den Blinden, daß sie wieder sehen, Zerschlagene in die Freiheit zu entlassen und das angenehme Jahr des Herrn zu verkünden.‹

Nachdem er das Buch zusammengerollt und dem Diener zurückgegeben hatte, nahm er Platz. Aller Augen in der Synagoge waren auf ihn gerichtet. Er aber hob an und sagte zu ihnen: »*Heute ist dieses Schriftwort in euren Ohren*

---

15 Lukas hat aus dem Ehepaar Verlobte gemacht; er glich damit den Widerspruch zu einer vorangehenden Erzählung aus, in der die jungfräuliche Geburt Jesu vorausgesetzt ist.

16 Sicherlich hat sich Lukas dabei an die ihm geläufige Gottesdienstform gehalten. Demnach waren Schriftlesung (Altes Testament) und Auslegung die tragenden Elemente; vgl. S. 97 f.

in Erfüllung gegangen.« Und alle stimmten ihm zu und staunten über die Worte der Gnade, die aus seinem Munde kamen, und sagten: »Ist das nicht der Sohn Josephs?« Er erwiderte ihnen: »Ihr werdet mir sicher das Sprichwort vorhalten: Arzt, heile dich selbst! Wir haben gehört, was du in Kapernaum getan hast. Tue all das auch hier in deiner Vaterstadt!« Aber er sagte: »Amen, ich sage euch: Kein Prophet ist willkommen in seiner Vaterstadt! Ich sage euch: In der Tat gab es viele Witwen in Israel in den Tagen Elias, als der Himmel für drei Jahre und sechs Monate verschlossen war, so daß eine große Hungersnot über das ganze Land kam. Doch zu keiner von ihnen wurde Elia gesandt – nur ›zu einer Witwe zu Sarepta im Land Sidon‹. Und es gab viele Aussätzige in Israel zur Zeit des Propheten Elisa; doch keiner von ihnen wurde rein – nur der Syrer Naëman!« Da wurden alle in der Synagoge voll Zorn, als sie das hörten. Sie standen auf, stießen ihn aus der Stadt hinaus und *führten ihn an einen Abhang des Berges,* auf dem ihre Stadt gebaut war, *um ihn hinabzustürzen. Er aber schritt mitten durch sie hindurch und ging weg.* (4, 16–30)

Der Fischzug des Petrus und die Berufung der ersten Jünger

Anders als Markus und Matthäus berichtet Lukas von den ersten Jüngerberufungen im Zusammenhang einer *Wunder*erzählung. Die Jünger folgen ihm nicht auf sein bloßes Wort hin, sondern erst nachdem er sich durch Wunder ausgewiesen hat. (Unmittelbar vorher hatte Lukas auch von Jesu Wundertätigkeit in Kapernaum berichtet.)

Es geschah, als die Volksmenge Jesus umdrängte, um das Wort Gottes zu hören, daß er am See Genezareth stand und zwei Boote am Seeufer liegen sah. Die Fischer waren aus ihnen ausgestiegen und wuschen ihre Netze. Er aber stieg in eines der Boote, das dem Simon gehörte, und bat ihn, er möge ein wenig vom Land abstoßen. Er setzte sich aber und lehrte die Volksmenge vom Boot aus. Als er zu reden aufgehört hatte, sagte er zu Simon: »Fahre weiter hinaus ins tiefe Wasser und werft eure Netze zum Fang aus!« Da erwiderte Simon und sprach: »Herr, die ganze Nacht über haben wir uns abgemüht und nichts gefangen. Aber auf dein Wort hin will ich die Netze auswerfen.« Sie taten es und fingen eine große Menge Fische. Ihre Netze waren daran, zu zerreißen. Da winkten sie ihren Gefährten im zweiten Boot, zu kommen und ihnen zu helfen. Und sie kamen und füllten beide Boote bis sie zu sinken drohten. Als Petrus aber dies sah, fiel er Jesus zu Füßen und sagte: »Gehe weg von mir, Herr, denn ich bin ein Sünder.« Denn Bestürzung hatte ihn und alle seine Begleiter ergriffen über den Fischfang, den sie gemacht hatten, ebenso auch Jakobus und Johannes, die Söhne des Zebedäus, die Simons Gefährten waren. Da sagte Jesus zu Simon: »Fürchte dich nicht! Von nun an wirst du Menschen fangen.« Und sie zogen die Boote aufs Land, ließen alles zurück und folgten ihm. (5, 1–11)

Der Retter der Verlorenen

Durch die Zusammenstellung der Parabeln vom verlorenen Schaf, Groschen und Sohn markiert Lukas einen Schwerpunkt seiner Christologie. Er verstärkt und akzentuiert die Aussage der Parabeln durch erläuternde Zusätze.

Es kamen aber allerhand Zöllner und Sünder zu ihm, um ihn zu hören. Die Pharisäer und Schriftgelehrten murrten darüber und sagten: »Dieser nimmt Sünder an und ißt mit ihnen.« Da erzählte er ihnen folgendes Gleichnis.

»Wer unter euch, der 100 Schafe besitzt und eins von ihnen verliert, läßt nicht die 99 in der Steppe und geht dem verlorenen nach, bis er es findet? Und wenn er es gefunden hat, nimmt er es auf seine Schulter voll Freude, und wenn er nach Hause kommt, ruft er seine Freunde und Nachbarn herbei und sagt zu ihnen: Freut euch mit mir; denn ich habe mein Schaf wiedergefunden, das verloren gegangen war. *Ich sage euch: So wird im Himmel mehr Freude sein über einen einzigen Sünder, der sich ändert, als über 99 Gerechte, die ein Sich-Ändern nicht nötig haben.*

Oder: Welche Frau, die zehn Drachmen besitzt, zündet nicht, wenn sie eine verliert, eine Lampe an und fegt das Haus und sucht sorgfältig, bis sie sie findet? Und wenn sie sie gefunden hat, ruft sie ihre Freundinnen und Nachbarinnen herbei und sagt: Freut euch mit mir; denn ich habe meine Drachme wiedergefunden, die ich verloren hatte. *So, sage ich euch, wird vor den Engeln Freude sein über einen einzigen Sünder, der sich ändert.«*

(15, 1–10)

Im Anschluß daran bringt Lukas die Parabel vom »verlorenen Sohn« (S. 53).

Die Passion

Lukas hat der Passion Jesu die Gestalt einer Märtyrerlegende gegeben. Man kann das an den Veränderungen ablesen, die er an der *Gethsemanegeschichte* und dem Bericht vom Tode Jesu vornimmt. Die alte Geschichte schilderte, wie Jesus sich im Gebet zum Gehorsam gegen Gottes Willen durchkämpft. In der lukanischen Fassung erbittet Jesus die Kraft, Gottes Willen befolgen zu können. Er bleibt nicht ohne Antwort. Ein Engel kommt, ihn zu stärken. Hier erscheint Jesus als der fromme Held, der sich in schwerer Stunde zu bewähren hat, aber auch von der Nähe Gottes umfangen ist.

Er ging hinaus und begab sich nach seiner Gewohnheit an den Ölberg. Es folgten ihm aber auch seine Jünger. Als er an den Ort kam, sprach er zu ihnen: »Betet, daß ihr nicht in Versuchung kommt.« Und er trennte sich von ihnen etwa einen Steinwurf weit, beugte die Knie und betete: »Vater, wenn du willst, laß diesen Kelch an mir vorübergehen. Doch nicht mein, sondern dein Wille geschehe.« *Da erschien ihm ein Engel vom Himmel und stärkte ihn. Und als er in Todesangst geriet, betete er noch inständiger. Und sein*

Schweiß fiel wie Blutstropfen auf den Boden. Und er stand auf vom Gebet, kam zu den Jüngern und fand sie vor Kummer schlafen; und er sagte zu ihnen: »Was schlaft ihr? Steht auf und betet, daß ihr nicht in Versuchung kommt!« (22, 39–46)

Die Umgestaltung des Berichts über Jesu *Kreuzigung* und *Tod* betrifft drei Punkte:

(1) Nach der Überlieferung wurde Jesus mit zwei Verbrechern gekreuzigt. Lukas hat dieses Erzählungselement zu einer frommen Geschichte ausgestaltet. Einer der Verbrecher kommt zur Einsicht und gibt seinem Leben im letzten Augenblick eine Wende zum Guten.

(2) Weinende Frauen und eine schaulustige Menge begleiten Jesus auf seinem Weg nach Golgatha. Jesus wendet sich an sie mit warnenden und drohenden Worten. Für ihn ist alles schon entschieden. Nicht an ihn, sondern an sich selbst sollen sie denken; nicht sein, sondern ihr Schicksal steht in Frage.

(3) Jesus stirbt nicht mehr wie in der alten Leidensgeschichte mit dem Aufschrei des von Gott Verlassenen, sondern mit einem Gebet auf den Lippen, in dem er sich Gott anbefiehlt. Ein charakteristischer Zug ist ferner Jesu Gebet für seine Peiniger und Henker.

Als sie ihn abführten, ergriffen sie einen gewissen Simon von Kyrene ... und legten ihm das Kreuz auf, es Jesus nachzutragen. Es folgte ihm aber eine große Menge Leute und Frauen, die ihn beklagten und weinten. Da wandte sich Jesus ihnen zu und sprach: »Ihr Töchter Jerusalems, weint nicht über mich; doch weint über euch selbst und eure Kinder; denn siehe es werden Tage kommen, da man sagen wird: selig die Unfruchtbaren und die Leiber, die nicht geboren haben, und die Brüste, die nicht genährt haben! Dann wird man anfangen, ›zu den Bergen zu sagen: fallt auf uns, und zu den Hügeln: bedeckt uns‹ ...

Es wurden aber außerdem noch zwei Verbrecher zur Hinrichtung geführt. Als sie an den Ort kamen, der der Schädel heißt, kreuzigten sie ihn und die Verbrecher, den einen zur Linken, den anderen zur Rechten. Jesus aber sagte: »Vater, vergib ihnen; denn sie wissen nicht, was sie tun.«

Nach der Schilderung der Kreuzigung fährt Lukas fort:

Einer der gehenkten Verbrecher schmähte ihn: »Bist du nicht der Messias? Rette dich selbst und uns!« Da antwortete ihm der andere und wies ihn zurecht: »Fürchtest du nicht einmal Gott, da du doch die gleiche Strafe erleidest? Wir allerdings mit Recht; denn wir empfangen nur, was unsere Taten wert sind; dieser aber hat nichts Unrechtes getan!« Und er sagte: »Jesus, denke an mich, wenn du in dein Reich kommst.« Da sagte er ihm: »Amen, ich sage dir: Heute wirst du mit mir im Paradies sein!«

Und es war bereits um die sechste Stunde, und Dunkelheit kam über das ganze Land bis zur neunten Stunde, da eine Sonnenfinsternis eintrat. Und der Tempelvorhang riß mitten entzwei. Da rief Jesus mit lauter Stimme: »Vater, ›in deine Hände befehle ich meinen Geist‹.« Mit diesen Worten verschied er.

Als aber der Hauptmann das Geschehene sah, pries er Gott und sagte:

»Dieser Mensch ist wirklich ein Gerechter gewesen.« Und alle zu diesem Schauspiel zusammengelaufenen Volksmassen schlugen sich, als sie das Geschehene sahen, an die Brust und kehrten heim. (23, 26–49)

VIII. Paulus

Mit Paulus tritt in der Geschichte des Urchristentums eine Gestalt von überragender Größe auf den Plan. Ein Außenseiter, belastet durch seine Vergangenheit, vielfach verdächtigt und angefeindet, mißverstanden und verkannt, unbequem durch seine theologische Grundsätzlichkeit hat er dennoch den Rang einer Autorität erlangt. Mit seiner Theologie kam man allerdings in der Folgezeit nicht zurecht; jedenfalls gingen von ihr keine großen Wirkungen aus. Den besten Beweis liefert die älteste Paulusdarstellung, die wir besitzen, die der Apostelgeschichte. So eindrucksvoll das Bild ist, das sie von dem Missionar Paulus zeichnet, so deutlich ist, daß seine Theologie hier nicht im entferntesten zu ihrem Recht kommt. Hier ist nichts mehr zu spüren von der ursprünglichen Kraft paulinischen Denkens. Die Apostelgeschichte war kein Einzelfall. Man stellte Paulus in der alten Kirche als das große Vorbild hin, man konnte ihn sogar als Lehrer der »Gerechtigkeit« feiern, ohne sich auf seine Verkündigung und Lehre wirklich einzulassen.

Die Größe des Paulus wird zunächst an den ungeheuren Dimensionen seines *Missionswerkes* sichtbar. Rund 25 Jahre lang wirkte er im Ostjordanland, in Syrien, Kleinasien, Makedonien und Griechenland. Eine stattliche Anzahl bedeutender Gemeinden wurde von ihm gegründet. Die Weltmission wurde entscheidend von ihm vorangetrieben. Sie ist unlösbar in seine persönliche Lebensgeschichte hinein verwoben.

Die Größe des Paulus offenbart sich aber vor allem in seiner *Theologie*. Sie macht ihn zu einem der bedeutendsten Männer nicht nur der Kirchengeschichte, sondern der ganzen Antike. Mit seinem Denken hat er aller Theologie die Maßstäbe gesetzt. Wie kein anderer hat er es verstanden, dem christlichen Glauben nachzudenken und seinen Inhalt begrifflich zu erfassen. Man hat ihm in den Gemeinden damals nicht immer folgen können und wollen. Aber wo man in der Kirchengeschichte auf ihn zurückgriff, ist es zu einer theologischen Neubesinnung und zu einem tieferen Begreifen des christlichen Glaubens gekommen. Bis heute erweist seine Theologie ihren Rang darin, daß sie theologisches Denken in Gang bringt und theologische Entscheidungen erzwingt und ermöglicht.

Diese Theologie ist nicht in der Abgeschiedenheit und Ruhe des Studierzimmers entstanden, sondern im Gedränge der Fragen und Probleme, die Paulus bei seiner missionarischen Tätigkeit entgegentraten. Seine Äußerungen sind in der Regel auf konkrete Situationen im Leben der Gemeinde bezogen und von der Absicht getragen, zu ihrer Bewältigung beizutragen. Es ist kein Zufall, daß die Form, in der er sich äußert, der Brief ist, nicht die abgerundete und ausgewogene Abhandlung. Der Brief läßt Raum auch für ganz Persönliches; er ist eine Weise des Gesprächs, aktueller Auseinandersetzung, konkret zugespitzter Belehrung oder unmittelbaren Zuspruchs. In diese Richtung ging die Intention des Paulus. Sein Format zeigt sich darin, daß er die aktuellen Fragen und Probleme vom Grundsätzlichen her zu durchdringen und zu erhellen vermochte. Darauf beruht die Tragfähigkeit seiner Ausführungen über den ursprünglichen Anlaß hinaus.

Paulus war sich seiner Leistung bewußt. Er konnte von sich behaupten, mehr als die anderen Apostel gearbeitet zu haben. Aber das zählte für ihn selbst im Grunde nicht. Wollte man sein Werk nur unter dem Gesichtspunkt der Größe und Leistung betrachten, hätte man ihn zutiefst mißverstanden. Wer immer er gewesen sein und was immer er geleistet haben mag, er war nicht mehr und nichts anderes als »Sklave« Jesu Christi, einem Herrn zum Dienst verpflichtet, der im Zeichen des Kreuzes die Welt in Anspruch nimmt. So hat er sich verstanden, und so wollte er angesehen werden. Das Evangelium, das er in die Welt trug, war zugleich sein Schicksal:

»Zwang liegt auf mir; weh mir, wenn ich das Evangelium nicht verkünde« (1 Kor 9, 16).

Das war erlittene und im Leiden bewährte Wirklichkeit. Mehr als einmal mußte Paulus von den Schicksalsschlägen sprechen, die ihn trafen und an den Rand des Todes brachten. Er empfand die Schwere dessen, was ihm auferlegt war. Paradoxerweise sah er darin aber die Zeichen, die ihn als Apostel und seine Verkündigung als Evangelium beglaubigen. Was sich an ihm zeigte, war nur »Schwachheit«. Gerade ihrer aber konnte er sich rühmen, weil sich in ihr die Macht *Jesu* um so leuchtender darstellt:

»Die Kraft (Jesu) kommt in der Schwachheit zur Vollendung« (2 Kor 12).

Man hat in Paulus gelegentlich die überragende geniale Persönlichkeit sehen wollen, die, alles Bisherige souverän übergehend und nur ihren Ideen folgend, in einem Geniestreich *das* Christentum oder ein Christentum besonderer Prägung schuf. Das trifft nicht zu. Sicherlich trägt sein Werk den Stempel seiner Persönlichkeit. Dennoch ist er der Geschichte der urchristlichen Gemeinde verhaftet und nur aus dem Zusammenhang mit ihren Bewegungen, Anschauungen und Positionen zu begreifen. Sein geschichtlicher Standort läßt sich näher bestimmen. Mit der Jerusalemer Urgemeinde hat er, wie er betont, anfangs keine Verbindung gehabt. Der Boden, in dem er wurzelte, war die *hellenistische Gemeinde*. Hier wurden die Voraussetzungen geschaffen, die sein Werk ermöglichten. Von ihr war der Durchbruch zur gesetzesfreien Heidenmission vollzogen worden, die er dann zu seiner Lebensaufgabe machte und deren bedeutendster Repräsentant er werden sollte. Die Grundlage der hellenistischen Gemeinde wird bis in die Sprache hinein sichtbar. Evangelium, Verkündigung, Glaube, Offenbarung, Leib Christi, Charisma (Geistesgabe) – all das sind Begriffe, die hier gebräuchlich waren.

Wie sie bevorzugt er die christologische Hoheitsbezeichnung »Herr«. In ihr sind auch die Traditionen und Verkündigungselemente geformt worden, auf die er in seinen Briefen zurückgreift. Er hat diese Rückgriffe bewußt vollzogen. Oft sind sie der Ausgangspunkt seiner eigenen Gedankenentwicklung, und man gewinnt den Eindruck, als wolle er lediglich die in ihnen verborgenen Gehalte ans Licht bringen.

Zu den Vorgegebenheiten, die das Wirken des Paulus bestimmten, gehört insbesondere eine bestimmte Anschauung vom zentralen Inhalt christlicher Verkündigung. Es erscheint höchst rätselhaft, daß die breite Jesustradition in seinen Briefen nahezu völlig außer Betracht bleibt. Jesuserzählungen und Anspielungen darauf fehlen ganz. Die Zahl der zitierten Jesusworte ist gering. Daß Paulus von der Jesusüberlieferung kaum etwas bekannt gewesen sein sollte, ist nicht vorstellbar. Ihr Fehlen hat einen anderen Grund: Er war der Überzeugung, daß nicht die Einzelheiten der Geschichte Jesu den Inhalt des Evangeliums ausmachen, sondern allein Kreuz und Auferstehung Jesu. Darauf ist bei ihm alles konzentriert. In *dieser* Gestalt hat er es in der Gemeinde kennengelernt, von der er ausging. Ihr Urbekenntnis war, daß Christus gestorben und auferstanden sei. Dabei muß man sich klarmachen, daß dies innerhalb des Urchristentums nur *ein* Verkündigungstypus unter anderen war. Es gab damals kein einheitliches Verständnis über den zentralen Inhalt des Evangeliums. Ein dem paulinischen entgegengesetzter Typus liegt z. B. den Wundergeschichten zugrunde, die Jesus als göttlichen Menschen verkündigten. Andernorts bestimmte man als Evangelium Herabkunft und Aufstieg, Erniedrigung (Menschwerdung) und Erhöhung des Gottessohnes (vgl. S. 88).

Die uns erhaltenen *Briefe* des Paulus sind an Gemeinden in Kleinasien und Griechenland gerichtet. Sie wurden im Gottesdienst verlesen, dann an andere Gemeinden weitergegeben, gesammelt und schließlich unter die in der Kirche maßgeblichen Schriften eingereiht. Es sind die einzigen authentischen Zeugnisse eines urchristlichen Apostels im ganzen Neuen Testament. Insgesamt sind unter dem Namen des Paulus 13 Briefe überliefert. Nach Meinung einer großen Mehrheit von Forschern sind sie aber nicht alle von ihm verfaßt. Die Beurteilung ist im einzelnen unterschiedlich. Sicher echt sind der 1. Thessalonicherbrief, die Briefe an die Gemeinden in Korinth, Galatien, Philippi und Rom sowie der Brief an Philemon[1]. Sie sind sämtlich in den Jahren 50–56 n. Chr. entstanden, gehören somit in den letzten Abschnitt seiner Missionstätigkeit. Alle haben ihren bestimmten Ort im Leben und Wirken des Apostels. Abgelöst von ihm müssen sie auf weite Strecken den Eindruck abstrakt-theologischer Lehrschriften erwecken. Das Moment theologischer Lehre ist gewiß stark ausgeprägt. Dennoch sind sie von ihrer ursprünglichen

---

1 Für unecht werden allgemein die Briefe an Timotheus und Titus, die sog. Pastoralbriefe, gehalten, ferner der Brief an die Gemeinde in Ephesus. Stärker umstritten ist das Urteil über den 2. Thessalonicher- und den Kolosserbrief.

Intention her Zeugnisse erlebter Geschichte, die sowohl über Paulus selbst als auch über seine Gemeinden Aufschluß geben.

Dieser geschichtlich-biographische Rahmen soll im folgenden sichtbar gemacht werden. Die Informationen bieten die Briefe selbst. Sie gewähren Einblick freilich nur in das letzte Drittel seines Wirkens. Für die frühere Zeit fehlen Dokumente. Das erschwert es, von dem Juden Paulus und der ersten Zeit seines Wirkens (etwa 33–48) ein klares Bild zu gewinnen. Gelegentliche Andeutungen erlauben es aber, seinen Lebensgang in dieser Zeit wenigstens in großen Zügen nachzuzeichnen.

Als weitere Quelle für Paulus scheint sich die *Apostelgeschichte* anzubieten, deren zweiter Teil dem Wirken des Paulus gewidmet ist. Man hat sich ihrer in früheren Jahren auch unbefangen bedient. Nach den Erkenntnissen der heutigen Forschung hat ihre Darstellung einen nur geringen historischen Quellenwert. Man hat es hier mit dem Paulus*bild des Lukas* zu tun, nicht mit dem wirklichen Paulus. Einzelne Nachrichten verdienen immerhin Vertrauen. So darf man wohl damit rechnen, daß der Schilderung des Lukas eine Art Reisebericht zugrunde liegt, der die Orte der paulinischen Missionsreisen festhält. Wichtig sind außerdem ihre Informationen über die letzten Lebensjahre des Paulus, seine letzte Reise nach Jerusalem und seinen Prozeß; für diese Zeit ist die Apostelgeschichte der einzige Zeuge. Der Quellenlage Rechnung tragend, werden wir uns in unserer Darstellung hauptsächlich auf das Zeugnis der Briefe stützen und die Apostelgeschichte nur ergänzend heranziehen.

1. Herkunft – Bekehrung – Berufung

Paulus entstammt der jüdischen Diaspora in Kleinasien. Zu Beginn unserer Zeitrechnung wurde er in Tarsus, der Hauptstadt der römischen Provinz Kilikien, geboren. Die Lage der Stadt an einer großen, Ost und West verbindenden Straße war der Entfaltung eines regen wirtschaftlichen Lebens günstig. Ein antiker Geograph rühmt sie als ein Zentrum hellenistischer Kultur und Bildung. Die Familie des Paulus war schon längere Zeit in Tarsus ansässig. Es gibt keine Anzeichen dafür, daß sie sich dem kulturellen Angebot der Stadt grundsätzlich verschloß. Der gut römische Name, den Paulus trägt, beweist eher das Gegenteil. Eine Bildung im Sinne griechischer Philosophie hat er freilich kaum genossen. Seine Briefe verraten weder wirkliche Kenntnis philosophischer Tradition noch eine Neigung zu philosophischer Gedankenentwicklung. Die sprachliche Gestalt seiner Briefe unterscheidet sich zwar grundlegend von der Jesustradition. Er gebraucht philosophische Begriffe und Motive. Gelegentlich bedient er sich auch der aufgelockerten Darstellungsweise der sog. Diatribe, in der viele Philosophen der Zeit Lebensweisheiten und ethische Lehre vortrugen [2]. Aber dies alles zeigt nicht

2 Charakteristisch für die Diatribé (wörtlich: Unterhaltung) ist zum Beispiel die Entwicklung eines Gedankens in der Form eines (fiktiven) Gesprächs.

mehr, als daß er sich zu eigen machte, was eine hellenistische Stadt an bildungsmäßigem Allgemeingut vermittelte. In dieser Hinsicht entsprach er dem Bild des Juden in der hellenistischen Diaspora. Die Bildungsgüter, die in der Umwelt lebendig waren, hatten längst Eingang in die Synagoge des hellenistischen Judentums gefunden.

Paulus ist in einer Familie aufgewachsen, die in strenger jüdischer Observanz lebte. Dies hat seine Einstellung und sein Denken entscheidend geprägt. Von seiner Herkunft spricht er mit unverkennbarem Stolz: »am achten Tage beschnitten, aus dem Volk Israel, vom Stamme Benjamin, Hebräer von Hebräern« (Phil 3, 5). Es war sicher mehr als eine Äußerlichkeit, wenn Paulus als zweiten Namen den des Königs Saul erhielt[3].

Aber er war nicht nur Jude aus Tradition, sondern aus eigener Entscheidung. Er schloß sich den Pharisäern an, wollte zu denen gehören, die es mit Gottes Gesetz ernst nahmen und damit der heilsgeschichtlichen Vorzugsstellung des jüdischen Volkes gerecht zu werden suchten. Strengster Tora-Gehorsam war das Ziel, das er mit Leidenschaft verfolgte. Mit erstaunlicher Sicherheit sagt er im Blick auf seine jüdische Vergangenheit: »Ich machte im Judentum ständig Fortschritte, vielen Altersgenossen in meinem Volk voraus, brennend vor Eifer für meine väterlichen Überlieferungen« (Gal 1, 14). Er konnte sich sogar untadelig nennen, ohne befürchten zu müssen, daß man ihn Lügen strafte.

Über seine einstige Haltung als Jude hat sich Paulus klar ausgesprochen. Die einzelnen Daten seines Lebensweges hielt er aber nicht für erwähnenswert. Auch die Apostelgeschichte bietet nicht viel mehr. Immerhin weiß sie zu berichten, Paulus sei in Jerusalem Schüler des berühmten Gesetzesgelehrten Gamaliel (gest. um 30 n. Chr.) gewesen. Diese Angabe ist nicht erweisbar; aber es ist wahrscheinlich, daß sich Paulus einem regelrechten Tora-Studium unterzog. Er ist mit dem Alten Testament sehr vertraut und versteht sich darauf, die Texte »schulmäßig« auszulegen und für seine Aussage auszuwerten. Außerdem hat er ein Handwerk erlernt, wie man es damals von Tora-Schülern verlangte, und zwar das eines Sattlers. Damit hat er sich auf seinen Missionsreisen den Lebensunterhalt verdient.

Das leidenschaftliche Engagement für einen strengen Tora-Gehorsam ließ Paulus zum Feind der jungen christlichen Gemeinde werden; denn für sie war das Gesetz keine unangefochtene Autorität mehr. Mit ihm aber stand Gott selbst in Frage. So wurde er zum Christenverfolger. Was er im einzelnen unternahm, wird nicht näher ausgeführt. Vermutlich versuchte er, die Christen einer Bestrafung durch Synagogen-Gerichte zuzuführen. Man hat

---

3 Die Juden in der hellenistischen Diaspora hatten häufig zwei Namen. Saulus ist also immer ein Paulus gewesen, nicht erst mit seiner Bekehrung geworden. »Paulus« war der »bürgerliche« Name des Paulus, »Saulus« der religiöse, wohl unter den jüdischen Glaubensgenossen gebrauchte.

dabei an Auspeitschungen zu denken, wie sie später über Paulus selbst mehrmals verhängt wurden. Vermutlich richtete sich seine Verfolgertätigkeit gegen die Gemeinde in Damaskus. Als sicher darf angenommen werden, daß es *hellenistische* Judenchristen waren, denen sein Kampf galt. Denn mit ihrer freieren Haltung zum Gesetz konnten nur sie einem gesetzesstrengen Pharisäer in solchem Maße zum Ärgernis werden. Wie wir in einem früheren Kapitel sahen (vgl. S. 94 f.), richtete sich auch die Empörung der Judenschaft in Jerusalem ausschließlich gegen den hellenistischen Teil der Urgemeinde, und auch hier entzündete sie sich an der Gesetzesfrage[4].

Dieser stolze, seiner Sache so sichere Pharisäer wurde jäh aus seiner Bahn geworfen und fand sich in der christlichen Gemeinde wieder, die er so leidenschaftlich bekämpft hatte. Paulus spricht von dieser Wende nur mit größter Zurückhaltung. Er sagt nicht mehr, als daß ihm in einem visionären Erlebnis Christus erschienen sei. Diese Christuserscheinung ist ihm in oder bei Damaskus zuteil geworden; der dortigen Gemeinde hat er sich dann auch angeschlossen. Zeitlich läßt sie sich auf das Jahr 32 oder 33 n. Chr. festlegen.

Die Legende hat sich dieser erstaunlichen Bekehrung bald bemächtigt und von ihr in einer mit dramatischer Spannung geladenen Geschichte berichtet. Lukas bietet sie in seiner Apostelgeschichte (vgl. S. 371 f.). Von ihr ist eine große Wirkung ausgegangen. Sie hat das Bild von der Bekehrung des Paulus geprägt und »Damaskus« zu einem sprichwörtlichen Ereignis werden lassen. Ihr gegenüber muß jedoch festgehalten werden, daß Paulus selbst ihre Angaben nur zum geringeren Teil bestätigt. Vor allem ist seine Blickrichtung eine andere. Er zeigt keinerlei Interesse an dem psychologisch faßbaren Phänomen, an dem äußeren und inneren Ablauf seines Erlebnisses, sondern allein an seinem Gehalt. So spricht er nur davon, daß ihm Christus erschienen sei und was das für ihn bedeutete und an ihm bewirkte. Das ergibt sich aus seinem biographischen Bericht im Galaterbrief: »Als es aber dem, der mich von Mutterleib ausgesondert und durch seine Gnade berufen hatte, gefiel, mir seinen Sohn zu offenbaren, damit ich ihn unter den Heiden (Völkern) verkündige ...« (Gal 1, 15).

»Die Offenbarung des Sohnes Gottes« – das war es, was ihm in seiner Bekehrung widerfahren war. Die Wahrheit über Jesus war ihm aufgegangen und hatte ihn unausweichlich in Anspruch genommen. Er begriff, in dem Gekreuzigten hat Gott gehandelt; er ist Gottes Heilsangebot; der Weg des

4 Nach der Apostelgeschichte war Paulus die treibende Kraft bei der Verfolgung der Gemeinde in Jerusalem; sie berichtet außerdem, er habe sich dann vom Synedrium die Vollmacht erteilen lassen, auch in Damaskus gegen die Christen vorzugehen. Beide Angaben treffen nicht zu. Paulus war der Gemeinde in Jerusalem persönlich anfangs unbekannt, man wußte von ihm dort nur vom Hörensagen. Zum zweiten: Die Synagogen der jüdischen Diaspora, wozu die von Damaskus gehörte, waren rechtlich selbständig, also von der Jerusalemer Behörde unabhängig; sie konnten religiöse Vergehen nach eigenem Ermessen ahnden. Das deutet darauf hin, daß es sich bei der »Vollmacht« für Paulus um eine Fiktion handelt.

Gesetzes ist damit verworfen. Damaskus bedeutete für ihn die Erschließung einer neuen theologischen Grunderkenntnis und eines grundlegend neuen Sich-Verstehens. Noch mehr: Er erfuhr es als Berufung zum Apostel. Wie Gott vorzeiten die Propheten Israels berufen hatte, so war ihm mit der Christuserscheinung geschehen. Dies begründete ein unanfechtbares und ihn ausweisendes Recht. Das Besondere lag für ihn aber nicht allein in der Tatsache einer außergewöhnlichen Berufung, sondern ebenso entscheidend im *Inhalt* seines Auftrags – daß er das Evangelium unter den *Heiden* verkündigen sollte. Darin wußte er sich von den anderen Aposteln unterschieden. Der Apostelkonvent (vgl. S. 106 f.) hat seinen besonderen Auftrag später auch ausdrücklich bestätigt.

Weit verbreitet ist die Meinung, die Wende im Leben des Paulus habe sich längst angebahnt und sei nur die Lösung eines schwelenden inneren Konflikts gewesen. Das ist jedoch ein Mißverständnis, wohl dadurch veranlaßt, daß man das Bild von Luthers Ringen im Kloster auf Paulus übertrug. Die Dinge lagen bei ihm aber anders. Der Jude Paulus wurde nicht von Angst und Zweifeln geplagt. Er litt nicht unter dem Gesetz, kam nicht auf den Gedanken, daß er den Forderungen Gottes nicht wirklich sollte gerecht werden können. Als ihm der Auferstandene begegnete, lebte er in der unangefochtenen Gewißheit, auf dem rechten Weg, dem Weg zum Heil, zu sein. Die Begegnung mit Christus war ein überraschender Einbruch in sein Leben. Sie hat unversehens die Wende herbeigeführt und neue Maßstäbe gesetzt. In ihrem Licht kehrte sich ebenso unvermittelt sein Urteil über seine eigene Vergangenheit und die jüdische Gesetzesfrömmigkeit überhaupt um. Wo er vorher das Heil zu finden meinte, sah er jetzt die Macht der Sünde und des Todes sich auswirken. Was ihm ehemals als Unrecht und empörender Frevel erscheinen mußte, erkannte er jetzt als die rettende Wahrheit:

»Wenn ein anderer meint, auf äußere Vorzüge vertrauen zu können, ich kann es noch mehr: am achten Tage beschnitten, aus dem Volk Israel, dem Stamm Benjamin, Hebräer von Hebräern, dem Gesetz nach ein Pharisäer, dem Eifer nach ein Verfolger der Kirche, der Gesetzesgerechtigkeit nach untadelig. Aber was mir einst Gewinn war, das habe ich um Christi willen als Schaden angesehen. Ja, ich sehe sogar alles als Schaden an wegen der überragenden Bedeutung der Erkenntnis Christi Jesu, meines Herrn. Seinetwillen ließ ich mich um das alles bringen und halte ich es für Dreck, damit ich Christus gewinne und in ihm erfunden werde« (Phil 3, 4–9).

2. Das Missionswerk

Fünfundzwanzig Jahre lang hat Paulus als Missionar gewirkt. Ein lebendiges Bild können wir aber nur von dem letzten, etwa ein Drittel umfassenden Abschnitt seines Wirkens gewinnen. Hierfür haben wir das Zeugnis seiner Briefe. Auch die Apostelgeschichte setzt erst bei den »großen« Missionsreisen ein, die der Apostel nach Kleinasien und Griechenland unternahm [5]. So liegt die erste Zeit seines Wirkens für uns in einem kaum erhellbaren Dunkel. Mehr zufällig kommt er im Galaterbrief auf sie zu sprechen. Dadurch wissen wir wenigstens, in welchen geographischen Räumen er sich damals bewegte. Einzelheiten teilt aber auch er nicht mit.

Paulus trat unverzüglich in die Mission ein. Sein erstes Arbeitsgebiet war *»Arabien«*. Gemeint ist damit das Gebiet östlich des Jordan und des Toten Meeres, das heutige Jordanien. Man darf sich dieses Gebiet nicht als menschenleere Wüste vorstellen und schon gar nicht unterstellen, Paulus habe sich abseits vom Getriebe der Welt auf seine Arbeit vorbereitet. »Arabien« war das Reich der Nabatäer. Diese lebten großenteils als Nomaden. Es gab hier aber auch einige Städte, beispielsweise die bekannte Felsenstadt Petra oder Philadelphia, das heutige Amman. Offensichtlich hatte Paulus hier keinen nennenswerten und bleibenden Erfolg. Wahrscheinlich wurde seine Arbeit von offizieller Seite behindert und er persönlich bedroht. Der nabatäische König Aretas IV. verfolgte ihn bis nach Damaskus. Er ließ die Stadt sogar bewachen, um sich seiner zu bemächtigen. Der Anschlag mißlang jedoch: Paulus wurde von seinen Freunden über die Stadtmauer hinabgelassen und konnte entkommen.

Nach einem kurzen Besuch in Jerusalem begab sich Paulus für vierzehn Jahre nach *Syrien* und *Cilicien*. Hier scheint er mehr Erfolg gehabt zu haben. Sogar in der Jerusalemer Urgemeinde wurde man auf den Mann aufmerksam, der die Sache des Evangeliums hier mit Geschick vorantrieb. Wahrscheinlich hat er am Aufbau der Gemeinde in Antiochia mitgewirkt.

Lukas verlegt in diesen Zeitraum noch eine weitere Missionsreise nach Zypern und in die Länder des südlichen Kleinasien (Pamphylien, Pisidien, Lykaonien), die Paulus zusammen mit Barnabas unternahm. Üblicherweise, jedoch sachlich unzutreffend, bezeichnet man diese Zypern-Kleinasien-Reise als die erste Missionsreise des Paulus [6].

Den Abschluß dieses Abschnitts markiert der Apostelkonvent, der im Jahre 48 n. Chr. in Jerusalem stattfand. Gegenstand der Verhandlungen war die Heidenmission unter Verzicht auf Beschneidung und eine Bindung an das Gesetz. Diese Konzeption ist eng mit der Gemeinde in Antiochia verbunden. Sie wurde auch von Paulus von Anfang an verfochten. Wo immer er missionarisch tätig war, hat er Christus als das »Ende des Gesetzes« verkündigt.

---

5 Die Darstellung des Lukas prägt bis heute weithin das Bild vom Verlauf der paulinischen Mission. Sie schildert drei Reisen. Die erste führt über Zypern nach dem südlichen Kleinasien, die zweite über Innerkleinasien nach Griechenland, die dritte nach Ephesus und noch einmal nach Makedonien und Griechenland.

6 In der heutigen Forschung ist umstritten, ob Lukas den Sachverhalt zutreffend schildert. Dagegen spricht, daß Paulus von einer Missionstätigkeit im südlichen Kleinasien nichts erwähnt. Möglicherweise ist sie an anderer Stelle, nämlich nach dem Apostelkonvent, einzuordnen. Es wird auch die Ansicht vertreten, sie sei lukanische Konstruktion.

Auf dem Jerusalemer Konvent stand nicht ihre theologische Legitimität in Frage, sondern wie die Autoritäten der Urgemeinde sich zu dem Faktum der gesetzesfreien Heidenmission stellen wollen. Paulus und Barnabas haben sie in Jerusalem vertreten und ihre offizielle Anerkennung erreicht. Dadurch war verbindlich festgestellt, daß Juden- und Heidenchristen als gleichberechtigte Partner in der Gemeinde Jesu Christi stehen, daß die Heidenchristen also nicht nur wie Fremde, sondern als rechtmäßige Bürger dazugehören.

Nach dem Apostelkonvent begann ein neuer Abschnitt im Wirken des Paulus. Bisher war seine Arbeit von Gemeinden wie Damaskus oder Antiochia mitgetragen worden. Vielleicht hat Paulus sogar in ihrem Auftrag missioniert. Nach dem Bericht der Apostelgeschichte ist er von der antiochenischen Gemeinde regelrecht entsandt worden (vgl. S. 373). Jetzt unternahm er seine Reisen in eigener Regie und Verantwortung. Der Grund für den Schritt in die selbständige Missionsarbeit lag nicht im Ergebnis des Konvents, sondern in einem danach aufgebrochenen theologischen Streit, über dem es zum Zerwürfnis sowohl mit der antiochenischen Gemeinde wie auch mit seinem Gefährten Barnabas kam[7]. So sah sich Paulus auf sich selbst gestellt. Er konnte aber bald neue Mitarbeiter gewinnen. Die wichtigsten waren Timotheus und Titus. Paulus hat sie mit wichtigen, manchmal auch heiklen Aufgaben betraut, und sie haben sicherlich auch weithin selbständig gearbeitet. Ihre Bedeutung im Rahmen der paulinischen Mission spiegelt sich in der Tatsache wider, daß man einige (unechte) Paulusbriefe mit ihrem Namen versah.

Der Apostelkonvent eröffnet die erfolgreichste Phase im Leben des Paulus. Aus ihr stammen auch unsere Originalquellen. Mit dem ersten Thessalonicherbrief beginnt schon ein bis zwei Jahre nach dem Apostelkonvent die Reihe der erhaltenen Briefe. Darüber hinaus sind für diese Zeit auch aus der Apostelgeschichte einige Daten zu gewinnen. Wir werden das vorliegende Material erst in den einzelnen Briefeinleitungen auswerten. Im Augenblick mag es genügen, den weiteren Verlauf der paulinischen Mission in großen Zügen zu skizzieren.

Ihr nächstes Ziel war das im Inneren Kleinasiens gelegene *Galatien*. Hier entstanden einige, vermutlich kleinere Gemeinden, deren Namen weder Paulus noch die Apostelgeschichte nennen. Von da aus hat er sich dann über

---

7 Bei dem Streit handelte es sich um folgendes: Petrus, Barnabas und andere Judenchristen in Antiochia haben sich plötzlich von der gemeindlichen Tischgemeinschaft mit den Heidenchristen zurückgezogen. Anlaß dazu war die Ankunft streng jüdisch orientierter Männer um Jakobus aus Jerusalem. Paulus sah in diesem Verhalten einen eklatanten Verstoß gegen die Übereinkunft des Apostelkonvents, auf dem die volle Gleichberechtigung zwischen Juden und Heiden festgestellt worden war. Der (zeitweilige) Bruch mit Antiochia und Barnabas hatte also theologische Ursachen. – Daß sich Paulus von Barnabas nach dem Apostelkonvent getrennt habe, berichtet auch Lukas. Er begründet das allerdings mit persönlichen Differenzen wegen eines Reisebegleiters.

Troas nach Makedonien und Griechenland begeben. Die Wendung nach Europa war ein bewußter Schritt. Er zeigt, daß sich Paulus nicht von Zufällen leiten ließ (obwohl solche gelegentlich die Entscheidungen mitbeeinflußt haben können), sondern einem großangelegten Plan folgte. Von Anfang an stand ihm die Welt des Römischen Reiches vor Augen. Rom und der äußerste Westen, Spanien, waren seine letzten Ziele. Seine missionarische Tätigkeit kennzeichnete eine ungeheure, wahrhaft ökumenische Weiträumigkeit. Die Intensität hat darunter nicht gelitten. Er war darauf bedacht, daß die Gemeinden, die sich bildeten, lebensfähig und selbständig waren. So blieb er mehr oder weniger lange an einem Ort: Wochen, Monate, in einigen Fällen sogar Jahre. Seine Briefe zeigen, daß er auch aus der Ferne an der Entwicklung seiner Gemeinden Anteil nahm und sich für sie bleibend verantwortlich wußte.

In Makedonien und Griechenland sind innerhalb kurzer Zeit bedeutende Gemeinden entstanden. Die erste war die von *Philippi*, mit der ihn während der folgenden Jahre ein besonders freundschaftliches Verhältnis verband. Über *Thessalonike* und Beröa kam er im Winter 49/50 n. Chr. nach *Korinth*. Achtzehn Monate hat er hier mit Erfolg gewirkt. Es bildete sich eine außerordentlich lebendige, in religiösem Schwung geradezu überschäumende, aber zugleich schwierige Gemeinde. Korinth hat Paulus das Letzte an persönlichem Einsatz abgefordert. In *Athen*, der Metropole griechischen Geistes, wo Paulus vor Korinth gewesen war, konnte er keinen Fuß fassen. Selbst Lukas, der von seinem Auftreten in einer großen Szene berichtet (vgl. S. 375 f.), konnte nur die Namen von zwei Bekehrten nennen.

Paulus hat diese Gemeinden ein paar Jahre später (55/56 n. Chr.) noch einmal besucht. In der Zwischenzeit entfaltete er in *Ephesus*, der wohl bedeutendsten Stadt Kleinasiens, eine intensive missionarische Tätigkeit. Zweieinhalb Jahre (52–55 n. Chr.) hat er hier gewirkt. Wahrscheinlich ist Ephesus ein regelrechtes Missionszentrum gewesen, von dem aus Vorstöße in die Umgebung unternommen wurden. Jedenfalls sind für Laodicea (etwa 150 km östlich von Ephesus) und das diesem benachbarte Kolossä paulinische Gemeinden aus dieser Zeit bezeugt.

Lukas gibt vom ephesinischen Aufenthalt des Apostels einen farbenreichen Bericht. Historisch kann man ihm zwar nicht viel entnehmen; er ist aber insofern interessant, als er einen Einblick in das religiöse Leben von Ephesus gewährt. Es war beherrscht vom Kult der Göttin Artemis. Ihr Tempel gehörte zu den sieben Weltwundern. Kulte und Kultstätten dieser Art schufen damals eine breite gesellschaftliche Solidarität. Da konnte man auch mit Devotionalien und Reiseandenken Geschäfte machen. Die »atheistische« Propaganda der Christen beeinträchtigte beides. Das Auftreten des Paulus forderte – nach dem lukanischen Bericht – denn auch energische »Kampfmaßnahmen« heraus. Ein gewisser Demetrius, der silberne Nachbildungen des Artemistempels herstellte, habe seine Zunftgenossen auf die drohende Gefahr aufmerksam gemacht. Die Bevölkerung sei in höchste Erregung geraten. In einer Großkundgebung habe man aus vieltausend Kehlen bekannt: »Groß ist die Artemis von Ephesus.« Gang und gäbe waren ferner magische Praktiken. In diese wurde auch Paulus einbezogen: Man bediente sich seiner Schweiß- und Taschentücher, weil von ihnen Heilkräfte ausgingen. Als man aber »im Namen Jesu« selbst Dämonen bannen wollte, kam es zur Katastrophe: Der Dämon wehrte sich und richtete den illegitimen Exorzisten übel zu. Eine Welle der Bekehrung ging durch die Stadt. Man entsagte massenweise der Magie und verbrannte die Zauberbücher öffentlich zum Zeichen der Abkehr vom Aberglauben.

In Wirklichkeit war das Auftreten des Paulus sicherlich weit weniger spektakulär. Übertrieben ist es auch, wenn Lukas sagt, die ganze Provinz Asia (Kleinasien) habe das »Wort des Herrn« gehört. Dies ist aber zweifellos richtig: »Ephesus« war für Paulus eine Zeit großer Erfolge; zugleich war es aber eine Zeit schwerer Auseinandersetzungen mit seinen Gemeinden, insbesondere mit Korinth, und akuter Gefahr für ihn selbst. All dies spiegelt sich in seinen Briefen wider, die zum größten Teil hier geschrieben worden sind.

Von Ephesus aus ist Paulus über Makedonien und Griechenland nach Jerusalem gereist. Mit dieser Reise wollte er den Schlußstrich unter seine Tätigkeit im Osten des römischen Imperiums ziehen und sich dann neuen Aufgaben im Westen zuwenden. Sein Weg als Missionar endete jedoch in Jerusalem. Er wurde gefangengenommen und hat die Freiheit nicht wieder erlangt (vgl. S. 293 f.).

Weltmission war für Paulus nicht nur eine leuchtende Idee, sondern konkrete Aufgabe und Verpflichtung. Es bleibt auch für uns heute erstaunlich, welch weite Räume dieser Mann durchmaß. Die Weltperspektive bestimmte auch die Art, wie er seine Arbeit anlegte. Er dachte in Regionen und missionierte vorwiegend in bedeutenden Städten. Natürlich war er nicht der Meinung, damit schon das ganze Land gewonnen zu haben. Aber die Weiterverbreitung des Evangeliums hielt er nicht für seine Aufgabe, sondern für die der Gemeinden selbst. Mit bemerkenswerter Selbstverständlichkeit vertraute er darauf, daß diese ihre Aufgabe erkannten und das Evangelium weiterlief, wo es einmal Fuß gefaßt hatte.

Diese Missionspraxis entsprang der Überzeugung, daß das Heilsgeschehen *allen* Menschen gilt: In Christus hat Gott die *Welt* mit sich versöhnt. Wie Adams Tat alle Menschen in den Tod hineinriß, so hat Christus allen Menschen das Leben aufgetan. Daraus leitet er seinen eigenen Auftrag ab: Allen Menschen, Juden, Griechen und »Barbaren« schuldet er das Evangelium. Sie haben einen gleichsam einklagbaren Anspruch darauf. Der Weg des Paulus war ein einziger Versuch, diese Schuld abzugelten. So konnte er, den Sinn und das Ziel seines Dienstes zusammenfassend, sagen:

»Ich habe euch ... geschrieben, nur um euch wieder zu erinnern. Damit erfülle ich den mir von Gott verliehenen Auftrag, Diener Jesu Christi an den Völkern zu sein – ein Diener, der die Verkündigung des Evangeliums Gottes als priesterlichen Dienst verrichtet, um die Völker als wohlgefällige Opfergabe darzubringen, geheiligt durch den heiligen Geist« (Röm 15, 15–16).

3. An die Thessalonicher (1. Thessalonicherbrief)

Thessalonike (Saloniki), die Hauptstadt der römischen Provinz Makedonien, war die zweite Station des Paulus auf europäischem Boden. Der großen Ost-West-Verbindung folgend, ist er im Jahre 49 n. Chr. mit seinen Mitarbeitern Timotheus und Silvanus von Philippi hierher gekommen. Aus Philippi hatte er fliehen müssen, weil man seitens des Magistrats der Stadt gerichtliche Maßnahmen gegen ihn ergriffen hatte [8]. Die Flucht und ihre Hintergründe lagen wie ein dunkler Schatten über seinem Anfang in Thessalonike.

Nach dem Bericht der Apostelgeschichte begann Paulus seine missionarische Tätigkeit in der Synagoge. Da war für ihn der gegebene Ausgangspunkt. Er war selbst Jude, und wenngleich er sich zum Heidenapostel berufen wußte, hielt er doch zeitlebens daran fest, daß er das Evangelium auch seinem eigenen Volk schulde. Dazu kam ein praktischer Gesichtspunkt: Am Leben der jüdischen Synagogengemeinden nahmen in großer Zahl sog. Gottesfürchtige teil, die nicht voll in die jüdische Gemeinde eingegliedert waren, bei denen darum von vornherein eine Offenheit für die christliche Botschaft vorausgesetzt werden konnte [9]. Lukas läßt Paulus regelmäßig in der Synagoge beginnen. Er wird aufs ganze gesehen damit recht haben, wenn sich auch seine Angaben im Einzelfall nicht erhärten lassen.

Paulus hat nicht lange in Thessalonike wirken können. Die Umstände erzwangen auch hier eine überstürzte Abreise. Die Apostelgeschichte spricht von einer jüdischen Agitation gegen ihn. Daß er den Aufbau der Gemeinde nicht selbst zu Ende führen konnte, hat ihn in Unruhe und Sorge versetzt. Das erwies sich als unbegründet. Von Timotheus, den er unterwegs – von Athen aus – nach Thessalonike zurückgesandt hatte, erhielt er einen außerordentlich positiven Bericht. Die Gemeinde hatte sich in der Zwischenzeit selbständig entwickelt und sogar in Verfolgung bewährt. Darüber hinaus ist sie selbst missionarisch aktiv geworden. So ist der Brief, den Paulus an sie richtet, voll des Lobes und ganz auf Dank gestimmt.

Dieser nimmt einen großen Teil des Briefes ein. Aus ihm spricht die Freude über den bleibenden Erfolg seiner Verkündigung. Paulus selbst ist von ihm überrascht. Sein Auftreten hier war wenig eindrucksvoll gewesen. Als Flüchtling war er gekommen. Seiner Verkündigung fehlte aller rhetorische Glanz. Geld nahm er nicht, sondern arbeitete, um sich seinen Lebensunterhalt zu verdienen. Wieviel begeisternder war dagegen die Erscheinung der religiösen

---

8 Siehe unten.

9 Zu den »Gottesfürchtigen« siehe die Erläuterung S. 102.

oder philosophischen Propagandisten und Wanderprediger, die damals zum Bild der Städte gehörten und sicherlich auch in Thessalonike ihr Wesen trieben! Sie pflegten in gefälliger Rede eingängige Lebensweisheiten darzubieten und mit außerordentlichen Taten die Massen zu faszinieren. Man hat Paulus und seine Verkündigung in Thessalonike nicht an ihnen gemessen, sondern begriffen, daß sich die Wahrheit des Evangeliums nicht direkt im glanzvollen Auftreten seiner Boten darstellt. Dies tritt ihm jetzt erneut vor Augen. Durch den Rückblick auf sein Wirken in Thessalonike gewinnen wir zugleich Einblick in die Situation der christlichen Mission überhaupt. Überall in den Städten des römischen Imperiums stießen die Missionare auf selbstbewußte und geschickte Konkurrenten, die dem äußeren Anschein nach eine überlegenere und einleuchtendere Wahrheit vertraten.

Den Brief an die Thessalonicher hat Paulus wahrscheinlich Ende 49 oder Anfang 50 n. Chr. von Korinth aus geschrieben. Unmittelbarer Anlaß war wohl eine Anfrage aus Thessalonike. Einige Gemeindeglieder waren gestorben. Das hat große Unruhe hervorgerufen. Man befürchtete, daß die Verstorbenen vom Heil ausgeschlossen seien. Dazu sollte Paulus ein klärendes Wort sagen.

Der 1. Thessalonicherbrief ist der älteste (erhaltene) Paulusbrief und zugleich das älteste literarische Dokument des Neuen Testaments. Mit ihm hat Paulus die Gattung »Brief« in das urchristliche Schrifttum eingeführt und eine besondere Form der Verkündigung geschaffen, deren man sich nach ihm gerne bediente.

Die Anlage der paulinischen Briefe entspricht dem antiken Briefschema. Seine Elemente waren eine Zuschrift (Präskript) mit den Namen des Absenders und Empfängers neben einem einfachen »Gruß«, ein Wort des Dankes an die Götter oder Nachrichten über das persönliche Wohlergehen und am Ende der stereotype Gruß: »Lebe wohl«. Paulus hat dieses Schema[10] ausgestaltet und inhaltlich gefüllt. In der *Zuschrift* rückt er seine Autorität als Apostel ins Blickfeld und spricht die Empfänger betont als Gemeinde an. Die Briefe wollen nicht als Äußerungen des Privatmannes Paulus, sondern als das im Sinne des Evangeliums verbindliche Wort des Apostels an seine Gemeinde genommen werden. An die Zuschrift schließt sich der *Dank* an Gott und die Versicherung *fürbittenden* Gedenkens an. Hier spricht Paulus aus, was ihn im Blick auf die innere und äußere Situation der Gemeinde bewegt. Den *Schluß* bilden persönliche Grüße, Nachrichten und ein Segenswunsch.

Bei der Ausgestaltung der brieflichen Rahmenstücke greift Paulus auf geprägte Wendungen aus dem Gottesdienst zurück. Sie haben von daher etwas Liturgisch-Feierliches und Formelhaftes. Wichtiger ist aber die Beobachtung, in welchem Ausmaß er ihre inhaltliche Ausgestaltung von Brief zu Brief variiert. Ihn bestimmt nicht ein starres Schema, sondern das Bild von der

---

10 Das Beispiel eines Briefes nach dem üblichen Schema liegt im Aposteldekret vor: S. 108.

jeweiligen Gemeinde, wie es sich ihm aus den Nachrichten und Anfragen darbot. Lob und Kritik fließen ebenso mit ein wie Andeutungen, die über die persönlichen Beziehungen zwischen Apostel und Gemeinde Auskunft geben. Oft klingt hier bereits das »Thema« des Briefes an.

Im Hauptteil der Briefe läßt er sich Schritt für Schritt von den Fragen leiten, die er im Blick auf die Gemeinde hat oder die ihm von ihr gestellt worden waren. In der Regel unterscheidet er jedoch einen theologisch-lehrhaften und ethisch-ermahnenden Teil (Paränese).

Zuschrift

Paulus und Silvanus und Timotheus der Gemeinde der Thessalonicher, die in Gott, dem Vater, und dem Herrn Jesus Christus ist: Gnade sei mit euch und Friede. (1, 1–2)

Der Dank an Gott

Die Thessalonicher haben Paulus viel Grund zum Dank gegeben. Das von ihm verkündigte Evangelium hat unter ihnen greifbare, in weitem Umkreis gerühmte Wirkungen gezeitigt: Sie haben sich zu einer überzeugenden und vorbildlich tatkräftigen Gemeinde entwickelt; sie haben den selbstlosen und lauteren Dienst des Apostels begriffen und angenommen. Paulus hat ihnen schon damals, als er bei ihnen war, nicht verschwiegen, daß die Bindung an das Evangelium Leiden und Bedrängnis im Gefolge hat: »dazu sind wir bestimmt«; in der Zwischenzeit haben sie dies an sich selbst erfahren. Er kann sie darüber nicht hinwegtrösten, sondern nur versichern: Leiden und Bedrängnis sind die Zeichen der Gemeinde Gottes auf Erden.

Wir danken Gott immer euer aller wegen, wenn wir euch in unseren Gebeten erwähnen. Ständig gedenken wir des tätigen *Glaubens*, der wirkenden *Liebe*, der ausharrenden *Hoffnung*, die ihr in der Gemeinschaft unseres Herrn Jesu Christi vor Gott unserem Vater bewährt[11]. Wissen wir doch, von Gott geliebte Brüder, um eure Erwählung: Unsere Predigt kam zu euch nicht allein in Worten, sondern auch in Macht und im heiligen Geist und mit voller Überzeugungskraft; ihr wißt ja selbst, wie um euretwillen unser Auftreten bei euch geschah. Ihr seid uns und dem Herrn nachgefolgt, indem ihr das Wort in großer Bedrängnis annahmt mit einer Freude, wie sie der heilige Geist gibt, so daß ihr ein Vorbild wurdet für alle Gläubigen in Makedonien und Achaia[12]. Denn von euch aus ist das Wort des Herrn nicht nur in Makedonien und Achaia weiter erklungen, nein, allerorten ist euer Glaube an Gott bekannt geworden, so daß wir nichts mehr zu sagen brauchen. Denn die Leute berichten selbst von uns: welche Aufnahme wir bei euch gefunden

---

11 Paulus verarbeitet hier eine geprägte Formel, die die christliche Grundhaltung in die drei Begriffe Glaube, Liebe, Hoffnung zusammenfaßt.

12 Achaia ist der römische Name für Griechenland.

haben und wie ihr euch von den Götzen zu Gott bekehrt habt, um dem lebendigen und wahrhaftigen Gott zu dienen und seinen Sohn vom Himmel her zu erwarten, ihn, den er von den Toten erweckt hat, Jesus, unseren Retter vor dem zukünftigen Zorn [13].

Ihr wißt ja selbst, Brüder, daß unser Auftreten bei euch nicht ohne Wirkung war, sondern daß wir nach den Leiden und Mißhandlungen in Philippi, von denen ihr ja wißt, durch unseren Gott den Mut gewannen, die Botschaft Gottes bei euch zu verkünden in heißem Bemühen. Denn unsere Predigt beruhte nicht auf Irrtum oder Lasterhaftigkeit, noch geschah sie in listiger Absicht; vielmehr: wie wir von Gott gewürdigt wurden, mit dem Evangelium betraut zu sein, so reden wir nicht Menschen zu Gefallen, sondern Gott, der unsere Herzen prüft. Und so sind wir weder mit schmeichlerischen Reden aufgetreten – Gott ist Zeuge –, noch suchten wir Ruhm bei Menschen, weder bei euch noch bei anderen. Wir hätten unser Ansehen als Apostel Christi geltend machen können, aber wir traten in eurer Mitte milde auf. Wie eine Mutter ihre Kinder hegt, in liebevoller Einstellung zu euch wollten wir euch teilhaben lassen nicht nur an der Botschaft Gottes, sondern auch an unserem Leben; denn ihr wart uns lieb geworden. Denkt doch, Brüder, an unsere mühevolle Arbeit: Tag und Nacht arbeitend, um keinem von euch lästig zu fallen, verkündigten wir euch das Evangelium Gottes. Ihr seid Zeugen und Gott, daß wir uns gottgefällig, gerecht und einwandfrei euch, den Gläubigen gegenüber, verhalten haben. Ihr wißt doch, daß wir jeden einzelnen von euch, wie ein Vater mit seinen Kindern, ermahnt, aufgemuntert und beschworen haben, euer Leben würdig des Gottes zu führen, der euch zu seinem Reich und seiner Herrlichkeit beruft [14].

Und deshalb danken wir Gott auch unaufhörlich, daß ihr das Wort Gottes, das ihr in der Predigt von uns empfangen habt, nicht als Menschenwort aufgenommen habt, sondern als das, was es in Wahrheit ist – als Wort Gottes, das sich in euch, den Gläubigen, nun auch als wirksam erweist [15]. Denn, Brüder, ihr seid Nachfolger der Christen-Gemeinden Gottes in Judäa geworden; denn ihr habt dasselbe von euren Landsleuten erlitten, wie sie von den Juden: Sie haben den Herrn, Jesus, und die Propheten getötet und uns verfolgt; sie sind Gott nicht gehorsam und allen Menschen feind, da sie uns hindern, den

---

13 Dieser Satz umreißt in gedrängter Kürze die Gedanken, auf die man in der Missionspredigt vor Heiden üblicherweise abhob. Sie sind nicht im speziellen Sinne paulinisch.

14 Damit sollen die Thessalonicher in ihrer Entscheidung bestärkt und gegen die Konkurrenz zugkräftiger Wanderprediger vorsorglich abgeschirmt werden. Ein akuter Anlaß zur Verteidigung lag (anders als später in den Korintherbriefen, vgl. S. 263 ff.) nicht vor.

15 Gottes Wort hat immer die Gestalt eines geschichtlich gebundenen, zeitbedingten Menschenwortes; es ist als Wort Gottes nicht objektiv ausgewiesen. Seine Eindeutigkeit gewinnt es erst darin, daß es als Gottes Wort angenommen wird.

Heiden zu predigen, daß sie das Heil finden; damit machen sie das Maß ihrer Sünden für alle Zeit voll [16]. Doch schon ist über sie der Zorn gekommen, der zum Ende führt [17]. (1, 3–2, 16)

Die Fürbitte

Im Anschluß an das Vorige berichtet Paulus von seinen Versuchen, die gewaltsam abgebrochene Verbindung mit der Gemeinde neu zu knüpfen. Der Abschnitt mündet in ein Fürbittgebet ein [18]. Darin geht es um endgültige Bewährung der Gemeinde.

Er selbst, Gott und unser Vater, und unser Herr Jesus Christus bahne uns den Weg zu euch. Euch aber lasse der Herr wachsen und immer reicher werden an Liebe zu einander und zu allen, so wie auch wir sie zu euch haben, um eure Herzen zu stärken, daß sie untadelig seien in Heiligkeit vor Gott und unserm Vater bei der Ankunft unseres Herrn Jesu mit allen seinen Heiligen. (3, 11–13)

Ethische Anweisungen (Paränese)

Zur Zeit des beginnenden Christentums herrschten in der Welt des Römischen Reiches in ethischer Hinsicht nahezu chaotische Zustände. Es gab keine allgemein verbindlichen Maßstäbe. Was die zeitgenössische Philosophie anbot, war beachtlich, erreichte aber die breiten Massen der Gesellschaft nicht. Von den Religionen und Kulten ging nur in beschränktem Umfang eine ethische Wirkung aus; zum Teil lag sie auch gar nicht in ihrer Absicht. Man hat den Mangel weithin empfunden. Die Anziehungskraft des Judentums und der Erfolg seiner Werbung in der hellenistischen Umwelt beruhte nicht zuletzt darauf, daß es eine überzeugende Ethik zu bieten hatte. Hier gab es feste und bewährte Verhaltensnormen. Auch die christliche Verkündigung in der Mission zielte darauf ab, zu einem verantwortlichen Verhalten anzuleiten und anzuhalten. Wer sich ihr öffnete und der Gemeinde anschloß, wurde mit der Forderung konfrontiert, die Wende vom Einst zum Jetzt auch in der Lebensführung sichtbar werden zu lassen, einen neuen Menschen »anzuziehen.«

Paulus hat dem Erfordernis ethischer Belehrung auch in seinen Briefen Rechnung getragen. Sie enthalten in einem beträchtlichen Ausmaß Verhal-

---

16 Diese scharfen Worte entstammen einer traditionellen Polemik gegen die Juden. Derartige Äußerungen waren damals weit verbreitet, zum Teil auch unter den Juden selbst.

17 Das soll wahrscheinlich heißen, das endzeitliche Gericht zeige schon jetzt seine Auswirkung an den Juden. Von ihrer *endgültigen* Verwerfung spricht Paulus weder hier noch an anderen Stellen; vgl. insbesondere Röm 9–11 (S. 317 ff.).

18 In der Regel verbindet Paulus die Fürbitte *unmittelbar* mit der Danksagung an Gott.

tensanweisungen, Paränese. Die Inhalte, die hier geltend gemacht werden, sind freilich nicht spezifisch paulinisch, sondern entstammen einer breiten paränetischen Tradition. So erklärt sich die weitgehende Übereinstimmung mit anderen urchristlichen Autoren. Vielfach sind sie nicht einmal christlichen Ursprungs. Bemerkenswert ist insbesondere, daß man nicht auf die ethische Verkündigung Jesu zurückgegriffen hat. Man ist in der Heidenmission einen anderen Weg gegangen. Man hat die ethischen Traditionen übernommen, die im hellenistischen Judentum und der zeitgenössischen Popularphilosophie ausgebildet worden waren. Was man als gut und richtig beurteilte, hat man sich angeeignet und neu zur Geltung gebracht. Als christlich weisen sich die paränetischen Stoffe aufs ganze gesehen nicht von ihrem besonderen Inhalt her aus, sondern dadurch, daß sie in der Gemeinde nachdrücklich zur Pflicht gemacht werden. Dabei spielte das eschatologische Motiv eine wesentliche Rolle. Die Christen lebten in der Ausrichtung auf den »Tag« Christi. Als Ziel stand ihnen vor Augen, dann untadelig dazustehen.

Paulus hat die paränetischen Stoffe in seinen Briefen dargeboten, um in seinen Gemeinden das ethische Bewußtsein wachzuhalten und ein paar Orientierungsmarken für das Verhalten im Alltag zu setzen. Daneben enthalten seine Briefe aktuelle und gezielte ethische Belehrung. Den konkreten Fällen des Versagens ist er nicht mit allgemeinen Anweisungen begegnet, sondern mit eingehender, argumentierender Erörterung. Es kam ihm darauf an, Einsicht und Einverständnis zu erzielen. Charakteristisch ist für Paulus außerdem, daß er die Frage der ethischen Verantwortung theologisch-grundsätzlich angeht. Das Heil, das dem Glaubenden zugesprochen ist, und das Gebot, das ihn fordert, lassen sich nicht voneinander trennen. Im Gegenteil: Die ethische Verpflichtung *ergibt* sich aus der Teilhabe am Heil. Weil der Christ gerechtgesprochen ist, *darum* kann und soll sein Handeln Dienst der Gerechtigkeit sein. Mit dieser Anschauung ist Paulus der erste, der das Verhältnis von Christusglauben und Ethik als Frage begriff und theologisch durchreflektierte. Das geschieht vor allem im 1. Korintherbrief und im Römerbrief (vgl. aber auch unten Anm. 23).

Der folgende Abschnitt ist ein typisches Beispiel paulinischer Paränese. Sie hat die Form einer losen Aufreihung verschiedener Anweisungen. Ihr Zweck ist die allgemeine Orientierung in Fragen des Verhaltens. Aus ihr sind keine Rückschlüsse auf akute Mißstände in Thessalonike zu ziehen. Wo Paulus von solchen erfährt, pflegt er sie beim Namen zu nennen. Zudem betont er ausdrücklich, daß er an dem Verhalten der Thessalonicher nichts auszusetzen hat.

Endlich, Brüder, bitten und mahnen wir euch im Herrn Jesus: Ihr habt von uns überliefert erhalten, wie ihr euer Leben führen und Gott gefallen sollt – ihr wandelt ja auch so –, macht darin immer mehr Fortschritte. Ihr wißt ja, welche Anweisungen wir euch gaben durch den Herrn Jesus. Denn das ist Gottes Wille, eure Heiligung: daß ihr euch der Unzucht enthaltet, daß jeder lerne, sein Gefäß in Heiligung und Ehrbarkeit zu besitzen, nicht in zügelloser Begierde wie die Heiden, die Gott nicht kennen[19], daß ihr keine Übergriffe macht und beim Geschäft den Bruder nicht übervorteilt; denn der Herr wacht als Rächer über all diesen Dingen – wir haben es euch ja auch früher gesagt und beteuert. Denn nicht zur Lasterhaftigkeit hat uns Gott berufen, sondern zur Heiligung. Also: Wer das mißachtet, der mißachtet nicht Menschen, sondern den Gott, der euch seinen heiligen Geist gibt. Über die Bruderliebe aber braucht ihr keine schriftlichen Anweisungen; ihr seid ja selbst von Gott gelehrt, einander zu lieben; und ihr beweist es auch an all den Brüdern in ganz Makedonien. Wir mahnen euch aber, ihr Brüder, macht darin immer mehr Fortschritte und setzt eure Ehre darein, Ruhe zu halten, eure Pflichten zu erfüllen und mit euren Händen zu arbeiten – wie wir es euch geboten haben, damit ihr den Außenstehenden gegenüber ein ehrbares Leben führt und auf niemand angewiesen seid[20]. (4, 1–12)

Die Zukunft des Glaubens

Unvermittelt kommt Paulus auf das Problem zu sprechen, um dessentwillen die Thessalonicher sich an ihn gewandt haben und auf dessen Klärung es ihm vor allem ankam.

In der Gemeinde waren einige Todesfälle vorgekommen. Davon war man tief betroffen. Man hatte nicht damit gerechnet, vor der Parusie Jesu zu sterben. Sie stand doch unmittelbar bevor! So hatte es Paulus verkündigt. Grund der Bestürzung war nicht eigentlich der Tod einiger Gemeindeglieder, sondern die Befürchtung, die Verstorbenen könnten durch den Tod vom Heil ausgeschlossen sein.

Paulus fällt nicht mit einer fertigen Lehre von der Totenauferstehung ins Haus. Zunächst spricht er die Thessalonicher auf ihren Glauben an. Sein zentraler Inhalt war in der paulinischen Verkündigung Tod und Auferstehung Jesu. Dieser Glaube stand bei den Lesern nicht in Frage; aber seine Konsequenz und Tragweite im Blick auf die Zukunft waren ihnen noch nicht durchsichtig geworden. So macht Paulus deutlich: Im Glauben ist die Gewißheit des zukünftigen Heils eingeschlossen. Keine Macht kann es verstellen, auch der Tod nicht. Erst nachdem dies geklärt ist, geht er seinen Lesern mit greifbaren Vorstellungen zur Hand, woraus hervorgeht, daß darauf kein entscheidendes Gewicht liegt: Die Toten werden bei der Parusie Jesu auferstehen und dann zusammen mit den noch Lebenden entrückt werden; die Verstorbenen werden also im Blick auf das endzeitliche Heil nicht im Nachteil sein.

Wir wollen euch aber, Brüder, nicht in Unkenntnis lassen über die Entschlafenen, daß ihr nicht betrübt seid wie die anderen, die keine Hoffnung haben[21]. Denn wenn, wie wir glauben, Jesus gestorben und auferstanden ist, so wird

---

19 »Gefäß« bezeichnet nach verbreiteter Auslegung die Frau. Wenn das zutrifft, dann mahnt Paulus den Mann, seine Frau zu achten und seinen Umgang mit ihr in seine christliche Verantwortung einzubeziehen. Bei der Stellung der Frau in der damaligen Zeit war das nicht selbstverständlich.

20 Paulus bricht die Reihe der Ermahnungen ohne erkennbaren Grund hier ab, um sie am Schluß des Briefes wieder aufzunehmen.

21 Paulus behauptet dies, obgleich der Unsterblichkeitsglaube in der Umwelt weit verbreitet war und verschiedene Kulte die Überwindung des Todes versprachen.

Gott auch die Entschlafenen durch Jesus mit ihm zusammenführen. Und mit einem Wort des Herrn[22] belegen wir euch dies, daß wir, die wir bis zur Ankunft des Herrn am Leben bleiben, vor den Entschlafenen nicht im Vorteil sind: »Beim Befehlswort, wenn die Stimme des Erzengels und die Posaune Gottes erschallt, wird der Herr selbst vom Himmel herabkommen, dann werden zuerst die Toten in Christus auferstehen, sodann wir, die wir leben bleiben, zusammen mit ihnen auf Wolken in die Luft entrückt werden zur Einholung des Herrn«, und so werden wir für immer bei dem Herrn sein.

(4, 13–17)

Das Wann der Parusie Jesu

Die Thessalonicher sind in ihrer akuten Naherwartung unsicher geworden. Vielleicht hing das mit den Todesfällen in ihrer Mitte zusammen. Jetzt wird ihnen die Frage nach dem Termin der Parusie wichtig. Vermutlich haben sie Paulus auch hierfür um eine klärende Auskunft gebeten. Seine Antwort: Mit der Parusie ist es wie mit einem Dieb in der Nacht; sie bricht plötzlich und überraschend herein. Mehr braucht man nicht zu wissen. Man kann die Zeit der Parusie nicht in den Griff bekommen; es gilt, sich auf sie einzustellen. Die Antwort auf die Terminfrage wird zum ethischen Appell.

Über Zeit und Stunde aber, Brüder, brauche ich euch nicht zu schreiben; denn ihr wißt selbst genau, daß der Tag des Herrn wie ein Dieb in der Nacht kommt. Wenn die Leute rufen: »Friede und Sicherheit«, dann kommt plötzlich Verderben über sie wie die Wehe über die Schwangere, und sie können nicht entfliehen. Ihr aber, Brüder, seid nicht in der Finsternis, daß der Tag wie ein Dieb über euch kommen muß; denn ihr seid alle Söhne des Lichts und Söhne des Tages. Nicht der Nacht oder der Finsternis gehören wir; also laßt uns nicht schlafen wie die anderen, sondern wach und nüchtern sein. Denn zur Nachtzeit schläft man, und zur Nachtzeit trinkt man; wir aber, die wir dem Tag gehören, wollen nüchtern sein[23], angetan mit dem Panzer des Glaubens und der Liebe und mit dem Helm der Heilshoffnung; denn Gott hat uns nicht zum Zorn bestimmt, sondern dazu, das Heil zu erlangen durch unseren Herrn Jesus Christus, der für uns gestorben ist, damit wir, sei es wachend, sei es schlafend, mit ihm leben sollten. (5, 1–10)

---

22 Bei dem Zitat (durch Anführungsstriche kenntlich gemacht) handelt es sich um ein im Namen des »Herrn« gesprochenes urchristliches Prophetenwort, nicht um einen Ausspruch Jesu.

23 Paulus ordnet die Briefempfänger uneingeschränkt dem »Tag« zu und spricht sie als »Söhne des Lichts und des Tages« an – freilich um sogleich die ethischen Konsequenzen in den Blick zu bringen.

Schlußmahnungen

Die Schlußmahnungen beziehen sich in der Hauptsache auf das Verhalten in der Gemeinde. Ein besonderes Wort widmet er den mit einer Aufgabe betrauten Gemeindegliedern. Bemerkenswert ist dabei, daß er keine offiziellen Amtsträger mit abgegrenzten Kompetenzen nennt. Daraus geht hervor, daß das organisatorische Gefüge der Gemeinde noch locker war. Das Augenmerk ist ferner auf die Mahnung »Prüfet alles, das Gute behaltet« zu lenken, die in einer Reihe konkreter Anweisungen durch ihre Allgemeinheit auffällt. Bei Paulus finden sich auch sonst derart allgemein gehaltene ethische Appelle. Das ist von grundsätzlicher Bedeutung. Damit weist er hinein in den Bereich freier Verantwortung und fordert dazu auf, sich seiner Urteilskraft schöpferisch zu bedienen.

Wir bitten euch aber, Brüder, die Leute zu achten, die sich unter euch abmühen, sich um euch im Herrn kümmern und euch mit Zuspruch helfen; schätzt sie in Liebe besonders hoch um ihres Tuns willen. Haltet unter euch Frieden. Wir ermahnen euch weiter, Brüder, weist die Unordentlichen zurecht, muntert die Kleinmütigen auf, nehmt euch der Schwachen an, habt mit allen Geduld! Seht zu, daß keiner dem anderen Böses mit Bösem vergilt; sondern bemüht euch jederzeit, das Gute zu tun, aneinander und an allen. Seid allezeit fröhlich, betet ohne Unterlaß, dankt für alles. Denn das ist es, was Gottes Wille in Christus Jesus von euch fordert. Den Geist löscht nicht aus; Prophetenwort verachtet nicht. Prüft alles, behaltet das Gute. Enthaltet euch des Bösen in jeder Form.

Er aber, der Gott des Friedens, heilige euch durch und durch; und vollkommen möge euer Geist, Seele und Leib bewahrt bleiben, daß sie untadelig seien bei der Ankunft unseres Herrn Jesu Christi. Getreu ist, der euch beruft; er wird es auch vollenden. (5, 12–24)

Briefschluß

Ihr Brüder betet für uns! Grüßt alle Brüder mit dem heiligen Kuß. Ich beschwöre euch beim Herrn, daß dieser Brief allen Brüdern vorgelesen wird. Die Gnade unseres Herrn Jesu Christi sei mit euch. (5, 25–28)

4. Die Briefe an die Gemeinde in Korinth

Gegen Ende 49 n. Chr. kam Paulus nach Korinth[24], der Hauptstadt der römischen Provinz Achaia (Mittel- und Südgriechenland). Das alte Korinth war durch die Römer um 146 v. Chr. völlig zerstört worden. Auf seinem Boden gründete Caesar (44 v. Chr.) eine römische Kolonie. Begünstigt durch ihre Lage zwischen Ägäis und Adria und auf der Landbrücke, die das grie-

24 Zur Reise Philippi–Thessalonike–Beröä–Athen–Korinth siehe oben.

chische Festland mit der Peloponnes verbindet, entwickelte sie sich rasch zu einer Stadt mit außerordentlicher wirtschaftlicher Bedeutung. Behauptete Athen weiterhin seinen Ruf als Bildungsstätte und Hüterin alter griechischer Kultur, so war in Korinth eine moderne Stadt mit aufgeschlossener und betriebsamer Bevölkerung entstanden, eine neue Metropole mit großer Anziehungskraft. Die junge Stadt hatte freilich auch ihre Probleme: Ihre Sittenlosigkeit war sprichwörtlich; der Unterschied von arm und reich erzeugte soziale Spannungen.

Wie in allen wichtigen Städten des Römischen Reiches gab es auch in Korinth eine ansehnliche jüdische Gemeinde. Hier setzte Paulus mit seiner Tätigkeit an; mit Erfolg, wie es scheint. Zu den Erstbekehrten gehörte ein Synagogenvorsteher. In der Synagoge lernte Paulus auch das Ehepaar Aquila und Prisca kennen, das ihn in sein Haus aufnahm und ihm Arbeit gab. Die Synagoge ließ ihn nicht lange gewähren. So waren die Christen gezwungen, eine eigene Gemeinde zu bilden. Ein »Gottesfürchtiger« namens Titius Justus stellte sein Haus als Versammlungsraum zur Verfügung. Möglicherweise war die Trennung von Vorteil: Nun konnte die Mission unter der heidnischen Bevölkerung ungehindert vorangetrieben werden. Jedenfalls gab es in Korinth sehr bald eine große Gemeinde mit heidenchristlicher Mehrheit.

Noch bis zum Sommer 51 n. Chr. hat Paulus in Korinth gewirkt. Wieder ist der Abbruch seines Aufenthalts durch die Umstände erzwungen worden. Die korinthischen Juden denunzierten ihn bei dem römischen Prokonsul Gallio als politischen Unruhestifter. Dieser überzeugte sich von der Haltlosigkeit ihrer Beschuldigungen und weigerte sich, gegen ihn vorzugehen. Wenig später mußte Paulus dennoch Korinth verlassen und reiste zusammen mit Aquila und Prisca nach Ephesus [25]. Die Verbindung mit der Gemeinde blieb über Jahre bestehen. Er stattete ihr noch zweimal einen Besuch ab. Boten gingen hin und her. Die Intensität der Beziehungen bezeugen vor allem die Briefe, die er von Ephesus aus an sie schrieb.

Paulus ließ bei seiner Abreise eine gefestigte Gemeinde zurück. Anders als im Falle von Thessalonike mußte er um ihren Bestand nicht fürchten. Die Nachrichten, die er erhielt, konnten ihn in seiner Zuversicht nur bestärken. Die Gemeinde wuchs weiter und entfaltete sich mit erstaunlicher Energie. Ihr Leben war von einer mitreißenden religiösen Begeisterung getragen. Der Apostel bestätigt ihr: »In allem wurdet ihr reich . . ., an allem Wort und aller Erkenntnis« (1 Kor 1, 5).

Trotz dieses Reichtums konnte Paulus ihren Weg nicht vorbehaltlos bejahen. Er sah sie sogar in einer schweren inneren Krise. Diese äußerte sich in eigentümlichen Gruppenbildungen innerhalb der Gemeinde, in Rechtsstreitigkeiten, Verirrungen im sexuellen Verhalten, Mißständen beim Abendmahl, hatte aber tiefere Ursachen. Sie war der Anlaß des *ersten* Korintherbriefes.

---

25 Bevor Paulus hier mit seiner Arbeit begann, hat er eine Besuchsreise durch seine früheren Missionsgebiete in Kleinasien und nach Antiochia unternommen.

Paulus geht in ihm auf die einzelnen Probleme ein und macht sie theologisch durchsichtig. Er will die Gemeinde zu neuer und besserer Einsicht führen und damit zur Bewältigung der kritischen Situation beitragen. An diesem Brief zeigt sich beispielhaft, wie er seine Verantwortung für die Gemeinde versteht und mit welchen Mitteln er sie wahrnimmt.

Dieses Hineingehen ins Grundsätzlich-Theologische war um so notwendiger, als die Entwicklung in Korinth in einer ausgeprägten religiösen Grundeinstellung und Theologie begründet war. Ihre wesentlichen Elemente sind Motive und Gedanken, wie sie in der *Gnosis* entwickelt worden sind.

Bei der Gnosis handelt es sich um eine breite religiöse Bewegung der hellenistischen Spätantike. Ihre Erscheinungsformen sind verwirrend und oft durch merkwürdig verstiegene mythologische Spekulationen charakterisiert. Durch sie hindurch wird jedoch eine einfache und eindrucksvolle Konzeption sichtbar.

Die Grundlage gnostischer Religiosität ist ein weltanschaulicher Dualismus, in dem sich das Reich göttlichen Lichts und die Finsternis feindlich gegenüberstehen. Durch eine Art »Sündenfall« wurden Teile des Lichts abgespalten und gerieten so in den Machtbereich der Finsternis. Dort werden sie gefangengehalten. Dadurch entstand die sichtbare Welt, die Welt der Erscheinungen. Entsprechend ist der Mensch verstanden: Das Eigentliche an ihm, seine Seele (auch Geist oder Selbst) ist ein abgesprengter göttlicher Lichtfunke. In den materiellen Körper, ins »Fleisch« gebannt, befindet sie sich in der Fremde, umgeben von feindlichen Mächten. Sie leidet unter der Welt, beklagt ihr Schicksal und möchte ihm entfliehen. Das steht jedoch nicht in ihrer Macht. Sie muß von außen erlöst, das heißt aus ihrer unheilvollen Gefangenschaft befreit werden. Dies geschieht durch die »Erkenntnis«, die ein aus der Lichtwelt herabgesandter Erlöser vermittelt; daher der Name: Gnosis (= Erkenntnis). Dabei handelt es sich nicht um verstandesmäßig-wissenschaftliche oder philosophische Erkenntnis, sondern um eine religiöse, Gott, Welt und Mensch umfassende Heilslehre. Ihr Ziel ist, dem Menschen seine Lage bewußt zu machen. Der hauptsächliche Inhalt der gnostischen Lehre ist deshalb Aufklärung über den göttlichen Ursprung und die Lichtnatur der Seele oder des »inneren« Menschen. Sie zeigt:

»wer wir waren, was wir wurden,
wo wir waren, wohinein wir geworfen wurden,
wohin wir eilen, woraus wir erlöst werden,
was Geburt ist, was Wiedergeburt«.

(Gnostiker des 2. Jahrhunderts n. Chr.)

Die Erkenntnis bewirkt Freiheit von den Mächten der Finsternis, die die Welt beherrschen. Sie ermöglicht der Seele nach dem Tode Aufstieg und Rückkehr in ihre himmlische Heimat[26].

Sicherlich wurde in der korinthischen Gemeinde keine voll entwickelte gnostische Theologie vertreten. Es werden hier aber charakteristische Züge gnostischen Denkens und Selbstverständnisses greifbar. So hat man sich in Korinth mit Leidenschaft auf »Erkenntnis«, »Weisheit« und »Freiheit« be-

---

26 Die Gnosis ist kein Zerfallsprodukt des Christentums, wie man früher vielfach annahm. Es gab in der Zeit der alten Kirche eine christliche Gnosis, die von den Kirchenvätern als Häresie bekämpft wurde. Aber das sind späte Ausprägungen der gnostischen Bewegung. Ihr Ursprung ist vorchristlich. Wahrscheinlich ist sie auf dem Boden jüdisch-hellenistischer Weisheitslehre entstanden.

rufen. Diese Parolen hatten programmatischen Charakter. Gnostischer Einfluß kommt auch in der religiösen Schwärmerei zutage, die das Gemeindeleben prägte. Man wähnte sich über das irdische Geschehen hinausgehoben und bereits in die endzeitliche Vollendung versetzt. Das Endheil war volle Gegenwart. Dieses Vollendungsbewußtsein fand man bestätigt durch reiche ekstatische Erfahrungen. Sie wurden als Manifestationen des Geistes Gottes betrachtet. Der Enthusiasmus mit seiner Überbewertung der ekstatischen Phänomene kennzeichnete wesentlich die theologische Situation in Korinth [27].

Paulus ist es offenbar gelungen, die Korinther zu ernüchtern und der Krise Herr zu werden. Das Einverständnis war aber nicht von langer Dauer. Schon bald kam es zu neuen Auseinandersetzungen. Sie nahmen zeitweise dramatische Formen an. Die Streitpunkte waren aber andere als vorher. Jetzt standen das Verhältnis des Apostels zu seiner Gemeinde, sein Auftrag und seine Amtsführung, letztlich also seine Legitimität als Apostel in Frage. Ausgelöst wurde diese neuerliche Krise nicht durch Entwicklungen innerhalb der Gemeinde, sondern durch christliche Wanderprediger oder Missionare, die von außen einbrachen und sie gegen Paulus einzunehmen versuchten. Sie hatten Erfolg damit. Für Paulus schien eine Zeitlang alles verloren. Der Verlauf dieser Krise dokumentiert sich im *zweiten* Korintherbrief.

Mit dem 2. Korintherbrief hat es eine besondere Bewandtnis. Brüche im Gedankengang und harte Übergänge machen es unmöglich, ihn als literarische Einheit zu begreifen. Sie sind immer schon bemerkt worden; aber erst in neuester Zeit ist eine einleuchtende Erklärung gelungen. Danach handelt es sich um eine *Sammlung* verschiedener Brief*fragmente*, die erst nachträglich von einem Redaktor zu dem heute vorliegenden Text vereinigt worden sind. Nimmt man sie je für sich, dann kann man aus ihnen den Verlauf des Streites zwischen Paulus und Korinth erschließen.

Es sind im ganzen fünf. Das erste (2 Kor 2, 14–7, 4) gehört zu einem Brief, den Paulus schrieb, als er erste Kunde von den Vorgängen erhalten hatte und noch hoffte, die Differenzen bereinigen zu können. Darin verteidigte er sich gegen die Vorwürfe, die man ihm machte. Er ist eine theologische *Apologie* seines Apostolats. Paulus kam nicht zum Ziel. Daraufhin reiste er (54 n. Chr.) von Ephesus aus nach Korinth, um in persönlichem Gespräch den vollständigen Bruch abzuwenden. Die Korinther wiesen ihn jedoch brüsk ab. Die Stimmung war so feindselig, daß ihm ein Gemeindeglied ungestraft ein »Unrecht« zufügen konnte [28]. Er mußte unverrichteterdinge wieder abziehen.

---

27 Paulus sah nicht schon darin »Irrlehre«, daß man sich auf gnostische Gedanken und Begriffe einließ. Das hat er selbst auch getan. Als problematisch beurteilte er vielmehr, daß man sich von diesen das Glaubensverständnis vorgeben ließ und sie nicht von der Mitte des Evangeliums, dem Kreuz Jesu her (siehe unten) kritisch reflektierte.

28 Paulus spricht nur andeutend von diesem Eklat. Die Leser wußten ja Bescheid. Es handelte sich wohl um einen maßlos heftigen Angriff auf Autorität und Dienst des Apostels, nicht nur um eine persönliche Beleidigung.

Dennoch gab er die Gemeinde nicht auf. In einem verzweifelt kämpfenden, teilweise ironisierenden und polemischen Schreiben, *»Schmerzensbrief«* genannt, versuchte er ein Letztes, um eine Sinnesänderung der Korinther zu bewirken. Der größte Teil davon ist in 2 Kor 10–13 erhalten. Gleichzeitig mit dem »Schmerzensbrief« schickte er seinen Mitarbeiter Titus nach Korinth. Ihm gelang es in kurzer Zeit tatsächlich, die Gemeinde zur Vernunft zu bringen. Erleichtert schreibt Paulus dann den *»Versöhnungsbrief«* (2 Kor 1, 1–2, 13; 7, 5–16).

Die beiden letzten Brieffragmente (2 Kor 8 und 9) berühren die Auseinandersetzung zwischen Paulus und den Korinthern nicht mehr unmittelbar. Ihr Anliegen ist anderer Art: die Kollekte für die Jerusalemer Urgemeinde, die auf dem Apostelkonvent vereinbart worden war (vgl. S. 107). Immerhin geht aus ihnen hervor, daß alles wieder in guter Ordnung war.

Die Korintherbriefe machen ein Stück der Geschichte des Urchristentums sichtbar. Man kann hier verfolgen, welche theologischen Richtungskämpfe in den Gemeinden damals ausgetragen wurden. Sie enthüllen aber auch ein Stück der Lebensgeschichte des Apostels. In ihnen spiegeln sich vielfältig die Ereignisse, die ihn während seines Wirkens in Ephesus trafen. Insbesondere gilt das von den Fragmenten des 2. Korintherbriefes. Nicht ohne Grund kam er gerade hier mehrmals auf die Leiden zu sprechen, die er als Apostel zu erdulden hatte, wenn auch sicherlich nicht alles, was er hier aufzählt, in die ephesinische Zeit fiel. Was ihm damals widerfuhr, ließ ihn ahnen, welchen Weg er ging: In Ephesus wurde er von der römischen Behörde inhaftiert und vor Gericht gestellt[29]. Er mußte sogar mit einem Todesurteil rechnen. Im Rückblick auf die Zeit banger Ungewißheit schrieb er:

»Denn wir wollen euch nicht in Unkenntnis lassen, ihr Brüder, über unsere Bedrängnis, die uns in der Asia betroffen hat, daß uns da eine überschwere Last über unsere Kraft hinaus auferlegt wurde, so daß wir sogar am Leben zweifelten. Ja, wir hatten bei uns selbst schon das Todesurteil gesprochen, so daß wir nicht mehr auf uns selbst vertrauten, sondern auf Gott, der die Toten auferweckt« (2 Kor. 1, 8–9).

(a) Der 1. Korintherbrief

Evangelium – Apostel – Gemeinde

Die Gemeinde in Korinth war, wie Paulus durch eine Gesandtschaft erfahren hatte, in rivalisierende Parteien zerstritten. Jede von ihnen berief sich auf

29 Zeugnisse unmittelbar aus der Gefangenschaft sind der Philipper- und Philemonbrief (S. 275 ff. und S. 283 ff.).

Apostel, auf Petrus, Apollos[30], Paulus und sogar auf Christus. Dieser Namen bediente man sich als Parteiparolen. Mit der Erörterung dieses Sachverhalts eröffnet Paulus – nach Zuschrift, Danksagung und Fürbitte – seinen Brief.

Er kann sich nicht damit begnügen, den Korinthern Eintracht anzumahnen. Die Parteiungen und Streitigkeiten waren, wie er durchschaute, die Folge eines falschen Glaubensverständnisses. Man hat aus dem Evangelium eine mystische Weisheitslehre gemacht, die von der verborgenen Welt Gottes Kenntnis gab. Auf dieser Grundlage erwuchs ein erhabenes Selbstgefühl; über das Irdische war man hinaus. Die Apostel galten als die weisheitserfüllten Führer auf dem Himmelsweg. Ihre Person erlangte so geradezu Heilsbedeutung. Es war da auch wichtig, an wen man sich hielt; denn nicht alle Apostel hatten gleich tiefe Einsicht in die Weisheit. So konnte man sich über ihre Qualität streiten und ihre Namen zu Parteiparolen machen.

Diese Zusammenhänge nötigten Paulus, auf die Grundlagen des christlichen Glaubens zurückzugehen und die durch die korinthische Situation gestellten Fragen in einem weitgespannten Gedankengang aufzugreifen. Dem Weisheitswort setzt er sein Evangelium entgegen, das das *Ende* aller menschlichen Weisheit bedeutet. Von daher wird dann die Rolle der Apostel und ihr Verhältnis zur Gemeinde bestimmt: Sie sind Diener, mit der Verkündigung der Heilsbotschaft beauftragt, nicht weniger, aber auch nicht mehr. Das Evangelium bringt Paulus schließlich als kritische Instanz gegen das hochfliegende Selbstverständnis der Korinther zur Geltung. Für ihn ist das Merkmal christlicher Existenz, wie am Schicksal der Apostel beispielhaft deutlich wird, Kampf und Leiden, ein Preisgegebensein an die Welt.

Die sachliche Mitte der schwer durchschaubaren Erörterungen in den ersten Kapiteln ist die Bestimmung des Evangeliums als »Wort vom Kreuz«. Gemeint ist mit diesem Wort nicht die anschauliche Schilderung des Leidens und Sterbens Jesu, wie man oft mißversteht, sondern die Verkündigung, die seine *Bedeutung* ansagt. In seinen Briefen findet sich eine Fülle von Beispielen, in denen er diese Verkündigung ausführt: Durch Jesu Kreuz hat Gott den Menschen gerechtgesprochen, die feindliche Welt mit sich versöhnt, von der Macht der Sünde und des Todes befreit, in ein neues Leben hineingestellt. Überall ist das Kreuz ein Geschehen, das die Menschen in ihrer Existenz betrifft, ihre Einstellung zu sich selbst verändert und die Frage nach dem Sinn des Lebens und aller Geschichte neu beantwortet.

Die einseitige Ausrichtung auf das Kreuz scheint dem auch für Paulus grundlegenden Bekenntnis zu widersprechen, daß Jesus gestorben und *auferstanden* sei. In der Tat ist in dem »Wort vom Kreuz« von der Auferstehung Jesu nicht ausdrücklich die Rede. Sie ist dennoch auch hier im Blick. Nach paulinischem Verständnis ist mit der Auferstehung das Kreuz nicht aufgehoben oder rückgängig gemacht (so sieht das

---

30 Apollos war ein Jude aus Alexandria (Ägypten), der eine Zeitlang mit Erfolg in Korinth gewirkt hat. Für die korinthischen Streitigkeiten ist er nicht verantwortlich. Paulus macht niemandem einen Vorwurf – außer den Korinthern selbst.

Lukas, vgl. S. 209). Sie ist vielmehr das Ereignis, das das Kreuz in Kraft setzt und das »Wort vom Kreuz« als Heilsbotschaft begründet.

Die Parteirivalitäten. Mit einigen rhetorischen Fragen zeigt Paulus, daß es absurd ist, die Apostel oder gar Christus zu Parteihäuptern machen zu wollen: Das Heil hängt nicht an Namen und Person des Apostels, und Christus gehört zur ganzen Gemeinde.

Merkwürdigerweise legt Paulus in diesem Zusammenhang Wert auf die Feststellung, in Korinth von wenigen Ausnahmen abgesehen nicht getauft zu haben. Er vermutet offenbar, daß ein »Täufer« Paulus noch mehr Anlaß gegeben hätte, ihn zum Parteihaupt zu machen. Wie kommt er dazu? Eine große Rolle spielten in der hellenistischen Umwelt die sog. *Mysterienreligionen.* In deren Mittelpunkt stand die zu einem kultischen Drama ausgestaltete Weihe, in der der »Myste« (der Einzuweihende) aus dem Machtbereich des Todes und des knechtenden Schicksals heraus- und in die Welt des Lichts hineingeführt wird. Bei diesem Weiheakt, durch den eine Übereignung des Mysten an die Gottheit und eine Übertragung göttlicher Kräfte stattfand, kam dem Priester oder Mystagogen die Bedeutung eines Vermittlers und Führers zu. Paulus wehrt sich dagegen, zum christlichen Mystagogen gemacht zu werden.

Ich ermahne euch aber, Brüder, beim Namen unseres Herrn Jesus Christus, daß ihr alle einmütig seid und unter euch keine Spaltungen seien, sondern daß ihr vollendet seid in derselben *einen* Gesinnung und derselben Überzeugung. Es wurde mir nämlich, meine Brüder, von den Leuten der Chloe über euch eröffnet, daß es unter euch Streitigkeiten gibt. Ich meine dies, daß jeder von euch sagt: ich gehöre zu Paulus, ich zu Apollos, ich zu Kephas, ich zu Christus. Ist Christus zerteilt? Wurde etwa Paulus für euch gekreuzigt? Oder wurdet ihr auf den Namen des Paulus getauft? Ich bin dankbar, keinen von euch getauft zu haben außer Krispus und Gaius, damit nicht jemand sagen kann, ihr seid auf meinen Namen getauft worden. Doch, ich habe auch das Haus des Stephanas getauft. Sonst wüßte ich nicht, daß ich noch einen anderen getauft hätte. Denn Christus hat mich nicht gesandt zu taufen, sondern zu predigen – nicht in Weisheitsrede, damit nicht das Kreuz Christi entleert werde. (1, 10–17)

Das Wort vom Kreuz. In Korinth war man dazu übergegangen, »Weisheit« als das wahre Evangelium zu verkündigen. Religionsgeschichtlich gesehen, steht diese Verkündigung, die eine tiefere Gotteserkenntnis versprach (als das Evangelium vom Gekreuzigten), im Zusammenhang mit einer Weisheitstheologie, wie sie im hellenistischen Judentum entwickelt worden ist. Dabei ging es um eine mystische Schau der verborgenen Geheimnisse Gottes. Durch sie fühlte man sich über diese Welt hinausgehoben und in die Welt Gottes versetzt. Man war stolz darauf, in dem religiösen Erleben die Höhe wirklicher Eingeweihter erreicht zu haben.

Aber: Nicht durch Weisheit, wie immer sie aussehen mag, führt Gott zur Rettung des Menschen, sondern durch die Torheit der Kreuzespredigt. Der Gekreuzigte allein ist der Inhalt des Evangeliums; es gibt nichts, was darüber hinaus noch zu verkündigen wäre. Das »Wort vom Kreuz« ist Unsinn, wie man von der stolzen Weisheit her urteilen mag, aber ein Unsinn, der alle menschliche Weisheit zur Torheit und die Weisen zu Narren macht, weil von ihm gilt, daß es »Kraft Gottes zur Rettung« ist.

Wie Gott über die menschliche Weisheit urteilt, sollten die Korinther auch an sich selbst, das heißt: an ihrer eigenen Berufung ablesen können. Was waren sie doch, auf die die Wahl Gottes fiel: Menschen ohne Bedeutung, Macht und Ansehen!

Das Wort vom Kreuz ist den Verlorenen Torheit, uns, den Geretteten, aber Kraft Gottes[31]. Denn es steht geschrieben: ›Verderben will ich die Weisheit der Weisen, und den Verstand der Verständigen will ich vernichten. Wo ist ein Weiser? Wo ein Schriftgelehrter? Wo ein Wortfechter dieser Welt? Hat nicht Gott die Weisheit der Welt zur Torheit gemacht?‹ Denn da in der Weisheit Gottes die Welt Gott nicht durch die Weisheit erkannte, beschloß Gott, durch die Torheit der Verkündigung die zu retten, die glauben. Weil die Juden Zeichen fordern und die Griechen Weisheit begehren, predigen wir dagegen Christus als den Gekreuzigten, den Juden ein Ärgernis, den Heiden eine Torheit, den Berufenen aber, Juden wie Griechen, Christus als Gottes Kraft und Weisheit. Denn die Torheit Gottes ist weiser als die Menschen, und die Schwäche Gottes ist stärker als die Menschen.

Seht doch eure Berufung an, Brüder! Da sind nicht viele nach irdischen Maßstäben Weise, nicht viele Mächtige, nicht viele Hochgeborene. Sondern das Törichte der Welt erwählte Gott, um die Weisen zu beschämen; und das Niedriggeborene der Welt und das Verachtete erwählte Gott, das, was nichts ist, um das, was etwas ist, zunichte zu machen, damit sich kein Mensch vor Gott rühmen kann. Von ihm her seid ihr in Christus Jesus, der uns von Gott zur Weisheit gemacht wurde, zur Gerechtigkeit, Heiligung und Erlösung[32], damit, wie geschrieben steht, ›wer sich rühmt, sich des Herrn rühme‹.

Und als ich zu euch kam, Brüder, da kam ich nicht mit überwältigender Beredsamkeit oder Weisheit, um euch das Zeugnis Gottes zu verkündigen. Denn ich beschloß, bei euch nichts zu wissen als Jesus Christus, und zwar den gekreuzigten. Und ich kam in Schwachheit, mit Furcht und viel Zittern zu euch, und mein Wort und meine Verkündigung bestand nicht in überredenden Weisheitsworten, sondern im Beweis des Geistes und der Kraft, damit euer Glaube nicht auf der Weisheit von Menschen, sondern auf der Kraft Gottes beruhe. (1, 18–2, 5)

---

31 Die Formulierung dieses Satzes erweckt den Eindruck, als handle es sich bei den Verlorenen und Geretteten um von Ewigkeit her festgelegte Gruppen (im Sinne einer Prädestinationslehre). Das ist jedoch nicht die Auffassung des Paulus. Für ihn geschieht die Scheidung in Verlorene und Gerettete durch das »Wort vom Kreuz«, indem es zu seiner Annahme oder Ablehnung herausfordert.

32 Paulus stellt also mit der »Weisheit« nicht den Vernunftgebrauch und das Denken überhaupt in Frage. Gerade für ihn gehört zum Glauben ein Verstehen, Einsicht und Urteil.

Apostel und Gemeinde. Die Apostel sind keine Offenbarer göttlicher Geheimnisse, sondern Diener, durch deren Dienst der Glaube ermöglicht wird, Arbeiter auf Gottes Acker. Um einer falschen Einschätzung entgegenzutreten, betont Paulus, daß der apostolische Dienst dem Urteil Gottes im Endgericht unterworfen ist. Es ist nicht ausgemacht, daß jedes Werk vor Gott besteht.

Denn wenn einer sagt: Ich gehöre zu Paulus, und ein anderer: Ich zu Apollos – seid ihr dann nicht (allzusehr) Menschen? Was ist denn Apollos? Was ist Paulus? Diener, durch welche ihr zum Glauben gekommen seid, und zwar jeder, wie der Herr es ihm gab. Ich habe gepflanzt, Apollos hat begossen, aber Gott hat es wachsen lassen. Darum ist also weder der etwas, der pflanzt, noch der, der begießt, sondern der, der wachsen läßt, Gott. Der aber pflanzt und der begießt, sind eines. Jeder wird aber seinen eigenen Lohn empfangen nach seiner Arbeit. Denn miteinander sind wir Arbeiter Gottes. Gottes Akkerfeld, Gottes Bau seid ihr.

Nach der Gnade Gottes, die mir geschenkt wurde, habe ich als sachverständiger Architekt ein Fundament gelegt; ein anderer aber baut darauf. Jeder soll aber zusehen, wie er darauf baut. Denn ein anderes Fundament kann niemand legen als das, das gelegt ist – nämlich Jesus Christus. Wenn aber jemand auf dem Grund Gold, Silber, kostbare Steine, Holz, Heu, Stroh aufbaut – eines jeden Werk wird offenbar werden. Denn der Gerichtstag wird es enthüllen, weil er sich mit Feuer offenbart. Und das Feuer wird erproben, wie eines jeden Werk beschaffen ist. Wird jemandes Werk, das er aufgebaut hat, bleiben, so wird er Lohn empfangen. Wird jemandes Werk verbrennen, so wird er bestraft werden, er selbst aber wird gerettet werden, freilich so, wie durchs Feuer hindurch[33]. (3, 4–15)

Die Freiheit der Gemeinde. Paulus läßt seine Erörterungen in die Mahnung einmünden, den Bann der Selbsttäuschung zu durchbrechen. In diesem Zusammenhang stellt er den Korinthern die souveräne Freiheit vor Augen, die ihnen damit erschlossen ist, daß sie Christus gehören.

Im Gegensatz zu zeitgenössischen Philosophen versteht Paulus die Freiheit nicht als eine Möglichkeit, die im Menschen selbst liegt, von ihm nur entdeckt und wahrgenommen zu werden braucht. Für ihn ist sie ein Geschenk, das im Glauben zugeeignet wird.

---

33 Das Nein Gottes zu dem Werk des Christen oder eines Apostels bedeutet nicht auch dessen Ausschluß vom Heil. Paulus will hier sagen: Er wird mit knapper Not gerettet.

Keiner betrüge sich selbst: Wenn jemand unter euch meint, weise zu sein in dieser Welt, so soll er töricht werden, um weise zu werden. Denn die Weisheit dieser Welt ist Torheit bei Gott ... So soll sich keiner eines Menschen rühmen. Denn alles ist euer, ob Paulus, Kephas, Welt, Leben, Tod, Gegenwärtiges, Künftiges: Alles ist euer, ihr aber seid Christi, Christus aber ist Gottes. (3, 18–23)

Die christliche Existenz. Die Korinther litten nicht an mangelndem Selbstbewußtsein. Als die in die Tiefen göttlicher Weisheit Eingeweihten und von Gottes Geist Erfüllten erweckten sie im Gegenteil den Eindruck, bereits in der himmlischen Herrlichkeit zu leben und am Ziel angelangt zu sein. Mit bitter ironischen Worten werden sie auf den Boden *der* Wirklichkeit zurückgeholt, in die sie durch das »Wort vom Kreuz« ein für allemal gestellt worden sind.

Dies aber, Brüder, habe ich auf mich und Apollos bezogen um euretwillen, damit ihr an uns lernt: ›Nicht über das, was geschrieben ist‹, damit sich keiner von euch für den einen gegen den anderen aufbläht. Wer gibt dir denn einen Vorzug? Was hast du, das du nicht empfangen hättest? Wenn du es aber empfangen hast, was rühmst du dich, als hättest du es nicht empfangen? Ihr seid schon gesättigt, schon reich geworden! Ohne uns seid ihr zur Herrschaft gelangt! Wärt ihr doch wirklich schon zur Herrschaft gelangt, damit auch wir mit euch zusammen zur Herrschaft kämen! Denn mir scheint, Gott hat uns Apostel zu den Letzten gemacht, wie zum Tode Verurteilte. Denn wir sind für die Welt, die Engel und die Menschen zum Schauspiel geworden. Wir sind töricht um Christi willen, ihr aber klug in Christus; wir sind schwach, ihr aber stark; ihr seid geehrt, wir aber verachtet. Bis zur gegenwärtigen Stunde leiden wir Hunger und Durst, sind wir nackt, geschlagen und unstet und plagen uns mit der Arbeit unserer Hände. Geschmäht segnen wir, verfolgt dulden wir, beschimpft reden wir freundlich. Wie der Abschaum der Welt sind wir geworden, der Auswurf aller – bis heute [34]. (4, 6–13)

Rechtsstreitigkeiten

Gemeindeglieder sind in Korinth miteinander vor ein heidnisches Gericht gegangen, um hier ihr Recht zu suchen. Paulus: ein Skandal! Denn heidnische Gerichte sind keine Instanz mehr für die Christen, die an dem endzeitlichen Richten Gottes über die Welt teilhaben [35]. Mit der Erinnerung an diesen Sachverhalt möchte er ihnen allerdings keinen Anlaß geben, das endgerichtliche Urteil Gottes über die Welt vorwegzunehmen; es geht ihm darum, daß sie die Souveränität jenes »alles ist euer«, die

---

34 Vgl. dazu auch 2. Kor 4 (S. 265 f.).

35 Diese Kritik besagt also nicht, daß das staatliche Rechtswesen »an sich« ungerecht sei, nicht dem Recht diene.

ihnen zugesprochen ist, wahrnehmen und Rechtshändel innerhalb der Gemeinde bereinigen.

Paulus findet vor allem bedenklich, daß sie überhaupt Rechtshändel haben. Christlich wäre es, auf sein Recht zu verzichten und lieber Unrecht zu erleiden! Wenn sie dazu nicht bereit sind – sollte das nicht darauf hindeuten, daß sie im Grunde noch Heiden und insofern Verworfene sind? Paulus konfrontiert die Korinther mit dieser Konsequenz, um allerdings zugleich zu sagen, daß das nicht sein kann. Er ist gewiß: Das Alte ist endgültig abgetan; sie sind in ein neues Leben hineingetreten. Aber das muß sich dann auch *zeigen*.

Dennoch verbietet Paulus nicht rundweg, vor einem Gemeindegericht sein Recht zu suchen. Das ist bezeichnend für die Art seiner ethischen Anweisungen. Er unterwirft seine Gemeinden nicht einem christlichen Gesetz, sondern sucht eine Entscheidung aus der Einsicht heraus zu ermöglichen.

Wenn einer von euch eine Sache gegen den anderen hat, bringt er es fertig, vor den Ungerechten zu prozessieren statt vor den Heiligen[36]? Oder wißt ihr nicht, daß die Heiligen die Welt richten werden? Doch wenn die Welt von euch gerichtet wird, seid ihr dann für die banalsten Rechtshändel nicht zuständig? Wißt ihr nicht, daß wir über Engel richten werden[37]? Vollends über Alltägliches! Wenn ihr also alltägliche Rechtshändel habt, dann setzt ihr gerade die zu Richtern ein, die in der Gemeinde nichts gelten? Zur Beschämung sage ich euch das! So ist bei euch kein einziger Sachverständiger, der zwischen Bruder und Bruder einen Schiedsspruch fällen kann? Nein: ein Bruder prozessiert mit dem anderen, und das vor Ungläubigen[38]!

Nun ist es überhaupt schon ein Fehler an euch, daß ihr Prozesse miteinander habt. Warum laßt ihr euch nicht lieber Unrecht tun? Warum laßt ihr euch nicht lieber berauben? Aber ihr tut Unrecht und beraubt, sogar Brüder. Oder wißt ihr nicht, daß Ungerechte das Reich Gottes nicht erben werden? Irrt euch nicht! Weder Unzüchtige noch Götzendiener, Ehebrecher, Weichlinge, Knabenschänder, Diebe oder Habsüchtige, nicht Trunkenbolde, Lästerer oder Räuber werden Anteil am Reich Gottes haben. Und das waren manche von euch. Aber ihr habt euch abwaschen lassen, ihr seid geheiligt, ihr seid gerechtgesprochen worden durch den Namen des Herrn Jesus Christus und durch den Geist unseres Gottes. (6, 1–11)

36 Als »Ungerechte« bezeichnet Paulus hier ohne Werturteil die Heiden im Gegensatz zu den Christen, die »Heiligen«, die die endzeitliche Heilsgemeinde darstellen (vgl. S. 80, 93).

37 Grundlage der Argumentation ist eine Vorstellung aus apokalyptischer Tradition.

38 Auch die jüdischen Synagogengemeinden hatten eine eigene Schiedsgerichtsbarkeit. Die von Paulus vorgeschlagene Praxis ist an diesem Vorbild orientiert.

Fragen des sexuellen Verhaltens

In Korinth gab es Gemeindeglieder, die den sexuellen Verkehr mit der Dirne für ethisch angängig hielten und offenbar sogar propagierten. Das ist nicht einfach als moralische Verirrung oder als Rückfall in alte heidnische Gewohnheiten zu bewerten; dahinter stand ein theologisch begründetes Programm: Glaube beinhaltet Freiheit; »*alles* steht euch frei!« Die hier praktizierte Auslegung der Freiheit läßt den Einfluß gnostischer Anschauung erkennen. Für den Gnostiker war der Geist oder die Seele das Eigentliche am Menschen, sein Körper nichtig. Im Verkehr mit der Dirne sah er einen nur körperlichen Vorgang, der das Ich, die Person des Menschen nicht betrifft.

Vielleicht hat sich Paulus in seiner Predigt tatsächlich jener faszinierenden Freiheitsformel bedient, auf die sich die Korinther beriefen. Um so bestimmter wehrt er ihre Konsequenzen ab. Freiheit ist kein Prinzip, das es immer und überall durchzusetzen gilt. Ihr Gebrauch hat ein Maß: den Nutzen, den er erbringt.

Die sexuelle Freizügigkeit verfälscht die Wirklichkeit des Menschen. Denn der Umgang mit der Dirne betrifft nicht nur den Körper. Körperlichkeit ist die Gestalt menschlichen Daseins. Der Mensch ist *wesentlich* »Leib«; er *hat* nicht nur einen Körper. Mit dem Begriff »Leib« bezeichnet Paulus die konkrete menschliche Person, den ganzen und wirklichen Menschen, so wie er handelnd mit seinen Mitmenschen umgeht und das Handeln anderer an sich erfährt. Auf dieser Grundlage argumentiert er gegen die korinthischen Libertinisten: Weil der Christ Jesus Christus »leiblich«, das heißt: als Person, mit seiner ganzen Existenz angehört, vergeht er sich gegen sich selbst, wenn er »leiblich« mit der Dirne eins wird.

»Alles steht mir frei«, aber nicht alles nützt. »Alles steht mir frei«, aber ich werde mich doch nicht von etwas beherrschen lassen! Die Speisen für den Bauch, und der Bauch für die Speisen. Gott wird jenen wie diese vernichten. Der Leib aber ist nicht für die Unzucht da, sondern für den Herrn, und der Herr für den Leib. Gott hat den Herrn auferweckt; er wird auch uns auferwecken durch seine Kraft [39]. Wißt ihr nicht, daß eure Leiber Glieder Christi sind? Soll ich nun die Glieder Christi nehmen und zu Gliedern der Hure machen? Niemals! Oder wißt ihr nicht, daß, wer der Hure anhängt, mit ihr ein Leib ist? Denn ›es werden‹, heißt es, ›die zwei ein Fleisch sein‹. Wer aber dem Herrn anhängt, ist mit ihm ein Geist. Flieht die Hurerei! Jede Sünde, die der Mensch tut, ist außerhalb seines Leibes. Wer aber hurt, sündigt gegen seinen eigenen Leib. Oder wißt ihr nicht, daß euer Leib der Tempel des heiligen Geistes in euch ist, den ihr von Gott habt, und daß ihr nicht euch selbst gehört? Denn ihr seid bar erkauft worden [40]. Ehrt also Gott mit eurem Leibe! (6, 12–20)

---

39 Bei den »Speisen« und dem »Bauch« handelt es sich wirklich um belanglose Dinge. Sie fallen der Vernichtung anheim. Anders ist das beim »Leib«. Leib ist der Mensch selbst; ihm gilt die Verheißung des Lebens im kommenden Heilsäon.

40 Nicht: »teuer erkauft«, sondern: »durch Barzahlung erkauft«. Paulus bedient sich des Bildes vom Sklavenloskauf, um zu veranschaulichen, was mit »Erlösung« gemeint ist.

Ehe und Ehelosigkeit

Hinter der Forderung der Ehelosigkeit stand die Furcht, der innere Mensch könne durch die körperliche Vereinigung von Mann und Frau befleckt und so hoffnungslos in die Welt des Verderbens verstrickt werden. Auch hier ist der Dualismus: Geist-Körper vorausgesetzt, nur wird die Folgerung gezogen, daß man sich dem körperlichen Verlangen entziehen müsse.

Die Gemeinde hat Paulus um eine Stellungnahme gebeten. Seine Antwort klingt zwiespältig. Auf der einen Seite kann er den Asketen nicht recht geben: Mann und Frau sollen sich einander nicht entziehen. Andererseits kann er der Ehe keinen positiven Sinn abgewinnen und sie als Aufgabe christlicher Lebensgestaltung begreifen. Er hielt es für das Richtige, ehelos zu bleiben. So gibt er Unverheirateten und Verwitweten den Rat, ihren »Stand« nicht zu verändern. Er hatte dafür praktische Gründe. Zunächst führt er die zeitliche Situation ins Feld: Das Weltende steht nahe bevor; um der eschatologischen Bedrängnis willen, die es nach apokalyptischer Vorstellung einleitet, ist es besser, ungebunden zu sein. Zum anderen befürchtet Paulus, der Verheiratete werde durch die Sorge für den Partner daran gehindert, sein Leben ganz in den Dienst Christi zu stellen.

Dennoch hat er Ehe und Sexualität nicht *grundsätzlich* verworfen und Ehelosigkeit und sexuelle Enthaltung nicht um des Glaubens willen geboten. Er ermuntert dazu, falls einer das »Charisma« hat und es sich zutraut.

Wovon ihr geschrieben habt: Es ist für den Menschen gut, keine Frau zu berühren. Um aber Unzucht zu vermeiden, soll jeder seine eigene Frau haben, und jede soll ihren eigenen Mann haben. Der Mann soll seine Verpflichtung gegen die Frau erfüllen, ebenso auch die Frau gegen den Mann. Die Frau verfügt nicht über ihren Körper, sondern der Mann. Ebenso verfügt auch der Mann nicht über seinen Körper, sondern die Frau. Entzieht euch einander nicht, außer etwa aus Übereinkunft auf Zeit, um euch dem Gebet zu widmen und wieder zusammenzusein, damit euch der Satan nicht infolge eures zügellosen Verlangens verführe. Das sage ich aber als Zugeständnis, nicht als Befehl. Ich möchte freilich, daß alle Menschen wären wie ich; aber jeder hat seine Gabe von Gott, der eine so, der andere so. Ich sage aber den Unverheirateten und Witwen: Es ist gut für sie, wenn sie so bleiben wie ich. Wenn sie aber nicht enthaltsam leben können, sollen sie heiraten. Denn es ist besser zu heiraten, als von Begierde verzehrt zu werden ...

Ich möchte, daß ihr ohne Sorgen seid. Der Unverheiratete sorgt sich um die Angelegenheiten des Herrn, wie er dem Herrn gefalle. Der Verheiratete sorgt sich um die Angelegenheiten der Welt, wie er seiner Frau gefalle, und ist so gespalten. Und die unverheiratete Frau und die Jungfrau sorgt sich um die Angelegenheiten des Herrn, daß sie heilig an Leib und Geist sei; die Verheiratete aber sorgt sich um die Dinge der Welt, wie sie ihrem Mann gefalle. Das sage ich zu eurem eigenen Besten, nicht um euch eine Schlinge überzuwerfen, sondern damit ihr anständig bleibt ohne Ablenkung und beharrlich bei dem Herrn. (7, 1–9 ... 32–35)

Der Christ und die Welt

Im Zusammenhang des Kapitels über die Ehe kommt Paulus zu Äußerungen, die das Verhältnis der christlichen Gemeinde zur Welt grundsätzlich erläutern. Das Problem war dadurch gestellt, daß sie sich als Gemeinde der Endzeit (»berufene Heilige«) verstand und von daher Weltflucht durchaus nahegelegen hätte.

Auf der einen Seite fordert er dazu auf, die Gegebenheiten der Welt so anzunehmen, wie sie sich darbieten. Das klingt konservativ. Er denkt nicht an durchgreifende, womöglich revolutionäre Veränderungen. Die Gewißheit des nahen Weltendes ließ solche Gedanken nicht aufkommen. Entscheidend ist aber, daß Paulus das Leben in den Gegebenheiten unter das Wort Jesu stellt: Es ist in seinem Wie und Was vor *dieser* Instanz zu verantworten. Ein Christ darf nicht einfach den Verhaltensregeln folgen, die in den vorgegebenen Verhältnissen mitgesetzt sind. Der Sklave muß merken, daß sein Herr ein »Sklave« Jesu ist, ebenso wie der Herr erkennen lassen muß, daß sein Sklave ein »Freigelassener« Jesu ist[41].

Andererseits mahnt Paulus, von der Welt Abstand zu halten. Sie vergeht. Ihre Zeit ist nur noch kurz. Nichts in der Welt ist von *letzter* Geltung. In dem Wissen darum liegt die Möglichkeit der Freiheit. Es gilt, zu »haben, als hätte man nicht«. Paulus kommt darin Gedanken der stoischen Philosophie sehr nahe. Dennoch ist der Unterschied unverkennbar. Der stoische Weise gewinnt dadurch Freiheit, daß er die Begebenheiten, die sich um ihn herum ereignen, von vornherein als belanglos ansieht und gar nicht erst an sich herankommen läßt. Anders Paulus. Für ihn gehören Besitz, Frau, Geschäfte, Freude und Leid zur konkreten Gestalt des menschlichen Lebens. So ruft er dazu auf, *im* Umgang damit und in der Einstellung dazu zur Freiheit durchzudringen.

Wie es jedem der Herr zugeteilt hat, wie jeden Gott berufen hat, so soll er sein Leben führen. So ordne ich es in allen Gemeinden an. Ist jemand als Beschnittener berufen, so soll er seine Beschneidung nicht zu verbergen suchen. Ist jemand als Unbeschnittener berufen, soll er sich nicht beschneiden lassen. Die Beschneidung ist nichts, und die Unbeschnittenheit ist nichts, sondern auf das Halten der Gebote Gottes kommt es an. Jeder soll in dem Stande bleiben, in dem er berufen wurde. Bist du als Sklave berufen, so soll dir daran nichts liegen; sondern, auch wenn du frei werden kannst, bleibe erst recht dabei. Denn der im Herrn berufene Sklave ist Freigelassener des Herrn. Ebenso ist der berufene Freie Sklave Christi. Ihr seid bar gekauft worden. Werdet nicht Sklaven von Menschen! Jeder, Brüder, soll vor Gott in dem Stande bleiben, in dem er berufen wurde. (7, 17–24)

Dies sage ich euch, Brüder: Die Zeit ist nur noch kurz. So seien fernerhin die, die Frauen haben, als hätten sie keine, und die weinen, als weinten sie nicht, und die kaufen, als behielten sie es nicht, und die sich der Welt bedienen, als nutzten sie sie nicht aus. Denn die Gestalt dieser Welt vergeht.

(7, 29–31)

---

41 Zur Sklavenfrage vgl. den Philemonbrief (S. 283 ff.).

Freiheit und Verantwortung

Mit dem Eintritt in die Gemeinde war die heidnische Vergangenheit nicht endgültig abgetan. Auch als Christ hatte man noch teil am Leben der heidnischen Gesellschaft. Zu den Problemen, die sich daraus ergaben, gehörte auch die Frage, ob man sog. Götzenopferfleisch – das heißt: Fleisch von Opfertieren – essen dürfe. Mit dieser Frage waren die Christen in einer Stadt wie Korinth beinahe täglich konfrontiert: beim Einkauf auf dem Markt, bei Familienfeiern, Einladungen in ein Tempelrestaurant und anderen Gelegenheiten. Überall gab es Fleisch, das Opferfleisch sein konnte.

Theoretisch wußte man natürlich, daß es keine Götter gibt und Fleisch nichts als Fleisch ist. Dennoch gab es in der Gemeinde Leute, für die die alten Götter praktisch weiterhin eine Wirklichkeit blieben, mit der sie rechneten. Sie waren »schwach«, das heißt: sie hatten Angst und waren in ihrem Gewissen nicht frei, dieses Fleisch zu essen. Beklommen schauten sie auf die »Starken«, die das unbekümmert taten. Die Spannung wurde dadurch verschärft, daß die »Starken« sich stolz und selbstsicher auf ihre »Erkenntnis« beriefen und ihre Freiheit demonstrativ zur Schau stellten.

Paulus läßt keinen Zweifel daran, daß die »Starken« grundsätzlich im Recht sind. Das hindert ihn aber nicht, von ihnen den Verzicht auf den Gebrauch ihrer Freiheit zu verlangen, weil sonst die ängstlichen Mitchristen in einen heillosen Konflikt hineingestoßen würden. Aus der »Erkenntnis« läßt sich kein Recht ableiten, dem der Mitmensch rücksichtlos geopfert werden dürfte. Der Maßstab des Verhaltens ergibt sich aus der Verantwortung für das Leben und Heil des anderen. Der »Starke« *kann* auf den Gebrauch seiner Freiheit verzichten; auch darin ist er frei. Deshalb wird ihm der Verzicht zugemutet; die Liebe fordert ihn.

Was das Götzenopferfleisch anlangt, so wissen wir, daß wir alle Erkenntnis haben. Die Erkenntnis bläht auf, die Liebe aber baut auf ... Was nun das Essen des Götzenopferfleisches betrifft, so wissen wir, daß kein Götze in der Welt existiert und daß es keinen Gott in der Welt gibt als den *einen*. Denn wenn es auch sogenannte Götter gibt, sei es im Himmel oder auf der Erde, wie es ja viele Götter und viele Herren gibt, so gibt es doch für *uns* nur *einen* Gott, den Vater, aus dem alles ist und wir zu ihm, und *einen* Herrn, Jesus Christus, durch den alles ist und wir durch ihn. Aber nicht bei allen ist die Erkenntnis wirksam. Vielmehr sind manche bis heute an den Götzen gewöhnt und essen daher das Fleisch als Götzenopferfleisch; und da ihr Gewissen[42] schwach ist, wird es befleckt. Speise wird uns nicht vor Gott bringen. Weder haben wir einen Nachteil, wenn wir nicht essen, noch einen Vorteil, wenn wir essen. Gebt aber acht, daß nicht diese eure Freiheit den Schwachen zum Anstoß werde! Wenn nämlich jemand dich, der du Erkenntnis hast, im Götzenhaus zu Tisch liegen sieht, wird da nicht sein Gewissen, weil er doch schwach ist, »erbaut« werden, daß er Götzenopferfleisch ißt?

42 Unter Gewissen versteht Paulus die Fähigkeit, über das eigene Verhalten zu urteilen. Maßstab ist das Gebot Gottes. Das Gewissen ist an eine »fremde« Norm gebunden. Es ist also nicht die Stimme Gottes im eigenen Herzen. Paulus sieht in ihm auch nicht selbst die Norm des Verhaltens (in dem Sinne: ich bin nur meinem Gewissen verantwortlich). – Von einem »guten« oder »schlechten« Gewissen spricht er noch nicht, vgl. aber S. 346.

Dann geht allerdings der Schwache durch deine Erkenntnis zugrunde – der Bruder, um dessentwillen Christus gestorben ist[43]. Wenn ihr aber so gegen die Brüder sündigt und ihr schwaches Gewissen verletzt, sündigt ihr gegen Christus. Darum, wenn Speise meinem Bruder Anstoß gibt, will ich bis in Ewigkeit kein Fleisch essen, um meinem Bruder keinen Anstoß zu geben.

(8, 1–13)

Das Thema »Freiheit und Verantwortung« erläutert Paulus im Fortgang des Briefes an sich selbst. Auch er ist frei; und er kann als Apostel Rechte geltend machen. Dennoch hält er es für notwendig und selbstverständlich, daß er auf die Ausübung seiner Freiheit und seines Rechtes verzichtet. Das ergibt sich aus seinem Auftrag. Er muß sich zum »Sklaven« der Menschen machen, um sie für das Evangelium zu gewinnen. Allen ist er alles geworden: Er unterwirft sich den Bedingungen und Gegebenheiten des Lebens der Menschen, zu denen ihn sein Weg führt. Dabei bleibt aber seine Botschaft das eine Evangelium, das ihm aufgetragen ist.

Bin ich nicht frei? Bin ich nicht Apostel? Habe ich nicht unseren Herrn Jesus gesehen? Seid nicht ihr mein Werk im Herrn? Wenn ich für andere kein Apostel bin, so bin ich es doch wenigstens für euch. Denn ihr seid das Siegel meines Apostelamts im Herrn ...[44]

Denn obwohl ich allen gegenüber frei bin, habe ich mich allen zum Sklaven gemacht, um möglichst viele zu gewinnen. Ich wurde den Juden wie ein Jude, um die Juden zu gewinnen, denen unter dem Gesetz wie einer unter dem Gesetz, obwohl ich selbst nicht unter dem Gesetz stehe[45], um die unter dem Gesetz zu gewinnen, den Gesetzlosen wie ein Gesetzloser, obwohl ich nicht vom Gesetz Gottes los bin, sondern im Gesetz Christi, um die Gesetzlosen zu gewinnen. Ich bin den Schwachen ein Schwacher geworden, um wenigstens einige zu retten. Alles aber tue ich um des Evangeliums willen, um an ihm Anteil zu bekommen. (9, 1–2.19–23)

Das Herrenmahl

In Korinth wurde wie auch sonst weithin das Herrenmahl als Abschluß einer Gemeindemahlzeit begangen. Dabei sind Schwierigkeiten aufgetreten. Einige, wohl vor allem aus sozial schwachen Schichten, etwa Sklaven, konnten sich nicht rechtzeitig

43 Die »Starken« in Korinth waren offenbar der Meinung, durch die rücksichtslose Demonstration ihrer Freiheit den »Schwachen« den Weg in die Freiheit zu eröffnen.

44 Im folgenden begründet Paulus mit einer Reihe von Argumenten sein apostolisches Recht, sich von den Gemeinden unterhalten zu lassen. Er hat in Korinth darauf verzichtet, was man ihm übelnahm. In den späteren Auseinandersetzungen des Apostels mit den Korinthern hat dieser Punkt eine wichtige Rolle gespielt.

45 Obwohl für Paulus mit Christus das Gesetz aufgehoben war (vgl. z. B. S. 320), konnte er in seiner Lebensweise selbstverständlich die Vorschriften des Gesetzes einhalten, wenn er unter Juden lebte. Er tat das aber nicht in der Meinung, daß dies heilsbedeutsam wäre.

einfinden. Statt zu warten, begannen die anderen mit dem Essen. Später, bei der gottesdienstlichen Mahlfeier war man dann in der ganzen Gemeinde beisammen.

Damit war der Sinn des Herrenmahls in Frage gestellt. Man ist sich dessen nicht bewußt geworden. Die Elemente Brot und Wein, Leib und Blut Christi galten als pneumatische, heilswirksame Substanzen übernatürlicher Art, die den inneren, pneumatischen Menschen »nähren«, ihm göttliche Kräfte zuführen und Unsterblichkeit vermitteln. In dem gleichen Sinne hat man sie andernorts »Heilmittel der Unsterblichkeit« genannt. Das Interesse lag in Korinth ausschließlich auf dem sakramentalen Vorgang; die Gemeindemahlzeit, in der man ja nur »profan« zusammen aß, bedeutete nichts mehr.

Das hat Paulus zu heftigem Widerspruch herausgefordert. Er dachte ganz anders über das Herrenmahl. Grundlage seiner Kritik ist der Gedanke vom »Leib Christi«. Nach seinem Verständnis geht es im Abendmahl nicht um überirdische Substanzen, sondern um die Gemeinschaft mit dem gekreuzigten Christus. Das Essen und Trinken von Brot und Wein gibt Anteil an seinem Werk, stiftet einen Lebenszusammenhang mit ihm, gliedert in seine Geschichte ein. Zugleich gliedert es aber auch – und das ist entscheidend – in die *Gemeinde* ein, die »Christi Leib« ist. »Leib Christi« ist für Paulus nicht nur der am Kreuz in den Tod gegebene Leib Jesu, sondern zugleich die christliche Gemeinde, deren Leben vom Gekreuzigten bestimmt ist[46].

Das Herrenmahl schließt die Christen zu einer Gemeinschaft zusammen und macht ein entsprechendes *Verhalten* zur Aufgabe. Dieses ist der Maßstab. Wenn man das nicht sehen will, sich etwa gegen andere Gemeindeglieder lieblos verhält, macht man sich an Jesus schuldig und verfehlt den Sinn des Herrenmahls.

Den Becher des Segens, den wir segnen, bedeutet er nicht die Teilhabe am Blut Christi? Das Brot, das wir brechen, bedeutet es nicht die Teilhabe am Leib Christi? Denn *ein* Leib, *ein* Brot sind wir, die vielen; denn wir alle haben an dem *einen* Brot teil. (10, 16–17)

Wenn ihr zur Versammlung zusammenkommt, dann ist es nicht möglich, das Herrenmahl zu essen. Denn jeder nimmt sein eigenes Mahl ein beim Essen, und der eine hungert, der andere ist betrunken. Habt ihr denn nicht Häuser zum Essen und Trinken? Oder verachtet ihr die Gemeinde Gottes und beschämt die, die nichts haben? Was soll ich euch sagen? Soll ich euch loben? In diesem Punkt kann ich es nicht. Denn ich habe vom Herrn empfangen, was ich euch auch überliefert habe: »Der Herr Jesus in der Nacht, in der er ausgeliefert wurde, nahm ein Brot, dankte, brach es und sprach: Dies ist mein Leib für euch. Dies tut zu meinem Gedächtnis! Ebenso auch den Becher nach dem Mahl mit den Worten: Dieser Becher ist der neue Bund in meinem Blut. Dies tut, so oft ihr trinkt, zu meinem Gedächtnis.«[47] Denn

---

46 Näheres zum Begriff »Leib Christi« siehe unten S. 254.

47 Paulus konfrontiert die Korinther mit einer ausdrücklich gekennzeichneten Überlieferung. Dabei beschränkt er sich nicht darauf, sie als Autorität zu zitieren, sondern erläutert ihre Bedeutung für die augenblicklich anstehende Problematik. Die Tradition wird von ihm immer nur so zur Geltung gebracht, daß er sie in die Situation hinein auslegt und so zu einem neuen Verstehen führt. Zur Abendmahlsüberlieferung siehe S. 99.

so oft ihr dieses Brot eßt und den Becher trinkt, verkündigt ihr den Tod des Herrn, bis er kommt. Darum, wer in unangemessener Weise das Brot ißt oder den Becher des Herrn trinkt, wird am Leib und Blut des Herrn schuldig sein. Jeder prüfe sich selbst, und so soll er von dem Brot essen und aus dem Becher trinken. Denn wer ißt und trinkt, der ißt und trinkt sich das Gericht, wenn er den Leib des Hern nicht unterscheidet ...

Also, meine Brüder, wenn ihr zum Essen zusammenkommt, dann wartet aufeinander! Wenn einer Hunger hat, soll er zu Hause essen, damit ihr nicht zum Gericht zusammenkommt. (11, 20–29.33–34)

Die Geistesgaben und die Liebe

Es war allgemeine Überzeugung der urchristlichen Gemeinde, daß in ihr der Geist Gottes, griechisch: das Pneuma, gegenwärtig sei. Man erlebte diese »Geistesgegenwart« in den sogenannten Geistes- oder Gnadengaben (Charismen). Dabei hat man an wunderbare Heilungen, Exorzismen, andere Wundertaten, Weissagungen, vor allem aber an visionäre Erlebnisse und ekstatische Rede (Zungenrede) zu denken. Die korinthische Gemeinde war besonders reich an derartigen Geistesgaben. Ihr Leben und Selbstbewußtsein waren durch sie geprägt. Gerade das war jedoch ein kritischer Punkt. Man hat sich einseitig an diesen außergewöhnlichen Phänomenen ausgerichtet und sie zur Norm erhoben. Dementsprechend gaben die Geistträger, die Pneumatiker, den Ton an. Sie wurden bewundert, und die anderen meinten, es ihnen gleichtun zu müssen – oder resignierten.

Auch Paulus mochte die Geistwirkungen nicht aus der Gemeinde verbannen. Anders als die Korinther beurteilt er sie jedoch nicht als selbständige religiöse Höchstwerte, sondern als Funktionen, die einem Zweck unter- und zugeordnet sind und nach ihrer Dienlichkeit bewertet werden müssen, danach nämlich, was sie zum Aufbau und Leben der Gemeinde beitragen.

Er tritt dem Enthusiasmus der Korinther in einem weit ausholenden Gedankengang entgegen. Zunächst (Kap. 12) erläutert er, was Geistesgaben sind und was ihre Betätigung für einen Sinn hat. Unvermittelt kommt er dann auf das Thema »Liebe« (Kap. 13). Es erfährt eine umfassende Erörterung. Der Bruch im Gedankengang hat gelegentlich zu der Vermutung geführt, der Abschnitt sei erst nachträglich in den Zusammenhang eingefügt worden. Er ist indessen nur ein scheinbarer. In Wirklichkeit ist das berühmte Kapitel, oft »Hoheslied der Liebe« genannt, der Schlüssel zum Verständnis des Ganzen. Liebe ist das Lebensprinzip der Gemeinde. Sie ist das Maß für alles, was in ihr geschieht, und für die Art, wie es geschieht, auch für die Betätigung der Geistesgaben. Von hier aus lenkt Paulus wieder auf die korinthische Situation zurück (Kap. 14), um konkrete Folgerungen zu ziehen. Sie betreffen die Gestalt des Gottesdienstes: Was hat hier Vorrang, die ekstatische Zungenrede oder das »prophetische« Wort?

Der Maßstab. Die Korinther waren von ihren ekstatischen Fähigkeiten und Erlebnissen fasziniert. Paulus ruft sie zu einem nüchternen Urteil auf: Es muß nicht immer *Gottes* Geist sein! Auch andere Geister bringen solche Wirkungen hervor. Nur da hat man es mit dem Geist Gottes zu tun, wo die Geistwirkungen die Herrschaft *Jesu* zur Geltung bringen. Das Bekenntnis ist das Kriterium. Paulus unterwirft die Geistwirkungen damit der Frage nach ihrem theologischen Sinn.

Was die Geistesgaben angeht, Brüder, will ich euch nicht in Unkenntnis lassen. Ihr wißt, als ihr noch Heiden wart – wie ihr hingerissen zu den sprachlosen Götzen fortgerissen wurdet. Darum teile ich euch mit, daß niemand, der im Geiste Gottes redet, sagt: »Verflucht ist Jesus!« [48] und daß niemand sagen kann: »Herr ist Jesus!« außer im heiligen Geist. (12, 1–3)

Der eine Geist und die Vielfalt der Geistesgaben. Gegenüber der einseitigen Ausrichtung betont Paulus die Vielfalt unterschiedlicher Geistesgaben und bezieht bewußt auch ganz unauffällige Funktionen in den Kreis der Geistwirkungen ein: Dienstleistungen, soziale Hilfe, Gemeindeverwaltung, Organisation, grundsätzlich alles, was dem Aufbau der Gemeinde dient. Damit hat Paulus die zu seiner Zeit allgemein geteilten Anschauungen von den Geistwirkungen überwunden und ist zu einer spezifisch christlichen Konzeption durchgedrungen. Sein Kriterium ist der Nutzen für das Miteinander in der Gemeinde.

Es gibt Zuteilungen der Gnadengaben, aber es ist ein und derselbe Geist. Und es gibt Zuteilungen von Dienstleistungen, aber: derselbe Herr. Und es gibt Zuteilungen von Wirkungen, aber: derselbe Gott, der alles in allem bewirkt. Jedem wird aber die Offenbarung des Geistes zum Nutzen gegeben. Denn dem einen wird durch den Geist Weisheitsrede gegeben, einem anderen Erkenntnisrede, gemäß demselben Geist, einem anderen Glauben [49] in demselben Geist, einem anderen Heilungsgaben in dem einen Geist, einem anderen Wunderwirkungen, einem anderen Prophetie, einem anderen Unterscheidung von Geistern, wieder einem anderen verschiedene Arten von Zungenrede [50], einem anderen Übersetzung von Zungenrede. Das aber alles wirkt ein und derselbe Geist, der jedem besonders zuteilt, was er will.

(12, 4–11)

---

48 Es ist nicht anzunehmen, daß es Leute gegeben hat, die in der Ekstase Jesus verflucht haben – worauf Paulus hier angespielt hätte. Er meint: Geistwirkungen haben nichts mit Gott zu tun, wenn sie faktisch eine Verfluchung Jesu bedeuten.

49 Hier ist nicht der Glaube an das Evangelium gemeint, sondern eine besondere Wunderkraft.

50 Unter Zungenrede ist ein ekstatisches Reden in unartikulierten Lauten und ohne für die Vernunft faßbaren Sinn zu verstehen.

Der Leib Christi. »Leib Christi« ist nicht *Bild* für die christliche Gemeinde, sondern Wesensbestimmung: Sie *ist* der Leib Christi, die irdisch-geschichtliche Verkörperung des erhöhten Christus. In ihr verwirklicht er sich, handelt, leidet, spricht er. Ihr Sein leitet sich nicht aus dem Willen ihrer Glieder her, sondern aus Wort und Werk Christi. Die einzelnen Christen werden in seinen Leib eingegliedert. Natürliche und geschichtliche Unterschiede unter den Menschen bedeuten hier nichts mehr[51].

Auf dieser Grundlage setzt sich Paulus mit den Korinthern auseinander. Dabei wertet er den Bildgehalt des Leib-Begriffs aus. Er folgt darin einer damals verbreiteten Gepflogenheit, vom Organismus-Gedanken her Sachverhalte des menschlichen Gemeinschaftslebens zu erläutern.

Die einseitige Hochschätzung der pneumatischen Begabungen wirkt sich verheerend aus: Minderwertigkeitsgefühle und ehrgeiziges Streben bei denen, die nichts vorzuweisen haben. Dagegen Paulus: Wie der menschliche Leib in vielen verschiedenen Gliedern lebt, so die Gemeinde als Leib Christi in vielen unterschiedlichen Funktionen und Tätigkeiten. Jede ist notwendig, keine von minderem Wert. Alle »Glieder« der Gemeinde sollen ihre Fähigkeiten, worin sie immer bestehen, im Sinne einer Geistesgabe begreifen. Im Gegensatz zu den Korinthern war er der Meinung, daß *alle* Christen »Pneumatiker«, Geistträger, sind. »Leib« besagt ferner: Alle Glieder sind aufeinander angewiesen und stehen in einer unkündbaren Solidariät; was ein Glied trifft, trifft alle.

Am Ende des Abschnittes werden die wichtigsten Ämter und Tätigkeiten in den urchristlichen Gemeinden aufgezählt. Eine Rangordnung ist nicht im Blick. Immerhin nennt Paulus zuerst Apostel, Propheten, Lehrer, weil ihnen grundlegende Bedeutung zukommt.

Denn wie der Leib einer ist, aber viele Glieder hat, alle Glieder des Leibes aber, obwohl es viele sind, ein Leib sind, so ist auch Christus. Denn wir alle sind ja auch in einem Geist in einen Leib getauft, ob Juden, ob Griechen, ob Sklaven, ob Freie; und wir sind alle mit einem Geist getränkt. Denn der Leib ist ja auch nicht ein Glied, sondern viele. Wenn der Fuß sagt: »Weil ich keine Hand bin, gehöre ich nicht zum Leib«, so gehört er deswegen doch zum Leib. Und wollte das Ohr sagen: »Weil ich kein Auge bin, gehöre ich nicht zum Leib«, so gehört es deswegen doch zum Leib. Wenn der ganze Leib Auge wäre, wo bliebe das Gehör? Wenn er ganz Gehör wäre, wo bliebe der Geruchssinn? Nun aber hat Gott die Glieder am Leib eingesetzt, jedes einzelne von ihnen, wie er wollte. Wenn sie aber alle ein Glied wären, wo bliebe dann der Leib?

Nun aber sind viele Glieder, aber ein Leib. Das Auge kann nicht zur Hand sagen: »Ich brauche dich nicht«, oder wiederum das Haupt zu den Füßen: »Ich brauche euch nicht«, sondern gerade die Glieder des Leibes, die als besonders schwach gelten, sind um so nötiger. Und die Teile des Leibes, die

51 Im Hintergrund des Gedankens vom »Leib Christi« steht die mythologische Vorstellung von der Welt als dem Leib der Gottheit oder dem Urmenschen, der die gesamte Menschheit in sich umfaßt und ihr Schicksal bestimmt (vgl. S. 88 f.).

wir für besonders unehrbar halten, denen erweisen wir besondere Ehre, und unsere unanständigen Glieder erhalten besondere Wohlanständigkeit; unsere anständigen aber haben das nicht nötig. Vielmehr hat Gott den Leib so zusammengesetzt, daß er dem, das Mangel leidet, besondere Ehre gab, damit keine Spaltung im Leib sei, sondern die Glieder einträchtig für einander sorgen. Und wenn ein Glied leidet, leiden alle Glieder mit; wenn ein Glied geehrt wird, freuen sich alle Glieder mit. Ihr aber seid der Leib Christi und, einzeln genommen, Glieder.

Und die einen hat Gott in der Gemeinde eingesetzt erstens zu Aposteln, zweitens zu Propheten, drittens zu Lehrern [52], dann Wunder, dann Gaben, zu heilen, Hilfeleistungen, Verwaltungsaufgaben, Arten von Zungenrede. Sind etwa alle Apostel, alle Propheten, alle Lehrer? Tun etwa alle Wunder? Haben alle Gaben, zu heilen? Sprechen etwa alle mit Zungen? Können etwa alle übersetzen? (12, 12–30)

Die Liebe. Die Liebe ist für Paulus der Inbegriff des Neuen, das Jesus der Welt gebracht hat. Sie hat bleibende Gültigkeit. Mit ihr ist das Ewige in der Zeit erschienen. So beschreibt er sie als das Maß aller Dinge; über Wert oder Unwert, Sinn oder Nichtigkeit menschlichen Seins und Handelns wird von ihr her entschieden.

Wenn er die Korinther auf sie verweist, vollzieht er eine radikale Umwertung der bei ihnen geltenden Werte. Denn sie macht gerade das unmöglich, worauf die Pneumatiker verdeckt oder offen ausgerichtet sind: die religiöse Selbstdarstellung.

Die Ausführungen über die Liebe haben im Zusammenhang des Briefes besonderes Gewicht; sie bilden seine inhaltliche Mitte. Nur Anfang und Schluß freilich sind unmittelbar auf die korinthische Situation bezogen.

Ihr strebt nach immer höheren Geistesgaben. Ich zeige euch einen noch ausgezeichneteren Weg:

Wenn ich mit den Zungen der Menschen und der Engel rede, aber keine Liebe habe, so bin ich ein tönendes Erz oder eine lärmende Pauke. Und wenn ich Prophetengabe habe und alle Geheimnisse weiß und alle Erkenntnis und wenn ich allen Glauben habe, so daß ich Berge versetzen kann, habe aber keine Liebe, so bin ich nichts. Und wenn ich alle meine Habe als Almosen verteile und meinen Leib hingebe, um verbrannt zu werden, habe aber keine Liebe, so nützt es mir nichts.

Die Liebe ist langmütig und gütig, die Liebe eifert nicht, prahlt nicht, bläht sich nicht auf; sie handelt nicht unanständig, sie sucht nicht das Ihre, sie läßt sich nicht reizen, sie rechnet das Böse nicht an, sie freut sich nicht über das Unrecht, sondern freut sich an der Wahrheit. Alles erträgt sie, alles glaubt sie, alles hofft sie, alles hält sie aus.

Die Liebe wird niemals hinfällig. Prophetengaben – sie werden vernichtet

---

52 Propheten und Lehrer üben ihre Tätigkeit im Gegensatz zu den Aposteln am Ort aus. Den Lehrern oblag der Gemeindeunterricht; sie hatten die Gemeindeglieder, insbesondere die neu hinzugekommenen, mit den Inhalten christlicher Lehre vertraut zu machen. Zu den Propheten siehe unten.

werden. Zungenreden – sie werden aufhören. Erkenntnis – sie wird zunichte werden. Denn Stückwerk ist unser Erkennen und Stückwerk unser Prophezeien. Wenn aber das Vollkommene kommt, dann wird das Stückwerk vernichtet werden. Als ich ein Kind war, redete ich wie ein Kind, dachte wie ein Kind, urteilte wie ein Kind. Als ich ein Mann wurde, habe ich die Art des Kindes abgelegt. Denn jetzt sehen wir rätselhaft, durch einen Spiegel. Dann aber werde ich ganz erkennen, wie ich auch erkannt bin. Jetzt aber bleiben Glaube, Hoffnung, Liebe, diese drei. Die größte von ihnen aber ist die Liebe[53]. (12, 31–13, 13)

Zungenrede und Prophetie. Von dem Gesagten aus geht Paulus die Frage an: Wie sind Zungenrede und Prophetie zu bewerten? Bei beiden handelt es sich um Geistesgaben, die im Gottesdienst der Gemeinde in Erscheinung traten. In Korinth stand die Zungenrede beherrschend im Vordergrund. Paulus möchte sie nicht hinausweisen, macht aber Vorbehalte geltend. Sie hat hier nur dann ein Recht, wenn sie in verständliche Rede übertragen werden kann. Um der Verständlichkeit willen stellt er die Prophetie weit über die Zungenrede. Die *Vernunft* der Zuhörer soll etwas zu fassen bekommen. Nur vernünftige Rede kann sie in ihrer Existenz betreffen und etwas an ihnen bewirken.

Der Begriff »Prophetie« darf nicht zu eng gefaßt werden. Gemeint ist nicht nur, nicht einmal in erster Linie, die weissagende Enthüllung künftiger Ereignisse. Prophetische Rede ist wegweisender Zuspruch und Klarheit schaffendes Wort, aber auch treffende Kritik des bisherigen Verhaltens und Selbstverständnisses. Paulus kommt es darauf an, daß sie verständlich ist und Einsicht eröffnet. Und zwar nicht nur bei Christen und Eingeweihten. Paulus denkt vor allem an die *Außenstehenden*. Sie müssen sagen können: Es ist wahr, Gott ist unter euch.

Trachtet nach der Liebe. Strebt nach den Geistesgaben, besonders aber nach der Gabe prophetischer Rede. Denn der Zungenredner redet nicht für Menschen, sondern für Gott; denn niemand versteht ihn, sondern er redet im Geist Geheimnisse. Wer aber prophetisch redet, redet für Menschen zu Erbauung, Ermahnung und Zuspruch. Der Zungenredner erbaut sich selbst, der Prophet erbaut die Gemeinde. Ich möchte, daß ihr alle in Zungen redet, mehr noch freilich, daß ihr prophezeit. Denn der Prophet ist größer als der Zungenredner, außer wenn er seine Rede auslegt, damit die Gemeinde etwas davon hat. Nun aber, Brüder, wenn ich zu euch käme und in Zungen redete – was könnte ich euch nützen, wenn ich nicht mit Offenbarung, Erkenntnis, Prophetie oder Lehre zu euch redete?

Darum soll der Zungenredner beten, daß er es auch auslegen könne. Denn wenn ich in Zungenrede bete, dann betet mein Geist; aber mein Verstand ist unfruchtbar. Was folgt daraus? Ich will mit dem Geist beten, ich will

---

53 Zu: Glaube–Liebe–Hoffnung siehe oben Anm. 11 (S. 229). – Daß auch Glauben und Hoffnung ewige Gültigkeit zugeschrieben wird, ist überraschend. Paulus will wohl zum Ausdruck bringen, daß der Christ auch in der endzeitlichen Vollendung nicht mystisch mit Gott eins wird, sondern auf Gott und seine Gabe angewiesen bleibt.

aber auch mit dem Verstand beten. Ich will mit dem Geist singen, ich will aber auch mit dem Verstand singen. Wenn du nun mit dem Geist den Segen sprichst, wie soll der, der die Stellung des Laien[54] innehat, das Amen auf das Gebet sprechen? Er weiß ja nicht, was du sagst. Du magst ja gut beten; aber der andere hat nichts davon[55]. Ich danke Gott: Ich rede mehr in Zungen als ihr alle. Aber in der Gemeindeversammlung will ich lieber fünf Worte mit meinem Verstand reden, um auch andere zu unterweisen, als zehntausend Worte in Zungenrede.

Wenn sich nun die ganze Gemeinde versammelt und alle in Zungen reden und es kommen Laien oder Ungläubige herein, werden sie nicht sagen, ihr seid verrückt? Wenn aber alle prophezeien und ein Ungläubiger oder Laie kommt herein, wird er von allen überführt, von allen beurteilt[56]. Das Verborgene seines Herzens wird ans Licht gebracht; und so wird er auf sein Gesicht fallen, Gott anbeten und bekennen: Gott ist wahrhaftig in eurer Mitte. (14, 1–6.13–19.23–25)

Gottesdienstordnung. Die Gestaltung des Gottesdienstes war Sache der Gemeinde; jeder trug dazu bei. Es gab weder einen verantwortlichen Leiter noch eine feste Ordnung. In Korinth geschah des Guten aber offenbar zu viel. Der Gottesdienst drohte im Chaos unterzugehen. Paulus empfiehlt eine gewisse Ordnung. Man merkt dabei jedoch, daß er die Freiheit und Spontaneität erhalten möchte. Seine Hinweise sollen eine chaotische Entstellung des Gottesdienstes abwehren.

Wenn ihr zusammenkommt, hat jeder ein Lied, eine Belehrung, eine Offenbarung, eine Zungenrede, eine Weissagung. Alles soll der Erbauung dienen. Wenn jemand in Zungen redet, dann jeweils zwei oder höchstens drei und der Reihe nach, und einer soll die Auslegung geben. Wenn aber kein Ausleger da ist, soll er (der Zungenredner) in der Gemeindeversammlung schweigen und nur für sich und Gott reden. Propheten aber sollen zwei oder drei reden, und die anderen sollen es beurteilen. Wenn aber einem anderen, der dasitzt, etwas aufgeht, soll der erste schweigen. Ihr könnt doch alle der Reihe nach prophezeien, damit alle lernen und alle ermahnt werden. Die Geister der Propheten sind den Propheten untertan. Denn Gott ist kein Gott der Unordnung, sondern des Friedens. (14, 26–33)

---

54 Im Sinne von: Nichtekstatiker.

55 Die Gegenüberstellung »im Geist« / »im Verstand« ist mißverständlich. Das erstere hat den speziellen Sinn von: in Ekstase. Natürlich ist Paulus überzeugt, daß Gottes Geist auch im »vernünftigen« Gebet wirksam ist.

56 Neben den Nicht-Eingeweihten stehen hier die Ungläubigen, die in den Gottesdienst kommen. Das beweist seine Offenheit. Paulus verlangt, daß man sich in der Gestaltung des Gottesdienstes auf sie einstellt.

Die Auferstehung der Toten

Das letzte Thema des 1. Korintherbriefes ist die Auferstehung der Toten. Wieder hat die Situation in Korinth dazu Anlaß gegeben. Einige Gemeindeglieder vertraten die Meinung, es gäbe keine Auferstehung der Toten. Leider wird weder klar, was sie im einzelnen behaupteten, noch, welche Gründe sie vorbrachten. Jedenfalls handelte es sich bei ihnen nicht um Skeptiker, die im Namen von Vernunft und Erfahrung gegen einen Mythos protestieren. Ihre These lautete vielmehr, wie man erschließen kann, es gebe keine *künftige* Auferstehung am Ende der Tage; diese *sei schon* geschehen; mit dem Glauben sei sie Wirklichkeit geworden. Eine solche Auffassung ist belegt. Im 2. Timotheusbrief werden Irrlehrer zitiert und bekämpft, die mit der Behauptung, »die Auferstehung ist schon geschehen«, in der Gemeinde Verwirrung stifteten. Religionsgeschichtlich weist diese Auffassung in die Gnosis. Sie würde sich auch gut in das Bild der theologischen Schwarmgeister in Korinth einfügen. Wie wir sahen, war für sie das Heil in letzter Vollendung bereits Gegenwart. An einer früheren Stelle seines Briefes hat ihnen Paulus darum mit bitterer Ironie vorgehalten: »Ihr seid schon gesättigt, schon reich geworden. Ohne uns seid ihr zur Herrschaft gekommen. Wäret ihr doch zur Herrschaft gekommen, damit auch wir mit euch zusammen zur Herrschaft kämen!« (4.8)

Gegen den korinthischen Enthusiasmus argumentiert er hier von der *Künftigkeit* der Auferstehung, als von der *Zeit* her: Geschehen ist allein die Auferstehung Christi, die der Christen steht noch aus. Christliche Existenz ist Existenz zwischen der Auferstehung Jesu und seiner Parusie. Dieses Zwischen kennzeichnet die Situation der Gemeinde. Sie steht nicht jenseits der irdischen Weltzeit, sondern ist ihr noch immer ausgesetzt: »... wer zu stehen meint, sehe zu, daß er nicht falle« (10, 12).

Das Verständnis des Gedankengangs wird dem heutigen Leser besonders schwer. Paulus arbeitet hier stark mit fremdartigen mythischen Überlieferungsstoffen der jüdischen und hellenistischen Umwelt. Dazu gehören das Bild vom Gang der Endereignisse und die Vorstellung von einem Leib aus Pneumasubstanz, den der Mensch bei der Auferstehung empfängt, außerdem eine bestimmte Ausprägung der mythischen Urmenschlehre, wie sie insbesondere aus der Gnosis bekannt ist. Diese Lehre spricht von zwei einander gegenüberstehenden kollektiven, das heißt: alle Menschen einschließenden Urmenschgestalten, einem der oberen Lichtwelt angehörenden, himmlischen »Adam« auf der einen Seite und dem irdisch-körperlichen »Adam« auf der anderen. Jener erste wurde, so führt der Mythos aus, infolge eines Urfalls in den Körper des zweiten gebannt; durch Gnosis erlangt er das göttliche Sein zurück. In diesem Mythos von dem Urmenschen Adam wird objektivierend das urbildliche Schicksal des Menschen geschildert, der mit der Geburt in ein irdisches Dasein hineingestoßen wird und in der Gnosis dann seine Wiedergeburt zum pneumatischen, himmlischen Menschen erfährt.

Paulus stellt dem Urmenschen Adam Christus als dessen Gegenbild gegenüber. Dabei gestaltet er jedoch die vorgegebene mythische Vorstellung um. Ihm gilt der erste Mensch, Adam, als der irdische, der zweite, Christus, als der Himmelsmensch. Der himmlische Mensch wird zu einer Gestalt endzeitlicher *Zukunft*. Paulus denkt die Erlösung grundsätzlich anders als die Gnosis: nicht als Rückkehr des Menschen in sein ursprüngliches, göttliches Sein, sondern als »neue Schöpfung«, deren endgültige Verwirklichung in der Zukunft liegt. Das führt er kritisch gegen die Korinther ins Feld, die vermutlich mit der gnostischen Urmenschvorstellung argumentiert haben.

Die Auferstehung Jesu. Der Ausgangspunkt des Beweisgangs, mit dem Paulus die verwirrten Korinther theologisch zurechtzubringen hofft, ist das Evangelium von Kreuz und Auferstehung Jesu. Er vergegenwärtigt es in den Worten des überlieferten Bekenntnisses. Vom Zusammenhang her liegt das Gewicht auf der Auferstehungsaussage. Darum werden alle die Zeugen genannt, denen der auferstandene Jesus erschienen ist (vgl. S. 83 f.). Paulus will die Auferstehung Jesu damit nicht beweisen, wie man zunächst meinen könnte. Vielmehr will er deutlich machen, daß es ein und dieselbe Botschaft vom Auferstandenen ist, die der Lebensgrund der christlichen Gemeinden in aller Welt ist. Es handelt sich dabei nicht um ein besonderes paulinisches, sondern um das von allen Aposteln gemeinsam verkündigte Evangelium.

Die Auferstehung *Jesu* war zwischen Paulus und den Korinthern allerdings nicht strittig. Wenn er dennoch das grundlegende Evangelium mit großem Nachdruck in Erinnerung bringt, dann offenbar deswegen, weil er diese Übereinstimmung mit weitergehenden theologischen Schlußfolgerungen belasten möchte. Er ist der Auffassung, daß sich die Totenauferstehung aus diesem Evangelium ergibt. So ist die Beweisführung nichts anderes als dessen Auslegung im Blick auf die korinthische Diskussion[57]. Zugleich zeigt der Rückgriff auf das Bekenntnis: Es steht hier nicht die allgemein-weltanschauliche Frage zur Debatte, ob es eine Totenauferstehung gibt oder nicht, sondern allein dies, was der an das Evangelium gebundene Glaube darüber zu denken hat.

Ich tue euch aber, Brüder, das Evangelium kund, das ich euch gepredigt habe, das ihr auch angenommen habt, in dem ihr auch steht, durch welches ihr auch gerettet werdet, mit welchem Wortlaut ich euch das Evangelium verkündigt habe, wenn ihr es festhaltet – es sei denn, ihr wärt umsonst gläubig geworden. Denn ich habe euch in erster Linie überliefert, was ich auch überkommen habe:

daß Christus gestorben ist für unsere Sünden nach den Schriften
und daß er begraben wurde,
und daß er auferweckt ist am dritten Tage nach den Schriften,
und daß er dem Kephas erschien und dann den Zwölf.

Dann erschien er mehr als 500 Brüdern auf einmal, von denen die meisten jetzt noch leben; einige aber sind entschlafen.
Dann erschien er dem Jakobus, dann allen Aposteln.
Zuletzt von allen – gleichsam als der Fehlgeburt – erschien er auch mir.

57 Ähnlich geht Paulus in 1. Thess. 4, 13–17 (vgl. S. 233 f.) vor.

Denn ich bin der letzte der Apostel, der ich nicht wert bin, Apostel zu heißen, weil ich die Gemeinde Gottes verfolgt habe. Durch Gottes Gnade aber bin ich, was ich bin, und seine Gnade gegen mich ist nicht unwirksam gewesen, sondern ich habe mehr gearbeitet als sie alle – doch nicht ich, sondern die Gnade Gottes mit mir[58]. Ob nun ich oder jene: So verkündigen wir, und so habt ihr es geglaubt. (15, 1–11)

Die Totenauferstehung. Paulus will begreiflich machen, daß in der Auferstehung Jesu nicht nur etwas über Jesus selbst gesagt ist, sondern zugleich auf die Auferstehung der Christen vorausgewiesen wird: Der Glaube an Jesus ist zugleich Hoffnung und Gewißheit der *eigenen* Auferstehung. Wer diese in Frage stellt, bringt Verkündigung und Glauben um ihren Sinn. Das lag sicher nicht in der Absicht der Korinther, folgt jedoch, wie Paulus meint, aus der Tatsache, daß sie die Totenauferstehung leugnen. Sie bewegen sich in einem offenbaren Selbstwiderspruch. Die Beweisführung scheint wenig zwingend. Der konstatierte Zusammenhang zwischen der Auferstehung Jesu und der der Christen setzt die Vorstellung vom Urmenschen voraus, der die ganze Menschheit in sich umfaßt, sie repräsentiert und ihr Geschick bestimmt: In dem Urmenschen Adam sterben »alle«, in Jesus, dem Menschen der Endzeit, werden »alle« zum Leben erweckt werden!

Als der »Erstling« verbürgt Jesus die Auferstehung derer, die zu ihm gehören. Jedoch, diese steht noch aus; sie ist ein endzeitliches Ereignis. Paulus läßt es nicht bei einer Andeutung bewenden, sondern schildert, apokalyptische Überlieferungen aufnehmend, den Ablauf der Endereignisse in seinen einzelnen Phasen: erst Christus – dann die Christen bei der Parusie – dann das Weltende mit dem Sieg Christi über die gottfeindlichen Mächte und der Übergabe der Herrschaft an Gott.

Die Heilsvollendung ist erst dann erreicht, wenn Christus die Weltherrschaft in die Hände Gottes zurücklegt und Gott »alles in allem« ist. Die gegenwärtige Weltzeit sieht anders aus. Sie ist die Zeit, in der Christus die Herrschaft über die Mächte des Unheils, einschließlich dem Tod, erst *erkämpft*. Paulus spricht auch hier in der Sprache der Apokalyptik. Die herangezogenen Vorstellungen sollen die korinthischen Schwärmer aus ihren Träumen reißen und ihnen das unübersteigbare *Noch-nicht* bewußt machen, das christliche Existenz bleibend charakterisiert: Noch ist es Zeit des Kampfes und ständiger Bedrohung. Darum gilt auch: »Werdet rechtschaffen nüchtern.«

Wenn aber verkündigt wird, daß Christus von den Toten auferweckt ist, wieso sagen einige bei euch, es gebe keine Totenauferstehung? Wenn es keine Totenauferstehung gibt, ist auch Christus nicht auferweckt. Ist Christus nicht auferweckt, dann ist auch unsere Verkündigung leer und leer auch euer Glaube. Wir stehen auch als falsche Zeugen Gottes da, weil wir gegen Gott bezeugten, daß er Christus auferweckt habe, den er nicht auferweckt hat, weil ja die Toten nicht auferweckt werden. Denn wenn die Toten nicht auferweckt werden, ist auch Christus nicht auferweckt worden. Wenn aber Christus nicht auferweckt worden ist, ist euer Glaube nichtig, seid ihr noch in euren Sünden. Also sind auch die in Christus Entschlafenen verloren.

58 Paulus ist sich seiner Leistung durchaus bewußt. Es charakterisiert jedoch sein Selbstverständnis, daß er sich diese Leistung nicht selbst zurechnet.

Wenn wir nur in diesem Leben Hoffnung auf Christus haben, sind wir die bedauernswertesten unter allen Menschen.

Nun aber ist Christus aus den Toten auferweckt, der Erstling der Entschlafenen. Denn wie durch einen Menschen der Tod kam, kommt auch durch einen Menschen die Auferstehung der Toten. Denn wie in Adam alle sterben, so werden auch in Christus alle lebendig gemacht werden. Jeder aber in seiner Ordnung: als erster Christus, dann die Seinigen bei seiner Ankunft, dann das Ende, wenn er die Herrschaft Gott, dem Vater, übergibt, nachdem er alle Gewalten und Mächte vernichtet hat. Denn er muß herrschen, bis er ihm ›alle Feinde unter seine Füße legt‹. Als letzter Feind wird der Tod vernichtet. Denn ›alles hat er ihm unter seine Füße gelegt‹. Wenn es aber heißt, daß alles unterworfen wurde, so ist klar: alles außer dem, der ihm alles unterworfen hat. Wenn ihm aber alles unterworfen ist, dann wird auch der Sohn selbst sich dem unterwerfen, der ihm alles unterworfen hat, damit Gott alles in allem sei ...

Wenn Tote überhaupt nicht auferweckt werden, ... wozu setzen wir uns denn stündlich Gefahren aus? Tag für Tag sterbe ich, so wahr ihr, Brüder, mein Ruhm seid, den ich habe in Christus Jesus, unserem Herrn. Wenn ich nach Menschenweise in Ephesus mit Tieren kämpfte, was nützt es mir[59]? Wenn die Toten nicht auferstehen, dann laßt uns essen und trinken, denn morgen sind wir tot. Irrt euch nicht: »Schlechter Umgang verdirbt gute Sitten.« Werdet rechtschaffen nüchtern und sündigt nicht! Denn manche haben keine Kenntnis Gottes. Ich sage es euch zur Beschämung. (15, 12–34)

Die Wirklichkeit der Auferstehung. Paulus sah im Tod ein Ereignis, das den Menschen ganz, Leib, Seele und Geist, betrifft. Im Gegensatz zu der griechischen Auffassung, nach der die unsterbliche Seele den Tod überdauert, gibt es für ihn nichts, was als Personenkern erhalten bleibt für ein künftiges Leben in der Welt Gottes. Die Auferstehung ist vielmehr ein Schöpferakt Gottes an dem todverfallenen Menschen. Darum spricht er vorzugsweise auch von »Auferweckung«.

In der Diskussion um die Totenauferweckung hat die Frage ihrer Wirklichkeit eine gewichtige Rolle gespielt. Seine Antwort gewinnt Paulus vom Leib-Gedanken her. Mit »Leib« bezeichnet er den Menschen in seiner irdisch-konkreten Wirklichkeit. Entsprechend ist es ein »pneumatischer« Leib, der die Daseinsgestalt der zum Leben Erweckten ist[60]. Dem Ausdruck liegt die hellenistische Anschauung von einem aus Pneuma-Substanz gebildeten Leib zugrunde. Sein Sinn bei Paulus: ein ganz durch Gottes Geist bestimmtes Dasein.

Der Christ wird an der Lebensgestalt des auferstandenen und erhöhten Christus Anteil haben. Das ist so gewiß, wie er jetzt Adams Gestalt und Schicksal an sich trägt. Wieder wird akzentuiert: die Auferstehung der Christen ist endzeitliche Zukunft.

---

59 In dieser Bemerkung spiegelt sich die kritische Lage wider, in der sich Paulus während seines ephesinischen Aufenthaltes befand. Einen wirklichen Tierkampf hat er wohl nicht bestehen müssen. Entweder meint er die Wendung nur bildlich, oder er spricht eine Befürchtung aus.

60 Paulus spricht also nicht von einer Auferstehung des (irdischen) Leibes und auch nicht einfach von leiblicher Auferstehung.

Aber, kann man fragen, wie werden die Toten auferstehen? Mit was für einem Leib kommen sie? ... So ist es mit der Auferstehung der Toten: Gesät wird in Vergänglichkeit und auferweckt in Unvergänglichkeit; gesät wird in Unehre und auferweckt in Herrlichkeit; gesät wird in Schwäche und auferweckt in Kraft. Es wird gesät ein seelischer[61] Leib und auferweckt ein pneumatischer Leib. Wenn es einen seelischen Leib gibt, gibt es auch einen pneumatischen ...

Der erste Mensch ist von der Erde, irdisch, der zweite Mensch aus dem Himmel. Wie der irdische beschaffen ist, so sind es auch die Irdischen, und wie der himmlische beschaffen ist, so auch die Himmlischen. Und wie wir das Bild des irdischen tragen, so werden wir auch das Bild des himmlischen tragen. (15, 35.42–44.47–49)

Die Überwindung des Todes. Die Auferstehung der Toten und die Verwandlung der bei der Parusie noch Lebenden, die Umkleidung mit Unsterblichkeit und Unvergänglichkeit, wie Paulus im Anschluß an apokalyptische Anschauungen ausmalt, markieren den Anbruch der Heilszeit, der Gottesherrschaft. Der Tod selbst, der »letzte Feind«, wird vernichtet, und die Menschen werden in ein ungebrochenes Leben hineingeführt werden. Jedoch: Noch ist der Tag nicht da, an dem der Sieg gefeiert werden kann. Der Tod ist noch immer eine Wirklichkeit, die auch den Glaubenden betrifft und ängstigt. Aber der künftige Sieg hat den Horizont bereits erhellt. So kann der Glaubende zwar nicht triumphieren; er hat aber Grund zum *Dank* an Gott, der den Sieg gibt: Die Vernichtung des Todes ist Zukunft, Gegenwart »in Christus« ist die Freiheit von seiner Macht.

Das stelle ich fest, Brüder: Fleisch und Blut kann das Reich Gottes nicht erben, noch wird die Vergänglichkeit die Unvergänglichkeit erben. Siehe, ich sage euch ein Geheimnis: Wir werden nicht alle entschlafen, wir werden aber alle verwandelt werden, in einem Nu, in einem Augenblick, bei der letzten Trompete. Denn es wird blasen, und die Toten werden als Unvergängliche auferweckt werden, und wir werden verwandelt werden. Denn dieses Vergängliche muß Unvergänglichkeit anziehen und dieses Sterbliche Unsterblichkeit. Wenn aber dieses Vergängliche Unvergänglichkeit anzieht und dieses Sterbliche Unsterblichkeit, dann wird das Wort erfüllt, das geschrieben steht: ›Der Tod ist verschlungen in den Sieg. Tod, wo ist dein Sieg? Tod, wo ist dein Stachel?‹ Der Stachel des Todes aber ist die Sünde, die Kraft der Sünde aber das Gesetz[62]. Gott sei Dank, der uns den Sieg gibt[63] durch unseren Herrn Jesus Christus! Also, meine Brüder, seid fest, unerschütterlich,

---

61 »Seelisch« bedeutet hier soviel wie »irdisch« oder »fleischlich«.

62 Der Satz wirkt eingesprengt, drückt aber einen spezifisch paulinischen Gedanken aus. Im Römerbrief wird der Zusammenhang von Gesetz, Sünde und Tod ausführlich erläutert. Offenbar wollte Paulus hier andeuten, daß der Tod den Menschen unentrinnbar umfängt.

63 Die Gegenwartsform der Aussage ist beabsichtigt: Der endzeitliche Triumph über den Tod ragt in die Gegenwart herein und erlaubt dem Glaubenden, sich daran auszurichten.

wachset unaufhörlich im Werk des Herrn! Ihr wißt ja, daß eure Mühe im Herrn nicht vergeblich ist. (15, 50–58)

(b) Die Apologie des Apostels (Fragment 2 Kor 2, 14–7, 4)

Die Fragmente des 2. Korintherbriefes sind nur wenige Monate nach dem 1. Korintherbrief, also wohl noch im Jahre 54, geschrieben worden. Dennoch setzen sie eine völlig veränderte Situation voraus. Es ist schwer zu beurteilen, ob Paulus mit seinem ersten Brief Erfolg hatte. Deutlich ist, daß jetzt ein neues Thema in den Vordergrund tritt: die Autorität des Apostels und der Inhalt seines Dienstes. Ihm wurde bestritten, daß er überhaupt ein Diener und Apostel Christi und daß in seiner Verkündigung tatsächlich die Macht Gottes spürbar sei. Damit stand für ihn alles in Frage. Von daher erklären sich die persönliche Note, die bisweilen bis zur Leidenschaft gesteigerte Erregtheit und die Bitterkeit, die die Fragmente des 2. Korintherbriefes kennzeichnen.

Die neue Situation war durch das Eindringen christlicher Wanderprediger heraufgeführt worden, die es verstanden, sich als die wahren, geisterfüllten Apostel Christi ins Spiel zu bringen. Durch Empfehlungsbriefe von anderen Wirkungsstätten verschafften sie sich Zugang und gewannen rasch an Einfluß. Die Korinther waren begeistert. Es störte sie wenig, daß die Eindringlinge »ihren« Apostel verächtlich machten.

Wer waren diese Wanderprediger? Sie selbst nannten sich »Israeliten«, »Hebräer« oder »Same Abrahams«, waren also jüdischer Herkunft. Offenbar haben sie diese mit Stolz hervorgekehrt und damit ebenso ihren besonderen Rang wie die Wahrheit ihrer Botschaft begründet. Gehörten sie doch dem Volk an, das im Alten Testament eine in Urzeiten zurückreichende, nicht überbietbare Gottesoffenbarung besaß. Sie präsentierten sich ferner als »Diener und Apostel Christi«. Ihr Auftreten schien sie als vollmächtige und überlegene Geistesträger (Pneumatiker) zu bestätigen: Ihre Predigten waren rhetorische Glanzstücke. Mit Wundern und Berichten über visionäre Erlebnisse wußten sie Eindruck zu machen. Offenbar sahen sie ihren Auftrag darin, die »Herrlichkeit« Christi sichtbar darzustellen.

Nach alledem wollten die korinthischen Wanderprediger im Stil der »göttlichen Menschen« als machtvolle Offenbarergestalten angesehen werden. Daß es Christen waren, besagt für ihr Erscheinungsbild wenig. Der Unterschied zu jenen religiös-philosophischen Propagandisten, die Paulus im 1. Thessalonicherbrief im Auge hat (vgl. S. 227 ff.), war nicht groß. Andererseits dürfte man an der Ähnlichkeit christlicher und heidnischer »Apostel« in den Gemeinden kaum Anstoß genommen haben. Petrus und Paulus tragen in der Darstellung der einige Jahrzehnte jüngeren Apostelgeschichte ebenfalls die Züge sieghafter Wundermänner.

Dem Selbstverständnis der fremden Missionare hat auch ihre Lehre von Christus entsprochen. Paulus diskutiert ihre Christologie nicht eingehend; seine Beweisführung läßt aber erkennen, daß sie in Jesus ebenfalls einen »göttlichen Menschen« sahen. Vermutlich hat der Wundertäter Jesus im Vordergrund gestanden. Man muß sie insofern mit den synoptischen Wundergeschichten in Zusammenhang bringen. Jedenfalls war nicht das Kreuz Jesu Mittelpunkt der von ihnen vertretenen Christologie, sondern ein Jesus der »Herrlichkeit« und überlegenen Macht.

Dieses Christentum war eindrucksvoll. Es versprach, aus der Enge und Bedrücktheit irdischen Lebens hinauszuführen. Paulus war in schwieriger Lage. Als selbstbewußte Pneumatiker konnten seine Gegner bei den Korinthern von vornherein auf Sympathien rechnen (vgl. S. 240 f., 252). Dazu kam, daß er, durch die gegnerischen Anwürfe gezwungen, die Auseinandersetzung auf einer Ebene führen mußte, auf der es für ihn keine Chance gab. Er mußte die Korinther davon überzeugen, daß die Macht des Evangeliums nicht in den pneumatischen Demonstrationen und Krafttaten seiner Boten, sondern in ihrer Ohnmacht, »Schwachheit«, in Erscheinung tritt, daß die Zeichen des Apostels Christi nicht Wunder und Ekstasen, sondern seine Leiden sind.

Die Fragmente des 2. Korintherbriefes stecken voller Anspielungen, die nur zum Teil als solche auszumachen sind. Das erschwert das Verständnis der Texte, mindert aber nicht ihre grundsätzliche Bedeutung. Paulus entfaltet und begründet hier, wie er seinen Auftrag und den Dienst der Verkündigung versteht.

Die Autorität des Apostels

Für Paulus ist das Evangelium nicht bloßer Bericht von heilsbedeutsamen Ereignissen der Vergangenheit, sondern selbst Bestandteil des Heilsgeschehens, nicht Information über Gewesenes, sondern jetzt ergehende Offenbarung. Er kennzeichnet es als eine Macht, die Leben und Tod, Heil und Verderben wirkt. Dies hatten die Juden von dem endzeitlichen Urteil Gottes erwartet. Paulus war überzeugt, daß dieses Urteil jetzt, eben durch das Evangelium, vollzogen wird.

Er nimmt für sich *persönlich* in Anspruch, an der Autorität des Evangeliums teilzuhaben. Es wird durch ihn ausgerichtet; Gott hat ihn dazu beauftragt und befähigt. Darauf beruht seine Autorität. Auf seinem »Triumphzug« durch die Welt führe Gott ihn mit, um sich durch seine Verkündigung zu offenbaren.

Damit begegnet er dem Vorwurf der Selbstempfehlung, der ihm von seiten der Gegner gemacht worden ist: Weder empfiehlt er sich selbst, noch ist er auf Empfehlungsbriefe angewiesen; er *ist* längst empfohlen – durch die Existenz der korinthischen Gemeinde; sie ist der Empfehlungsbrief, der ihn vor aller Welt legitimiert.

Die Bemerkung über die Empfehlungsbriefe ist polemisch gegen die Eindringlinge gerichtet. Die Briefe wurden von bereits besuchten Gemeinden ausgestellt und scheinen vor allem eine Aufzählung vollbrachter pneumatischer Krafterweise enthalten zu haben. Mit Hilfe derartiger Dokumente haben sie sich in Korinth eingeführt.

Gott sei Dank, der uns in Christus überall im Triumphzug herumführt und den Duft seiner Erkenntnis durch uns an allen Orten offenbart; denn wir sind Christi Wohlgeruch für Gott, unter den Geretteten und den Verlorenen: den einen ein Duft vom Tode zum Tode, den andern ein Duft vom Leben zum Leben [64]. Doch wer ist dazu befähigt? – Denn wir machen nicht wie so viele andere ein Geschäft mit dem Wort Gottes, sondern wie aus lauterem Herzen, wie aus Gott reden wir vor Gott in Christus.

Fangen wir schon wieder an, uns selbst zu empfehlen? Oder haben wir etwa wie gewisse Leute Empfehlungsbriefe an euch oder von euch nötig? Nein, unser Brief seid ihr selbst, eingeschrieben in unser Herz, von allen Menschen verstanden und gelesen. Es ist bekannt geworden, daß ihr ein Brief Christi seid, von uns besorgt, geschrieben nicht mit Tinte, sondern mit dem Geist des lebendigen Gottes, nicht auf steinerne Tafeln, sondern auf »Tafeln« menschlicher Herzen. Solches Vertrauen aber haben wir durch Christus zu Gott. Nicht, daß wir befähigt wären, etwas wie von uns aus zu ersinnen; unsere Befähigung stammt vielmehr von Gott; er ist es, der uns befähigt hat, Diener des neuen Bundes zu sein, nicht des Buchstabens, sondern des Geistes. (2, 14–3, 6)

Evangelium und apostolische Existenz

Um seine Stellung in der Gemeinde zu untergraben, haben die Wanderprediger Paulus diffamiert und moralisch verdächtigt. Der Hauptvorwurf lautete, er verfälsche das Wort Gottes; bei ihm käme die Macht des Evangeliums nicht zum Vorschein; sein Evangelium sei armselig.

Paulus geht seinerseits zum Angriff über: Nur vom Satan Verblendete begreifen nicht, daß sein Evangelium wirklich Heilsbotschaft ist. Auch für ihn bedeutet es das Aufleuchten der »Herrlichkeit« Christi. Mit ihm habe Gott in der Welt Licht aufstrahlen lassen, wie am ersten Schöpfungstag, als er über der chaotischen Finsternis sein »Es werde Licht« sprach. Darin war er mit seinen Gegnern einer Meinung. Um so schärfer tritt der Gegensatz heraus. Für Paulus war es nicht Sache des Apostels, Christi machtvolle »Herrlichkeit« direkt darzustellen. Damit würde man sich *selbst* und nicht *Christus* verkündigen. Sie zeige sich vielmehr paradoxerweise an der Ohnmacht und den Leiden der Verkündiger. Das Sterben Jesu, das er an sich herumtrage, das sei das Wahrheitskriterium seines Evangeliums.

Das Leben des Apostels und des Christen überhaupt hat Jesu Sterben abzubilden. Sein eigenes Schicksal interpretiert er in diesem Sinne als ein Sterben. Dennoch ist das für ihn kein verzweifeltes Leben. Denn in Jesu Tod hineingezogen zu sein, verbürgt die künftige Teilhabe auch an seinem Leben in endzeitlicher Herrlichkeit.

Darum, weil wir diesen Dienst durch Gottes Barmherzigkeit haben, verzagen wir nicht; vielmehr haben wir den verborgenen Schändlichkeiten abgesagt, wandeln nicht in Verschlagenheit, noch auch fälschen wir Gottes Wort, sondern bieten uns durch offene Darlegung der Wahrheit dem Gewissensur-

64 Diesen Formulierungen liegen bildhafte religiöse Vorstellungen des Hellenismus zugrunde; die Verkündigung soll möglichst realistisch als die Macht gekennzeichnet werden, die Leben und Tod wirkt.

teil jedes Menschen vor Gott dar. Wenn unser Evangelium doch noch verhüllt ist, so ist das bei den Verlorenen der Fall, bei den Ungläubigen; ihren Sinn hat der Gott dieser Welt [65] in ihrem Herzen geblendet, daß sie nicht sehen das Leuchten des Evangeliums von der Herrlichkeit Christi, der ein Abbild Gottes ist. Denn nicht uns selbst verkündigen wir, sondern Christus Jesus als den Herrn, uns aber als eure Sklaven um Jesu willen [66]. Denn Gott, der gesagt hat: ›Aus Finsternis soll Licht leuchten‹, er ist aufgeleuchtet in unseren Herzen, so daß die Erkenntnis der Herrlichkeit Gottes auf dem Antlitz Christi sichtbar wurde.

Wir haben aber diesen Schatz in irdenen Gefäßen, damit man erkennen kann, daß die überschwengliche Kraft von Gott ist und nicht von uns. Allenthalben sind wir bedrängt, aber nicht erdrückt, ratlos, aber nicht verzweifelt, verfolgt, aber nicht verlassen, niedergeworfen, aber nicht vernichtet. Allezeit tragen wir die Tötung Jesu an unserem Leib herum, damit auch das Leben Jesu an unserem Leib in Erscheinung trete. Denn immerfort werden wir im Leben dem Tod preisgegeben um Jesu willen, damit auch das Leben Jesu an unserem sterblichen Leib sichtbar werde. Darum wirkt der Tod in uns, das Leben aber in euch ...

Darum verzagen wir nicht, sondern, wenn auch unser äußerer Mensch aufgerieben wird, so wird doch unser innerer Mensch Tag um Tag erneuert. Denn die gegenwärtige geringe Bedrängnis erwirkt uns über alles Maß und Ziel hinaus eine ewige Fülle von Herrlichkeit, da wir unseren Blick nicht auf das Sichtbare, sondern auf das Unsichtbare richten; denn das Sichtbare ist zeitlich, das Unsichtbare aber ewig [67]. (4, 1–12.16–18)

Der Dienst des Apostels

Die Gegner haben ohne Hemmungen für sich Propaganda gemacht. Dadurch sah sich Paulus seinerseits zur Selbstdarstellung gezwungen. Er läßt sich nur zögernd darauf ein. Letztlich tut er es, weil er »seine« Korinther dazu bringen wollte, ihn zu verteidigen. Der entscheidende Angriffspunkt war die Nüchternheit seiner Verkündigung. Er bleibt dabei: Nicht pneumatische Manifestationen retten, sondern der nüchterne Dienst, der auf das Kreuz Christi verweist.

So armselig dieser auch aussehen mag, seine Wirkung ist nichts Geringeres als »neue Schöpfung«, Weltenwende vom Alten zum Neuen. Der neue Äon, bisher Gegenstand der Erwartung, ist Gegenwart »in Christus«; und dieses »in Christus« wird durch die Verkündigung vollzogen.

---

65 Das heißt: der Satan.

66 Damit wird auf das herrische Auftreten der Wanderprediger angespielt.

67 Paulus bedient sich einer in der hellenistischen Umwelt geläufigen Ausdrucksweise. Ihr Sinn ist von ihm verändert worden. Er meint mit »innerer Mensch« nicht ein dem Menschen von Natur eigenes besseres Ich, sondern das durch Gottes Geist geleitete, neue Ich des Glaubenden. Ebensowenig hält er das Unsichtbare an sich für ewig. Für ihn sind die unsichtbaren, jenseitigen Dinge die eschatologischen Heilsgaben Gottes.

Ihr Inhalt:

(1) die Liebe Christi, die sich in seinem Tod für »alle« zeigt. Sie hat das Ziel, die Menschen von ihrer Bezogenheit auf sich selbst zu befreien und auf einen neuen Lebensinhalt auszurichten, auf ein Leben im Dienste Christi;

(2) die Versöhnung Gottes mit der Welt. Im Wort der Versöhnung ruft Gott durch den Apostel auf, die Versöhnung anzunehmen. Sie ist als Vergebung der Sünden verstanden. Davon wollten die korinthischen Gegner freilich ebensowenig wissen wie von einer Theologie, die vom Kreuz her denkt. Für Paulus war dies das Ganze: Christus wurde die Sünde aufgeladen, wie dem Sündenbock im alttestamentlichen Kult. Der Glaubende wird dafür »Gerechtigkeit Gottes«. Im Machtbereich der Sünde lebend und ständig von ihr angegangen, ist er »in Christus« dennoch gerecht, das heißt: ihm ist das Leben eröffnet[68].

In dem folgenden Text findet sich mehrmals die Wendung »in Christus«. Paulus gebraucht sie auch sonst häufig, aber nicht überall in demselben Sinn. Sie kann

(1) räumliche Bedeutung haben. Christus bezeichnet in diesem Fall den Heilsbereich, in den der Glaubende hineingenommen ist, oder die Heilswirklichkeit, in der er steht. Im Hintergrund steht die Vorstellung von Christus als einer die einzelnen Christen umfassenden Gesamtpersönlichkeit (Urmenschgedanke). Hierher gehört auch die Vorstellung vom »Leib Christi«, in den der Christ – etwa bei der Taufe – eingegliedert wird;

(2) bezeichnet Paulus mit dieser Formel das Heilsgeschehen, *durch* das Gott an den Menschen handelt und sie in ihrer Existenz bestimmt;

(3) heißt »in Christus« einfach: »christlich«, »als Christ«.

Wohl wissend, was Furcht des Herrn heißt, »überreden« wir Menschen; vor Gott sind wir aber offenbar geworden, doch hoffe ich, auch vor eurem Gewissen offenbar zu werden. Wir bringen uns damit nicht wieder selbst bei euch in Empfehlung, sondern geben euch nur Anlaß, euch unser zu rühmen, damit ihr denen etwas zu entgegnen habt, die sich äußerlicher Vorzüge rühmen können, aber nicht ihres Herzens[69]. Denn waren wir von Sinnen, so geschah es für Gott; sind wir vernünftig, so geschieht es für euch. Denn die Liebe Christi hält uns in ihrer Gewalt. Darum urteilen wir: Einer ist für uns alle gestorben, also sind alle gestorben. Und für alle ist er gestorben, damit die Lebenden nicht mehr sich selbst leben, sondern dem, der für sie gestorben und auferstanden ist[70] ... Also: Wenn jemand in Christus ist, so ist er neue Schöpfung, das Alte ist vergangen, siehe, Neues ist geworden. Das alles aber kommt von Gott, der uns mit sich durch Christus versöhnt und uns in den Dienst der Versöhnung gestellt hat. Denn Gott hat in Christus die Welt mit sich versöhnt, indem er den Menschen ihre Übertretungen nicht anrechnete, und hat unter uns das Wort von der Versöhnung eingesetzt. Für Christus wirken wir als Botschafter, indem Gott durch uns mahnt. Wir bitten euch für

68 Außer durch die gedrängte Fülle der Gedanken wird das Verständnis des Textes dadurch erschwert, daß Paulus auf Vorwürfe anspielt und Gemeindetraditionen verarbeitet.

69 Was die Gegner an Vorzügen und Fähigkeiten herausstellen, sind für Paulus Dinge, die zum Alten und Vergangenen gehören.

70 Diese Beweisführung setzt wie 1. Kor 15 die Urmensch-Vorstellung voraus (siehe S. 260 f.).

Christus: Laßt euch mit Gott versöhnen. Den, der Sünde nicht kannte, hat er für uns zur Sünde gemacht, damit wir in ihm Gerechtigkeit Gottes [71] würden. (5, 11–21)

Die Bitte des Apostels

Paulus hat die Hoffnung, mit seinem Brief die Vertrauenskrise beilegen zu können. Darum schließt er mit der Bitte an die Korinther, ihm wieder ihr Herz zu öffnen. Seine Kritik bedeutete es ja nicht, daß er sie verurteilte. Offensichtlich möchte er ihnen eine Brücke bauen.

Unser Mund hat sich für euch aufgetan, ihr Korinther, unser Herz ist weit geworden. Bei uns seid ihr nicht in einem beengten Raum, in der Enge seid ihr aber in euren eigenen Herzen! Nun gebt mir dasselbe zum Lohne, wie zu Kindern rede ich zu euch, und werdet auch ihr weit! Gebt uns Raum bei euch! Niemandem haben wir Unrecht getan, niemand zugrunde gerichtet, niemand übervorteilt. Das sage ich nicht, um euch zu verurteilen; denn ich habe ja schon vorher gesagt, daß ihr in unserem Herzen seid, mit uns verbunden auf Sterben und Leben. Ich habe volles Vertrauen zu euch, ich bin voll Rühmens über euch; erfüllt bin ich von Trost, übervoll von Freude bei all meiner Bedrängnis. (6, 11–13; 7, 2–4)

(c) Der Schmerzensbrief (Fragment 2 Kor 10–13)

Die Apologie hat ihre Wirkung verfehlt. In Korinth war man den Agitatoren verfallen. So entschloß sich Paulus zu einem Besuch. Jedoch auch damit konnte er dem Gang der Dinge keine andere Wendung mehr geben. Im Gegenteil: Seine Gegenwart verschärfte den Konflikt und führte zum völligen Zerwürfnis zwischen ihm und der Gemeinde.

Das ist der Hintergrund des sog. Schmerzensbriefes, den er nach seiner Rückkehr nach Ephesus schrieb. Sein Mitarbeiter Titus sollte ihn überbringen und zugleich versuchen, zwischen ihm und der aufsässigen Gemeinde zu vermitteln. Die Zuspitzung des Konflikts spiegelt sich in Stil und Inhalt des Briefes vielfältig wider. In der Apologie herrschte die sachliche, auf besseres Verständnis abzielende Erörterung vor. Jetzt schreibt er voll Bitterkeit und mit schneidender Schärfe. Die Gemeinde hat sich ganz auf die andere Seite geschlagen, darum wendet er sich jetzt nicht mehr *an* sie, sondern polemisch *gegen* sie.

Seine Gegner haben es an nichts fehlen lassen, wenn es galt, das Lied ihres eigenen Ruhmes zu singen. Das gehörte zu ihrem Verkündigungsprogramm,

---

71 Zu diesem Begriff vgl. die Erläuterungen zum Römerbrief (S. 295 f.).

und darauf beruhte zum Teil ihr Erfolg. Damit zwangen sie Paulus aber, es seinerseits mit einer rühmenden Selbstdarstellung zu versuchen. Er kann zwar, wie er meint, auch mitreden, wenn es um jüdische Herkunft, visionäre Erlebnisse, außergewöhnliche Offenbarungen geht. Die Korinther haben bei ihm auf nichts verzichten müssen. Aber in all dem waren ihm die Super- und Pseudoapostel, wie er die Gegner bezeichnet, haushoch überlegen. Dies war jedoch nicht die eigentliche Schwierigkeit. Selbstruhm war für ihn unchristlich und darum grundsätzlich unmöglich. Was man an Vorzügen, wunderbaren Erlebnissen und Fähigkeiten aufzählen mag, gehört nicht zur Sache des Evangeliums und hat mit dem apostolischen Dienst nichts zu tun. Paulus läßt sich trotzdem auf ein solches Aufzählen ein – aber in der Rolle des Narren. Damit hat er von vornherein alles auf die Ebene des Uneigentlichen gehoben und gleichsam wieder durchgestrichen. Selbstruhm bleibt für einen Apostel Christi ein absurdes Unterfangen. Im Ernst kann er sich nur des Herrn oder seiner »Schwachheiten« rühmen.

Das Maß apostolischen Rühmens

Paulus hat sich bei seinem Besuch so unsicher und kraftlos gezeigt, daß die gegnerischen Agitatoren darin eine Bestätigung ihres Urteils sehen konnten. Wohl um ihren Triumph völlig zu machen, haben sie ihn zu einer öffentlichen Konkurrenz herausgefordert. Im Wettkampf der Pneumatiker solle sich zeigen, wessen Anspruch legitim ist. Paulus lehnt ein solches Vergleichen und Messen ab, was als das Eingeständnis eigener Unzulänglichkeit ausgenutzt wurde. Davon kann aber keine Rede sein. In polemischem Gegenzug legt er seine Gründe dar: Was in den geforderten Vergleichen geschieht, ist ein grund- und maßloses Sich-Rühmen, pneumatische Spiegelfechterei. Wenn er sich »rühmt«, so hat das ein objektives Maß, woran er gemessen werden kann und muß. Dieses Maß ist die Gemeinde, die durch seine Verkündigung entstanden ist. Damit ist er von Gott ausgewiesen worden. Deshalb kann er seinen Dienst auch nicht menschlichem Urteil ausliefern. Seine Weigerung hängt letztlich damit zusammen, daß er seinen Dienst als Gnade begreift und nicht als eine ihm persönlich zuzurechnende Leistung.

Wir »wagen« es allerdings nicht, uns zu gewissen Leuten zu rechnen oder mit ihnen zu vergleichen, die sich selbst empfehlen! Wenn wir uns aber auch an uns selbst messen und mit uns selbst vergleichen, so rühmen wir uns doch nicht ins Maßlose[72], sondern nach dem Maße des Maßstabes, den uns Gott als Maß zugeteilt hat; (er besteht nämlich darin) daß wir bis zu euch gelangten. Denn es ist ja nicht so, daß wir in Wirklichkeit nicht bis zu euch gelangt wären und unser Maß nur prahlend größer machten; vielmehr sind wir in der Verkündigung des Evangeliums Christi wirklich bis zu euch gelangt. Nicht ins Maßlose rühmen wir uns der Arbeit anderer Leute, sondern

72 Der Vorwurf lautete, Paulus messe sich nur an sich selbst und vermeide den Vergleich mit anderen Pneumatikern; damit entziehe er seinen Anspruch einer Nachprüfung.

wir hegen die Hoffnung, wenn erst euer Glaube in euch sich mehrt, unserem Maßstab entsprechend bei euch noch weiter bis zur höchsten Höhe zu wachsen, damit wir dann über euch hinaus das Evangelium verkündigen können und uns nicht im Bereiche eines fremden Maßstabes uns dessen zu rühmen brauchen, was andere bereits erarbeitet haben. ›Wer sich rühmen will, der rühme sich des Herrn.‹ Denn nicht wer sich selbst empfiehlt, ist bewährt, sondern wen der Herr empfiehlt. (10, 12–18)

Die Entlarvung der Gegner

Die Korinther sind durch Satansdiener verführt worden, die als Apostel Christi auftraten. Die Polemik wird ungewöhnlich scharf. Dahinter steht nicht nur der Ärger über das dreiste Eindringen der Fremden. Paulus ist der Meinung, sie verfälschten das Evangelium, verkündigten einen »anderen Christus«. Er brandmarkt sie deshalb als Irrlehrer. In eine sachliche Auseinandersetzung tritt er freilich nicht ein. So bleibt undeutlich, was Paulus im einzelnen so empörte. Höchstwahrscheinlich hat man sich diesen »anderen Christus« als einen triumphalen, durch Krafttaten ausgewiesenen Gottmenschen vorzustellen.

Oh, daß ihr euch doch von mir ein klein wenig Narrheit gefallen ließet! Aber ihr ertragt mich ja auch! Ich eifre um euch ja mit göttlichem Eifer; denn ich habe euch einem einzigen Manne verlobt, um euch als eine reine Jungfrau Christus zuzuführen. Ich fürchte aber, daß, wie die Schlange Eva mit ihrer List betrog, so auch euer Sinn von der schlichten Treue gegen Christus weggelenkt und verführt wird. Denn wenn einer kommt und einen anderen Jesus verkündigt, den wir nicht verkündigt haben, oder ihr einen anderen Geist empfangt, den ihr von mir nicht empfangen habt, oder ein anderes Evangelium, das ihr von mir nicht erhalten habt, so ertragt ihr das recht gut. Ich glaube in nichts zurückzustehen hinter den Superaposteln. Wenn ich auch ungeschult bin in der Redekunst, so doch nicht in der Erkenntnis, vielmehr haben wir diese in jedem Punkte vor allen euch kundgetan [73].

Diese Leute sind Lügenapostel, unredliche Arbeiter, die sich in Apostel Christi verkleiden. Und das ist kein Wunder, denn der Satan selbst verkleidet sich ja in einen Engel des Lichtes. Da ist es nichts Besonderes, wenn auch seine Diener sich als Diener der Gerechtigkeit verkleiden. Doch ihr Ende wird ihren Taten entsprechen. (11, 1–6.13–15)

Die Narrenrede

Die Aufzählung von wunderbaren Taten, Erlebnissen und Fähigkeiten war die geprägte literarische Form, in der sich Pneumatiker wie die korinthischen Wander-

73 Die paulinischen Predigten waren keine rhetorischen Glanzstücke. Daraus hat man die Folgerung gezogen, daß ihm der göttliche Geist fehle.

prediger darstellten und rühmend empfahlen. Paulus bedient sich dieser Form ironisch und entwirft das seinem Selbstverständnis entsprechende Gegenbild.

Paulus schlüpft in die Rolle eines Narren, um es seinen Gegnern gleichzutun. Anders kann er das nicht. Aber – man liebt in Korinth ja »närrische« Apostel! Da läßt man sich sogar noch schlimmere Narrheiten gefallen – beispielsweise, daß man sie schindet und ausplündert[74].

Er muß nicht zurückstehen, wenn sich die Gegner ihrer jüdischen Herkunft rühmen. Er ist auch wie sie »Diener Christi«. Aber *das* sagt Paulus gerade nicht. Wie könnte er sich mit ihnen auf die gleiche Stufe stellen! Darum formuliert er »völlig von Sinnen«: Ich bin das noch viel *mehr*. Der Beweis? Keine noch großartigeren pneumatischen Manifestationen, kein noch tieferes Eindringen in die Geheimnisse und Herrlichkeiten der himmlischen Welt, sondern – die Leiden und Schicksalsschläge, die ihm widerfahren sind! Gerade als der geschlagene, verfolgte, von Gefahr und Arbeit aufgezehrte, aller Unbill ohnmächtig ausgelieferte Mann stellt er Christus und seine »Herrlichkeit« leibhaft dar! In diesen Erfahrungen und Widerfahrnissen sieht Paulus sein Recht begründet, sich Apostel zu nennen und in Christi Namen zu sprechen.

Ich sage es noch einmal: Niemand halte mich für einen Narren; und wenn schon, so nehmt mich einmal als Narren an, damit auch ich mich ein klein wenig rühmen kann! Was ich jetzt sage, das sage ich nicht im Sinne des Herrn, sondern wie in Narrheit, da ich ja vorhabe, mich zu rühmen. Da viele sich äußerer Vorzüge rühmen, will auch ich es tun. Ihr verständigen Leute ertragt ja die Narren so gern! Ihr ertragt es sogar, wenn man euch knechtet, euch ausbeutet, euch einfängt, sich über euch erhebt, euch ins Gesicht schlägt[75]! Zu meiner Schande muß ich gestehen: Dazu waren wir ja zu schwach!

Womit aber einer prahlt – ich rede in Narrheit: Damit kann auch ich prahlen. Hebräer sind sie? Ich auch. Israeliten sind sie? Ich auch. Samen Abrahams sind sie? Ich auch. Diener Christi sind sie? Völlig von Sinnen sage ich: Ich noch mehr! In Mühen viel reichlicher, in Gefängnissen viel reichlicher, in Schlägen übermäßig, in Todesnöten oftmals. Von den Juden habe ich fünfmal die »vierzig weniger einen« bekommen, dreimal bin ich ausgepeitscht, einmal gesteinigt worden. Dreimal habe ich Schiffbruch erlitten; eine Nacht und einen Tag habe ich über dem Abgrund des Meeres zugebracht, durch Wanderungen oftmals, durch Gefahren von Flüssen, von Räubern, von meinem eigenen Volk und von den Heiden, Gefahren in der Stadt, in der Wüste, auf dem Meere, Gefahren unter falschen Brüdern. In Mühe und Not, in Nachtstunden oftmals, in Hunger und Durst, in Fasten oftmals, in Kälte und Blöße. Und neben allem anderen: der tägliche Andrang zu mir, die Sorge für alle Gemeinden! Wo ist einer schwach und ich bin es

---

74 Damit spielt Paulus auf das selbstherrlich-tyrannische Auftreten der Konkurrenten an, insbesondere auf die Tatsache, daß sie es mit dem Entgelt so wichtig nahmen.

75 Das Entgelt diente dazu, Rang und Leistungsfähigkeit eines Pneumatikers zu bestätigen und meßbar zu machen. Darum war seine Höhe nicht gleichgültig. Paulus weigerte sich von Anfang an, Entgelt von den Korinthern zu nehmen. Dies wurde als Argument gegen ihn gewendet.

nicht auch? Wo leidet einer Ärgernis und ich empfinde nicht auch Schmerz? Wenn denn gerühmt sein muß, so will ich mich meiner Schwachheit rühmen. Der Gott und Vater des Herrn Jesus, der gelobt sei in Ewigkeit, weiß, daß ich nicht lüge. In Damaskus ließ der Statthalter des Königs Aretas die Stadt bewachen, um mich gefangenzunehmen; da wurde ich durch ein Fenster in einem Korbe durch die Mauer hinabgelassen und entkam seinen Händen. (11, 16–33)

In der Propaganda der Gegner haben *Visionen* und himmlische *Offenbarungen* eine herausragende Rolle gespielt. Darum greift Paulus dieses Thema auf. Sicher stand er in dieser Hinsicht im Schatten seiner Gegner. Immerhin kann auch er auf ein außergewöhnliches ekstatisches Erlebnis verweisen, das ihm vor Jahren einmal zuteil geworden ist. Eigentümlich ist aber, daß er dieses einem *anderen* Menschen zuschreibt. Es ist nicht er selbst, dessen er sich rühmt. Man soll nicht den Eindruck gewinnen, als wolle er sich jetzt doch ernstlich aufs Rühmen verlegen!

Noch ein zweites führt er an: ein Christus-*Orakel*. Von schwerer Krankheit geschlagen, habe er um Heilung gebeten, was ihm jedoch abgeschlagen worden sei. Möglicherweise haben die Gegner die Krankheit des Paulus als satanische Besessenheit ausgelegt und damit gegen ihn agitiert. Um richtigzustellen, was es damit auf sich hat, beruft er sich auf die Autorität eines ihm persönlich zugesprochenen Orakels, das besagt: Es ist genug, von Christus in Dienst genommen zu sein; gerade in menschlicher Schwachheit tritt die göttliche Macht auf den Plan.

Rühmen muß ich mich – wenn es auch nicht zuträglich ist –, und so will ich zu den Gesichten und Offenbarungen des Herrn kommen. Ich weiß von einem Menschen in Christus, daß er vor vierzehn Jahren – ob im Leibe, weiß ich nicht, ob außer dem Leibe, weiß ich nicht, Gott weiß es –, daß dieser also entrückt wurde bis in den dritten Himmel. Und ich weiß, daß dieser Mensch – ob im Leibe oder außer dem Leibe, weiß ich nicht, Gott weiß es –, daß er entrückt wurde ins Paradies und unsagbare Worte hörte, die ein Mensch nicht aussprechen darf. Dieses Menschen will ich mich rühmen, meiner selbst will ich mich nicht rühmen – es sei denn der Schwachheiten. Denn wenn ich mich rühmen wollte, wäre ich kein Narr, denn ich würde die Wahrheit sagen. Ich sehe davon aber ab, damit keiner mehr von mir denkt, als er an mir sieht oder von mir hört, auch im Blick auf die überschwenglichen Offenbarungen. Darum, damit ich mich nicht überhebe, wurde mir ein Dorn ins Fleisch gegeben, ein Engel des Satans, der mich mit Fäusten schlagen muß, damit ich mich nicht überhebe [76]. Um dessentwillen habe ich dreimal den Herrn angerufen, daß er von mir ablasse, und er hat mir gesagt: »Meine Gnade ist dir genug; denn die Kraft vollendet sich in der Schwachheit.« So will ich mich nun noch viel lieber meiner Schwachheiten rühmen, damit sich die Kraft Christi auf mich niederlasse. Darum habe ich Wohlgefallen an

76 In bildhaft-mythologischer Sprache hebt Paulus die Schrecklichkeit seiner Krankheit hervor. Es handelt sich nicht um eine wirklichkeitsgetreue Schilderung des Krankheitsbildes. Darum ist es heute nicht mehr möglich, eine medizinische Diagnose zu stellen. Sicher dürfte nur sein, daß die Krankheit sichtbar in Erscheinung trat.

Schwachheiten, Mißhandlungen, Nöten, Verfolgungen und Bedrängnissen, um Christi willen: Denn wenn ich schwach bin, dann bin ich stark.

Ich bin ein Narr geworden; ihr habt mich dazu gezwungen. Eigentlich hätte ich von euch empfohlen werden müssen. Denn in nichts habe ich zurückgestanden hinter den Superaposteln, wenn ich auch nichts bin.

(12, 1–11)

Aufruf zur Bewährung

Es geht nicht darum, eine lästige Konkurrenz auszuschalten, sondern den verblendeten Korinthern die Augen zu öffnen. Ihre Abwendung von ihm hat sich bereits verheerend ausgewirkt. Er kann auf alarmierende Mißstände hinweisen.

So ruft Paulus abschließend zur gewissenhaften Selbstprüfung auf. Er ist trotz allem zuversichtlich. Jedenfalls ist ihre Bewährung und Besserung Inhalt seines Gebets.

Ihr denkt jetzt schon lange, wir verteidigten uns vor euch. Nein, wir reden vor Gott in Christus; das alles aber, ihr Lieben, ist zu eurer Erbauung. Denn ich fürchte, daß ich euch bei meiner Ankunft nicht so finde, wie ich will, und daß ich von euch so erfunden werde, wie ihr mich nicht wollt, daß es gar Streit, Eifer, Groll, Hader, Verleumdung, Ohrenbläserei, Aufgeblähtheit, Unordnung bei euch gibt. Ich fürchte, daß mich Gott, wenn ich wiederkomme, vor euch erniedrigt und ich trauern muß über viele, die vorher gesündigt und nicht Buße getan haben wegen ihrer Unreinheit, Hurerei und Schwelgerei, die sie begangen haben. (12, 19–21)

Stellt euch selbst auf die Probe, ob ihr im Glauben seid, prüft euch selbst! Oder merkt ihr etwa nicht, daß Jesus Christus in euch ist? Dann wärt ihr freilich nicht bewährt! Ich hoffe aber, ihr werdet erkennen, daß wir nicht unbewährt sind. Wir beten aber zu Gott, ihr möchtet nichts Böses tun, nicht damit wir bewährt erscheinen, sondern damit ihr das Gute tut, mögen wir auch wie unbewährt erscheinen. Denn wir vermögen nichts gegen die Wahrheit, sondern nur für sie. Wir freuen uns ja, wenn wir schwach sind und ihr mächtig seid; darum beten wir ja auch – um eure Vollendung. Deshalb schreibe ich noch aus der Ferne, damit ich, wenn ich dann bei euch bin, nicht streng zu verfahren brauche entsprechend der Vollmacht, die mir der Herr gegeben hat zum Aufbauen und nicht zum Zerstören. (13, 5–10)

(d) Der Versöhnungsbrief (Fragment 2 Kor 1, 1–2, 13; 7, 5–16)

In banger Sorge wartete Paulus auf Nachrichten aus Korinth. Als die Spannung unerträglich wurde, brach er seinen Aufenthalt in Ephesus ab und reiste nach Makedonien. Dort wollte er, den Ereignissen näher, seinen Abgesandten, Titus, empfangen. Er kam mit erfreulichen Nachrichten. Das Blatt hatte sich zugunsten des Paulus gewendet. Die Korinther bekunden jetzt wieder Eifer für ihn – mit der gleichen Leidenschaft, mit der sie ihn eben noch abgewiesen haben. Das ist die Lage, in der Paulus den die Aussöhnung besiegelnden Brief schrieb.

Man spürt ein erleichtertes Aufatmen. Die Kämpfe scheinen allenthalben noch durch; aber sie sind Vergangenheit. Von ihnen ist nur noch im Rückblick und im Lichte der vollzogenen Aussöhnung die Rede.

Die Versöhnten

Paulus empfand seinen letzten Besuch als Katastrophe, und er meint, daß auch die Korinther das, was damals geschah, rückblickend ebenso beurteilen. Um eine Wiederholung zu verhindern, habe er damals den scharfen Brief geschrieben. Auch er war jedoch im Grunde ein Zeugnis der Liebe, mit der er an ihnen hing und sie auf ihrem Irrweg suchte. Paulus kann jetzt feststellen, daß sie ihn verstanden haben. Sein Brief hat sie ernüchtert und zur Einsicht geführt. Inzwischen haben sie das durch die Tat bewiesen.

In diesem Zusammenhang kommt er auf jenen Mann zu sprechen, der ihm bei seinem Besuch das »Unrecht« antat. Offenbar war man in Korinth jetzt entschlossen, ihn mit aller Härte zu bestrafen. Aber Paulus setzt sich für ihn ein. Er ist der Meinung, daß ihm die brüderliche Liebe nicht länger versagt werden darf und es Zeit ist, zu verzeihen.

Ich habe mir fest vorgenommen, nicht mehr zu euch zu kommen, um euch Betrübnis zu bereiten. Denn wenn ich euch betrübe, wer anders soll mich dann erfreuen als der, der von mir betrübt wird? Und gerade dies habe ich euch geschrieben, daß ich bei meinem Kommen nicht Betrübnis erlebe von denen, von welchen mir Freude widerfahren müßte. Ich habe zu euch allen das Vertrauen, daß meine Freude euer aller Freude ist. Denn aus großer Not und Angst habe ich euch unter vielen Tränen geschrieben, nicht um euch damit zu betrüben, sondern damit ihr die Liebe erkennt, die ich ganz besonders für euch hege.

Wenn aber jemand Betrübnis verursacht hat, so hat er nicht mich betrübt, sondern zum Teil – um nicht zu viel zu sagen – euch alle. Für den Betreffenden genügt diese Bestrafung von seiten der Mehrheit, so daß ihr im Gegenteil ihm jetzt eher verzeihen und ihn trösten müßt; sonst könnte er von allzu großer Betrübnis aufgezehrt werden. Deshalb ermahne ich euch, ihm gegenüber Liebe walten zu lassen; denn zu dem Zweck habe ich ja auch geschrieben, um eure Bewährtheit festzustellen, ob ihr in allen Dingen gehorsam seid. Wem ihr aber etwas verzeiht, dem verzeihe ich auch; denn auch was ich verziehen habe – wenn ich etwas zu verzeihen hatte –, geschah um euretwillen vor dem Angesicht Christi, damit wir nicht vom Satan überlistet werden; denn wir kennen seine Anschläge wohl.

Als ich aber zur Verkündigung der Botschaft von Christus nach Troas kam und sich mir im Herrn eine Tür auftat, hatte ich innerlich doch keine Ruhe, weil ich meinen Bruder Titus nicht antraf, sondern ich verabschiedete mich von ihnen und reiste ab nach Makedonien.

Doch auch als wir nach Makedonien kamen, fand ich keine Ruhe, sondern in allem gab es Bedrängnisse: außen Kämpfe, innen Ängste. Aber Gott, der die Bedrückten tröstet, hat auch uns getröstet durch die Ankunft des Titus; aber nicht nur durch seine Ankunft, sondern auch durch den Trost, den er bei euch empfangen hatte: Er berichtete uns von eurer Sehnsucht, eurer Klage, eurem Eifer für mich, so daß meine Freude noch größer wurde. Denn, wenn ich euch auch in dem Brief betrübt habe, so bereue ich das nicht; wenn ich es auch bereute – ich sehe, daß jener Brief euch zeitweilig betrübte –, so freue ich mich doch jetzt, nicht darüber, daß ihr betrübt wart, sondern daß die Betrübnis euch zur Umkehr geführt hat. Denn ihr wart nach Gottes Sinn betrübt, so daß ihr in keiner Weise von uns Schaden erlittet. Denn die Betrübnis nach Gottes Sinn schafft eine Umkehr zum Heil, die niemals reut; aber die Betrübnis der Welt bewirkt Tod. Denn seht, daß ihr nach Gottes Sinn betrübt wurdet, wieviel guten Willen hat das bewirkt, ja sogar Entschuldigung, Unwillen, Furcht, ja, Sehnsucht, Eifer, Bestrafung! Durch all das habt ihr den Beweis geliefert, daß ihr rein seid in der Sache. Wenn ich euch also auch geschrieben habe, so geschah das nicht dessentwegen, der das Unrecht tat, oder dessentwegen, dem es angetan wurde, sondern damit euer guter Wille für uns sichtbar werde bei euch vor Gott. (2, 1–13; 7, 5–12)

5. Die Korrespondenz mit der Gemeinde in Philippi (Philipperbrief)

Philippi[77] war ein markanter Punkt im Missionswerk des Paulus. Hier entstand (49 n. Chr.) seine erste Gemeinde auf europäischem Boden. Sie nahm eine gewisse Sonderstellung ein. Mit keiner anderen hat er sich so eng verbunden gefühlt, keiner anderen so viel Vertrauen entgegengebracht. Das zeigte sich vor allem daran, daß er sich von ihr finanziell unterstützen ließ – ein Recht, das er zum Beispiel den Korinthern konsequent verweigerte. Dennoch hatte er zeitweise auch hier Schwierigkeiten.

Einzelheiten über die Gründung der Gemeinde steuert die Apostelgeschichte bei[78]. Nach ihrer Schilderung hat Paulus mit seiner Arbeit bei den hier ansässigen Juden begonnen. Ihr Kreis scheint allerdings klein gewesen zu sein. Sie hatten keine eigene Synagoge, sondern nur eine Gebetsstätte

---

77 Die Stadt wurde im 4. Jahrhundert v. Chr. von König Philipp, dem Vater Alexander des Großen, gegründet. An der großen Ost-West-Verbindung Via Egnatia gelegen, hatte sie als Umschlagplatz große Bedeutung. Ein neues Kapitel in der Geschichte der Stadt wurde durch Antonius und vor allem den späteren Kaiser Augustus eröffnet, als sie in ihr Kriegsveteranen ansiedelten und sie schließlich zur römischen Militärkolonie machten.

78 Zum Verlauf der Reise, die Paulus nach Philippi führte, siehe S. 225.

außerhalb der Stadt. Zu den ersten, die sich Paulus anschlossen, gehörte die »gottesfürchtige« Heidin Lydia, eine aus Kleinasien stammende Purpurhändlerin. Ihr Name ist mit dem Anfang in Philippi fest verknüpft. Ferner erfahren wir von der Bekehrung eines Gefängniswärters und seiner Familie.

Dem missionarischen Wirken des Paulus ist bald ein plötzliches Ende gesetzt worden. Der Magistrat ging energisch gegen ihn vor und zwang ihn, die Stadt zu verlassen. Das hat ihn tief betroffen. Seine Erschütterung klingt noch in dem Monate später verfaßten Brief an die Thessalonicher nach (vgl. oben S. 230). Trotz aller Schwierigkeiten und wider Erwarten hatte er aber mit seiner Predigt bleibenden Erfolg.

Im Neuen Testament ist *ein* Brief nach Philippi überliefert. Seine heutige Fassung weist offensichtliche und schwer erklärbare Brüche auf. Einzelne Briefteile setzen zudem unterschiedliche Situationen voraus. Damit stellt er vor ähnliche Probleme wie der 2. Korintherbrief. Die Schwierigkeiten lösen sich am einleuchtendsten durch die Annahme, daß mehrere kurze Brieffragmente in späterer Zeit zu einem »Brief« vereinigt worden sind [79].

Zeitlich liegen die Philipperbriefe eng beieinander. Paulus schrieb sie teilweise als Gefangener der Römer, woraus man auf Zeit und Ort ihrer Abfassung schließen kann. Dieser Anhaltspunkt ist allerdings nicht eindeutig. Von den Römern war der Apostel mehrmals längere Zeit inhaftiert: in Cäsarea (etwa 56–58 n. Chr.), in Rom (etwa 58–60 n. Chr.) und vorher in Ephesus (vgl. oben S. 239). Aller Wahrscheinlichkeit nach gehören die Briefe in die ephesinische Gefangenschaft. Dafür läßt sich anführen, daß sie einen regen Nachrichtenaustausch und damit die räumliche Nähe zwischen Absender und Empfänger voraussetzen. Sie wären dann etwa in dem gleichen Zeitraum wie die Korintherbriefe, um 54 n. Chr., geschrieben worden [80].

Man kann aus dem überlieferten Philipperbrief *drei* Fragmente herausschälen. Sie sind nach Anlaß und Zweck sehr verschieden. Der *erste* Brief (Fragment I), dessen Hauptteil in Kap. 4, 10–20 vorliegt, ist ein Dankesbrief. Die Philipper hatten von der Verhaftung des Paulus gehört und ihm durch eine Geldzuwendung wie durch die »Abordnung« eines Gemeindeglieds als Mitarbeiter ihre Anteilnahme bekundet. Im Unterschied zu dem Dankschreiben setzt der *zweite* Brief (Fragment II: 1, 1–3, 1; 4, 2–9) eine bereits länger andauernde Gefangenschaft voraus. Der Prozeßausgang ist noch offen. Paulus hofft auf Freispruch, hält aber gleichwohl auch ein Todesurteil für möglich. Die philippische Gemeinde bedarf ihrerseits der Hilfe. Sie war massiven behördlichen Pressionen ausgesetzt und außerdem durch Spannungen innerlich bedroht. Im *dritten* Brief (Fragment III: 3, 2–4, 1) wird von einer Ge-

---

79 Diese Hypothese ist in der Forschung zwar nicht allgemein anerkannt, findet aber immer mehr Anklang.

80 Stammen die Philipperbriefe aus der Zeit der Gefangenschaft in Caesarea oder Rom, wird man sie auf das Ende der fünfziger Jahre ansetzen. Sie hätten in diesem Fall als die letzten Paulusbriefe zu gelten.

fangenschaft nichts mehr erwähnt. Paulus hat die Freiheit wieder erlangt. Inzwischen hat er jedoch von gefährlichen Entwicklungen in Philippi gehört. Irrlehrer haben Verwirrung in die Gemeinde getragen.

(a) Zuspruch und Mahnung (Fragment II: 1, 1–3, 1; 4, 2–9)

In diesen Brief spielt die Lage des Apostels: Gefangenschaft und Prozeß, stark hinein. Sie ist sogar eines seiner Themen. Paulus wollte die Philipper an seinem Geschick und seinen Erfahrungen teilnehmen lassen. Aus seinem Bericht sollten sie zugleich Mut und Gewißheit für sich selbst schöpfen. Den zweiten Schwerpunkt des Briefes bilden Anweisungen für das Miteinander in der Gemeinde. Dabei zielt Paulus vor allem auf einen bestimmten Sachverhalt ab. Durch selbstsüchtig-ehrgeiziges Verhalten und Rivalitäten sah er ihre Glaubwürdigkeit als christliche Gemeinde ernstlich in Frage gestellt. Von daher erklärt sich, weshalb er seine Ermahnung mit einer ausführlichen, über den Anlaß weit hinausgehenden theologischen Begründung versieht und ihr so erhöhtes Gewicht verleiht.

Ethische Erkenntnis und Erfahrung

Paulus läßt den Dank an Gott in eine Bitte einmünden, in der er der Gemeinde die jetzt anstehende Aufgabe aufzeigt. In der Form eines Gebets bietet er Paränese! Darin spricht er die Philipper auf ihr eigenes ethisches Urteilsvermögen an. Sie sollen selbst entdecken, was Liebe jeweils konkret verlangt. Der letzte Zweck christlichen Gehorsams ist Lob und Ehre *Gottes*, nicht moralische Selbstdarstellung und -behauptung.

Darum bitte ich, daß eure Liebe noch mehr und mehr wachse in Verständnis und aller Erfahrung, daß ihr prüfen könnt, worauf es ankommt, damit ihr lauter und fehlerlos seid am Tage Christi, erfüllt mit Frucht der Gerechtigkeit, wie Jesus Christus sie schenkt, Gott zu Lob und Ehre. (1, 9–11)

Tod und Leben

Paulus berichtet den Philippern über seine Lage: Er ist Gefangener der römischen Staatsmacht. Dennoch konnte er die Verbindung zur Außenwelt, vor allem zu der Gemeinde aufrechterhalten. Als Erfolg wertet er, daß seine Bewacher auf ihn und die von ihm vertretene Sache aufmerksam werden.

Über sein persönliches Ergehen spricht Paulus so gut wie nicht. Wichtiger scheint ihm die Wirkung seiner Gefangenschaft. Voller Freude schreibt er, daß sein Prozeß allen Befürchtungen zum Trotz das Evangelium in Ephesus gefördert und die Prediger mit neuem Mut erfüllt habe. In die Freude mischt sich freilich ein wenig Bitterkeit. Er hat von Mitarbeitern gehört, deren Eifer aus wenig lauteren Motiven kommt. Persönliche Reibereien, Empfindlichkeit, Ehrgeiz störten offenbar auch hier das gute Einvernehmen.

Der Erfolg des Evangeliums war auch für ihn persönlich von größter Bedeutung. Er hat ihm geholfen, mit seiner niederdrückenden Situation fertig zu werden. Was er als Gefangener schreibt, ist das Zeugnis einer erstaunlichen Freiheit. Selbst der Tod schreckt ihn nicht mehr. Leben oder Tod: Er ist gewiß, daß an ihm und seinem Schicksal der Sieg Christi sichtbar werden wird. Ja, er wünscht den Tod geradezu herbei, weil er ihn an das Ziel seines Lebens und Wirkens bringen wird, zur Gemeinschaft mit Christus. Er denkt allerdings auch an den Fortgang seines Missionswerkes – und dieser ist ihm schließlich doch wichtiger als alle Sehnsucht nach persönlicher Vollendung. Er wird noch gebraucht; daraus erwächst ihm die Gewißheit, sein Prozeß werde mit einem Freispruch enden und er seinem Werk noch einige Zeit erhalten bleiben.

Ich möchte euch aber wissen lassen, ihr Brüder, daß meine Sache sich immer mehr zur Förderung des Evangeliums entwickelt hat. Im ganzen Prätorium [81] und allen anderen ist klar geworden, daß ich um Christi willen gefangen bin; und die Mehrzahl der Brüder im Herrn wagen es im Vertrauen auf meine Gefangenschaft immer mutiger, furchtlos das Wort Gottes zu verkündigen. Manche verkünden Christus freilich aus Neid und Streitsucht, andere aus guter Gesinnung; die einen aus Liebe, da sie wissen, daß ich bestimmt bin, das Evangelium zu verteidigen, die anderen predigen Christus aus Selbstsucht und nicht in lauterer Absicht; sie meinen, mir in meiner Gefangenschaft Leid zufügen zu können. Was tut es? Wird doch so oder so, arglistig oder ehrlich, Christus gepredigt, und darüber freue ich mich. Freude aber werde ich auch weiter haben; denn ich weiß: Dies wird mir zum Heil ausgehen – dank eures Betens und der Hilfe des Geistes Jesu Christi. So geht meine zuversichtliche Erwartung dahin, daß ich in keiner Hinsicht zuschanden werde, sondern daß Christus, wie immer so auch jetzt, in aller Öffentlichkeit an meinem Leibe verherrlicht werden wird, es sei durch Leben oder durch Tod. Denn Christus bedeutet mir Leben und Sterben Gewinn. Gilt es aber, im Fleisch weiter zu leben, so bedeutet mir das Frucht meiner Arbeit. So weiß ich nicht, was ich wählen soll. Von zwei Seiten her werde ich in Bann gehalten: Ich habe das Verlangen, zu sterben und bei Christus zu sein [82]; denn das ist um vieles besser.

---

81 Bei diesem Ausdruck hat man zunächst an die kaiserliche Garde in Rom zu denken, was für die Abfassung des Philipperbriefes in Rom angeführt wird. Prätorium kann aber auch allgemeiner die Residenz des römischen Statthalters in den Provinzhauptstädten bezeichnen. Hier ist wohl die Wache gemeint, mit der Paulus zu tun hatte.

82 Nicht das Sterben als solches bedeutet Gewinn, sondern allein für den Glaubenden. Er besteht in einer durch das Sterben hindurch eröffneten, ungebrochenen Gemeinschaft mit Christus. Paulus zeigt keinerlei Interesse, das Leben nach dem Tode auszumalen. Auch da, wo er über die Todesgrenze hinausdenkt, bleibt das Christusgeschehen der Punkt, an dem er sich orientiert. In diesem Sinne »beschreibt« er die Erfüllung und Vollendung der durch Christus bestimmten Existenz als ein »Mit-Christus-Sein« (vgl. auch S. 234).

Das Bleiben im Fleisch ist aber euretwegen nötiger. Und im Vertrauen darauf bin ich gewiß, daß ich noch bleiben und verharren werde euch allen zugute, zu eurem Fortschritt und eurer Freude im Glauben, damit euer Ruhm in Christus Jesus groß werde an mir – dadurch, daß ich wieder zu euch komme. (1, 12–26)

Ermutigung

Das Leben der Gemeinde war von Leiden und Kampf gezeichnet. Man hat versucht, sie einzuschüchtern. Was Paulus von sich und seinen Erfahrungen als Gefangener schrieb, konnte sie in ihrer Haltung bestärken. Jetzt spricht er den Bedrängten ausdrücklich Mut zu; Verfolgung und Bedrängnis sind für die Betroffenen Zeichen des Heils, ja, Geschenk, Erweis der Gnade Gottes.

Nur führt euer Leben würdig des Evangeliums Christi, damit ich von euch erfahre . . ., daß ihr in *einem* Geiste feststeht, in einmütigem Kampf für den Glauben an das Evangelium, daß ihr euch in keiner Weise von den Gegnern in Furcht versetzen laßt; das ist für sie ein Zeichen des Verderbens, für euch aber des Heils; und das kommt von Gott. Denn euch wurde in Gnaden geschenkt, für Christus – nicht nur an ihn zu glauben, sondern auch für ihn zu leiden, die ihr denselben Kampf zu kämpfen habt, den ihr einst an mir saht und jetzt von mir hört. (1, 27–30)

Mahnung zu Eintracht und Selbstlosigkeit

Paulus redet den Philippern sehr eindringlich ins Gewissen. Er bietet alles auf, um sich Gehör zu verschaffen. Seine Kritik gilt ihrer mangelnden Eintracht und ihrem selbstsüchtigen Verhalten. Offenbar war dadurch die Einheit der Gemeinde in Frage gestellt.

Das Besondere des Abschnitts liegt darin, daß Paulus die Paränese theologisch breit untermauert und sich dazu eines älteren Christus-Hymnus bedient (siehe S. 88). Darin war die Rede von dem Schicksal des gottgleichen Christus, von seiner Selbsterniedrigung in die Knechtsgestalt menschlichen Daseins, seinem Gehorsam bis zum Tod und seiner Einsetzung zum Herrn der Welt. Diese Aussagen haben ein großes Eigengewicht; sie wirken wie ein in den Gedankengang eingesprengter Fremdkörper. Der Bezug auf die Situation in Philippi ist dennoch unverkennbar. Vom Christusgeschehen her wird begründet, daß das selbstlose Dasein für andere die Haltung ist, die christlich allein in Frage kommt. Das Heil der Menschen ist durch die selbstlose Tat Christi beschafft worden. Damit ist den Glaubenden, die sich auf diese Tat berufen, Richtung und Maßstab für ihr eigenes Verhalten vorgezeichnet.

So wahr es in Christus Ermahnung gibt, Zureden in Liebe, Gemeinschaft des Geistes, Erbarmen und Mitgefühl – macht meine Freude vollkommen dadurch, daß ihr einträchtig seid, in gleicher Liebe, *eines* Sinnes, auf *eines* bedacht; nichts soll in Selbstsucht oder Ehrgeiz geschehen, sondern schätzt in

Demut einander höher als euch selbst; keiner sei auf das Seine aus, sondern auf das des anderen. Das sei euer Ziel unter euch, was es auch in Christus Jesus gilt [83]:

Der in göttlicher Gestalt sein Dasein hatte,
beutete doch das Gott-Gleichsein nicht aus,
sondern entäußerte sich,
nahm Knechtsgestalt an,
wurde den Menschen gleich
und in seiner Erscheinung als ein Mensch erfunden.
Er erniedrigte sich selbst und wurde gehorsam bis zum Tode,
ja bis zum Tode am Kreuz.

Darum hat Gott ihn auch erhöht
und ihm den Namen über alle Namen verliehen,
damit in dem Namen Jesu ›sich alle Knie beugen sollen‹
– der Himmlischen, Irdischen und Unterirdischen –
und ›jede Zunge bekenne‹, daß Herr ist
Jesus Christus – zur Ehre Gottes des Vaters. (2, 1–11)

Das Gewicht des Christushymnus ausnutzend, fügt Paulus mit einem folgernden »darum« eine allgemeine Mahnung an – mit dem Ziel, den Philippern einzuschärfen, daß sie sich als Christen auszuweisen haben. Er hält dies für unerläßlich. So erklärt sich die mißverständliche Formulierung: »Wirkt mit Furcht und Zittern euer Heil«. Als ob das Heil das Ergebnis menschlicher Bemühung sein könnte! Paulus kann die Leser so energisch auf das Tun ansprechen, weil er gewiß ist, daß Gott Wollen und Tun in Gang bringt. Er wendet sich an Menschen, die sich als von Gott Beschenkte verstehen.

Darum, meine Lieben, da ihr ja immer gehorsam wart, nicht nur wie bei meiner Anwesenheit, sondern jetzt noch viel mehr bei meiner Abwesenheit: Wirkt euer Heil mit Furcht und Zittern! *Denn* Gott ist es, der wirkt unter euch das Wollen und das Wirken nach seiner Huld [84]. Alles tut ohne Murren und Widerstreben, damit ihr untadelig und unverdorben seid, ›makellose Kinder Gottes inmitten eines verkehrten und verdrehten Geschlechts‹, in dem ihr erscheint wie Lichter in der Welt; und haltet fest am Wort des

---

83 Luther übersetzt: »Seid gesinnt, wie Jesus Christus auch war.« Diese Übersetzung trifft den Sinn nicht. Es geht nicht darum, Christus zum Vorbild zu nehmen, sondern zu begreifen, was »in Christus«, d. h. in dem Bereich, in dem er als Herr angerufen und anerkannt wird, für das eigene Verhalten gilt. Mißverständlich ist auch »Gesinnung«. Das griechische Wort meint die Ausrichtung und Zielsetzung des Lebens.

84 Paulus kämpft leidenschaftlich gegen die Meinung, der Mensch könne sich das Heil durch Leistung erwirken. Vgl. dazu die Ausführungen im folgenden Brieffragment, vor allem den Galater- und Römerbrief.

Lebens mir zum Ruhm für den Tag Christi, daß ich nicht vergeblich gelaufen bin oder vergeblich mich abgemüht habe[85]. (2, 12–16)

Die Freude

Man hat den zweiten Brief an die Philipper auch »Freudenbrief« genannt. Der Aufruf zur Freude durchzieht den ganzen Brief, ohne daß der Mahnung damit etwas von ihrer Dringlichkeit genommen würde. Auch die bedrängte Lage der Philipper soll damit nicht überspielt werden. Wie es damit auch stehen mag: Der Christ hat Grund zur Freude – das, was durch Christus gegeben ist, das Christsein selbst, die Zugehörigkeit zur Heilsgemeinde. Bezeichnenderweise verbindet Paulus mit dem Aufruf zur Freude die Mahnung, allen Menschen Güte widerfahren zu lassen.

Im übrigen, meine Brüder, freut euch im Herrn! Euch dasselbe nochmals zu schreiben, ist mir nicht lästig; und ihr wißt es dann um so sicherer...

Freut euch im Herrn allezeit. Noch einmal sage ich es: Freut euch. Eure Güte sollen alle Menschen erfahren. Der Herr ist nahe. Um nichts sorgt euch, sondern bringt in jeder Lage betend und bittend eure Anliegen mit Dank vor Gott! Und der Friede Gottes, der alles Verstehen übersteigt, wird eure Herzen und eure Gedanken bewahren in Christus Jesus. (3, 1; 4, 4–7)

(b) Gegen die Irrlehrer (Fragment III: 3, 2–4, 1)

Zur Zeit des Urchristentums gab es eine bunte Mannigfaltigkeit theologischer Lehren und Strömungen. Sie bestanden nebeneinander und konkurrierten miteinander. Auch eine feste Grenze zwischen rechter und falscher Lehre war noch nicht gezogen. Wenn man im Blick auf die Paulusgegner in Korinth oder Philippi von Irrlehrern spricht, greift man der Geschichte vor. In der Sicht der damaligen Gemeinden waren sie einfach Wanderprediger und Missionare, die das Evangelium anders verkündigten und andere theologische Anschauungen vertraten. Um so wichtiger sind die Stellungnahmen, die Paulus dazu abgibt. Seine Größe als theologischer Denker kommt nicht zuletzt darin zutage, daß er Grenzmarken setzte. Er definierte das Evangelium konsequent vom Kreuz her und machte es zum Kriterium, an dem alle Verkündigung theologisch zu messen ist. In seinen Briefen hat er dieses Urteil über seine Gegner und deren Predigt in eingehender Argumentation vollzo-

85 In diesen widersprüchlichen Sätzen kommt die Eigenart paulinischer Ethik zutage: Der Christ ist zum Tun verpflichtet, *weil* Gott das Wollen und Tun wirkt. Dieses Tun ist also keine Leistung, die man sich selbst zurechnen könnte. Damit ist der Ernst der Forderung nicht aufgehoben, sondern gerade geltend gemacht.

gen und seinen Gemeinden damit Orientierungshilfe gegeben. Eine im Urchristentum allgemein verbindliche und ein für allemal gültige Abgrenzung gegen die Häresie war damit jedoch nicht erreicht. Was die theologische Lehre anlangt, war in dieser Anfangszeit alles noch zu sehr im Fluß, als daß so etwas überhaupt möglich gewesen wäre. Darum blieb die Häresie ein immer wieder auftauchendes Problem; es hat die Urteilskraft der Gemeinde stets aufs neue herausgefordert.

Der dritte Philipperbrief ist eine Streitschrift. Sie richtet sich gegen christliche Prediger, die als »Feinde des Kreuzes Christi« das Evangelium verfälschen. Paulus verfällt hier bisweilen in eine Polemik, die in ihrer Schärfe an die des 2. Korintherbriefes erinnert. Er scheut sich nicht, die Gegner regelrecht zu beschimpfen.

Die Irrlehrer in Philippi glaubten sich schon jetzt im vollen Besitz des Heils. Darin glichen sie den korinthischen Schwärmern (vgl. S. 258 ff.). Hier wie dort argumentiert Paulus von dem unübersteigbaren Noch-nicht christlicher Existenz her: Nicht endgültiges und sicheres Haben ist ihr Merkmal, sondern die Ausrichtung auf das endzeitliche Ziel.

Religionsgeschichtlich sind die Irrlehrer mit ihrem ungebrochenen Vollendungsbewußtsein der Gnosis zuzuordnen. Das reicht zu ihrer Bestimmung jedoch nicht aus. Sie waren selbst gebürtige Juden und hielten dies für einen Vorzug, der heilsbedeutsam ist und ihnen Autorität verleiht[86]. Allem Anschein nach forderten sie die Beschneidung und die strenge Einhaltung des Gesetzes um des Heils willen. Die Eigenart ihres »Evangeliums« bestand also darin, daß sie mit Elementen gnostischer Religiosität eine strenge Gesetzesfrömmigkeit im Sinne des Judentums verbanden. So erklärt sich, daß sich Paulus in diesem Zusammenhang mit der jüdischen Gesetzesfrömmigkeit auseinandersetzt.

Der Leitbegriff dieser Auseinandersetzung ist: »Gerechtigkeit«. Der »eigenen« Gerechtigkeit der Juden wird programmatisch die »Gerechtigkeit aus Gott«, dem selbstverdienten Heil das durch Jesus eröffnete gegenübergestellt. Paulus skizziert hier die Grundgedanken seiner Rechtfertigungslehre, die er später im Römerbrief entfaltete.

Gebt acht auf die Hunde, die üblen Arbeiter, die Leute von der Zerschneidung[87]! Denn die Beschneidung sind wir[88], die wir im Geist Gottes anbeten, unsern Ruhm in Christus Jesus haben und unser Vertrauen nicht auf irdische Vorzüge setzen, obwohl ich mich durchaus auf solche stützen könnte. Wenn ein anderer meint, auf äußere Vorzüge vertrauen zu können, ich kann es noch besser: am achten Tag beschnitten, aus dem Volk Israel, vom Stamme Benjamin, Hebräer von Hebräern, dem Gesetz nach ein Pharisäer, dem Eifer nach ein Verfolger der Gemeinde, der Gesetzesgerechtigkeit nach untadelig. Aber was mir einst Gewinn war, das gilt mir jetzt um Christi willen für Schaden. Ja, schlechterdings alles gilt mir für Schaden gegenüber der alles überragen-

---

86 Die Irrlehrer in Philippi sind darin den Wanderpredigern des 2. Korintherbriefes vergleichbar (vgl. S. 271).

87 Mit diesem ironischen Ausdruck soll die Beschneidungsforderung der Irrlehrer ad absurdum geführt werden.

88 Das heißt: die wahren Juden.

den Erkenntnis Christi Jesu, meines Herrn. Seinetwillen ließ ich mich um alles bringen; ja, für Dreck halte ich es, damit ich Christus gewinne und in ihm erfunden werde. Es geht mir nicht darum, meine eigene Gerechtigkeit aus dem Gesetz zu haben, sondern um Gerechtigkeit, die durch den Glauben an Christus kommt, um die Gerechtigkeit aus Gott auf Grund des Glaubens. Ihn will ich erkennen, die Kraft seiner Auferstehung und die Gemeinschaft seiner Leiden; dabei nehme ich die Gestalt seines Sterbens an, ob ich zuletzt zur Auferstehung von den Toten gelangen könnte[89]. Nicht, daß ich ihn schon ergriffen hätte oder schon vollkommen sei, ich strebe aber danach, ihn zu ergreifen, weil ich ja von Christus Jesus ergriffen bin. Brüder, ich bilde mir nicht ein, schon ergriffen zu haben; nur dies: Ich vergesse, was dahinten ist, strecke mich nach dem aus, was vor mir liegt, und jage so dem Ziele nach, dem Kampfpreis, der himmlischen Berufung durch Gott in Christus Jesus. (3, 2–14)

6. An Philemon

Der Philemonbrief[90] ist insofern eine Ausnahme, als er sich nicht an eine Gemeinde, sondern an eine einzelne Person wendet. Er ist der einzige Privatbrief des Apostels. Freilich überschreitet der Inhalt des Briefes den Bereich des »Privaten«. Paulus spricht auch hier als Apostel, und es wird eine Frage verhandelt, die nicht einen einzelnen anging, sondern für das Zusammenleben in der Gemeinde von weittragender Bedeutung war.

Der Empfänger des Briefes, Philemon, war ein begüterter Mann. Einige Zeit vorher war er – vielleicht in Ephesus – mit Paulus zusammengetroffen und Christ geworden. Wie es scheint, genoß er in seiner Gemeinde – wahrscheinlich Kolossä – hohes Ansehen. Sein Haus war der Mittelpunkt einer Hausgemeinde. Paulus nennt ihn »Mitarbeiter«.

Es geht um einen Sklaven des Philemon namens Onesimus. Dieser hatte seinen Herrn bestohlen und war geflohen. Aus nicht erkennbaren Gründen suchte er Zuflucht bei dem gefangenen Paulus. Eine Zeitlang blieb er bei ihm als Gehilfe. So ungern Paulus auf seine Dienste verzichtete, hielt er es gleichwohl für unumgänglich, ihn zu seinem »Herrn« zurückzuschicken. Er setzt sich für seinen »Mitarbeiter« ein und bittet Philemon, ihm Flucht und Diebstahl zu verzeihen und ihn als Bruder wieder aufzunehmen.

Paulus geht das Problem der antiken Sklaverei nicht grundsätzlich an. Kein Wort des Protestes; kein Aufruf dazu, die Verhältnisse zu ändern. Auch die anderen Briefe enthalten keine Impulse in dieser Richtung. Paulus deutet nicht einmal an, daß die Freilassung des Sklaven Onesimus das christlich Gebotene wäre. Man empfindet diese

---

89 Vgl. dazu 1. Kor 15 (oben S. 262 f.).

90 Er wurde von Paulus in der Gefangenschaft geschrieben. Wie bei den Philipperbriefen hat man dabei an die in Ephesus zu denken (54 n. Chr.).

Zurückhaltung heute vielfach als Mangel. Dennoch sollte man sich nicht zu vorschnellen Urteilen verleiten lassen. Was Paulus dem Philemon schreibt, muß im Zusammenhang der Zeit verstanden werden.

Den Hintergrund bildet das damalige Sklavenrecht. Danach galt die Flucht eines Sklaven als ein schweres Delikt. Sein Herr konnte ihn nach eigenem Gutdünken bestrafen, sogar töten. Es gab Polizeikommandos, die die Aufgabe hatten, entlaufene Sklaven wieder einzufangen und ihren Herren zurückzubringen. Paulus hält sich an dieses Recht insofern, als er Onesimus zu Philemon zurückschickt. Aber er erwartet von ihm, daß er Onesimus nicht mehr als Sklaven, sondern als Bruder ansieht. Im Grunde ist damit das Recht für den Lebensbereich der christlichen Gemeinde aufgehoben[91]. Für ihn gelten die Maßstäbe christlicher Bruderschaft, letztlich also der Liebe.

Darum, obwohl ich in Christus volles Recht habe, dir zu gebieten, was sich gebührt, bitte ich doch lieber um der Liebe willen. Als der, der ich bin, Paulus, ein alter Mann, jetzt aber außerdem Gefangener Christi Jesu, bitte ich dich für mein Kind, das ich in den Banden gezeugt habe[92], Onesimus. Er war dir einst ein Nichtsnutz, jetzt aber ist er dir und mir sehr nützlich[93], den schicke ich dir zurück, ihn, das heißt mein eigenes Herz. Ich wollte ihn gerne bei mir behalten, damit er mir an deiner Statt in den Banden des Evangeliums diene; aber ohne dein Einverständnis wollte ich nichts tun, damit deine gute Tat nicht aus Zwang, sondern freiwillig geschehe. Denn vielleicht ist er deshalb eine Zeitlang von dir getrennt worden, damit du ihn ewig wiederhättest, nicht mehr als Sklaven, sondern als einen, der viel mehr als ein Sklave ist – als geliebten Bruder, besonders für mich, um so mehr aber für dich, sowohl als Mensch wie als Christ. Wenn du mich nun als Genossen ansiehst, so nimm ihn auf wie mich. Wenn er dich geschädigt hat oder dir etwas schuldet, dann setze das mir auf die Rechnung; ich, Paulus, schreibe es mit eigener Hand, ich will es bezahlen – um dir nicht zu sagen, daß du auch dich selbst mir schuldest. Ja, Bruder, ich möchte deiner froh werden im Herrn. Erquicke mein Herz in Christus. Im Vertrauen auf deinen Gehorsam schreibe ich dir: Ich weiß, daß du mehr[94] tun wirst, als ich sage. Zugleich aber bereite für mich gastliche Aufnahme vor; denn ich hoffe, daß ich dank eurer Gebete euch wiedergeschenkt werde. (8–22)

91 Gesellschaftspolitische Aktivität hat das Urchristentum nicht entwickelt, auch nicht entwickeln können. Das hatte mehrere Gründe. Die Christen waren zahlenmäßig zu schwach, als daß sie einen gewichtigen Faktor in der Gesellschaft darstellten; sie waren weithin gesellschaftlich isoliert oder gar geächtet. Hinzu kam, daß man mit dem baldigen Weltende rechnete.

92 Mit dieser bildhaften Wendung deutet Paulus an, daß er Onesimus bekehrt hat. Vielleicht will er darüber hinaus anklingen lassen, wie sehr ihm an ihm liegt.

93 Hier liegt ein Wortspiel mit dem Namen des Onesimus vor. Onesimus heißt »nützlich«.

94 Paulus führt nicht aus, was dieses »mehr« sein könnte. Will er Philemon darauf ansprechen, Onesimus die Freiheit zu schenken?

7. An die Galater

Die Empfänger des Briefes sind »die Gemeinden Galatiens«. Namentlich werden sie nicht näher bezeichnet. Der Brief sollte als Rundschreiben von Gemeinde zu Gemeinde weitergegeben werden. Die Adressaten sind in Zentralkleinasien, im weiteren Umkreis des heutigen Ankara zu suchen. Dies war das Siedlungsgebiet der Galater, eines keltischen Volksstammes, der sich auf seiner Wanderung am Anfang des dritten vorchristlichen Jahrhunderts hier niedergelassen hatte. Die Galater haben keine große Geschichte gemacht; aber sie konnten in gewissem Umfang ihre Lebensweise, einschließlich ihrer Sprache, bewahren und sich sogar politische Selbständigkeit erkämpfen [95]. Erst nach dem Tod des letzten Königs gegen Ende des 1. Jahrhunderts v. Chr. wurde Galatien dem römischen Imperium eingegliedert und mit Gebieten des südlichen Kleinasien zur römischen Provinz Galatia zusammengefaßt.

Paulus hat die galatischen Gemeinden etwa 48/49 n. Chr. auf der sog. zweiten Missionsreise, wohl unmittelbar nach dem Apostelkonvent gegründet (vgl. S. 224 f.). Bei einem Besuch vor dem 52 n. Chr. beginnenden ephesinischen Abschnitt seines Wirkens hat er sich von ihrem erfreulichen Entwicklungsstand überzeugen können. Sie seien, wie er bestätigt, »gut gelaufen«. Um so härter mußte ihn treffen, daß Irrlehrer in die Gemeinden eindrangen und sofort Gehör fanden. Wie die Briefe nach Korinth und Philippi gehört auch der an die Galater nach Ephesus, in die Jahre 52–55 n. Chr., wahrscheinlich in die erste Phase seines Aufenthalts dort [96].

Nach paulinischem Urteil war in Galatien die Wahrheit des Evangeliums in Frage gestellt. Die Irrlehrer zielten darauf ab, *heiden*christliche Gemeinden auf das alttestamentliche Gesetz zu verpflichten. Dabei ging es nicht um die ethischen Gebote. Im Vordergrund standen kultisch-rituelle Bestimmungen, insbesondere die Beschneidung. Der kritische Punkt war, daß die Unterwerfung unter das Gesetz als heilsnotwendig proklamiert wurde. Paulus habe ein unverzichtbares Element des christlichen Glaubens unterschlagen und es mit seinem Evangelium gar zu billig gemacht. Es mag verwunderlich erscheinen, daß die Häretiker mit ihrer Botschaft bei Heidenchristen Anklang fanden. Offenbar hat man argumentiert, nur durch die Übernahme des Gesetzes sei die Kontinuität zum alttestamentlichen Gottesvolk, dem Träger der Heilsverheißung gewährleistet; und nur wer in ihr stehe, habe vollen Anteil am Heil [97]. Hatte nicht auch die Jerusalemer Urgemeinde am Gesetz festgehalten?

Paulus tritt dieser Botschaft mit einem kompromißlosen Nein entgegen. Wer das Heil an moralische oder religiös-kultische Leistungen bindet, setzt

---

95 Gegen die Oberherrschaft der Könige von Pergamon.

96 Wenn dies zutrifft, dann hat er in der Reihe der Paulusbriefe seinen Platz hinter dem 1. Thessalonicher- und vor dem 1. Korintherbrief.

97 Vgl. zu dieser Problematik auch S. 102 f., 106 f.

das Evangelium außer Kurs. Diese Konsequenz ist allerdings weder den Häretikern noch den Galatern aufgegangen. Man strebte eine Synthese an. So mußte Paulus zeigen, daß es im Blick auf Evangelium und Gesetz nur ein Entweder-Oder gibt. Jedoch, als eine wirkliche Alternative kann das Gesetz für Christen nicht mehr in Betracht kommen. Denn seine Zeit ist vorbei. Mit Christus ist eine neue Zeit angebrochen, und ihr Merkmal ist: Freiheit. Die Freiheit des Christen ist das theologische Hauptthema des Galaterbriefes.

Die Einstellung zum Gesetz erweist die galatischen Irrlehrer als strenge Judenchristen, Judaisten. Neben der Beschneidung forderten sie aber die Beachtung heiliger Tage und andere kultische Praktiken, die von jüdischen Voraussetzungen her nicht zu erklären sind. Im Mittelpunkt scheint ein Kult der »Weltelemente« (Gestirne) gestanden zu haben. Diese galten im Hellenismus als kosmische Mächte, denen der Mensch ausgeliefert ist – weshalb man sich ihrer durch religiöse Verehrung zu versichern suchte [98]. Das alles weist auf eine Konzeption, in der Elemente jüdischer Gesetzeslehre und hellenistischer Religiosität zu einem eigentümlichen Mischgebilde unter christlicher Firmierung zusammengeordnet wurden.

Die Erbitterung des Paulus über die Vorgänge in Galatien ist allenthalben spürbar. Immer wieder wird die theologische Sacherörterung durch zornige Ausbrüche, sarkastische Bemerkungen oder Beschwörungen unterbrochen. Mit Temperament hat Paulus gekämpft, wenn es galt, die Gemeinden vor Verirrungen zu bewahren. Im Fall der Galater ging es darüber hinaus auch um ihn persönlich. Mit seiner Verkündigung ist zugleich seine Autorität als Apostel in Frage gestellt worden. Dabei haben sich die Agitatoren auf die Jerusalemer Urapostel berufen [99] und sie gegen ihn ausgespielt. Er sei gar kein rechtmäßiger Apostel. Auf dem Apostelkonvent hätten ihn die maßgeblichen Männer wegen seines gesetzesfreien Evangeliums zurechtgewiesen und ihm Auflagen gemacht, darunter vielleicht auch die Beschneidung der bekehrten Heiden. So sieht Paulus sich zur *Selbstverteidigung* herausgefordert. Ihr gilt der erste Teil des Briefes: Sein Apostolat beruht auf einer *Offenbarung* Jesu Christi. Wie bei den Propheten hat Gott souverän und überraschend in sein Leben eingegriffen und ihn in den Dienst der Heidenmission gestellt. Sein Recht als Apostel kann von niemandem bestritten werden, wie es auch keiner Bestätigung durch Menschen bedarf. Und was den Apostelkonvent anlangt, so ist hier seine Verkündigung unter den Heiden offiziell gutgeheißen und sein spezieller Auftrag gerade bestätigt worden. Nichts hat man ihm auferlegt [100].

---

98 Daseinsangst war weithin die »Grundstimmung« des Menschen in hellenistischer Zeit; vgl. dazu auch S. 88 f.

99 Bei den galatischen Irrlehrern handelte es sich nicht, wie man gemeint hat, um Abgesandte der Jerusalemer Urapostel, dazu beauftragt, auf dem paulinischen Arbeitsfeld eine »judaistische« Gegenmission zu treiben.

100 Paulus verschweigt in seinem Bericht nicht, daß es auf dem Konvent Kräfte gab, die die Verpflichtung auch der Heidenchristen auf das jüdische Gesetz verfochten.

Paulus begegnet den Vorwürfen gegen ihn in Form eines ausführlichen historisch-biographischen Rückblicks[101]. Genauigkeit in der Darstellung schien ihm angebracht. Es sollte den verwirrten Galatern jeder Zweifel genommen werden, daß er ihnen das ganze und das wahre Evangelium verkündigt hat.

Der drohende Abfall

Statt der üblichen Danksagung an Gott unverhohlene Empörung: Was sich in Galatien tut, ist Abfall zu einem Evangelium, das keines ist! Der Briefeingang gipfelt in einem Fluch über jeden, und sei es ein Engel, der sein Evangelium durch ein anderes ersetzen will.

Ich muß mich wundern, daß ihr so rasch von dem, der euch durch die Gnade Christi berufen hat, abfallt zu einem anderen Evangelium – das gar keines ist. Da gibt es nur gewisse Leute, die euch verwirren und das Evangelium Christi verkehren wollen. Aber auch wenn wir oder ein Engel vom Himmel ein anderes Evangelium brächten als das, das wir euch verkündet haben, verflucht sei er! Wie wir eben schon gesagt haben, so sage ich auch jetzt noch einmal: Wenn jemand euch ein Evangelium verkündigt, das ihr nicht empfangen habt – verflucht sei er! (1, 6–9)

Der Sachverhalt

Den Galatern ist nicht bewußt geworden, worauf sie sich eingelassen haben. Konnte man einem strengeren Christentum gegenüber nicht guten Glaubens sein? So galt es zunächst einmal, den Irrtum durchschaubar zu machen und zu einem theologischen Urteil anzuleiten.

Der Beweisgang zielt vor allem auf zwei Punkte ab:

(1) Heil oder »Gerechtigkeit« erlangt nach Gottes Willen allein der Glaube. Auf dem Weg einer religiösen, vom Gesetz verordneten Leistung ist nichts zu gewinnen. Als Beweismittel dient die Abrahamgeschichte.

(2) Vom Gesetz her kommt, anders als man in seiner Selbstgewißheit wähnt, Fluch, wenn man es zu seinem Lebensprinzip macht. Jesus hat jedoch vom Fluch des Gesetzes befreit, indem er ihn auf sich nahm.

In einer heute nicht mehr unmittelbar verständlichen Sprache fördert Paulus hier Erkenntnisse zutage, die nichts von ihrer Bedeutung eingebüßt haben.

Er nennt sie »Falschbrüder«. Wie die Vereinbarung zwischen den maßgeblichen Männern beweist, haben sie sich nicht durchgesetzt.

101 Ihm verdanken wir unsere Kenntnis von der Bekehrung des Paulus, seiner frühen missionarischen Tätigkeit und dem Apostelkonvent. Die wichtigsten Abschnitte daraus sind in anderem Zusammenhang angeführt (vgl. S. 106, 220–224). Auf ihre Wiedergabe kann darum hier verzichtet werden.

Wenn er von der »Gerechtigkeit aus Glauben« oder »aus Werken« spricht, dann geht es um die Frage, was dem Leben des Menschen seinen Sinn gibt. Es ist ein lebenzerstörender Irrtum, daß religiöse oder andere Leistungen das vermöchten. Demgegenüber besagt das Evangelium: Christus verantwortet das Leben und gewährt und verbürgt seinen Sinn – vor aller Leistung und *trotz* allen Versagens. Das ist der Inhalt des Glaubens.

Eine besondere Rolle spielt in den folgenden Texten der *Schriftbeweis*. Für Paulus wie für das ganze Urchristentum war die Schrift, das Alte Testament, anerkanntes theologisches Beweismittel. Man konnte ihr unmittelbar die Wahrheit entnehmen, die man geltend machen möchte. Über die Tragfähigkeit alttestamentlicher Aussagen hat Paulus ebensowenig reflektiert wie darüber, daß diese ihren bestimmten geschichtlichen Ort haben und in einen bestimmten Textzusammenhang gehören. Uns erscheinen heute seine Schriftbeweise nicht mehr schlüssig.

Um die Gedankenführung im folgenden Text etwas durchsichtiger zu machen, gliedern wir in einzelne Abschnitte.

Erinnerung an die Glaubens-Erfahrung. Paulus eröffnet den Beweisgang mit einer Anfrage, die die theologische Problematik mit einem Schlag freilegt: Woher kommt der Geist, der ihre Existenz als Gemeinde begründet und greifbare Wirkungen unter ihnen hervorgebracht hat?

Ihr törichten Galater, wer hat euch behext? Euch, denen doch Jesus Christus vor Augen gemalt wurde – als Gekreuzigter[102]? Das nur möchte ich von euch erfahren: Habt ihr den Geist aus Gesetzeswerken oder aus der Predigt des Glaubens heraus empfangen? Seid ihr so töricht: Ihr habt im Geist den Anfang gemacht, um jetzt im Fleisch zu enden? Habt ihr so Großes umsonst erfahren? Wirklich vergebens? Nun, der euch den Geist darreicht und Wunder unter euch wirkt, tut er es aufgrund von Gesetzeswerken oder aufgrund der Predigt des Glaubens? (3, 1–5)

Abraham. Abraham gilt Paulus als das Urbild des Glaubenden und damit als der Kronzeuge für »sein« Evangelium und die gesetzesfreie Heidenmission überhaupt. Im Alten Testament ist er der Träger der göttlichen Segens- und Heilsverheißung. Wer empfängt mit Abraham diesen Segen? Die, die glaubend gleichsam in die Geschichte Abrahams hineintreten.

Damit wird ein grundlegendes jüdisches Dogma angegriffen. Abraham war der Stammvater des Volkes Israel; als erster empfing er die Beschneidung. Durch Jahrhunderte hindurch ist dies das Zeichen seiner Nachkommenschaft gewesen, das Zeichen der Erwählten, an denen sich die Abrahamverheißung erfüllen wird. Auf diesem Hintergrund wird der polemische Sinn des paulinischen Schriftbeweises sichtbar: Abraham weist gerade nicht den Weg des Gesetzes und der »Werke«, sondern den des Glaubens. Paulus bestreitet den Juden das Recht, Abraham für sich in Anspruch zu nehmen, und tritt damit zugleich der judaistischen Agitation in Galatien entgegen.

---

102 Paulus charakterisiert seine Verkündigung als »Wort vom Kreuz«, wie am Anfang des 1. Korintherbriefes (S. 242). An anschauliche Schilderung des Passionsgeschehens ist nicht zu denken.

Es ist so: ›Abraham glaubte Gott, und das wurde ihm zur Gerechtigkeit gerechnet.‹ Erkennt also, daß die, die aus dem Glauben leben, Söhne Abrahams sind. Da aber die Schrift voraussah, daß Gott die Heiden aus Glauben gerecht macht, verkündete sie dem Abraham im voraus: ›In dir werden alle Völker gesegnet werden.‹ Also werden die, welche aus Glauben leben, mit dem gläubigen Abraham gesegnet. (3, 6–9)

Der Fluch des Gesetzes. Die Leistungen, die der Mensch aus eigenem Willen erbringt, tragen das Leben nicht, schon darum nicht, weil er den Forderungen des Gesetzes nicht wirklich entspricht, wie die Erfahrung zeigt. Das Leistungsprinzip erweist sich als Irrweg. Das ist nicht zufällig so; denn Gott hat, wie aus der Schrift hervorgeht, die »Gerechtigkeit«, das Recht-Sein des Menschen an den Glauben gebunden.

Denn die aus Gesetzeswerken leben, die stehen unter dem Fluch; denn es ist geschrieben: ›Verflucht ist jeder, der nicht bleibt bei allem, was in dem Buch des Gesetzes aufgezeichnet ist, daß er es tun soll.‹ Daß aber durch das Gesetz niemand vor Gott gerecht wird, ist klar; denn: ›Der Gerechte wird aus Glauben leben.‹ Beim Gesetz aber gibt es kein »aus Glauben«, sondern es gilt: ›Der es getan hat, wird in ihm leben.‹ (3, 10–12)

Die Bedeutung Christi. Daß die Galater tatsächlich unter dem Fluch des Gesetzes stehen, will Paulus nicht behaupten. Auch wenn sie das nicht erkennen: Durch Christi Tod ist der Fluch des Gesetzes von ihnen abgewandt und sind sie in den Geltungsbereich der Heilsverheißung an Abraham hineingestellt worden.

Christus hat uns losgekauft von dem Fluch des Gesetzes, indem er uns zugute Fluch geworden ist – denn es steht geschrieben: ›Verflucht ist ein jeder, der am Holze hängt.‹ So sollte der Segen Abrahams in Jesus Christus den Heiden zuteil werden, damit wir durch den Glauben den verheißenen Geist empfingen. (3, 13–14)

Die Zeit der Freiheit

Was Paulus vom Gesetz sagte, mußte Juden und strengen Judenchristen als Lästerung vorkommen. Immerhin ist Gott der Urheber des Gesetzes. Um so dringlicher stellt sich die Frage: Was soll das Gesetz? Paulus ordnet das Gesetz in den Rahmen der gesamten Heilsgeschichte ein und begrenzt seine Geltung auf eine bestimmte Zeit, auf die Zeit von Mose bis Christus. Auch damals war es freilich nicht dazu da, die Menschen zum Heil zu führen. Diese Zeit war Zeit der Knechtschaft und des Gewahrsams unter dem »Zuchtmeister«. Christus markiert den Beginn einer neuen Epoche, der Zeit des Glaubens. Sie ist zugleich die Zeit der eingelösten Abrahamverheißung: Am Anfang der Heilsgeschichte hat Gott Abraham und seinen Nachkommen Heil und Segen verheißen. Diese Verheißung ist durch die Jahrhunderte hindurch in Geltung geblieben und auch durch das Gesetz nicht außer Kraft gesetzt worden. Jetzt ist sie durch Christus realisiert. So sind die Glaubenden, niemand anders, die Erben der Abrahamverheißung. Sie schließt alle Menschen ein, die glauben, gleich welcher Herkunft, Rasse und welchen sozialen Standes.

Paulus veranschaulicht die Wende der Zeiten durch einen Vergleich aus dem antiken Familienleben. Es geht um die Stellung der Söhne. Solange sie unmündig sind, stehen sie in der Obhut und das heißt: unter der Knute der Erzieher und Aufseher. Ihre Stellung gleicht der eines Sklaven. Erst wenn sie herangewachsen sind, wird offenbar, daß sie Söhne und Erben sind. Mit diesen Begriffen umschreibt Paulus zugleich den Stand der Christen; das entscheidende Merkmal ist die Freiheit, die ihnen als Söhnen zukommt.

In dem folgenden Text greift Paulus betont auf den Titel *Sohn Gottes* zurück und erläutert im Anschluß daran seine christologische Auffassung. Er denkt dabei an den präexistenten (vorzeitlichen) Christus, der in die Welt gesandt wurde, um die Menschen von der Herrschaft des Gesetzes zu befreien. Aber weder hier noch an anderen Stellen verliert er sich in mythologische Schilderungen, wie sie in der Umwelt gerade in Verbindung mit dem Gottes-Sohn-Titel dargeboten wurden. Sein Interesse gilt in der Hauptsache dem, was der Gottessohn *Jesus* für die Welt *bedeutet*. Das mythologische Moment ist dennoch nicht unwichtig. Es macht deutlich: Das Heil kommt von »außen«, von Gott her auf den Menschen zu; es verwirklicht sich nicht in einem innerweltlichen Prozeß. – Zum Gottessohn-Titel vgl. ferner S. 85, 139.

Was soll nun das Gesetz? Es wurde um der Übertretungen willen hinzugefügt, bis der Same käme, dem die Verheißung gilt[103] ... Die Schrift hat alles unter die Macht der Sünde eingeschlossen, damit die Verheißung aufgrund des Glaubens an Jesus Christus an den Glaubenden zur Geltung käme. Bevor aber der Glaube kam, wurden wir unter dem Gesetz verwahrt, eingeschlossen bis zu dem Glauben, der offenbart werden sollte. Daher ist das Gesetz unser Zuchtmeister[104] bis zu Christus geworden, damit wir aus Glauben gerechtfertigt würden. Nachdem aber der Glaube gekommen ist, stehen wir nicht mehr unter dem Zuchtmeister. Alle seid ihr Söhne Gottes durch den Glauben – in Christus Jesus. Denn ihr alle, die ihr auf Christus getauft seid, habt Christus angezogen[105]. Da ist kein Jude oder Grieche, kein Sklave oder Freier, kein Mann oder Frau. Ihr seid nämlich alle Einer in Christus Jesus. Wenn ihr aber mit Christus zusammengehört, dann seid ihr folglich Abrahams Same, Erben entsprechend der Verheißung.

Ich meine aber: Solange der Erbe unmündig ist, unterscheidet er sich in nichts von einem Sklaven, obwohl er der Herr von allem ist, sondern er untersteht Vormündern und Hausverwaltern bis zu dem vom Vater festge-

---

103 Mit »Same« ist Christus, mit »Verheißung« die Segensverheißung für Abraham gemeint; vgl. oben die Texte Gal 3, 6–9/13–14.

104 Im griechischen Text ist an dieser Stelle von einem »Pädagogen« die Rede. Damit soll dem Gesetz nicht die Funktion zugeschrieben werden, auf Christus hinzuführen. Paulus hebt eindeutig auf das zeitliche Moment ab: Das Gesetz herrscht in der ihm zugemessenen Zeit, das heißt: *bis* durch Christus die Zeit der Freiheit anbrach. Außerdem darf man nicht moderne Erziehungsgedanken mit dem griechischen Wort »Pädagoge« verbinden. Der »Pädagoge« war weniger Erzieher als »Zuchtmeister« (Luther); der Stock spielte bei seiner Tätigkeit eine wichtige Rolle. – Das Gesetz ist auf das Werk Christi lediglich insofern bezogen, als es die Verlorenheit der Menschen und ihr Angewiesensein auf Gottes Zuwendung ans Licht bringt.

105 Christus ist hier nach hellenistischen Vorbildern als Gewand vorgestellt. Die Wendung soll die neue Seinsweise, den neuen Lebenszusammenhang umschreiben, in die der Glaube hineinstellt.

setzten Termin. So ging es auch uns: Als wir unmündig waren, unterstanden wir den Weltelementen als Sklaven. Als aber die Fülle der Zeit kam, sandte Gott seinen Sohn, von einer Frau geboren [106], dem Gesetz unterstellt, damit er die dem Gesetz Unterworfenen loskaufe, damit wir die Stellung von Söhnen Gottes erhielten. Weil ihr aber tatsächlich Söhne seid, hat Gott den Geist seines Sohnes in unsere Herzen geschickt, der da ruft: »Abba, Vater«. Also bist du nicht mehr Sklave, sondern Sohn; wenn aber Sohn, dann auch Erbe durch Gott. (3, 19.22–29; 4, 1–7)

Christus hat die Zeit der Freiheit heraufgeführt. Das Liebäugeln mit dem Gesetz kann nur Rückfall in die Knechtschaft bedeuten, in deren Zeichen das bisherige Leben verlief. Mit dem Begriff Freiheit beschreibt Paulus die Heilsgabe, die Gott dem Menschen zueignet. Er meint damit Freiheit von der Macht des Todes und der Sünde, auch die Überlegenheit über die Gegebenheiten des Daseins. Im vorliegenden Zusammenhang ist sie als Freiheit von dem Zwang erläutert, den das Gesetz darstellt.

Aber damals, als ihr Gott nicht kanntet, habt ihr Göttern gedient, die nicht wirklich Götter sind. Jetzt aber, wo ihr Gott erkannt habt, vielmehr von Gott erkannt seid, wie könnt ihr euch wieder den schwachen und armen Elementen zuwenden und von neuem ihre Sklaven sein wollen [107]? Tage beobachtet ihr, Monate und bestimmte Zeiten und Jahre! Ich fürchte, ich habe mich umsonst um euch abgemüht ...

Zur Freiheit hat uns Christus befreit. So steht denn fest (darin) und laßt euch nicht wieder in das Joch der Knechtschaft spannen! (4, 8–11; 5, 1)

Freiheit oder Knechtschaft

Paulus setzt noch einmal an, um die anstehende Frage zu klären. Die Galater waren sicherlich nicht der Meinung, ihren Glauben zu verraten. Die Irrlehrer haben von ihnen gefordert, sich beschneiden zu lassen und damit den Zusammenhang mit dem Gottesvolk herzustellen; offenbar haben sie ihnen eingeredet, daß sie erst dann wirklich am Heil teilhaben. Demgegenüber zeigt Paulus: Die Übernahme der Beschneidung heißt Abfall von Christus. Die Zugehörigkeit zum Volk der Juden oder zu den Heiden ist im Blick auf das Heil ohne Bedeutung; die Entscheidung fällt im Glauben, der sich in Taten der Liebe ausweist.

Seht, ich Paulus, sage euch: Wenn ihr euch beschneiden laßt, wird euch Christus nichts nützen. Ich versichere noch einmal jedem Menschen, der sich

---

106 Paulus meint nicht, Gott habe seinen Sohn gesandt, als die Zeit dafür reif war, sondern umgekehrt: Durch das Kommen Christi wurde das Maß irdischer Zeit und Geschichte erfüllt.

107 Hier ist nicht an die materiellen Elemente gedacht, aus denen die Erscheinungswelt besteht, sondern an kosmische Mächte. Als solche wurden in dieser Zeit auch die Gestirne angesehen. »Arm« und »schwach« sind diese Mächte im Vergleich zu der den Menschen Heil und Leben schenkenden Macht Gottes.

beschneiden läßt, daß er verpflichtet ist, das ganze Gesetz zu halten. Ihr seid von Christus geschieden, wenn ihr durch das Gesetz gerecht werden wollt, aus der Gnade herausgefallen. Denn wir erwarten durch den Geist aus Glauben die erhoffte Gerechtigkeit. Denn in Christus Jesus gilt weder die Beschneidung etwas noch die Unbeschnittenheit, sondern ein Glaube, der durch Liebe wirksam ist.

Ihr wart schön im Laufen; wer hat euch gehindert, der Wahrheit zu folgen? Die Überredung dazu stammt nicht von dem, der euch beruft. Ein wenig Sauerteig säuert den ganzen Teig. Ich habe im Blick auf euch das Vertrauen im Herrn, daß ihr nichts anderes denken werdet als ich. Der, der euch verwirrt, wird das Urteil zu tragen haben, wer er auch sei. (5, 2–10)

8. An die Römer

Der Römerbrief nimmt eine Sonderstellung ein. Er ist an eine Gemeinde gerichtet, die Paulus nicht gegründet hat. Ihm fehlt der Zuschnitt auf aktuelle Probleme der Adressaten. Er ist nicht aus der persönlichen Verbundenheit mit ihnen und aus der Verantwortung für sie geschrieben. Und: Paulus entfaltet hier in einem geschlossenen Gedankengang ein einheitliches Thema. Dennoch ist er keine aus allen konkreten Bezügen herausgelöste theologische Abhandlung. Sein Briefcharakter ist unverkennbar. Paulus beabsichtigte einen missionarischen Vorstoß in den äußersten Westen des Imperiums, nach Spanien. Die römische Gemeinde sollte die strategische Basis bilden, sein Unternehmen unterstützen und mittragen. Mit seinem Brief wollte er erste Beziehungen knüpfen [108].

Die inhaltlichen Ausführungen gehen freilich weit über das hinaus, was dieser Zweck erfordert hätte. Verständlich erscheint, daß Paulus die unbekannten Römer nicht nur mit seinen Plänen, sondern auch mit seiner Verkündigung vertraut macht, zumal sie im Urchristentum nicht unbestritten war. Das Problem des Römerbriefs ist, *wie* er hier ihren zentralen Inhalt bestimmt – nämlich als Botschaft von der »Gerechtigkeit aus Glauben«. Damit ist er im Galater- und Philipperbrief polemisch judaistischen Irrlehrern entgegengetreten. Im Fall der römischen Gemeinde jedoch war ein Anlaß zu einer akuten Zuspitzung in dieser Richtung nicht gegeben. Die Erklärung des Sachverhalts ergibt sich aus der äußeren und inneren Situation, in der sich Paulus zur Zeit der Abfassung des Briefes befand.

---

108 Die Anfänge der römischen Gemeinde liegen im Dunkeln. Sie verdankt ihre Existenz der Aktivität namenloser Christen, die zufällig in die Welthauptstadt gekommen waren. Man darf annehmen, daß es bereits in der Mitte der vierziger Jahre Christen in Rom gab. Zur Zeit des Römerbriefs bestand die Gemeinde vorwiegend aus Heidenchristen.

Den Winter 55/56 n. Chr. verbrachte er in Korinth. Von da wollte er im Frühjahr nach Jerusalem aufbrechen, um die Kollekte zu überbringen, die die makedonischen und griechischen Gemeinden für die Urgemeinde in Jerusalem gesammelt hatten. Er war sich der Gefahr, der er sich mit dieser Reise aussetzte, voll bewußt. Sie stand bereits unter bösen Vorzeichen und Ahnungen; an Warnungen hat es nicht gefehlt. Mit unversöhnlicher Feindschaft haben die Juden den Weg des Gotteslästerers und Verführers begleitet ihm allenthalben Schwierigkeiten gemacht und ihn verfolgt. Was würde ihm in der jüdischen Metropole bevorstehen? Stärker war noch die Sorge, ob die Urgemeinde die Kollekte der Heidenchristen annehmen würde. Sie war weit mehr als eine karitative Maßnahme; sie sollte die Selbstdarstellung der heidenchristlichen Gemeinden sein und zeichenhaft ihre Präsenz bekunden. Die Annahme ihrer Spende bedeutete ihre Anerkennung als gleichberechtigte Partner in der einen Kirche aus Juden und Heiden. Mit der Kollekte standen für Paulus Recht und Wahrheit des Evangeliums auf dem Spiel, so wie es ihm am Anfang seines Weges offenbart worden war – als die gesetzesfreie, an keine Vorleistungen und Privilegien geknüpfte Heilsverkündigung an alle Völker. Von vornherein hat er in dem Evangelium von Jesus das Nein Gottes zu dem Gesetzesweg gesehen, auf dem die Juden zum Heil zu gelangen meinten. Ein Vierteljahrhundert hat er es im Osten des Römischen Reiches verbreitet. Jetzt, wo er sich anschickte, im Westen einen neuen Anfang zu machen, trat es ihm noch einmal lebendig und scharf konturiert vor Augen. Von daher ist es zu verstehen, daß er es in ständiger Auseinandersetzung mit der jüdischen Theologie konsequent als Zuspruch der Gerechtigkeit aus Glauben (im Gegensatz zu einer Gerechtigkeit aufgrund von »Werken«) entfaltete.

Durch den Lauf der Ereignisse ist der Römerbrief zu einem testamentarischen Vermächtnis geworden. Noch in Korinth hörte er von dem Plan, ihn auf der Schiffsreise nach Jerusalem zu ermorden. Um dem Anschlag zu entgehen, disponierte er um. So gelangte er unversehrt an das Ziel seiner Reise; jedoch ereilte ihn hier sein Schicksal. In der Jerusalemer Urgemeinde war man sich des Ernstes der Lage bewußt. Um zu verhindern, daß sich die Stimmung der Juden gegen Paulus in einer gewaltsamen Aktion entlud, riet man ihm, seine Loyalität dem jüdischen Gesetz gegenüber öffentlich zu bekunden. Das sollte durch den Vollzug einer kultischen Handlung im Tempel geschehen (siehe unten). Paulus willigte ein. Im Tempel wurde er aber erkannt und ergriffen. Die aufgebrachte Menge war entschlossen, ihn zu lynchen. Im letzten Augenblick konnte ihn die römische Wache in Sicherheit bringen.

Über die Vorgänge in Jerusalem gibt die Apostelgeschichte folgenden, im großen und ganzen glaubwürdigen Bericht:

Als wir in Jerusalem waren, nahmen uns die Brüder freundlich auf. Am folgenden Tag ging Paulus mit uns zu Jakobus, und alle Ältesten kamen hin. Er begrüßte sie und legte im einzelnen dar, was Gott bei den Heiden durch seinen Dienst vollbracht hatte. Als sie es hörten, priesen sie Gott und sagten zu ihm: »Du siehst, Bruder, wie viele Zehntausende von Gläubiggewordenen es unter den Juden gibt, und alle sind Eiferer für das Gesetz. Man hat ihnen nun über dich berichtet, daß du alle Juden, die unter den Heiden wohnen, den Abfall von Mose lehrst, indem du sagst, sie brauchen ihre Kinder nicht zu beschneiden und nicht nach den Bräuchen zu wandeln. Was nun? Sie werden natürlich hören, daß du gekommen bist. Tue nun das, was wir dir sagen! Wir haben vier Männer, die ein Gelübde auf sich haben. Nimm diese zu dir, weihe dich mit ihnen und übernimm die Kosten für sie, damit sie sich das Haupt scheren lassen können! Dann werden alle erkennen, daß an dem, was man ihnen über dich berichtet hat, nichts ist, sondern daß auch du in der Beobachtung des Gesetzes wandelst.« Da nahm Paulus die Männer zu sich, weihte sich tags darauf mit ihnen und ging in den Tempel, um die Erfüllung der Tage der Weihe anzuzeigen, bis für jeden von ihnen das Opfer dargebracht würde[109].

Als nun die sieben Tage der Vollendung entgegengingen, sahen ihn die Juden aus der Asia im Tempel und brachten das ganze Volk in Aufruhr, legten Hand an ihn und schrieen: »Israeliten zu Hilfe! Das ist der Mensch, der alle Leute überall gegen das Volk, das Gesetz und diese Stätte lehrt; und jetzt hat er auch noch Griechen in den Tempel geführt und diese heilige Stätte entweiht.« Sie hatten nämlich vorher den Epheser Trophimus mit ihm in der Stadt gesehen und meinten, Paulus habe ihn in den Tempel geführt. Und die ganze Stadt kam in Bewegung, und es gab einen Volksauflauf; sie ergriffen Paulus und schleppten ihn zum Tempel hinaus, und sofort wurden die Tore geschlossen.

Als sie ihn umzubringen suchten, kam Meldung zum Tribunen der Kohorte, ganz Jerusalem stände in Aufruhr. Er nahm sofort Soldaten und Zenturionen und eilte zu ihnen hinab. Als sie den Tribunen und die Soldaten sahen, hörten sie auf, Paulus zu schlagen. Da trat der Tribun herzu, verhaftete ihn und befahl, ihn mit zwei Ketten zu fesseln, und fragte, wer er sei und was er angestellt habe. In der Volksmenge schrie der eine dies, der andere das. Da er wegen des Tumults nichts Zuverlässiges erfahren konnte, befahl er, ihn in die Kaserne zu führen. (Apg. 21, 17–34)

Der Kommandeur der römischen Besatzungstruppe ließ Paulus alsbald in die Garnisons- und Residenzstadt Caesarea überstellen. Hier sollten die Juden in aller Form Anklage gegen Paulus erheben. Dies geschah. Aus der Schutzhaft wurde Untersuchungshaft. Auf Betreiben der jüdischen Oberen leitete der Statthalter Felix (etwa 53–56 n. Chr.) das Verfahren gegen ihn ein. Jedoch weder er noch sein Amtsnachfolger Festus (56–62 n. Chr.) konnten es abschließen. So wurde es zwei Jahre lang hingeschleppt. Als Paulus schließlich an das kaiserliche Gericht appellierte, wurde er nach Rom gebracht (um 58 n. Chr.). Dort blieb seine Sache weitere zwei Jahre unentschieden. Die Haft wurde aufrechterhalten; es war ihm aber möglich, am Leben der römischen Gemeinde in gewissem Umfang teilzunehmen. Wahrscheinlich im Jahre 60 n. Chr. wurde er zum Tode verurteilt und hingerichtet. Über die Endphase

---

109 Bei dem Gelübde handelt es sich um das sog. Nasireatsgelübde. Darin verpflichtete man sich, ein »gottgeweihtes« Leben zu führen. Im einzelnen bedeutete dies, daß man auf Weingenuß verzichtete, sein Haar ungeschoren ließ und sich peinlichst genau vor ritueller Unreinheit in acht nahm. Zur Zeit des Alten Testaments war dieses Gelübde lebenslang bindend. Später wurde es zu einem Gelübde auf Zeit. Am Ende mußte man sich auslösen, wofür erhebliche Kosten aufzubringen waren.

seines Prozesses, die Anklagepunkte und die Gründe, die zu seiner Verurteilung führten, liegen keinerlei Nachrichten vor.

Der Römerbrief hat auch von seinem Inhalt her den Charakter eines theologischen Testaments. Er liest sich wie eine abschließende und endgültige Darlegung der paulinischen Botschaft. Themen und Motive früherer Briefe sind in großer Zahl aufgenommen. Aber sie werden nicht einfach wiederholt. Sie erscheinen jetzt aus ihren aktuellen Bezügen herausgelöst, neu durchdacht und gestaltet. Vor allem sind sie jetzt in einen umgreifenden Gedankengang eingegliedert und unter einem Thema zu einer geschlossenen Konzeption zusammengefaßt: »Gerechtigkeit Gottes aus Glauben«. So kann man in der hier entfalteten Rechtfertigungsbotschaft die spezifisch paulinische Ausprägung des Evangeliums sehen.

Die grundsätzlich-theologische Erörterung gibt dem Brief seinen besonderen Charakter. Dennoch entwickelt Paulus hier keine abstrakt-dogmatische Lehre. Im Kern geht es um die Frage: Wer oder was rechtfertigt den Menschen, trägt sein Leben, macht ihn zu dem, was er sein soll und auch will? Das ist keine spezifisch religiöse, sondern die dem Menschen mit seinem Dasein aufgegebene Frage. Freilich war Paulus ebenso wie seine Zeit überzeugt, daß man sie nicht mit sich selbst abmachen kann. Hier ist zugleich nach dem letztgültigen Urteil Gottes über den Menschen gefragt.

Das Judentum hat auf diese Frage eine klare Antwort gegeben. Im Gesetz des Alten Testamentes hat Gott die Maßstäbe gesetzt. Wer sich daran hält, kann sich als gerechtfertigt ansehen und erwarten, daß ihm im Endgericht »Gerechtigkeit« bescheinigt wird. Merkmal jüdischer Lebenshaltung und Selbstverständnisses war das Streben nach *eigener* Gerechtigkeit, der Wille zur Selbstrechtfertigung durch religiöse und ethische Leistung (»Werke des Gesetzes«).

Paulus selbst war ein leidenschaftlicher Verfechter dieser Leistungsgerechtigkeit. In der Begegnung mit Jesus ist ihm jedoch klar geworden, daß sie auf einer Selbsttäuschung beruht und das Leben gerade verfehlen läßt. Diese Erkenntnis ergab sich für ihn zwingend aus dem Christusgeschehen; hier war kein Kompromiß möglich. Denn dieses beinhaltet die Rechtfertigung des Menschen durch Gott, das Wirksamwerden der »Gerechtigkeit Gottes«. Dieser Zentralbegriff des Römerbriefs ist leicht Mißverständnissen ausgesetzt. Oft denkt man an die Eigenschaft, die Gott als gerechten Richter ausweist. Paulus bezeichnet damit eine Gabe, die Gott dem Menschen zuwendet: sein Ja über ihn, ein Leben und Zukunft eröffnendes: du darfst leben. Dies hat die christliche Verkündigung auszurichten, dies gilt es anzuerkennen und zu *glauben*[110].

Die paulinische Botschaft von der »Gerechtigkeit Gottes aus Glauben« war für Juden genau so empörend wie Jesu Zuwendung zu den Zöllnern und Sündern oder etwa das Gleichnis vom verlorenen Sohn. Empörend ist sie auch für heutiges Gerechtigkeitsempfinden. Denn wenn dem Menschen Gerechtigkeit nur als Geschenk zukommt, dann ist alle Leistung letztlich bedeutungslos und jedermann darauf ange-

---

110 In einem ähnlichen Sinn sprach man auch im Alten Testament von »Gottes Gerechtigkeit«. Darauf hat die Qumran-Gemeinde zurückgegriffen, wie vielfach in ihren Schriften deutlich wird. Hier heißt es etwa: »Denn dadurch wird, Herr, deine Gerechtigkeit und Güte offenbar, daß du dich derer erbarmst, die keinen Schatz von guten Werken haben«, oder: »Strauchle ich durch die Bosheit meines Fleisches, so wird meine Rechtfertigung durch Gottes Gerechtigkeit ewig bestehen.«

wiesen, dieses Geschenkes teilhaftig zu werden – ohne daß er von sich aus etwas beisteuern könnte. Das bedeutet: Im Christusgeschehen tritt nicht allein Gottes Gerechtigkeit in Erscheinung, sondern zugleich die Heillosigkeit des Menschen, Paulus sagt: sein Verfallensein an die Sünde. Das gilt unterschiedslos für alle Menschen, Juden und Heiden, Gute und Böse, Moralische und Unmoralische.

Paulus formuliert sein Thema »Gerechtigkeit Gottes aus Glauben« im Briefeingang und entfaltet es dann in einem breit angelegten, sorgfältig gegliederten, wenngleich nicht immer leicht durchschaubaren Gedankengang. In einem ersten Teil (a) zeigt er unter dem Leitwort »Zorn Gottes« die Schuld aller Menschen, der »Juden wie der Griechen« auf (Kap. 1–3). Der zweite Teil (b) erläutert die Bedeutung des Christusgeschehens für die Welt: Gott spricht den Sünder gerecht und eröffnet ihm damit ein neues Leben (Kap. 3–4). Was man darunter zu verstehen hat, wird dann in einem dritten Teil (c) des Näheren ausgeführt. Einer der tragenden Begriffe dieses Abschnitts (Kap. 5–8) ist: »Freiheit«. Obgleich damit der Gedanke zu einem Abschluß geführt ist, fügt Paulus noch einen weiteren Teil (d) an, in dem er die Frage nach dem alten Gottesvolk, nach Israel, aufgreift, das sich der Rechtfertigungsbotschaft noch immer verschließt. Sollte sein Nein zum Evangelium bedeuten, daß Gott seine Erwählung widerrufen hat (Kap. 9–11)? Die letzten Kapitel (12–15) sind deutlich abgehoben. Sie bieten Paränese verschiedenen Inhalts.

Die Zuschrift

Die Briefzuschrift ist ausführlicher als sonst gehalten. Ihre Ausgestaltung spiegelt die besondere Situation des Briefes wider. Mit liturgischer Feierlichkeit verweist Paulus auf seine apostolische Autorität und umreißt Inhalt und Ziel seines Auftrags, gleichsam um seinen Brief zu rechtfertigen: die Verkündigung des Evangeliums unter den Völkern und ihr »Glaubensgehorsam«; Jesus Christus ist der »Herr«, der – von Gott legitimiert – die ganze Menschheit in Anspruch nehmen will. Gleich zu Beginn macht Paulus die Welt-Dimension des Evangeliums und seiner Arbeit sichtbar.

Das Satzgefüge der Zuschrift ist nicht durchgeformt. Die einzelnen Aussagen stehen wie schwere Blöcke nebeneinander. So ergibt sich der Eindruck inhaltlicher Überfülle.

Paulus, Sklave Christi Jesu, kraft Berufung Apostel,
ausgesondert für das Evangelium Gottes [111],
das er im voraus durch seine Propheten in den heiligen Schriften verheißen hat,
(für das Evangelium Gottes) von seinem Sohne,
der geboren ist aus Davids Samen nach dem Fleisch,

111 Damit ist sowohl der Inhalt wie die Tätigkeit der Verkündigung gemeint.

der eingesetzt wurde zum Sohn Gottes in Macht nach dem heiligen Geist
seit der Auferstehung von den Toten [112],
von Jesus Christus, unserem Herrn,
durch den wir Gnade und Apostelamt [113] empfangen haben, Glaubensgehorsam unter allen Heidenvölkern zu wirken – zur Ehre seines Namens,
zu denen auch ihr gehört als von Jesus Christus Berufene –
allen Geliebten Gottes in Rom, berufenen Heiligen.
Gnade sei mit euch und Friede von Gott, unserem Vater, und dem Herrn Jesus Christus. (1, 1–7)

Das Thema

Paulus versteht sich als Schuldner aller Menschen. Die Schuld, die er abzutragen hat, ist das Evangelium. Was heißt »Evangelium«? Ähnlich wie am Anfang des 1. Korintherbriefes (S. 242) charakterisiert er es als eine »Kraft«, mit der Gott Rettung schafft. In ihm manifestiert sich die Gottesgerechtigkeit und wird wirksam – an denen, die sich ihr öffnen.

Paulus spricht von »Offenbarung« der Gottesgerechtigkeit. Das Wort *offenbaren* entstammt jüdisch-apokalyptischer Tradition. Es begegnet in Zusammenhängen, in denen vom Vollzug des Endgerichts und des Heils die Rede ist. Paulus bezieht dieses Wort auf die Verkündigung des Evangeliums, stellt es also in einen anderen Bezugsrahmen hinein. So wird zum Ausdruck gebracht, daß Gott mit dem Evangelium in der Gegenwart sein endgültiges Urteil über die Welt vollzieht (vgl. S. 264 f.).

Ihr müßt wissen, Brüder: Schon oft hatte ich mir vorgenommen zu euch zu kommen, um auch bei euch ebenso wie schon unter den übrigen Heiden einige Frucht zu haben; doch bis jetzt bin ich immer wieder daran gehindert worden. Griechen und Barbaren, Gebildeten wie Ungebildeten bin ich Schuldner. Daher mein Wunsch, auch euch in Rom das Evangelium zu verkündigen. Denn ich schäme mich des Evangeliums nicht. Denn es ist eine Kraft Gottes, die Rettung für jeden bringt, der glaubt, zunächst für den Juden, dann auch für den Griechen. Gottes Gerechtigkeit nämlich offenbart sich in ihm, aus Glauben zu Glauben – nach dem Schriftwort: ›Der Gerechte wird aus Glauben leben.‹ (1, 13–17)

112 Hier wird ein älteres Gemeindebekenntnis zitiert (vgl. S. 85). Dessen Anschauung steht in deutlicher Spannung zu der des Paulus selbst. Er meint mit »Gottessohn« den präexistenten Christus und denkt dabei an seine Sendung in die Welt oder seine Hingabe in den Tod für »uns«; vgl. oben S. 290.

113 Gnade und Apostelamt sind nicht zwei verschiedene Dinge. Paulus sieht seinen apostolischen Auftrag als Gnadenbeweis an (vgl. 1. Kor 15; S. 259 f.).

(a) Der Zorn Gottes und die Schuld der Menschen (1, 18–3, 20)

Unvermittelt springt Paulus auf das Thema »Zorn Gottes« über. Bevor von der »Gerechtigkeit Gottes« die Rede sein kann, werden die Menschen ins Blickfeld gerückt, denen diese zugeeignet wird. Paulus entwirft ein Bild von ihrer Wirklichkeit, wie sie sich im Lichte des Evangeliums darstellt. Gezeichnet durch Gottlosigkeit und Ungerechtigkeit, Unkenntnis und Eigensinn sind sie dem göttlichen Gericht verfallen. Bei den Heiden liegt das offen am Tage. Sinnloser Götzendienst und die Verwirrung der sittlichen Maßstäbe sind die Zeichen ihres Irrweges. Aber wie ist das mit den Juden? Paulus vertritt die Auffassung, daß es bei ihnen nicht besser steht.

Der Abschnitt liest sich wie eine große Abrechnung. Es sieht so aus, als wolle Paulus erst einmal das totale Versagen aufdecken, um Gottes Tat in einem desto strahlenderen Licht erscheinen zu lassen. Damit würde jedoch der Sachverhalt verzeichnet. Es ist umgekehrt. Ausgangspunkt ist die Gerechtigkeit, die Gott erwiesen hat. Sie ist heilbringendes Geschehen, läßt den Menschen zugleich aber erkennen, daß er sein Leben im Grunde verfehlt hat, also unter dem »Zorn« steht, und sich dieser Zorn bereits an ihm auswirkt. Die Gottesgerechtigkeit ist dem Zorn vor-, nicht neben- oder gar untergeordnet.

Die Gottlosigkeit und Ungerechtigkeit der Heiden

Es war ein charakteristisches Anliegen des hellenistischen Judentums, vor allem der spätjüdischen Weisheitslehre, zur religiösen Betrachtung der Schöpfung aufzurufen und von ihrer Schönheit und Zweckmäßigkeit her zu Gott hinzuführen. In dieser Form konnten die Juden in der Welt der hellenistischen Kultur ihren überlieferten Gottesglauben festhalten und wirkungsvoll vertreten. Der Mutterboden dieser Gedanken war die stoische Philosophie, die in einem ähnlichen Rückschlußverfahren ihre Gotteserkenntnis gewann.

Paulus nimmt Gedanken der hellenistischen Gotteslehre bewußt auf, formt sie jedoch um. Vor allem: Er zieht andere Folgerungen. Auch nach Paulus gibt sich Gott von Anfang der Welt an in seinen Werken zu erkennen. Für ihn beruht diese Erkenntnis aber nicht auf der Initiative menschlichen Geistes, der sich aufmachte, Gott aufzuspüren; Gott selbst hat sie ermöglicht. Sein Problem ist nicht, ob Gott auf dem Weg einer natürlichen Gotteserkenntnis wirklich und ganz erfaßt werden kann. Er stellt die bei den Heiden vorhandene Gotteserkenntnis fest – um sie kritisch daran zu messen. Dabei gelangt er zu dem Urteil, sie hätten Gott nicht als Gott ernst genommen, sondern zu einem verrechenbaren Faktor des Weltgeschehens und damit zu einem Stück Welt gemacht. Man habe nicht begriffen, daß es für den Menschen selbst etwas bedeutet, Gott im Erkennen zu begegnen; denn Gott *will* etwas vom Menschen: daß er sich als Geschöpf versteht und weiß, daß er sich dem Schöpfer verdankt.

Die Verweigerung dieser Wahrheit hat Folgen. Paulus macht sie für den Bereich des Denkens und der Religion wie für den der Moral sichtbar: vielfältige Verirrungen und Verwirrungen. In diesen sieht er aber zugleich Auswirkungen des Gerichts: Gott lieferte die Heiden an den Götzendienst und ihre Laster aus. Götzendienst und moralische Verfehlungen gab es schon immer. Aber erst jetzt, vom Evangelium her, ist klar geworden, daß sich darin das Gericht Gottes ereignet.

Denn Gottes Zorn wird vom Himmel her über alle Gottlosigkeit und Ungerechtigkeit der Menschen offenbart, die die Wahrheit in Ungerechtigkeit niederhalten[114]. Denn was von Gott erkennbar ist, das ist unter ihnen bekannt; Gott selbst hat es ihnen kundgemacht. Vom Anfang der Weltschöpfung her wird sein unsichtbares Wesen an seinen Werken mit den Augen der Vernunft erschaut – nämlich seine ewige Macht und göttliche Majestät. Darum haben sie keine Entschuldigung; denn obgleich sie Gott kannten, haben sie ihm doch nicht als Gott Ehre erwiesen und gedankt, sondern sind in ihren Gedanken auf das Nichtige verfallen, und ihr unverständiges Herz[115] sank in Finsternis. Während sie sich einbildeten, weise zu sein, wurden sie zu Toren und vertauschten die Herrlichkeit des unvergänglichen Gottes mit dem Abbild der Gestalt des vergänglichen Menschen und von Vögeln, Vierfüßlern und Gewürm.

Darum hat Gott sie durch die Begierden ihres Herzens an die Unreinheit dahingegeben, daß sie ihre eigenen Leiber schändeten, weil sie die Wahrheit Gottes mit der Lüge vertauscht und dem Geschöpf Verehrung und Dienst erwiesen haben statt dem Schöpfer – gepriesen sei er in Ewigkeit. Amen. Darum hat Gott sie an schimpfliche Leidenschaften dahingegeben: Ihre Frauen haben den natürlichen Geschlechtsverkehr mit dem widernatürlichen vertauscht. Ebenso haben die Männer den natürlichen Verkehr mit der Frau aufgegeben und sind in ihrer Begierde gegeneinander entbrannt: Männer treiben mit Männern Unzucht und empfangen so die gebührende Vergeltung für ihre Verirrung an sich selbst. Und da sie es ablehnten, Gott in rechter Erkenntnis festzuhalten, hat Gott sie an eine verworfene Gesinnung ausgeliefert, daß sie das Ungebührliche tun. Nun sind sie angefüllt mit allerlei Ungerechtigkeit, Bosheit, Habgier, Schlechtigkeit, voll Neid, Mord, Streit, Hinterlist, Niedertracht, Ohrenbläser, Verleumder, Gottesverhaßte, Frevler, Hoffärtige, Prahler, erfinderisch im Bösen, den Eltern ungehorsam, ohne Verstand, ohne Treue, ohne Herz, ohne Erbarmen. Sie kennen Gottes Recht, daß die, die solches tun, des Todes schuldig sind, und doch tun sie es nicht nur selber, sondern haben auch noch Freude daran, wenn andere es tun[116].

(1, 18–32)

---

114 Paulus bestreitet den Heiden nicht die Wahrheit ihrer Erkenntnis, behauptet aber, daß sie sie nicht zum Zuge kommen lassen.

115 Mit »Herz« wird der innerste Kern der menschlichen Person: Verstehen, Wollen, Empfinden bezeichnet.

116 Die Ausführungen dieses Textes berühren sich eng mit der jüdischen Polemik gegen die heidnische Religion und Unmoral. Wenn Paulus die Homosexualität als Beispiel sittlicher Verkommenheit herausgreift, so entspricht auch das verbreitetem jüdischem Urteil. Den Juden galt Homosexualität als das heidnische Laster schlechthin. Paulus vervollständigt das heidnsiche Sittenbild durch einen ausführlichen (als Tradition vorgegebenen) »Lasterkatalog«.

Zum Vergleich ein Text aus dem im 1. Jahrhundert v. Chr. entstandenen Buch der »Weisheit Salomos«:

Nichtig waren alle Menschen ihrer Natur nach, denen Kenntnis Gottes fehlte und die nicht vermochten, aus dem sichtbaren Guten den Seienden zu erkennen, noch bei der Betrachtung der Werke den Künstler entdecken konnten, sondern sei es das Feuer, sei es den Wind, sei es die flüchtige Luft, sei es den Kreis der Sterne, sei es das gewaltige Wasser, sei es die Leuchten des Himmels für die Welt regierende Götter hielten. Wenn sie durch die Schönheit einiger derselben ergötzt in ihnen Götter vermuteten, so hätten sie es wissen sollen, um wieviel besser als diese der Herr ist; denn der Urheber der Schönheit hat sie gegründet. Waren sie aber durch Macht und Wirksamkeit in Erstaunen gesetzt, so hätten sie von ihnen aus zu der Erwägung gelangen sollen, um wieviel mächtiger der sei, der sie bereitet hat. Denn aus der Größe und Schönheit der Geschöpfe ist vergleichsweise der Urheber derselben zu erschauen. Aber doch liegt auf diesen ein geringer Tadel, da auch sie vielleicht nur irren, indem sie Gott suchen und finden möchten. Denn mit seinen Werken beschäftigt, durchforschen sie diese und geben dem Anblicke nach, weil das Geschaute schön ist. Andererseits sind doch auch sie nicht ganz zu entschuldigen. Denn wenn sie soviel zu erkennen vermochten, daß sie die Welt durchforschen konnten, wie kam es denn, daß sie nicht schneller den Herrn dieser Dinge fanden? Beklagenswert sind aber und auf tote Dinge setzen ihre Hoffnung diejenigen, welche Werke von Menschenhänden Götter nannten, Gold und Silber als Kunstgebilde und Abbilder von Tieren oder einen unnützen Stein, das Werk einer Hand der Vorzeit. (13, 1–10)

Die Schuld der Juden

Auch auf jüdischer Seite war man davon überzeugt, daß die Heiden dem Gericht verfallen sind. Um so sicherer war man, selbst auf dem Wege des Heils zu sein. Gott selbst stand ja dafür! Hat er doch aus allen Völkern gerade die Juden zu seinem Volk erwählt. Ihnen allein hat er im Gesetz klar gesagt, was vom Menschen gefordert ist.

Paulus entlarvt diese Sicherheit als Selbsttäuschung. Das verdammende Urteil über die Heiden trifft sie selbst; denn sie tun genau dasselbe. Gott hat ihnen Zeit gewährt; sie haben jedoch noch immer nicht begriffen, wozu. So ist das Ziel auch ihres Weges das Gericht. Denn, wo das Gesetz gilt, da zählen nur Taten, nicht, daß man sich des Gesetzes rühmt und den Anspruch erhebt, anderen Völkern den rechten Weg zu zeigen. Durch ihr Verhalten haben sie Gott, der sie erwählte und das Gesetz gab, vor den Völkern Lügen gestraft.

In diesem Zusammenhang wird der Blick noch einmal auf die Heiden gelenkt: Kann gegen sie gerechterweise überhaupt ein Vorwurf erhoben werden, wo sie doch das Gesetz nicht haben? Sie erfüllen tatsächlich einzelne Forderungen des Gesetzes »von Natur aus« und zeigen damit, daß auch sie wissen, was sie sollen. Sie sind sich selbst Gesetz; es ist ihnen ins Herz geschrieben. Sie haben ein ethisches Urteil und sind sich ihres Tuns bewußt.

Darum bist du ohne Entschuldigung, Mensch, jeder, der richtet. Denn indem du den anderen verurteilst, verurteilst du dich selbst; denn du, der Richtende, tust ja das gleiche. Wir wissen aber, daß Gottes Gericht der Wirklichkeit entsprechend über die ergeht, die solches tun. Bildest du dir denn ein, Mensch, der du über die urteilst, die solches tun, und tust doch selber das gleiche, daß du dem Gericht Gottes entgehen wirst? Oder machst du dir falsche Vorstellungen von dem Reichtum seiner Güte, Geduld und Langmut und merkst nicht, daß Gottes Güte dich zur Buße führen will? Mit deinem harten und unbußfertigen Herzen häufst du dir Zorn auf für den Tag des Zornes und der Offenbarung des gerechten Gerichtes Gottes, der ›vergelten wird einem jeden nach seinen Werken‹: den einen, die mit beharrlichem Tun des Guten nach Herrlichkeit, Ehre und Unvergänglichkeit trachten, mit dem ewigen Leben; den anderen aber, die von ihrer Selbstsucht her der Wahrheit ungehorsam, aber der Ungerechtigkeit hingegeben sind, mit Zorn und Grimm. Trübsal und Angst für jeden Menschen, der das Böse tut, für den Juden zunächst und für den Griechen [117]. Herrlichkeit aber, Ehre und Frieden für jeden, der das Gute tut, für den Juden zunächst und für den Griechen. Denn es gibt keine Parteilichkeit bei Gott.

Alle, die ohne Gesetz gesündigt haben, gehen auch ohne Gesetz ins Verderben; und alle, die mit dem Gesetz gesündigt haben, werden auch durch das Gesetz ihr Urteil empfangen. Denn nicht die Hörer des Gesetzes sind gerecht bei Gott, sondern die Täter werden gerechtgesprochen werden. Wenn nämlich die Heiden, die das Gesetz nicht haben, von Natur aus seine Forderungen erfüllen, so sind sie, die das Gesetz nicht haben, sich selbst Gesetz. Sie zeigen nämlich, daß das vom Gesetz geforderte Tun ihnen ins Herz geschrieben ist; davon legt auch ihr Gewissen Zeugnis ab und die Gedanken, die untereinander anklagen oder auch entschuldigen [118] ...

Wenn du dich aber stolz einen Juden nennst, auf den Besitz des Gesetzes dich verläßt und dich deines besonderen Verhältnisses zu Gott rühmst, seinen Willen kennst und, belehrt aus dem Gesetz, verstehst, worauf es ankommt, und es dir zutraust, ein Führer der Blinden zu sein, ein Licht derer in Finsternis, ein Erzieher der Unverständigen, ein Lehrer der Unwissenden, da du im Gesetz ja die Verkörperung der Erkenntnis und der Wahrheit besitzt – nun, der du den anderen lehrst, du lehrst dich selbst nicht? Der du predigst: ›Du sollst nicht stehlen‹, du stiehlst? Der du sprichst: ›Du sollst nicht ehebrechen‹, du brichst die Ehe? Der du die Götzen verabscheust, du beraubst ihre Tempel? Der du dich des Gesetzes rühmst, du entehrst Gott durch Übertretung des Gesetzes? Du machst das Wort wahr: ›Der Name Gottes wird um euretwillen gelästert unter den Heiden.‹ (2, 1–24)

---

117 Diese im Römerbrief häufig gebrauchte Formel bringt den heilsgeschichtlichen Vorrang der Juden zum Ausdruck. Für Paulus ist dieser nicht einfach hinfällig geworden. Er ist jedoch kein verbrieftes Privileg. Die Juden sind die »ersten« auch im Gericht!

118 Das Gewissen wird hier als eine ethisch wertende und urteilende Gedankenbewegung beschrieben. Zum Gewissensbegriff bei Paulus siehe ferner S. 249.

Kein Mensch ist vor Gott gerecht

In dem bisherigen Gang der Erörterung verfolgte Paulus das Ziel, die ausnahmslose Solidarität der Sünde aufzuweisen, in der sich die Menschheit befindet. Dies erhärtet er jetzt durch die Schrift«. Mit einer Anhäufung von Zitaten vor allem aus den Psalmen wird belegt, daß niemand den Forderungen Gottes wirklich gerecht wird. So enthüllt die »Schrift« als Illusion und Selbstbetrug, wenn man auf die Tragfähigkeit seiner Taten baut. Dieser Gedanke wird noch verschärft: Das Gesetz führt den Menschen in die Sünde hinein und legt ihn auf sie fest (»durch das Gesetz kommt Erkenntnis der Sünde«). Gesetz und Sünde wirken in unheimlicher Kooperation zusammen das Unheil des Menschen. Eine (zumal für jüdische Ohren) geradezu lästerliche Behauptung! Radikaler kann man nicht zum Ausdruck bringen, daß der Gesetzesweg auf keinen Fall Gerechtigkeit einbringt.

Paulus spricht (gegen den gängigen Sprachgebrauch) fast ausschließlich von *der* Sünde. Er denkt nicht an einzelne sittliche Verfehlungen und Gebotsübertretungen, sondern sieht in ihr eine *Macht,* die den Menschen knechtet, betrügt, verführt und schließlich vernichtet. Die Herrschaft der Sünde kennzeichnet die Lage des Menschen, nicht der Sachverhalt, daß ihm moralisch manches mißlingt (vgl. S. 310 ff.).

Wie nun? Haben wir Juden etwas voraus? Ganz und gar nicht. Wir haben ja vorhin gegen Juden und Griechen Anklage erhoben, daß sie alle unter der Sünde stehen. So ist auch geschrieben: ›Da ist kein Gerechter, auch nicht einer; da ist keiner, der verständig wäre, keiner, der nach Gott fragte. Alle sind abgewichen; alle zusammen sind sie untüchtig geworden. Da ist keiner, der Gutes täte, nicht ein einziger. Ein geöffnetes Grab ist ihre Kehle; mit ihrer Zunge betrügen sie, Schlangengift ist unter ihren Lippen. Ihr Mund ist voll Fluch und Bitterkeit; ihre Füße sind schnell, Blut zu vergießen; Zerstörung und Elend ist auf ihrem Wege, und den Weg des Friedens kennen sie nicht. Es ist keine Furcht Gottes vor ihren Augen.‹ Wir aber wissen: Alles, was das Gesetz sagt, sagt es denen, die unter dem Gesetz stehen, damit jeder Mund gestopft werde und die ganze Welt als vor Gott schuldig dastehe. Denn auf Grund von Gesetzeswerken ›wird kein Mensch vor ihm gerechtfertigt werden‹; denn durch das Gesetz kommt Erkenntnis der Sünde.

(3, 9–20)

(b) Die Gerechtigkeit aus Glauben (3, 21–4, 25)

Mit einem den Beginn eines neuen Abschnitts markierenden »jetzt aber« bringt Paulus das Ereignis in den Blick, das einen neuen Lebenshorizont auftut: die Offenbarung der Gottesgerechtigkeit. Damit kommt er zur positiven Entfaltung seines Themas. Sie erfolgt in drei Schritten. Zunächst erläutert er das Rechtfertigungsgeschehen selbst, um dann unter dem Stichwort »Rühmen« die sich daraus ergebenden Folgerungen für die Lebensauffassung des Menschen aufzuzeigen. In einem dritten Abschnitt untermauert er seine Aussagen durch einen breit angelegten Schriftbeweis aus der Abrahamgeschichte (ähnlich wie im Galaterbrief, vgl. S. 288 f.). Dem Schriftbeweis kam in der Rechtfertigungslehre besonderes Gewicht zu. Hier wußte sich Paulus in radikalem Widerspruch zur jüdischen Theologie, die sich aus dem Alten Testament herleitete. Darum war er in verstärktem Maße darauf angewiesen, sich theologisch zu legitimieren.

Die Offenbarung der Gottesgerechtigkeit

Die Rechtfertigungslehre ist eine spezielle Ausprägung der paulinischen »Theologie des Kreuzes«: Jesu Tod ist das Geschehen, in dem Gott den Menschen Gerechtigkeit zuspricht – unverdientermaßen; denn dieser Zuspruch gilt dem in Schuld verstrickten und der Herrschaft der Sünde preisgegebenen Menschen, dem, der nicht nur in seinen einzelnen Taten hinter der Forderung Gottes zurückbleibt, sondern der nicht der *ist*, der er sein soll. Die Gottesgerechtigkeit ist »jetzt« geschichtswirksam (»offenbart«) geworden, unterschiedslos an allen Menschen, die glauben. Der Glaubende wird nach paulinischer Auffassung nicht so angesehen, *als ob* er gerecht wäre. Er *ist* es; denn er ist ein anderer geworden, insofern, als er sich in seinem Lebensvollzug an Jesus orientiert. Die Veränderung betrifft das Woher und das Wofür seines Lebens.

Paulus hat in dem folgenden Text eine ältere judenchristliche Tradition verarbeitet und in seinem Sinne uminterpretiert (vgl. S. 86). In dieser war vom »Erweis der Gerechtigkeit Gottes« die Rede, der darin bestanden habe, daß Gott selbst die Verfehlungen seines Volkes durch das Opfer Christi ausglich. Der Rahmen dieser Aussage ist der Bundesgedanke: Gott hat vor Urzeiten mit Israel einen Bund geschlossen; Israel hat diesen Bund gebrochen; durch die von Jesus erbrachte Sühne wird er wiederhergestellt; die Judenchristen (und sie allein) stellen diesen erneuerten Bund dar. Die Umdeutung dieser Tradition durch Paulus enthält vor allem zwei Faktoren:

(1) versteht er das Werk Christi als ein Geschehen, das die Grenze des alten Bundes sprengt und die *ganze* Menschheit umgreift,

(2) besteht für ihn der Erweis der Gottesgerechtigkeit nicht im Erlaß vergangener Schuld als vielmehr in der Eröffnung eines neuen Lebens.

Jetzt aber ist ohne Gesetz die Gerechtigkeit Gottes in Erscheinung getreten, die vom Gesetz und den Propheten bezeugt wird,
die Gerechtigkeit Gottes aber durch den Glauben an Jesus Christus, für alle, die glauben.
Denn es besteht kein Unterschied: Alle haben ja gesündigt und ermangeln der Herrlichkeit Gottes[119],
aber sie werden nun durch seine Gnade geschenkweise gerechtgesprochen aufgrund der in Christus geschehenen Erlösung.
Gott hat ihn durch seinen Tod (Blut) als Sühnemittel hingestellt für den Glauben,
und dadurch wollte er seine Gerechtigkeit erweisen, indem er die vorher, in der Zeit der Geduld Gottes begangenen Sünden vergibt;

---

119 Das heißt: Sie sind nicht die, die sie sein sollen. Nach jüdischer Tradition war Adam vor dem Fall mit göttlicher Herrlichkeit umkleidet. Von daher erklärt sich die paulinische Formulierung.

und dadurch wollte er weiter seine Gerechtigkeit in der Gegenwart erweisen.
So ist er gerecht und spricht den gerecht, der aus dem Glauben an Jesus Christus lebt. (3, 21–26)

Das Rühmen

Gerechtigkeit, die man geschenkweise empfängt, kann man sich nicht selbst zurechnen, verbietet es also, sich zu rühmen und stolz auf sich zu sein. Ruhm und Stolz sind für Paulus die untrüglichen Zeichen dafür, daß der Mensch die Tragfähigkeit seiner Leistung falsch einschätzt. In seiner Sicht war das »Rühmen« ein charakteristisches Merkmal des religiösen Selbstverständnisses der Juden, ja, ihre eigentliche Sünde. Mit dem Rühmen stände es anders, wenn es um »Werke des Gesetzes« ginge; aber darum geht es gerade nicht, sondern um »Glauben«. Darüber ist durch den Tod Jesu von Gott her endgültig entschieden.

Wo bleibt da das Rühmen? Es ist ausgeschlossen. Durch was für ein Gesetz? Durch das der Werke? Nein, sondern durch das Gesetz des Glaubens [120]. Denn wir sind überzeugt, daß der Mensch durch Glauben gerechtfertigt wird ohne Gesetzes-Werke. Oder ist Gott etwa nur der Juden Gott? Nicht auch der Heiden? Ganz gewiß auch der Heiden, weil es ja nur einen Gott gibt. Der spricht gerecht die Beschnittenen aus Glauben und die Unbeschnittenen durch den Glauben. Heben wir nun das Gesetz durch den Glauben auf? Auf keinen Fall! Wir richten es vielmehr gerade auf [121]. (3, 27–31)

Der Schriftbeweis: Abraham

Um Gerechtigkeit aus Glauben ging es bereits in der Urzeit Israels, wie aus der Geschichte von Abraham hervorgeht. Mit diesem Rückverweis sucht sich Paulus theologisch gegen die Juden ins Recht zu setzen, die sich ihrerseits auf Abraham berufen und als seine »Kinder« bezeichnen. – Von Abraham las er in der alttestamentlichen Erzählung (1. Mose 15; vgl. Band AT, S. 75 ff.), ihm sei der »Glaube zur Gerechtigkeit angerechnet« worden. In dieser Aussage fand er seine ganze Rechtfertigungslehre. Besonders stark ist in dem Schriftbeweis herausgestellt, daß es der *Gottlose* ist, den Gott gerecht spricht. Abraham in einer Reihe mit den Gottlosen – ein für Juden lästerlicher Gedanke!

Was werden wir nun sagen, daß Abraham, unser irdischer Stammvater, gefunden habe? Wenn nämlich Abraham aus Werken gerechtfertigt wurde, so hat er Grund, sich zu rühmen – doch nicht vor Gott! Denn was sagt die Schrift? ›Abraham glaubte Gott, und es wurde ihm zur Gerechtigkeit ange-

---

120 Gesetz: hier im Sinne von »Prinzip«.

121 Wahrscheinlich soll damit gesagt sein, daß erst vom Glauben her die wahre Bedeutung des Gesetzes erkennbar ist. – Der Abschnitt weist (wie auch andere im Römerbrief) besondere Stilmerkmale auf: Die Gedankenführung verläuft in Frage und Antwort, in einer Art »Unterhaltung«. Dies war in dieser Zeit eine verbreitete Form philosophischer Belehrung (»Diatribe« vgl. S. 219).

rechnet.‹ Aber wenn jemand Leistungen erbringt, wird ihm der Lohn nicht nach Gnade, sondern nach der Schuldigkeit zugemessen. Wer hingegen keine Werke vorzuweisen hat, aber glaubt an den, der den Gottlosen gerechtspricht, dem wird sein Glaube zur Gerechtigkeit angerechnet. Ebenso spricht auch David die Seligpreisung über den Menschen, dem Gott Gerechtigkeit anrechnet ohne Werke: ›Selig die, welchen die Übertretungen vergeben und die Sünden bedeckt wurden; selig der Mann, dem der Herr die Sünde nicht anrechnet!‹ (4, 1–8)

Im weiteren Beweisgang wird die christliche Inanspruchnahme Abrahams erhärtet. Die Juden konnten argumentieren, daß sie die Beschneidung mit Abraham als ihrem »Vater« zusammenschließe. War doch die Beschneidung das Zeichen des Bundes, den Gott mit Abraham geschlossen hat. Paulus macht dagegen geltend, Abraham sei unbeschnitten, also Heide gewesen, als er die göttliche Segensverheißung empfing; mit der Beschneidung sei die Glaubensgerechtigkeit dann besiegelt worden. So ist Abraham »Vater« sowohl der Heiden wie der Juden. Das Kriterium ist jedoch in *jedem* Fall der Glaube. – Mit dieser Beweisführung zerbricht Paulus den herkömmlichen Gottesvolkgedanken: Die Juden sind nicht als Volksverband das erwählte Gottesvolk, sondern es sind allein die wenigen oder vielen, die auf Gottes Wort hören. – Vgl. dazu ferner die kritischen Äußerungen Johannes des Täufers (S. 21).

Bezieht sich diese Seligpreisung auf die Beschnittenen oder auch die Unbeschnittenen? Wir sagen ja: ›Es wurde dem Abraham der Glaube zur Gerechtigkeit angerechnet.‹ Unter welchen Umständen geschah diese Anrechnung? Als er beschnitten oder noch unbeschnitten war? Nicht als er beschnitten, sondern als er noch unbeschnitten war! Und er empfing das Zeichen der Beschneidung als Siegel auf die Glaubensgerechtigkeit, die ihm als Unbeschnittenem zugeeignet worden war. Darum ist er der Vater aller derer, die als Unbeschnittene glauben, damit auch ihnen Gerechtigkeit angerechnet werde; darum ist er auch der Vater der Beschnittenen, das heißt: für die, die nicht nur aus dem Volk der Beschneidung stammen, sondern auch in den Fußstapfen des Glaubens wandeln, den unser Vater Abraham schon als Unbeschnittener bewährte. (4, 9–12)

Paulus zeigt abschließend am Beispiel Abrahams, was Glaube der Sache nach ist: da, wo nichts zu hoffen ist, dennoch hoffend sich dem verheißenden Wort anvertrauen. Solcher Glaube geht nicht ins Leere, denn er weiß, daß er es mit dem Gott zu tun hat, »der die Toten lebendig macht und das Nichtseiende ins Sein ruft«.

Vor Gott ist er unser aller Vater, wie geschrieben steht: ›Zum Vater vieler Völker habe ich dich gesetzt.‹ Ihm hat er geglaubt, der die Toten lebendig macht und das Nichtseiende ins Dasein ruft. Er hat wider alle Hoffnung in Hoffnung geglaubt, daß er der Vater vieler Völker werde nach dem Wort: ›So wird deine Nachkommenschaft sein.‹ Und er wurde nicht schwach im Glauben, als er seinen schon erstorbenen Leib betrachtete, war er doch hundert Jahre alt, und sah, daß der Mutterleib Saras erstorben war. An der Verheißung Gottes aber zweifelte er nicht in Unglauben, sondern wurde stark im Glauben, gab Gott die Ehre und war fest davon überzeugt, daß Gott die Macht hat, was er verheißt, auch auszuführen. Darum wurde ihm der Glaube auch zur Gerechtigkeit angerechnet. Das Schriftwort: ›Der Glaube wurde ihm zur Gerechtigkeit angerechnet‹, ist aber nicht nur um seinetwillen geschrieben worden, sondern auch um unsertwillen, denen er gleichfalls angerechnet werden soll, uns, die wir glauben an den, der Jesus, unsern Herrn, von den Toten auferweckt hat, der um unserer Übertretung willen dahingegeben und um unserer Rechtfertigung willen auferweckt wurde [122].

(4, 17–25)

(c) Die Wirklichkeit des neuen Lebens (Kap. 5–8)

»Gerechtfertigt durch den Glauben haben wir Frieden mit Gott.« So leitet Paulus den Briefteil ein, in dem er das Leben beschreibt, das dem Glaubenden erschlossen ist. In einzelnen thematisch geschlossenen Abschnitten stellt er die Wirklichkeit dieses neuen Lebens in seinen verschiedenen Dimensionen vor Augen. Die hauptsächlichen Gesichtspunkte sind folgende:

(1) die Zukunftsgewißheit, wobei nicht an eine innergeschichtliche Zukunft, sondern an die eschatologische Heilsvollendung zu denken ist. Was Gott dem Glaubenden in der Gegenwart gegeben hat, ist eine Gewähr dafür, daß auch seine Zukunft im Zeichen des Heils stehen, Leben sein wird (zur Zukunftsdimension des Glaubens vgl. auch S. 260 f.);

(2) die Freiheit. Paulus beschreibt sie als Freiheit von Gesetz, Sünde und Todesmacht, von den Gegebenheiten also, die den Menschen umklammern, ihn sich selbst entfremden und nicht an sein Ziel gelangen lassen;

(3) die neue Lebensführung. Das Geschenk des neuen Lebens hat ethische Konsequenzen. Rechtfertigung ermöglicht und erfordert einen Dienst der Gerechtigkeit.

Hoffnung läßt nicht zuschanden werden

Der Tod Jesu bedeutet: Gott spricht den Gottlosen gerecht, versöhnt seine Feinde. Das war die Aussage des grundlegenden Abschnitts in Kapitel 3. Daran anknüpfend wird jetzt dieses Geschehen von seiner letzten Ursache her beleuchtet, der Liebe Gottes. Sie tritt in Jesu Tod in Erscheinung und erwirkt die Rechtfertigung und Versöhnung des Menschen. Gottes Liebe erschöpft sich aber nicht in dem, was sie gegenwärtig gewährt, sie verspricht Zukunft. Gott wird den Weg seiner Liebe zu Ende gehen: Wenn er seine Feinde versöhnt und die Gottlosen gerechtfertigt hat, dann wird er den Versöhnten und Gerechtfertigten um so sicherer am Endheil Anteil geben.

Von dem Hintergrund dieses Gedankens her ist jenes bekannte »Hoffnung läßt nicht zuschanden werden« zu verstehen. Das ist nicht als allgemeingültige Wahrheit gemeint; Paulus behauptet die unbedingte Verläßlichkeit der Hoffnung vielmehr im

---

122 Der Schlußsatz enthält eine ältere Überlieferung, die das Heilswerk Jesu in bekenntnisartiger Zusammenfassung beschreibt (vgl. S. 86).

Blick auf das, was Gott den Glaubenden bisher hat erfahren lassen. Die Liebe Gottes ist so überzeugend wirksam geworden, daß sie Hoffnung hervorbringt – eine Hoffnung, die sich auch in der Situation der Bedrängnis bewährt, ja gerade hier ihre Kraft zeigt.

Gerechtfertigt aus Glauben, haben wir Frieden mit Gott durch unsern Herrn Jesus Christus. Durch ihn haben wir ja im Glauben den Zugang zu der Gnade erlangt, in der wir jetzt stehen, und rühmen uns der Hoffnung auf die Herrlichkeit Gottes. Doch nicht nur das, vielmehr rühmen wir uns auch der Bedrängnisse; denn wir wissen, daß die Bedrängnis Geduld bewirkt, die Geduld Bewährung, die Bewährung Hoffnung. Die Hoffnung aber läßt nicht zuschanden werden; denn die Liebe Gottes ist (schon) ausgegossen in unsere Herzen durch den heiligen Geist, der uns gegeben ist [123]. Ist doch Christus, als wir noch schwach waren, für uns damals noch Gottlose gestorben. Sonst nämlich wird kaum einer für einen Gerechten sterben – doch, für das Gute zu sterben, könnte sich vielleicht einer entschließen. Gott aber beweist seine Liebe zu uns dadurch, daß Christus für uns starb, als wir noch Sünder waren. Um wieviel mehr werden wir, wo wir jetzt durch sein Blut gerechtfertigt worden sind, durch ihn dann vor dem Zorn gerettet werden! Denn wenn wir als Feinde mit Gott versöhnt wurden durch den Tod seines Sohnes, um wieviel mehr werden wir, jetzt Versöhnte, gerettet werden durch sein Leben [124]. (5, 1–10)

Adam und Christus

Paulus stellt Adam und Christus als Bild und Gegenbild einander gegenüber. Die Durchführung ist merkwürdig. Verschiedentlich setzt er an, bricht dann aber immer wieder ab. Erst ganz am Schluß des Abschnitts kommt er zu einem runden »wie Adam – so Christus«. Der Grund liegt nicht in einem sprachlichen Unvermögen, sondern in der Sache. Christus ist mit Adam eigentlich nicht vergleichbar. Der Gehorsam Christi steht in keinem Verhältnis zur Übertretung Adams. Diese hatte eine Lawine von Verfehlungen und schließlich die Verurteilung des Menschen zur Folge; die Tat Christi brachte die Gnade zum Zug, die aus vielen Sündern Gerechte macht und die Todverfallenen ins Leben führt. Die Adam-Geschichte der Sünde und des Todes kommt gegen die Geschichte des Lebens, die Christus eröffnet hat, nicht an.

Die Ausführungen sind im einzelnen schwer verständlich. Vieles erklärt sich vom religionsgeschichtlichen Hintergrund her. Paulus greift hier wie im 1. Korintherbrief (vgl. S. 258 f.) den Mythos von zwei einander gegenüberstehenden »Urmenschen« auf. Ihm zufolge hat Adam, der erste Mensch, durch seinen Fall die gesamte Menschheit in seinen Fall hineingerissen. Sein Gegenbild ist der endzeitliche »Mensch« Christus, der die Menschheit aus ihrem Verhängnis befreit.

---

123 Die Formulierung klingt »mystisch«, ist jedoch nicht so gemeint. Paulus will sagen: Die Liebe Gottes (als Tat verstanden) ist an »uns« zur Auswirkung gekommen und bestimmt »uns«.

124 Paulus bedient sich in dem Abschnitt gängiger theologischer Motive. Insbesondere gilt das für die Deutung des Todes Jesu als Opfertod. Zum Versöhnungsgedanken vgl. 2. Kor 5 (S. 267 f.).

Am stärksten sind die Aussagen am Anfang des Textes Mißverständnissen ausgesetzt. Man hat gemeint, Paulus vertrete hier so etwas wie eine Erbsündenlehre, nach der die Sünde von Adam her über die Menschen gekommen sei und von Generation zu Generation weitergegeben werde. Dann wäre die Sünde das unvermeidliche Schicksal der Menschen, nicht ihre Tat. So hat man vermutlich in gnostischen Kreisen tatsächlich gedacht. Paulus setzt sich entschieden davon ab. Gewiß, auch er behauptet, daß die gesamte Menschheit von Adam an unter der Herrschaft der Sünde steht. Nach seiner Auffassung hat dies jedoch darin seinen Grund, daß die Menschen tathaft sündigten. Der Mensch selbst konstituiert durch sein Sündigen die Herrschaft der Sünde. Es ist seine Tragik, daß er diese Ermächtigung der Sünde nicht mehr rückgängig machen kann und so die Sünde für ihn zum unentrinnbaren Schicksal wird.

Über all dem darf nicht übersehen werden, daß in dem folgenden Text die Frage des Todes mindestens genausoviel Gewicht hat. Paulus konstatiert einen Zusammenhang zwischen dem Todesgeschick des Menschen und der Sünde. Damit möchte er sicherlich nicht den Naturvorgang des Sterbens vordergründig-kausal herleiten. Was hier in Frage steht, ist die Erfahrung, die der Mensch mit dem Tod macht. Seine Situation ist, daß er ihn nicht als natürlichen Vorgang begreifen und hinnehmen kann, sondern in ihm das Ereignis sehen muß, das die Nichtigkeit seines Lebens offenbar macht.

Darum wie durch einen Menschen die Sünde in die Welt hereinkam und durch die Sünde der Tod und so der Tod zu allen Menschen durchdrang, auf Grund der Tatsache, daß sie alle sündigten [125] – schon vor dem Gesetz nämlich gab es Sünde in der Welt; aber Sünde wird nicht angerechnet, wenn kein Gesetz da ist; gleichwohl übte der Tod seine Herrschaft aus von Adam bis Mose auch über die, die nicht entsprechend der Übertretung Adams gesündigt haben. Der ist das Gegenbild des zukünftigen »Adam«. Jedoch gilt nicht einfach: wie der Fall, so auch die Gnadengabe; denn wenn durch den Fall des einen die vielen starben, so ist noch viel mehr die Gnade Gottes und das Gnaden-Geschenk des einen Menschen Jesus Christus in reicher Fülle auf die vielen gekommen. Ebensowenig entspricht die Gabe dem, was durch den einen, der die Sünde beging, geschah. Denn das Gericht kam aufgrund der Übertretung des einen und führte zur Verurteilung, die Gnadengabe jedoch hat es mit vielfachem Falle zu tun und führt zur Rechtfertigung. Denn wenn durch den Fall des einen der Tod von jenem einen her zur Herrschaft kam, so werden erst recht die, welche den Reichtum der Gnade und des Geschenkes der Gerechtigkeit empfangen, im Leben herrschen durch den einen, Jesus Christus! Also: Wie es durch des einen Fall für alle Menschen zur Verurteilung kam, so kommt es auch durch des einen Rechttat für alle Menschen zur Rechtfertigung, die das Leben verbürgt. Denn wie durch den Ungehorsam des einen Menschen die vielen zu Sündern gemacht wurden, so werden auch durch den Gehorsam des einen die vielen zu Gerechten gemacht. Das Gesetz aber ist daneben hineingekommen, damit die Übertretung immer mehr

---

125 Dieser Satz bricht unvollendet ab: Die positive Seite des Vergleichs (Christus) kann nicht ausgeführt werden, ehe die Unvergleichbarkeit Adams und Christi festgestellt ist.

zunehme[126]. Wo aber die Sünde zunahm, da ist die Gnade überströmend reich geworden; wie die Sünde durch den Tod ihre Herrschaft ausübte, so sollte auch die Gnade zur Herrschaft kommen durch die Gerechtigkeit zum ewigen Leben durch Jesus Christus, unseren Herrn. (5, 12–21)

Die Freiheit von der Sünde und der Dienst der Gerechtigkeit

Wenn die Gnade ihre Übermacht angesichts der Größe der Sünde erweist, muß man dann nicht konsequenterweise der Sünde Raum geben, um die Gnade in noch stärkerem Maße ins Spiel zu bringen[127]? Nein; die Zeit der Sünde ist ein für allemal vorbei! Der Glaubende ist mit Christus gekreuzigt, mit ihm – in der Taufe – begraben. So ist er für die Sünde tot; sie hat kein Recht mehr auf ihn. Mit dem Glauben hat ein neues Leben begonnen, so gewiß, wie Gott den gekreuzigten, gestorbenen und begrabenen Christus zu einem neuen Leben erweckt hat. Paulus sieht den Glaubenden seinsmäßig mit Christus und seinem Geschick verbunden und damit in eine neue Geschichte hineingestellt.

Den Hintergrund dieser Konzeption bilden Vorstellungen der Mysterien. Hier wurde das Schicksal einer Gottheit (etwa ihr Sterben und Auferstehen) in einem kultischen »Drama« dargestellt. Durch die Teilnahme an diesem Kultakt erlebte der Mysterienfromme das Schicksal der Gottheit mit. Dadurch empfing er überirdische Kräfte und glaubte er sich aus dem jammervollen Erdendasein erlöst und in die Lichtwelt versetzt. In manchen Kreisen des hellenistischen Urchristentums ist die Taufe als eine mysterienhafte Kulthandlung interpretiert worden; man sah in ihr einen Vorgang, der durch seinen Vollzug schon jetzt die volle Heilswirklichkeit vermittelt.

Paulus greift diese Mysterienvorstellung auf, biegt sie aber an dem entscheidenden Punkt um. Er läßt das Thema Taufe deshalb nur eben anklingen. Ferner spricht er wohl vom Mit-Gestorben- bzw. Mit-Begraben-Sein des Glaubenden mit Christus, nicht jedoch von einem vollendeten Mit-Auferstanden-Sein, wie das dem Mysteriendenken entsprochen hätte. Dieses liegt für ihn in der *Zukunft*. Die Auferstehung Jesu verweist auf sie; zugleich zeigt und verbürgt sie für die Gegenwart, daß das Mit-Sterben mit Christus in das Leben hineinführt. In ein neues Leben; neu insofern, als es, dem Zwang der Sünde entnommen, für Gott und ethisch verantwortlich gelebt werden kann.

Für Paulus ist der Glaubende seinsmäßig mit Christus gestorben und deshalb für die Sünde tot. Er denkt dabei aber nicht an eine naturhafte Gegebenheit. Das Mit-Sterben mit Christus ist nur wirklich in der konkreten Entscheidung des Glaubenden. Darum fordert er seine Leser auf, sich der Sünde zu verweigern und sich in den »Dienst der Gerechtigkeit« zu stellen.

Der folgende Text ist ein Musterbeispiel dafür, wie Paulus vom Sein des Christen her sein Sollen begründet und aufzeigt (vgl. S. 232).

---

126 Paulus schreibt hier dem Gesetz die Funktion zu, die Macht der Sünde zu verstärken. So trägt es dazu bei, die Übermacht der Gnade bewußt zu machen. Das Gesetz hat somit eine untergeordnete (und negative) heilsgeschichtliche Bedeutung. Um dies zum Ausdruck zu bringen, sagt er von ihm, es sei »daneben (oder: dazwischen) hineingekommen«, nämlich zwischen die alte ursprüngliche Heilsverheißung und deren Erfüllung in Christus.

127 Eine aberwitzige Schlußfolgerung, denn die Gnade gilt wohl dem Sünder, sie wird jedoch nicht durch Sündigen erworben!

Was sollen wir dazu sagen? Laßt uns in der Sünde verharren, damit die Gnade sich mehre? Auf keinen Fall. Wie könnten wir noch in der Sünde leben, wo wir doch der Sünde gestorben sind? Oder wißt ihr nicht, daß wir alle, die wir auf Christus Jesus getauft wurden, auf seinen Tod getauft wurden? Wir sind folglich mit ihm begraben durch die Taufe in den Tod, damit, wie Christus durch die Herrlichkeit des Vaters von den Toten auferweckt wurde, so auch wir in einem neuen Leben wandeln sollen [128]. Denn wenn wir mit dem Abbild seines Todes zusammengewachsen sind, so werden wir es auch mit dem seiner Auferstehung sein. Unser alter Mensch ist, wie wir wissen, mitgekreuzigt, damit der Leib der Sünde vernichtet würde, damit wir der Sünde nicht mehr als Sklaven dienten. Denn wer gestorben ist, der ist dadurch befreit von der Sünde. Sind wir aber mit Christus gestorben, so werden wir – das ist unser Glaube – auch mit ihm leben. Wir wissen doch, daß Christus, von den Toten auferweckt, nicht mehr stirbt; der Tod ist nicht mehr Herr über ihn. Denn mit seinem Sterben ist er der Sünde gestorben, ein für allemal, sein Leben aber lebt er für Gott. Ebenso müßt auch ihr euch selber ansehen – als tot für die Sünde und lebendig für Gott in Christus Jesus. Darum soll die Sünde nicht herrschen in eurem sterblichen Leib, daß ihr seinen Begierden gehorcht; und stellt eure Glieder nicht der Sünde als Waffen der Ungerechtigkeit zur Verfügung, sondern stellt euch Gott zur Verfügung, als solche, die aus dem Tode zum Leben erstanden sind, und eure Glieder als Waffen der Gerechtigkeit für Gott [129]. (6, 1–13)

Was es mit dem Leben für Gott und im Dienst der Gerechtigkeit auf sich hat, ob es wirklich Leben und Freiheit ist, wird sich an seinem Ertrag zeigen: Die Sünde bringt jedenfalls den Tod ein.

Als ihr Knechte der Sünde wart, wart ihr der Gerechtigkeit gegenüber frei. Welchen Ertrag hattet ihr damals? Dinge, deren ihr euch jetzt schämt; denn ihr Ziel ist der Tod. Jetzt dagegen, wo ihr von der Sünde frei und Knechte Gottes geworden seid, habt ihr euren Ertrag in der Heiligung; das Ziel aber ist ewiges Leben. Denn der Sold, den die Sünde zahlt, ist der Tod, Gottes Gnadengabe aber ist das ewige Leben in Christus Jesus, unserem Herrn. (6, 20–23)

Die Freiheit vom Gesetz

Das Gesetz bringt die Sünde zum Zuge, macht sie groß und unentrinnbar. Es ist das Instrument, mit dem die Sünde ihre Herrschaft ausübt. In der Konsequenz dieser Sicht liegt es, daß Paulus behauptet, auch das Gesetz habe kein Recht mehr auf den

---

128 Die Taufe ist für Paulus eine sakramentale Handlung, die den Getauften mit Christus verbindet. Paulus denkt durchaus »realistisch« – jedoch nicht »sakramentalistisch«, das heißt, er schreibt der Taufe nicht »an sich« Heilsbedeutung zu und meint gewiß nicht, daß sie das Heil garantiert.

129 »Leib« und »Glieder« bezeichnen das Ich des Menschen.

Glaubenden. Dem Aufweis dieser Dimension der Freiheit gilt der folgende Abschnitt. Paulus bedient sich dazu eines (wenig glücklichen) Vergleichs aus dem Eherecht: der Tod eines Ehepartners mache von »seinem Gesetz« frei und ermögliche eine andere Bindung. So sei der Christ mit dem Tode Jesu dem Gesetz gestorben und gehöre seitdem dem Auferstandenen an. Dieser Wechsel ist freilich kein Umsteigen von einem Gesetz zum anderen, sondern führt eine grundsätzlich veränderte Situation herbei. Es geht jetzt nicht mehr auf den Tod, sondern auf das Leben zu.

Wenn Paulus »Gesetz« sagt, hat er das des Alten Testamentes im Auge. Seine Ausführungen sind jedoch von grundsätzlicher Bedeutung und ohne weiteres übertragbar auf den Geltungsbereich anderer Gesetze, wobei man sowohl an das verfaßte Recht, gesellschaftliche Normen, die geltende Sitte und ungeschriebene Maßstäbe wie auch an selbstgewählte Prinzipien, Lebensregeln, Ideale und Ideologien denken kann. »Gesetz« kann alles sein, woran man sich hält, um aus sich selbst heraus das Leben zu bestreiten, sich darzustellen und zu behaupten. Was Paulus über Funktion und Wirkung des alttestamentlichen Gesetzes sagt, dient dazu, Situation und Struktur des menschlichen Daseins »unter dem Gesetz« überhaupt durchsichtig werden zu lassen.

Ihr wißt doch, Brüder – ich rede ja zu Leuten, die das Gesetz kennen –, daß das Gesetz über den Menschen nur so lange Gewalt hat, wie er lebt. So ist die verheiratete Frau durch das Gesetz an ihren Mann nur für die Zeit seines Lebens gebunden. Stirbt der Mann, so ist sie von dem Gesetz des Mannes befreit. Also wird sie nur bei Lebzeiten ihres Mannes Ehebrecherin heißen, wenn sie einem anderen Manne zu eigen wird. Stirbt aber ihr Mann, so ist sie frei von dem Gesetz und somit keine Ehebrecherin, wenn sie einem anderen Manne zu eigen wird. So seid auch ihr, meine Brüder für das Gesetz durch den Leib Christi gestorben, um nunmehr einem anderen zu eigen zu werden, dem, der von den Toten auferweckt wurde, damit wir für Gott Frucht tragen[130]. Denn solange wir im Fleische waren, wirkten die sündigen Leidenschaften, die durch das Gesetz erregt wurden, in uns dahin, daß wir dem Tod Frucht trugen. Jetzt aber sind wir befreit von dem Gesetz, gestorben für das, was uns gefangen hielt, und dienen nun im neuen Geist, nicht im alten Buchstaben (des Gesetzes)[131]. (7, 1–6)

Paulus hat in den vorangehenden Abschnitten Gesetz und Sünde so eng in Verbindung gebracht, daß die Folgerung unvermeidlich scheint, das Gesetz selbst sei Sünde. Gegen diese Folgerung verwahrt er sich jedoch mit aller Entschiedenheit. Er zeigt, wie es mit der Kooperation Sünde–Gesetz steht, um das Gesetz zu *verteidigen*. Die Apologie des Gesetzes wird zu einer Schilderung der menschlichen Wirklichkeit: ein Bild heil- und hoffnungsloser Zerrissenheit. – Der Abschnitt gehört zu den erregendsten im ganzen Römerbrief und zum Erschütterndsten, was je über den Menschen geschrieben worden ist. Paulus spricht denn auch nicht wie ein

---

130 Ähnlich begründet Paulus die Freiheit von der Sünde. – Merkwürdigerweise unterscheidet er hier den Gekreuzigten und Auferstandenen wie zwei Personen. Das geschieht offenbar dem Vergleich zuliebe.

131 Das Wort »neu« hat hier einen spezifischen Sinn. Der »Geist« wird dem neuen Äon der Heilszeit zugeordnet (ähnlich: »neue Schöpfung«). Umgekehrt wird durch die Kennzeichnung »alt« das Gesetz zu der vergehenden Welt gestellt.

neutraler Beobachter vom Menschen, sondern in der Ich-Form als zutiefst Betroffener.

Die Grundzüge des Bildes sind folgende:

(1) Das Gesetz ist »heilig, gerecht und gut«. Es trifft jedoch auf den Menschen, zu dessen Wesen gehört, daß er er selbst sein und in allem und jedem sich selbst darstellen und behaupten will. Dementsprechend geht es ihm zuerst und zuletzt um den »Ruhm«, aus eigener Leistung »gerecht« zu sein. Das heißt: »Begehren«. Dieses »Begehren« ist immer vorhanden, aber zunächst unwirksam. Bei der Begegnung mit dem Gesetz wird es mächtig. Der Mensch kommt nicht mehr aus ihm heraus; er will auch nicht. Bestätigt ihn das Gesetz nicht in seinem Begehren? Sagt es ihm nicht, daß er auf dem rechten Weg ist? Indes: Wer so denkt und fragt, betrügt sich; denn er mißbraucht das Gebot, das ihn an Gott verweist, als Mittel der Selbstbehauptung und -darstellung.

Die Geschichte des menschlichen Ich wird mit deutlichen Anklängen an die Sündenfallgeschichte (vgl. Band AT, S. 129ff.) erzählt. Gleichsam mit den Worten Adams enthüllt es seine Erfahrung mit der Sünde. Die Rolle der Schlange im Paradies spielt die Sünde, die »mich« mit dem Gebot Gottes betrügt und »mir« vorspiegelt, daß »ich« damit ans Ziel, ins Leben gelange. Die Schilderung des Paulus trägt mythologische Züge, so zum Beispiel, wenn er die Sünde als eine persönliche Macht auftreten läßt. Dabei handelt es sich jedoch nicht um einen Restbestand naiven mythischen Denkens. Die mythischen Elemente dienen dazu, einen Sachverhalt menschlicher Existenz aufzuhellen: einmal, daß der Mensch unentrinnbar an die Sünde preisgegeben, zum anderen, daß die Sünde etwas ihm »eigentlich« Fremdes ist.

(2) Das zweite Thema des Abschnitts ist die Zerrissenheit, in der sich der Mensch vorfindet. Die Sünde bewirkt, daß sein Wollen und Tun auseinanderfallen und er sich darum vorkommt, als sei er von einer fremden Macht besessen. Paulus denkt freilich nicht wirklich an Besessenheit: Wozu mich der »Dämon« verleitet, das tue ich selbst, und ich kann mich deshalb nicht davon distanzieren. Das Gute wollen und es zwangsläufig verfehlen – das ist das Elend des Menschen. Dieser Widerspruch ist unaufhebbar. Denn woher sollte die Initiative kommen, die nicht selbst wieder in diesem Widerspruch gefangen wäre? Es kennzeichnet den Menschen wesenhaft und grundsätzlich, daß er mit sich im Widerspruch steht und sich als entfremdet erfährt. Dies bedeutet aber: daß ihm das Leben verschlossen und er dem Tode verfallen ist.

Was sollen wir nun sagen? Ist etwa das Gesetz selber Sünde? Auf keinen Fall! Vielmehr: Ich hätte die Sünde nicht kennengelernt außer durch das Gesetz. Das Begehren nämlich hätte ich nicht erfahren, wenn das Gesetz nicht sagte: ›Du sollst nicht begehren!‹ Die Sünde ergriff die durch das Gebot sich bietende Gelegenheit und bewirkte in mir alles Begehren. Denn ohne das Gesetz ist die Sünde tot. Ich aber war einmal lebendig, als das Gesetz nicht da war. Da kam das Gebot; nun lebte die Sünde auf, und ich starb. So erwies sich, daß eben das Gebot, das zum Leben gegeben wurde, mich in den Tod führte. Denn die Sünde ergriff das Gebot als Gelegenheit, mich zu täuschen und durch eben dieses Gebot zu töten[132]. Darum ist das Gesetz als solches heilig und das Gebot heilig, gerecht und gut. – So hätte denn das Gute mir

---

132 Man hat oft gemeint, Paulus beschreibe hier sein eigenes Leben. Das trifft jedoch nicht zu. Ebensowenig will er psychologisch zu erhellende Abläufe schildern. Das Ich, das hier spricht, ist das Ich *des* Menschen – so freilich, wie es sich vom Glauben her sieht. Solange dieses Ich unter dem Gesetz lebt, durchschaut es seine Situation nicht.

den Tod gebracht? Durchaus nicht! Vielmehr war es die Sünde. Die sollte als Sünde in Erscheinung treten, darin, daß sie mir durch das Gute den Tod wirkte; die Sünde sollte sich durch das Gebot als über alles Maß sündig erweisen.

Wir wissen: Das Gesetz ist geistlich; ich aber bin fleischlich, verkauft unter die Gewalt der Sünde. Was ich tue, verstehe ich nicht; denn ich tue nicht, was ich will, sondern gerade was ich hasse, das tue ich [133]. Wenn ich aber das, was ich tue, nicht will, so stimme ich damit dem Gesetz zu und bestätige, daß es gut ist. Dann aber handle gar nicht mehr ich, sondern die in mir wohnende Sünde. Ich weiß wohl: In mir, das heißt in meinem Fleisch, wohnt nichts Gutes. Das Wollen des Guten ist mir zur Hand, das Wirken aber nicht. Denn nicht, was ich will, tue ich, das Gute, sondern was ich nicht will, das Böse, das vollbringe ich. Wenn ich aber gerade das tue, was ich nicht will, so wirke nicht mehr ich, sondern die in mir wohnende Sünde. So finde ich also das »Gesetz«, daß, während ich das Gute tun will, mir das Böse zur Hand ist. Denn ich habe Freude am Gesetz Gottes in meinem inneren Menschen; ich sehe aber ein anderes Gesetz in meinen Gliedern, das dem Gesetz meiner Vernunft widerstreitet und mich unter das Gesetz der Sünde in meinen Gliedern gefangennimmt [134]. Ich unglückseliger Mensch! Wer wird mich befreien aus diesem dem Tod verfallenen Leib? Dank sei Gott durch Jesus Christus, unseren Herrn! (7, 7–25)

Das Leben im Geist der Freiheit

»Der Geist des Lebens hat durch Christus von dem Gesetz der Sünde und des Todes befreit« – damit lenkt Paulus zu dem Grundthema des Abschnitts zurück. Der Sache nach faßt er im folgenden zusammen, was er bereits in Kap. 5–7 ausgeführt hatte. Er sagt es aber in anderer Sprache und Akzentuierung. Es geht jetzt nicht mehr darum, das Christusgeschehen nach seiner Auswirkung zu erläutern. Ein neuer Leitbegriff tritt in den Vordergrund – der des Geistes [135]. So beschreibt Paulus das neue Leben als Wirkung des Geistes. Damit greift er auf die allgemein urchristliche Auffassung zurück, nach der das Neue und Besondere der christlichen Gemeinde auf dem Empfang des göttlichen Geistes beruht. Gewöhnlich dachte man dabei an eine übernatürliche Kraft, die sich in einzelnen außergewöhnlichen Begebenhei-

---

133 Paulus spricht hier nicht die Binsenweisheit aus, daß dem Menschen viele seiner Absichten und Pläne mißlingen; er deckt vielmehr sein totales Scheitern auf: Der Mensch will in allem das Leben – und muß entdecken, daß er auf dem Weg zum Ziel sich selbst im Wege steht.

134 »Innerer Mensch« ist nicht im Sinne eines guten, von der Sünde nicht befallenen Kerns zu verstehen, sondern bezeichnet das Ich, das seiner Zerrissenheit angesichts des Gesetzes bewußt wird.

135 Paulus spricht ohne inhaltlichen Unterschied vom Geist Gottes, Christi und dem Heiligen Geist.

ten und Erfahrungen manifestiert. Paulus widersprach solchen Gedanken nicht gänzlich, führte aber entschieden darüber hinaus. Für ihn bedeutet Geist die Nähe und Gegenwart Gottes. Er denkt sie als eine Macht, die Leben schafft, Freiheit schenkt, Gewißheit gibt. Als solche bestimmt sie das Sein der Gemeinde und des einzelnen Christen, definiert es geradezu. Dieses Bestimmtsein wird oft auch räumlich ausgedrückt. Der Geist ist die Sphäre, in der die Christen leben, oder: er wohnt in ihnen [136].

Die Alternative. Paulus gibt seinen Ausführungen dadurch scharfe Konturen, daß er dem Geist eine andere Größe, das »Fleisch«, entgegensetzt. Wie den Geist versteht er das »Fleisch« im Sinne einer Macht, von der Wirkungen auf den Menschen ausgehen und der ein bestimmtes Denken und ein bestimmter Wille entsprechen. Mit der Gegenüberstellung von Geist und Fleisch als Macht des Lebens bzw. des Todes macht Paulus bewußt, was zur Entscheidung steht.

Der Begriff *»Fleisch«* hat eine doppelte Bedeutung. Einerseits bezeichnet er den Bereich des Irdisch-Vergänglichen, andererseits die Unheil stiftende, todbringende Macht. Wie beide Bedeutungen zusammengehören, ist von der typisch paulinischen Wendung her zu erschließen: »dem Fleisch gemäß leben bzw. wandeln«. Indem sich der Mensch am Fleisch, das heißt: an den Gegebenheiten, den Anschauungen, Lehren und Gesetzen der Welt orientiert, gewinnt es den Charakter einer Macht. Ihr ist er um so unentrinnbarer ausgeliefert, als er sie durch sein Verhalten selbst konstituiert und sich dabei noch in der Illusion wiegen kann, sein eigener Herr zu sein (vgl. dazu auch die Einführung zu Röm 7, 7–25).

Also gibt es jetzt keine Verurteilung für die, die in Christus Jesus sind. Denn das »Gesetz« des Lebensgeistes in Christus Jesus hat dich von dem Gesetz der Sünde und des Todes befreit ... Diejenigen, die nach dem Fleisch leben, sind auf Ziele gerichtet, die das Fleisch steckt, die aber, die nach dem Geist leben, auf Ziele, die der Geist steckt. Das Trachten des Fleisches ist Tod, das Trachten des Geistes aber Leben und Heil. Denn das Trachten des Fleisches ist Feindschaft gegen Gott; es unterwirft sich nämlich dem Gesetz Gottes nicht, kann es auch gar nicht; die im Machtbereich des Fleisches leben, können Gott nicht gefallen. Ihr aber lebt nicht im Machtbereich des Fleisches, sondern in dem des Geistes; denn der Geist Gottes wohnt in euch; wenn aber einer den Geist Christi nicht hat, so gehört er ihm nicht an. Wenn aber Christus in euch ist (was ja der Fall ist), dann ist zwar der Leib um der Sünde willen tot, der Geist aber Leben um der Gerechtigkeit willen. Und wenn der Geist dessen, der Jesus von den Toten erweckte, in euch wohnt, dann wird der, der Christus Jesus von den Toten erweckt hat, auch eure todverfallenen Leiber lebendig machen – durch seinen Geist, der in euch wohnt.

(8, 1–2.5–11)

136 Zum Verständnis des Geistes bei Paulus vgl. oben S. 253 (1. Kor 12).

Die Freiheit der Söhne. »Söhne bzw. Kinder Gottes« nennt Paulus die Christen. Er erläutert ihr Sein somit als ein neues Gottesverhältnis; dieses beinhaltet zugleich eine greifbare Veränderung ihrer Lebensverhältnisse. Die »Grundstimmung« ist jetzt nicht mehr die Furcht, in der sich das Nichtbestehen, das Verfehlen des Lebens niederschlägt, sondern die Freiheit, wie sie Söhnen eigen ist. Wenn die Christen Gott im Gebet als Vater anrufen, so »beweist« das, daß sie ein Recht dazu haben, sich als Söhne Gottes zu begreifen.

Freilich: Sohnschaft und Freiheit kann man verspielen, wenn man nicht weiß und realisiert, daß man dem »Fleisch« nichts mehr schuldig ist. Darum ruft Paulus in diesem Zusammenhang energisch zur ethischen Bewährung auf.

Also, Brüder, sind wir verpflichtet nicht etwa dem Fleisch, nach den Maßstäben des Fleisches zu leben. Denn wenn ihr nach dem Fleisch lebt, werdet ihr sterben. Wenn ihr aber durch den Geist die Taten des Leibes [137] tötet, werdet ihr leben. Denn alle, die durch den Geist Gottes geleitet werden, sind Söhne Gottes. Ihr habt doch nicht den Geist der Sklaverei empfangen, der euch wieder in die Furcht zurückführte, sondern den Geist derer, die als Söhne angenommen sind. In diesem Geist rufen wir: »Abba, Vater!« Der Geist selbst bezeugt es unserem Geist, daß wir Gottes Kinder sind [138].

(8, 12–16)

Die Zukunft. Die Bezeichnung »Sohn« gibt Gelegenheit, eine Brücke in die Zukunft zu schlagen: Als »Söhne Gottes« sind die Glaubenden auch »Erben« – Erben der künftigen »Herrlichkeit«. Das Leben, das der Geist in der Gegenwart gewährt, ist nur ein Anfang. Seine Geschichte geht weiter. Ihr Ziel ist die endgültige, die ganze Schöpfung umgreifende Erlösung. Paulus bedient sich hier verschiedener Wendungen, um seine Anschauung zu erläutern. Wichtig ist ihm vor allem die Befreiung von der Vergänglichkeit. Seine Aussagen sind als *Zuspruch* zu verstehen, der die mannigfacher Bedrängnis ausgesetzten Christen der Zukunft gewiß machen möchte. Anhaltspunkt für die Zukunftsgewißheit ist neben der über die Gegenwart hinausweisenden Gabe des Geistes paradoxerweise das Leiden selbst – sofern es ein Mitleiden mit Christus ist. Ferner lenkt er den Blick auf die leidende Schöpfung in ihrer Gesamtheit; ihr »Seufzen« ist der Beweis einer auf endzeitliche Verwandlung und auf Befreiung von der Vergänglichkeit gerichteten Erwartung. Es sind sehr eigenartige Gedanken, die hier ausgesprochen werden. Teilweise gibt Paulus Motive aus der jüdischen Apokalyptik und hellenistischen Umwelt wieder.

---

137 »Leib« steht hier statt »Fleisch«. Was man sich unter seinen Taten vorzustellen hat, verdeutlicht Paulus in einem sog. Lasterkatalog in Gal 5, 19–21: »Offenkundig sind die Werke des Fleisches, nämlich Unzucht, Unlauterkeit, Ausschweifung, Götzendienst, Zauberei, Feindschaft, Zank, Eifersucht, Zorn, Hader, Zwistigkeiten, Parteiungen, Neid (oder: Mord), Trunkenheit, Schlemmerei und dergleichen. Von diesen Dingen sage ich im voraus, was ich auch schon früher ausgesprochen habe: Die solches tun, werden das Reich Gottes nicht erben.«

138 »Unser Geist« ist als der Anteil am Geiste Gottes zu verstehen, den der Christ für sich empfangen hat.

Sind wir aber Kinder, dann auch Erben, und zwar Erben Gottes und Miterben Christi, da wir ja mit ihm leiden, damit wir einst auch an seiner Herrlichkeit teilhaben. Denn die Leiden der Gegenwart, denke ich, stehen in keinem Verhältnis zu der Herrlichkeit, die an uns sichtbar werden wird. Denn das sehnsüchtige Harren der ganzen Schöpfung ist auf das Offenbarwerden der Söhne Gottes gerichtet. Denn der Nichtigkeit wurde die Schöpfung unterworfen, nicht freiwillig, sondern durch den, der sie unterwarf [139] – auf Hoffnung; denn auch sie, die Schöpfung, wird befreit werden von der Sklaverei der Vergänglichkeit zur herrlichen Freiheit der Kinder Gottes. Denn wir wissen, daß die ganze Schöpfung zusammen seufzt und in Wehen liegt bis heute. Doch nicht nur sie, sondern auch wir selber, die wir im Geist die Erstlingsgabe Gottes schon haben, auch wir seufzen in uns selbst, da wir auf die Einsetzung zu Söhnen warten, auf die Erlösung unseres Leibes. Auf Hoffnung nämlich sind wir gerettet. Hoffnung aber, die man schon erfüllt sieht, ist keine Hoffnung. Denn was einer sieht, was braucht er das erst noch zu hoffen? Wenn wir aber auf das hoffen, was wir noch nicht sehen, erwarten wir es in Geduld . . .

Wir wissen, daß Gott denen, die ihn lieben, in allem zum Guten hilft, denen, die nach seinem Ratschluß berufen sind. Denn die er sich zuvor ersah, die hat er auch vorausbestimmt, dem Bilde seines Sohnes gleichgestaltet zu werden, daß er sei der Erstgeborene unter vielen Brüdern. Die er aber vorausbestimmt hat, die hat er auch berufen, und die er berufen hat, die hat er auch gerechtfertigt, und die er gerechtfertigt hat, die hat er auch verherrlicht [140]. (8, 17–25.28–30)

Ich bin gewiß

Den Abschluß nicht nur dieses Kapitels, sondern des ganzen Abschnitts über die Wirklichkeit des neuen Lebens bilden Worte, in denen die freien »Söhne Gottes« selbst ihrer Gewißheit Ausdruck verleihen. Paulus gelingt hier ein Text von großer sprachlicher Schönheit und mitreißender Kraft.

Ist Gott für uns, wer kann dann wider uns sein?
Der doch seinen eigenen Sohn nicht geschont, sondern ihn für uns alle dahingegeben hat – wie sollte er uns mit ihm nicht alles schenken?
Wer will Klage erheben gegen die Auserwählten Gottes? Gott ist da, der gerecht spricht.

---

139 Der Sinn dieses Satzes ist nicht klar. Paulus meint wahrscheinlich, daß Adam die ganze Schöpfung in seinen Fall hineingerissen und so der Nichtigkeit unterworfen hat.

140 Merkwürdig ist, daß von der Verherrlichung der Christen hier in der Vergangenheitsform gesprochen wird. Soll dadurch das Moment der Gewißheit besonders betont werden?

Wer will verdammen? Christus Jesus ist da, der gestorben ist, vielmehr der auferstanden ist, der zur Rechten Gottes ist, der tritt für uns auch ein.
Wer will uns trennen von der Liebe Christi? Bedrängnis, Angst, Verfolgung, Hunger, Blöße, Gefahr oder Schwert? ...
Aber in dem allem erringen wir einen glänzenden Sieg durch den, der uns geliebt hat.
Denn ich bin gewiß,
daß weder Tod noch Leben,
weder Engel noch Gewalten,
weder Gegenwärtiges noch Zukünftiges noch Mächte,
weder die Mächte in der Höhe noch in der Tiefe noch sonst irgend etwas in der Welt
uns zu trennen vermag von der Liebe Gottes, die in Christus Jesus ist, unserem Herrn. (8, 31–39)

(d) Die Gegenwart und Zukunft des Volkes Israel (Kap 9–11)

Der Weg des Volkes Israel war für Paulus ein quälendes Problem. Warum schlägt Israel das Evangelium von Jesus Christus aus? Die Härte der Auseinandersetzung mit Israel, die gelegentliche Polemik und die kompromißlose Bestreitung seiner Ansprüche dürfen nicht darüber hinwegtäuschen, daß Paulus an der Gemeinschaft mit seinem Volk festhält. Nach wie vor nennt er seine Stammesgenossen »Brüder« – nicht anders als die Glieder seiner Gemeinden. Ihnen gilt letztlich der Dienst, den er als Apostel Jesu in der Welt tut. Daß sie ablehnen, schmerzt ihn zutiefst. Selbst den Fluch Gottes würde er auf sich nehmen, wenn das zu ihrer Rettung führen könnte.

Die Weigerung Israels stellte für ihn ein theo-logisches Problem dar. Mit ihr stand letztlich Gott selbst in Frage. Gott hat Israel mit seiner Erwählung einen besonderen Platz angewiesen. Es ist Träger der Heilsverheißung. Die geschichtliche Herkunft Jesu bezeugt das ebenso wie die Gesetzgebung oder die Bundesbeschlüsse mit den Vätern. Ist auf ihn überhaupt noch Verlaß? Zeigen nicht die Fakten, daß er seinen Heilswillen für Israel nicht durchsetzen kann?

Um eine Antwort auf diese Frage ringt Paulus in dem letzten großen thematischen Teil des Römerbriefes. Er bewegt sich dabei in einem scheinbar unüberbrückbaren Widerspruch. Auf der einen Seite steht für ihn fest, daß Gottes an Israel ergangenes Wort noch immer gilt, auf der anderen darf das Nein Israels zu Jesus nicht überspielt werden. Es weist in der Tat alles darauf hin, daß Gottes Wort seine Kraft verloren hat oder Gott sein Volk hat fallenlassen. Dennoch wäre das eine falsche Folgerung. Der Widerspruch Israels ist in Gottes Willen begründet: Er selbst hat sein Volk verstockt. Aber damit endet seine Geschichte mit ihm nicht. Israel wird schließlich durch Gottes

Erbarmen auf den Weg des Heils gebracht. In dieser geschichtlichen Prognose sucht Paulus die Lösung des mit der Weigerung der Juden gestellten theologischen Problems.

Die Gedankenführung ist kompliziert. Ungewöhnlich oft zieht Paulus das Alte Testament heran, einerseits um seine Aussagen zu legitimieren, zum anderen, um das Alte Testament sagen zu lassen, was er sagen möchte. Die alttestamentlichen Zitate sind indessen Texte mit eigenständiger Aussage; so bleibt manchmal dunkel, worauf es Paulus für *seinen* Gedanken ankam. Ferner hat er mit dem Israel-Problem die Frage der »Prädestination«, der göttlichen Vorherbestimmung, verknüpft. Der heutige Leser hat mit solchen Gedanken seine besonderen Schwierigkeiten. Er verbindet sie meist mit einem weltanschaulichen Determinismus, demzufolge dem Menschen das Schicksal bis in alle Einzelheiten hinein vorgegeben ist. Paulus denkt nicht so. Für ihn ist der Lebensweg eines Menschen oder auch seine Entscheidung zum Glauben oder Unglauben nicht in einem *vor*zeitlichen göttlichen Akt festgelegt. Die »Vorherbestimmung« geschieht vielmehr *in* der geschichtlichen Zeit, und zwar dadurch, daß Gott sein Wort ergehen läßt. Dieses Wort ist die Entscheidung, mit der und in der Gott zum Heil erwählt oder verstößt.

Mit seinen Prädestinationsaussagen bewegt sich Paulus an einer Grenze. Man darf sie dennoch nicht als unwichtige Randerscheinung unterschlagen. Er will durch sie sicherstellen, daß das Evangelium als freie und souveräne, durch keine Leistungen oder Voraussetzungen von seiten des Menschen bedingte Tat Gottes, als Gnade, begriffen wird. Wenn von Evangelium und Heil die Rede ist, dann kommt es nicht darauf an, was einer tut und will, zustande bringt oder verdirbt, sondern allein darauf, daß Gott sein Erbarmen gewährt und wirksam werden läßt.

Gottes Erwählung und das Volk Israel

Trotz des offenkundigen Unglaubens, mit dem sich Israel Gott verweigert, ist Gottes erwählendes und verheißendes Wort nicht zusammengebrochen. Nicht alle Israeliten gehören zum wirklichen Israel. Es muß zwischen dem geschichtlich-bestehenden Volk der Juden und dem wahren Gottesvolk Israel, zwischen Nachkommen und Kindern Abrahams unterschieden werden. Gott hat das jüdische Volk am Anfang seiner Geschichte und dann immer von neuem gerufen, aus seinem Wort zu leben. An ihm schieden sich die Geister: Den einen widerfuhr durch dieses Wort erwählendes Erbarmen, den anderen dagegen Verstockung. Paulus belegt das an Beispielen aus der Geschichte Israels. Immer wieder zeigte sich, daß Gottes Ruf auch Weigerung bewirkte. Es ist ein »Gesetz« des Heilshandelns Gottes: Der Erwählung folgt wie ein Schatten die Verwerfung.

Die Wahrheit sage ich in Christus, ich lüge nicht, mein Gewissen bezeugt mir im heiligen Geist, daß ich große Trauer und unaufhörlichen Schmerz in meinem Herzen habe. Ich wünschte selbst von Christus weg verflucht zu sein zugunsten meiner Brüder, meiner Stammesgenossen nach dem Fleisch.

Sie sind ja Israeliten, denen die Sohnschaft, die Herrlichkeit Gottes, die Bundschließungen, die Gesetzgebung, der Gottesdienst, die Verheißung, denen auch die Erzväter gehören, und von denen auch Christus dem Fleische nach herkommt. Gott, der über allem ist, sei gelobt in Ewigkeit. Amen.

Aber nicht, als ob Gottes Wort hinfällig geworden wäre! Denn nicht alle, die aus Israel stammen, sind »Israel«, und nicht schon, weil sie Nachkommen Abrahams sind, sind sie alle auch Kinder, sondern: ›In Isaak sollst du Nachkommenschaft haben.‹ Das heißt: Nicht die Kinder des Fleisches sind Gottes Kinder, sondern allein die Kinder der Verheißung zählen als Nachkommen. Denn eine Verheißung ist das Wort: ›Um diese Zeit werde ich kommen und Sara wird einen Sohn haben.‹ Aber nicht nur dies kann als Beispiel dienen, sondern auch Rebekka. Denn sie war von *einem* Manne, unserem Vater Isaak, schwanger; und als ihre Zwillinge noch gar nicht geboren waren und nichts Gutes oder Böses getan hatten, wurde ihr gesagt, damit Gottes Ratschluß aus *freier* Wahl bestehen bleibe, nicht von Werken, sondern allein von der Entscheidung des Berufenden abhängig: ›Der Größere wird dem Kleineren dienen‹; darum heißt es ja in der Schrift: ›Den Jakob habe ich geliebt, den Esau aber gehaßt.‹

Was sollen wir nun dazu sagen? Ist da etwa Ungerechtigkeit bei Gott? Ganz und gar nicht! Spricht er doch zu Mose: ›Ich werde mich erbarmen, wessen ich mich erbarmen will, und ich werde Mitleid haben, mit wem ich Mitleid haben will. Also kommt es nicht auf das Wollen oder Laufen eines Menschen an, sondern auf den sich erbarmenden Gott. Die Schrift sagt ja zu Pharao: ›Gerade dazu habe ich dich erweckt, daß ich an dir meine Macht erweise und daß mein Name auf der ganzen Erde verkündet werde.‹ Also erbarmt er sich, wessen er will, und verstockt, wen er will. (9, 1–18)

Israels Scheitern und die Berufung der Völker

Im Rahmen der Geschichte Gottes mit Israel war Jesus eine Stunde der Entscheidung. Israels Existenz als Gottesvolk stand auf dem Spiel, wenn es den Glauben verweigerte und sich statt dessen an das Gesetz hielt[141]. Auf der anderen Seite haben andere, nämlich die Heidenvölker, die Christusbotschaft als Berufung und Erwählung durch Gott erfahren und »Gerechtigkeit aus Glauben« erlangt. So ist es zu einer paradoxen Umkehrung gekommen: Israel hat verfehlt, was es suchte; den Heidenvölkern ist es dagegen zuteil geworden, obwohl sie nicht gesucht haben.

Als Gefäße des Erbarmens hat Gott uns[142] berufen, nicht nur aus den Juden,

---

141 Paulus denkt Israel bzw. die Völker als Kollektiv-Größen. So kann er einerseits umfassend von Israels Scheitern sprechen, obgleich doch einige Juden glaubten, und andererseits von der »Annahme« der Heiden, obgleich nur ein kleiner Teil sich tatsächlich dem Evangelium erschloß.

142 Mit dem »wir« ist die christliche Gemeinde gemeint, in der auch ein »Rest« Israels zur Erwählung gefunden hat.

sondern auch aus den Heiden. Wie er auch im Hosea-Buch sagt: ›Ich werde, was nicht mein Volk ist, mein Volk nennen und die Nicht-Geliebte Geliebte. Und es wird geschehen: An dem Ort, wo ihnen gesagt wurde »Ihr seid nicht mein Volk«, da werden sie Söhne des lebendigen Gottes genannt werden!‹ Jesaia aber ruft über Israel: ›Wenn die Zahl der Söhne Israels wäre wie der Sand des Meeres, so wird doch nur der Rest gerettet werden. Denn der Herr wird sein Wort vollenden und verkürzend ausführen auf der Erde‹...

Was sollen wir nun sagen? Dies: Heiden, die nicht nach Gerechtigkeit trachteten, haben Gerechtigkeit erlangt, und zwar die Gerechtigkeit aus Glauben; Israel aber, das sich um das Gesetz der Gerechtigkeit mühte, hat das Gesetz nicht erreicht [143]. Warum nicht? Weil es nicht aus Glauben, sondern aus Werken gerecht werden wollte. Sie sind an den ›Stein des Anstoßes‹ gestoßen, von dem geschrieben steht: ›Siehe, ich setze in Zion einen Stein des Anstoßes und einen Fels des Ärgernisses, und wer an ihn glaubt, wird nicht zuschanden werden.‹ (9, 24–33)

Israel und das Evangelium

Paulus bestätigt den Juden Eifer für Gott. Dieser Eifer ist aber blind für die Situation: Christus markiert das Ende des Gesetzes und den Anfang eines neuen Weges – der Gerechtigkeit aus Glauben. In dieser Situation ist das Streben nach eigener Gerechtigkeit Ungehorsam gegenüber Gott. Aber hatte Israel überhaupt die Möglichkeit, zu begreifen, worauf Gott hinauswollte? Ja, denn das »Wort des Glaubens« war und ist in der Verkündigung greifbar nahe. Das heißt: Von seiten Gottes ist nichts versäumt worden. Die Boten Christi sind in alle Welt hinausgezogen, um Israel zum Glauben geradezu zu provozieren – ohne Erfolg. Israels Nein ist ein schuldhaftes. Diese Erkenntnis wird auch vom Alten Testament bekräftigt.

Brüder, der Wunsch meines Herzens und mein Gebet für sie zu Gott gilt ihrem Heil. Ich bezeuge ihnen, daß sie Eifer um Gott haben, aber ohne rechte Einsicht. Da sie die Gerechtigkeit Gottes verkannten und darauf aus waren, ihre eigene aufzurichten, haben sie sich der Gerechtigkeit Gottes nicht unterworfen. Denn Christus ist das Ende des Gesetzes – zur Gerechtigkeit für jeden, der glaubt. Mose nämlich schreibt von der Gerechtigkeit aus dem Gesetz: ›Der Mensch, der sie tut, wird durch sie leben.‹ Die Gerechtigkeit aus dem Glauben aber spricht so: ›... Nahe bei dir ist das Wort, in deinem Munde und in deinem Herzen.‹ Damit ist das Wort des Glaubens gemeint, das wir verkündigen. Denn wenn du mit deinem Munde Jesus als Herrn bekennst und in deinem Herzen glaubst, daß Gott ihn von den Toten auferweckt hat, wirst du gerettet werden. Denn mit dem Herzen glaubt man und wird gerecht, und mit dem Munde bekennt man und wird gerettet. Denn

143 Die Formulierung ist undurchsichtig. Wahrscheinlich ist sie so zu verstehen: Israel hat durch das Gesetz nicht das erreicht, was es erwartete; es ist durch das Gesetz vielmehr an Gott gescheitert.

die Schrift sagt: ›Wer an ihn glaubt, wird nicht zuschanden werden.‹ Es ist kein Unterschied zwischen dem Juden und dem Griechen: Der eine und selbe ist Herr über alle, reich für alle, die ihn anrufen. Denn: ›Jeder, der den Namen des Herrn anruft, wird gerettet werden.‹

Wie sollen sie nun einen anrufen, an den sie nicht glauben[144]? Wie sollen sie an den glauben, von dem sie nicht gehört haben? Wie sollen sie hören, ohne daß einer verkündigt? Wie sollen sie verkündigen, wenn sie nicht gesandt sind? So heißt es in der Schrift: ›Wie lieblich sind die Füße derer, die gute Botschaft bringen.‹[145] Freilich nicht alle sind dem Evangelium gehorsam gewesen. Sagt doch Jesaia: ›Herr, wer hat unserer Predigt geglaubt?‹ ...

Aber, sage ich, haben sie etwa nicht zu hören bekommen? Natürlich! ›In die ganze Welt ist hinausgegangen ihr Schall und bis zu den Grenzen der Welt ihre Worte.‹ Aber, sage ich, hat Israel es etwa nicht verstanden? Doch. Erstens sagt Mose: ›Ich will euch eifersüchtig machen auf ein Nicht-Volk, gegen ein unverständiges Volk will ich euch aufreizen.‹ Sodann sagt Jesaia sogar: ›Ich ließ mich finden von denen, die mich nicht suchten, und offenbarte mich denen, die nicht nach mir fragten.‹ Dagegen sagt er zu Israel: ›Den ganzen Tag habe ich meine Hände ausgebreitet nach einem Volk, das ungehorsam ist und widerspricht.‹ (10, 1–21)

Die Zukunft Israels

Trotz allem hält Paulus daran fest, daß Gott sein Volk nicht verstoßen habe[146]. Damit setzt er sich in Widerspruch zu dem, was er gerade über Israels Verstockung ausgeführt hatte. Die Auflösung sucht er im Entwurf einer geschichtlichen Zukunftsschau: Gott ist mit Israel noch nicht am Ende. Als Anzeichen dafür wertet er seinen eigenen Lebensgang und die Tatsache, daß noch andere seiner Landsleute gleich ihm Christen geworden sind. Das Volk als Ganzes steht noch abseits. Immerhin gibt es einen »Rest«[147], der seine Erwählung realisiert. Das könne aber nicht der Endzustand sein. Israel bleibe weiter dem Evangelium ausgesetzt. Wenn es dessen gewahr werde, daß Gott den *Heiden* das Heil zugewandt hat, das *ihm* von Urzeiten her versprochen ist, werde es zur Besinnung kommen. Er selbst trägt dazu bei – durch seine Missionsarbeit unter den Heiden. Ihr Sinn ist nicht zuletzt, sein Volk auf die Heiden eifersüchtig zu machen und doch wenigstens einige zu retten. So stellt er die Mission in den Rahmen des geschichtlichen Weges, den Gott mit Israel ging und noch gehen wird. Wenn die Verwerfung der Juden der Welt die Versöhnung brachte, dann muß ihre Annahme die volle Verwirklichung des Heils bedeuten.

---

144 Die Sätze sind nicht speziell im Blick auf die Juden formuliert. Das Subjekt »sie« entspricht unserem »man«. Im vorliegenden Zusammenhang *denkt* Paulus indes in erster Linie an die Juden.

145 Diese Schriftstelle soll beweisen, daß die Boten wirklich ausgegangen sind und das Evangelium verkündigt haben.

146 Paulus spricht von jetzt an von dem geschichtlichen Volk der Juden.

147 Der Gedanke eines heiligen »Restes«, der »umkehrt« und der Rettung teilhaftig wird, stammt aus der prophetischen Überlieferung (Jesaia).

Nun frage ich: Sind sie angestoßen, damit sie endgültig zu Fall kommen? Durchaus nicht. Sondern durch ihren Fall ist das Heil zu den Heiden gekommen, um sie (die Juden) eifersüchtig zu machen. Wenn aber schon ihr Fall Reichtum für die Welt bedeutet und schon ihr Ausbleiben Reichtum für die Heiden, wieviel mehr muß dann ihre Fülle (Vollzahl) bedeuten! Euch, Heiden, aber sage ich: Gerade sofern ich Heidenapostel bin, preise ich meinen Dienst, ob ich damit vielleicht mein Fleisch und Blut eifersüchtig machen und einige von ihnen retten könnte. Denn wenn schon ihre Verwerfung Versöhnung der Welt bedeutet, was kann ihre Annahme anderes bedeuten als Leben aus den Toten? (11, 11–15)

Das Versagen Israels ist für die heidenchristliche Gemeinde kein Grund, überheblich zu sein. Israel ist und bleibt die heilsgeschichtliche Basis. Es ist gewiß richtig, daß Gott den Heiden das Heil zugewandt hat; aber dies ist ihnen als »Fremden« zuteil geworden. Israel selbst ist ein warnendes Beispiel dafür, daß es verspielt werden kann. Das zeigt Paulus am Bild vom edlen Ölbaum und den wilden Ölbaumzweigen. In erster Linie will er damit heidenchristlichen Hochmut in die Schranken weisen.

Wenn aber das Erstlingsbrot heilig ist, dann auch der Teig. Und wenn die Wurzel heilig ist, dann auch die Zweige. Wenn aber einige von den Zweigen herausgebrochen wurden und du, ein Zweig vom wilden Ölbaum, unter sie eingepfropft wurdest und so Anteil bekommen hast an der saftigen Wurzel des Ölbaums, so überhebe dich nicht wider die (ausgebrochenen) Zweige. Tust du es dennoch, so bedenke: Nicht du trägst die Wurzel, sondern die Wurzel dich. Du kannst nun entgegnen: Es sind doch Zweige ausgebrochen worden, weil ich eingepfropft werden wollte. Ganz recht! Wegen ihres Unglaubens sind sie ausgebrochen worden, du aber stehst durch den Glauben. Denke nicht hochmütig, sondern fürchte dich. Denn wenn Gott die von Natur gewachsenen Zweige nicht geschont hat, wird er auch dich nicht schonen. Siehe also auf Gottes Güte und Strenge: über die Gefallenen Strenge, über dich aber Güte Gottes – wenn du bei seiner Güte bleibst; sonst wirst auch du ausgehauen. Doch jene können, wenn sie nicht im Unglauben verharren, wieder eingepfropft werden; denn Gott hat die Macht, sie wieder einzupfropfen. Denn wenn du aus dem wilden Ölbaum, zu dem du von Natur gehörst, abgeschnitten und wider die Natur in den edlen Ölbaum eingepfropft wurdest, wieviel leichter werden diese, die ihm von Natur aus zugehören, in ihren eigenen Ölbaum eingepfropft werden! (11, 16–24)

Israel wird sich dem Evangelium öffnen und so seine Bestimmung erfüllen. Paulus rechnet bestimmt damit, daß die Zukunft das Rätsel Israel lösen wird. Das ist das »Geheimnis«, das er enthüllen möchte. Offenbar erwartete er eine grundlegende Wende für die allernächste Zukunft. Den Anhaltspunkt liefert ihm die Bewegung der Heidenvölker: wenn ihre »Fülle« eingegangen sei, dann sei der Augenblick gekommen. Gerade der gegenwärtige Ungehorsam der Juden gegen Gott ist – paradoxerweise – die Gewähr dafür, daß sie »jetzt« Gottes Erbarmen finden.

Am Ende steht ein hymnischer Lobpreis der unergründlichen und unfaßbaren Größe Gottes. Ein sachgemäßer Abschluß angesichts des Rätsels, das Israel dadurch darstellt, daß es sich Gott verweigert und damit die Wahrheit seiner Verheißung, ja ihn selbst in Frage stellt.

Denn ich will vor euch, Brüder, dieses Geheimnis nicht länger verbergen, damit ihr nicht auf eure eigene Weisheit baut: Verstockung ist teilweise über Israel gekommen, bis die Vollzahl der Heiden in die Gemeinde eingegangen ist[148]; und so wird ganz Israel gerettet werden, wie geschrieben steht: ›Kommen wird aus Zion der Erretter; wegschaffen wird er die Gottlosigkeit von Jakob. Und dies wird mein Bund für sie sein, wenn ich wegnehme ihre Sünden.‹ Nach ihrem Verhalten gegenüber dem Evangelium sind sie Feinde Gottes um euretwillen; wegen der Erwählung aber sind sie Geliebte Gottes um der Väter willen. Denn Gottes Gnadengaben und Berufung sind unwiderruflich. So nämlich wie ihr einst Gott ungehorsam wart, jetzt aber Erbarmen erfahren habt infolge ihres Ungehorsams, so sind umgekehrt sie jetzt wegen des euch gewährten Erbarmens ungehorsam geworden, damit auch sie jetzt Erbarmen erfahren. Denn Gott hat alle in den Ungehorsam eingeschlossen, damit er sich aller erbarme[149].

O welche Tiefe des Reichtums, der Weisheit und Erkenntnis Gottes! Wie unerforschlich sind seine Entscheidungen und unergründlich seine Wege! Denn ›wer hat den Sinn des Herrn erkannt? Oder wer ist sein Ratgeber gewesen? Oder wer hat ihm zuvor etwas gegeben, daß er es ihm vergelten müßte?‹ Denn von ihm und durch ihn und zu ihm sind alle Dinge. Ihm sei Ehre in Ewigkeit! Amen. (11, 25–36)

(e) Ethische Weisungen (Paränese)

Paulus beschließt den Brief mit einem bedeutsamen Ermahnungsteil. Er bietet zunächst ethische Orientierung allgemeiner Art. Es geht um das Verhalten, das vom Christen normaler- und alltäglicherweise erwartet wird. Einen Schwerpunkt stellt jener berühmte Text dar, der die Unterordnung unter die »Obrigkeit« fordert. Gelegentlich hat man hinter dieser Ermahnung einen aktuellen Anlaß gesucht und vermutet, die römischen Christen hätten zur Aufsässigkeit geneigt oder zu revolutionären Aktionen aufgerufen. Dafür gibt es jedoch

---

148 Das heißt nicht, daß Paulus die Bekehrung *aller* Heiden erwartet, ebensowenig wie die Bekehrung Israels zugleich die *aller* Juden bedeutet. Er denkt in Kollektiv-Größen und in großen Räumen. So erklärt sich auch seine Annahme, daß die Vollzahl der Heiden *bald* eingegangen sein wird.

149 Paulus bietet hier eine Geschichtsschau, in der er über das hinausgeht, was theologisch gesagt werden kann. Vom Evangelium her läßt sich nicht enthüllen, wie sich Israel dann oder bald entscheiden wird. Das spekulative Moment hält sich allerdings in Grenzen. Paulus spricht nicht von einem zwangsläufigen Prozeß. Er erwartet vielmehr, daß Israel schließlich in Jesus Christus den »Retter« erkennt, der es aus der Gottlosigkeit herausführen wird. Das endzeitliche Heil bleibt an Christus und an den Glauben gebunden.

keinerlei Hinweise. Auf Vorgänge in Rom ist einzig die breit ausgeführte und begründete Aufforderung bezogen, einander anzunehmen. Der Bezugspunkt ist der Streit zweier Gruppen in der Gemeinde.

Gottesdienst im Alltag der Welt

Paulus beginnt seine Ermahnungen mit der Aufforderung, sich selbst Gott als Opfer darzubringen. Das sei der »vernünftige« Gottesdienst, den Gott einzig will. Eine für den antiken Menschen empörende Forderung. Sie bedeutete nichts Geringeres als die Aufhebung der antiken Religion mit allem, was dazu gehört: Opferkult, Priester, heilige Orte, Zeiten und Gegenstände. Wirklicher Gottesdienst vollziehe sich nicht in Form besonderer kultischer Veranstaltungen, sondern so, daß man den Alltag seines Lebens als Dienst für Gott begreift. Die in diesem Programm enthaltene Religionskritik wird jedoch nicht im Namen der Vernunft vorgetragen[150]; sie ist vielmehr als Konsequenz der christlichen Gotteserfahrung zu verstehen: Wer im Evangelium den Gott kennengelernt hat, der ihm mit der »Gerechtigkeit« das Leben zuspricht, der weiß, daß er darauf nur mit sich selbst, seinem Leben antworten kann[151].

In diesem Rahmen spricht Paulus seine Leser auf die unerläßliche ethische Bewährung an. Dabei verweist er auf die Vernunft als Instanz – aber mit dem Zusatz: *erneuerte* Vernunft. Mit diesem Stichwort ist der Hintergrund angedeutet, von dem her der Christ seine »vernünftige« Entscheidung trifft: die Begegnung mit dem Evangelium und die in ihr erschlossene Einsicht. Es muß ihn kennzeichnen, daß er sich nicht an den gängigen Maßstäben orientiert und sich auch nicht welt-angepaßt verhält.

So ermahne ich euch denn, Brüder, bei dem Erbarmen[152] Gottes: Bringt euch selbst als ein Opfer dar, das lebendig, heilig, Gott wohlgefällig ist – euer vernünftiger Gottesdienst! Und paßt euch nicht dieser Welt an; vielmehr verwandelt euch durch die Erneuerung der Vernunft, damit ihr beurteilen könnt, was Gottes Wille ist, das Gute, Wohlgefällige und Vollkommene. (12, 1–2)

---

150 Es ist hier zwar von »vernünftigem« Gottesdienst die Rede, damit ist aber ein Gottesdienst gemeint, der von der Gegenwart des *Geistes* (im Sinne von Kap. 8; vgl. S. 313 ff.) getragen ist.

151 Der urchristliche Gottesdienst ist kein Gottesdienst im Sinne antiker Religion. Er enthält zwar kultische Elemente, ist aber keine eigentlich kultische Veranstaltung. Nicht ohne Grund spricht Paulus (1. Kor 11, vgl. S. 251) ganz profan von einem »Zusammenkommen«.

152 Mit dieser Wendung rückt Paulus die Glaubenserfahrung des Christen in den Blick, um den Grund seiner Verpflichtung und den Beweggrund des Handelns aufzuzeigen.

Hinweise für das Verhalten des Christen

Paulus setzt mit der Mahnung ein, nicht hochfahrenden Plänen nachzustreben, sondern sich an das einem zugemessene Maß zu halten. Ähnliche Mahnungen finden sich öfter; sie scheinen ihm besonders wichtig gewesen zu sein. Das hängt mit seinem Gemeindeverständnis zusammen. Hoch hinaus zu wollen, Überheblichkeit und ehrgeiziges Geltungsbedürfnis gefährden das Miteinander in der Gemeinde. Die *eine* Gemeinde lebt in *vielen* Gliedern: Gaben, Tätigkeiten, Aufgaben und Funktionen. Der einzelne muß sich als Glied verstehen und den Platz einnehmen, der ihm durch seine Gabe zugewiesen ist. Er verfügt nicht über seine Gabe; jeder soll das in die Gemeinde einbringen, was er kann.

Denn ich sage kraft der Gnade, die mir verliehen ist, einem jeden unter euch: Wollt nicht hoch hinaus über das zuträgliche Maß, sondern seid darauf bedacht, Maß zu halten, ein jeder entsprechend dem Maß des Glaubens, das Gott ihm zugemessen hat. Wie wir nämlich an dem einen Leib viele Glieder haben, die Glieder aber nicht alle die gleiche Funktion haben, so sind wir viele ein Leib in Christus, als einzelne aber im Verhältnis zueinander Glieder [153]. Da wir nun je nach der uns verliehenen Gnade mit verschiedenen Gnadengaben ausgestattet sind – ist es etwa Prophetie, so soll sie nach dem Maße des Glaubens ausgeübt werden; ist es Diakonie, so soll man sich darin bewähren; ist einer Lehrer, betätige er sich in der Lehre, hat einer zu ermahnen, in der Ermahnung; wer von dem Seinen abgibt, tue es in schlichter Güte; wer die Gemeinde zu leiten hat, tue es mit Eifer, wer Barmherzigkeit übt, mit Freude. Die Liebe sei ungeheuchelt. Verabscheut das Böse. Seid dem Guten zugetan. In der brüderlichen Liebe zueinander seid herzlich, in Ehrerbietung sucht einander zu überbieten. Seid nicht lässig an Eifer, vom Geist entbrannt, dient dem Herrn. Seid fröhlich in Hoffnung, geduldig in Bedrängnis, beharrlich im Gebet. Nehmt Anteil an den Nöten der Heiligen. Befleißigt euch der Gastfreundschaft. Segnet, die euch verfolgen, segnet und flucht nicht. Freut euch mit den Fröhlichen, weint mit den Weinenden. Seid eines Sinnes untereinander. Richtet euren Sinn nicht auf hohe Dinge, sondern laßt euch zu den geringen hinabziehen. ›Haltet euch nicht selbst für klug‹. Vergeltet niemandem Böses mit Bösem. ›Seid bedacht auf das, was edel ist in den Augen aller Menschen.‹ Wenn möglich, soviel an euch liegt, haltet mit allen Menschen Frieden. Rächt euch nicht selbst, Geliebte, sondern gebt dem Zorne Gottes Raum. Steht doch geschrieben: ›Mein ist die Rache, ich will vergelten, spricht der Herr.‹ Vielmehr: ›Wenn deinen Feind hungert, speise ihn; wenn ihn dürstet, tränke ihn; denn wenn du das tust, so wirst du feurige Kohlen auf sein Haupt sammeln.‹ Laß dich nicht vom Bösen überwinden, sondern überwinde das Böse mit dem Guten [154]. (12, 3–21)

---

153 Zum paulinischen Gemeindeverständnis, insbesondere zum Leib-Christi-Gedanken siehe S. 253 ff. (1. Kor 12).

154 In auffälliger Häufung wird in diesem Abschnitt das Alte Testament, vor

Der Christ und die staatliche Gewalt

Mit – uns heute nahezu naiv anmutender – Selbstverständlichkeit mahnt Paulus, sich den staatlichen Gewalten unterzuordnen. Er macht damit zur Pflicht, was für jedermann gilt; und nicht allein dies: Er fordert Unterordnung um des Gewissens willen. Die staatlichen Gewalten gehören zur Wirklichkeit dieser Welt, der die Christen nicht entnommen sind, in der sie sich vielmehr zu bewähren haben. Jene »Gewalten« können auch als durchaus sinnvoll erfahren werden. Sie machen das Zusammenleben der Menschen möglich, indem sie das Gute fördern und das Böse ahnden. Paulus deutet mit keiner Silbe an, daß sie ihre Macht mißbrauchen oder etwas anordnen könnten, was den Christen in einen Gewissenskonflikt bringen muß. Dazu bestand für ihn offenbar damals kein Anlaß [155].

Der Text hat, zumal im lutherischen Protestantismus, Wirkungen gezeitigt, um derentwillen er heute in Verruf steht. Wie kaum ein anderer Text des Neuen Testaments war er Mißdeutungen und Mißbrauch ausgesetzt. So hat man ihm eine theologische Begründung des Staates abgewinnen wollen. In gewisser Weise hat Paulus selbst dazu Anlaß gegeben. Immerhin spricht er davon, daß die staatlichen Gewalten von Gott gesetzt sind und von ihm her ihre Macht haben. Dabei übernimmt er Motive und Formulierungen der jüdisch-hellenistischen Staatslehre seiner Zeit – ohne sie jedoch kritisch zu bedenken. Diese Bestimmungen dürfen nicht zur Hauptsache gemacht werden. Paulus hat nicht die *Absicht*, den Staat mit theologischer Würde zu umkleiden oder als geheiligte Schöpfungsordnung zu verkünden. Der Text ist Bestandteil der *Paränese*, also des Briefabschnitts, der Orientierungshilfe für das Verhalten bietet. Von daher ist sein Verständnis zu erschließen. Er enthält *konkrete Anweisung*. Paulus handelt nicht abstrakt vom Staat, entwickelt auch keine Lehre von dessen Aufgaben. Er denkt vielmehr an die Behörden, Verwaltungen, Beamten und Funktionäre in den Städten und Provinzen und beschreibt andeutend, was sie tatsächlich tun. So erläutert er auch nicht zeitlos das Verhältnis *des* Christen zum Staat, sondern sagt den römischen Christen, wie sie sich jetzt verhalten sollen.

Jedermann soll sich den vorgesetzten Gewalten unterordnen; denn es gibt keine Gewalt außer von Gott, und die bestehenden sind von Gott eingesetzt. Wer sich also der Gewalt widersetzt, der widersteht der Anordnung Gottes; die sich aber auflehnen, werden sich selbst das Urteil zuziehen. Denn die Regierenden sind kein Schrecken für das gute Werk, sondern für das Böse. Willst du die Gewalt nicht fürchten müssen? Dann tue, was recht ist, und du wirst Lob von ihr erhalten. Denn sie ist Gottes Dienerin, dir zum Guten. Wenn du aber das Böse tust, dann fürchte dich; denn sie trägt das Schwert nicht ohne Grund. Sie ist nämlich Gottes Dienerin, Anwalt für das Zorngericht an dem, der das Böse tut. Darum ist es geboten, sich unterzuordnen, nicht nur um des Zornes, sondern auch um des Gewissens willen. Deshalb zahlt ihr ja auch Steuern; Gottes Diener sind es, die dafür beständig Sorge

---

allem das Buch der Sprüche (vgl. Band AT, S. 521 ff.), herangezogen – ein Zeichen dafür, daß ihm im Urchristentum für die inhaltliche Entfaltung der Ethik eine große Bedeutung zukam.

155 Das ist um so mehr zu beachten, als Paulus zur Zeit des Römerbriefes mit der Staatsmacht bereits mehrmals in Konflikt geraten war.

tragen. Gebt allen, was ihr ihnen schuldig seid: wem Steuer, die Steuer; wem Zoll, den Zoll; wem Respekt, den Respekt; wem Ehre, die Ehre. (13, 1–7)

Die Starken und die Schwachen: Glaubensfreiheit und Liebe

Auf irgendwelchen Wegen hat Paulus von zwei rivalisierenden Gruppen in der römischen Gemeinde erfahren, die sich gegenseitig die Daseinsberechtigung bestritten. Man war uneins in der Frage, ob dem Christen der Genuß von Fleisch und Wein freisteht oder es nicht vielmehr strikt geboten sei, sich von pflanzlicher Kost zu nähren. Dahinter standen religiöse Überzeugungen, die in der paulinischen Darstellung freilich nicht greifbar werden. Um den Genuß von Götzenopferfleisch handelte es sich offensichtlich nicht. Das Problem lag also anders als in Korinth, war aber gleicher Art. So bewegen sich die Gedanken des Paulus in die gleiche Richtung wie im 1. Korintherbrief, wenn er ihnen auch eine andere Gestalt gibt und die Akzente anders setzt (Kap. 8, vgl. S. 249 f.).

Grundsätzlich gibt Paulus den »Starken« recht, die – wie er sagt – »alles« essen: es *gibt* nichts an sich Unreines. Aber das darf man nicht als verbrieftes Recht geltend machen. Wenn man einen Mitchristen durch eigene Unbedenklichkeit in seinem Gewissen irre macht, dann gilt es unbedingt, zu verzichten. Der andere mag noch so unfrei oder theologisch begriffsstutzig sein, Christus ist für ihn nicht weniger gestorben.

In einem eigenen Abschnitt geht Paulus auf jenes urteilende Richten ein, mit dem die Starken und die Schwachen einander bekämpft haben. Das ist Anmaßung. Wer den in seinem Gewissen gebundenen Mitchristen »richtet«, ihm um seiner anderen Entscheidung oder Ängstlichkeit willen mangelnden Ernst vorwirft, greift in das Hoheitsrecht des »Herrn« ein. Im Streit der Meinungen muß man respektieren, daß der andere sich an *seinen* Herrn gebunden weiß und sein Tun nach dem Stand seiner Einsicht verantwortet (worin er unvertretbar ist).

Wer im Glauben schwach ist, den nehmt an, ohne in Streitereien darüber einzutreten, was der andere denkt. Der eine ist überzeugt, alles essen zu dürfen, der Schwache dagegen ißt nur Pflanzenkost. Wer ißt, soll den, der nicht ißt, nicht verachten; und wer nicht ißt, soll den, der ißt, nicht verurteilen; denn Gott hat ihn angenommen. Wer bist du, daß du einen fremden Knecht verurteilst? Seinem eigenen Herrn steht oder fällt er. Er wird aber stehen bleiben; denn der Herr ist mächtig, ihn aufrecht zu halten. Der eine gibt dem einen Tag eine größere Bedeutung als dem anderen, der andere wertet jeden Tag gleich [156]. Jeder muß in seinem Sinn voll überzeugt sein! Wer den besonderen Tag beachtet, tut es für den Herrn; wer ißt, tut es für den Herrn; denn er dankt Gott. Und wer nicht ißt, tut es für den Herrn; auch er dankt Gott. Denn keiner von uns lebt für sich selbst, und keiner stirbt für sich selbst. Leben wir, so leben wir dem Herrn, sterben wir, so sterben wir dem Herrn; darum, ob wir leben oder sterben, wir gehören dem Herrn. Denn dazu

---

156 Die »Schwachen« haben neben dem Verzicht auf Fleisch und Wein anscheinend auch die kultische Beachtung heiliger Tage gefordert und praktiziert.

ist Christus gestorben und lebendig geworden, daß er über Tote und Lebendige Herr sei. Du aber, was richtest du deinen Bruder? Oder du, was verachtest du deinen Bruder? Wir werden ja alle vor dem Richterstuhle Gottes stehen. Wie es in der Schrift heißt: ›So wahr ich lebe, spricht der Herr, vor mir wird sich beugen jedes Knie, und jede Zunge wird Gott ein Bekenntnis ablegen.‹ Also muß jeder von uns für sich Rechenschaft geben.

Darum wollen wir uns nicht mehr gegenseitig verurteilen, sondern seid lieber darauf bedacht, dem Bruder nicht Anstoß oder Ärgernis zu geben. Ich weiß und bin überzeugt in dem Herrn Jesus, daß nichts an sich unrein ist; nur für den, der etwas für unrein hält, für den ist es auch tatsächlich unrein. Denn wenn dein Bruder wegen einer Speise in Gewissensangst kommt, so handelst du nicht mehr nach der Liebe. Du darfst durch dein Essen den nicht ins Verderben bringen, für den Christus gestorben ist. Gebt doch euer Gut nicht der Lästerung preis! Denn das Reich Gottes ist nicht Essen und Trinken, sondern Gerechtigkeit, Friede und Freude im heiligen Geist: Wer in ihm Christus dient, ist Gott wohlgefällig und bei den Menschen anerkannt. So laßt uns denn nach dem streben, was dem Frieden und der gegenseitigen Erbauung dient. Um einer Speise willen zerstöre nicht Gottes Werk! Gewiß ist alles rein, aber böse ist es für den Menschen, der es mit schlechtem Gewissen ißt. So ist es besser, kein Fleisch zu essen und keinen Wein zu trinken noch sonst etwas zu tun, woran dein Bruder Anstoß nimmt. Behalte du deinen Glauben für dich selbst vor Gott. Wohl dem, der sich nicht selbst verurteilen muß bei dem, wofür er sich entscheidet! Wer aber bei seinem Essen Bedenken hat, der ist schon gerichtet, weil er nicht aus Glauben handelt. Und alles, was nicht aus Glauben kommt [157], ist Sünde. Da sind wir, die Starken, verpflichtet, die Schwachheiten derer zu tragen, die keine Kraft haben, und nicht uns selbst zu Gefallen zu leben; jeder von uns lebe seinem Nächsten zu Gefallen, zu seinem Besten, zur Erbauung. Denn auch Christus hat nicht sich selbst zu Gefallen gelebt. (14, 1–15, 3)

---

157 Der Begriff »Glaube« enthält das Moment »Überzeugung«; aber darin erschöpft sich seine Bedeutung nicht. Die glaubensmäßige Bindung an das Evangelium erschließt Erkenntnisse und Einsichten; diese wiederum ermöglichen »praktische« Entscheidungen und ein jeweils bestimmtes Verhalten. Was in diesem Sinne nicht im Glauben seinen Grund hat, ist »Sünde«.

IX. Die Briefe der Paulus-Schule

Die Nachwirkung paulinischer Theologie und Verkündigung läßt sich innerhalb des Neuen Testamentes noch ein Stück weit verfolgen. Sie kommt in einer Reihe von Briefen zutage, die von Schülern und Anhängern des Apostels unter dessen Namen geschrieben worden sind. Man nennt diese Briefe »deuteropaulinisch« (nachpaulinisch) und sieht in ihnen den literarischen Niederschlag einer dem Paulus verpflichteten »Schule«. »Schule« heißt freilich nicht, daß man hier die Motive und Themen paulinischer Theologie in einer Art Paulus-Scholastik verfestigt und tradiert hätte. Diese klingen an vielen Stellen in den deuteropaulinischen Schriften auf und haben ihr Denken mit geprägt. Deutlich ist aber auch, daß sie hier in neuer Gestalt dargeboten, modifiziert und weiterentwickelt worden sind. So sind die Deuteropaulinen Zeugnisse eines durchaus selbständigen Denkens. Ihre Eigenständigkeit wird ebenso in ihrer Sprache wie in ihrer Vorstellungswelt und theologischen Aussage greifbar.

Die Abgrenzung der Schriftengruppe ist umstritten. Allgemein werden ihr die Briefe an die Epheser und die an Timotheus und Titus, die Pastoralbriefe, zugeordnet. Weniger einhellig ist das Urteil über den Kolosser- und 2. Thessalonicherbrief. Immerhin ist die Annahme, daß auch sie dazugehören, also pseudonyme Schriften sind, wissenschaftlich gut begründet.

Von den echten Paulusbriefen unterscheiden sich die Schriften dieser Gruppe durch ihren literarischen Charakter. Sie haben bei ihren Erörterungen die kirchliche Öffentlichkeit im Blick. Eine Ausnahme bilden nur die Briefe an die Kolosser und Thessalonicher, die auf konkrete Probleme der in den Zuschriften genannten Gemeinden zugeschnitten sind. Nur sie können als Briefe im eigentlichen Sinne gelten. Die übrigen enthalten keinerlei Korrespondenz. Sie sind in Briefform gekleidete Schriften zu Fragen des Glaubens, der Lehre und Lebensführung, was nicht ausschließt, daß sich in ihnen Fragen und Probleme der Kirche ihrer Zeit widerspiegeln.

Gemeinsam ist allen diesen Schriften, daß sie die Autorität des Paulus in Anspruch nehmen. Ihre Verfasser wollen damit nicht täuschen, wie der heutige Leser von seinen Vorstellungen über Autorenrecht und geistiges Eigentum her leicht unterstellt, sondern zum Ausdruck bringen, wie ihr Wort verstanden und aufgenommen werden soll – nämlich als verbindliches, der Sache nach von der Autorität des Apostels getragenes Wort. Paulus war ihnen der Garant der Wahrheit, sein Name das Siegel, das sie legitimieren sollte.

Der Zeitraum, in dem die Briefe entstanden sind, umfaßt mehrere Jahrzehnte. Während der Kolosser- und 2. Thessalonicherbrief in den Jahren unmittelbar nach dem Tod des Paulus geschrieben worden sind (um 70 n. Chr.), gehören die Pastoralbriefe bereits in das 2. Jahrhundert, wahrscheinlich nicht einmal an seinen Anfang. Entsprechend unterschiedlich ist ihre sachliche Nähe zu Paulus. Klingt der Kolosserbrief noch gut paulinisch, lassen die Briefe an Timotheus und Titus das theologische Profil des Apostels nur noch schwach erkennen. Die Berufung auf ihn ist hier am wenigsten gedeckt.

Die inhaltlichen Veränderungen und Verschiebungen gegenüber Paulus treten an verschiedenen Punkten in Erscheinung. Anders als noch im Römerbrief ist in den Deuteropaulinen von einer eschatologischen Naherwartung nichts mehr zu spüren. Im 2. Thessalonicherbrief wird sie sogar ausdrücklich abgewehrt. Allerdings gilt sein Kampf einer schwärmerisch-übersteigerten Form der Naherwartung. Auch in nachpaulinischer Zeit war freilich der Blick auf die Parusie Jesu, auf Weltende und eschatologische Heilsvollendung gerichtet; aber dies war nur noch ein in weite Ferne gerücktes, letztes Ziel. Teilweise ist die für die erste christliche Generation typische Ausrichtung auf die eschatologische Zukunft ins Räumliche umgesetzt und in die Hoffnung auf ein Jenseits, auf die im Himmel bereitliegenden Heilsgüter hinübergeführt worden. Neu war ferner, daß das Thema »Kirche« verstärktes Interesse auf sich zog und Fragen des Amtes und der Amtsträger sowie der Gemeindeordnung erhöhtes Gewicht bekamen. Am folgenreichsten war die Entwicklung des Traditionsgedankens, die jetzt einsetzte. Überlieferungen, etwa in Gestalt formulierter Bekenntnisse, gab es im Urchristentum von Anfang an (vgl. S. 81 ff.). In der ersten Zeit sah man in ihnen geprägte Sprachformen, die die Glaubensinhalte zusammenfassend zum Ausdruck brachten. Diese Überlieferungen waren aber nicht unbedingt verpflichtende Lehre. Man bediente sich ihrer mit großer Freiheit. Man interpretierte und aktualisierte sie, trug aber auch keine Bedenken, sie zu verändern und zu korrigieren. In der zweiten und dritten Generation hingegen erhält die Tradition zunehmend den Charakter verbindlich fixierter Wahrheit, die man zu glauben hat, also einer verbindlichen Norm. Eine besondere Bedeutung erlangte sie als Waffe im Kampf gegen die Irrlehrer. Mit dem Hinweis auf die Tradition allein war es hier freilich nicht getan. Denn auch die Irrlehrer beriefen sich auf Tradition. So war man genötigt, ihnen gegenüber den Wahrheitsbeweis anzutreten. Wie die deuteropaulinischen Briefe zeigen, führte man ihn in der Weise, daß man die Lehrüberlieferung von einem anerkannten Apostel herleitete, im paulinischen Einflußbereich hieß das: von Paulus. Die Deuteropaulinen, die von Paulus geschrieben sein wollen, sind selbst Zeugnisse dieses Legitimierungsverfahrens.

Wenn diese sich auf Paulus berufen, liegt es nahe, sie mit ihm zu vergleichen und an ihm zu messen. So wird man fragen, ob sie sein Erbe wirklich bewahrt haben; und man wird diese Frage nicht durchweg bejahen können.

Es wäre jedoch unberechtigt, allgemein von einem Zerfall oder einer Erweichung des paulinischen Christentums zu sprechen. Bei dem theologischen Urteil über diese Briefe muß man in Rechnung stellen, daß sie einer anderen Zeit angehören und in eine veränderte Situation hineinsprechen. Sie haben ein Recht darauf, in der Sache ernst genommen zu werden, die sie zur Geltung bringen.

1. An die Kolosser

Kolossä war eine wenig bedeutende Stadt im Tal des oberen Lykos (Nebenfluß des Mäander), etwa 180 km östlich Ephesus im Landesinnern gelegen. Über die Anfänge der Gemeinde hier gibt es keine sicheren Nachrichten. Wahrscheinlich ist sie von Ephesus aus in paulinischer Zeit gegründet worden. Dabei hat, wie man annehmen darf, ein gewisser Epaphras (Kurzform von Epaphroditus) eine Rolle gespielt. Noch zur Zeit des Kolosserbriefes hatte er eine führende Stellung inne. Es gehört zu den Absichten des Briefes, seine Autorität zu stärken und seine Tätigkeit von Paulus her zu legitimieren. In der kolossischen Gemeinde waren theologische Irrlehren aufgekommen, die eine bedrohliche Situation heraufgeführt haben. Ihr gegenüber verweist »Paulus« auf das »Wahrheitswort«, das zu ihr durchgedrungen und gerade von jenem Epaphras verkündigt worden sei. Die Abwehr der Irrlehre ist das Hauptanliegen des Briefes [1].

Bei der kolossischen Irrlehre handelte es sich um ein Mischgebilde aus hellenistisch-gnostischen und jüdischen Elementen unter christlicher Firmierung. Einer ähnlichen Erscheinung galt der Kampf des Paulus im Galaterbrief (vgl. S. 286). Sie hat sich als »Philosophie« eingeführt. Natürlich war das keine Philosophie im Sinne denkender Wirklichkeitserschließung. Man hat darin eine religiös-spekulative Lehre über die verborgenen Wirklichkeiten und Vorgänge hinter der sichtbaren Welt zu sehen. Ihr Interesse richtete sich vor allem auf die Engelwesen und die in den Gestirnen repräsentierten kosmischen Mächte, die sog. Weltelemente. Sie wurden als Bestandteile einer den Kosmos umspannenden Gottheit, als Glieder ihres »Leibes« interpretiert. In diese Spekulation wurde auch Christus einbezogen. Er galt wahrscheinlich als die alle diese überirdischen Mächte in sich schließende kosmische »Person«.

Der Lehre entsprach eine geheimnisvolle religiöse Praxis. Sie bestand aus einem mysterienartigen Kult, der die Gläubigen die »Fülle« der Gottheit

1 Über die Abfassungszeit des Kolosserbriefs läßt sich nichts Sicheres sagen. Wegen seiner Nähe zu Paulus wird man ihn aber an den Anfang der nachpaulinischen Entwicklung stellen (etwa 60–70 n. Chr.). Wer ihn als echten Paulusbrief ansieht, wird sich an der hier erwähnten Gefangenschaft orientieren. Vorzugsweise denkt man dabei an die letzte Gefangenschaft des Paulus, an die in Rom (58–60 n. Chr.). So gewinnt man die nötige Zeit für die »Weiterentwicklung« der paulinischen Theologie, die den inhaltlichen Abstand des Kolosserbriefes zu den früheren Briefen erklären kann.

schauen ließ und durch Weihen lebenspendende Kräfte vermitteln sollte. Dazu kamen die kultische Verehrung der kosmischen Mächte und Engel und die Beobachtung heiliger Tage [2], ferner eine strenge Askese.

Derartige Anschauungen und Praktiken zogen viele Menschen in ihren Bann. Man kann das verstehen, wenn man sich vergegenwärtigt, wie elementar sich der Mensch der Spätantike bedroht fühlte. Für ihn war die Welt nicht mehr wohltuende und bergende Ordnung, kein Kosmos voller Sinn und Schönheit. Er erfuhr die Welt als Gefängnis und Ort des Unheils und sich selbst als Opfer und Sklave übermächtiger Gewalten – ein Leben ohne Sinn und Hoffnung. In jenen religiösen Spekulationen und Praktiken meinte er das Angebot von Sinn und Hoffnung, von Heil und Leben erblicken zu können.

Im Zusammenhang mit der Irrlehre sind in der kolossischen Gemeinde Fragen aufgebrochen und Zweifel geweckt worden. Diese, so mochte es scheinen, konnte ein viel umfassenderes Heil anbieten als die Botschaft von der durch Jesu Kreuz erwirkten Sündenvergebung, von der man bisher gehört hatte. War damit das Lebensproblem des Menschen dieser Zeit wirklich getroffen? Auf diese Fragen und Zweifel stellt sich der Kolosserbrief ein und macht es sich zur Aufgabe, die kosmische Reichweite des Werkes Christi aufzuzeigen. Er mußte die Irrlehrer auf deren eigenem Boden bekämpfen, ihre Sprache sprechen, sich aber zugleich unmißverständlich gegen sie abgrenzen. Seine theologische Leistung besteht darin, daß er die Herausforderung durch die Irrlehre annahm und dieser mit einer eigenen Konzeption entgegentrat. Es sind vor allem zwei verschiedene Gedanken, mit denen er theologische Klarheit zu schaffen versucht. Zunächst stellt er in den Worten eines älteren Hymnus heraus, daß Christus *Herr* der gesamten Schöpfung ist und die Dinge der Welt allein in ihm ihren Bestand haben [3]. Anders argumentiert er in dem zweiten Gedankengang: Christus habe die Mächte besiegt und führe sie in seinem Triumphzug mit sich. Die Existenz kosmischer Mächte wird nicht bestritten, wohl aber, daß diese etwas bedeuten oder gar göttliche Potenzen sind. Deshalb sei es unsinnig, ihnen durch kultische Verehrung Anerkennung zu zollen und sich durch Anordnungen und Gesetze in Pflicht nehmen zu lassen.

Der Kolosserbrief hat sich mit seinen Gedanken sehr weit in das mythische Denken hinein gewagt, uns will heute scheinen: zu weit. Auf der anderen Seite muß hervorgehoben werden, daß er immer wieder energisch in den Bereich der »Geschichte« zurücklenkt. Dieses offenkundige Zurücklenken ist ein charakteristisches Merkmal seines Denkens. Darin kommt zutage, daß nach seinem Verständnis das Heil, in welche Räume der Erde und der Him-

2 Zu diesen Tagen gehörte auch der Sabbat. In der Sabbat-Beobachtung wird ein jüdisches Element der kolossischen Irrlehre greifbar.

3 Vgl. S. 88 f. Der Hymnus wird im Kolosserbrief mit nur wenigen Veränderungen aufgenommen.

mel hinein es sich auswirken mag, an den geschichtlichen Menschen Jesus gebunden bleibt und in einem geschichtlichen Ereignis seinen Grund hat, in Jesu Tod am Kreuz.

Die Gegenwart des Heils

Der Eingang des Kolosserbriefes ist nach paulinischem Muster gestaltet; er enthält Zuschrift, Gruß, Dank und Fürbitte. Die Fürbitte klingt in einen Aufruf an die Leser aus, Gott für das empfangene Heil zu danken. Bereits in diesen ersten Sätzen tritt die theologische Eigenart des Kolosserbriefes hervor. Im Vergleich zu Paulus fällt auf, wie ungebrochen er von erfüllter Heilsgegenwart sprechen kann. Der Christ sei in das Reich Christi hineinversetzt und den Finsternismächten entrissen. Das heißt freilich nicht, daß in Sachen Heil nichts mehr aussteht und man als Christ die Welt bereits hinter sich gelassen hat. Die Heilsgegenwart wird so stark betont, um über die durch die Irrlehrer hervorgerufene Unsicherheit hinauszuführen: Es *ist* so, daß die Teilhabe am »Reich Christi« (und nicht mehr die Gegebenheiten der Welt) die Existenz des Christen bestimmt; es gilt, dieser Bestimmtheit bewußt zu sein und sich an ihr auch in der Lebensführung auszurichten (vgl. unten S. 336). Wie sich am Schluß des Textes zeigt, geht es dem Kolosserbrief letztlich darum, die Heilswirklichkeit zu erläutern, die das traditionell-urchristliche »Vergebung der Sünden« signalisiert. Er will als aktualisierender Ausleger verstanden werden.

Darum hören wir ... nicht auf, für euch zu beten und zu bitten, daß ihr mit der Erkenntnis seines Willens erfüllt werdet in aller Weisheit und geistgegebener Einsicht, damit ihr des Herrn würdig wandelt, ganz ihm zu gefallen,
daß ihr in allen guten Werken Frucht bringt und in der Gotteserkenntnis zunehmt,
daß ihr mit aller Stärke ausgerüstet werdet durch die Kraft seiner Herrlichkeit zu aller Ausdauer und Geduld,
daß ihr mit Freude dem Vater dankt, der euch zur Teilhabe am Lose der Heiligen im Licht ermächtigt hat.
Er hat uns aus der Macht der Finsternis befreit und in das Reich seines geliebten Sohnes versetzt [4]; in ihm haben wir die Erlösung, die Vergebung der Sünden [5]. (1, 9–14)

Die Abwehr der Irrlehren

Paulus war polemische Schärfe in der Auseinandersetzung mit theologischen Gegnern gewiß nicht fremd, wenn es galt, dem Nein Ausdruck zu verleihen. Aber er führte den Kampf immer mit Argumenten. Im Kolosserbrief sieht das anders aus. Eine

---

4 Licht und Finsternis sind hier im Sinne eines Dualismus einander gegenübergestellt. Sie bezeichnen radikale, gleichsam metaphysische Gegensätze: die Sphäre des Heils und Unheils, Gottes und der Welt.

5 Die pathetisch anmutende Häufung der Begriffe ist eine Spracheigentümlichkeit des Kolosserbriefes.

offene, auf die Gegner direkt eingehende Auseinandersetzung findet hier nicht mehr statt. Man hat die Wahrheit fest im Griff. Das Urteil ist fertig. Indes, wenn sich der Kolosserbrief auch nicht auf eine Diskussion über die Irrlehre einläßt, so ist er doch wenigstens bemüht, die Bedeutung Christi inhaltlich zu erläutern und auf diese Weise zu zeigen, daß man bei dem überkommenen Glauben bleiben *kann:* In Christus ist die »Fülle der Gottheit« gegenwärtig und wirksam[6]; »in ihm« hat der Christ darum vollen Anteil am Heil. Wer sich von den Irrlehrern verführen läßt und an die »Weltelemente« bindet, bleibt der »Welt« und damit dem Unheil verhaftet. Für die Christen sei das endgültig vorbei, wie sich in der Taufe ein für allemal dokumentiert. Was in ihr geschehen ist, kann nicht mehr überboten werden: Hier sind die »Toten« mit Christus zum Leben erweckt worden.

Da ihr den Herrn Jesus Christus angenommen habt, wandelt in ihm, eingewurzelt und erbaut in ihm, fest in dem Glauben stehend[7], wie ihr unterwiesen wurdet, reich an Dank. Gebt acht, daß euch nicht jemand durch die »Philosophie« und leeren Trug für die Überlieferung von Menschen fange, wo es um die Weltelemente und nicht um Christus geht. Denn in ihm wohnt die ganze Fülle der Gottheit wirklich; und ihr habt Anteil an dieser Fülle in ihm, der das Haupt aller Mächte und Gewalten ist. In ihm seid ihr auch beschnitten worden mit einer Beschneidung, die nicht mit Händen vollzogen wird, durch das Ausziehen des Fleischesleibes, der Christus-Beschneidung[8]. Mit ihm seid ihr in der Taufe begraben. In ihm seid ihr auch auferweckt durch den Glauben an die Kraft Gottes, der ihn von den Toten erweckt hat. Auch euch, die ihr in euren Sünden und in der Unbeschnittenheit eures Fleisches tot wart, euch hat er mit ihm lebendig gemacht[9]:

Er hat uns alle Übertretungen vergeben;
er hat unseren Schuldschein ausgetilgt, der mit seinen Sätzen gegen uns war;
er hat ihn beseitigt, indem er ihn ans Kreuz heftete.
Er entwaffnete die Mächte und Gewalten
und stellte sie öffentlich zur Schau.
In ihm hat er über sie triumphiert. (2, 6–15)

---

6 »Fülle der Gottheit« scheint ein Schlagwort der Irrlehrer gewesen zu sein. Man dachte dabei an die Gesamtheit der kosmischen Mächte.

7 »Glaube« hat hier den Sinn von Glaubensüberlieferung und rechter Lehre.

8 Mit »Beschneidung« ist auf die Taufe angespielt. Vielleicht nimmt der Kolosserbrief damit einen geläufigen Sprachgebrauch auf. Möglich ist aber auch, daß die Irrlehrer die Beschneidung gefordert haben und der Verfasser dieses Moment polemisch aufnimmt – um zu zeigen, daß sie unnötig und sinnlos ist.

9 Ähnlich hat auch Paulus die Taufe interpretiert (vgl. S. 309 f.). Der Unterschied der Aussage ist aber deutlich. Für den Kolosserbrief ist nicht nur das Mitsterben, sondern auch das Auferwecktwerden bereits vollzogene Tatsache.

Laßt euch keine Vorschriften machen

Zum Inhalt der Irrlehre gehörte ein umfangreicher Katalog von Tabus und Gesetzen, ein wohl vor allem auf Speisen bezogenes Programm asketischer Disziplin. Das ergab sich zwangsläufig aus der von den Irrlehrern vertretenen kosmischen Theologie. Die Dinge der Welt waren hier nicht Dinge, die man gebraucht und verbraucht, sondern heilige und unheilige Wesen, Heils- oder Unheilsträger, die man verehren und vor denen man sich hüten muß. Dagegen lehrt der Kolosserbrief: Die Wirklichkeit des Heils steckt nicht in machthaltigen Gegenständen, sondern in Christus; es gilt, mit ihm als dem »Haupt« in Verbindung zu bleiben – in der Kirche, die von ihm her zusammengehalten wird.

Der Kolosserbrief kennzeichnet die Kirche ähnlich wie Paulus (vgl. S. 254, 325) mit dem Begriff »Leib«. Im Unterschied zu ihm spricht er aber nicht einfach vom »Leib Christi«, sondern von dem Leib, der Christus zum »Haupt« hat, von ihm versorgt wird und zu ihm hin wächst. Hatte Paulus in der Gemeinde die Verkörperung Christi gesehen, versteht sie der Kolosserbrief als Heilsbereich, in den die heilwirkenden Kräfte von dem erhöhten Christus her einströmen.

So soll niemand euch richten wegen Essen und Trinken oder wegen eines Festes, des Neumondes oder Sabbats [10]. Das ist nur ein Schatten des Zukünftigen, der Leib [11] aber ist in Christus. Niemand soll euch verdammen, der sich in »Dienstbereitschaft« und »Verehrung der Engel« gefällt, wie er sie bei der Weihe geschaut hat, grundlos aufgeblasen in seinem irdischen Sinn [12], und der sich nicht an das Haupt hält, von dem her der ganze Leib, durch Sehnen und Bänder versorgt und zusammengehalten, im Wachstum Gottes wächst. Wenn ihr nun mit Christus den Weltelementen abgestorben seid, was wollt ihr euch, als lebtet ihr noch in der Welt, Vorschriften auferlegen lassen, wie es die Gebote und Lehren der Menschen wollen? »Du sollst nicht anfassen, du sollst nicht essen, du sollst nicht berühren« – das ist doch alles zum Verderb durch Verbrauch bestimmt! Das hat zwar den Ruf von Weisheit in »selbsterwähltem Kult«, »Dienstbereitschaft« und »Leibeszucht«, doch mit Ehre hat es nichts zu tun und dient nur zur Befriedigung des irdischen Sinnes [13].

(2, 16–23)

---

10 Die heiligen Tage, deren kultische Beachtung gefordert wird, beziehen sich auf Vorgänge der Gestirnwelt. Das zeigt, daß man in den Gestirnen keine Himmelskörper, sondern Mächte sah.

11 Leib: im Sinne von »Wirklichkeit«.

12 Hier liegt eine Anspielung auf die Überheblichkeit vor, mit der die Irrlehrer auftraten. Nach dem Urteil des Kolosserbriefes ist diese um so weniger begründet, als die Irrlehrer sich mit ihren Lehren, Praktiken und Forderungen in der Sphäre des Irdischen, das heißt in der als Verhängnis verstandenen Welt bewegen.

13 Der Satz ist unklar. Das liegt daran, daß der Verfasser hier Begriffe der Irrlehrer aufgreift. Mit »Leibeszucht« wird deren asketische Tendenz angedeutet.

Die Aufgabe

Wenn der Kolosserbrief die gegenwärtige Wirklichkeit des Heils auch besonders stark betont, so versteht er die christliche Existenz doch zugleich als Aufgabe. Deshalb wird den Lesern eingeschärft, sich hier auf der Erde an dem zu orientieren, »was droben ist«. Ein solches Leben *ist* Leben, wenngleich vorerst noch verborgenes Leben. Das Noch-nicht, auf dem Paulus gegen die Schwärmerei so nachdrücklich bestanden hatte, ist auch im Kolosserbrief festgehalten, obwohl hier – im Unterschied zu Paulus – vom Mit-auferweckt-*Sein* der Christen mit Christus gesprochen wird (vgl. S. 333).

Wenn ihr nun mit Christus auferweckt seid, so sucht, was droben ist, wo Christus ist, sitzend zur Rechten Gottes. Trachtet nach dem, was droben ist, nicht nach dem, was auf Erden ist. Denn ihr seid gestorben, und euer Leben ist mit Christus in Gott verborgen. Wenn Christus, unser Leben, offenbar wird, dann werdet ihr mit ihm offenbar werden in Herrlichkeit. (3, 1–4)

Die ethische Weisung (Paränese)

Nach paulinischem Vorbild bietet der Kolosserbrief ethische Anweisungen in einem gesonderten Teil. Das Problem der Irrlehre spielt keine Rolle mehr. Immerhin kann man vermerken, daß der Kolosserbrief im Gegensatz zu der asketischen Weltentsagung der Irrlehrer zur Bewährung in der Welt aufruft.

Bei der Ausführung der Paränese bedient er sich überlieferter Stoffe verschiedener Herkunft. Zu diesen gehören beispielsweise die katalogartigen Aufzählungen von Tugenden oder Lastern. Zum erstenmal im urchristlichen Schrifttum begegnet im Kolosserbrief eine sog. Haustafel. Darunter versteht man Reihen von Anweisungen, die sich an bestimmte Personengruppen und Stände (Männer, Frauen, Kinder, Sklaven) wenden und ihre speziellen Pflichten im sozialen Gefüge beschreiben. Daß sie sich vorwiegend im Rahmen des Hauses halten, ist ein Merkmal der Zeit, in der die Verantwortung des einzelnen Bürgers für die gesellschaftlichen Institutionen oder die Gesamt-Gesellschaft noch nicht im Blick war. Die »Haustafeln« erwiesen sich als außerordentlich wirkungskräftige ethische »Modelle«. Wie bei der neutestamentlichen Paränese sonst handelt es sich auch hier nicht um Schöpfungen der christlichen Gemeinde, sondern um Tradition, vermutlich aus dem Raum des hellenistischen Judentums oder der volkstümlichen Philosophie. Sie enthalten nichts spezifisch Christliches.

Alter und neuer Mensch. So tötet nun eure irdischen Glieder: Unzucht, Unreinheit, Leidenschaft, böse Gier und die Habsucht – sie ist Götzendienst. Um solcher Dinge willen kommt der Zorn Gottes. In ihnen seid auch ihr einst gewandelt, als ihr noch darin lebtet. Jetzt aber legt auch ihr das alles ab: Zorn, Grimm, Bosheit, Lästerung, Schmährede aus eurem Munde. Belügt einander nicht. Zieht den alten Menschen mit seinen Taten aus, und zieht den neuen an, der neu geschaffen ist zur Erkenntnis nach dem Bilde seines Schöpfers ... Zieht nun als Gottes heilige und geliebte Auserwählte herzliches Erbarmen an, Güte, Demut, Sanftmut und Geduld. Ertragt und vergebt einander, wenn einer gegen den anderen eine Klage hat. Wie auch der Herr euch vergeben hat, so tut auch ihr. Zu all dem aber die Liebe, die das Band der Vollkommenheit ist. (3, 5–14)

Die Haustafel. Ihr Frauen, ordnet euch euren Männern unter, wie es sich im Herrn geziemt. Ihr Männer, liebt eure Frauen und seid nicht bitter gegen sie. Ihr Kinder, gehorcht den Eltern in allem; denn das ist wohlgefällig im Herrn. Ihr Väter, fordert eure Kinder nicht heraus, daß sie nicht mutlos werden. Ihr Sklaven, gehorcht in allem euren irdischen Herren, nicht in Augendienerei, um Menschen zu gefallen, sondern mit lauterer Gesinnung in der Furcht des Herrn. Was ihr auch tut, das tut von Herzen wie für den Herrn und nicht für Menschen; und seid euch bewußt, daß ihr vom Herrn als Vergeltung das Erbe empfangen werdet. Dient dem Herrn Christus. Denn wer Unrecht tut, wird den Lohn für sein Unrecht empfangen; da gibt es kein Ansehen der Person. Ihr Herren, gewährt euren Sklaven, was recht und billig ist, und denkt daran, daß auch ihr einen Herrn im Himmel habt. (3, 18–4, 1)

2. An die Epheser

Der Epheserbrief ist eine theologische Abhandlung mit einheitlichem Thema. In gedankenschweren Meditationen enthüllt er das göttliche »Geheimnis« der Kirche aus Juden und Heiden. Der Verfasser, ein unbekannter Judenchrist gegen Ende des 1. Jahrhunderts, wendet sich an die heidenchristliche Mehrheit der Kirche seiner Zeit – mit dem Ziel, ihr die Augen für den schlechthin überraschenden Sachverhalt zu öffnen, daß sie, ehemals Heiden, in Gottes Heilsplan einbezogen worden sind. Vielleicht hat man dies von seiten der Heidenchristen für allzu selbstverständlich genommen. So könnte sich der Nachdruck erklären, mit dem der Epheserbrief ihnen ins Gedächtnis ruft, daß sie ihrer Herkunft nach »Fremde« sind und außerhalb des von Gott zum Heil ersehenen Volkes standen. Ein solches Geschichtsbewußtsein gehört, wie er meint, zum Selbstverständnis der Kirche und ist für die Bestimmung des eigenen Ortes in ihr unerläßlich.

Der Brief an die Epheser berührt sich sehr eng mit dem an die Kolosser. Offensichtlich ist er von diesem literarisch abhängig. Dennoch stellt er eine originelle Leistung dar. Anders als der Kolosserbrief ist er nicht an eine einzelne Gemeinde, sondern an die gesamte Christenheit gerichtet. Er ist von vornherein als Rundschreiben entworfen worden, worauf der Umstand hindeutet, daß ein Teil der alten Handschriften den Ortsnamen Ephesus in der Zuschrift nicht bietet. Gegenüber dem Kolosserbrief verändert ist ferner der geschichtliche Kontext. Die gnostische Irrlehre ist kein akutes Problem mehr. Der Epheserbrief spricht unbefangen die Sprache der Gnostiker und bedient sich ihrer Vorstellungen, ohne daß er befürchtete, ihnen in die Hand zu arbeiten oder selbst in Verdacht zu geraten. Eine mögliche Bedrohung der Gemeinde wird nur am Rande sichtbar. So muß er nicht mehr in das Gedränge antihäretischen Kampfes eingreifen, sondern kann seine Gedanken in meditativer Besinnung ungestört entwickeln.

Der Verfasser war ein Mann von großer geistiger Kraft. Der Zugang zu ihm ist nicht leicht. Das liegt zu einem guten Teil an seiner Sprache. Seine Sätze wirken pathetisch überladen; sie sind nicht klar gegliedert, sind übermäßig lang und unübersichtlich, stellenweise von einer gedanklich schwer greifbaren Feierlichkeit. Letzteres hängt damit zusammen, daß er in hohem Ausmaß liturgisches Gut aufnimmt und verarbeitet.

Mit der Sprache des Epheserbriefes ist zugleich die Frage nach seinem religionsgeschichtlichen Hintergrund gestellt. Von dem Einfluß gnostischer Vorstellungen war schon die Rede. Daneben kennzeichnet ihn eine auffällige Nähe zu den Qumranschriften. Wie diese stellt er zum Beispiel die Kinder des Lichts und der Finsternis oder Wahrheit und Irrtum dualistisch einander gegenüber oder nennt er die christliche Gemeinde ein heiliges, auf der Wahrheit gegründetes Haus. Ein Moment seiner Eigenart liegt ferner darin, daß er ein Weltbild voraussetzt, das von dem gängigen biblischen abweicht. Er stellt sich die Welt nicht als Gebäude mit den drei Stockwerken Unterwelt – Erde – Himmel vor. Ihm gilt die Erdscheibe als die unterste Ebene. Diese ist überwölbt von dem »Luftraum«, in dem die dämonischen Mächte samt dem Teufel herrschen. Jenseits dieser Sphären befindet sich dann der »Himmel«, der Ort des Lichts und des Lebens, die Wohnung Gottes und des erhöhten Christus. Dieses Weltbild ist Ausdruck des pessimistischen Lebensgefühls, der Lebens- und Weltangst der Zeit: Unmittelbar über sich weiß der Mensch nicht mehr die Gottheit, sondern die ihm feindlichen und ihn bedrängenden dämonischen Mächte.

Einst und Jetzt

Der Epheserbrief beginnt die Erörterung seines Themas mit einer Erinnerung: Toten, in Sünden hoffnungslos Verstrickten, dämonischen Mächten unentrinnbar Verfallenen ist Rettung zuteil geworden. Sie sind zum Leben erweckt, ja, in den Himmel versetzt worden. Das ist die Geschichte, die sich für Juden wie Heiden in der Kirche ereignet hat. Diese Geschichte ist aber weder ihr Verdienst noch das Ergebnis ihrer Anstrengung, sondern hat ihren Grund in dem bedingungslos zugewandten Erbarmen Gottes. Die Nähe dieser Gedanken zu Paulus ist deutlich zu spüren.

Auch euch, die ihr tot wart in euren Verfehlungen und Sünden, in denen ihr einst wandeltet nach der Norm des Äons dieser Welt, des Herrschers im Luftreich, des Geistes, der noch jetzt wirksam ist in den Söhnen des Ungehorsams – unter diesen führten auch wir alle einst unser Leben in den Begierden unseres Fleisches, taten den Willen des Fleisches und der Sinne und waren von Natur Kinder des Zorns, wie die anderen auch [14]. Gott aber, reich

---

14 Urheber der menschlichen Katastrophe ist also nicht der Teufel, sondern der Mensch, der sich schuldig machte, selbst. Damit ist mit aller Entschiedenheit der Versuch abgewehrt, die Schuld abzuschieben.

an Erbarmen, hat aus seiner großen Liebe, mit der er uns geliebt hat, uns, die wir durch die Verfehlungen tot waren, lebendig gemacht mit Christus – durch Gnade seid ihr gerettet! – und uns in Christus Jesus mitauferweckt und mit in den Himmeln eingesetzt [15], um den kommenden Weltzeiten den überwältigenden Reichtum seiner Gnade zu erweisen durch seine Güte gegen uns in Christus Jesus. Denn aus Gnade seid ihr gerettet durch Glauben. Und das nicht aus euch; es ist Gottes Gabe. Nicht aus Werken, damit sich keiner rühmen kann. Sein Gebilde sind wir ja, in Christus Jesus geschaffen zu guten Werken [16], die Gott zuvor bereitet hat, daß wir in ihnen wandeln. (2, 1–10)

Juden und Heiden in der einen Kirche

Dieser Abschnitt bildet das theologische Herzstück des Briefes; hier ist er bei seinem eigentlichen Thema, der Einbeziehung der Heiden in Gottes Heilsplan und -handeln: Aus Fernen sind Nahe, aus Fremden Bürger, aus Feinden Versöhnte geworden. Dahin hat der Lauf der Geschichte nicht von selbst geführt; das ist der Ertrag des Werkes Christi.

Christi Werk wird als Friedensstiftung charakterisiert und auf die Feindschaft zwischen Juden und Heiden mit ihrer langen leidvollen Geschichte bezogen. An konkreten Beispielen solcher Feindschaft wird es auch zur Zeit des Epheserbriefes nicht gefehlt haben. Sie ist jetzt aufgehoben, verkündet er. Christi Tod hat Juden und Heiden in der christlichen Gemeinde zusammengebracht, in einem »Leib« vereinigt.

Den Kirchengedanken erläutert der Epheserbrief anhand verschiedener Bilder wie Bau, Haus, Tempel und Leib. Fundament der Kirche sind die Apostel und (urchristlichen) Propheten. Sie sind es als Träger und Garanten der christlichen Botschaft. Dabei wird deutlich, daß sich der Verfasser als ein Mann der zweiten Generation versteht. Er blickt auf das Wirken der Apostel und Propheten zurück und stellt sie als Autoritäten im Sinne einer amtlichen Institution hin. In dieser Konzeption offenbart sich der Abstand zu Paulus; *er* hatte in Christus das Fundament der Gemeinde gesehen (vgl. S. 243).

Darum denkt daran: Einstmals wart ihr, die Heiden von Geburt, Unbeschnittenheit genannt von der sogenannten Beschneidung, die am Fleisch mit Händen vollzogen wird [17] – zu jener Zeit wart ihr ohne Christus, fern dem Bürgerrecht Israels und ausgeschlossen von den Zusagen der Verheißung,

---

15 Der Epheserbrief denkt hier, im Unterschied zu seiner Umwelt, nicht an mystisch-religiöse Erlebnisse, mit denen man sich über das Gefängnis der Welt hinausschwang. Er wollte zum Ausdruck bringen, daß der Christ nicht mehr unter der Botmäßigkeit der »Äonen« steht, sondern mit Christus in die Freiheit wirklichen und nicht mehr kündbaren Lebens gestellt ist.

16 Die »guten Werke« sind das sichtbare und überzeugende Ergebnis göttlicher Gnade. Der Christ tut sie, aber sie sind keine Leistungen, die er sich selbst zurechnen kann. Auch das ein gut paulinischer Gedanke.

17 »Beschneidung« und »Unbeschnittenheit« markieren nicht ethnologische Unterschiede zwischen Juden und Heiden, sondern den Gegensatz zweier Welten. Dem Juden gilt der Heide als der Verworfene, Nicht-Ebenbürtige, als Mensch minderen Ranges.

ohne Hoffnung und ohne Gott in der Welt. Jetzt aber seid ihr, die einst Fernen, zu Nahen geworden in Christi Blut. Denn er ist unser Friede. Er hat die beiden vereint und die Scheidewand des Zaunes, die Feindschaft, niedergerissen [18]. In seinem Fleisch hat er das Gesetz der Gebote mit seinen Bestimmungen vernichtet, um Frieden stiftend die zwei zu einem neuen Menschen [19] zu schaffen und die beiden in einem Leibe mit Gott durch das Kreuz zu versöhnen, da er in ihm die Feindschaft getötet hatte. So kam er und verkündete Frieden euch, den Fernen, und Frieden den Nahen. Denn durch ihn haben wir beide den Zugang zum Vater in einem Geiste. So seid ihr also nicht mehr Fremde und Beisassen, sondern Mitbürger der Heiligen und Hausgenossen Gottes, aufgebaut auf dem Fundament der Apostel und Propheten; der Schlußstein ist Christus. In ihm wächst der ganze Bau, festgefügt, zu einem heiligen Tempel im Herrn. In ihm werdet auch ihr mitaufgebaut zur Wohnung Gottes im Geist [20]. (2, 11–22)

Die apostolische Lehre als Fundament der Kirche

In der Umwelt des Urchristentums war viel von göttlichen Geheimnissen die Rede. Man verstand darunter religiöse Spekulationen etwa über das endzeitliche Geschehen oder die himmlische Lichtwelt und die kosmischen Mächte. Der Epheserbrief bedient sich dieses Begriffs, um das göttliche Wunder der Einbeziehung der Heiden in die alttestamentliche Verheißung und die göttliche Heilsgeschichte zu bezeichnen. Den Aposteln habe Gott das (bisher verborgene) Geheimnis enthüllt und seinen Vollzug anvertraut. Die nachpaulinische Entwicklung bekundet sich darin, daß der Epheserbrief in ihnen Träger eines Amtes im Sinne einer festumrissenen amtlichen Instanz sieht.

---

18 Der Vorstellungshintergrund dieses Satzes ist der gnostische Mythos von einem Erlöser, der bei seinem Aufstieg in den Himmel die »Mauer« der widergöttlichen Sphären – zwischen den Menschen und Gott – durchbrochen und so den Aufstieg der Seelen in das Lichtreich ermöglicht hat. Im Epheserbrief ist dieser Mythos nur noch Bild. Es ist allerdings nicht klar, was er genau damit sagen will. Denkt er an eine »Mauer« zwischen Juden und Heiden, manifestiert im Gesetz, oder zwischen Juden und Heiden einerseits und Gott andererseits? Vielleicht an beides. Nach seiner Meinung hat Christus Frieden zwischen Juden und Heiden gestiftet, zugleich aber beiden den Zugang zu Gott eröffnet.

19 Hier klingt die (gnostische) Vorstellung von einem Urmensch-Erlöser nach, der die in die Menschen versprengten Lichtfunken (Seelen) in sich versammelt und so in die Lichtwelt zurückkehrt.

20 Das Bild vom Bau ist nicht konsequent durchgeführt. Zunächst ist Christus als der krönende und das Ganze zusammenhaltende Schlußstein vorgestellt, auf den hin der Bau wächst. Dann ist aber gesagt, daß der Bau *in* ihm wächst. Diese Unstimmigkeit rührt davon her, daß das Bild vom Bau durch die Vorstellung vom Leib überlagert wird.

Ihr habt von dem *Amt*[21] der Gnade Gottes gehört, die mir im Blick auf euch zuteil wurde, daß mir durch Offenbarung das Geheimnis enthüllt wurde, wie ich vorhin in Kürze beschrieb. Wenn ihr es lest, könnt ihr daran meine Einsicht in das Christus-Geheimnis erkennen, das in früheren Generationen den Menschenkindern nicht so kundgetan wurde, wie es jetzt seinen heiligen Aposteln und Propheten[22] im Geist enthüllt wurde: daß die Heiden in Christus Jesus, Mit-Erben, Mit-Leib und Mit-Teilhaber der Verheißung seien durch das Evangelium, dessen Diener ich geworden bin durch das Geschenk der Gnade Gottes, die mir nach der Wirkung seiner Macht geschenkt wurde. (3, 2–7)

Die ethische Weisung (Paränese)

Die Paränese, in einem besonderen Teil zusammengefaßt, ist im Epheserbrief verhältnismäßig breit ausgeführt. Auch wenn sie sich in ihrem Stoff kaum von dem der echten Paulusbriefe unterscheidet, so hat sie hier doch ein eigenes Gesicht. Bei Paulus haftet den ethischen Anweisungen der Charakter des Zufälligen an. Er pflegt ein paar Dinge herauszugreifen, die ihm im Augenblick wichtig erscheinen. Dem Epheserbrief ist es, ähnlich wie schon dem Kolosserbrief, darum zu tun, ein festumrissenes Gesamtbild christlicher Lebensführung zu entwerfen. Er begnügt sich nicht mehr mit beispielhaften Hinweisen. Man mag diese Entwicklung kritisch beurteilen, muß aber dabei die veränderte Lage der Christenheit berücksichtigen. Das Ausbleiben der Parusie hat ihr Verhältnis zur Zeit völlig verwandelt. Man rechnete nicht mehr täglich, wie die erste Generation, mit ihrem Ende, sondern stellte sich auf ihre Dauer ein. Dementsprechend stand die Welt nicht mehr nur als vergehende im Blick, sondern man lernte sie als das Forum sehen, vor dem man darzustellen hat, wie christliches Leben aussieht.

Die Einheit der Kirche. Die Paränese setzt mit der Aufforderung ein, die in ihrem Existenzgrund angelegte Einheit der Kirche zu bewahren, sich in sie einzugliedern und in ihrem Sinne zusammenzuwirken. Das paränetische Moment ist allerdings nicht sehr stark ausgeprägt. Es wird verdeckt durch eine eingehende Schilderung der Institution Kirche. Der Epheserbrief charakterisiert sie als einen Raum, der Gewißheit, Klarheit und Festigkeit in Fragen des Denkens und Handelns schafft und gewährt, und den einzelnen Christen schützend, »heilsam«, umfängt. Ein in sich ruhendes, statisches Gebilde ist sie jedoch nicht. In Wachstum und Bewegung sieht er vielmehr ihre Wesensmerkmale. Die Grundlage des Prozesses, den die Kirche darstellt, sind die Geistesgaben. Er knüpft damit an das Kirchenverständnis des Paulus an (vgl. S. 252 f., 325). Der Gedanke ist indes verschoben. Während Paulus z. B. die Korinther darauf

---

21 Mit »Amt« ist die Bedeutungsbreite des griechischen Wortes »Oikonomia« freilich nicht vollständig erfaßt. Oikonomia bedeutet: Amt, Funktion, Auftrag, aber auch Verwaltung oder Heilsplan.

22 Den Aposteln und (urchristlichen) Propheten ist hier eine besondere Würde zugeschrieben, die sie über die Gemeinde gewissermaßen hinaushebt.

ansprach, daß sie *alle* Geistesgaben empfangen haben, die sie einbringen können, hat der Epheserbrief lediglich die Geistesgaben im Auge, die in den festumrissenen Gemeinde-Ämtern zur Wirkung kommen. Nach seiner Anschauung wirkt der Geist Gottes nicht mehr in souveräner Freiheit, in wem und durch wen er will, sondern gebunden an bestimmte Institutionen. Jedenfalls bewegt sich sein Denken in dieser Richtung.

Ich ermahne euch, ich, der Gefangene im Herrn: Wandelt würdig der Berufung, mit der ihr berufen wurdet, in aller Demut und Güte, mit Geduld. Ertragt einander in Liebe. Bewahrt mit Eifer die Einheit des Geistes durch das Band des Friedens. *Ein* Leib und *ein* Geist, wie ihr bei eurer Berufung in *einer* Hoffnung berufen wurdet. *Ein* Herr, *ein* Glaube, *eine* Taufe; *ein* Gott und Vater aller, der über allem, durch alles und in allem ist. Einem jeden von uns aber wurde die Gnade nach dem Maß der Gabe Christi geschenkt...

Er ›gab‹ die einen zu Aposteln, andere zu Propheten, andere zu Evangelisten, andere zu Hirten und Lehrern, um die Heiligen zuzurüsten für das Werk des Dienstes – zum Aufbau des Leibes Christi, bis wir alle zur Einheit des Glaubens und der Erkenntnis des Sohnes Gottes gelangen ... Wir sollten (nach seiner Absicht) nicht mehr unmündig sein, geschaukelt und umhergeworfen vom Wind aller möglichen Lehren, im Würfelspiel, in dem die Menschen mit arglistiger Verschlagenheit zum Irrtum verführen[23]. Vielmehr sollen wir die Wahrheit treiben in Liebe und so in allem zu ihm hinwachsen, der das Haupt ist, Christus. Von ihm her wird der ganze Leib durch alle Bänder, die ihn versorgen, zusammengefügt und -gehalten; und so vollzieht sich mit der Kraft, die dem Maß jedes einzelnen Teils entspricht, das Wachstum des Leibes zu seinem eigenen Aufbau in Liebe[24]. (4, 1–7.11–16)

Die Lebensführung des Christen

Wandelt als die Kinder des Lichts. Der Schritt des Christen vom Einst zum Jetzt muß in einer überzeugenden Lebensführung sichtbar werden. In diesem Sinne wird dazu aufgefordert, den alten Menschen aus- und den neuen anzuziehen (vgl. Kol 3, S. 336), die Lüge »abzulegen« oder nicht mehr zu stehlen. Das Beispiel einer breit gestreuten und doch zugleich in einem einprägsamen Bild zusammengefaßten Mahnung bietet der folgende Text:

Von Unzucht aber und aller Art von Unreinheit oder Habgier soll bei euch nicht einmal die Rede sein, wie es sich für Heilige gehört; auch nicht von gemeinem, dummem oder schlüpfrigem Geschwätz – das schickt sich nicht –, sondern vielmehr von Danksagung. Denn das sollt ihr wissen und begreifen: Kein Hurer, Unreiner, Habgieriger – das heißt Götzendiener – hat Teil am

23 Mit diesen Bemerkungen erinnert der Brief an mögliche Bedrohungen durch Irrlehre. Man merkt aber: Die Gefahr ist nicht akut.

24 Zum Haupt-Leib-Motiv vgl. S. 335.

Erbe im Reiche Christi und Gottes. Niemand soll euch mit leeren Worten betrügen; denn um solcher Dinge willen kommt der Zorn Gottes über die Söhne des Ungehorsams. Habt also nichts mit ihnen zu tun. Denn einst wart ihr Finsternis, jetzt aber seid ihr Licht im Herrn. Wandelt als die Kinder des Lichts. Denn die Frucht des Lichtes besteht in lauter Güte, Gerechtigkeit, Wahrheit. Und prüft, was dem Herrn wohlgefällig ist. Beteiligt euch nicht an den unfruchtbaren Werken der Finsternis, sondern deckt sie auf. Denn was heimlich von ihnen getan wird, davon auch nur zu reden, ist schon schändlich.

(5, 3–12)

Christliche Weisheit. Achtet genau darauf, wie ihr euer Leben führt, nicht als Toren, sondern als Weise. Kauft die Zeit aus, denn die Tage sind böse. Darum seid nicht unverständig, sondern begreift, was der Wille des Herrn ist. (5, 15–17)

Die Haustafel. Im Rahmen einer Haustafel (vgl. oben S. 336) erfährt das Thema Ehe eine besondere Ausgestaltung. Das Verhalten von Mann und Frau in der Ehe wird an dem Verhalten Christi zu seiner Kirche orientiert und von daher begründet. Die Gedanken, die hier entwickelt werden, muten merkwürdig an. Dennoch ist hier ein wichtiger Schritt getan. Paulus hatte zur Ehe nur ein gebrochenes Ja sagen können (vgl. S. 247). Hier liegt der Versuch vor, die Ehe theologisch zu begreifen und ihr einen uneingeschränkt positiven Sinn zu geben. Die Beziehung auf Christus und die Kirche macht die Ehe gewiß nicht zu einer »heiligen« Institution; aus ihr entspringt aber die Einsicht, worum es in der Ehe gehen soll.

Ihr Frauen, ordnet euch euren Männern unter wie dem Herrn; denn der Mann ist das Haupt der Frau wie auch Christus das Haupt der Kirche, er, der Erlöser seines Leibes. Doch wie die Kirche sich Christus unterordnet, so auch die Frauen den Männern in allem. Ihr Männer, liebt eure Frauen, wie Christus die Kirche geliebt und sich für sie dahingegeben hat, um sie zu heiligen, indem er sie durch das Wasserbad im Wort gereinigt hat. Er wollte sich die Kirche herrlich bereiten, ohne Flecken, Runzel oder dergleichen, vielmehr heilig und makellos. So sollen auch die Männer ihre Frauen lieben als ihren eigenen Leib. Wer seine Frau liebt, liebt sich selbst. Denn niemand hat je sein eigenes Fleisch gehaßt, sondern er nährt und pflegt es wie auch Christus die Kirche; denn wir sind Glieder seines Leibes. ›Deswegen wird der Mann Vater und Mutter verlassen und seiner Frau anhangen, und sie werden ein Fleisch sein.‹ Dieses Geheimnis ist groß. Ich deute es auf Christus und die Kirche. Jedenfalls sollt auch ihr, jeder einzelne von euch, seine Frau so lieben wie sich selbst. Die Frau aber soll ihren Mann fürchten.

Ihr Kinder, seid euren Eltern gehorsam im Herrn. Denn das ist recht. ›Ehre deinen Vater und deine Mutter.‹ Das ist das erste Gebot mit einer Verheißung: ›Damit es dir wohl ergehe und du lange lebest auf Erden.‹ Und ihr Väter, reizt eure Kinder nicht zum Zorn, sondern zieht sie auf in der Zucht und Weisung des Herrn. Ihr Sklaven, seid euren irdischen Herren gehorsam ›in Furcht und Zittern‹ mit lauterer Gesinnung, als wäre es Christus, nicht in

Augendienerei, um Menschen zu gefallen, sondern als Sklaven Christi, die von Herzen den Willen Gottes tun, die mit Freuden ihren Dienst tun wie für den Herrn und nicht für Menschen. Seid euch dabei dessen bewußt, daß jeder, wenn er etwas Gutes vollbringt, es vom Herrn wieder bekommen wird – er sei Sklave oder Freier. Und ihr Herren, handelt ebenso gegen jene. Laßt das Drohen und wißt, daß ihr und euer Herr im Himmel ist und es bei ihm kein Ansehen der Person gibt.

3. Die Pastoralbriefe

Unter dem Namen »Pastoralbriefe« faßt man seit langem die beiden Timotheusbriefe und den Titusbrief zusammen. Sie werden heute nahezu allgemein als pseudonyme Schriften angesehen. Bei den fingierten Adressaten handelt es sich um öfter genannte Mitarbeiter des Paulus [25]. Die Briefe wollen als Schreiben gelten, in denen der Apostel seinen Schülern Anweisungen und Ratschläge für ihre Amtsführung gibt. Mit einem amtlichen Titel werden sie nicht bedacht, aber als Männer angesprochen, die für den Weg, die Lehre und das Leben der Gemeinde verantwortlich sind.

Dabei will beachtet werden, daß die Adressaten der Pastoralbriefe anders als sonst in den Deuteropaulinen nicht Gemeinden des paulinischen Missionsgebietes sind, sondern Schüler und Mitarbeiter des Apostels. Das hängt mit ihrem Selbstverständnis zusammen: Man ist sich des größeren Abstandes zur Generation des Anfangs bewußt geworden und weiß sich nur noch über die Mittelinstanz der Apostelschüler mit dem Apostel verbunden. Mit der Adressierung geben sich die Pastoralbriefe somit selbst als Dokumente der »dritten« christlichen Generation zu erkennen.

Die Pastoralbriefe stehen in paulinischer Tradition. Es ist jedoch ein verblaßter Paulinismus, den sie vertreten. Entscheidende Begriffe paulinischer Theologie wie Gerechtigkeit Gottes, Glaube, Gesetz oder Sünde spielen keine Rolle mehr oder besagen etwas anderes; andere Begriffe beherrschen das Feld. Aus dem »Wort vom Kreuz«, an dem der menschliche Stolz zerbricht und alle Weisheit zunichte wird, ist »gesunde Lehre« geworden, aus dem Glauben an den Gott, der den Gottlosen rechtfertigt und Todverfallene ins Leben ruft, christliche Frömmigkeit, aus der Wahrheit des Evangeliums die rechte und apostolisch gewährleistete Lehre. An die Stelle des paradoxen: »Allezeit tragen wir die Tötung Jesu an unserem Leibe herum, damit auch sein Leben an ihm sichtbar werde«, ist das Ideal »eines stillen und ruhigen Lebens ... in Frömmigkeit und Ehrbarkeit« getreten. So hat man den Gehalt der Pastoralbriefe mit Recht in den Begriff »bürgerliches Christentum« zusammengefaßt.

---

25 Die fiktive Situation bleibt im einzelnen undurchsichtig. Klar ist nur, daß sie als Briefe aus der Gefangenschaft gelten wollen, wahrscheinlich der römischen Gefangenschaft (58–60 n. Chr.).

Dennoch ist Paulus nicht ganz vergessen. Immerhin gilt der Apostel als Vorbild gerade im Leiden, und es wird ausdrücklich daran erinnert, daß den Christen Verfolgung erwartet. Aber das steht nicht im Vordergrund. So ist auch von einer Spannung des »Noch-nicht«, das bei Paulus die Existenz des Christen kennzeichnet, nichts mehr zu spüren. Die Pastoralbriefe halten die christliche Enderwartung aufrecht; aber was da erwartet wird, ist nicht die Auflösung einer Spannung, sondern die Verklärung des gegenwärtigen Lebens in ein ewiges Leben.

Man sollte das bescheidene Christentum der Pastoralbriefe dennoch nicht ohne weiteres verurteilen. Ein halbes Jahrhundert nach Paulus stand die Christenheit vor anderen Aufgaben. Sie mußte die Öffentlichkeit und Gesellschaft von sich überzeugen. Die öffentliche Anerkennung war ihr noch immer versagt. Der Sturm der Verfolgung, der Ende des 1. Jahrhunderts über die kleinasiatische Christenheit hereingebrochen war, war zwar abgeflaut; im Grundsätzlichen war aber wenig verändert: Das Christsein war ein an sich strafwürdiges Vergehen.

Die Gemeinde der Pastoralbriefe stand noch vor einer zweiten Aufgabe. Sie mußte mit gnostischen Irrlehrern fertig werden, die vielenorts Verwirrung stifteten und das Gefühl der Unsicherheit verbreiteten. Hier wollten die Briefe Klarheit und Abhilfe schaffen. Eine theologische Auseinandersetzung mit den Irrlehrern findet freilich nicht statt. Man begnügte sich damit, sie dingfest zu machen, pochte auf die apostolische Tradition und schuf in dem offiziellen kirchlichen Amtsträger ein theologisches Kontrollorgan. Dieses Verfahren ist nicht unbedenklich. Man muß den Pastoralbriefen jedoch zugute halten, daß die eindeutige und verbindliche Markierung der Grenzen und die organisatorische Konsolidierung der Gemeinde ein Gebot der Stunde sein kann.

Gemessen an Paulus ist es ein spannungs- und schwungloses Christentum, das in den Pastoralbriefen in Erscheinung tritt, ein Christentum der Rechtschaffenheit und des vernünftigen Maßes. In ihnen leuchtet nicht mehr die Kraft der in die Tiefe dringenden theologischen Gedanken; ihnen geht es darum, das überkommene Erbe zu verwalten und seinen Bestand zu sichern. Die Tradition wird zum Argument, auf das jederzeit verwiesen werden kann. Fragen der Gemeindeordnung und Organisation schieben sich in den Vordergrund. Man markiert mit einfach handhabbaren Formeln die Grenzen und vermittelt eine klare Vorstellung davon, wie ein Christ aussieht, was sich für ihn schickt, wie er sich verhält.

Irrlehre und gesunde Lehre

Die Bekämpfung der Irrlehre nimmt einen breiten Raum ein. Dennoch bleibt ihr Bild undeutlich. Das liegt am Kampfstil der Pastoralbriefe. Nur ein paar rasch hingeworfene Stichworte geben einige Anhaltspunkte über die Anschauungen und Lehren der Häretiker. So werden ihnen beispielsweise »endlose Mythen und Geschlechterreihen« vorgeworfen. Ein wesentlicher Inhalt ihrer Lehre scheinen demnach Enthüllungen über Beziehungen und Stammbäume kosmischer Mächte gewesen zu sein. Ein weiterer Vorwurf richtete sich gegen einen falschen Gebrauch des Gesetzes. Es sei, so wird behauptet, nicht für die Christen, die Gerechten da! Die Front, in der das gesagt ist, wird nicht klar. Wahrscheinlich liegt hier eine versteckte Stellungnahme gegen die von den Irrlehrern geforderte Askese vor. Auf keinen Fall soll damit in Abrede gestellt werden, daß es in der »gesunden Lehre« auch um ein moralisch einwandfreies Leben geht.

Ich habe dich doch damals, als ich nach Mazedonien reiste, beauftragt, in Ephesus zu bleiben und gewissen Leuten zu verbieten, daß sie andere Lehren verkünden und sich mit endlosen Fabeleien von Geschlechterreihen befassen, bei denen doch mehr Streitigkeiten herauskommen als göttliche Heilserziehung im Glauben. Das Ziel der Weisung aber ist: Liebe, geboren aus reinem Herzen, gutem Gewissen[26] und ungeheucheltem Glauben[27]. Davon haben sich manche losgesagt, um törichten Redereien nachzulaufen. Sie wollen Gesetzeslehrer sein und wissen nicht, was sie sagen oder fest versichern. Wir wissen aber: Das Gesetz ist gut, wenn man es gut zu brauchen weiß, in der Erkenntnis nämlich, daß das Gesetz nicht für den Gerechten da ist, sondern für Leute ohne Gesetz und Gehorsam, Gottlose und Sünder, Ruchlose und Frevler, Vater- und Muttermörder, Totschläger, Unzüchtige, Knabenschänder, Seelenverkäufer, Lügner, Meineidige – und was sonst noch gegen die gesunde Lehre[28] verstößt. Dessen sind wir gewiß nach dem Evangelium von der Herrlichkeit des seligen Gottes, mit dem ich betraut worden bin.

(1 Tim 1, 3–11)

Im Rahmen der Enderwartung rechneten Judentum wie Urchristentum mit dem Auftreten falscher Propheten und Heilbringer (Messias). Die Warnung vor ihnen gehört zum festen Bestand apokalyptischer Tradition. In den Pastoralbriefen treten an ihre Stelle die Häretiker. Im folgenden Text werden ihre asketischen Tendenzen angeprangert. Sie seien abwegig, weil die von Gott geschaffenen Dinge gut sind und mit einem Tabu weder versehen werden dürfen noch zu werden brauchen. Es bleibt ein Verdienst der Pastoralbriefe, daß sie sich einer asketischen Weltverneinung, wie sie die christlichen Gnostiker vertraten, energisch widersetzten und statt dessen die Möglichkeit einer positiven christlichen Lebens- und Weltgestaltung aufzeigten.

---

26 Aus dem paulinischen »Gewissen« (vgl. S. 249) als der das Verhalten messenden und beurteilenden Instanz ist hier das »gute Gewissen« geworden. Damit wird der innere Zustand des seiner Rechtschaffenheit bewußten Menschen bezeichnet.

27 Im Zusatz »ungeheuchelt« bekundet sich eine Verschiebung im Glaubensbegriff gegenüber Paulus. »Glaube« hat in den Pastoralbriefen den Sinn von Frömmigkeit, Religion. Frömmigkeit und religiöse Haltung kann man vortäuschen. Die Alternative zum Glauben ist bei Paulus Ungehorsam gegenüber dem Evangelium, Verweigerung des Glaubens. Unechten Glauben kann es bei ihm nicht geben.

28 »Gesund« sind die Lehre und die Verkündigung, sofern sie zu einem ordentlichen, maßvollen und vernünftigen Leben anleiten und anhalten. Nach damaligem Sprachgebrauch hieß »gesund« soviel wie »vernünftig«. »Krankhaft« sind die theologischen Verirrungen der häretischen Gegner.

Der Geist sagt ausdrücklich, daß in den letzten Zeiten manche vom Glauben abfallen werden, weil sie Irrgeistern und dämonischen Lehren folgen auf Grund heuchlerischer Predigt von Lügnern, die ein Brandmal im Gewissen tragen. Sie untersagen die Ehe und gebieten Enthaltung von Speisen, die Gott doch dazu erschaffen hat, daß sie mit Danksagung empfangen werden von allen, die zum Glauben und zur Erkenntnis der Wahrheit gekommen sind. Denn alles, was Gott geschaffen hat, ist gut und nichts verwerflich, was mit Danksagung empfangen wird; denn es wird geheiligt durch Gottes Wort und Gebet. Wenn du die Brüder das lehrst, wirst du ein rechter Diener Christi Jesu sein, der da lebt von den Worten des Glaubens und der guten Lehre, deren Anhänger du geworden bist. Gottlose Altweiberfabeln aber weise zurück. Bilde dich immer weiter aus in der Frömmigkeit [29]. Denn die Stählung des Leibes bringt wenig ein [30], die Frömmigkeit dagegen bringt alles ein; denn sie verspricht Leben jetzt und in Ewigkeit. Das Wort hat recht und verdient alle Anerkennung; denn das ist das Ziel unserer Mühen und Anstrengungen; haben wir doch unsere Hoffnung gesetzt auf den lebendigen Gott, den Retter aller Menschen, zumal der Gläubigen. (1 Tim 4, 1–10)

Es entspricht dem Stil der Ketzer-Polemik, daß man deren Moral verdächtigt. Neben anderen unsympatischen Zügen, wie z. B. Streitsucht, wird ihr ausgeprägter Erwerbssinn hervorgehoben (vgl. auch S. 271). Als Mittel gegen die Verführung durch die Irrlehrer wird empfohlen, an der überlieferten Lehre der Apostel treu festzuhalten.

So sollst du lehren und predigen. Wenn einer aber Irrlehre verbreitet und sich nicht an die gesunden Worte unseres Herrn Jesus Christus und die Lehre, wie sie unserer Frömmigkeit entspricht, hält, dann ist er ein aufgeblasener Mensch und versteht nichts, sondern krankt an Auseinandersetzungen und Wortgefechten. Daraus entstehen Neid, Zank, Lästerung, Argwohn, überhaupt Streitereien sinnverwirrter und der Wahrheit entfremdeter Leute, die meinen, die Frömmigkeit sei ein Erwerbsmittel ...

O Timotheus, bewahre das anvertraute Gut [31], fliehe die gottlosen Redensarten und die Lehrsätze der fälschlicherweise so genannten »Erkenntnis«, zu der sich gewisse Leute bekannten und so vom Glauben abfielen.

(1 Tim 6, 3–5.20.21)

Das Charakterbild der Irrlehrer wird in den schwärzesten Farben geschildert. Sie sind verkommene Menschen und ihre Lehre »dummes Zeug«. Auf diese Weise sollen sie möglichst wirksam bekämpft werden. Schlüsse auf die tatsächliche Moral der Irrlehrer darf man aus alledem nicht ziehen.

---

29 »Frömmigkeit« ist der Begriff, mit dem die Pastoralbriefe die christliche Haltung charakterisieren. Er entstammt wie viele andere ihrer theologischen Begriffe der religiösen Sprache der hellenistischen Umwelt.

30 Damit soll Askese abgewertet werden.

31 Hier handelt es sich um einen festen Ausdruck für die apostolische Überlieferung.

An einer Stelle werden die sonst so pauschalen Vorwürfe konkretisiert. Die Irrlehrer haben sich offenbar an Frauen mit fragwürdiger Vergangenheit herangemacht – wahrscheinlich um sie zu einem asketischen Leben zu überreden[32].

Das sollst du wissen, daß in den letzten Tagen schwere Zeiten hereinbrechen werden. Denn die Menschen werden selbstsüchtig und habsüchtig sein, prahlerisch, übermütig, Lästerer, den Eltern ungehorsam, undankbar, gottlos, unverträglich, unversöhnlich, Verleumder, ohne Maß und Zucht, dem Guten feind, verräterisch, verwegen, hochmütig, mehr das Vergnügen als Gott liebend, die wohl den Schein der Frömmigkeit an sich haben, ihre Kraft aber verleugnen – von solchen Leuten sollst du dich abwenden. Denn zu denen gehören die Leute, die sich in die Häuser schleichen und mit ihren Reden Frauenzimmer bestricken, die von Sünden gedrückt und von allerlei Begierden getrieben immerzu lernen wollen und doch nie zur Erkenntnis der Wahrheit gelangen können. So wie Jannes und Jambres dem Mose Widerpart leisteten[33], so widerstreben auch diese der Wahrheit, Leute mit verirrtem Verstand und unbewährt im Glauben. Aber sie werden nicht weiter kommen; denn ihr Unverstand wird allen offenkundig werden, wie es ja auch bei jenen geschah. (2 Tim 3, 1–9)

Die apostolische Tradition

Die Pastoralbriefe sehen die Aufgabe der verantwortlichen Leiter der Gemeinde in der Bewahrung der apostolischen Überlieferung. Timotheus wird ermahnt, mit dem »Wort« zur Zeit und zur Unzeit zur Stelle zu sein und es kräftig zur Geltung zu bringen.

Ich beschwöre dich vor Gott und Christus Jesus, der richten wird die Lebendigen und die Toten, bei seiner Wiederkunft und bei seiner Herrschaft: Predige das Wort, sei zur Stelle, gerufen und ungerufen, weise zurecht, drohe, ermahne mit viel Geduld und eindringender Belehrung. Denn es wird die Zeit kommen, in der sie die rechte Lehre nicht ertragen und sich nach ihren eigenen Gelüsten Lehrer zusammensuchen werden, nach deren Weisheit sie die Ohren jucken; dann werden sie ihr Ohr von der Wahrheit weg zu den Fabeln wenden. Du aber sei in allem besonnen, halte aus im Leiden, übe den Beruf eines Evangelisten aus, erfülle deinen Dienst! (2 Tim 4, 1–5)

An manchen Stellen wird das Bedürfnis sichtbar, auf das »anvertraute Gut« nicht nur zu verweisen, sondern seine Wahrheit zu begründen. Der Wahrheitsbeweis wird

---

32 Ein beliebtes Motiv späterer, außerhalb der »rechtgläubigen« Gemeinden entstandener, Apostelgeschichten ist die Bekehrung vornehmer Frauen. Ihr Ziel ist hier regelmäßig ein Leben in sexueller Enthaltsamkeit.

33 Jannes und Jambres sind nach jüdischer Überlieferung die beiden Zauberer, die vor dem ägyptischen Pharao gegen Mose (2. Mose 7; vgl. Band AT, S. 29 f.) zum Wunderwettstreit antraten.

so geführt, daß man seine Herkunft aufzeigt: Timotheus hat es von Paulus empfangen. Er weiß, von wem er es hat; darum weiß er auch, daß es die Wahrheit ist, die ihm in die Hand gegeben ist.

Du hast meine Lehre zur Richtschnur genommen, meine Lebensführung, mein Streben, den Glauben, die Geduld, die Liebe, die Standhaftigkeit, die Verfolgungen und Leiden, die mir in Antiochien, Ikonium und Lystra widerfahren sind. Welche Verfolgungen habe ich erdulden müssen! Und aus allen hat mich der Herr errettet. Ebenso werden alle verfolgt werden, die ein frommes Leben in Christus Jesus führen wollen. Schlechte Menschen aber und Gaukler werden immer tiefer sinken – betrogene Betrüger! Doch du verharre bei dem, was du gelernt hast und dessen du gewiß geworden bist, und bleibe dir bewußt, von wem du es gelernt hast ... (2 Tim 3, 10–15)

Du, mein Sohn, sei stark in der Gnade, die in Christus Jesus gründet, und vertraue das, was du von mir vor vielen Zeugen vernommen hast, zuverlässigen Leuten an, die fähig sein werden, wieder andere zu lehren. (2 Tim 2, 1–2)

Ein Beispiel rechter Lehre

Was sich die Pastoralbriefe unter »rechter Lehre« vorstellen, wird aus einem Text des Titusbriefes deutlich. Danach umfaßt sie zu einem guten Teil Anweisungen für die Lebensführung. Dennoch ist sie nicht einfach Moralpredigt. Die Erkenntnis, daß es die Kraft der göttlichen Gnade ist, die sich im Leben des Christen auswirkt, ist noch lebendig. Das neue Leben ist somit nicht das Ergebnis selbstmächtiger Bemühung, sondern Folge der rettenden Tat Christi. Hier ist das paulinische Erbe greifbar. Auch das endzeitliche Motiv ist nicht unterschlagen: Das rechtschaffene, vernünftig-maßvolle und fromme Leben wird in das Licht des Tages gestellt, an dem sich Gott und Christus in ihrer Herrlichkeit offenbaren werden.

Jesus Christus wird in der Lehre der Pastoralbriefe als die große weltgeschichtliche Wende geschildert. In ihm sei die Gnade Gottes »erschienen«, das heißt: in die Menschheitsgeschichte eingetreten, und so sei die Zeit eröffnet, in der ein »heiles« Leben möglich ist[34]. In der Taufe wird diese Möglichkeit für den einzelnen Christen realisiert. Dieses Verständnis der Taufe entspricht allgemein-urchristlicher Auffassung. In den Pastoralbriefen ist es besonders stark ausgeprägt, was mit der Art zusammenhängt, mit der sie den Sinn der Taufe theologisch erläutern. Der Schlüsselbegriff ist: »Bad der Wiedergeburt«. Damit übernimmt »Paulus« einen Ausdruck der Mysterien-Kulte, wo man sich die Einweihung als die Geburt eines neuen Menschen vorstellte. Die Gemeinsamkeit der Sprache und Vorstellung kann freilich nicht über die sachlichen Unterschiede hinwegtäuschen. In den Mysterien widerfuhr die Neugeburt nur einigen bevorzugten Eingeweihten, den Mysten. Die christliche Taufe beschenkt alle mit einem neuen Leben. Zum anderen ist in den Pastoralbriefen nicht an ein (einzelnes) mystisch-ekstatisches Erlebnis gedacht, sondern an ein das Ganze des Lebens bestimmendes Ereignis. Wiedergeburt heißt hier: Erneuerung durch den heiligen Geist, Eröffnung eines neuen Lebens. Damit geht der Verfasser über die

---

34 »Erscheinung« ist ein geprägter Begriff hellenistischer Theologie. Er bezieht sich auf die greifbare Offenbarung einer Gottheit, beispielsweise in Wundertaten.

gelegentlich anzutreffende Deutung hinaus, nach der die Taufe lediglich die Vergebung vergangener Sünde vermittelt, aber nicht positiv in ein neues Leben hineinführt.

Du aber verkünde, was der rechten Lehre entspricht. Alte Männer[35] sollen nüchtern sein, ehrbar, besonnen, fest im Glauben, in der Liebe und im Ausharren. Ebenso sollen die alten Frauen sein: ehrwürdig in ihrer Haltung, nicht verleumderischem Klatsch noch vielem Trinken ergeben, Lehrmeisterinnen im Guten. Dann können sie die jungen Frauen dazu anhalten, daß sie ihre Männer und Kinder lieben, sittsam und züchtig leben, häuslich und gütig sind und sich ihren Männern unterordnen, damit Gottes Wort nicht gelästert werde. Ebenso ermahne die jungen Männer, in allen Dingen besonnen zu sein. Erweise dich selbst als Vorbild in guten Werken, unverdorben und würdig als Lehrer, mit unanfechtbarer, rechter Predigt, damit der Gegner beschämt wird, weil er nichts Schlechtes über uns sagen kann. Die Sklaven sollen ihren Herren in allem gehorchen, sollen ihnen gefällig sein und nicht widersprechen; sie sollen nichts unterschlagen, sondern in allen Dingen sich in Treue und Güte bewähren, damit sie der Lehre Gottes unseres Retters in allen Stücken zur Zierde gereichen.

Denn es ist erschienen die Gnade Gottes, allen Menschen zur Rettung. Sie leitet uns dazu an, der Gottlosigkeit und den irdischen Begierden abzusagen und ein vernünftig-maßvolles, rechtschaffenes und frommes Leben[36] in dieser Zeit zu führen, als Menschen, die auf die selige Hoffnung und die Erscheinung der Herrlichkeit des großen Gottes und des Retters[37] Christus Jesus warten. Er hat sich für uns dahingegeben, um uns ›von aller Gesetzlosigkeit zu erlösen und sich ein Volk zum Eigentum zu reinigen‹, das sich guter Werke befleißigt.

In diesem Sinne sollst du lehren, mahnen, strafen mit allem Nachdruck. Niemand soll dich verachten!

Erinnere sie daran, daß sie sich den Behörden und Obrigkeiten unterordnen, sich ihnen fügen, zu jedem guten Werk bereit sind, niemand zu lästern, friedfertig und freundlich zu sein und lauter Güte gegenüber allen Menschen zu bezeigen. Einst waren ja auch wir in Torheit, Ungehorsam und Irrtum befangen, Sklaven von allerlei Begierden und Lüsten, und lebten in Bosheit und Neid dahin, andern verhaßt und einander hassend. Als aber die Güte und Menschenfreundlichkeit Gottes, unseres Retters, erschien, da hat er uns gerettet – nicht aufgrund von Werken der Gerechtigkeit, die wir getan haben, sondern gemäß seinem Erbarmen durch das Bad der Wiedergeburt und Er-

35 Der Rahmen der Paränese ist wieder eine »Haustafel« (vgl. S. 336).

36 Diese Zusammenstellung entspricht weitgehend den griechischen Tugend-Idealen. Es fehlt nur die Tapferkeit.

37 »Retter« (Heiland) ist ein Titel, der erst spät auf Jesus übertragen worden ist. So wurden in der hellenistischen Umwelt häufig Götter bezeichnet, die Kranken Heilung brachten, oder auch Mysteriengottheiten, die den Frommen mit Lebenskraft beschenkten. »Retter« wurde in dieser Zeit aber auch der römische Kaiser genannt.

neuerung, wie sie der heilige Geist bewirkt, den er über uns reichlich ausgegossen hat durch Jesus Christus, unseren Retter. So sollen wir, gerechtfertigt durch seine Gnade, gemäß unserer Hoffnung Erben des ewigen Lebens werden. (Tit 2, 1–15; 3, 1–7)

Anweisungen für den Gottesdienst

Das Gebet für die Obrigkeit. Wenn die Pastoralbriefe das Gebet für die staatlichen Behörden und Machthaber zur Pflicht machen, so entspricht das jüdisch-hellenistischer Tradition. Es zeigt, daß die christliche Gemeinde trotz allem, was sie von staatlicher Seite erdulden mußte, nicht zu prinzipiellen Staatsfeinden geworden ist. Weniger das Gebet selbst als seine Begründung entspricht der Eigenart des in den Pastoralbriefen zutage tretenden »bürgerlichen Christentums«. Im Gebet für die »Obrigkeit« geht es der Gemeinde aber nicht allein um Lebensmöglichkeiten für sich selbst, sie denkt zugleich daran, daß Gottes Ziel die Rettung *aller* Menschen ist.

Vor allem ermahne ich dich, Bitte, Gebet, Fürbitte und Danksagung für alle Menschen zu verrichten, für Kaiser und alle Obrigkeiten, damit wir ein stilles und ruhiges Leben führen können in aller Frömmigkeit und Ehrbarkeit. So ist es recht und wohlgefällig vor Gott, unserem Erretter, der will, daß alle Menschen gerettet werden und zur Erkenntnis der Wahrheit[38] kommen.

(1 Tim 2, 1–4)

Männer und Frauen im Gottesdienst. Der Abschnitt gibt Anweisungen über das Beten der Männer und Frauen im Gottesdienst. Die gottesdienstliche Situation ist freilich nicht streng durchgehalten. Vielmehr wird allgemein ein Bild vom christlichen Mann und der christlichen Frau gezeichnet. – Der Text verwehrt der Frau die aktive Beteiligung am Gottesdienst. Die Motive werden nicht deutlich. Man darf freilich nicht davon ausgehen, daß man es im Urchristentum mit den Frauen überall so hielt. Paulus rechnet beispielsweise mit dem Auftreten von »Prophetinnen« im Gottesdienst[39]. Vielleicht wollten die Pastoralbriefe Emanzipationstendenzen entgegentreten, die in den Kreisen gnostischer Christen zum Durchbruch kamen.

Was das Beten anlangt, so will ich, daß die Männer allerorten heilige Hände emporheben, ohne an Zorn und Streit zu denken. Ebenso die Frauen: Sie sollen sich mit würdiger Haltung, mit Zurückhaltung und Sittsamkeit schmücken; nicht mit Haarflechten und Gold oder mit Perlen und kostbaren Kleidern, vielmehr also mit dem, das Frauen geziemt, die sich zur Gottesverehrung bekennen: mit guten Werken. Die Frau soll lernen, indem sie schweigend zuhört und sich unterordnet. Zu lehren aber erlaube ich einer Frau

---

38 Mit »Wahrheit« ist die christliche Wahrheit gemeint. Ihre Erkenntnis bedeutet Bekehrung zum Christentum; sie ist nicht nur theoretisches Begreifen, sondern schließt praktischen Vollzug mit ein.

39 Auch bei Paulus begegnet freilich die Anweisung, daß die Frau in der Gemeindeversammlung schweigen solle. Sie findet sich in dem überlieferten Text des 1. Korintherbriefes (Kap. 14). Man nimmt heute jedoch mit guten Gründen an, daß dieser Text von späterer Hand eingefügt wurde.

nicht, auch nicht, ihren Mann beherrschen zu wollen; sie soll sich vielmehr still verhalten. Denn Adam wurde zuerst geschaffen, dann erst Eva.

(1 Tim 2, 8–13)

Geistesgabe und Amt

Die Gegenwart des göttlichen Geistes erfuhr die urchristliche Gemeinde der Anfangszeit in wirkungskräftigen Geistesgaben, Charismen. Paulus war der Überzeugung, daß jedem Christen ein Charisma gegeben sei (vgl. S. 253). In den Pastoralbriefen ist nur noch von dem Charisma die Rede, das dem Amtsträger übereignet worden ist (vgl. oben S. 341). Es ist ihm auch nicht durch das »freie« Wirken des Geistes zuteil geworden, sondern durch die Handauflegung des »Presbyteriums« (siehe unten). Die Pastoralbriefe setzen eine Gemeinde-*Ordnung* voraus, in der es Zuständigkeiten, rechtliche Formen der Amtseinsetzung (Ordination) und Legitimierung gibt. Lag in den paulinischen Gemeinden zum Beispiel die Verkündigung in den Händen derer, die das Charisma hatten, so ist das hier ausschließlich Sache der offiziell Beauftragten.

So sollst du predigen und lehren. Niemand soll dich deiner Jugend wegen geringachten; vielmehr werde du ein Vorbild der Gläubigen im Reden, in der Lebensführung, in der Liebe, im Glauben und in der reinen Gesinnung. Bis ich komme, widme dich weiter dem Vorlesen, der Predigt und dem Unterricht. Vernachlässige nicht die Gnadengabe in dir, die dir durch Prophetenwort verliehen wurde, während die Ältesten dir die Hand auflegten. Dies betreibe, damit gib dich ab, damit dein Fortschritt allen sichtbar werde. Gib acht auf dich selbst und auf die Lehre. Halte daran fest! Wenn du das tust, wirst du dich selber retten und deine Hörer. (1 Tim 4, 11–16)

Bewahre das köstliche anvertraute Gut kraft des heiligen Geistes, der in uns wohnt. (2 Tim 1, 14)

Zum Amt der verantwortlichen »Hirten« gehört auch die Ausübung von Disziplinargewalt.

Die Klage gegen einen Presbyter nimm nicht an – es sei denn ›auf Grund des Zeugnisses von zwei oder drei Personen‹. Diejenigen, die sündigen, weise in Gegenwart aller zurecht, damit auch die anderen Furcht bekommen.

(1 Tim 5, 19–20)

Einen Häretiker sollst du nach ein- oder zweimaliger Warnung zurückweisen. Du weißt, daß so ein Mensch heillos verkehrt ist und mit seiner Sünde sich selbst richtet. (Tit 3, 10–11)

Die Ämter und die Amtsträger

Die Pastoralbriefe kennen drei hervorgehobene Gemeindeämter: das Amt des Bischofs, der Presbyter (Ältesten) und der Diakonen. Offenbar liegt in den

Händen des Bischofs und der Presbyter die Leitung der örtlichen Gemeinde. Ämter im Sinne von Funktionen und Aufgaben hat es in der Urchristenheit immer gegeben. Die Pastoralbriefe setzen jedoch ein fortgeschrittenes Stadium der Entwicklung voraus. Die Ämter haben hier institutionellen Charakter und sind Bestandteil einer festen Ordnung.

Die *Entstehungsgeschichte* der in den Pastoralbriefen angeführten Ämter ist nicht völlig durchsichtig. Das Interesse konzentriert sich vor allem auf das Bischofs- und das Presbyteramt. Man hat den Eindruck, als ginge es in beiden um Gemeindeleitung. Das erklärt sich wahrscheinlich so, daß in der Urchristenheit zwei verschiedene Verfassungsformen nebeneinander bestanden. Verschiedentlich ist bezeugt, daß die Gemeindeleitung in Händen eines Kreises von *Presbytern* lag. Vorbild dieser Organisationsform war die jüdische Synagogengemeinde. *Bischöfe* sind zum erstenmal bei Paulus erwähnt. Eine leitende Stellung hatten sie bei ihm aber nicht. Vermutlich oblag ihnen die Finanzverwaltung. Diese Vermutung stützt sich auf die Tatsache, daß in den hellenistischen Städten die Kommunalbeamten »Bischöfe« genannt wurden. Wie im Laufe der Zeit aus dem gemeindlichen Geldverwalter der gemeindeleitende Amtsträger »Bischof« wurde, entzieht sich unserer Kenntnis. Jedenfalls ist aus den Pastoralbriefen der Schluß zu ziehen, daß es auch Gemeinden mit »Bischofsverfassung« gab.

Beide Traditionslinien fließen in den Pastoralbriefen zusammen. Wie sich ihr Verfasser das Verhältnis von Bischof und Presbyter denkt, ist nicht klar. Wahrscheinlich stellt er sich den Bischof als den aus dem Kreis der Presbyter gewählten Vorsitzenden vor. Er hat eine hervorgehobene Autoritätsstellung inne, ist aber nicht der allein Verantwortliche. Ihm stand der Kreis der Presbyter zur Seite. Sein Wirkungsbereich ist die örtliche Gemeinde. Eine mehrere Gemeinden umgreifende Organisation wird noch nicht sichtbar.

In den Pastoralbriefen ist weniger von den Ämtern die Rede als von den persönlichen Voraussetzungen und Eigenschaften, die ein Bewerber erfüllen soll. In langen Listen entwerfen sie ein Persönlichkeitsbild der Amtsträger. Dabei fällt die moralisierende Tendenz auf. Viele der genannten Forderungen sind allgemeiner Art und haben mit dem Amt des Bischofs oder Diakonen als solchem nichts zu tun. Das Material für diese sog. Bischofs- oder Diakonenspiegel dürfte übernommen und ursprünglich für einen anderen Zweck zusammengestellt worden sein. Sinn dieser Zusammenstellung im Rahmen der Pastoralbriefe: Vom Bischof und den anderen Amtsträgern wird vorbildliche christliche Lebensführung erwartet.

Wer das Bischofsamt begehrt, erstrebt eine schöne Aufgabe. Der *Bischof* muß nun ohne Tadel sein, Mann einer Frau[40], nüchtern, besonnen, sittsam, gastfrei, im Lehren geschickt, nicht dem Wein noch der Rauflust ergeben, sondern gütig, friedfertig, nicht geldgierig, ein Mann, der seinem eigenen

---

40 Im Sinne der Pastoralbriefe soll das wahrscheinlich heißen, daß der Bischof einer Gemeinde verheiratet sein und sich in der Ehe und Familie bewährt haben soll.

Haus gut vorsteht und seine Kinder in Zucht mit aller Ehrbarkeit hält – denn wer seinem eigenen Hause nicht vorzustehen weiß, wie soll der für die Gemeinde Gottes sorgen? –, kein Neugetaufter, damit er nicht hochmütig wird und dem Gericht des Teufels verfällt. Auch muß er bei den Außenstehenden einen guten Ruf haben, damit ihm nicht Übles nachgesagt werden kann und er in die Schlinge des Teufels gerate. (1 Tim 3, 1–7)

Ebenso sollen die *Diakonen*[41] ehrbar sein, nicht doppelzüngig, nicht übermäßigem Weingenuß zugetan, nicht gewinnsüchtig, Leute, die das Geheimnis des Glaubens mit reinem Gewissen bewahren. Man soll sie auch erst prüfen; wenn kein Einwand gegen sie erhoben werden kann, sollen sie ihren Dienst ausüben. Ebenso sollen die Frauen ehrbar sein, nicht verleumderisch, nüchtern, zuverlässig in allem. Die Diakonen sollen Mann einer Frau sein und ihren Kindern und Häusern gut vorstehen. Denn diejenigen, die ihr Amt gut verwalten, schaffen sich eine gute Stellung und ein großes Zutrauen im Glauben an Jesus Christus. (1 Tim 3, 8–13)

Die *Presbyter*, die das Vorsteheramt gut verwalten, sollen doppelter Ehre gewürdigt werden, besonders die, welche Predigt- und Lehrtätigkeit ausüben. Denn die Schrift sagt: ›Du sollst dem dreschenden Ochsen das Maul nicht verbinden‹, und es gilt: Der Arbeiter ist seines Lohnes wert. (1 Tim 5, 17–18)

Dazu habe ich dich in Kreta gelassen, damit du in Ordnung brächtest, was noch nicht erledigt war, und in den einzelnen Städten *Presbyter* einsetztest, wie ich es dir aufgetragen habe: Es muß einer unbescholten sein, Mann einer Frau, mit gläubigen Kindern, denen man nicht liederlichen Lebenswandel vorwerfen kann und die nicht unbotmäßig sind. Denn der *Bischof* muß als Verwalter Gottes unbescholten sein, nicht anmaßend, nicht zornig, nicht dem Wein noch der Rauflust ergeben, nicht gewinnsüchtig, sondern der Gastfreundschaft und dem Guten zugetan, besonnen, gerecht, fromm, beherrscht; er muß sich eine Verkündigung angelegen sein lassen, die im Sinn der Lehre zuverlässig ist, damit er imstande ist, Anweisungen in der rechten Lehre zu geben und die Gegner zu überführen. (Tit 1, 5–9)

41 Die Diakonen waren für die soziale Arbeit innerhalb einer Gemeinde verantwortlich. Übrigens war auch »Diakon« der Titel eines Kommunalbeamten.

X. Die Apostelgeschichte

Im Laufe des ersten Jahrhunderts hat die christliche Bewegung in weiten Bereichen des römischen Imperiums Fuß fassen können. Der Vorstoß aus dem hintersten Winkel, aus Palästina, in seine Zentren war in einem erstaunlichen Ausmaß gelungen. Zunehmend erregte sie öffentliche Aufmerksamkeit. Für die römischen Verwaltungsbehörden begann sie zu einem Problem zu werden.

Während die Bewegung des Urchristentums von Historikern wie Tacitus nur eines Seitenblicks gewürdigt und als törichter und verderblicher Aberglaube abgetan wurde, erstand ihr gegen Ende des ersten Jahrhunderts in Lukas ein Mann, der ihre Geschichte schreiben konnte und wollte. Nachdem dieser bereits als Verfasser eines Evangeliums hervorgetreten war (vgl. S. 207 ff.), unternahm er in einem zweiten Werk, der sog. Apostelgeschichte, den Versuch, die Ausbreitung des Evangeliums von Jerusalem bis Rom nachzuzeichnen. Dabei ist deutlich, daß er auf die geschilderte Zeit aus einem gewissen Abstand zurückblickt.

Lukas beschreibt in seinem Buch die Geschichte eines überwältigenden Erfolges. Bereits mit der Gründung der Urgemeinde in Jerusalem gelingt ein kraftvoller Durchbruch. In Massen schart man sich um die Apostel. Die jüdischen Oberen stellen sich der Entwicklung zwar entgegen, erreichen aber nichts. Selbst eine Verfolgung führt nicht zum Ziel. Sie kann die Glieder der Urgemeinde zur Flucht treiben – und bringt damit die Mission außerhalb Jerusalems und Judäas in Gang. Ohne es zu wissen und zu wollen, haben so die Feinde der Kirche dazu beigetragen, ihren Erfolg zu vergrößern. Die sieghafte Kraft des Christentums manifestiert sich, wie Lukas erkennen lassen möchte, vor allem im Leben und Werk des Paulus. Dieser fanatische Feind der Sekte der Jesusanhänger aus den Reihen der Pharisäer zerbricht jäh, und er wird zu einem Missionar, durch dessen Arbeit überall christliche Gemeinden entstehen. Lukas steht voll Bewunderung vor diesem großen Mann und seinem unglaublich weiträumigen Lebenswerk. Nicht zuletzt ihm wollte er mit seinem Buch ein Denkmal setzen. Seine Apostelgeschichte ist fast zu einer Geschichte des Paulus geworden.

Lukas hat zu einem guten Teil das Bild der urchristlichen Bewegung aus Überlieferungen gestaltet, die von den Taten einzelner Apostel und Missionare erzählten. Hauptsächlich griff er auf Legenden und Wundergeschichten zurück. Vielleicht hat es an Stoffen anderer Art gefehlt. Deutlich ist jedoch, daß er ihre Aussage bejahte und theologisch in derselben Richtung dachte. Ihm lag daran, die göttliche Kraft, die im Raum der Gemeinde wirksam war, durch Wundergeschichten, wie sie auch von Jesus erzählt wurden, greifbar zu machen. Daß die Apostel und Missionare dadurch allzusehr nach dem Bilde der hellenistischen Wundermänner geraten könnten, fürchtete er nicht [1]. An den Legenden war ihm das Motiv der Führung und Fügung Gottes wichtig. Im Sinne dieses Motivs hat er Geschichte schreiben wollen. Die äußeren Begebenheiten und sichtbaren Leistungen der Akteure sind nur Vordergrund. Dahinter soll Gottes Hand und Plan sichtbar werden. Seine Darstellung wirkt dementsprechend fromm, erbaulich.

Man hat Lukas den Historiker unter den Autoren des Neuen Testamentes genannt. Er war das freilich nicht in unserem Sinne [2]. Unbestreitbar bringt er da und dort erhärtbare Nachrichten. Aber sie bestimmen nicht den Charakter seines Buches. Die unhistorischen Stoffe überwiegen bei weitem. Vor allem zeigt sich immer wieder, daß er keine wirkliche Kenntnis von den Anfängen der urchristlichen Gemeinde hat. Er läßt seine Leser nichts mehr spüren von ihrem vielgestaltigen Leben und dem spannungsreichen Nebeneinander der theologischen Anschauungen, kaum mehr etwas von den erbitterten Kämpfen um das Gesetz. Nichts verlautet mehr von den harten Auseinandersetzungen zwischen Paulus und einigen seiner Gemeinden, in denen es ja nicht um persönliche Fragen ging, sondern um zentrale Fragen der christlichen Botschaft und des Glaubensverständnisses. Aus der lukanischen Darstellung wird ferner nicht hinreichend klar, welch überragende Bedeutung der antiochenischen Gemeinde und einem Mann wie Barnabas für die Missionsbewegung zukommt (vgl. S. 101). Auch wird der Leser der Apostelgeschichte kaum auf den Gedanken kommen, daß es außer in Jerusalem auch sonst in Palästina, etwa in Judäa oder Galiläa, christliche Gemeinden gab. So erschließt die Apostelgeschichte nicht den Zugang zu der wirklichen Geschichte des Urchristentums; sie bietet vielmehr ein *Bild* von dieser Geschichte dar, das in einer bestimmten theologischen Konzeption gründet und klar erkennbare Tendenzen verfolgt.

Lukas schildert die Urgemeinde als eine festgefügte, einmütige und brüderliche Gemeinschaft. Theologische Differenzen gibt es nicht. Der Gegensatz zwischen »Hebräern« und »Hellenisten«, der theologisch-grundsätzlicher Natur war und zur Spaltung der Urgemeinde führte (vgl. S. 96), wird zu einem organisatorischen Problem verharmlost. Erst recht gibt es keine Irrlehren, die den Bestand der Gemeinde gefährden könnten. Man hält unbeirrbar an der Lehre der Apostel fest. Vierzig Tage lang von Jesus selbst unter-

1 Zum Bilde des »göttlichen Menschen« vgl. S. 130ff. Die Auseinandersetzung mit einer von ihm bestimmten Theologie wird von verschiedenen Autoren des Neuen Testaments geführt, vor allem von Paulus (S. 268ff.) und dem Evangelisten Markus (S. 188f.). Lukas schildert auch Jesus weitgehend in den Zügen eines »göttlichen Menschen« (S. 209).

2 Zu dieser Frage siehe auch S. 207 und S. 219.

richtet und auf ihre Aufgabe vorbereitet, sind sie die autorisierten Träger des kirchlichen Geschehens und die Garanten christlicher Einheit. Lukas denkt bei den Aposteln ausschließlich an die zwölf Jünger Jesu. Sie gelten ihm nicht allein als die maßgeblichen Autoritäten, sondern als eine Art Kirchenleitung mit umfassender Kompetenz und festem Amtssitz, nämlich Jerusalem.

Bei alledem geht es ihm um mehr als nur um ein Bild von der Anfangszeit der Kirche. Er möchte in diesem Bild zugleich zeigen, was Kirche ist, worauf sie gründet, wie sie sich verstehen, wie sie leben soll. Die Urgemeinde, die er schildert, ist das Ideal, das er der Kirche seiner eigenen Zeit vorhält. So hat die Bindung der Apostel an Jerusalem theologische Bedeutung. Bezeichnenderweise verlegt er die Erscheinung des Auferstandenen nach Jerusalem. Selbstverständlich ist für ihn, daß sich die Urgemeinde im Tempel versammelt und am Tempelgottesdienst teilnimmt. Er macht Jerusalem, die heilige Stadt des alten Israel, zum Mittelpunkt auch der Kirche. Andere Orte der frühen Christenheit bleiben ganz außer Betracht oder werden in den Hintergrund gedrängt. Auf diese Weise gibt er zu verstehen, daß die christliche Bewegung an Israel bruchlos anknüpft und die heilsgeschichtliche Linie kontinuierlich fortsetzt[3].

Lukas ist auch sonst bemüht, die Kontinuität zwischen Juden und Christen zu betonen, was ihn bisweilen dazu nötigt, Gegensätze zu übermalen. Ein Beispiel liefert der Fall Stephanus (vgl. S. 97). Stephanus wurde wegen destruktiver Äußerungen über das Gesetz und den Tempel gesteinigt. Lukas stellt das als Justizmord dar; die Verurteilung sei aufgrund falscher Zeugenaussagen erfolgt. In dieselbe Richtung geht es, wenn er Paulus zum frommen, gesetzestreuen Juden macht, der das Opfer übler Gerüchte ist (vgl. unten S. 337 ff.). Den heidenchristlichen Gemeinden wird um der heilsgeschichtlichen Kontinuität willen die Beachtung einiger fundamentaler Gebote zur Pflicht gemacht, und dies durch amtlichen Apostelbeschluß.

Diese heilsgeschichtliche Ortsbestimmung der Kirche ist die spezifische Konzeption des Lukas. Ein weiterer Gesichtspunkt seiner Konzeption ist das Verhältnis der Christen zum römischen Staat. Offensichtlich befürchtet Lukas, daß man die Christen falsch einschätzt und es für angezeigt halten könnte, gegen sie vorzugehen. Er sieht seine Aufgabe darin, Mißverständnisse und Mißtrauen abzubauen. Die Christen seien loyale Staatsbürger; es sei unsinnig, sie revolutionärer Regungen zu verdächtigen. Freilich, so direkt sagt Lukas das nicht. Er verpackt seine Aussage in seinem Geschichtsbericht, und zwar vor allem in dem Bericht vom Prozeß gegen Paulus. Dieser Bericht liest sich geradezu wie ein Appell an die bessere Einsicht der römischen Behörden. In diesem Sinne ist die Tatsache zu werten, daß Lukas die Verurteilung und Hinrichtung des Paulus am Schluß seines Buches verschweigt: Die-

3 Zur lukanischen Konzeption der Heilsgeschichte siehe Näheres in der Einführung zum Lukasevangelium (S. 208 f.).

ser Fall darf nicht zum Präzedenzfall werden; denn er beruht auf einem Irrtum!

Die Apostelgeschichte ist in einem weit höheren Grade die persönliche Leistung des Lukas als das Evangelium. Sie konnte es sein; denn die Traditionen, die ihm vorgegeben waren, ergaben kein festgeformtes Bild von dem Leben der Urgemeinde und der frühen Mission. Lukas hat die Freiheit, die die Tradition ihm ließ, mit großem Geschick genutzt. Er war ein theologischer Schriftsteller von Rang und Format. Seine Kunst tritt unter anderem in den von ihm selbst komponierten Szenen, wie etwa der vom Auftreten des Paulus in Athen, in Erscheinung, ebenso darin, daß er Schwerpunkte setzt und dadurch eine perspektivische Sicht der Gesamtgeschichte vermittelt. Als ein solcher Schwerpunkt ist z. B. der Durchbruch zur Heidenmission geschildert. An darstellerischen Mitteln sind die großen Reden zu nennen, die Lukas den großen Gestalten seines Buches, insbesondere Petrus und Paulus, in den Mund legt. Daß sie Gedanken des historischen Petrus oder Paulus wiedergeben oder auch nur aufnehmen, ist mit Bestimmtheit zu verneinen. Sie erklären sich von den literarischen Gepflogenheiten der antiken Geschichtsschreibung her und sollen dazu dienen, Höhepunkte zu markieren und das Geschehen theologisch durchsichtig zu machen. Mit großer Treffsicherheit hat er sie in die Situationen, die sie hervorriefen, hineingepaßt. Was Petrus oder Paulus hier vortragen, sind seine theologischen Gedanken.

In den folgenden Texten werden wir das charakteristisch Lukanische da und dort, des besseren Verständnisses halber, durch Kursivdruck herausheben.

Das Programm

Lukas leitet sein Buch damit ein, daß er sein Programm vorstellt. Er kleidet es in die Form eines Vermächtnisses, in dem der Auferstandene die Aufgabe seiner Jünger beschreibt.

(1) Sie sollen an Jerusalem gebunden werden. Jerusalem ist Mittelpunkt der Geschichte Israels gewesen und soll auch Mittelpunkt der christlichen Kirche sein.

(2) Es wird ausdrücklich in Abrede gestellt, daß die endzeitliche Vollendung bevorsteht und mit ihr gerechnet werden kann. An die Stelle der *eschatologischen* Verheißung setzt Lukas programmatisch die Verheißung des heiligen *Geistes.* Mit seiner Kraft ausgerüstet sollen die Jünger im Sinne Jesu Geschichte machen; sie sollen das Evangelium in die Welt hineintragen und so eine neue Zeit, die Zeit der Kirche eröffnen. Wie die Jünger diesen Auftrag erfüllen, ist der Inhalt der Apostelgeschichte.

Das erste Buch habe ich verfaßt, lieber Theophilus, über alles, was Jesus von Anfang an tat und lehrte bis zu dem Tage, an dem er den Aposteln, die er durch den heiligen Geist erwählt hatte, seinen Auftrag erteilte und entrückt wurde.

Ihnen erwies er sich nach seiner Passion in vielen Bezeugungen als lebendig, indem er ihnen während vierzig Tagen erschien und die Lehre vom Gottesreich sagte. Und als sie versammelt waren, gebot er ihnen, *nicht von Jerusalem zu weichen*, sondern auf die Verheißung des Vaters zu warten, die ihr von mir gehört habt. Denn Johannes hat mit Wasser getauft, ihr aber werdet in wenigen Tagen mit dem heiligen Geist getauft werden. Als sie nun versammelt waren, fragten sie ihn: »Herr, stellst du zu dieser Zeit für Israel das Reich wieder her?« Er sprach zu ihnen: »Es gebührt euch nicht, Zeiten oder Termine zu erfahren, die der Vater in seiner Macht festgesetzt hat. Aber ihr werdet die Kraft des heiligen Geistes empfangen, der über euch kommt, und ihr werdet meine Zeugen sein in Jerusalem und in ganz Judäa und Samaria und *bis an das Ende der Erde.*« Und nach diesen Worten wurde er vor ihren Augen emporgehoben, und eine Wolke nahm ihn auf, weg aus ihrem Blick. Und als sie zum Himmel starrten, wie er hinfuhr, siehe da standen zwei Männer in weißen Kleidern bei ihnen, die sprachen: »Ihr Galiläer, was steht ihr da und blickt zum Himmel? Dieser Jesus, der von euch weg in den Himmel entrückt wurde, wird so wiederkommen, wie ihr ihn in den Himmel habt fahren sehen.« (1, 1–11)

Die Nachwahl des Matthias

In Jerusalem sammelt sich nach der Himmelfahrt ein erweiterter Kreis von Anhängern Jesu, unter ihnen jetzt auch die Mutter und Brüder Jesu – wobei Lukas wohl vor allem an Jakobus, den späteren Leiter der Urgemeinde, denkt[4]. Es ist die Zeit des Wartens auf den Geist, dessen Kommen Jesus angekündigt hatte. Sie wird ausgefüllt durch die Wahl des Mannes, der die Stelle des Verräters Judas einnehmen soll. Diese Wahl ist erforderlich, weil für Lukas der Kreis der zwölf Jünger eine amtliche Instanz ist, der Apostolat. Dabei gibt er eine Art Definition dessen, was einen Apostel ausmacht: die Augenzeugenschaft der Auferstehung und des irdischen Wirkens Jesu von Anfang an bis zur Himmelfahrt. Das Moment der Augenzeugenschaft war Lukas theologisch wichtig, weil sie die Kontinuität mit Jesus sichert und die Wahrheit der christlichen Verkündigung gewährleistet.

Der Apostelbegriff in dieser Ausprägung und in der Beschränkung auf die Zwölf ist eine Eigentümlichkeit lukanischer Theologie. Im Urchristentum sonst bezeichnete man mit »Apostel« den Missionar. Das war auch der Sprachgebrauch des Paulus.

Da kehrten sie um vom sogenannten Ölberg ... zurück nach Jerusalem. Als sie hineinkamen, stiegen sie in das Obergemach hinauf, wo sie sich aufzuhalten pflegten, Petrus und Johannes und Jakobus und Andreas, Philippus und Thomas, Bartholomäus und Matthäus, Jakobus, der Sohn des Alphäus, und Simon, der Zelot, und Judas, der Sohn des Jakobus. Diese alle verharrten einmütig im Gebet samt den Frauen und Maria, der Mutter Jesu, und seinen Brüdern.

In diesen Tagen stand Petrus inmitten der Brüder auf und sprach (es war eine Schar von ungefähr hundertundzwanzig Personen beisammen): »Brüder,

4 Zu Jakobus siehe S. 84, 94 f.

es mußte das Schriftwort in Erfüllung gehen, das der heilige Geist durch den Mund Davids vorausgesagt hat über Judas, der den Häschern Jesu zum Führer wurde; er wurde ja zu uns gerechnet und hatte das Los dieses Dienstes empfangen. Dieser hatte von dem Sündenlohn ein Gütchen gekauft; aber er stürzte vornüber und barst mitten entzwei, und alle seine Eingeweide quollen heraus. Und es wurde allen Bewohnern von Jerusalem bekannt, so daß man jenes Gütchen in ihrer eigenen Sprache Hakeldamach, das heißt Blutacker, nannte. Denn im Buch der Psalmen steht geschrieben: ›Sein Gehöft soll öde werden, und niemand soll darin wohnen, und sein Aufsichtsamt soll ein anderer erhalten.‹ Es muß also einer von den Männern *mit uns Zeuge seiner Auferstehung* werden, die während der *ganzen Zeit mit uns zusammen waren,* in welcher der Herr Jesus bei uns ein- und ausging, angefangen bei der Taufe des Johannes bis zu dem Tag, da er von uns entrückt wurde.« Und sie stellten zwei auf, Joseph, genannt Barsabbas, mit Beinamen Justus, und Matthias. Und sie beteten und sprachen: »Du, Herr, aller Herzenskenner, zeige, wen von diesen beiden du erwählt hast, den Ort dieses Dienstes und Apostelamtes einzunehmen, von dem Judas abgetreten ist, um an seinen Ort zu fahren.« Und sie gaben ihnen Lose, und das Los fiel auf Matthias, und er wurde zu den elf Aposteln hinzugesellt [5]. (1, 12–26)

Der Anfang

Lukas läßt die Geschichte der Kirche mit der Ausgießung des heiligen Geistes beginnen. Zunächst schildert er, wie der heilige Geist mit bezwingender Gewalt über die Jünger kommt und dadurch die ganze Stadt in höchste Erregung versetzt wird. Das rätselhaft-wunderbare Geschehen bedarf der Erklärung. Petrus gibt sie in einer Predigt, die zur Gründung der Urgemeinde führt. Es war ein glanzvoller Anfang: Mehrere tausend Menschen schlossen sich mit einem Schlag den Aposteln an. – Der Anfang der Kirche ist bei Lukas von der Jesusgeschichte ganz abgelöst und auf das besondere heilsgeschichtliche Datum der Geistausgießung an einem besonderen Fest, an Pfingsten, gegründet. Eine neue Epoche beginnt.

Die Urchristenheit war reich an ekstatischen Erfahrungen. Plötzlich überkam es einen, und er fing an, in »Zungen« zu reden. Vielerorts war solches Zungenreden Bestandteil des Gottesdienstes. Ekstatische Erscheinungen wurden darum so wichtig genommen, weil sie die Gegenwart des Geistes zu beweisen schienen. Offenbar hat es auch eine Überlieferung gegeben, die von einem ekstatischen, in Zungenreden sich

---

5 Lukas hat bei der Gestaltung der Szene Überlieferungen benutzt. Eine legendenartige Erzählung vom Tode des Judas ist noch greifbar. Undurchsichtig ist die Traditionsgrundlage bei der Wahl. Vielleicht waren Lukas die Namen und die Tatsache einer Wahl in der Urgemeinde vorgegeben. Die Zweckbestimmung der Wahl jedoch – nämlich: Schließung der durch den Tod des Judas im Apostelkreis entstandenen Lücke – war seine eigene Idee.

äußernden Massenerlebnis zu erzählen wußte. Diese Überlieferung hat Lukas seinem Bericht von der Gründung der Urgemeinde zugrunde gelegt; er hat sie freilich nicht unwesentlich verändert. Anders als sie sieht er das Wunder nicht in einem Zungenreden, sondern darin, daß die geisterfüllten Apostel aus Galiläa in ihrer Sprache redeten und die Zuhörer, die aus aller Herren Länder nach Jerusalem gekommen waren, das Gesagte in ihrer jeweiligen Muttersprache hörten. Lukas schildert ein Sprachenwunder! So bringt er gleich am Anfang die Völkerwelt ins Bild und bestimmt dadurch die Dimension der Kirche. Seine Freude am Glanz des wunderbaren Geschehens ist unverkennbar; es ist jedoch ebenso klar, daß er nicht einfach ein Mirakel schildern, sondern vor allem einen theologischen Sinnzusammenhang aufzeigen will. Es kommt auf die Verleihung des Geistes an die Jünger und Apostel an! Der Geist ist die göttliche Kraft, aus der die Kirche lebt; und die Apostel sind die Übermittler dieses Geistes. Lukas wird an späteren Stellen berichten, daß die Apostel den Geist ihrerseits »verleihen« (durch Handauflegung oder die Taufe).

Als sich der Pfingsttag erfüllte, waren alle an einem Orte beisammen [6]. Plötzlich kam vom Himmel ein Tosen wie von einer jagenden Windsbraut und erfüllte das ganze Haus, in dem sie saßen. Und es erschienen ihnen Zungen wie von Feuer, die sich verteilten, und es ließ sich auf einen jeden von ihnen nieder; und sie wurden alle vom heiligen Geist erfüllt und begannen mit anderen Zungen zu reden, wie ihnen der Geist zu sprechen eingab.

Es waren aber in Jerusalem Juden wohnhaft, fromme Männer, *von jedem Volk unter dem Himmel.* Als diese Stimme erscholl, lief die Menge zusammen und wurde verwirrt; denn sie hörten sie ein jeder in seiner eigenen Sprache reden. Sie kamen alle außer sich vor Verwunderung und sagten: »Siehe, sind nicht diese alle, die da reden, Galiläer? Wieso hören wir sie dann jeder in der eigenen Sprache, in der wir geboren sind, Parther und Meder und Elamiter, wir Bewohner von Mesopotamien, Judäa und Kappadozien, Pontus und Kleinasien, Phrygien und Pamphylien, Ägypten und den Gebieten der Cyrenaica in Libyen, und die hier wohnenden Römer, Juden und Proselyten, Kreter und Araber [7] – wieso hören wir sie in unseren Zungen die großen Taten Gottes sagen?« Sie kamen alle außer sich und waren ratlos, und einer fragte den anderen: »Was soll das bedeuten?« Andere aber spotteten und sagten: »Sie sind voll von Heurigem!« (2, 1–13)

Die Predigt des Petrus hat drei Teile. Sie geht zunächst auf die Situation ein und sucht sie theologisch durchsichtig zu machen. Der Zugang zu dem Pfingstwunder wird von der prophetischen Verheißung her erschlossen, daß Gott am Ende der Tage seinen Geist über die Menschen ausgießen werde (Joel 3, 1–5). Der zweite Teil bringt beispielhafte Christus-Verkündigung. Charakteristisch lukanisch an ihr ist, daß dem Tod Jesu keine Heilsbedeutung beigemessen und die Auferstehung als Beweis für Jesu Messianität geltend gemacht wird. Petrus spricht einerseits von der Schuld der Juden am Tode Jesu, andererseits von dem Willen Gottes, den sie erfüllten, indem sie Jesus

---

6 Das jüdische Pfingstfest (hebräisch: Wochenfest) wurde 50 Tage nach dem Passa gefeiert. Dem Gehalt nach war es ein Erntefest. Wie zum Passa kamen auch zu Pfingsten viele Tausende von Pilgern aus der Diaspora nach Jerusalem.

7 Lukas formuliert hier nach einer überlieferten Völkerliste.

umbrachten. In einem dritten Abschnitt wird die Christus-Verkündigung vom Alten Testament her erläutert und dadurch als Heilswahrheit erwiesen. Der Predigtschluß stellt den Hörern vor Augen, welche persönlichen Konsequenzen sie zu ziehen haben, wenn sie der Situation gerecht werden wollen.

Da trat Petrus mit den Elfen hin, erhob seine Stimme und redete sie an: »Ihr Juden und ihr Bewohner von Jerusalem alle, das sei euch kund; achtet auf meine Worte! Diese sind nämlich nicht betrunken, wie ihr annehmt; es ist ja erst die dritte Tagesstunde. Sondern das ist, was durch den Propheten Joel geweissagt ist: ›Und in den letzten Tagen wird es geschehen, spricht Gott, da werde ich von meinem Geist ausgießen über alles Fleisch, und eure Söhne und Töchter werden weissagen; eure Jünglinge werden Gesichte sehen, und eure Alten werden Träume träumen. Über meine Knechte und meine Mägde werde ich in jenen Tagen von meinem Geist ausgießen, und sie werden weissagen. Und ich werde Wunder tun am Himmel oben und auf der Erde unten, Blut, Feuer und Rauchqualm. Die Sonne wird sich in Finsternis verwandeln und der Mond in Blut, bevor der große und glanzvolle Tag des Herrn kommt. Und es wird geschehen, daß jeder, der den Namen des Herrn anruft, gerettet wird.‹

Ihr Israeliten, hört diese Worte: Jesus, den Nazoräer, einen Mann, der von Gott *vor euch durch Machttaten, Wunder und Zeichen beglaubigt ist, die Gott durch ihn in eurer Mitte tat*, wie ihr selbst wißt, diesen, der nach dem bestimmten Ratschluß und Vorsatz Gottes dahingegeben wurde, habt ihr durch die Hand der Gesetzlosen ans Kreuz genagelt und umgebracht. *Gott aber ließ ihn auferstehen* und löste die Wehen des Todes; es war ja nicht möglich, daß er in dessen Gewalt blieb.

Denn David sagt von ihm: ›Ich sah den Herrn vor mir immerdar; denn er ist zu meiner Rechten, damit ich nicht wanke. Darum freute sich mein Herz und jubelte meine Zunge; zudem wird auch noch mein Fleisch auf Hoffnung hin wohnen. Denn du wirst meine Seele nicht in dem Hades lassen und nicht zugeben, daß dein Heiliger die Verwesung sehe. Denn du hast mir die Wege des Lebens kundgetan; du wirst mich mit Wonne erfüllen bei dir.‹ Brüder, ich darf von dem Patriarchen David offen zu euch sprechen; er starb und wurde begraben; sein Grab ist bis zu diesem Tage bei uns. Da er nun Prophet war und wußte, daß ihm Gott mit seinem Eide ›geschworen‹ hatte, einen ›aus der Frucht seiner Lende auf seinen Thron zu setzen‹, sprach er vorausschauend von der Auferstehung des Messias, das er ›nicht in den Hades gelassen wurde und sein Fleisch die Verwesung nicht sah‹. Diesen Jesus hat Gott auferstehen lassen, wofür wir alle Zeugen sind. Er wurde zur Rechten Gottes erhöht und empfing die Verheißung des heiligen Geistes vom Vater und goß aus, was ihr seht und hört. Denn nicht David ist in den Himmel hinaufgestiegen; er sagt ja selbst: ›Der Herr sprach zu meinem Herrn: Setze dich zu meiner Rechten, bis ich deine Feinde als Schemel unter deine Füße lege.‹ So erkenne also das ganze Haus Israel mit Gewißheit, daß ihn Gott zum Herrn und Messias gemacht hat, diesen Jesus, den ihr gekreuzigt habt.«

Als sie das hörten, ging ihnen ein Stich durchs Herz, und sie sagten zu Petrus und den übrigen Aposteln: »Was sollen wir tun, Brüder?« Petrus zu ihnen: »Tut Buße, und ein jeder von euch lasse sich taufen im Namen Jesu Christi zur Vergebung eurer Sünden, so werdet ihr die Gabe des heiligen Geistes empfangen. Denn euch gilt die Verheißung und euren Kindern und ›allen in der Ferne, so viele der Herr, unser Gott, herbeiruft‹.« Und mit vielen weiteren Worten bezeugte er und ermahnte er sie: »Laßt euch aus diesem verkehrten Geschlecht retten!« Diejenigen, die sein Wort annahmen, wurden getauft; und es wurden an jenem Tage ungefähr dreitausend Seelen hinzugetan. (2, 14–41)

Die Urgemeinde

Ein Bild vom Leben der Urgemeinde entfaltet Lukas in an verschiedenen Stellen eingefügten Sammelberichten. Er legt besonderen Wert darauf, diese als eine festgefügte und einmütige Gemeinschaft erscheinen zu lassen. Man hat die Lebensform, die er ihr zuschreibt, als »Kommunismus« bezeichnet, weil sie kein Privat-, sondern lediglich Gemeineigentum kennt. Was Lukas schildert, ist das Ideal eines christlichen Gemeinschaftslebens – ein Ideal, von dem er meinte, daß es in der Urgemeinde Wirklichkeit gewesen sei. Die historische Wirklichkeit sah sicherlich anders aus (vgl. S. 94). Aus der Überlieferung wußte Lukas, daß Glieder der Urgemeinde ihren Besitz zur Verfügung stellten; diese Einzelfälle hat er verallgemeinert.

Sie verharrten bei der Lehre der Apostel und bei der Gemeinschaft, dem Brotbrechen und den Gebeten. Und über jedermann kam Furcht; *viele Wunder und Zeichen geschahen durch die Apostel.* Alle Gläubiggewordenen aber insgesamt *hatten alles gemeinsam,* und sie verkauften die Güter und die Habe und verteilten sie unter alle, je nachdem es einer nötig hatte. Und sie *verharrten täglich einmütig im Tempel,* brachen in den Häusern hin und her das Brot, genossen ihre Speise in Jubel und Lauterkeit des Herzens, lobten Gott und standen in Gunst beim ganzen Volke. Der Herr aber tat täglich solche hinzu, die gerettet wurden. (2, 42–47)

Die Menge der Gläubigen war *ein* Herz und *eine* Seele. Auch nicht einer nannte etwas von seinem Besitz sein eigen, sondern sie *hatten alles gemeinsam.* Mit großer Kraft legten die Apostel das Zeugnis von der Auferstehung des Herrn Jesus ab, und große Gunst lag auf ihnen allen. Denn es war kein Bedürftiger unter ihnen. Alle Besitzer von Grundstücken oder Häusern nämlich verkauften sie und brachten den Erlös für das Verkaufte und legten ihn den Aposteln zu Füßen. Dann wurde jedem zugeteilt, wie er es nötig hatte. Joseph aber, der von den Aposteln den Zunamen Barnabas erhalten hatte, ein Levit, von Zypern gebürtig, verkaufte einen Acker, den er besaß, und brachte das Geld und legte es den Aposteln zu Füßen. (4, 32–37)

Die Apostel und ihre Gegner

Der Erfolg der Apostel beruht in hohem Maße auch auf den Wundern, die sie tun. Wunder gehören wesentlich zum lukanischen Apostelbild, das sich an das Bild des hellenistischen »göttlichen Menschen« anlehnt. Zahlreiche Wundererzählungen aus der Missionsüberlieferung dienten Lukas als Material für seine Ausgestaltung.

So berichtet er von der Heilung eines Lahmen durch Petrus (und Johannes). Das wunderbare Geschehen ist Anlaß einer öffentlichen Predigt des Petrus und führt zu einer ersten Konfrontation zwischen den Aposteln und den jüdischen Oberen. Die Apostel werden inhaftiert und vor Gericht gestellt. Unerschrocken bekennen sie sich zu Jesus – und müssen freigelassen werden. Die Richter können sie einzuschüchtern versuchen; gegen die sieghafte Kraft des »Namens« Jesu können sie nichts ausrichten.

Petrus und Johannes stiegen zur Gebetsstunde (der neunten) zum Tempel hinauf. Da wurde ein Mann, der von Mutterleib an lahm war, herbeigetragen. Diesen setzte man täglich an das sogenannte Schöne Tor des Tempels, um Almosen von den Besuchern des Tempels zu erbitten. Als er Petrus und Johannes sah, wie sie eben in den Tempel hineingehen wollten, bat er sie, um ein Almosen zu bekommen. Petrus blickte ihn an mit Johannes und sprach: »Sieh uns an!« Da heftete er den Blick auf sie in der Erwartung, etwas von ihnen zu bekommen. Petrus aber sagte: »Silber und Gold besitze ich nicht; was ich aber habe, das gebe ich dir: Im Namen Jesu Christi, des Nazoräers, gehe!« Und er faßte ihn bei der rechten Hand und richtete ihn auf. Sofort wurden seine Füße und Knöchel fest; er sprang auf, stand und ging umher und trat mit ihnen in den Tempel ein, ging und sprang und lobte Gott. Und das ganze Volk sah ihn gehen und Gott loben. Sie erkannten ihn als den, der um Almosen am Schönen Tempeltor gesessen hatte; und sie wurden voll Staunen und Entsetzen über das, was ihm widerfahren war.

(3, 1–10)

An das Wunder schließt die Predigt des Petrus an, die erklären will, wer hinter der Wunderkraft der Apostel steht. Nicht eigentlich das Wunder selbst, sondern die Verkündigung des »Namens« Jesu veranlaßt die jüdischen Führer, die Apostel verhaften zu lassen und vor Gericht zu stellen. Die Verhandlung ist der Rahmen der folgenden Rede.

Da sprach Petrus, voll des heiligen Geistes zu ihnen: »Regierende des Volkes und Älteste! Wenn wir heute wegen einer Wohltat an einem kranken Menschen verhört werden, wodurch diesem Heilung widerfuhr, so sollt ihr alle und das ganze Volk Israel wissen, daß in dem Namen Jesu Christi, des Nazoräers, den ihr gekreuzigt habt, den Gott von den Toten erweckt hat, daß in diesem Namen dieser gesund vor euch steht. Dieser ist ›der Stein, der von euch Bauleuten verachtet wurde, der aber zum Eckstein geworden ist‹. Es gibt in keinem anderen das Heil. Es ist auch kein anderer Name unter dem Himmel den Menschen gegeben, in dem wir gerettet werden sollen.«

Da sie nun den Freimut des Petrus und Johannes sahen und bemerkten, daß sie ungelehrte Leute und Laien seien, wunderten sie sich. Sie wußten auch, daß sie Begleiter Jesu gewesen waren. Doch da sie den Geheilten bei ihnen stehen sahen, konnten sie nichts entgegnen. Da hießen sie sie aus der Sitzung hinausgehen und berieten miteinander: »Was sollen wir mit diesen Leuten anfangen? Denn daß durch sie ein offenkundiges Wunder geschehen ist, ist allen Bewohnern von Jerusalem sichtbar, und wir können es nicht bestreiten. Aber damit es sich nicht noch weiter im Volk ausbreitet, wollen wir ihnen drohen, zu keinem Menschen mehr auf Grund dieses Namens zu reden.« Da ließen sie sie rufen und geboten ihnen, unter keinen Umständen mehr auf Grund des Namens Jesu zu sprechen und zu lehren. Aber Petrus und Johannes erwiderten: »Urteilt selbst, ob es vor Gott recht ist, mehr auf euch zu hören als auf Gott! Denn es ist uns unmöglich, das, was wir gesehen und gehört haben, nicht zu sagen.« Da drohten sie ihnen nochmals. Dann ließen sie sie frei, da sie keine Möglichkeit fanden, sie zu bestrafen, wegen des Volkes, weil alle Gott wegen des Geschehenen priesen. Denn der Mann, an dem dieses Heilungswunder geschehen war, war über vierzig Jahre alt.

(4, 8–22)

Da die Apostel ihre Tätigkeit unbeirrt und mit wachsendem Erfolg fortsetzen, wollen die Gegner energischer gegen sie vorgehen. Man beschließt, sie aus dem Weg zu schaffen. Unerwartet wird ihnen indes von seiten des pharisäischen Schriftgelehrten Gamaliel Hilfe zuteil. In einer Rede erinnert er an Bewegungen ähnlicher Art, die schon nach kurzer Zeit zusammengebrochen seien. Es sei das Vernünftigste, abzuwarten. Die Zeit werde ans Licht bringen, was hinter der Sache der Apostel steckt. Gegen Gott könne man nichts unternehmen, gegen Menschen brauche man es nicht. Gamaliel findet Gehör. Die Apostel werden verwarnt und freigelassen.

Der Rat des Gamaliel kann nicht als Wort eines Pharisäers zur Apostelzeit verstanden werden. In ihm spricht Lukas selbst. Nach seiner Auffassung *hat* die Zeit ans Licht gebracht, daß die Kirche Gottes Sache in der Welt ist und ihr Erfolg sie theologisch bestätigt.

Da erhob sich im Synedrium ein Pharisäer namens Gamaliel, ein vom ganzen Volk geschätzter Gesetzeslehrer, hieß die Leute für kurze Zeit hinausführen und sprach zu ihnen: »Israeliten, nehmt euch bei diesen Leuten in acht, was ihr tun wollt! Denn vor diesen Tagen erhob sich Theudas und behauptete, etwas zu sein, und fand etwa vierhundert Mann Anhang. Er wurde erschlagen, und alle, die ihm folgten, wurden versprengt und vernichtet. Nach ihm erhob sich Judas, der Galiläer, in den Tagen des Zensus, und brachte eine Schar unter seiner Führung zum Abfall. Auch er ging zugrunde, und alle, die ihm folgten, wurden zerstreut[8]. Und nun sage ich euch: Steht von diesen Leuten ab und laßt sie! Denn sollte dieses Vorhaben oder Unternehmen von

---

8 Bei Judas und Theudas handelt es sich um Männer, die messianische Ansprüche erhoben und religiös-revolutionäre Bewegungen anführten. Judas ist um das Jahr 6 n. Chr., Theudas um 44 n. Chr. aufgetreten. Der historische Gamaliel konnte letzteren übrigens nicht erwähnt haben, weil er vor dessen Auftreten bereits gestorben war.

Menschen sein, wird es zunichte werden. Ist es aber von Gott, so werdet ihr sie nicht zunichte machen können; sonst könntet ihr als solche erfunden werden, die wider Gott kämpfen.« Sie folgten ihm, ließen die Apostel hereinrufen und geißeln, und sie befahlen ihnen, nicht auf Grund des Namens Jesu zu reden, und ließen sie frei. (5, 34–40)

Die Mission

Das Auftreten des »Hellenisten« Stephanus, der mit dem Gesetz und dem Tempel die Grundlage des Judentums angriff (was nach lukanischer Darstellung freilich nicht den Tatsachen entsprach), verschärft die Lage der Urgemeinde (vgl. S. 97). Seine Steinigung löst eine Verfolgungswelle aus, die die ganze Gemeinde bedroht. Eine der treibenden Kräfte ist Paulus, den Lukas in den schwärzesten Farben schildert. Die Verfolgung erreicht ihr Ziel nicht. Die Glieder der Urgemeinde fliehen zwar aus der Stadt (außer den Aposteln!); aber damit ist das Christen-Problem nicht aus der Welt geschafft; denn die Flüchtlinge treiben nun außerhalb Jerusalems Mission und gründen Gemeinden.

An jenem Tag kam es zu einer großen Verfolgung über die Gemeinde in Jerusalem. Alle wurden zerstreut über die Landschaften von Judäa und Samaria hin *außer den Aposteln*. Saulus aber suchte die Gemeinde zu vernichten; er drang in die Häuser ein und schleppte Männer und Frauen fort und lieferte sie ins Gefängnis. Die Zerstreuten zogen nun umher und predigten das Wort. Philippus kam in die Stadt von Samaria hinab und verkündete ihnen den Messias. Die Volksmassen hingen dem an, was Philippus sagte, da sie die Zeichen hörten und sahen, die er tat. Denn viele von denen, die unreine Geister hatten – mit lauter Stimme schreiend, fuhren sie aus. Viele Gelähmte und Krüppel wurden geheilt. Da gab es große Freude in jener Stadt. (8, 1.3–8)

Diejenigen nun, die sich wegen der Verfolgung gegen Stephanus zerstreut hatten, zogen bis nach Phönizien, Zypern und Antiochia, und sie verkündeten das Wort *niemand außer Juden*. Einige von ihnen waren aus Zypern und der Cyrenaika; diese sprachen nach ihrer Ankunft in Antiochia auch zu den Griechen und predigten ihnen den Herrn Jesus. Und die Hand des Herrn war mit ihnen, und eine große Zahl wurde gläubig und bekehrte sich zum Herrn. (11, 19–21)

Anschaulichkeit verleiht Lukas seinem Abschnitt über die Mission der Urgemeinde dadurch, daß er Missionsgeschichten wiedergibt, die in den Gemeinden umliefen. Sie haben aufs ganze gesehen legendären Charakter, was aber nicht ausschließt, daß sie an wirkliche Begebenheiten anknüpfen.

Ein Engel des Herrn sprach zu Philippus: »Mache dich auf und gehe gegen Mittag, auf die Straße, die von Jerusalem nach Gaza hinabführt!« Sie ist öde. Da machte er sich auf und ging. Und siehe, ein Äthiopier, ein Eunuch, ein

Beamter der Königin Kandake, der ihren ganzen Schatz verwaltete, war nach Jerusalem gekommen, um anzubeten. Jetzt war er auf dem Rückweg und saß auf seinem Wagen und las den Propheten Jesaja. Da sprach der Geist zu Philippus: »Gehe hin und halte dich zu diesem Wagen!« Als Philippus hinzulief, hörte er ihn den Propheten Jesaja lesen und sagte: »Verstehst du auch, was du liest?« Er aber sagte: »Wie könnte ich wohl, wenn mich niemand anleitet?« Er bat Philippus, aufzusteigen und sich zu ihm zu setzen. Der Schriftabschnitt, den er las, war aber dieser: ›Wie ein Schaf zum Schlachten geführt wird und wie ein Lamm vor seinem Scherer stumm ist, so tut er seinen Mund nicht auf. Durch die Erniedrigung wurde sein Gericht aufgehoben. Wer kann sein Geschlecht beschreiben? Denn sein Leben wird von der Erde weggenommen.‹ Der Eunuch wandte sich zu Philippus und sagte: »Bitte, von wem sagt der Prophet das? Von sich selber oder von einem anderen?« Da tat Philippus seinen Mund auf, und von dieser Schriftstelle ausgehend predigte er ihm Jesus. Wie sie nun des Weges dahinfuhren, kamen sie an ein Wasser, und der Eunuch sagte: »Da ist Wasser. Was hindert, daß ich getauft werde?« Da ließ er den Wagen halten, und beide stiegen ins Wasser hinab, Philippus und der Eunuch, und er taufte ihn. Als sie aus dem Wasser heraufstiegen, entrückte der Geist des Herrn den Philippus, und der Eunuch sah ihn nicht mehr. Er zog aber fröhlich seine Straße weiter [9].

(8, 26–39)

Als Petrus überall herumreiste, kam er auch zu den Heiligen, die in Lydda wohnten. Dort fand er einen Mann namens Äneas, der seit acht Jahren gelähmt war und zu Bett lag. Und Petrus sprach zu ihm: »Äneas, Jesus Christus heilt dich. Steh auf und mache dir dein Bett!« Da stand er sofort auf. Und es sahen ihn alle Bewohner von Lydda und der Ebene Saron, und sie bekehrten sich zum Herrn [10]. (9, 32–35)

Der Durchbruch zur Heidenmission

Eines der großen Ereignisse in der Geschichte des Urchristentums war der Durchbruch zur Heidenmission, die Öffnung nach den heidnischen Völkern hin. Mit sicherem Gespür hat Lukas seine Bedeutung herausgestellt. Als Grundlage diente ihm die Legende, die von der Bekehrung des römischen Hauptmanns Cornelius durch Petrus erzählte. Ursprünglich war das eine einfache Bekehrungsgeschichte. Lukas hat den interessanten Fall des Hauptmanns in den Rang eines epochalen Ereignisses emporgehoben und ihm eine grundsätzliche Bedeutung verliehen. Um seine Absicht zur Geltung zu bringen, mußte er die Erzählung umgestalten. In seiner Wiedergabe ist

---

9 In dieser Bekehrungslegende spiegelt sich die Bedeutung wider, die Philippus (vgl. S. 103 f.) als Missionar gehabt hat.

10 Aus dieser Erzählung geht hervor, daß auch Petrus auf Missionsreise ging, was im Grunde der lukanischen Konzeption widerspricht, nach der die Apostel an Jerusalem gebunden waren. Man darf der Erzählung ferner etwas über den Ort seiner missionarischen Tätigkeit entnehmen.

nicht mehr Cornelius, sondern Petrus die Hauptperson. Dementsprechend ist das Thema nicht die Bekehrung des Cornelius, sondern dies, wie Petrus zu der Erkenntnis geführt wird, daß Gott die Mission auch unter den Heiden will. Es sind vor allem zwei Abschnitte, in denen Lukas seine Konzeption zum Ausdruck bringt:

(1) die Vision, die Petrus zuteil wird. Sie besagt: Gott greift selbst ein, um die Bedenken zu überwinden, die Petrus als Juden daran hindern müssen, mit unreinen Heiden in Kontakt zu treten;

(2) die Szene, in der Petrus vor dem Kreis der Apostel Bericht erstattet. Hier wird das Ergebnis formuliert und kirchenamtlich festgestellt, daß Gott offensichtlich auch den Heiden »die Buße zum Leben« geschenkt habe. Lukas betont das deswegen, weil für ihn der Kreis der Apostel die Autorität in der Kirche darstellt und allein dazu legitimiert ist, in so weitreichenden Fragen wie der der Heidenmission eine gültige Entscheidung zu fällen.

Ein Mann in Cäsarea namens Cornelius, Zenturio von der »italischen« Kohorte, fromm und gottesfürchtig samt seinem ganzen Hause, der dem (jüdischen) Volk viele Almosen gab und beständig zu Gott betete, sah um die neunte Tagesstunde in einer Vision deutlich, wie ein Engel Gottes bei ihm eintrat und zu ihm sprach: »Cornelius!« Er aber blickte ihn an und sagte erschrocken: »Was ist, Herr?« Er aber sprach zu ihm: »Deine Gebete und deine Almosen sind hinaufgestiegen zum Gedenken vor Gott. Schicke nun Männer nach Joppe und laß einen gewissen Simon mit Beinamen Petrus holen! Dieser wohnt bei einem Gerber Simon, der ein Haus am Meer hat.« Als nun der Engel, der mit ihm sprach, weggegangen war, rief er zwei der Sklaven und einen frommen Soldaten von seinen Ordonnanzen, erzählte ihnen alles und schickte sie nach Joppe.

Als sie am nächsten Tag unterwegs waren und sich der Stadt näherten, stieg Petrus auf das Dach, um zu beten, um die sechste Stunde. Da wurde er hungrig und wünschte zu essen. Während man nun etwas zubereitete, kam eine Ekstase über ihn, und er schaute den Himmel geöffnet und ein Gefäß wie ein großes Tuch herabkommen, das an den vier Ecken auf die Erde herabgelassen wurde. Darin waren alle Vierfüßler und Kriechtiere der Erde und die Vögel des Himmels. Und eine Stimme kam zu ihm: »Auf, Petrus, schlachte und iß!« Petrus aber sagte: »Keinesfalls, Herr, denn ich habe noch nie etwas Gemeines und Unreines gegessen.« Und die Stimme kam zum zweitenmal zu ihm: »Was Gott rein gemacht hat, das mache du nicht gemein!« Das geschah dreimal, und sogleich wurde das Gefäß wieder in den Himmel hinaufgezogen[11].

Während nun Petrus bei sich im Zweifel war, was die Vision bedeute, die er gesehen hatte, siehe da standen die Männer, die von Cornelius gesandt waren und sich nach dem Haus Simons durchgefragt hatten, am Tor, riefen und erkundigten sich: »Wohnt Simon mit dem Beinamen Petrus hier?« Petrus dachte noch über die Vision nach; da sprach der Geist zu ihm: »Siehe, drei Männer suchen dich. Auf, gehe hinunter und ziehe ohne Bedenken mit ihnen;

---

11 Der Sinn der Vision war ursprünglich, jüdische Bedenken gegenüber unreinen Speisen (im Sinne der jüdischen Ritualbestimmungen) zu zerstreuen.

denn ich habe sie geschickt.« Da ging Petrus zu den Männern hinunter und sagte: »Siehe, ich bin der, den ihr sucht. Was ist der Grund eures Kommens?« Sie sagten: »Der Zenturio Cornelius, ein rechter und gottesfürchtiger Mann mit gutem Ruf beim ganzen Volk der Juden, bekam von einem heiligen Engel die Weisung, dich in sein Haus zu holen und zu hören, was du ihm zu sagen hast.« Da lud er sie ein und beherbergte sie. Am nächsten Tag machte er sich auf und ging mit ihnen, und einige von den Brüdern aus Joppe kamen mit ihm.

Am nächsten Tag kam er nach Cäsarea. Cornelius erwartete sie schon; er hatte seine Verwandten und nächsten Freunde zusammengerufen. Als nun Petrus eintrat, ging ihm Cornelius entgegen, fiel ihm zu Füßen und huldigte ihm. Doch Petrus hob ihn mit den Worten auf: »Steh auf, auch ich bin nur ein Mensch!« Und im Gespräch mit ihm trat er ein und fand viele versammelt, und er sprach zu ihnen: »Ihr wißt, daß es einem Juden nicht gestattet ist, mit einem Fremden zu verkehren oder ihn zu besuchen. Aber mir hat Gott gezeigt, daß man keinen Menschen gemein oder unrein nennen soll. Darum bin ich auch ohne Widerspruch gekommen, als man mich holen ließ. Nun frage ich, weshalb ihr mich holen ließt.« Cornelius sagte: »Vor vier Tagen um diese Stunde betete ich um die neunte Stunde in meinem Haus, und siehe, ein Mann in strahlendem Gewand stand vor mir und sprach: Cornelius, dein Gebet wurde erhört und deiner Almosen wurde vor Gott gedacht. Schicke nun nach Joppe und laß Simon mit Beinamen Petrus holen! Er wohnt im Haus des Gerbers Simon am Meer. Ich schickte also sofort zu dir, und du warst so freundlich zu kommen. Jetzt sind wir alle vor Gott zugegen, um alles zu hören, was dir vom Herrn aufgetragen ist.« Da tat Petrus den Mund auf und sagte:

»In Wahrheit begreife ich, daß Gott nicht die Person ansieht, sondern in jedem Volk ist ihm willkommen, wer ihn fürchtet und Gerechtigkeit übt. Das Wort, das er den Kindern Israel sandte, indem er Heil verkündigen ließ durch Jesus Christus – der ist aller Herr! Ihr kennt doch das Geschehen, das sich in ganz Judäa zugetragen hat, angefangen von Galiläa, nach der Taufe, die Johannes verkündigte – Jesus von Nazareth, wie Gott ihn mit heiligem Geist und Kraft salbte, der umherzog und Wohltaten und Heilung spendete allen, die vom Teufel unterjocht waren; denn Gott war mit ihm. Und wir sind Zeugen von allem, was er im Lande der Juden und in Jerusalem getan hat. Den haben sie ans Holz gehängt und getötet. Diesen hat Gott am dritten Tag auferweckt und hat ihn erscheinen lassen, nicht dem ganzen Volk, sondern den von Gott vorbestimmten Zeugen, uns, die wir nach seiner Auferstehung von den Toten mit ihm gegessen und getrunken haben. Und er gebot uns, dem Volk zu verkündigen und zu bezeugen, daß dieser der von Gott bestimmte Richter über Lebende und Tote ist. Ihm bezeugen alle Propheten, daß jeder, der an ihn glaubt, durch seinen Namen Vergebung der Sünden empfängt.«

Noch während Petrus diese Worte sprach, fiel der heilige Geist auf alle.

Und die Gläubigen aus der Beschneidung, die mit Petrus gekommen waren, staunten, daß die Gabe des heiligen Geistes auch über die Heiden ausgegossen war. Denn sie hörten sie in Zungen reden und Gott preisen. Da nahm Petrus das Wort: »Kann etwa jemand das Wasser verweigern, daß diese nicht getauft werden, die so gut wie wir den heiligen Geist empfangen haben?« Und er ordnete an, sie im Namen Jesu Christi zu taufen. Dann baten sie ihn, einige Tage dazubleiben.

Es kam aber den Aposteln und den Brüdern in Judäa zu Ohren, daß auch die Heiden das Wort Gottes angenommen hatten. Als Petrus nach Jerusalem hinaufkam, stritten die aus der Beschneidung mit ihm und sagten: »Du bist bei unbeschnittenen Leuten eingekehrt und hast mit ihnen gegessen!« Da fing Petrus an und setzte es ihnen der Reihe nach auseinander: »Ich war in der Stadt Joppe im Gebet; da hatte ich in der Ekstase eine Vision und sah ein Gefäß wie ein großes Tuch herabkommen, das an vier Ecken vom Himmel herabgelassen wurde; und es kam bis zu mir. Als ich hineinsah, gewahrte ich und sah die Vierfüßler der Erde und die wilden Tiere und die Kriechtiere und die Vögel des Himmels. Ich hörte auch eine Stimme zu mir sagen: Auf Petrus, schlachte und iß. Aber ich sagte: Keinesfalls, Herr, denn Gemeines oder Unreines ist noch nie in meinen Mund gekommen. Aber die Stimme aus dem Himmel begann zum zweiten Mal: Was Gott rein gemacht hat, das mache du nicht gemein. Das geschah dreimal, und alles wurde wieder in den Himmel hinaufgezogen. Und siehe, sogleich traten drei Männer auf das Haus zu, in dem wir waren, die von Cäsarea zu mir gesandt waren. Da sagte mir der Geist, ich solle ohne Bedenken mit ihnen gehen. Mit mir gingen auch diese sechs Brüder, und wir gingen in das Haus des Mannes. Er berichtete uns, wie er gesehen habe, daß der Engel in sein Haus trat und sprach: Sende nach Joppe und laß Simon mit dem Beinamen Petrus holen. Der wird Worte zu dir reden, durch welche du wirst gerettet werden und dein ganzes Haus. Als ich zu sprechen begann, fiel der heilige Geist auf sie, so gut wie auf uns am Anfang. Da erinnerte ich mich an das Wort des Herrn, wie er sagte: Johannes hat mit Wasser getauft, ihr aber werdet mit dem heiligen Geiste getauft werden. Wenn nun Gott ihnen dieselbe Gabe wie auch uns gab, als sie zum Glauben an den Herrn Jesus Christus kamen, wer war ich, daß ich Gott zu wehren vermocht hätte?« Als sie das hörten, wurden sie still und sagten: *»Also auch den Heiden hat Gott die Buße zum Leben geschenkt.«*

(10, 1–11, 18)

Die Bekehrung des Paulus

Das Wirken des Paulus nimmt in der Apostelgeschichte einen breiten Raum ein. Ihm ist weit mehr als die Hälfte des Buches gewidmet. Lukas rechnet Paulus (gegen dessen Selbstverständnis) nicht zu den Aposteln; ein um so eindrucksvolleres Bild zeichnet er von ihm als Heidenmissionar. Auf dem Feld der Heidenmission ist Paulus für ihn der überragende Mann, der alle anderen weit in den Schatten stellt.

Die missionarische Tätigkeit des Paulus beschreibt Lukas im zweiten Teil seines

Werkes (ab Kap. 13). Welches Gewicht er ihr beimißt, zeigt sich außer an der Ausführlichkeit, mit der er das tut, daran, daß er von langer Hand auf sie hinführt. Bereits in dem Abschnitt über die Urgemeinde und deren erste missionarische Vorstöße bringt er ihn ins Bild. Hier berichtet er ausführlich von der Rolle, die Paulus als Christenverfolger spielte, und von seiner überraschenden Bekehrung. So lenkt er den Blick auf den Mann, der das Evangelium bis nach Rom tragen und damit zu einem wesentlichen Teil die Aufgabe übernehmen sollte, die der scheidende Jesus seinen Jüngern zugewiesen hat: seine Zeugen zu sein bis an das Ende der Erde.

Die Bekehrung des Christenverfolgers und Pharisäers Paulus war ein so »wunderbares« Ereignis daß die Entstehung einer Legende verständlich ist. Sie gehörte zu dem Überlieferungsmaterial, mit dem Lukas seine Apostelgeschichte schrieb. Man darf keine streng historischen Maßstäbe an sie anlegen. Eine Legende hat die Freiheit, den Boden der Tatsachen zu verlassen. Die Erzählung von der Bekehrung des Paulus hat von dieser Freiheit in hohem Maße Gebrauch gemacht. Höchst wirkungsvoll stellt sie das Überraschende und Zwingende der Wende im Leben des Paulus heraus. Im Rahmen der lukanischen Linienführung konnte sie einleuchtend zur Anschauung bringen, wie Gott auch einen leidenschaftlichen Widersacher zu einem Werkzeug seines Willens macht.

Saulus aber schnaubte Drohung und Mord gegen die Jünger des Herrn, ging zum Hohenpriester und erbat von ihm Briefe nach Damaskus an die Synagogen, daß er Angehörige des Weges [12], falls er sie finde, Männer wie Frauen, gefangen nach Jerusalem bringe. Als er auf der Reise in die Nähe von Damaskus kam, umstrahlte ihn plötzlich ein Licht vom Himmel, und er stürzte zu Boden und hörte eine Stimme zu ihm sprechen: »Saul, Saul, was verfolgst du mich?« Er sprach: »Wer bist du, Herr?« Der aber: »Ich bin Jesus, den du verfolgst. Doch stehe auf und gehe in die Stadt; es wird dir gesagt werden, was du zu tun hast.« Die Männer, die mit ihm reisten, standen sprachlos da, da sie die Stimme hörten, aber niemanden sahen. Saulus aber erhob sich vom Boden. Als er aber seine Augen öffnete, konnte er nichts sehen. Da nahmen sie ihn an der Hand und führten ihn nach Damaskus. Und er konnte drei Tage nicht sehen und aß und trank nicht.

Nun war in Damaskus ein Jünger namens Ananias. Und der Herr sprach in einer Vision zu ihm: »Ananias!« Der aber sprach: »Hier bin ich, Herr.« Der Herr zu ihm: »Mache dich auf, gehe in die ›Gerade Straße‹ und frage im Hause des Judas nach einem Saulus aus Tarsus! Denn siehe, er betet und sah in einer Vision einen Mann namens Ananias hereinkommen und ihm die Hände auflegen, damit er wieder sehend würde.« Ananias erwiderte: »Herr, ich habe von vielen über diesen Mann gehört, wieviel Böses er deinen Heiligen in Jerusalem angetan hat. Und hier hat er Vollmacht von den Hohenpriestern, alle zu verhaften, die deinen Namen anrufen.« Der Herr sprach zu ihm: »Geh! Denn dieser ist mir ein *auserwähltes Werkzeug, meinen Namen vor Völkern und Königen und den Kindern Israel* zu tragen. Denn ich will ihm zeigen, wieviel er für meinen Namen leiden muß.« Da ging Ananias hin und ging in das Haus, legte ihm die Hände auf und sagte: »Bruder Saul, der Herr

12 Das heißt: der »Sekte« der Jesusanhänger.

hat mich gesandt, Jesus, der dir auf dem Wege erschienen ist, auf dem du kamst, damit du wieder sehend werdest und mit dem heiligen Geist erfüllt.« Sofort fiel es von seinen Augen wie Schuppen; er wurde wieder sehend und stand auf und ließ sich taufen; und er nahm Speise zu sich und kam wieder zu Kräften.

Er blieb noch einige Tage bei den Jüngern in Damaskus und verkündete sogleich in den Synagogen Jesus, daß dieser der Sohn Gottes sei. Alle, die es hörten, erregten sich und sagten: »Ist das nicht der, welcher in Jerusalem die vernichtet hat, die diesen Namen anrufen, und dazu hierhergekommen ist, sie gefangen zu den Hohenpriestern zu führen?« Saulus aber erstarkte noch mehr und brachte die Juden, die in Damaskus wohnten, in Verwirrung, indem er bewies, daß dieser der Messias sei.

Aber nach Verlauf einer Reihe von Tagen beschlossen die Juden, ihn zu ermorden. Aber ihr Anschlag wurde dem Saulus bekannt. Sie bewachten jedoch die Tore bei Tag und Nacht, um ihn zu ermorden. Da nahmen ihn die Jünger und ließen ihn bei Nacht durch die Mauer herab, indem sie ihn in einem Korb hinunterließen [13]. In Jerusalem angekommen, suchte er Anschluß an die Jünger. Aber alle fürchteten sich vor ihm, da sie nicht glaubten, daß er ein Jünger sei. Da nahm sich Barnabas seiner an und führte ihn zu den Aposteln und erzählte ihnen, wie er unterwegs nach Damaskus den Herrn gesehen, daß er mit ihm gesprochen und wie er in Damaskus unerschrocken im Namen Jesu gesprochen habe. Und er ging in Jerusalem bei ihnen aus und ein [14]; er sprach unerschrocken im Namen des Herrn und redete und disputierte mit den Hellenisten. Die aber versuchten, ihn zu ermorden. Als es die Brüder erfuhren, brachten sie ihn nach Cäsarea und schickten ihn nach Tarsus.

(9, 1–30)

Die Anfänge der Paulus-Mission

Bevor Paulus in die Missionsarbeit eintritt, ist er in Antiochia tätig gewesen, wohin er von Barnabas gerufen worden war. Antiochia ist auch der Ausgangspunkt seiner großen Missionsreisen. Sie führen ihn, wie Lukas darstellt, in verschiedene Gebiete Kleinasiens und nach Griechenland. Die erste unternimmt er gemeinsam mit Barnabas.

Lukas gibt der Mission des Paulus einen amtlichen Charakter. Bevor er mit der Schilderung der Reisen beginnt, berichtet er von einer förmlichen Aussendung: In einem Gottesdienst werden Paulus und Barnabas zu Missionaren »ordiniert«. Lukas legt Wert auf das institutionelle Moment. Zugleich hebt er hervor, daß die Aussendung auf die ausdrückliche Weisung des Geistes hin erfolgt, wobei man an den Ausspruch eines Propheten zu denken hat.

---

13 Vgl. 2. Kor 11 (S. 272).

14 Paulus selbst betont im Galaterbrief, daß er nach seiner Bekehrung keinen Kontakt mit der Urgemeinde aufgenommen hat. Hinter der Lukanischen Darstellung steht die Tendenz, auch den großen Missionar Paulus an Jerusalem und die Urgemeinde zu binden.

Es waren zu Antiochia in der dortigen Gemeinde Propheten und Lehrer: Barnabas, Symeon, genannt Niger, der Cyrenäer Lucius, Manaen, ein Milchbruder des Tetrarchen Herodes und Saulus. Als sie nun dem *Herrn dienten und fasteten, sprach der heilige Geist:* »Sondert mir Barnabas und Saulus aus für das Werk, für das ich sie berufen habe.« *Da fasteten und beteten sie, legten ihnen die Hände auf* und verabschiedeten sie.

Sie nun, vom heiligen Geist ausgesandt, zogen nach Seleukia hinab und fuhren von dort nach Zypern. Als sie nach Salamis kamen, verkündeten sie das Wort Gottes in den Synagogen der Juden. Sie hatte auch Johannes als Gehilfen. Sie durchzogen die ganze Insel bis Paphos. Da trafen sie einen Zauberer, einen jüdischen Lügenpropheten namens Barjesus, der sich in der Umgebung des Prokonsuls Sergius Paulus, eines einsichtigen Mannes, befand. Dieser ließ Barnabas und Paulus zu sich rufen und verlangte, das Wort Gottes zu hören. Ihnen widersetzte sich Elymas der Zauberer – so wird nämlich sein Name übersetzt – und suchte den Prokonsul vom Glauben abzulenken. Saulus aber, der auch Paulus heißt, erfüllt vom heiligen Geist, blickte ihn an und sprach: »Du, voll aller Tücke und aller Gaunerei, Teufelssohn, Feind aller Gerechtigkeit, willst du nicht aufhören, die geraden Wege des Herrn zu verkehren? Und nun, siehe, die Hand des Herrn kommt über dich, und du wirst für eine Zeitlang blind sein und die Sonne nicht sehen!« Sogleich fiel Dunkel und Finsternis über ihn, und er ging umher und suchte Führer. Als der Prokonsul das Ereignis sah, wurde er gläubig, erschüttert von der Lehre des Herrn. (13, 1–12)

Das Apostelkonzil

Die Mission des Paulus und Barnabas unter den Heiden hat in Kreisen der strengen Judenchristen (Judaisten) heftigen Protest ausgelöst. Man fordert, die Heiden müßten auf das alttestamentliche Gesetz verpflichtet und beschnitten werden (zur Sache siehe S. 106 f.); darüber kommt es in Antiocha zum Streit. Die Frage scheint so bedeutungsvoll, daß man sich entschließt, die Entscheidung der Apostel herbeizuführen. Paulus und Barnabas bekommen Order, nach Jerusalem zu reisen und dort ihre Sache zu vertreten.

Diese Zusammenkunft hat für Lukas den Charakter eines offiziellen Konzils. Paulus und Barnabas berichten, werden am Entscheidungsprozeß jedoch nicht beteiligt. Außer dem Leiter der Urgemeinde, Jakobus, spricht vor allem Petrus; denn er ist es gewesen, dem Gott in der Begegnung mit Cornelius den Weg der Heidenmission aufgezeigt und zur Pflicht gemacht hat. Diese Erfahrung des Petrus ist in der lukanischen Darstellung des Apostelkonzils das entscheidende Argument. Aus ihr ergibt sich: Den Heidenchristen soll das Gesetz nicht auferlegt werden.

Der amtliche Charakter der Jerusalemer Verhandlung tritt auch darin zutage, daß ein Dekret beschlossen und den Betroffenen eröffnet wird. Dieses weist einerseits die judaistische Forderung zurück, macht den Heidenchristen zugleich aber die Auflage, aus Rücksicht auf die Juden, die überall in den Städten des Römischen Reiches leben, bestimmte Gebote einzuhalten. Es entspricht inhaltlich dem theologischen Interesse des Lukas, die heilsgeschichtliche Kontinuität zwischen Israel und der Kirche sichtbar zu machen.

Da kamen einige von Judäa herab und lehrten die Brüder: »Wenn ihr euch nicht nach der Sitte des Mose beschneiden laßt, könnt ihr nicht gerettet werden.« Da nun Paulus und Barnabas in nicht geringen Zwist und Streit mit ihnen gerieten, beschloß man, Paulus, Barnabas und noch einige andere von ihnen sollten zu den Aposteln und Ältesten nach Jerusalem wegen dieser Streitfrage hinaufgehen. So wurden sie also abgeordnet, zogen nach Phönizien und Samarien, wo sie von der Bekehrung der Heiden erzählten und damit allen Brüdern große Freude machten. In Jerusalem angekommen, wurden sie von der Gemeinde, den Aposteln und den Ältesten empfangen und berichteten, was Gott an ihnen getan habe. Aber einige von der Pharisäerpartei, die gläubig geworden waren, standen auf und sagten, man müsse sie beschneiden und ihnen gebieten, das Gesetz des Mose zu halten.

Da traten die Apostel und Ältesten zusammen, um nach dieser Sache zu sehen. Als es nun zu einer großen Auseinandersetzung kam, erhob sich Petrus und sprach zu ihnen: »Brüder, ihr wißt: Gott hat seit alten Tagen unter euch die Heiden ausersehen, daß sie durch meinen Mund das Wort des Evangeliums hören und glauben sollen. Gott, der Herzenskenner, hat für sie Zeugnis abgelegt, indem er ihnen den heiligen Geist gab, wie auch uns. Er hat keinen Unterschied zwischen ihnen und uns gemacht, da er durch den Glauben ihre Herzen rein machte. Nun also, was versucht ihr Gott dadurch, daß ihr ein Joch auf den Nacken der Jünger legen wollt, das weder unsere Väter noch wir zu tragen vermochten? Vielmehr glauben wir, durch die Gnade des Herrn Jesus gerettet zu werden, ebenso wie jene.« Da wurde die ganze Menge still, und sie hörten Barnabas und Paulus zu, wie sie darlegten, wieviele Zeichen und Wunder Gott unter den Heiden durch sie getan hatte.

Als sie wieder schwiegen, begann Jakobus: »Brüder, hört mich an! Symeon (Petrus) hat dargelegt, wie Gott zuvor darauf gesehen hat, seinem Namen ein Volk aus den Heiden zu gewinnen. Und damit stimmen die Worte der Propheten überein, wie geschrieben steht: ›Danach will ich umkehren und die verfallene Hütte Davids wieder aufbauen; ihre Trümmer will ich wieder aufbauen und wieder aufrichten, damit der Rest der Menschen den Herrn suche und alle Heiden, über die mein Name ausgerufen ist, spricht der Herr, der dieses kundtut von Ewigkeit her.‹ Daher bin ich der Meinung, man solle denen, die sich von den Heiden zu Gott bekehren, keine Schwierigkeiten machen, sondern ihnen vorschreiben, daß sie sich enthalten von der Beflekkung mit Götzen, Unzucht, Ersticktem und Blut. Denn Mose hat von alten Zeiten her in jeder Stadt seine Verkündiger, da er in den Synagogen jeden Sabbat verlesen wird.«

Da beschlossen die Apostel und Ältesten mit der ganzen Gemeinde, Männer aus ihrer Mitte zu wählen und sie mit Paulus und Barnabas nach Antiochia zu senden, nämlich Judas, genannt Barsabbas, und Silas, führende Männer unter den Brüdern, und ließen durch sie schreiben: »Die Apostel und Ältesten, eure Brüder, grüßen die Brüder aus den Heiden in Antiochia, Syrien und Cilicien. Da wir gehört haben, daß einige von uns, *denen wir keinen Auftrag gegeben haben*, mit ihren Reden Unruhe unter euch brachten und Verwirrung in eure Seelen trugen, haben wir *einmütig beschlossen*, Männer zu wählen und zu euch zu senden samt unseren lieben Barnabas und Paulus, Männer, welche ihr Leben für den Namen unseres Herrn Jesus Christus eingesetzt haben. Wir senden also Judas und Silas, die mündlich dasselbe berichten sollen. Denn *der heilige Geist und wir haben beschlossen*, euch weiter keine Last aufzuerlegen außer diesen notwendigen Stücken: Enthaltung von Götzenopferfleisch, Blut, Ersticktem und Unzucht. Wenn ihr euch davor bewahrt, werdet ihr recht tun. Lebt wohl!«

Als diese verabschiedet waren, kamen sie nach Antiochia hinab, versammelten die Menge und übergaben den Brief. Man las ihn und freute sich über den Zuspruch. Und Judas und Silas, die selber Propheten waren, sprachen den Brüdern mit vielen Worten zu und stärkten sie. (15, 1–33)

Paulus in Athen

Aus dem Bericht über die Paulusreisen greifen wir den Abschnitt über Athen heraus. Er ist ein Meisterstück lukanischer Darstellungskunst. An Erfolgen gab es aus Athen nichts zu berichten. Zur Gründung einer Gemeinde war es nicht gekommen. Darum gab es anders als für Korinth, Philippi oder Ephesus für die Metropole griechischen Geistes auch keine Missionsüberlieferung, auf die Lukas zurückgreifen konnte. Um so aufschlußreicher ist, daß Lukas dem Auftreten des Paulus hier dennoch so viel Gewicht gibt. Das erklärt sich daraus, daß er eine Idee verfolgt und in geschichtliche Darstellung umsetzen will – die Idee der Begegnung des Evangeliums mit dem griechischen Geist. Lukas hat die Szene mit Einfühlungsvermögen gestaltet. Die Gesprächspartner des christlichen Missionars sind Philosophen, Stoiker und Epikuräer. Es wird gelehrt und gebildet diskutiert. Die Begegnung findet auf klassischem Boden statt, auf der Agora (Markt) und dem Areopag [15].

Im Mittelpunkt der Szene steht eine genau auf die athenische Situation zugeschnittene Rede des »Paulus«, die sog. Areopagrede. Sie soll philosophisch gebildet klingen. Tatsächlich werden hier Gedanken vorgetragen, die zum Allgemeingut der volkstümlichen Philosophie der Zeit gehören; außerdem wird ein Ausspruch des alten griechischen Dichters Aratus (3. Jahrhundert v. Chr.) zitiert.

Spezifisch Christliches ist in der Rede nicht zu entdecken – abgesehen von dem Schluß, wo Paulus zur Umkehr aufruft und den Ernst dieses Aufrufs durch den Hinweis auf das Endgericht bekräftigt. Einzig in diesem Motivzusammenhang kommt er auf Jesus Christus zu sprechen; er sei von Gott mit der Durchführung dieses Gerichts beauftragt; seine Auferstehung beweise das. Auffälligerweise wird weder der Name Jesu genannt, noch klingen die entscheidenden Motive der Christusbotschaft an (im Gegensatz zur Pfingstpredigt des Petrus, S. 361 f.)..

Den Ausgangspunkt der Rede liefert ein Altar, der dem »unbekannten Gott« geweiht ist. Die Altaraufschrift gibt Paulus Gelegenheit, zu sagen, was er als Missionar will: den unbekannten Gott bekanntmachen – als den Schöpfer, der alles Geschehen sinnvoll geordnet hat und das Leben aller Menschen trägt.

Während Paulus in Athen wartete, ergrimmte sein Geist in ihm, da er sah, daß die Stadt voller Götzenbilder war. Er sprach nun in der Synagoge zu den

15 Der Areopag war ein Hügel in Athen.

Juden und Gottesfürchtigen und auf dem Markt täglich zu den gerade Anwesenden. Dabei gerieten einige von den epikuräischen und stoischen Philosophen in Disput mit ihm. Einige sagten: »Was will dieser Körnerpicker wohl sagen?«, andere: »Er scheint ein Verkünder fremder Gottheiten zu sein«, weil er Jesus und die Auferstehung predigte. Da nahmen sie ihn und führten ihn auf den Areopag und sagten: »Können wir wohl erfahren, was das für eine neue Lehre ist, die von dir vorgetragen wird? Denn du bringst uns befremdliche Dinge zu Ohren. Wir wollen erfahren, was das sein mag.« Alle Athener und die dort anwesenden Fremden haben ja für nichts anderes mehr Zeit, als etwas Neues zu sagen oder zu hören. Da trat Paulus in die Mitte des Areopags und sprach:

»Athener! Ich sehe, ihr seid in jeder Hinsicht höchst religiös. Denn als ich durch die Stadt ging und eure Heiligtümer besichtigte, fand ich auch einen Altar mit der Inschrift: ›Dem unbekannten Gott‹. Was ihr nun unwissend verehrt, das mache ich euch bekannt. Gott, der die Welt und alles darin geschaffen hat, er, der Herr des Himmels und der Erde, wohnt nicht in Tempeln von Menschenhand; er läßt sich auch nicht von Menschenhänden bedienen, als ob er etwas bedürfe; er selber verleiht doch allen Leben und Odem und alles. Und er schuf von einem einzigen her das ganze Menschengeschlecht, daß sie auf der ganzen Erde wohnen sollten. Er bestimmte ihnen geordnete Zeiten und die Grenzen ihres Wohnraums, daß sie Gott suchen sollten, ob sie ihn wohl ertasten und finden möchten. Er ist ja nicht fern von einem jeden von uns. Denn in ihm haben wir Leben, Bewegung und Wesen, wie auch einige eurer Dichter gesagt haben: ›Wir sind seines Geschlechtes.‹ Als Gottes Geschlecht dürfen wir nun nicht meinen, die Gottheit sei einem Bild aus Gold, Silber oder Stein gleich, einem Gebilde menschlicher Kunst und Überlegung. Nun hat Gott über die Zeiten der Unwissenheit hinweggesehen und läßt jetzt den Menschen verkünden, sie sollten Buße tun. Denn er hat einen Tag festgesetzt, an dem er ›den Erdkreis in Gerechtigkeit richten‹ wird durch einen Mann, den er bestimmt hat, und hat allen den Beweis geliefert, indem er ihn von den Toten auferstehen ließ.«

Als sie aber von der Auferstehung der Toten hörten, spotteten die einen, die anderen aber sagten: »Wir wollen dich darüber ein andermal wieder hören.« So ging Paulus aus ihrer Mitte. Einige Männer aber schlossen sich ihm an und wurden gläubig, darunter auch der Areopagit Dionysius und eine Frau namens Damaris und andere mit ihnen. (17, 16–34)

Wie weit der Paulus des Lukas von dem historischen Paulus theologisch entfernt ist, wird deutlich, wenn man die Areopagrede mit einem thematisch verwandten Text des Römerbriefs vergleicht. Auch der historische Paulus konnte sagen, daß sich Gott in seinen Schöpferwerken zu erkennen gegeben habe. Aber anders als der Paulus der Apostelgeschichte spricht er nicht entschuldigend von der Unwissenheit der Heiden, sondern im Gegenteil von ihrem Wissen und dementsprechend auch von ihrer Schuld!

Gottes Zorn wird vom Himmel her über alle Gottlosigkeit und Ungerechtigkeit der Menschen offenbart, die die Wahrheit in Ungerechtigkeit niederhalten. Denn, was von Gott erkennbar ist, ist ihnen bekannt; Gott selbst hat es ihnen kundgemacht. Von Anfang der Weltschöpfung her wird sein unsichtbares Wesen an seinen Werken mit den Augen der Vernunft erschaut – nämlich seine ewige Macht und göttliche Majestät. Darum haben sie keine Entschuldigung. Denn obgleich sie Gott kannten, haben sie ihm doch nicht als Gott Ehre erwiesen und ihm gedankt, sondern sind in ihren Gedanken auf das Nichtige verfallen; und ihr unverständiges Herz sank in Finsternis [16]. (Röm 1, 18–21)

Der Prozeß gegen Paulus

Breit wird Lukas in der Darstellung des Prozesses gegen Paulus. Das erklärt sich nicht aus der Fülle der Nachrichten, die er hier zu verarbeiten gehabt hätte. Sicherlich hat ihm einiges vorgelegen (vgl. S. 219). Die Breite der Darstellung rührt von den sich häufenden Reden her, in denen er – ohne historische Anhaltspunkte – das Prozeßgeschehen darstellt und reflektiert.

Die Gedanken des Lukas bewegen sich in zwei Richtungen. Einmal will er Paulus als frommen Juden schildern, der das »väterliche« Gesetz immer, auch als Christ, treu befolgt; zum anderen will er aufzeigen, daß Paulus ein loyaler römischer Bürger ist, der nichts mit Rebellion im Sinn hat, sondern aufgrund eines tragischen Mißverständnisses unschuldig vor Gericht steht. Dabei darf eine gewisse Hintergründigkeit nicht übersehen werden. Was Lukas von Paulus und seinem Verhältnis zu Judentum und Staat sagt, möchte er letztlich von der Kirche seiner eigenen Zeit sagen. Insbesondere setzte er sich zum Ziel, das Mißtrauen der staatlichen Behörden gegen die Christen abzutragen und diese als loyale Bürger zu empfehlen.

Die Gefangennahme. Paulus beschließt seine dritte Missionsreise in Jerusalem. Jakobus und die Ältesten raten ihm, durch eine öffentliche Kulthandlung im Tempel den Gerüchten über seinen Abfall vom Gesetz entgegenzutreten. Paulus verfährt, wie ihm geraten worden war. Man hat in der Urgemeinde die Lage indessen falsch eingeschätzt. So nimmt das Verhängnis seinen Lauf. Paulus wird von zufällig in Jerusalem weilenden Diaspora-Juden erkannt und im Tempel ergriffen. Die aufgebrachte Volksmenge will ihn lynchen. Der Tumult ruft die römische Besatzungstruppe auf den Plan. Sie stellt die Ruhe wieder her und bringt Paulus in Sicherheit. – Der römische Kommandeur weiß zunächst nicht, wer sein Gefangener ist. Offenbar nimmt er an, den Anführer einer militanten Widerstandsgruppe vor sich zu haben. Die Tatsache, daß Paulus ihn auf griechisch anspricht, zerstreut seinen Verdacht.

Als wir in Jerusalem waren, nahmen uns die Brüder freundlich auf. Am folgenden Tag ging Paulus mit uns zu Jakobus, und alle Ältesten kamen hin. Er begrüßte sie und legte im einzelnen dar, was Gott bei den Heiden durch seinen Dienst vollbracht hatte. Als sie es hörten, priesen sie Gott und sagten zu

16 Zum Verständnis des Textes vgl. S. 298 f.

ihm: »Du siehst, Bruder, wie viele Zehntausende von Gläubiggewordenen es unter den Juden gibt. Und alle sind Eiferer für das Gesetz. Man hat ihnen nun über dich berichtet, daß du alle Juden, die unter den Heiden wohnen, den Abfall von Mose lehrst, indem du sagest, sie brauchen ihre Kinder nicht zu beschneiden und nicht nach den Bräuchen zu wandeln. Was nun? Sie werden natürlich hören, daß du gekommen bist. Tue nun das, was wir dir sagen! Wir haben vier Männer, die ein Gelübde auf sich haben. Nimm diese zu dir; weihe dich mit ihnen und übernimm die Kosten für sie, damit sie sich das Haupt scheren lassen können! Dann werden alle erkennen, daß an dem was man ihnen über dich berichtet hat, nichts ist, sondern *daß auch du in der Beobachtung des Gesetzes wandelst.«* Da nahm Paulus die Männer zu sich, weihte sich tags darauf mit ihnen und ging in den Tempel, um die Erfüllung der Tage der Weihe anzuzeigen, bis für jeden von ihnen das Opfer dargebracht würde [17].

Als nun die sieben Tage der Vollendung entgegengingen, sahen ihn die Juden aus der Asia im Tempel und brachten das ganze Volk in Aufruhr, legten Hand an ihn und schrieen: »Israeliten, zu Hilfe! Das ist der Mann, der alle Leute überall gegen das Volk und das Gesetz und diese Stätte lehrt. Jetzt hat er auch noch Griechen in den Tempel geführt und diese heilige Stätte entweiht.« Sie hatten nämlich vorher den Epheser Trophimus mit ihm in der Stadt gesehen und meinten, Paulus habe ihn in den Tempel geführt. Die ganze Stadt kam in Bewegung, und es gab einen Volksauflauf; sie ergriffen Paulus und schleppten ihn aus dem Tempel; und sofort wurden die Tore geschlossen.

Als sie ihn umzubringen suchten, kam Meldung zum Tribunen der Kohorte, ganz Jerusalem stände in Aufruhr. Er nahm sofort Soldaten und Zenturionen und eilte zu ihnen hinab. Als sie den Tribunen und die Soldaten sahen, hörten sie auf, Paulus zu schlagen. Da trat der Tribun heran, verhaftete ihn und befahl, ihn mit zwei Ketten zu fesseln, und fragte, wer er sei und was er angestellt habe. In der Volksmenge schrie der eine dies, der andere das. Da er wegen des Tumults nichts Zuverlässiges erfahren konnte, befahl er, ihn in die Kaserne zu führen. Als er an die Treppe kam, mußte er wegen des Drängens der Volksmenge getragen werden. Denn die Volksmenge folgte und schrie: »Weg mit ihm!« Als man Paulus gerade in die Kaserne hineinführen wollte, sagte er zum Tribunen: »Ist es mir gestattet, dir etwas zu sagen?« Der sagte: »Du kannst Griechisch? Bist du denn *nicht der Ägypter, der vor kurzer Zeit einen Aufstand erregte* und die 4000 Sikarier in die Wüste führte?« Da sagte Paulus: »Ich bin Jude, aus Tarsus, Bürger einer nicht unbedeutenden Stadt Ciliciens ...« (21, 17–39)

Vor dem Synedrium in Jerusalem. Um Klarheit zu gewinnen, läßt der römische Kommandeur seinen Gefangenen am folgenden Tag vor das Synedrium bringen. Pau-

---

17 Zur historischen Frage und dem Anlaß der Reise des Paulus nach Jerusalem siehe S. 293 f.

lus bekommt Gelegenheit, sich zu verteidigen. Er tut das – mit glänzendem Effekt – in der Weise, daß er die Parteien innerhalb des Synedriums (Pharisäer und Sadduzäer) gegeneinander ausspielt.

Paulus blickte das Synedrium an und sprach: »Brüder, ich habe mein Leben mit einem *völlig guten Gewissen vor Gott* geführt bis zu diesem Tag.« ... Da er aber erkannte, daß der eine Teil aus Sadduzäern, der andere aus Pharisäern bestand, schrie er ins Synedrium: »Brüder, ich bin Pharisäer, ein Sohn von Pharisäern. In Sachen der Totenauferstehung stehe ich vor Gericht!« Als er dies sagte, gab es einen Zwist zwischen den Pharisäern und den Sadduzäern, und die Menge entzweite sich. Denn die Sadduzäer sagen, es gebe keine Auferstehung noch einen Engel noch einen Geist. Die Pharisäer aber behaupten dies alles. Es gab ein großes Geschrei; einige Schriftgelehrte von der Pharisäerpartei erhoben sich und erklärten: »*Wir finden nichts Schlimmes* an diesem Menschen ...« Da es heftigen Zwist gab, befürchtete der Tribun, Paulus könnte von ihnen zerrissen werden. So ließ er die Truppe herabkommen, ihn aus ihrer Mitte herausholen und in die Kaserne führen.

(23, 1.6–10)

Vor den römischen Statthaltern Felix und Festus. Der Kommandeur in Jerusalem handelt gewissenhaft und korrekt, wie Lukas begreiflich machen will. Nachdem er erfahren hat, daß Paulus römischer Bürger ist, läßt er ihn vor den Statthalter in Caesarea, Felix, bringen, damit dieser ein den römischen Rechtsgrundsätzen entsprechendes Verfahren einleitet.

Er schreibt an Felix:

»Diesen Mann, den die Juden ergriffen hatten und gerade töten wollten, habe ich, mit der Truppe eingreifend, herausgeholt, da ich erfuhr, daß er Römer ist. Da ich die Schuld ermitteln wollte, derentwegen sie ihn anklagten, ließ ich ihn in ihr Synedrium hinabführen. Ich fand ihn angeklagt wegen Streitfragen ihres Gesetzes, ohne daß eine Anklage vorlag, die Tod oder Gefängnis nach sich zöge. Da mir angezeigt wurde, daß ein Anschlag auf den Mann erfolgen soll, habe ich ihn sofort an dich übersandt und seinen Anklägern geboten, vor dir gegen ihn aufzutreten.« (23, 27–30)

Der Prozeß läuft an. Die Repräsentanten der jüdischen Behörde vertreten die Anklage. Paulus verteidigt sich.

Nach fünf Tagen kam der Hohepriester mit einigen Ältesten und dem Anwalt Tertullus herab. Sie erstatteten beim Statthalter Anzeige gegen Paulus. Als er gerufen wurde, begann Tertullus die Anklagerede: »Daß wir durch dich vollen Frieden gewonnen haben und diesem Volk durch deine Fürsorge Reformen zuteil geworden sind, erkennen wir, erlauchter Felix, allezeit und überall mit aller Dankbarkeit an. Um dich aber des weiteren nicht zu ermüden, bitte ich dich, uns in deiner Güte kurz anzuhören. Wir haben nämlich diesen Mann als eine Pest erfunden, als *Stifter von Unruhen* unter allen Juden der Welt und als Rädelsführer der Sekte der Nazoräer. Er hat auch versucht, den Tempel zu schänden. Den haben wir ergriffen. Von ihm kannst du, wenn du ihn wegen all dieser Dinge verhörst, selbst das erfahren, wessen wir ihn bezichtigen.«

Paulus erwiderte ...: »Da ich weiß, daß du seit vielen Jahren Richter über dieses Volk bist, verteidige ich meine Sache guten Mutes, da du ermitteln kannst, daß es nicht länger als zehn Tage her ist, seit ich nach Jerusalem kam, um anzubeten. Weder im Tempel haben sie mich dabei betroffen, daß ich zu jemandem geredet oder einen *Volksauflauf* erregt hätte, noch in den Synagogen oder in der Stadt. Sie können dir das, was sie gegen mich vorbringen, auch nicht beweisen ...« (24, 1–8.10–13)

Ein Ergebnis wird nicht erzielt. Der Prozeß wird vertagt. Das ist ein gewisser Erfolg für Paulus. Er bleibt zwar in Haft; es werden ihm aber Erleichterungen gewährt. Wieder betont Lukas das korrekte Verhalten der Römer und läßt darüber hinaus durchblicken, daß man Paulus von seiten des Statthalters Sympathien entgegenbringt und sich für seine Lehre interessiert.

Da eröffnete ... Felix ... den Vertagungsbeschluß und sagte: »Wenn der Tribun Lysias kommt, werde ich über eure Sache entscheiden.« Er befahl dem Centurio, ihn in Gewahrsam zu halten, ihm aber Erleichterung zu gewähren und keinen der Seinen zu behindern, ihm behilflich zu sein. Nach einigen Tagen ... ließ Felix Paulus kommen und hörte ihn über den Glauben an Jesus Christus. Als er aber von Gerechtigkeit, Enthaltsamkeit und künftigem Gericht sprach, bekam er Angst, und er erwiderte: »Für diesmal kannst du gehen; zu gelegener Zeit will ich dich wieder rufen lassen« ...

Als zwei Jahre verflossen waren, bekam Felix den Porcius Festus als Nachfolger. Und weil Felix den Juden eine Gunst erweisen wollte, hinterließ er Paulus als Gefangenen. (24, 22–27)

Der Statthalter Felix hat den Prozeß nicht zum Abschluß bringen können. Er muß ihn in die Hände seines Nachfolgers Festus legen. Dieser nimmt sich der Angelegenheit auch sofort an. Nach einem offiziellen Besuch in Jerusalem, bei dem die jüdischen Oberen wegen des Paulus-Prozesses vorstellig werden und ihn zu beeinflussen suchen, beraumt er eine Gerichtssitzung an, in deren Verlauf Paulus an den Kaiser appelliert.

Nachdem sich Festus ... acht oder zehn Tage bei ihnen (in Jerusalem) aufgehalten hatte, ging er nach Cäsarea hinab. Tags darauf bestieg er den Richterstuhl und befahl, Paulus vorzuführen. Als er erschienen war, umringten ihn die Juden, die von Jerusalem herabgekommen waren, und erhoben viele schwere Beschuldigungen, ohne sie beweisen zu können; dagegen verteidigte sich Paulus: »Ich habe *weder gegen das Gesetz der Juden noch gegen den Tempel noch gegen den Kaiser etwas verbrochen.«* Festus aber wollte den Juden eine Gunst erweisen und erwiderte daher dem Paulus: »Willst du nach Jerusalem hinaufgehen und dich dort unter meinem Vorsitz in dieser Sache richten lassen?« Da sagte Paulus: »Ich stehe vor dem Richtstuhl des Kaisers; da muß ich gerichtet werden. Den Juden habe ich keinerlei Unrecht zugefügt, wie auch du sehr wohl weißt ... Ich lege Berufung an den Kaiser ein.« Da beriet sich Festus mit seinen Beisitzern und antwortete: »Du hast Berufung an den Kaiser eingelegt. Du sollst vor den Kaiser kommen.«

(25, 6–12)

Statthalter Festus fühlt sich unsicher. In Fragen der jüdischen Religion ist er nur wenig bewandert. Darum kommt ihm der Besuch des jüdischen Königs Agrippa aus der Herodes-Familie und seiner Frau Berenike sehr gelegen. Von ihm als »Sachverständigen« meint er eine Klärung des Falles erwarten zu dürfen. Agrippa nimmt auch Interesse an der Angelegenheit. So wird Paulus vorgeführt und erhält die Möglichkeit, seine Sache vor dem hohen Gast darzulegen. Das Urteil der Anwesenden ist einhellig: unschuldig. Wenn Paulus nur nicht an den Kaiser appelliert hätte! Er fängt sich selbst – das ist die Tragik seines Falles – in den Schlingen der Prozeßordnung! Bemerkenswert auch hier, welche Sympathien für Paulus und seine Lehre dem Agrippa zugeschrieben werden.

Nachdem Paulus von seiner Bekehrung erzählt hat, fährt er fort:

»Daher, König Agrippa, war ich der himmlischen Erscheinung nicht ungehorsam, sondern verkündigte denen in Damaskus zuerst und in Jerusalem, im ganzen Land Judäa und den Heiden, sie sollen Buße tun und sich zu Gott bekehren, indem sie der Buße würdige Taten verrichteten. Deswegen haben mich die Juden im Tempel ergriffen und mich umzubringen versucht . . .
. . . Ich sage nichts, was nicht die Propheten und Mose als künftige Geschehnisse angesagt haben: der Messias sei dem Leiden unterworfen, als erster werde er auferstehen von den Toten und dem Volk und den Heiden das Licht verkündigen.« Als er sich so verteidigte, rief Festus mit lauter Stimme: »Du bist wahnsinnig, Paulus . . .« Paulus dagegen: »Ich bin nicht wahnsinnig, erlauchter Festus, sondern spreche wahre und vernünftige Worte. Der König, an den ich mich zuversichtlich wende, versteht sich ja auf diese Dinge. Denn ich bin überzeugt, daß ihm nichts davon verborgen geblieben ist. Denn *dies ist nicht im Winkel* geschehen. Glaubst du, König Agrippa, den Propheten? Ich weiß, du glaubst!« Agrippa zu Paulus: »Bald überredest du mich, den Christen zu spielen!« Paulus: »Ich möchte wohl zu Gott beten, daß über kurz oder lang nicht nur du, sondern auch alle meine heutigen Zuhörer so werden, wie ich bin – abgesehen von diesen Fesseln.« Da brachen der König, der Statthalter, Berenike und alle Teilnehmer der Sitzung auf; beim Hinausgehen unterhielten sie sich miteinander und sagten: »Dieser Mann begeht nichts, worauf Tod oder Gefängnis steht.« Und Agrippa sagte zu Festus: *»Dieser Mann könnte frei* sein, wenn er nicht Berufung an den Kaiser eingelegt hätte.« (26, 19–32)

Der Schluß. Paulus hat die Freiheit nicht wieder erlangt. Festus hat ihn mit einem Gefangenentransport nach Rom überstellt. Bei der Seereise wäre es beinahe zu einer Katastrophe gekommen. Es war ein Wunder, daß Besatzung, Bewacher und Gefangene den Schiffbruch lebend überstanden.

Zu den Eigentümlichkeiten des Buches gehört, daß es den Leser gegen den Schluß hin fast vergessen läßt, daß Paulus Gefangener ist und es in seinem Prozeß um Leben oder Tod geht. Paulus ist in Rom zu Tode gekommen, und Lukas weiß das – aber er spricht mit keinem Wort davon. Ihm schien es wichtiger, Paulus noch einmal ins Licht zu rücken und zusammenfassend zu erläutern, worum es ihm in seinem Werk ging.

Als wir dann nach Rom kamen, wurde Paulus gestattet, mit dem Soldaten, der ihn bewachte, privat zu wohnen.

Nach drei Tagen lud er die Vornehmsten unter den Juden dort zu sich ein. Als sie zusammengekommen waren, sprach er zu ihnen: »Ich habe, Brüder, *nichts gegen das Volk oder die väterlichen Gesetze* getan und bin dennoch aus Jerusalem gefangen in die Hände der Römer überliefert worden. Diese wollten mich aufgrund der Untersuchung freilassen... Da aber die Juden widersprachen, wurde ich gezwungen, Berufung an den Kaiser einzulegen, nicht etwa um Anklage gegen mein Volk vorzubringen... Wegen der Hoffnung Israels trage ich diese Fessel.« Da sagten sie zu ihm: »Wir haben weder ein Schreiben über dich aus Judäa bekommen, noch ist einer von den Brüdern gekommen und hat etwas Schlechtes über dich berichtet oder geredet. Wir wünschen aber von dir zu hören, was für Anschauungen du hast. Denn von dieser Richtung ist uns allerdings bekannt, daß ihr überall widersprochen wird.« Sie bestimmten ihm einen Tag und kamen in größerer Zahl zu ihm ins Quartier. Vom Morgen bis zum Abend bezeugte er ihnen das Reich Gottes und suchte sie vom Gesetz des Mose und den Propheten her von Jesus zu überzeugen. Die einen ließen sich von seinen Worten überzeugen, die anderen blieben ungläubig. Untereinander uneinig brachen sie auf, nachdem Paulus noch das eine Wort gesagt hatte: »Treffend hat der heilige Geist durch den Propheten Jesaia zu euren Vätern geredet: ›Gehe zu diesem Volk und sprich: Hören, hören sollt ihr und nicht verstehen; sehen, sehen sollt ihr und nicht einsehen. Denn das Herz dieses Volkes ist verstockt...‹ So sei euch also kund, daß (das) Heil Gottes den Heiden gesandt wurde; die werden es hören.«

Er blieb noch volle zwei Jahre in seiner Mietswohnung und empfing alle, die zu ihm kamen. Er verkündigte das Reich Gottes und *lehrte über den Herrn Jesus in allem Freimut ungehindert.* (28, 17–31)

XI. Evangelium und Briefe des Johannes

1. Das Johannesevangelium

Evangelium und Briefe des Johannes bilden eine Schriftengruppe für sich. Sie sind Dokumente eines theologischen Denkens mit ausgeprägter Eigenart und von eindrucksvoller Geschlossenheit der Konzeption. »Johannes«, wie die altkirchliche Überlieferung den anonymen Verfasser nennt, zählt zu den großen Theologen des Neuen Testamentes[1]. Wie kein anderer hat er die theologische Begriffsbildung beeinflußt und die christliche Verkündigung und Theologie philosophisch gesprächsfähig gemacht, insbesondere dadurch, daß er Jesus in dem berühmten Prolog seines Evangeliums Logos nannte und damit einen Begriff an ihn herantrug, der für das philosophische Denken von zentraler Bedeutung war.

Am ursprünglichsten kommt das johanneische Denken im Johannesevangelium zur Sprache. Der äußeren Form nach enthält es wie die synoptischen Evangelien einen Bericht von den Taten und der Verkündigung Jesu. Das Besondere an ihm ist jedoch, daß es die Erzählebene immer wieder bewußt überschreitet und auf das Feld abstrakter theologischer Erörterungen führt. So gewinnt die Evangelienerzählung eine tiefe Hintergründigkeit und eigentümliche Transparenz. Die Kehrseite ist, daß sich die historischen Konturen des Wirkens Jesu verwischen. Vielfach verlieren sich die Erzählungen in langen Reden; in einigen Fällen werden sie nicht einmal zu Ende erzählt. Johannes kann nicht mehr naiv darstellen, was sich »unter uns« zugetragen hat, wie das Lukas tat (vgl. S. 210); er sieht seine Aufgabe vor allem darin, den theologischen Bedeutungshorizont des Werkes Jesu sichtbar zu machen. So ist es zu verstehen, daß er in seinem Buch nicht erst bei Johannes dem Täufer oder der Geburt Jesu einsetzt, sondern bis an den Uranfang, in die Ewigkeit Gottes zurückgeht und die Geschichte Jesu hier ihren Ursprung und Ausgangspunkt nehmen läßt: Er ist der göttliche Logos, der »im Anfang« war, die Welt schuf und alles, was ist, mit Leben erfüllte. In ihm ist der Logos Mensch geworden und in ein irdisches Lebensschicksal hineingetreten.

---

1 Mit Johannes ist der Jünger Jesu gemeint, Sohn des Zebedäus und Bruder des Jakobus (vgl. die Erzählung S. 167). Durch diesen Namen sollten die Schriften mit apostolischer Autorität versehen werden. Historisch ist diese nachträgliche Verfasserangabe wertlos.

Die »Herrlichkeit« dieses göttlichen Logos, die hinter der irdischen Geschichte Jesu für das Auge des Glaubens sichtbar geworden ist – das ist es, worum es Johannes geht.

Das Johannesevanglium ist unabhängig von den Synoptikern entstanden. Unter anderem beweist das der andere Aufriß, in dem es das Wirken Jesu beschreibt. Auch sind es meist andere Traditionen, die in ihm verarbeitet sind. Die Berührungen und Übereinstimmungen beschränken sich auf wenige Erzählungen und Aussprüche. Lediglich in der Passions- und Ostergeschichte laufen die synoptische und die johanneische Darstellung weitgehend parallel. Ebenso große Unterschiede bestehen im Verhältnis des Evangelisten zur vorgegebenen Tradition. Die Synoptiker haben die ursprüngliche Form der Überlieferungen weitgehend unangetastet gelassen und sich bemüht, ihre eigenen Gedanken im Medium der Überlieferungen zur Geltung zu bringen. Anders Johannes. Bei ihm steht die eigene theologische Aussage beherrschend im Vordergrund. Er bedient sich der Überlieferung in weitgehender Freiheit, was sich an dem Umfang der Veränderungen und kommentierenden Zusätze zeigt, und paßt sie nahezu völlig in seine Konzeption ein.

Am Johannesevangelium fällt zunächst auf, daß es hauptsächlich von Wundern Jesu berichtet. Das hängt mit seiner Überlieferungsgrundlage zusammen. Deutliche Spuren weisen darauf hin, daß Johannes eine Sammlung von Wundererzählungen benutzte, die sog. Zeichen-Quelle. Hier wurde Jesus als »göttlicher Mensch« geschildert, der seine Machtfülle in unvorstellbaren Taten vorführt – ähnlich wie in den synoptischen Wundergeschichten. Die johanneische Zeichen-Quelle betont jedoch ungleich stärker das Wunderhafte; sie erzählt weithin einfach bestürzende Mirakel. Typisch für sie sind Geschichten wie das Weinwunder in Kana oder die Auferweckung des Lazarus, wo Jesus nicht einen gerade Verstorbenen ins Leben zurückruft, sondern einen Mann, der schon vier Tage im Grabe liegt [2].

Es gibt keinerlei Anzeichen dafür, daß Johannes ihnen gegenüber ein theologisches Unbehagen empfunden hätte. Im Gegenteil. Gerade Erzählungen dieser Art konnten die Herrlichkeit Jesu anschaulich machen. Sie sind für ihn nicht mitgeschleppte Tradition, sondern wesentlicher Bestandteil seines Evangeliums. Das heißt jedoch nicht, daß auch er in Jesus vor allem den großen Wundermann sah. Er setzt sich von der Christologie der Wunder-Quelle bewußt ab. Anders als sie sieht er in den Wundern nicht eindeutige und beweiskräftige Manifestationen göttlicher Kraft, sondern Zeichen, die als Hinweise auf das Eigentliche verstanden werden wollen – dem Mißverständnis ausgesetzte *Zeichen:* Nur die Glaubenden erfahren hier etwas von der Herrlichkeit Jesu; die anderen sind lediglich Zeugen eines Mirakels. Deshalb erzählt Johannes sie nicht nur, sondern reflektiert zugleich darüber, was sie bedeuten; und er tut das in einer geradezu modern anmutenden Weise. Er deutet sie symbolisch, als anschauliche Darstellungen einer Glaubens-

2 Zu der Anschauung vom »göttlichen Menschen« siehe S. 136 f.

wahrheit. Daß die berichteten Vorgänge sich wirklich zugetragen haben, daran zweifelte er freilich nicht.

Die Wunder gehören bei Johannes in den Rahmen einer viel weiter ausgreifenden christologischen Konzeption hinein. Jesus erscheint in seinem Evangelium als der vom Himmel herabgestiegene Gesandte, der in seinen Worten und Taten Gott »offenbar« macht und die Wirklichkeit Gottes im Raum der Welt zur Geltung bringt. Er tut, was ihm Gott gezeigt, und redet, was er von Gott gehört hat, wie es in typisch johanneischer Formulierung heißt. In seiner Person begegnet Gott selbst, ist Gott gegenwärtig und erfahrbar geworden. Wer an Jesus glaubt, hat Gott. Wer ihn bestreitet, weil er sich Gott anders denkt oder etwas anderes von ihm will als dies, was Jesus bringt, dem wird entgegengehalten, daß Gott und Jesus im Wesen und Handeln eine Einheit darstellen. Johannes bringt diese Einheit vor allem dadurch zum Ausdruck, daß er Jesus nicht nur den geläufigen Würdenamen »Sohn Gottes« beilegt, sondern das Verhältnis Gottes zu Jesus als die Wesenseinheit von »Vater« und »Sohn« beschreibt.

Hinter dieser christologischen Anschauung ist die Offenbarer- und Erlösergestalt zu erkennen, die im Mittelpunkt der Gnosis steht und religionsgeschichtlich gesehen hier auch ihren Ursprung hat. In vielen Wendungen und Motiven scheint dieser Hintergrund noch durch. Insbesondere ist aufschlußreich, daß Johannes Aufstieg und Rückkehr Jesu in die himmlische Welt neben seinem Kommen in die Welt zu einem wesentlichen Bestandteil des Heilsgeschehens macht. Im gnostischen Mythos ist der Aufstieg des himmlischen Gesandten neben der Offenbarungsmitteilung das entscheidende Ereignis. Aufsteigend erkämpft er den Sieg über den »Fürsten dieser Welt« und die gottwidrigen Mächte, die den Menschen gefangen halten, und bahnt so den Weg in die himmlische Licht-Welt. Ähnlich spricht auch Johannes von Jesu sieghafter »Erhöhung« und »Verherrlichung« und von dem darin sich vollziehenden Gericht über die Welt und ihren Herren. Der Abschluß des Heilswerks besteht darin, daß der Erhöhte die Seinen nach sich zieht und ihnen bei Gott Wohnung macht. Das Entscheidende ist bei alledem, daß Johannes »Erhöhung« und »Verherrlichung« Jesu an das Kreuzigungsgeschehen bindet. Für ihn bedeutet Erhöhung eigentümlich doppelsinnig: Erhöhung ans Kreuz, wie er umgekehrt das Kreuz als den Ort begreift, an dem Jesu Herrlichkeit eindeutig und sieghaft zur Geltung kommt.

Der gnostische Hintergrund zeigt sich auch in der Sprache des Johannesevangeliums. Insbesondere beweist das die dualistische Begrifflichkeit, die das Evangelium weithin prägt. Immer wieder stößt man auf Gegensatzpaare wie Licht-Finsternis, Wahrheit-Lüge, Leben-Gericht oder Freiheit-Sündenknechtschaft. In der Gnosis bezeichnen solche Dualismen seinsmäßig gegebene gegensätzliche Sphären, das heißt: die himmlische Welt Gottes im Gegensatz zu der irdisch-materiellen, diesseitigen Welt. Der Evangelist teilt diese Anschauung jedoch nicht. Trotz seiner gnostischen Sprache ist er kein Gnostiker. Ganz ungnostisch sieht er in dieser irdischen Welt Gottes Schöpfung. Der göttliche Logos, der sich in die Welt begibt, kommt in sein Eigentum. Die Welt ist für ihn nicht »an sich«, von »Natur« aus Finsternis, Lüge, Todeswelt und böse, sondern erst dadurch, daß sie Gottes Gesandten abweist und seinem Anruf gegenüber sich auf sich selbst versteift.

Das Geschehen, in dem Gott in der Welt offenbar wird, sind die Taten und Reden Jesu. Im Rahmen der johanneischen Konzeption haben die Reden freilich ein deutliches Übergewicht; sie erst enthüllen den Sinn der Taten als Gottesoffenbarung. Das eigentliche Werk Jesu ist nach Johannes also sein Offenbarungs*wort!*

Die Reden des Johannesevangeliums sind im Gegensatz zu denen der synoptischen Evangelien wirkliche Reden. Sie behandeln ein Thema, entwikkeln einen Gedankengang, diskutieren Einwände und zeigen Konsequenzen auf. Rhetorisch sind sie von unverkennbarer Eigenart. Diese besteht darin, daß sie nicht auf einem Gedankenweg von Punkt zu Punkt fortschreiten, sondern reflektierend eine thematische Mitte umkreisen. Von daher eignet ihnen eine gewisse Unbewegtheit.

Die Reden des johanneischen Jesus behandeln eine Fülle verschiedener Themen: Wiedergeburt, Lebensbrot, Licht der Welt, freimachende Wahrheit, der gute Hirte, der wahre Weinstock. Hinter dieser Mannigfaltigkeit verbirgt sich im Grunde nur eine Aussage. Vielfach variiert und dennoch mit geradezu monotoner Eindringlichkeit verkündet sie immer wieder das eine: daß Jesus der Offenbarer Gottes ist, in die Welt gesandt, um den Menschen Rettung und Leben zu bringen. Die Höhepunkte der Reden sind häufig die für Johannes typischen »Ich-bin-Worte«, in denen sich Jesus das Licht der Welt, das Brot des Lebens, die Wahrheit oder das Leben nennt. Damit ist nicht nur ausgesprochen, wer Jesus »an sich« ist, sondern zugleich, was er für die Menschen ist, was er bedeutet. Licht, Wahrheit, Brot, Leben bezeichnen das, worauf die Menschen in ihrem Leben grundlegend angewiesen sind und wonach sie suchen. All das ist er! Die prägnanten »Ich-bin-Worte« sind so die Fixpunkte johanneischer Christologie. Die herkömmlichen christologischen Titel Jesu sind zwar im Johannesevangelium auch zu finden; sie spielen aber keine beherrschende Rolle.

Das »Ich-bin«, in das Johannes die Christusbotschaft zusammenfaßt, ist auf dem Hintergrund einer Welt zu sehen, die angefüllt war von den verschiedensten Offenbarungen und religiösen Angeboten. Er will damit den Blick auf den Zimmermannssohn aus Nazareth lenken, der allein das ist, was da versprochen wird. Er erhebt für ihn einen absoluten Anspruch. Zu beweisen gibt es nichts. Es gilt vielmehr: Wer Jesu hört, jetzt in dem Augenblick, in dem er ihm begegnet, *ist* vom Tod ins Leben hinübergeschritten, lebt im »Licht« und in der »Wahrheit«. Aber ebenso entschieden heißt es über den, der nicht glaubt: Er ist noch in seinen Sünden, ist in Finsternis und Lüge gefangen, ist gerichtet. Auferstehung und Gericht sind bei Johannes nicht wie sonst im Urchristentum Ereignisse endzeitlicher Zukunft, sondern Gegenwart. Er verlegt das Endgeschehen in die Geschichte hinein, in die Stunde der Begegnung mit Jesus und seinem Offenbarungswort. Der Glaubende empfängt »jetzt« Leben, wie umgekehrt über den Nichtglaubenden in der Glaubensverweigerung das endgültige Urteil gefallen ist. Der Schritt, den Johannes mit dieser Deutung tat, ist von außerordentlicher Tragweite. Er hat als erster Theologe die eschatologische Erwartung ihrer mythischen Gestalt entkleidet und ihren zeitlos gültigen Gehalt durchsichtig gemacht.

Das Johannesevangelium hat es schwer gehabt, in der alten Kirche allgemeine Anerkennung zu erlangen. Der Boden, auf dem es entstand, war nicht die »offizielle« Kirche, sondern eine konventikelhafte, in sich geschlossene Gemeinde, vermutlich in Syrien um die Wende zum 2. Jahrhundert. Das Johannesevangelium war kein gnostisches Evangelium, aber es stand der gnostischen Theologie verdächtig nahe. So konnte man das jedenfalls sehen. Die Bedenken wurden später dadurch bekräftigt, daß die christlich-häretischen Gnostiker im 2. Jahrhundert sich mit Vorliebe auf das Johannesevangelium beriefen. Trotz aller theologischen Bedenken jedoch hat man auf dieses auch von seiten der rechtgläubigen Kirche nicht verzichten wollen. Um es kirchlich annehmbar zu machen, hat man es allerdings schon bald nach seiner Abfassung einer Redaktion unterworfen und, gewissermaßen mit dem Stempel der Rechtgläubigkeit versehen, neu herausgegeben. In dieser Fassung liegt es heute vor.

Die Spuren des Herausgebers lassen sich deutlich erkennen. So ist dem Buch offensichtlich ein Nachtrag (Kap. 21) angefügt worden [3]. Vieles spricht dafür, daß der Herausgeber auch in den Text des Evangeliums selbst eingegriffen hat. Die Stellen sind leicht auszumachen, weil sie den Gedankengang stören, andererseits aber Gedanken eintragen, die zum Grundbestand urchristlicher Theologie gehörten, nämlich die Zukunftserwartung und Sakramente [4]. So hat das Johannesevangelium seine ursprüngliche Geschlossenheit eingebüßt; es ist jedoch als Ganzes erhalten geblieben.

Der Prolog

Einen älteren Hymnus verarbeitend, schildert Johannes im Prolog Werk, Bedeutung und Geschick einer gottheitlichen Gestalt, des Logos. Er gliedert sich in drei Abschnitte. Der *erste* bringt in Anklang an die Schöpfungsgeschichte der Genesis den Uranfang, die Ewigkeit Gottes, in den Blick, »in« dem dieser Logos war. Als Schöpfer der Welt ist er der Urgrund aller Dinge und der Ursprung des Lebens. Durch seine Gegenwart wird das Dasein der Menschen von Anfang an erhellt. Ein *zweiter*

---

3 Der ursprüngliche Buchschluß ist in dem Satz 20, 30–31 (siehe unten S. 423) zu sehen.

4 Daß es sich in Kap. 21 um einen Nachtrag handelt, wird allgemein angenommen. Nicht unbestritten ist dagegen in der heutigen Forschung, ob darüber hinaus mit einer »kirchlichen« Redaktion zu rechnen ist, die die Tendenz verfolgte, das Evangelium der allgemeinen Auffassung anzugleichen (vgl. unten S. 392 und S. 397).

Abschnitt handelt von dem geschichtlichen Auftreten und Wirken des Logos in der Gestalt Jesu von Nazareth (dessen Name freilich im ganzen Prolog nicht fällt!). Was sich dabei abspielte, war eine Tragödie ungeheuren Ausmaßes. Der Logos-Schöpfer kam in seine Welt; doch man wies ihn ab. In der Masse der Menschen, die sich ihm weigerten, waren nur wenige, die begriffen, wer ihnen mit Jesus begegnete. Um den Logos und die Gemeinde geht es schließlich im *dritten* Abschnitt des Prologs. Er setzt neu an mit dem lapidaren, bekenntnisartigen Satz: Der Logos wurde Fleisch. Den vielen blieb er verborgen. Die Gemeinde, zu deren Sprecher sich der Evangelist macht, schaute seine »Herrlichkeit« und empfing »Gnade und Wahrheit«.

Im Prolog stellt Johannes das irdische Wirken Jesu in einen unausdenkbar weiten, den Kosmos und alle Zeit umspannenden Horizont. Nur in diesem Rahmen wird Jesus angemessen begriffen. Was Jesus sagt und tut, ist nichts Geringeres als das Werk dessen, der als uranfängliches »Wort« das Leben der Welt und aller Menschen trägt. Die Offenbarung Jesu erschließt den Menschen die grundlegende Wahrheit ihres Daseins – daß sie Geschöpfe Gottes sind und nur dann den Sinn ihres Lebens erfüllen, wenn sie sich als Geschöpf begreifen.

Der Evangelist hat den älteren Logos-Hymnus mit Zusätzen versehen, die sich zum Teil schon durch ihren Stil deutlich vom Kontext abheben. Dadurch markiert er die besonderen Schwerpunkte, die er zu setzen wünscht:

(1) fügt er einige Bemerkungen über Auftreten und Funktion Johannes des Täufers ein. Offenbar haben im Bereich seiner Gemeinde Täuferjünger ihren Meister als den Messias verkündigt (vgl. S. 27 ff.). Dazu wollte der Evangelist ein klärendes Wort sagen. Daß dies bereits in dem programmatischen Prolog geschieht, zeigt die Aktualität des Problems;

(2) wollte der Evangelist eine theologische Grundlage für sein Evangelium schaffen und Jesus – gegenüber den Aussprüchen konkurrierender Offenbarungslehren – als den legitimen Offenbarer Gottes ausweisen: Er ist der einzige Sohn Gottes; er allein hat Gott gesehen; was er verkündigt, beruht auf »Augenzeugenschaft«.

Im Anfang war der Logos,
und der Logos war bei Gott,
und Gott war der Logos.
Dieser war im Anfang bei Gott[5].
Alles ist durch ihn geworden.
Und nichts ist ohne ihn geworden.
Was geworden ist, in ihm war dafür das Leben.
Und das Leben war das Licht der Menschen.

Das Licht scheint in der Finsternis;
doch die Finsternis ergriff es nicht.

Ein Mann trat auf, gesandt von Gott. Sein Name war Johannes. Dieser kam zum Zeugnis, um von dem Licht Zeugnis abzulegen, damit alle

5 Zu beachten ist, daß der Logos als Gott bezeichnet und von *dem* Gott unterschieden wird. Hier schimmert die mythologische Grundlage des Prologs noch durch, in der von zwei Gottheiten die Rede war. Aber damit ist für Johannes selbst nichts erklärt. Ihm lag zunächst daran, die Wesenseinheit Gottes und des Logos-Jesus zum Ausdruck zu bringen. Jesus soll als der Offenbarer *Gottes* verstanden werden. Andererseits mußte er jedoch den Offenbarer von Gott selbst personell unterscheiden, um die Offenbarung Gottes in der Geschichte und im Wirken Jesu schildern zu können.

durch ihn zum Glauben kämen. Er war nicht das Licht, sondern sollte nur für das Licht Zeugnis geben.
Er (der Logos) war das wahre Licht, das jeden Menschen, der in die Welt kommt, erleuchtet.
Er war in der Welt, und die Welt ist durch ihn geworden;
doch die Welt erkannte ihn nicht.
Er kam in sein Eigentum;
doch die Seinen nahmen ihn nicht auf.
Allen aber, die ihn aufnahmen, gab er das Recht, Kinder Gottes zu werden – denen die an seinen Namen glauben, die nicht aus dem Blut, nicht aus dem Willen des Fleisches oder dem Willen eines Mannes, sondern aus Gott gezeugt sind.

Und der Logos wurde Fleisch und wohnte unter uns,
und wir sahen seine Herrlichkeit,
eine Herrlichkeit, wie sie dem einzigen Sohn vom Vater zukommt, voller Gnade und Wahrheit.
Über ihn gibt Johannes Zeugnis und ruft: »Dieser war es, von dem ich sagte: Der nach mir Kommende ist mir voraus; denn er war eher als ich[6].«
Denn aus seiner Fülle empfingen wir Gnade über Gnade.
Denn das Gesetz wurde durch Mose gegeben; die Gnade und die Wahrheit ist durch Jesus Christus gekommen. Niemand hat Gott je gesehen. Der einzigerzeugte Gott (oder: Sohn), der an der Brust des Vaters ruht, der hat uns Kunde von ihm gebracht. (1, 1–18)

(a) Die Offenbarung Jesu vor der Öffentlichkeit der Welt

Der erste Teil des Evangeliums setzt mit dem Zeugnis des Täufers ein und berichtet von Jesu Wirken in Galiläa und Jerusalem bis zu dem Zeitpunkt, an dem sich der Unglaube der »Welt« endgültig herausstellt und sich dessen Konsequenz für das Schicksal Jesu abzuzeichnen beginnt. Zu den johanneischen Besonderheiten gehört, daß Jesus mehrmals zwischen Galiläa und Jerusalem hin und her reist, wodurch der Eindruck einer sich über mehrere Jahre erstreckenden Wirksamkeit Jesu entsteht. Die synoptischen Evangelien wissen nur von einer Reise nach Jerusalem – zu dem Passafest, an dem er hingerichtet wurde. In dem erzählerischen Teil des Evangeliums ist der Mangel an Anschaulichkeit deutlich fühlbar. Der szenische Rahmen wird nicht immer durchgehalten. Einigen der Reden Jesu fehlt der Bezug auf eine Situation. Alles Gewicht liegt für den Evangelisten auf der theologischen Aussage. Sie verschlingt das Historisch-Konkrete. Was sich in Kana,

6 In Täuferkreisen hat man das zeitliche Vorher Johannes des Täufers als Beweis seiner Überlegenheit genommen.

am galiläischen See, am Jakobsbrunnen oder am Teich Bethzatha abspielte, ist nicht als konkreter Vorgang bedeutsam, sondern insofern hier sichtbar wird, wie der Offenbarer den Menschen begegnet und wie diese sich zu ihm stellen.

Zunächst berichtet der Evangelist von der Sammlung des Jüngerkreises, dann von dem Erfolg Jesu bei der jüdischen Bevölkerung und den Samaritern. Der Höhepunkt des Erfolgs markiert zugleich eine Wende. Nur noch wenige Jünger halten Jesus die Treue. Sie wissen, daß allein Jesus »Worte des ewigen Lebens« hat. Von da an tritt die Auseinandersetzung Jesu mit den Juden immer stärker in den Vordergrund. Ihre Feindschaft formiert sich. Man versucht, sich Jesu zu bemächtigen. Immer wieder konnte er sich jedoch dem Zugriff seiner Feinde entziehen: Seine »Stunde« war noch nicht gekommen! Auf den Höhepunkt des Konflikts führt die Erweckung des Lazarus. Sie ist das Signal zum Angriff.

Das Zeugnis Johannes des Täufers

Die synoptische Tradition verstand den Täufer als den Vorläufer des Messias Jesus. Bei Johannes wird ihm die Rolle des ersten *Zeugen* für Jesus zugewiesen (vgl. S. 27 f.). Nachdem Gott dem Täufer das auch ihm verborgene Geheimnis Jesu enthüllt hat, kann er öffentlich bekanntmachen, wer er ist.

»Zeugnis« und »bezeugen« sind im Johannesevangelium häufig gebrauchte Begriffe. Sie entstammen der Gerichtssprache. Diese Herkunft will beachtet sein. Das »Zeugnis« Jesu oder für Jesus geschieht vor dem Forum der Öffentlichkeit und soll zu einem Urteil, zu einer Stellungnahme führen. Es beruht auf Augenzeugenschaft. Der Zeuge sagt, was er gesehen und gehört hat und weiß. Es verpflichtet ihn, für das Bezeugte persönlich und bis zur letzten Konsequenz einzustehen.

Das Zeugnis des Täufers beginnt mit einer »Selbstdarstellung«. Darin wehrt er eine falsche Einschätzung seiner Person ab: er sei weder der Messias noch Elias, noch der Prophet. Geheimnisvoll deutet er aber an, der Messias sei bereits da, ohne freilich noch aus seiner Verborgenheit herausgetreten zu sein. Der Evangelist fährt fort:

Johannes sieht am folgenden Tag Jesus auf sich zukommen und sagt: »Da ist das Lamm Gottes, das die Sünde der Welt wegnimmt[7]! Dieser ist es, über den ich gesagt habe: Nach mir kommt ein Mann, der mir voraus ist, weil er eher war als ich. Auch ich kannte ihn nicht; aber damit er Israel bekanntgemacht würde, kam ich und taufte mit Wasser.«[8] Und Johannes legte dieses Zeugnis ab: »Ich sah den Geist wie eine Taube vom Himmel herabkommen und auf ihm bleiben. Auch ich kannte ihn nicht; aber der mich gesandt hat,

7 Sinn des Wirkens Jesu ist nach dieser Aussage die Beseitigung der Sünde. Unklar ist, wie die Bezeichnung Jesu als »Lamm Gottes« gemeint ist. Die Formulierung klingt nicht so, als sei Jesus als das Opferlamm vorgestellt, das durch seinen Tod die Sünden der Menschen sühnt.

8 Die Johannestaufe hat hier keine selbständige Bedeutung mehr; sie dient dazu, den Täufer von dem Rang Jesu in Kenntnis zu setzen.

mit Wasser zu taufen, der hatte zu mir gesagt: Der, auf den du den Geist herabkommen und auf ihm bleiben siehst, der ist es, der mit heiligem Geist tauft. Und ich habe es gesehen und bezeugt: Dieser ist der Sohn Gottes.«

(1, 29–34)

Die Hochzeit in Kana

Jesus eröffnet sein öffentliches Wirken mit einem glanzvollen Schaustück, dem Weinwunder in Kana [9]. Er hilft damit einer Hochzeitsgesellschaft, vor allem dem Gastgeber, aus einer peinlichen Lage. Und mit welch verschwenderischer Fülle: 500 bis 700 Liter! Die Erzählung läßt verschmitzten Humor darin erkennen, wie sie auf das geschehene Wunder aufmerksam macht.

Das »Dionysische« des Wunders will zu Jesus, wie man oft empfand, nicht so recht passen. Vermutlich ist ein fremder Stoff, wahrscheinlich aus dem Bereich des Dionysos-Kultes auf ihn übertragen worden. Der Evangelist hat sich an der Fremdheit der Geschichte nicht gestört. Sie schien ihm durchaus geeignet, die Herrlichkeit Jesu zeichenhaft darzustellen. Die Jünger – nur von ihnen ist am Schluß die Rede – bleiben nicht an dem äußeren Glanz des Geschehens haften, sondern erkennen seine wahre Bedeutung; sie glauben.

Am dritten Tag fand zu Kana in Galiläa eine Hochzeit statt, und die Mutter Jesu war dort. Aber auch Jesus und seine Jünger waren zur Hochzeit geladen. Als der Wein ausging, sagte die Mutter Jesu zu ihm: »Sie haben keinen Wein mehr.« Jesus erwiderte ihr: »Was willst du von mir, Frau? Meine Stunde ist noch nicht gekommen [10].« Seine Mutter sagte zu den Dienern: »Was er euch sagen mag, das tut!« Es waren aber dort sechs steinerne Wasserkrüge für die bei den Juden übliche Reinigung aufgestellt. Sie faßten je zwei bis drei Maß. Jesus sagte zu ihnen: »Füllt die Krüge mit Wasser!« Und sie füllten sie bis oben. Da sagte er zu ihnen: »Schöpft jetzt und bringt es dem Tafelmeister!« Sie brachten es ihm. Als aber der Tafelmeister das Wasser gekostet hatte, das zu Wein geworden war – er wußte ja nicht, woher es kam, die Diener, die das Wasser geschöpft hatten, wußten es –, rief der Tafelmeister den Bräutigam und sagte zu ihm: »Jedermann setzt zuerst den guten Wein vor und dann, wenn man trunken ist, den geringeren. Du jedoch hast den guten Wein bis jetzt aufgehoben!« Dies tat Jesus als erstes Zeichen zu Kana in Galiläa und offenbarte seine Herrlichkeit; und seine Jünger glaubten an ihn.

(2, 1–11)

---

9 Kana ist ein Dorf etwa 15 km nördlich von Nazareth.

10 Die Stunde, von der Jesus hier spricht, ist die Stunde seiner endgültigen Offenbarung in der »Erhöhung« ans Kreuz (vgl. unten S. 407 f., 418 f.). Der Evangelist will offenbar einen Zusammenhang zwischen dieser Offenbarung und dem Weinwunder herstellen. Nach seinem Verständnis ist das Weinwunder eine Vorausnahme der endgültigen Offenbarung Jesu und nur von dieser her richtig einzuschätzen.

Die Geburt aus dem Geist

Jesus hat durch seine Taten in Jerusalem von sich reden gemacht. Nikodemus, ein Pharisäer, hat davon gehört und nimmt das zum Anlaß, ihn in der Nacht aufzusuchen.

Der Bericht von der nächtlichen Begegnung ist ein Musterbeispiel für die unanschauliche Art des johanneischen Erzählungsstils. Man erfährt nicht, was Nikodemus eigentlich will. Jesus antwortet, ohne daß ihm eine Frage gestellt worden ist. Die Antwort hat nicht die Person des Nikodemus im Auge, sondern ist allgemeingültiglehrhaft formuliert. Schließlich verschwindet der Gesprächspartner ganz aus der Szene. Er war nur dazu da, Jesu Wort zu veranlassen.

Das Gespräch kreist um die Frage des Heils. Jesus nennt die Bedingung: Der Mensch muß von neuem geboren werden! Nikodemus scheint das undenkbar; er begreift nichts. Seine verständnislose Gegenfrage, wie denn das zugehen solle, gibt Jesus Gelegenheit zu näheren Erläuterungen. Wiedergeburt bedeutet nicht Wiederholung der leiblichen Geburt (was könne durch diese am Menschen auch anders werden!), sondern eine Neugeburt, die der Geist Gottes bewirkt. Eine einleuchtende Erklärung ist das freilich nicht. Das Wirken des Geistes Gottes ist ja selbst ein undurchdringliches Geheimnis. Es ist menschlichem Verfügen und Wollen entzogen. Man kann es nicht planen und lenken. Dennoch gilt: Das Wirken des Geistes wird von den Menschen in ihrem Leben erfahren und zeitigt greifbare Ergebnisse.

Sonderbar und künstlich mutet an, wie grob Nikodemus das Wort Jesu mißversteht. Ähnlich grobe und unsinnige Mißverständnisse werden auch an anderen Stellen des vierten Evangeliums geäußert. Hierbei handelt es sich um ein typisches Darstellungsmittel des Verfassers. Er wendet es an, um den Gedankengang weiterzuführen, bestimmte Aussagen hervorzuheben, manchmal auch, um theologische Abgrenzungen zu vollziehen.

Da war ein Mann unter den Pharisäern, Nikodemus mit Namen, ein Ratsherr der Juden. Dieser kam des Nachts zu ihm und sagte zu ihm: »Rabbi, wir wissen, daß du als Lehrer von Gott gekommen bist; denn niemand kann diese Zeichen tun, die du tust, wenn nicht Gott mit ihm ist.« Jesus antwortete ihm: »Amen, Amen, ich sage dir: Wenn jemand nicht von neuem geboren wird, kann er das Reich Gottes nicht sehen.« Nikodemus sagte zu ihm: »Wie kann ein Mensch geboren werden, wenn er schon alt ist? Er kann doch nicht ein zweites Mal in den Schoß seiner Mutter eingehen und geboren werden!« Jesus antwortete: »Amen, Amen, ich sage dir: Wenn jemand nicht aus dem Geist[11] geboren wird, kann er nicht in das Reich Gottes eingehen. Was aus dem Fleisch geboren ist, ist Fleisch, was aus dem Geiste geboren ist, ist Geist[12]. Wundere dich nicht, daß ich dir sagte, ihr müßt von neuem geboren werden. Der Wind weht, wo er will. Du hörst sein Brausen, aber du weißt nicht, woher

---

11 Der kirchliche Redaktor (vgl. S. 387) erweiterte den ursprünglichen Wortlaut und sprach, auf die Taufe anspielend, von der Neugeburt »aus *Wasser* und Geist«. Im hellenistischen Christentum wurde die Taufe häufig als »Wiedergeburt« gedeutet (vgl. S. 349 f.).

12 »Fleisch« und »Geist« stehen hier als die Sphären des Irdischen und Himmlischen (Gottes), und das bedeutet zugleich als die Sphären des Todes und des Heils und Lebens dualistisch gegeneinander.

er kommt und wohin er geht. So steht es mit jedem, der aus dem Geist geboren ist.« Nikodemus antwortete ihm und sagte: »Wie kann dies geschehen?« Jesus antwortete und sagte ihm: »Du bist der Lehrer Israels und verstehst das nicht? Amen, Amen, ich sage dir: Wir reden, was wir wissen; und wir bezeugen, was wir gesehen haben; doch ihr nehmt unser Zeugnis nicht an.« (3, 1–11)

Die Sendung Jesu

Das Motiv der Sendung Jesu ist die Liebe Gottes, ihr erklärtes Ziel die Rettung der an die Welt verlorenen Menschen. In diesem Sinne kann sie sich allerdings nur an den Glaubenden auswirken. Für diejenigen, die sich ihr verschließen, bedeutet sie Gericht. Unglaube zieht nach johanneischer Anschauung das Gericht nicht erst nach sich, sondern *ist* es; er ist es insofern, als er ein Nichtannehmen der Rettung ist.

Johannes schildert das Kommen Jesu als geschichtliche »Krise«: Es erschließt die Möglichkeit, im Licht des Lebens zu leben, und bringt zugleich an den Tag, daß es die Menschen lieber mit der Finsternis halten. Im Ja oder Nein zu Jesus kommt heraus, wohin der Mensch gehört, wer er ist und schon immer war. Mit Jesus steht das Ganze menschlicher Existenz mit allen ihren Bezügen und Dimensionen zur Entscheidung. Das ist es, was Johannes mit unübertrefflicher Prägnanz klarmacht.

So sehr hat Gott die Welt geliebt, daß er seinen einzigen Sohn gab [13], damit jeder, der an ihn glaubt, nicht verloren gehe, sondern ewiges Leben habe. Denn Gott hat seinen Sohn nicht dazu in die Welt gesandt, daß er die Welt richte, sondern daß die Welt durch ihn gerettet werde. Wer an ihn glaubt, wird nicht gerichtet. Wer aber nicht glaubt, ist schon gerichtet, weil er an den Namen des einzigen Sohnes Gottes nicht geglaubt hat. Darin aber besteht das Gericht, daß das Licht in die Welt kam und die Menschen die Finsternis mehr liebten als das Licht; denn ihre Werke waren böse. Jeder nämlich, der Böses tut, haßt das Licht und kommt nicht zum Licht, damit seine Werke nicht aufgedeckt werden. Wer aber die Wahrheit tut, kommt zum Licht, damit offenbar werde, daß seine Werke in Gott getan sind [14].

(3, 16–21)

Das lebendige Wasser

Jesus wandert mit seinen Jüngern durch samaritanisches Gebiet. Eine Station auf seinem Weg war der Jakobsbrunnen. Ermüdet läßt er sich hier in der Mittagszeit zur Rast nieder und bittet eine Frau, die Wasser schöpfen will, ihm zu trinken zu geben.

---

13 Johannes spricht hier von der *Sendung* Jesu, nicht von seiner *Preisgabe* an den Haß der Welt. Dieser Gedanke liegt etwa bei Paulus in Röm. 8 (vgl. S. 316) vor. Möglicherweise hat Johannes einen älteren, auf die Passion bezogenen Ausspruch in seinem Sinne umgeformt.

14 Damit ist nicht gemeint, daß der charakterlich und moralisch Gute sich dem Glauben an Jesus öffne, der Schlechte sich ihm versage. Johannes erklärt hier vielmehr mit außerordentlicher Kühnheit, daß der Mensch durch sein Verhalten Jesus gegenüber letztlich auch über seine Moral und seinen Charakter entscheidet.

Dies hat man sich in samaritanischen Christengemeinden erzählt. Der Evangelist hat diese Lokalüberlieferung zur Grundlage einer größeren Komposition gemacht. Sein Interesse galt nicht dem berichteten Vorgang, sondern dem, was Jesus im Gespräch mit der Samaritanerin »offenbarte«.

Der erste Gesprächsgang knüpft an die Situation am Brunnen an: Der Mann, der um einen Trunk Wasser bittet, gibt sich als der Spender lebendigen Wassers, das heißt als der Heilbringer, zu erkennen.

Der zweite Gesprächsgang kreist um die wahre Gottesverehrung. Auch er hat mit Samaria zu tun. Denn die Frage der Gottesverehrung war zwischen Samaritanern und Juden seit langem strittig. In diesem Streit ging es um den legitimen Kultort. Ist es Jerusalem oder der Berg Garizim? Jesus nimmt zunächst im Sinne des Judentums Stellung, um dann jedoch die Zeit einer neuen, ganz anderen Gottesverehrung anzusagen, einer Gottesverehrung im Zeichen des Geistes und der Wahrheit. Das ist nicht dahin zu verstehen, als solle ein rein geistiger, nicht an Formen gebundener innerlicher Gottesdienst proklamiert werden. »Geist« und »Wahrheit« umschreiben im Sinne des Evangelisten vielmehr die Wirklichkeit Gottes, die in Jesu Wort und Werk geschichtliche Gestalt angenommen hat. Sinnvolle Gottesverehrung ist dadurch möglich geworden, daß Jesus »Geist und Wahrheit« gebracht hat, und sie vollzieht sich so, daß man sich dieser Wirklichkeit öffnet.

Sie ist das Merkmal einer Zeit, die *»kommt«* und jetzt schon *»ist«*. Bei dieser Wendung handelt es sich um ein für Johannes charakteristisches Sprachgebilde. Sie hebt zwei Zeitebenen voneinander ab und läßt sie doch zusammenfallen. Einmal wird aus der Perspektive des irdischen Jesus die Zukunft anvisiert und auf den Gottesdienst der christlichen Gemeinde vorausverwiesen. Auf der anderen Seite wird die Gegenwart dieses Gottesdienstes behauptet. Als Sprecher hat man sich den erhöhten Christus zu denken, aus dessen Offenbarungswort die Gemeinde lebt und an den sie glaubt.

Die besagte Wendung verrät so etwas wie eine historische Perspektive und zeigt, daß der Evangelist zwischen der Zeit des irdischen Jesus und des Jesus, wie er sich jetzt der Gemeinde nach Ostern darstellt, bewußt unterschied.

Jesus verließ Judäa und zog fort, wieder nach Galiläa. Er mußte aber durch Samaria reisen. Da kam er zu einem samaritanischen Dorf namens Sychar [15], nahe bei dem Grundstück, das Jakob seinem Sohne Josef gegeben hatte. Dort aber befand sich der Jakobsbrunnen [16]. Jesus, ermüdet von der Wanderung, setzte sich ohne Umstände am Brunnen nieder; es war die sechste Stunde. Da kam eine samaritanische Frau, um Wasser zu schöpfen. Jesus sagte zu ihr: »Gib mir zu trinken!« Seine Jünger nämlich waren in den Ort gegangen, um Lebensmittel einzukaufen. Darauf sagte ihm die Samaritanerin: »Wie kannst du, der du doch ein Jude bist, mich, eine Samaritanerin, um einen Trunk bitten?« Die Juden verkehren nämlich nicht mit den Samaritanern. Jesus antwortete ihr und sprach: »Wenn du die Gabe Gottes kenntest und wer das ist, der zu dir sagt: Gib mir zu trinken, so hättest du ihn gebeten, und er hätte dir lebendiges Wasser gegeben!« Sie sagte zu ihm: »Herr,

---

15 Sychar wird jetzt meist mit dem heutigen Dorf Askar gleichgesetzt. Trifft dies zu, dann handelt es sich um ein in der Nähe der Hauptstadt Samaria und des Berges Garizim gelegenes Dorf.

16 Der Jakobsbrunnen wird im AT nicht genannt. Es handelt sich um eine 30 m tiefe Brunnenanlage, die mit dem Erzvater Jakob in Verbindung gebracht wurde.

du hast doch kein Schöpfgefäß, und der Brunnen ist tief; woher hast du das lebendige Wasser [17]? Bist du etwa größer als unser Vater Jakob, der uns den Brunnen gab und selbst wie auch seine Söhne und Herden aus dem Brunnen trank?« Jesus antwortete ihr und sprach: »Jeder, der von diesem Wasser hier trinkt, wird wieder durstig werden. Wer aber von dem Wasser trinkt, das ich ihm geben werde, wird nicht mehr dürsten in Ewigkeit; vielmehr wird das Wasser, das ich ihm geben werde, in ihm zu einer Quelle von Wasser werden, die in das ewige Leben sprudelt.« Da sagte die Frau zu ihm: »Herr, gib mir dieses Wasser, damit ich keinen Durst mehr bekomme und nicht mehr hierher kommen muß, um zu schöpfen!«

Er sagte zu ihr: »Geh, rufe deinen Mann und komme wieder hierher!« Die Frau antwortete und sagte: »Ich habe keinen Mann.« Jesus sagte zu ihr: »Richtig hast du gesagt: ich habe keinen Mann. Fünf Männer nämlich hattest du, und der, mit dem du jetzt lebst, ist nicht dein Mann. Darin hast du die Wahrheit gesagt.« [18]

Die Frau sagte zu ihm: »Herr, ich sehe, du bist ein Prophet. Unsere Väter haben auf diesem Berg angebetet [19]; doch ihr sagt, in Jerusalem sei die Stätte, wo man anbeten müsse.« Jesus sprach zu ihr: »Glaube mir, Frau, es kommt die Stunde, da ihr weder auf diesem Berge noch in Jerusalem den Vater anbeten werdet. Ihr betet an, was ihr nicht kennt; wir beten an, was wir kennen; kommt doch das Heil von den Juden. Aber die Stunde kommt, und jetzt ist sie da, wo die wahren Anbeter den Vater in Geist und Wahrheit anbeten werden. Gott ist Geist; darum müssen die, die ihn anbeten, ihn in Geist und Wahrheit anbeten.« Die Frau sagte zu ihm: »Ich weiß, daß der Messias kommt, der sogenannte Christus; wenn der kommt, wird er uns alles kundtun.« Da sagte Jesus zu ihr: »Ich bin es, der mit dir spricht!«

Da ließ die Frau ihren Wasserkrug stehen, eilte in das Dorf und sagte zu den Leuten: »Kommt, da ist ein Mann, der mir alles gesagt hat, was ich getan habe! Ist das nicht vielleicht der Christus?« Da verließen sie das Dorf und gingen zu ihm.

---

17 Die Bezeichnung »lebendiges Wasser« hat einen Doppelsinn. Normalerweise meinte man damit Quellwasser (im Gegensatz zu nichtfließendem, aus gegrabenen Brunnen geschöpftem Wasser). Der eigentliche Sinn ist: Wasser des Lebens. Dieser Doppelsinn ist die Grundlage des Gesprächs, bei dessen Ausgestaltung das Mißverständnis wieder eine Rolle spielt.

18 Mit diesem Zwischenstück leitet der Evangelist zu dem Thema der Gottesverehrung über. Jesus durchschaut die Frau bis in die Tiefe ihres Herzens. Daraus schließt sie, daß er ein Prophet sein müsse – und von ihm erwartet sie eine Klärung der zwischen Juden und Samaritanern strittigen Kultfrage. Merkwürdigerweise nimmt sie ihm aber die Antwort doch nicht ab: der *kommende* Messias werde Klarheit schaffen.

19 Gemeint ist der Berg Garizim, der mit seinem Tempel Mittelpunkt des religiösen Lebens in Samaria war und es auch nach dessen Zerstörung im Jahre 138 v. Chr. blieb.

Viele Samaritaner aus jenem Dorf aber glaubten an ihn um des Wortes der Frau willen, die bezeugte: »Er hat mir alles gesagt, was ich getan habe.« Als nun die Samaritaner zu ihm kamen, baten sie ihn, bei ihnen zu bleiben; und er blieb dort zwei Tage. Und noch viel mehr Leute glaubten an ihn aufgrund seines Wortes. Der Frau aber sagten sie: »Wir glauben nicht mehr um deines Redens willen; denn wir selbst haben gehört und wissen: Dieser ist wirklich der Retter der Welt.« [20] (4, 3–30.39–42)

Das Werk Gottes

Jesus will die Taten, die er vollbringt, nicht von ihm selbst und seinem Wollen her verstanden wissen, sondern aus der Einheit, die das Verhältnis des »Vaters« zum »Sohn« bestimmt. Ja, er sagt von ihnen, sie seien Gottes eigenes Werk. Von diesem Grundsatz her verteidigt er sich gegen die Juden, die ihn wegen der Heilung eines Lahmen am Sabbat unter Anklage stellen: Gottes Wirken kennt keine Zeiten; wie sollte er nicht auch am Sabbat einen Kranken heilen dürfen? Diese Verteidigung kann den Konflikt aber nur verschärfen. Sich mit Gott gleichzusetzen, ist der Gipfel aller Lästerung!

So denken die Gegner Jesu. Aber sie haben unrecht. Gerade das, was sie für Lästerung halten, ist die Wahrheit, an der sich alles entscheidet. Diese Wahrheit ist zwar durch Argumente nicht zu erschließen und durch Beweise nicht zu erhärten. Das Werk Jesu ist für den, der sehende Augen und hörende Ohren hat, in sich als Werk *Gottes* evident. Gottes eigentliches Werk ist die Spendung des Lebens oder das Gericht – und gerade dies ist es, was sich in Jesu Taten und Reden vollzieht. Nichts Geringeres als Leben und Gericht liegen als Möglichkeiten in der Begegnung mit Jesus. Wer sein Wort hört, *hat* das Leben; wer nicht hört, *ist* gerichtet. Johannes lenkt den Blick nicht mehr wie das übrige Urchristentum auf die Entscheidung, die in einem endzeitlichen Gericht über den Menschen fallen wird. Das ganze Gewicht der endzeitlichen Entscheidung ist auf das Jetzt der »Stunde« verlagert, in der Jesus seine Stimme hören läßt.

Danach ging Jesus hinauf nach Jerusalem. In Jerusalem liegt beim Schaftor ein Teich mit fünf Hallen, der auf hebräisch Bethzatha hieß. In diesen lag immer eine Menge von Kranken, von Blinden, Lahmen und Ausgezehrten. Dort war aber ein Mann, der achtunddreißig Jahre an seiner Krankheit litt. Als Jesus ihn liegen sah und erfuhr, daß er bereits lange Zeit krank ist, sagte er zu ihm: »Willst du gesund werden?« Der Kranke antwortete ihm: »Herr, ich habe keinen Menschen, der mich in den Teich bringen könnte, sobald das Wasser bewegt wird. Bis ich hinkomme, steigt ein anderer vor mir hinunter.« Jesus sagt zu ihm: »Stehe auf, hebe deine Bahre auf und gehe umher.« Und sofort wurde der Mann gesund, hob seine Bahre auf und ging umher.

Es war aber Sabbat an jenem Tag ... Deshalb verfolgten die Juden Jesus, weil er dies am Sabbat tat. Er aber entgegnete ihnen: »Wie mein Vater

20 Wenn Johannes (oder seine Tradition) von einem großen Erfolg Jesu unter den Samaritanern spricht, dann ist daraus zu schließen, daß die urchristliche Mission in Samaria Fuß fassen konnte und es zur Gründung von Gemeinden kam (vgl. S. 103 f.).

noch ständig wirkt, so wirke auch ich!« Deshalb trachteten die Juden noch mehr danach, ihn zu töten, weil er nicht nur den Sabbat brach, sondern auch sich selbst Gott gleichstellte und ihn seinen Vater nannte. Da antwortete Jesus und sagte zu ihnen: »Amen, Amen, ich sage euch: Der Sohn kann von sich aus nichts tun – außer dem, was er den Vater tun sieht. Denn, was jener tut, das tut der Sohn ebenfalls. Denn der Vater liebt den Sohn und zeigt ihm alles, was er selbst tut. Und er wird ihm noch größere Werke als diese zeigen, daß ihr euch wundern sollt. Denn wie der Vater die Toten erweckt und lebendig macht, so macht auch der Sohn lebendig, die er will. Der Vater richtet auch niemanden; er hat vielmehr das Gericht ganz dem Sohn übertragen, damit alle den Sohn ehren, wie sie den Vater ehren. Wer den Sohn nicht ehrt, ehrt auch den Vater nicht, der ihn gesandt hat[21]. Amen, Amen, ich sage euch: Wer mein Wort hört und glaubt dem, der mich gesandt hat, der hat ewiges Leben und kommt nicht ins Gericht, sondern ist aus dem Tod in das Leben hinübergeschritten. Amen, Amen, ich sage euch: Es kommt eine Stunde, und jetzt ist sie da, da werden die Toten die Stimme des Sohnes Gottes hören und, die sie hören, werden leben. Wie nämlich der Vater Leben in sich hat, so hat er auch dem Sohn gegeben, Leben in sich zu haben. Und er hat ihm Vollmacht erteilt, Gericht zu halten[22]. Ich kann nichts aus mir selbst tun. Wie ich höre, richte ich; und mein Gericht ist gerecht, weil ich nicht meinen Willen suche, sondern den Willen dessen, der mich gesandt hat.

(5, 1–9.16–27.30)

Das Selbstzeugnis Jesu

Die johanneischen Reden bewegen sich in ihren Gedankengängen und Argumenten vielfach in einem geschlossenen Kreis. Diese Eigentümlichkeit wird in dem folgenden Text deutlich. Sein Thema ist die Frage, wer Jesus ausweist. Natürlich könne es keinerlei Bedeutung haben, was Jesus über sich selbst sagt. Jesus räumt das ausdrücklich ein, um dann den Zeugen zu benennen, auf den er sich beruft, Gott selbst. Das Entscheidende ist dabei, daß Gott dieses Zeugnis in den Taten zur Geltung bringt, die Jesus tut! Daß es sich in den Taten Jesu um Gottes Zeugnis für Jesus handelt, erkennt nur derjenige, der an ihn »glaubt«. Natürlich kann »man« seine Taten auch anders beurteilen, wie die Juden des Johannesevangeliums veranschaulichen. Man kann Kriterien aufstellen und zeigen, daß sie ihnen nicht entsprechen. Man kann auch die »Schrift« gegen ihn aufbieten. Aber in all dem kommt letztlich nur ans Licht, daß man sich gegen ihn als man selbst behaupten und nicht glauben will.

---

21 »Der ihn gesandt hat« ist bei Johannes zu einer festen Redewendung, geradezu zur Gottesbezeichnung geworden.

22 Hier fügte der kirchliche Herausgeber einen Hinweis auf die endzeitlichen Ereignisse ein, um das Evangelium mit der allgemein-urchristlichen Lehre nachträglich in Übereinstimmung zu bringen. Die Einfügung lautet: »Wundert euch nicht darüber; denn es kommt eine Stunde, in der alle, die in den Gräbern ruhen, seine Stimme hören und herauskommen werden, die, die das Gute getan haben, in die Auferstehung zum Leben, die, die das Böse getan haben, in die Auferstehung zum Gericht« (5, 28–29).

Wenn ich für mich selbst zeuge, ist mein Zeugnis nicht wahr. ... Ihr habt zu Johannes gesandt, und er hat für die Wahrheit Zeugnis abgelegt ... Ich aber habe ein größeres Zeugnis als das des Johannes. Die Werke nämlich, die mir der Vater gegeben hat, daß ich sie vollende, eben die Werke, die ich tue, bezeugen von mir, daß mich der Vater gesandt hat. Und der Vater, der mich gesandt hat, er hat Zeugnis über mich abgelegt. Ihr habt weder seine Stimme je gehört noch seine Gestalt gesehen; und sein Wort habt ihr nicht in euch wohnen, weil ihr dem, den jener gesandt hat, nicht glaubt. Ihr durchforscht die Schriften, weil ihr meint, in ihnen ewiges Leben zu haben; und sie sind es, die von mir zeugen; doch ihr wollt nicht zu mir kommen, um Leben zu haben. (5, 31.33.36–40)

Das Brot des Lebens

Der folgende Abschnitt bietet das Musterbeispiel einer johanneischen Kompositionseinheit. Eine überlieferte Wundererzählung wird in einer Offenbarungsrede auf ihren Gehalt hin interpretiert. Das Besondere ist hier, daß Erzählung und Rede thematisch eine Einheit bilden: Wenn Jesus eine vieltausendköpfige Menschenmenge auf wunderbare Weise sättigt, dann tritt er als der in Erscheinung, der das Brot des Lebens ist. Um diese Sicht vorzubereiten, wehrt der Evangelist den naiven Wunderglauben, der in der traditionellen Geschichte sich Ausdruck verschaffte, ausdrücklich ab: Die Menschenmenge hatte etwas Großartiges erlebt; sie will den Wundertäter feiern, ihn sogar zum König machen. Jesus jedoch entzieht sich ihr. So darf er nicht verstanden werden!

Anlaß der Rede ist die Bitte der Menge, Jesus möchte sich durch ein Zeichen ausweisen. Als ob sie nicht gerade ein solches erlebt hätte! Merkwürdigerweise verwies man sogar auf das Vorbild des Mannawunders, mit dem Mose das Volk Israel auf seiner Wanderung durch die Wüste vor dem Hungertod bewahrte (vgl. Band AT, S. 40f.). Das alles wirkt recht künstlich. Aber das störte den Evangelisten nicht. Er will sich eine Gelegenheit schaffen, Jesus als das »Brot des Lebens« zu verkündigen.

Der Hintergrund der sog. Brotrede ist die in der Antike verbreitete Vorstellung von einer himmlischen Speise. In dem Wunsch, ihrer teilhaftig zu werden, äußert sich die Sehnsucht des Menschen nach dem eigentlichen Leben, nach Heil. In Jesus sei sie ans Ziel und zur Erfüllung gebracht. Das will der Evangelist begreiflich machen, wenn er Jesus jenes entschiedene »Ich bin es« aussprechen läßt. Dieses »Ich bin es« hat zugleich eine kritische Funktion. Alles, was sonst als Lebensbrot angepriesen wird, wird damit in Frage gestellt.

Hierauf ging Jesus fort auf das andere Ufer des galiläischen Sees von Tiberias[23]. Es folgte ihm aber eine große Volksmenge, weil sie die Zeichen sahen, die er an den Kranken tat. Jesus aber stieg auf den Berg und saß dort mit seinen Jüngern. Das Passa, das Fest der Juden, stand nahe bevor. Als nun Jesus die Augen aufhob und eine große Volksmenge auf sich zukommen sah, sagte er zu Philippus: »Wo sollen wir Brote kaufen, damit diese zu essen bekommen können?« Er sagte das aber, um ihn auf die Probe zu stellen. Denn

---

23 Gemeint ist der See Genezareth. Zur synoptischen Speisungsgeschichte siehe S. 137f.

er selbst wußte, was er tun wollte. Philippus antwortete ihm: »Für zweihundert Denare Brote reichen nicht aus, daß jeder von ihnen nur ein wenig bekommen kann.« Einer von seinen Jüngern, Andreas, der Bruder des Simon Petrus, sagte zu ihm: »Es ist ein Junge hier, der fünf Gerstenbrote und zwei Fische hat. Aber was ist das für so viele?« Jesus sagte: »Laßt die Leute sich lagern.« Es war aber viel Gras an dem Platz. Da lagerten sie sich – die Männer an Zahl ungefähr fünftausend. Da nahm Jesus die Brote, sprach das Dankgebet und verteilte sie unter die Dasitzenden, ebenso auch von den Fischen, soviel sie wollten. Als sie aber satt waren, sagte er zu seinen Jüngern: »Sammelt die übriggebliebenen Brocken, damit nichts umkomme.« Da sammelten sie und füllten von den fünf Gerstenbroten zwölf Körbe mit Brocken, die beim Essen übrig geblieben waren. Als die Leute nun das Zeichen sahen, das er tat, sprachen sie: »Dieser ist wirklich der Prophet, der in die Welt kommt.« Als Jesus merkte, daß sie kommen und ihn entführen wollten, um ihn zum König zu machen, da zog er sich wieder auf den Berg zurück, er allein. (6, 1–15)

Jesus kehrt mit seinen Jüngern über den See nach Kapernaum zurück. Das Volk kann ihn ausfindig machen.

Als sie ihn jenseits des Sees gefunden hatten, sagten sie zu ihm: »Rabbi, wann bist du hierhergekommen?« Jesus antwortete ihnen und sprach: »Amen, Amen, ich sage euch: Ihr sucht mich nicht, weil ihr Zeichen gesehen, sondern weil ihr von den Broten gegessen habt und satt geworden seid. Verschafft euch nicht vergängliche Speise, sondern die Speise, die für das ewige Leben bleibt.« ... Da sprachen sie zu ihm: »Was tust denn du für ein Zeichen, damit wir sehen und glauben können? Was wirkst du für ein Werk? Unsere Väter haben das Manna gegessen in der Wüste, wie geschrieben steht: ›Brot aus dem Himmel gab er ihnen zu essen‹.« Da sprach Jesus zu ihnen: »Amen, Amen, ich sage euch: Nicht Mose hat euch das Brot aus dem Himmel gegeben, sondern mein Vater gibt euch das wahre Brot aus dem Himmel. Denn Gottes Brot ist der, der aus dem Himmel herabkommt und der Welt Leben gibt.« Da sagten sie zu ihm: »Herr, gib uns allezeit dieses Brot.« Jesus sprach zu ihnen: »Ich bin das Brot des Lebens; wer zu mir kommt, wird nie mehr hungern, und wer an mich glaubt, wird nie mehr dürsten.« (6, 25–27.30–35)

Die Juden begegnen Jesus mit energischem Widerspruch. Sie können sich auch auf eindeutige Sachverhalte berufen. Wie sollte Jesus das vom Himmel herabgekommene Brot sein; man kennt doch seine Eltern! Mit diesem Einwand entlarven sie indes ihre mangelnde Offenheit dem gegenüber, was von Gott her jetzt auf sie zukommt. Johannes will sagen: Es ist barer Unglaube, wenn man meint, man könne Gottes Offenbarung durch selbstentworfene Kriterien in den Griff bekommen und den Glauben davon abhängig machen, daß sich Gott in der Weise seiner Begegnung an den menschlichen Vorstellungen und Wünschen ausweist. Jesus konfrontiert seine Hörer mit einer Botschaft und erwartet, daß sie sich aus dem Gehäuse ihrer Vorstellungen, Urteile und Maßstäbe herausbegeben und frei werden – zu neuen Einsichten und Einstellungen.

Ob dies geschieht oder nicht, bleibt freilich ein undurchdringliches Geheimnis. Nur der kann zu ihm kommen, wie Jesus sagt, den der Vater »zieht«. Aber damit ist der Unglaube in keiner Weise entschuldigt oder als Möglichkeit freigegeben. Denn dieses »Ziehen« des Vaters geschieht *in* und *mit* dem Offenbarungswort, mit dem sich Jesus an seine Hörer wendet.

Da murrten die Juden über ihn, weil er gesagt hatte: »Ich bin das Brot, das aus dem Himmel herabgekommen ist; und sie sprachen: »Ist das nicht Jesus, der Sohn Josephs, dessen Vater und Mutter wir kennen? Wie kann er jetzt sagen: ich bin aus dem Himmel herabgekommen?« Jesus antwortete und sagte zu ihnen: »Murrt nicht untereinander. Niemand kann zu mir kommen, wenn der Vater, der mich gesandt hat, ihn nicht zieht ... Jeder, der vom Vater gehört und gelernt hat, kommt zu mir. Nicht, daß den Vater einer gesehen hätte – nur der, der von Gott her ist, hat den Vater gesehen. Amen, Amen, ich sage euch: Wer glaubt, hat ewiges Leben. Ich bin das Brot des Lebens. Eure Väter haben in der Wüste das Manna gegessen und sind gestorben. Das Brot, das aus dem Himmel herabkommt, ist so beschaffen, daß man davon ißt und nicht stirbt. Ich bin das lebendige Brot, das aus dem Himmel herabgekommen ist. Wer von diesem Brot ißt, wird in Ewigkeit leben.« (6, 41–51)

Das Petrusbekenntnis

Nach der Darstellung des Johannes war das Wirken Jesu zunächst ein großer, nur von wenig Schatten begleiteter Erfolg. Er hielt jedoch nicht an. Jesu Anspruch wird als Ärgernis (»Skandal«) empfunden. So kommt es, daß viele ihm den Rücken kehren. Nur die zwölf Jünger bleiben bei ihm und bekräftigen ihren Entschluß durch ein (von Petrus stellvertretend abgelegtes) förmliches Bekenntnis.

Johannes stellt das Petrusbekenntnis, das in einer von den Synoptikern abweichenden Überlieferung erzählt wird (vgl. S. 85, 140), als einen Wendepunkt in der Geschichte Jesu dar. Der Konflikt mit den Juden nimmt jetzt konkrete Formen an; die Passion rückt ins Blickfeld. Bei alledem bleibt Jesus indessen Herr der Lage. Der Abfall der Vielen kann ihn nicht überraschen; er weiß auch, wer ihn verraten wird.

Viele von seinen Jüngern, die das hörten, sagten: »Hart ist diese Rede; wer kann sie anhören?« Jesus aber, der bei sich wußte, daß seine Jünger darüber murrten, sagte zu ihnen: »Daran nehmt ihr Anstoß? ... Die Worte, die ich zu euch geredet habe, sind Geist und Leben. Aber es sind unter euch einige, die nicht glauben.« Denn Jesus wußte von Anfang an, wer die sind, die nicht glauben, und wer der ist, der ihn ausliefern wird. Und er sagte: »Deshalb habe ich zu euch gesagt, daß niemand zu mir kommen kann, wenn es ihm nicht vom Vater gegeben ist.«

Von da an zogen sich viele seiner Jünger zurück und wanderten nicht mehr mit ihm umher. Da sprach Jesus zu den Zwölfen: »Wollt nicht auch ihr fortgehen?« Simon Petrus antwortete ihm: »Herr, zu wem sollten wir fortgehen. Du hast Worte ewigen Lebens. Wir haben den Glauben und die Erkenntnis gewonnen, daß du der Heilige Gottes bist.« Da antwortete ihnen

Jesus: »Habe ich nicht euch, die Zwölf, erwählt? Und doch ist einer von euch ein Teufel.« Er meinte aber damit Judas, den Sohn des Simon Ischariot. Dieser nämlich sollte ihn ausliefern, einer von den Zwölfen. (6, 60–71)

Das Licht der Welt – die Wahrheit

Der durch das Petrusbekenntnis eingeleitete Abschnitt des Wirkens Jesu steht im Zeichen des sich zuspitzenden Konflikts. Jesus reist nach Jerusalem. Hier kommt es zu fortgesetzten Zusammenstößen mit den Juden. Jedoch: »Niemand ergriff ihn; denn seine Stunde war noch nicht gekommen« (8, 20). In diese Situation stellt der Evangelist eine Reihe von konfliktträchtigen Offenbarungsreden (einschließlich der »Hirtenrede«).

Bei Johannes sind die Juden schlechthin *die* Widersacher Jesu. Er differenziert nicht mehr, sondern macht sie zu einem Stereotyp. Der Ton, in dem er von ihnen spricht, nimmt polemische Schärfe an. Er kann sie sogar Kinder des Teufels nennen. In all dem ist freilich keine antijüdische Tendenz zu erkennen. Die Juden repräsentieren für ihn die Welt. An ihrem Verhalten erläutert er, wie Unglaube aussieht, wie er sich rechtfertigt, an welchen Kriterien er sich orientiert.

Das Licht der Welt

Eine der Brotrede vergleichbare Lichtrede enthält das Johannesevangelium nicht, wohl aber ein Offenbarungswort, in dem sich Jesus als das Licht bezeichnet. Die Bedeutung Jesu besteht nach diesem Wort darin, daß er das Dasein der Menschen erhellt und zum wirklichen Leben macht.

Wieder sprach Jesus zu ihnen und sagte: »Ich bin das Licht der Welt. Wer mir nachfolgt, wird nicht in der Finsternis wandeln, sondern das Licht des Lebens haben.« [24] (8, 12)

Die Wahrheit

Der Welt verhaftet, die er kennt und begreift, sieht und für die ihn tragende Wirklichkeit hält, ist der Mensch ein Gefangener. Er hat sich an diese Welt verloren. Das ist für Johannes die »Sünde«. Das Kommen Jesu markiert eine Wende im Geschick des Menschen. Sein Wort konfrontiert mit der Wahrheit, und diese Wahrheit schenkt Freiheit. Man würde Johannes freilich mißverstehen, wollte man ihm einen allgemeinen Wahrheitsbegriff unterstellen. Er wollte nicht sagen, daß der Mensch durch Wissen, unvoreingenommenes Betrachten der Dinge und Sachverhalte, also wissenschaftliche Erkenntnis zu seiner Freiheit gelangen könnte. Wahrheit ist für ihn vielmehr der

24 Die Konturen dieses Wortes werden sichtbar, wenn man sich seinen religionsgeschichtlichen Kontext vergegenwärtigt: die gnostische Botschaft von den himmlischen Licht-Gesandten.

Name für die Wirklichkeit Gottes. Indem Jesus Wahrheit in diesem Sinne in der Welt aufscheinen läßt, bringt er die Menschen, die sich zu öffnen lernen, in ein neues Verhältnis zu sich selbst und zur Welt.

Die Lage der Menschen kennzeichnet zugleich, daß sie sich frei vorkommen. So berufen sich die Juden auf die Freiheit, die ihnen als »Kindern Abrahams« eignete. Aber gerade darin irren sie. Sie sind nicht, was sie zu sein meinen. Ihre Taten erweisen sie als Kinder des Teufels und der Lüge.

Als er dies redete, glaubten viele an ihn. Da sagte Jesus zu den Juden, die zum Glauben an ihn gekommen waren: »Wenn ihr in meinem Worte bleibt, seid ihr wirklich meine Jünger. Ihr werdet die Wahrheit erkennen, und die Wahrheit wird euch befreien.« Da hielten sie ihm entgegen: »Wir sind Same Abrahams und nie jemandes Sklaven gewesen. Wie kannst du sagen: ihr sollt frei werden?« Jesus antwortete ihnen: »Amen, Amen, ich sage euch: Jeder, der Sünde tut, ist ein Sklave. Der Sklave aber bleibt nicht für immer im Hause; der Sohn bleibt für immer. Wenn euch nun der Sohn befreit, werdet ihr wirklich frei sein. Ich weiß, daß ihr Abrahams Nachkommen seid; doch ihr sucht mich zu töten, weil mein Wort bei euch keinen Platz findet. Was ich beim Vater gesehen habe, rede ich. Auch ihr tut, was ihr von (eurem) Vater gehört habt.« Sie antworteten und sagten zu ihm: »Unser Vater ist Abraham.« Jesus sagte zu ihnen: »Wenn ihr Kinder Abrahams wärt, würdet ihr die Werke Abrahams tun. Jetzt aber sucht ihr mich zu töten, jemanden, der ich euch die Wahrheit verkündet habe, die ich von Gott vernahm. Das hat Abraham nicht getan. Ihr tut die Werke eures Vaters ... Ihr habt den Teufel zum Vater und wollt die Begierden eueres Vaters vollziehen. Jener war ein Mörder von Anfang an und hatte in der Wahrheit keinen Stand, weil Wahrheit nicht in ihm ist. Wenn er die Lüge redet, redet er aus dem eigenen heraus; denn er ist ein Lügner und der Vater der Lüge. Ich aber, weil ich die Wahrheit sage, glaubt ihr mir nicht.« (8, 30–41.44–45)

Der gute Hirte

Auf dem Tempelweihfest (Anm. 25) stößt Jesus erneut mit den Juden zusammen. Sie wollen es jetzt genau wissen, woran sie mit ihm sind. Allein, es war ihnen oft genug gesagt worden. So offenbaren sie mit ihrer Frage nur aufs neue, daß sie nicht zu Jesus gehören und gehören wollen.

Dies ist der szenische Rahmen der »Hirtenrede«. Jesus wird in ihr der gute Hirte genannt. Man erkennt ihn daran, daß er sich für die Schafe bis zum letzten einsetzt und nicht davonläuft, wenn Gefahr heraufzieht. Anders die gemieteten Hirten, deren Interesse an der Herde begrenzt ist. Wenn in diesem Zusammenhang ihr Bild heraufbeschworen wird, dann soll man wohl an die jüdischen Führer denken.

Der Schwerpunkt der Hirtenrede liegt auf dem gegenseitigen Kennen und Gekannt-Sein, das Jesus und die Seinen zu einer Einheit zusammenschließt. Mit dem Wort »kennen« bedient sich der Evangelist eines Begriffs der hellenistischen Mystik. Hier bedeutet er Anteilhaben, Gemeinschaft, Wesenseinheit. Auch das Verhältnis zwischen Gott und Jesus charakterisiert ein gegenseitiges Kennen. Teilhaben an Jesus, Gemeinschaft mit ihm ist das Heil. Der Hirte gewährleistet es.

Den Hintergrund der Rede bilden gnostische Traditionen. In einigen Bereichen der Gnosis wurde der himmlische Gesandte und Erlöser als Hirte dargestellt. Es ist sogar eine Schrift erhalten, die den Titel »Menschenhirt« trägt. Das Hirtenbild spielt freilich auch im Alten Testament und dann vor allem in der jüdischen Messiaslehre eine Rolle. Man hat die Hirtenrede auch von daher erklären wollen. Dem widerspricht aber, daß das Leiten und Weiden der Herde, womit die herrscherlichen Funktionen des Messias bezeichnet werden, bei Johannes völlig außer Betracht bleiben.

Dann kam das Tempelweihfest[25] in Jerusalem. Es war Winter; und Jesus ging im Tempel in der Halle Salomos umher. Da umringten ihn die Juden und sagten zu ihm: »Wie lange willst du uns noch in Spannung halten? Wenn du der Christus bist, sage es uns offen.« Jesus antwortete ihnen: »Ich habe es euch gesagt, doch ihr glaubt nicht. Die Werke, die ich im Namen meines Vaters tue, die legen Zeugnis von mir ab. Aber ihr glaubt nicht, weil ihr nicht zu meinen Schafen gehört.«

»Ich bin der gute Hirte. Der gute Hirte setzt sein Leben ein für die Schafe. Der Lohnknecht, der nicht Hirte ist, dem die Schafe nicht zu eigen sind, sieht den Wolf kommen, läßt die Schafe im Stich und flieht – und der Wolf raubt und zersprengt sie; er ist ja ein Lohnknecht, und an den Schafen liegt ihm nichts.

Ich bin der gute Hirte; ich kenne die Meinen, und die Meinen kennen mich, wie mich der Vater kennt und ich den Vater kenne. Ich lasse mein Leben für die Schafe. Noch andere Schafe habe ich, die nicht aus diesem Hofe sind. Auch die muß ich führen, und sie werden auf meine Stimme hören, und es wird eine Herde sein, ein Hirte[26]. Deshalb liebt mich der Vater, weil ich mein Leben hingebe, um es wieder zu empfangen. Niemand nimmt es mir, sondern ich gebe es von mir aus hin. Ich habe die Freiheit, es hinzugeben, und ich habe die Freiheit, es wieder zu nehmen. Diesen Auftrag habe ich von meinem Vater empfangen.«

»Meine Schafe hören meine Stimme; ich kenne sie, und sie folgen mir, und ich gebe ihnen ewiges Leben. Sie sollen in Ewigkeit nicht verloren werden, und niemand wird sie aus meiner Hand reißen. Mein Vater, der sie mir gegeben hat, ist größer als alles; niemand kann sie aus der Hand des Vaters reißen. Ich und der Vater sind eins.«

Da trugen die Juden wiederum Steine herbei, um ihn zu steinigen. Jesus entgegnete ihnen: »Viele gute Werke habe ich euch vom Vater her sehen

25 Das Tempelweihfest (gegen Ende Dezember; hebräisch: Chanukka) wurde zur Erinnerung an den Tag begangen, an dem Judas Makkabäus im Jahre 165 v. Chr. den Jerusalemer Tempel neu einweihte. Drei Jahre vorher war der Tempel von dem syrischen König Antiochus Epiphanes aus dem Hause der Seleukiden durch Einrichtung eines heidnischen Kultes entweiht worden (was mit zur makkabäischen Erhebung geführt hatte).

26 In diesem Satz faßt der Evangelist, sich in die Situation des irdischen Jesus zurückversetzend, die Heidenmission ins Auge, die zu seiner Zeit natürlich nicht mehr Zukunft war.

lassen; welches von ihnen ist es, um dessentwillen ihr mich steinigen wollt?« Die Juden antworteten ihm: »Um eines guten Werkes willen wollen wir dich nicht steinigen, sondern wegen einer Lästerung; denn du machst dich, obwohl du ein Mensch bist, zu Gott.« Jesus antwortete ihnen: »Wenn ich nicht die Werke meines Vaters tue, glaubt mir nicht! Wenn ich sie aber tue, so glaubt den Werken, wenn ihr mir nicht glauben wollt – damit ihr erkennt und in der Erkenntnis lebt, daß in mir der Vater ist und ich im Vater bin.« Da suchten sie ihn wiederum zu fangen: doch er entkam aus ihrer Hand.

(10, 22–26.11–18.27–33.37–39)

Auferstehung und Leben

Der Evangelist kommentiert die ihm aus der Tradition zugeflossene Erzählung von der Erweckung des Lazarus nicht in einer breiten Offenbarungsrede, sondern durch da und dort eingefügte Zusätze. Ihren theologischen Aussagegehalt kann er in den einen Satz zusammenfassen, daß Jesus Auferstehung und Leben sei und alle, die ihm zugehören, aus dem Tod ins Leben führe. Zugleich vollzieht der Evangelist damit eine ausdrückliche Umdeutung der herkömmlichen Auferstehungserwartung. Durch das Stilmittel des Mißverständnisses macht er den Vorgang der theologischen Umdeutung als solchen bewußt.

Auch darüber hinaus hat Johannes in der Erzählung neue Akzente gesetzt. So dürfte es auf ihn zurückgehen, wenn berichtet wird, Jesus habe sich nicht sofort, als er von der tödlichen Krankheit seines Freundes gehört habe, auf den Weg gemacht, sondern habe absichtlich gewartet und Lazarus sterben lassen. Ein merkwürdiger Zug, aber begreiflich: Die souveräne Macht Jesu tritt dadurch um so leuchtender heraus. Daran lag dem Evangelisten in erster Linie, nicht an der inneren Glaubwürdigkeit des Erzählten. Auf der gleichen Linie liegt die Reflexion über das Gebet, das Jesus spricht, bevor er Lazarus aus dem Grabe herausruft. Jesus selbst bedürfe des Gebets nicht, denn er handle aus der Einheit mit dem Vater heraus. Wenn Jesus dennoch bete, dann um der Zuschauer willen: Sie sollen daran zu Einsicht kommen, daß er mit Gott eins ist.

Da war ein Kranker, Lazarus von Bethanien, aus dem Dorfe der Maria und ihrer Schwester Martha. Maria aber war es, die den Herrn mit Salbe gesalbt und seine Füße mit ihren Haaren getrocknet hatte. Deren Bruder Lazarus war krank. Da sandten die Schwestern ihm die Nachricht: »Herr, der, den du lieb hast, ist krank[27].« Als aber Jesus das hörte, sagte er: »Diese Krankheit führt nicht zum Tode, sondern dient der Herrlichkeit Gottes, damit der Sohn Gottes durch sie verherrlicht werde.« Jesus aber hatte Martha und ihre Schwester und Lazarus lieb. Als er hörte, daß er krank sei, da blieb er noch

27 Lazarus wird im Eingang der Erzählung mehrfach gekennzeichnet: als Einwohner von Bethanien, dem Dorf der Maria und Martha, als deren Bruder und als Jesu Freund. Diese Häufung ist ein Anzeichen dafür, daß der Erzählungsanfang überarbeitet worden ist. Es sieht so aus, als seien Maria und Martha in den Kreisen, in denen diese Geschichte erzählt und weitergegeben wurde, bekannte Persönlichkeiten gewesen.

zwei Tage an dem Ort, wo er war. Dann erst sagte er zu den Jüngern: »Wir wollen wieder nach Judäa ziehen.« Die Jünger sagten zu ihm: »Rabbi, neulich erst suchten dich die Juden zu steinigen; trotzdem gehst du wieder dorthin?« Jesus antwortete: »Hat der Tag nicht zwölf Stunden? Wenn jemand bei Tag umhergeht, stößt er sich nicht, weil er das Licht dieser Welt sieht. Wenn jemand aber bei Nacht umhergeht, stößt er sich, weil kein Licht in ihm ist.« Das sagte er, und danach sprach er zu ihnen: »Unser Freund Lazarus ist eingeschlafen, aber ich gehe, um ihn aufzuwecken.« Da sagten die Jünger zu ihm: »Herr, wenn er schläft, wird er gesund werden.« Jesus aber hatte von seinem Tode gesprochen. Sie aber meinten, er rede von der Ruhe des Schlafes. Darauf sagte Jesus offen zu ihnen: »Lazarus ist gestorben, und ich freue mich um euretwillen, daß ich nicht dort war, damit ihr glaubt. Doch laßt uns zu ihm gehen.« Da sagte Thomas, der Didymus heißt, zu seinen Mitjüngern: »Auch wir wollen gehen, um mit ihm zu sterben.«

Bei seiner Ankunft fand ihn Jesus bereits vier Tage begraben. Bethanien aber lag nahe bei Jerusalem, etwa 15 Stadien[28] entfernt. Viele Juden aber waren zu Martha und Maria gekommen, um sie wegen ihres Bruders zu trösten. Als Martha nun hörte, Jesus komme, ging sie ihm entgegen. Maria aber blieb zu Hause sitzen. Da sagte Martha zu Jesus: »Herr, wärst du hier gewesen, wäre mein Bruder nicht gestorben. Doch auch jetzt weiß ich, daß dir Gott alles gewähren wird, was du von ihm erbittest.« Jesus sprach zu ihr: »Dein Bruder wird auferstehen.« Martha sprach zu ihm: »Ich weiß, er wird bei der Auferstehung am Jüngsten Tage auferstehen.« Jesus sagte zu ihr: »Ich bin die Auferstehung und das Leben. Wer an mich glaubt, wird leben, auch wenn er stirbt; und jeder, der lebt und an mich glaubt, stirbt nicht in Ewigkeit. Glaubst du das?« Sie sagte zu ihm: »Ja, Herr, ich habe den Glauben, daß du der Christus bist, der Sohn Gottes, der in die Welt kommen soll.«

Nach diesen Worten ging sie fort, rief ihre Schwester Maria und sagte heimlich zu ihr: »Der Meister ist da und läßt dich rufen.« Als sie das hörte, stand sie rasch auf und ging zu ihm. Jesus hatte aber das Dorf noch nicht erreicht, sondern befand sich noch an der Stelle, wo Martha ihm begegnet war. Als nun die Juden, die bei ihr im Hause waren und sie trösteten, Maria schnell aufstehen und hinausgehen sahen, folgten sie ihr in der Meinung, sie ginge zum Grab, um dort zu weinen. Als Maria dahin kam, wo Jesus sich befand, fiel sie bei seinem Anblick ihm zu Füßen mit den Worten: »Herr, wärst du hier gewesen, wäre mein Bruder nicht gestorben.«

Als Jesus sie und die Juden in ihrer Begleitung weinen sah, ergrimmte er innerlich und geriet in Erregung und sagte: »Wo habt ihr ihn hingelegt?« Sie sprachen zu ihm: »Komm, Herr, und sieh.« Jesus weinte. Da sagten die Juden: »Seht, wie er ihn geliebt hat!« Einige von ihnen aber sagten: »Konnte er, der die Augen des Blinden aufgetan hat, nicht auch bewirken, daß dieser

---

28 15 Stadien = 3 km.

nicht starb?« Jesus ergrimmte innerlich erneut und trat an das Grab. Das war eine Höhle; und ein Stein lag davor. Jesus sagt: »Hebt den Stein weg.« Martha, die Schwester des Toten, sagte zu ihm: »Herr, er riecht schon; denn es ist schon der vierte Tag.« Jesus sagte zu ihr: »Habe ich dir nicht gesagt, daß du die Herrlichkeit Gottes sehen wirst, wenn du glaubst?« Da nahm man den Stein weg. Jesus aber erhob die Augen und sprach: »Vater, ich danke dir, daß du mich erhört hast. Ich wußte ja, daß du mich allezeit erhörst; aber um der umherstehenden Volksmenge willen habe ich es gesagt; sie sollen glauben, daß du mich gesandt hast.« Nach diesen Worten rief er mit lauter Stimme: »Lazarus, komme heraus.« Da kam der Tote heraus, die Hände und Füße mit Binden gewickelt, und sein Gesicht war mit einem Schweißtuch verhüllt. Jesus sagte zu ihnen: »Macht ihn los und laßt ihn gehen.« (11, 1–44)

Der Todesbeschluß

Die Auferweckung des Lazarus ist für die Gegner Jesu das Signal zum Angriff. Jesu Erfolg stellt für sie ein Risiko dar, das sie im Blick auf die argwöhnischen Römer nicht mehr länger auf sich nehmen möchten. So beschließt das Synedrium unter dem Hohenpriester Kaiphas (18–36 n. Chr.) seinen Tod.

Der Evangelist schildert die Lazaruserweckung als den glanzvollen Höhepunkt des Wirkens Jesu, zugleich als das Ereignis, das den Widerspruch und die Feindschaft der Welt (der Juden) herausfordert und sie zwingt, all ihre Macht gegen ihn aufzubieten. Die Welt zeigt so ihr wahres Gesicht: Den, der das Leben ist und schenkt, bringt sie blind entschlossen zu Tode.

Viele von den Juden, die zu Maria gekommen waren und gesehen hatten, was er getan, glaubten an ihn. Einige aber von ihnen gingen fort zu den Pharisäern und berichteten ihnen, was Jesus getan hatte. Da beriefen die Hohenpriester und Pharisäer eine Sitzung des Synedriums ein und sagten: »Was tun wir? Dieser Mann tut viele Zeichen. Wenn wir ihn gewähren lassen, werden alle an ihn glauben; dann werden die Römer kommen und uns die Stadt und das Volk wegnehmen.« Einer aber von ihnen, Kaiphas, der Hoherpriester jenes Jahres war, sagte zu ihnen: »Ihr versteht gar nichts und überlegt auch nicht: (Es ist doch klar), daß es für euch besser ist, wenn ein Mensch für das Volk stirbt, als wenn das ganze Volk zugrunde geht.« Das aber sagte er nicht von sich aus, sondern als Hoherpriester jenes Jahres weissagte er, daß Jesus für das Volk sterben solle, und nicht allein für das Volk, sondern auch, um die zerstreuten Kinder Gottes zusammenzuführen. Von dem Tage an waren sie entschlossen, ihn zu töten. Jesus ging nun nicht mehr öffentlich unter den Juden umher, sondern zog sich von da zurück in die Gegend nahe der Wüste, in eine Stadt namens Ephraim; dort hielt er sich mit den Jüngern auf. (11, 45–54)

Der Sinn des Todes Jesu

Der Todesbeschluß des Synedriums veranlaßt Jesus, sich zurückzuziehen. Indes stand das Passa vor der Tür, und man konnte damit rechnen, daß sich der Gesuchte beim Fest wieder in der Öffentlichkeit zeigen werde. Man ergriff von seiten der jüdischen Oberen die erforderlichen Maßnahmen, um sich Jesu zu bemächtigen. Jedermann wurde zur Denunziation verpflichtet. Zunächst jedoch stehen die Tage vor dem Fest im Zeichen des Erfolges Jesu. Johannes berichtet von einer Salbung in Bethanien und einem triumphalen Einzug in Jerusalem – in Überlieferungsstücken, wie sie ähnlich auch bei den Synoptikern begegnen (vgl. S. 126, 141). Die Gegner Jesu sind in großer Verlegenheit; sie fürchten, daß die Ereignisse ihren Händen entgleiten.

Jesus läßt sich von dem Glanz seines Erfolges nicht täuschen. Er weiß, daß die Stunde seines Todes gekommen ist. Ihren Sinn erläutert er in einer Rede, die verschiedene Motive zum Ausdruck bringt. Eines muß vorweg festgehalten werden: Für den johanneischen Jesus ist die Stunde seines Todes *seine* Stunde, nicht die seiner Feinde.

Der Evangelist stellt die Rede Jesu in einen szenischen Rahmen hinein, der freilich nicht durchgehalten wird. Er erzählt von Griechen, die zum Fest nach Jerusalem gekommen sind und Jesus aufsuchen wollen. Auf eine sehr umständliche Weise wird Jesus von ihrem Wunsch in Kenntnis gesetzt. Kaum ist das geschehen, sind sie aber schon wieder vergessen. Der Leser spürt förmlich das Gefälle zu der Rede hin, in der Jesus seinen Tod erläutert. Sie enthält folgende Gesichtspunkte:

(1) Der Tod ist notwendig – wie das Sterben des Weizenkorns notwendig ist, damit Frucht entsteht.

(2) Die Stunde des Todes Jesu ist – paradoxerweise – die Stunde seiner »Verherrlichung« und »Erhöhung«, das heißt die Stunde, in der sein Wesen und seine Bedeutung unmißverständlich und voll überzeugend ans Licht kommen. Es wäre absurd, ihr ausweichen zu wollen. Der johanneische Jesus muß sich nicht erst zum Gehorsam durchkämpfen – wie das die synoptische Gethsemanegeschichte schildert (vgl. S. 127). Er steht jenseits menschlicher Angst. Seine Bitte geht nur dahin, Gott möge sein Werk zur Vollendung führen, ihn verherrlichen. – Johannes stellt das Kreuz Jesu als ein schon überwundenes, bewältigtes Paradox dar. Er deutet es als »Verherrlichung« und »Erhöhung« (nicht als deren Voraussetzung), beschreibt es demnach aus der Sicht der glaubenden Gemeinde.

(3) Jesu Tod bedeutet ferner das Gericht über die Welt und ihren Herren (Teufel). Der am Kreuz Erhöhte wird die Seinen zu sich in die Welt Gottes »ziehen«. Das ist die Zukunft, die ihnen Jesu Tod eröffnet.

(4) Mit der Erhöhung wird Jesus der Welt entrückt. Darum gilt es, die verbleibende Zeit zu nutzen und sich der Einsicht zu öffnen, ehe es zu spät ist.

Da waren aber einige Griechen[29] unter denen, die hinaufgezogen, um am Fest anzubeten. Die kamen zu Philippus aus Bethsaida in Galiläa und baten ihn: »Herr, wir möchten mit Jesus bekannt werden.« Philippus ging und sagte es dem Andreas. Andreas ging mit Philippus und sie sagten es Jesus. Jesus aber antwortete ihnen und sagte: »Die Stunde ist gekommen, daß der Menschensohn verherrlicht werde[30]. Amen, Amen, ich sage euch: Wenn das

---

29 Da sie zum Passa nach Jerusalem kommen, müssen sie als Proselyten gelten. Der Evangelist sieht in ihnen die Repräsentanten der griechischen Welt. Ihr Auftreten rückt die »Welt« ins Blickfeld, der Jesu Tod zugute kommen soll.

30 Menschensohn ist neben »Sohn« einer der wichtigsten christologischen Titel

Weizenkorn nicht in den Boden fällt und stirbt, so bleibt es allein. Wenn es aber stirbt, so trägt es reiche Frucht. Wer sein Leben liebt, verliert es; wer sein Leben in dieser Welt haßt, wird es für das ewige Leben bewahren. Wenn mir jemand dienen will, soll er mir folgen; wo ich bin, da wird auch mein Diener sein. Wenn jemand mir dient, wird ihn der Vater ehren.«

»Jetzt ist meine Seele erschüttert. Und was soll ich sagen? Etwa: Vater, rette mich aus dieser Stunde? Vielmehr bin ich ja dazu in diese Stunde gekommen. (Ich sage:) Vater, verherrliche deinen Namen.« Da kam eine Stimme vom Himmel: »Ich habe verherrlicht und will weiter verherrlichen.« Da meinte die Volksmenge, die umherstand und es hörte, es habe gedonnert. Andere sagten: »Ein Engel hat mit ihm geredet.« Jesus antwortete und sprach: »Nicht um meinetwillen ist diese Stimme ergangen, sondern um euretwillen.«

»Jetzt vollzieht sich das Gericht über diese Welt. Jetzt wird der Fürst dieser Welt hinausgeworfen werden. Und ich werde, wenn ich erhöht bin von der Erde, alle zu mir ziehen.« Das aber sagte er, um anzudeuten, welchen Todes er sterben werde.

Da antwortete ihm die Volksmenge: »Wir haben aus dem Gesetz vernommen, daß der Christus für immer bleibt[31]. Wie kannst du da sagen, der Menschensohn müsse erhöht werden? Wer ist dieser Menschensohn?« Da sagte Jesus zu ihnen: »Noch eine kleine Weile ist das Licht unter euch. Wandelt, solange ihr das Licht habt, damit nicht Finsternis euch überfalle. Wer in der Finsternis wandelt, weiß nicht, wohin er geht[32]. Glaubt an das Licht, solange ihr das Licht habt, damit ihr Lichtsöhne werdet.« So redete Jesus, ging fort und verbarg sich vor ihnen. (12, 20–36)

Das Wort Jesu: Rettung oder Gericht?

Der Evangelist beschließt den ersten Teil seines Buches, indem er in gedrängter Kürze noch einmal den Sinn der Sendung Jesu erläutert.

Jesus rief laut und sprach: »Wer an mich glaubt, glaubt nicht an mich, sondern an den, der mich gesandt hat. Wer mich sieht, sieht den, der mich gesandt hat. Ich bin als Licht in die Welt gekommen, damit jeder, der an mich

---

Jesu im Johannesevangelium (für die synoptischen Evangelien vgl. S. 127, 163f.). Johannes hat ihn aus der Überlieferung aufgenommen, ihm aber einen anderen Inhalt gegeben. Er bezeichnet damit den vom Himmel herabkommenden und dahin wieder aufsteigenden Offenbarer. Besonders eng ist mit dem Titel das Motiv der Erhöhung und Verherrlichung verknüpft.

31 Damit wird auf die traditionelle jüdische Auffassung von einem ewigen messianischen Reich angespielt.

32 Die Frage, die gestellt war, wird nicht beantwortet, sondern abgeschnitten. So wird bewußt gemacht: Jetzt ist es nicht die Zeit, dogmatische Fragen zu diskutieren; jetzt gilt es, die Gegenwart des »Lichtes« zu nützen.

glaubt, nicht in der Finsternis bleibt. Wenn jemand meine Worte hört und nicht bewahrt – ich richte ihn nicht; denn ich bin nicht gekommen, die Welt zu richten, sondern die Welt zu retten. Wer mich ablehnt und meine Worte nicht aufnimmt, hat seinen Richter. Das Wort, das ich gesprochen habe, das wird ihn richten. Habe ich doch nicht von mir aus gesprochen, sondern der Vater, der mich gesandt hat, hat mir den Auftrag gegeben, was ich sagen und was ich reden soll. Und ich weiß, daß sein Auftrag ewiges Leben ist. Was ich also rede, das rede ich so, wie es mir der Vater gesagt hat.«

(12, 44–50)

(b) Die Abschiedsreden: Jesus und seine Gemeinde (Kap. 13–17)

Johannes ist der einzige Evangelist, der die Situation des Abschieds Jesu thematisch ausgestaltet. In ausführlichen Reden läßt er Jesus seine Jünger auf seinen Weggang und ihre künftige Aufgaben vorbereiten. Man kann in den Abschiedsreden ein Vermächtnis Jesu für die Jünger sehen. Der Sache nach geht es hier aber nicht um die historischen Jünger, sondern um Leben und Schicksal der Gemeinde nach Jesu Tod. Der äußere Rahmen der Abschiedsreden ist das letzte Mahl. Während die synoptischen Evangelien dieses als Urbild des Abendmahls darstellen, steht bei Johannes die Fußwaschung im Mittelpunkt.

Die Abschiedsreden kreisen hauptsächlich um vier Punkte:

(1) entfaltet der Evangelist hier sein Gemeindeverständnis. Das Auffällige dabei ist, daß er gar kein Wort für die Gemeinde hat. Begriffe wie Leib Christi, Volk Gottes oder Gemeinde und Kirche fehlen. Johannes spricht nur von dem, was die Gemeinde konstituiert: die Teilhabe, das »Bleiben« an Jesus. Besonders einprägsam kommt dies im Bild vom Weinstock und den Ranken zum Ausdruck.

(2) Der scheidende Jesus verpflichtet die Jünger auf das Liebesgebot. Liebe sei das entscheidende und eindeutige Merkmal der Jüngerschaft. Das ist allerdings allgemein urchristliche Auffassung. Bei Johannes hat sich der Sinn des Liebesgebotes jedoch verschoben. Er denkt an die Liebe der Jünger untereinander, versteht sie demnach als das Lebensprinzip einer sich nach außen abgrenzenden Bruderschaft. Die Welt, in die Jesus selbst gerade mit dem Liebesgebot hineinverwies, scheint ausgeblendet. Vermutlich spiegelt sich in dieser Sinn-Verschiebung die Situation der johanneischen Gemeinde wider. Eine Reihe von Bemerkungen läßt erkennen, daß sie starkem Druck von außen ausgesetzt und so gezwungen war, sich auf sich selbst zurückzuziehen. Dennoch verschwindet die Welt auch für Johannes nicht völlig aus dem Blickfeld. Er sieht vielmehr die Aufgabe der christlichen Gemeinde darin, daß sie in ihrer Gemeinschaft die Liebe zur Geltung bringt und *dadurch* der Welt Zeugnis gibt.

(3) Es entspricht allgemein urchristlicher Auffassung, wenn Johannes die Existenz der Gemeinde mit dem Wirken des Geistes in Verbindung bringt.

Sein Kommen wird den Jüngern für die Zeit nach Jesu verheißen. Die Ankündigung des Geistes wird bei Johannes in besonderer Weise ausgeführt. Einmal deutet er das Kommen des Geistes als die Wiederkunft Jesu. Zum anderen spricht er von dem Parakleten (Beistand, Helfer), den er ausdrücklich mit dem Geist gleichsetzt [33].

Der Paraklet gibt besondere Fragen auf. Das Johannesevangelium schildert ihn als eine selbständige Offenbarergestalt, die Jesu Werk fortsetzt und sogar überbietet. Er erst werde die volle Wahrheit bringen. Erst durch sein Wirken werde die vollgültige Glaubenserkenntnis erschlossen. In ähnlicher Weise hat der Täufer auf Jesus vorausgewiesen (vgl. S. 390 f.). Diese Parallelität ist freilich begrenzt. Der Täufer wies von sich weg, um den nach ihm kommenden Größeren herauszustellen. Anders der Paraklet. Von ihm heißt es, er werde an das Wort Jesu »erinnern«, es zur Geltung bringen. Sein Zeugnis ist also doch nicht als eine weiterführende Offenbarung verstanden, die neue und andere Inhalte erschließt, sondern als die »Ratifizierung« der Jesus-Offenbarung.

Die Spannungen im Bild des Parakleten sind offenkundig. Sie lassen sich aber verstehen. Auf der einen Seite wollte der Evangelist zum Ausdruck bringen, daß nach Ostern in der Tat eine neue Zeit anbrach. Jetzt erst nahm der christliche Glaube Konturen an; jetzt erst fand man sich in einer Gemeinde zusammen. Zum anderen war klar, daß nicht die schöpferische Leistung der ersten Christen dieser neuen Zeit das Gepräge verlieh. Man war der Überzeugung, daß hier Jesus selbst zur Wirkung kam, Konsequenzen zeitigte und festumrissene Erkenntnisse zutage förderte. Beide Gesichtspunkte wollte Johannes gleichzeitig zur Geltung bringen. Von daher rührt die Widersprüchlichkeit seiner Aussagen über den Parakleten. Diese Widersprüchlichkeit strukturiert sein ganzes Evangelium. Wie sich gerade aus den Parakletenworten ergibt, schreibt der Evangelist die Abschiedsreden aus der Perspektive des irdischen Jesus, der mitteilt, was nach seinem Tod sein wird und sein soll. Das Wirken Jesu (Kap. 1–12) schildert er jedoch aus der Perspektive der nachösterlichen Gemeinde, so, wie Jesus sich der glaubenden Gemeinde darstellt. Kein Leser der ersten Kapitel kann auf den Gedanken kommen, daß an Wahrheit und Offenbarung auch nur das Geringste noch aussteht [34].

---

33 Der Begriff des Parakleten wird hier als Fremdwort beibehalten, um keinen falschen Interpretationen Vorschub zu leisten. Luther gab das griechische Wort mit »Tröster« wieder, was in völlig falsche Richtung weist.

34 Der Ursprung der Parakletengestalt ist umstritten. Man hat einmal daran gedacht, der Evangelist habe einen eschatologischen Vollender der spätjüdischen Erwartung, etwa den Menschensohn, uminterpretiert und mit Hilfe des traditionellen Vorläufer-Vollender-Schemas (nach welchem auch das Verhältnis Täufer-Jesus bestimmt worden war) in seine Konzeption einbezogen. Möglich ist aber auch, daß der religionsgeschichtliche Hintergrund des Parakleten in der Gnosis zu suchen ist. In einer Gruppe gnostischer Texte gibt es eine Offenbarergestalt, die den Namen »Helfer« trägt. Anders als bei Johannes steht dieser »Helfer« freilich in einer *Reihe* aufeinanderfolgender Gesandten und Offenbarer.

(4) Eine weitere Funktion der Abschiedsreden ist die Enthüllung des Geschicks, das die Gemeinde nach Jesu Tod erwartet. Die Welt werde ihr mit Haß begegnen. Aber dieser Haß ist ein Widerfahrnis, das sie auf ihrem Weg gerade bestätigt und ihrer Sache gewiß macht. Das Schicksal, das die Welt denen bereitet, die nicht »aus der Welt« sind, kann ihr nicht erspart werden. Jesu Bitte für sie kann darum nur sein, daß sie *in* der Welt vor dem Bösen bewahrt bleibt.

Diese Bitte entstammt dem berühmtesten Stück der Abschiedsreden, dem *Abschiedsgebet* Jesu – oft hohepriesterliches Gebet genannt. Mit ihm schließen sie ab. Jesus ist im Begriff, sein Werk zu vollenden. Nun bittet er für die Seinen, die in der Welt zurückbleiben und die jetzt in die Welt gesandt werden, wie er selbst gesandt worden ist.

Das letzte Mahl: die Fußwaschung

Die Fußwaschung, die Jesus beim letzten Mahl an den Jüngern vornimmt, hat den Charakter eines Vermächtnisses. Ursprünglich die Geste des Gastgebers gegenüber den Gästen, ist sie hier zum Programm geworden. Der Sinn der Fußwaschung ist ein doppelter: Erstens besagt sie, daß Jesus seinen Jüngern an sich Anteil gibt, sie in seine Gemeinschaft einbezieht. Die Waschung symbolisiert die darauf beruhende »Reinheit« der Jünger. Zweitens will sie als eine beispielhafte Handlung verstanden werden, an der die Jünger sich über ihre Zusammengehörigkeit in einer Bruderschaft klar werden sollen. – Der Bedeutungsgehalt der Fußwaschung steht der des Abendmahls sachlich nahe; denn nach urchristlicher Auffassung stiftet Jesus im Abendmahl Gemeinschaft mit sich und schließt zugleich die zu einer brüderlichen Gemeinschaft zusammen, die an diesem Mahl teilnehmen (vgl. S. 99).

Vor dem Passa, als Jesus wußte, daß seine Stunde gekommen ist, . . . legte er bei einem Mahl[35] die Kleider ab, nahm ein Leintuch und band es sich um. Dann goß er Wasser in das Waschbecken und hob an, seinen Jüngern die Füße zu waschen und sie mit dem Leintuch, das er sich umgebunden hatte, abzutrocknen. Da kam er zu Simon Petrus. Der sagte zu ihm: »Herr, du willst mir die Füße waschen?« Jesus antwortete und sagte zu ihm: »Was ich tue, verstehst du jetzt nicht, du wirst es aber nachher begreifen.« Petrus sagte zu ihm: »Auf keinen Fall sollst du mir jemals die Füße waschen.« Jesus antwortete ihm: »Wenn ich dich nicht wasche, hast du keinen Anteil an mir.« Simon Petrus sagte zu ihm: »Herr, nicht nur meine Füße, sondern auch die Hände und das Haupt!« Jesus sagte zu ihm: »Der Gebadete hat nicht nötig, sich waschen zu lassen; er ist ganz rein. Auch ihr seid rein, aber nicht alle.«[36]

---

35 Es wird hier ausdrücklich hervorgehoben, daß das Mahl an einem Abend *vor* dem Passa stattfand, also kein Passamahl war. Das entspricht älterer Tradition und ist auch das historisch Wahrscheinliche. Die Synoptiker stellen das letzte Mahl als Passamahl dar. Vgl. S. 125 f.

36 Reinheit ist nicht kultisch, sondern symbolisch gemeint, als die Wirkung des Wortes Jesu. »Der Gebadete« ist der Jünger, der an Jesus glaubt.

Denn er kannte den, der ihn ausliefern würde. Deshalb sagte er: »Ihr seid nicht alle rein.«

Als er nun ihre Füße gewaschen hatte, sagte er zu ihnen: »Habt ihr verstanden, was ich euch getan habe? Ihr nennt mich ›Lehrer‹ und ›Herr‹, ihr habt recht damit; denn ich bin es. Wenn nun ich, der Herr und Lehrer, euch die Füße gewaschen habe, müßt auch ihr euch einander die Füße waschen. Ich habe euch nämlich ein Beispiel gegeben: Wie ich euch getan habe, so sollt auch ihr tun. Amen, Amen, ich sage euch: Der Sklave ist nicht größer als sein Herr, und der Bote nicht größer als der, der ihn schickt. Wenn ihr das wißt, selig seid ihr, wenn ihr danach handelt.« (13, 1.4–17)

Kennzeichnung des Verräters

Wie die synoptischen Evangelien (vgl. S. 121) enthält auch das Johannesevangelium eine Szene, in der Jesus seinen Verräter kennzeichnet. Die johanneische Fassung weicht nicht unerheblich von der synoptischen ab. Bei Johannes entlarvt Jesus den Verräter Judas vor allen Jüngern, freilich ohne daß diese es merken können – und schickt ihn selbst weg, sein Werk zu vollbringen. Eine für Johannes charakteristische Akzentuierung: Jesus ist nicht ohnmächtig dem Haß und der Macht der Welt ausgeliefert; er gibt sein Leben aus eigenem Entschluß hin (vgl. Joh 10, S. 403).

»Nicht von euch allen rede ich; ich weiß, wen ich ausgewählt habe ... Schon jetzt, bevor es geschieht, sage ich es euch, damit ihr, wenn es geschieht, glaubt, daß ich es bin.« ... Bei diesen Worten war Jesus innerlich erschüttert; und er legte Zeugnis ab und sprach: »Amen, Amen, ich sage euch: Einer von euch wird mich ausliefern.« Da sahen die Jünger einander an, ratlos, von wem er rede. Einer von seinen Jüngern lag bei Tisch an der Brust Jesu, der, den Jesus liebte[37]. Diesen nun winkte Simon Petrus zu sich und sprach zu ihm: »Sage, wer ist es, von dem er redet.« Der lehnte sich einfach an die Brust Jesu zurück und sagte zu ihm: »Herr, wer ist es?« Da antwortete Jesus: »Der ist es, dem ich den Bissen eintauchen und geben werde.« Da tauchte er den Bissen ein, nahm ihn und gab ihn dem Judas, dem Sohn des Simon Ischariot. Nach dem Bissen, da ging der Satan in ihn ein. Da sagte Jesus zu ihm: »Was du tun willst, tue bald.« Keiner von den Tischgenossen verstand freilich, wozu er ihm das sagte. Einige nämlich meinten, da Judas die Kasse führte, Jesus wolle ihm sagen: »Kaufe ein, was wir zum Fest brauchen«, oder

---

37 Hier ist von einem »Lieblingsjünger« die Rede, zu dessen Eigenart es gehört, daß er nur im Johannesevangelium vorkommt und hier in einem merkwürdigen Konkurrenzverhältnis zu Petrus steht. Vielfach hat man vermutet, hinter dieser verschlüsselten Kennzeichnung verberge sich der vermeintliche Verfasser des Evangeliums, also Johannes. Für diese Vermutung gibt es jedoch keine Anhaltspunkte. Wahrscheinlich handelt es sich um die johanneische Idealgestalt eines Jüngers.

er solle den Armen etwas geben. Als jener den Bissen genommen hatte, ging er sofort hinaus. Es war aber Nacht[38]. (13, 18–19.21–30)

Der Weinstock und die Reben

Unter dem Bilde vom Weinstock erläutert der Evangelist sein Gemeinde-Verständnis. Direkt spricht er zwar von einzelnen Gliedern der Gemeinde und ihrem Verhältnis zu Jesus (Ranken/Weinstock). Aber das Bild im ganzen erweckt doch den Eindruck, als habe der Evangelist eine Gesamtheit im Auge. – Die Existenz der Gemeinde und der einzelnen Christen hängt daran, daß sie an Jesus »bleiben«, das heißt: sich an sein Wort halten. Sonst seien sie ohne Frucht. Gemeinde und Christentum entwerfen sich nicht aus sich selbst, sondern sind von Jesus her entworfen. Jesus hat sie, die Jünger, erwählt. Das ist der Anfang und Grund alles weiteren. Nun ist es ihre Sache, in seinem Sinne zu wirken. Indem sie das sind, wozu er sie gemacht hat, wird Gott »verherrlicht«. Jesus spricht seine Jünger als Freunde an. Damit soll gesagt sein: Ihr Werk ist von wirklicher Erkenntnis, von Wissen getragen; es kommt aus dem Einssein mit Jesus.

»Ich bin der wahre Weinstock; mein Vater ist der Winzer. Jede Ranke an mir, die nicht Frucht trägt, schneidet er weg, und jede, die Frucht trägt, säubert er, damit sie noch mehr Frucht trage. Ihr seid bereits rein um des Wortes willen, das ich zu euch geredet habe. Bleibt in mir, so bleibe ich in euch. Wie die Ranke von sich aus keine Frucht tragen kann, wenn sie nicht am Weinstock bleibt, so auch ihr nicht, wenn ihr nicht in mir bleibt. Ich bin der Weinstock, ihr seid die Ranken. Wer in mir bleibt und ich in ihm, der trägt viel Frucht; getrennt von mir könnt ihr nämlich nichts tun. Wenn jemand nicht in mir bleibt, wird er hinausgeworfen wie die Ranke und verdorrt; man sammelt sie und wirft sie ins Feuer; und sie verbrennen. Wenn ihr in mir bleibt und meine Worte in euch bleiben, so bittet, was ihr wollt; es wird euch zuteil werden. Dadurch ist mein Vater verherrlicht, daß ihr viel Frucht tragt und euch als meine Jünger erweist. Wie mich der Vater geliebt hat, habe auch ich euch geliebt. Bleibt in meiner Liebe. Wenn ihr meine Gebote haltet, werdet ihr in meiner Liebe bleiben, wie ich meines Vaters Gebote gehalten habe und in seiner Liebe bleibe ... Das ist mein Gebot, daß ihr einander liebt, wie ich euch geliebt habe. Eine größere Liebe hat niemand als die, daß er sein Leben für seine Freunde hingibt. Ihr seid meine Freunde, wenn ihr tut, was ich euch auftrage. Ich nenne euch nicht mehr Knechte, denn der Knecht weiß nicht, was sein Herr tut. Euch aber habe ich Freunde genannt, weil ich euch alles, was ich von meinem Vater gehört, mitgeteilt habe. Nicht ihr habt mich erwählt, sondern ich habe euch erwählt und dazu bestimmt, daß ihr hingeht und Frucht tragt.« (15, 1–16)

---

38 Die Jünger im gesamten wissen nicht, was es bedeutete, daß Jesus dem Judas den eingetauchten Brotbrocken reichte. Nur dem Lieblingsjünger war vorher die Geste enträtselt worden. – Die ganze Szene ist schwer vorstellbar.

Der Haß der Welt

Jesus läßt die Jünger wissen, daß die Welt sie verfolgen wird. Das beruht nicht auf einem vermeidbaren Irrtum, sondern ist eine Konsequenz, die sich aus ihrem fundamentalen Anderssein ergibt. Konkret wird sich die Feindschaft der Welt darin äußern, daß man die Jünger aus der jüdischen Glaubensgemeinschaft ausschließt. Mit ihrer Haltung gegenüber der Gemeinde entlarvt sich die Welt. Was sie zur Welt im qualifizierten Sinne macht, ist nach johanneischem Verständnis »Unkenntnis«. Damit sind nicht mangelndes Wissen gemeint, sondern daß sie nicht wahrhaben will, daß in Jesus Gott redet und handelt. Sie will nach ihrem Selbstverständnis nicht gottlos sein; nur: Gott ist für sie woanders, in ihren Begriffen und Vorstellungen über Gott, in ihren religiösen Traditionen.

Für ihren künftigen Weg verheißt Jesus den Beistand des Parakleten. Er wird für ihn Zeugnis ablegen – durch den Mund der Jünger selbst. Das bedeutet: Das Zeugnis, das diese in ihrer Verkündigung ablegen, wird sich ihnen als Wahrheit erweisen.

»Wenn die Welt euch haßt, so wißt, daß sie mich vor euch gehaßt hat. Wenn ihr aus der Welt wärt, würde die Welt das zu ihr Gehörige lieben. Weil ihr aber nicht aus der Welt seid, sondern ich euch aus der Welt heraus erwählt habe, deshalb haßt euch die Welt. Denkt an das Wort, das ich euch gesagt habe: Der Sklave ist nicht größer als sein Herr. Wenn sie mich verfolgt haben, werden sie auch euch verfolgen. Wenn sie mein Wort bewahrt haben, werden sie auch das eure bewahren. Aber dieses alles werden sie euch um meines Namens willen antun; denn sie kennen den nicht, der mich gesandt hat. Wenn ich nicht gekommen wäre und zu ihnen geredet hätte, hätten sie keine Sünde. Jetzt aber haben sie keine Entschuldigung für ihre Sünde. Wer mich haßt, haßt auch meinen Vater. Wenn ich nicht die Werke unter ihnen getan hätte, die kein anderer getan hat, hätten sie keine Sünde. Jetzt aber haben sie gesehen und dennoch mich und meinen Vater gehaßt. Aber das Wort sollte sich ja erfüllen, das in ihrem Gesetz geschrieben steht: ›Sie haben mich ohne Grund gehaßt.‹ Wenn der Paraklet kommt, den ich euch vom Vater her senden werde, der Geist der Wahrheit, der vom Vater ausgeht, der wird von mir Zeugnis ablegen. Aber auch ihr legt Zeugnis ab, weil ihr von Anfang an bei mir wart.

Das habe ich zu euch gesagt, damit ihr nicht zu Fall kommt. Sie werden euch aus der Synagoge ausschließen[39]; ja es kommt die Stunde, wo jeder, der euch tötet, meint, damit einen Gottesdienst zu verrichten. Das werden sie tun, weil sie weder den Vater noch mich erkannt haben. Aber dieses habe ich zu euch gesagt, damit ihr, wenn die Zeit dafür kommt, euch daran erinnert, daß ich es euch gesagt habe.« (15, 18–16, 4)

---

39 Diese Bemerkung läßt vermuten, daß harte Auseinandersetzungen mit der Synagoge zu den Erfahrungen der johanneischen Gemeinde gehören.

Der Paraklet

Jesu Weggehen ist Voraussetzung für das Kommen des Parakleten. Der Kummer der Jünger ist verständlich, aber im Grunde ein Zeichen dafür, daß sie nicht begreifen, was Jesu Weggehen eröffnet. Erst der Paraklet wird den Charakter der Welt aufdecken. Er wird ihren Unglauben ans Licht bringen, das Gericht über ihren »Herrn« (den Teufel) vollziehen und Jesu Sieg sichtbar machen. Jesu Weggang bedeutet Erfüllung und Vollendung.

»Ich habe euch das nicht von Anfang an gesagt, weil ich bei euch war. Jetzt aber gehe ich zu dem, der mich gesandt hat, und keiner von euch fragt mich: ›Wo gehst du hin?‹, sondern, weil ich euch das gesagt habe, hat der Kummer euer Herz erfüllt. Aber ich sage euch die Wahrheit: Es ist gut für euch, daß ich fortgehe. Denn, wenn ich nicht fortgehe, wird der Paraklet nicht zu euch kommen. Wenn ich aber gehe, werde ich ihn zu euch senden. Und wenn er kommt, wird er die Welt überführen in bezug auf Sünde, Gerechtigkeit und Gericht. In bezug auf Sünde insofern, als sie nicht an mich glauben; in bezug auf Gerechtigkeit [40], weil ich zum Vater gehe und ihr mich nicht mehr seht; in bezug auf Gericht, weil der Fürst dieser Welt gerichtet ist.« (16, 4–11)

Der Geist der Wahrheit

Der folgende Text spricht davon, was der Paraklet, hier »Geist der Wahrheit« genannt, für die Jünger selbst bringen wird. Seine Bedeutung besteht darin, daß er ihnen die Wahrheit Jesu in ihrer ganzen Fülle erschließt und sein Werk zur Wirkung bringt. Er spricht keine neuen »Offenbarungswahrheiten« aus. Die Zeit des Geistes ist bei Johannes als neue Zeit verstanden; auf der anderen Seite betont er jedoch, daß der Geist nicht über Jesus hinausführt, sondern gerade an die Geschichte Jesu bindet. Es geht auch jetzt und in aller Zukunft darum, an Jesus zu »bleiben«.

»Noch vieles habe ich euch zu sagen, aber ihr könnt es jetzt noch nicht tragen. Wenn er aber kommt, der Geist der Wahrheit, wird er euch zur vollen Wahrheit führen. Denn er wird nicht von sich aus reden, sondern er wird reden, was er hört, und er wird euch das Kommende verkündigen. Er wird mich verherrlichen, weil er aus dem Meinigen empfangen und euch verkündigen wird. Alles, was der Vater hat, ist mein. Deshalb habe ich gesagt, daß er aus dem Meinigen empfangen und euch verkündigen wird.«

(16, 12–15)

---

40 »Gerechtigkeit« hat hier die Bedeutung von »Sieg«. Das Recht Jesu wird – das ist ein spezifisch johanneischer Gedanke – sich bei seinem Aufstieg zum Vater herausstellen.

Der wiederkommende Jesus

Der Weggang Jesu ist nicht das Ende aller Dinge. Jesus sagt seine Wiederkunft in einer »kleinen Weile« und damit für eine Zeit an, in der Trauer und Klage in Freude umschlagen werden. Diese Zeit ist Zeit der Freude, weil sie endgültige Klarheit bringen und im Zeichen fraglos gewissen Vertrauens stehen wird; die Jünger selbst werden den »Vater« bitten, und sie werden empfangen.

Das Kommen des Geistes (Paraklet) ist als Wiederkunft Jesu gedeutet. Seine Gegenwart ist nach Johanneischem Verständnis nichts anderes als die Gegenwart Jesu.

»Eine kleine Weile noch, und ihr schaut mich nicht mehr. Und wiederum eine kleine Weile, und ihr werdet mich sehen ... Amen, Amen, ich sage euch: Ihr werdet weinen und klagen, die Welt aber wird sich freuen. Ihr werdet traurig sein, aber eure Trauer soll zur Freude werden. Wenn die Frau gebiert, ist sie traurig, weil ihre Stunde gekommen ist. Wenn sie aber das Kind geboren hat, denkt sie nicht mehr an die Bedrängnis über der Freude, daß ein Mensch zur Welt geboren ist. Jetzt seid auch ihr traurig. Ich werde euch aber wiedersehen, und euer Herz wird sich freuen. Und eure Freude nimmt euch niemand weg. An jenem Tage werdet ihr mich nichts fragen. Amen, Amen, ich sage euch: Wenn ihr den Vater etwas bitten werdet, wird er es euch in meinem Namen geben. Bis jetzt habt ihr nichts in meinem Namen erbeten. Bittet und ihr werdet empfangen, damit eure Freude zur Vollendung komme.« (16, 16.20–24)

Die Zukunft der Gemeinde

Das im Glauben ergriffene Heil ist auch nach johanneischem Verständnis nicht restlos irdische Gegenwart. Was noch aussteht, ist die Rückkehr der Glaubenden in das »Haus des Vaters«. Jesu Werk besteht darin, ihnen den Platz zu bereiten und den Weg dahin zu erkämpfen. Johannes denkt anders als die jüdische und urchristliche Eschatologie nicht an Weltgericht, Auferstehung der Toten und Verwandlung der Welt, sondern an eine jenseitige, himmlische »Lichtwelt«, den Ort Gottes und des Heils. Dorthin ist Jesu zurückgekehrt; dies ist auch der Ort der Seinen (nach ihrem Tod). Religionsgeschichtlich hängt diese Auffassung mit der Konzeption vom gnostischen Erlöser zusammen, der bei seinem Aufstieg die zur »Erkenntnis« gebrachten Lichtfunken (Seelen) mit sich in die himmlische Heimat führen wird.

»Euer Herz erschrecke nicht. Glaubt an Gott und glaubt an mich! In dem Hause meines Vaters sind viele Wohnungen. Wäre das nicht so, hätte ich euch dann gesagt: ich gehe hin, euch einen Platz zu bereiten? Wenn ich hingegangen bin und euch einen Platz bereitet habe, komme ich wieder und werde euch zu mir nehmen, damit, wo ich bin, auch ihr seid.« (14, 1–3)

Paraklet – Geist – Wiederkunft Jesu

»Ich will den Vater bitten, und er wird euch einen anderen Parakleten geben, daß er für immer bei euch sei, den Geist der Wahrheit, den die Welt nicht annehmen kann, weil sie ihn nicht sieht und kennt. Ihr kennt ihn, weil er bei euch bleibt und in euch ist.

Ich will euch nicht als Waisen zurücklassen: Ich komme zu euch. Nur noch eine kleine Weile, und die Welt sieht mich nicht mehr. Ihr aber seht mich, weil ich lebe und ihr leben werdet. An jenem Tage werdet ihr erkennen, daß ich in meinem Vater bin und ihr in mir und ich in euch ...

Wenn mich jemand liebt, wird er mein Wort bewahren, und mein Vater wird ihn lieben. Wir werden zu ihm kommen und Wohnung bei ihm nehmen. Wer mich nicht liebt, bewahrt meine Worte nicht. Das Wort, das ihr hört, ist nicht von mir, sondern von dem Vater, der mich gesandt hat. Das habe ich euch gesagt, während ich bei euch weilte. Der Paraklet aber, der heilige Geist, den der Vater in meinem Namen senden wird, der wird euch alles lehren und euch an alles erinnern, was ich euch gesagt habe.«

(14, 16–20.23–26)

Das Abschiedswort an die Jünger

Der Augenblick des Abschieds steht unmittelbar bevor. Das letzte Wort, das Jesu an seine Jünger richtet, ist ein Wort des Zuspruchs und der Ermutigung. Er läßt sie an seinem Wissen teilhaben, um ihnen über ihre Trauer hinwegzuhelfen.

»Frieden lasse ich euch zurück, meinen Frieden gebe ich euch. Nicht so, wie die Welt gibt, gebe ich euch. Euer Herz erschrecke nicht und verzage nicht! Ihr habt gehört, daß ich euch gesagt habe: Ich gehe hin und komme zu euch. Wenn ihr mich liebtet, würdet ihr euch freuen, daß ich zum Vater gehe, weil der Vater größer ist als ich. Schon jetzt habe ich es euch gesagt, bevor es geschieht, damit ihr, wenn es geschieht, glaubt. Ich werde nicht mehr mit euch reden; denn es kommt der Fürst der Welt; doch auf mich hat er kein Recht[41]. Aber, damit die Welt erkenne, daß ich den Vater liebe und so handle wie mir der Vater aufgetragen hat – steht auf, wir wollen von hier weggehen!«

(14, 27–31)

---

41 Der Evangelist weist hier auf das voraus, was Judas – in den der Teufel hineingefahren ist (vgl. oben S. 412 f.) – jetzt gleich tun wird. Mit Nachdruck betont er zugleich, daß der Teufel trotz allem nichts über ihn vermag.

Das Abschiedsgebet Jesu

Jesus richtet seinen Blick auf die »Stunde«, deren Sinn darin besteht, Gottes »Herrlichkeit« in Erscheinung treten zu lassen. Damit sich dieser Sinn erfülle, bittet er Gott, er möge seinen Sohn verherrlichen. Denn nirgends anders als in der Verherrlichung des Sohnes leuchtet die Herrlichkeit Gottes auf. Beides hängt unlösbar ineinander, wie Jesus auch tut, was der Vater ihm zeigt und der Vater alles in die Hände des Sohnes gelegt hat.

Die Verknüpfung des Todes Jesu mit dem Begriff der »Herrlichkeit« ist ein spezifisch johanneischer Gedanke. Sie erklärt sich vom gnostischen Vorstellungshintergrund des Evangeliums her. Im Mythos war mit Herrlichkeit realistisch der Glanz himmlischen Lichts gemeint. Gelegentlich wird in gnostischen Texten berichtet, wie der Erlöser bei seiner Auffahrt in glänzende Gewänder gehüllt wird und dann, in Lichtglanz erstrahlend, vor den Vater hintritt. Diese Vorstellung ist hier nicht entfaltet, bildet aber den Hintergrund. Verherrlichung heißt bei Johannes: zu Wirkung und Geltung bringen, als mächtig erweisen. Der in diesem Sinne verherrlichte Sohn kann den Seinen »ewiges Leben« schenken.

Das Thema des zweiten, umfangreicheren Teils des Abschiedsgebets Jesu ist die Gemeinde, die in der Welt zurückbleibt. Beide Teile sind allerdings aufs engste verknüpft. Ging es dort um die Verherrlichung Jesu durch den Vater, so hier um die Verherrlichung Jesu in der Gemeinde – darin nämlich, daß hier sein Wort angenommen und die Wahrheit Jesu erkannt wird.

Die Bitte Jesu geht konkret dahin, daß Gott die Schar der Jünger und die Gemeinde, die durch ihr Wirken entsteht, *in* der Welt erhält. Ihre Sache ist nicht die Flucht *aus* der Welt, sondern die Überwindung des Bösen. Das ist freilich nicht im Sinne eines moralischen Appells gemeint. Die Überwindung des Bösen geschieht aus der Kraft der Wahrheit, die in dem Wort des Vaters lebendig ist. An sie werden die Jünger abschließend gewiesen.

Jesus erhob seine Augen zum Himmel und sprach: »Vater die Stunde ist gekommen. Verherrliche deinen Sohn, damit der Sohn dich verherrliche, wie du ihm Macht gegeben hast über alles Fleisch, damit er allem, was du ihm gegeben hast, ewiges Leben schenke. Das aber ist das ewige Leben, daß sie dich, den allein wirklichen Gott erkennen und Jesus Christus, den du gesandt hast. Ich habe dich verherrlicht auf der Erde, indem ich das Werk vollendet habe, das du mir aufgetragen hast. Jetzt verherrliche du mich, Vater, bei dir mit der Herrlichkeit, die ich bei dir hatte, bevor die Welt war[42].

Ich habe deinen Namen[43] den Menschen, die du mir aus der Welt gegeben hast, bekannt gemacht. Dir gehören sie, und mir hast du sie gegeben. Und sie haben dein Wort bewahrt. Sie haben jetzt erkannt, daß alles, was du mir gegeben hast, von dir kommt. Denn die Worte, die du mir gegeben hast, habe ich ihnen gegeben. Sie haben sie angenommen und wirklich erkannt, daß ich von dir ausgegangen bin; und sie sind zu dem Glauben gekommen, daß du mich gesandt hast.

---

42 Hier schimmert der mythologische Hintergrund durch.
43 Das heißt: Gott selbst.

Ich bitte für sie. Nicht für die Welt bitte ich, sondern für die, die du mir gegeben hast, weil sie dir gehören. Alles, was mein ist, ist dein und das Deine mein. Und ich bin in ihnen verherrlicht. Ich bin nicht mehr in der Welt; doch sie sind in der Welt, und ich gehe zu dir. Heiliger Vater, bewahre sie in deinem Namen, ... damit sie eins seien wie wir. Als ich bei ihnen war, habe ich sie bewahrt in deinem Namen, den du mir gegeben hast, und habe sie behütet. Und keiner von ihnen ist verloren gegangen, außer dem Sohn des Verderbens, damit die Schrift erfüllt würde. Jetzt aber gehe ich zu dir. Das rede ich in der Welt, damit sie meine Freude vollendet in sich haben. Ich habe ihnen dein Wort gegeben. Die Welt hat sie gehaßt, weil sie nicht aus der Welt sind, wie ich nicht aus der Welt bin[44]. Ich bitte nicht, du möchtest sie aus der Welt wegnehmen, sondern du möchtest sie vor dem Bösen bewahren. Sie sind nicht aus der Welt, so wie ich nicht aus der Welt bin. Heilige sie durch die Wahrheit; dein Wort ist Wahrheit. Wie du mich in die Welt gesandt hast, habe auch ich sie in die Welt gesandt. Und für sie heilige ich mich, damit auch sie in der Wahrheit geheiligt seien.« (17, 1–19)

(c) Passion und Ostern

In der Passionserzählung stehen Johannesevangelium und Synoptiker verhältnismäßig nahe beieinander. Das gilt sowohl hinsichtlich des Stoffes wie des Aufbaus. Auf der anderen Seite sind die Unterschiede in den Details und der erzählerischen Ausgestaltung beträchtlich. Eine gemeinsame Traditionsgrundlage ist deshalb nicht anzunehmen.

Wie es mit den Überlieferungen im einzelnen auch stehen mag, deutlich ist, daß der Evangelist die Passion Jesu mit einer bestimmten Tendenz erzählt. Der Gesamthorizont, in dem er das Passionsgeschehen sieht, ist bereits in früheren Abschnitten sichtbar geworden. Jesu Kreuz bedeutet für ihn Erhöhung und Verherrlichung. Diese Sicht kommt auch in der Passionserzählung selbst zur Geltung. Sie schildert einen Jesus, der auch in Leiden und Tod der Überlegene und der eigentliche Herr des Geschehens ist. Er selbst bestimmt seine »Stunde«. Der Tod ist sein eigener Entschluß, ja sein eigenes Werk. Die Feinde verfügen nicht über ihn; sie können ihn nur deswegen töten, weil ihnen von Gott die Macht dazu gegeben ist. Johannes stellt Jesu Kreuz nicht mehr wie Markus oder Paulus als Ärgernis dar, sondern als ein von einem Sinn erleuchtetes Geschehen, gewissermaßen als überwundenes Ärgernis.

---

44 »Welt« hat in diesen Sätzen zweierlei Bedeutung: (1) der irdisch-geschichtliche Lebensraum des Menschen, in dem die Gemeinde ihren Weg geht und in den hinein sie von dem scheidenden Jesus gesandt ist; (2) die das Leben der Menschen bestimmende, Maßstäbe setzende Macht. Als solche ist die Welt von negativer Qualität: Finsternis, Ort des »Fürsten dieser Welt«, Bosheit, Lüge, Haß, Tod.

Bei alledem kann kein Zweifel sein, daß Johannes die Geschichte eines wirklichen Leidens und Sterbens erzählen wollte. In der Nachbarschaft der johanneischen Gemeinde gab es offenbar Kreise, die lehrten, der Gottessohn habe in Jesus nur scheinbar Menschengestalt angenommen und auch nicht wirklich den Tod erlitten. Man nennt eine solche Anschauung Doketismus bzw. doketische Christologie. Das Johannesevangelium bewegt sich hart am Rande einer solchen Christologie. Wie nahe es ihr kommt, zeigt sein stellenweise eigentümlich unirdisch anmutendes Bild der Geschichte Jesu. Insbesondere konnten die Deutung des Kreuzes als Erhöhung und Verherrlichung zu Mißverständnissen in dieser Richtung Anlaß geben. So darf man annehmen, daß der Evangelist gerade mit seiner ganz traditionellen Passionsgeschichte die Absicht verband, ein doketisches Mißverständnis seiner Christuslehre abzuwehren.

Eine antidoketische Tendenz macht sich auch in der Ostergeschichte bemerkbar. Die Erzählungen vom leeren Grab und den Erscheinungen, die Johannes der Überlieferung entnahm[45], sind mit deutlichen Akzenten versehen. Die Erscheinungsgeschichten kennzeichnet eine befremdliche Realistik. Am deutlichsten ist das an der johanneischsten der Ostergeschichten, der Geschichte vom »ungläubigen Thomas«.

Aus der Passions- und Ostererzählung des Johannesevangeliums greifen wir einige charakteristische Abschnitte heraus.

Die Gefangennahme

Die theologische Eigenart der Johannespassion kommt gleich in ihrem ersten Abschnitt, in der Verhaftungsszene, zum Ausdruck. Judas rückt mit den Häschern an. Aber er bleibt im folgenden Statist. Nicht er liefert Jesus aus. Jesus tut das selbst. Er muß den Häschern sogar helfen, ihre Befangenheit zu überwinden.

Nach diesen Worten ging Jesus mit seinen Jüngern hinaus über den Kidron-Bach hinüber. Dort war ein Garten. In den trat er mit seinen Jüngern ein. Aber auch Judas, der ihn auslieferte, kannte den Ort, weil Jesus dort oft mit seinen Jüngern zusammenkam. Judas nahm die Kohorte und Diener von den Hohenpriestern und Pharisäern und kam dorthin mit Laternen, Fackeln und Waffen. Da trat Jesus, der alles wußte, was über ihn komme sollte, heraus und sagte zu ihnen: »Wen sucht ihr?« Sie antworteten ihm: »Jesus, den Na-

45 In den Ostergeschichten gehen Johannes und die Synoptiker wieder sehr weit auseinander. Johannes greift großteils auf andere Traditionen zurück als diese (die auch unter sich stark differieren). In wesentlich veränderter Form ist die Entdeckung des leeren Grabes erzählt. In ihrem Mittelpunkt stehen nicht mehr die Frauen, die Jesu Leichnam salben wollen, sondern Petrus und der Lieblingsjünger. Sie machen einen merkwürdigen Wettlauf zum Grab, finden es leer und berichten den anderen Jüngern von ihrem Erlebnis. – Eine andere Ostergeschichte ist S. 155 aufgeführt.

zoräer.« Er sagte zu ihnen: »Ich bin es.« Es stand aber auch Judas ... bei ihnen. Als er zu ihnen sagte: »Ich bin es«, wichen sie zurück und fielen zu Boden. Da fragte er sie zum zweiten Mal: »Wen sucht ihr?« Sie aber antworteten: »Jesus, den Nazoräer.« Jesus antwortete: »Ich habe euch gesagt, daß ich es bin; wenn ihr mich sucht, laßt diese da fortgehen.« Das Wort, das er gesagt hatte, sollte sich erfüllen: ›Von denen, die du mir gegeben hast, habe ich keinen verloren gehen lassen.‹ Simon Petrus, der ein Schwert hatte, zog es und schlug nach dem Sklaven des Hohenpriesters und hieb ihm das rechte Ohr ab. Der Sklave hieß Malchus. Da sagte Jesus zu Petrus: »Stecke das Schwert in die Scheide. Soll ich den Kelch, den mir der Vater gereicht hat, nicht trinken?« (18, 1–11)

Jesus vor Pilatus

Jesus wird Pilatus übergeben und als politisch gefährlicher Rebell denunziert. Im Verhör stellt dieser jedoch Jesu Unschuld fest. Der erste Teil dieses Verhörs gipfelt in dem Selbstbekenntnis Jesu, Zeuge der Wahrheit zu sein, was Pilatus zu seiner berühmten Frage »Was ist Wahrheit?« veranlaßt. Ihr Sinn ist unterschiedlich bestimmt worden. Häufig versteht man sie als die Frage des philosophischen Skeptikers, der an der Zugänglichkeit der Wahrheit überhaupt zweifelt. Aber damit ist der johanneische Sinn nicht getroffen. Johannes meint mit »Wahrheit« die Wirklichkeit Gottes, die in Jesus geschichtlich in Erscheinung getreten ist (vgl. S. 401 f.). Pilatus will mit seiner Frage zu verstehen geben, daß diese Wahrheit im Prozeß gegen Jesus ohne Bedeutung ist. Er will ihr gegenüber neutral bleiben. Indes bekundet er gerade damit, daß er an ihr keinen Anteil hat. Sonst hätte er, gleich welche Rolle er in dem Prozeß zu spielen hat, die Stimme der Wahrheit vernommen und seine Überzeugung von der Unschuld Jesu auch gegen den massiven Druck der Juden durchgehalten.

Sie führten Jesus von Kaiphas weg in das Prätorium[46]. Es war aber früh am Morgen. Sie selbst jedoch gingen nicht in das Prätorium hinein, um sich nicht zu verunreinigen, sondern das Passa (noch) essen zu können. Da kam Pilatus zu ihnen hinaus und sagte: »Welche Anklage bringt ihr gegen diesen Mann vor?« Sie antworteten und sagten zu ihm: »Wäre das kein Verbrecher, so hätten wir ihn dir nicht ausgeliefert.« Da sagte Pilatus zu ihnen: »Nehmt ihr ihn und richtet ihn nach eurem Gesetz.« Da sagten die Juden zu ihm: »Wir haben nicht das Recht, jemanden hinzurichten.« Da ging Pilatus wieder in das Prätorium hinein, rief Jesus und sagte zu ihm: »Bist du der König der Juden?« Jesus antwortete: »Sagst du das von dir selbst aus, oder haben es andere von mir gesagt?« Pilatus antwortete: »Ich bin doch kein Jude! Dein Volk und die Hohenpriester haben dich mir übergeben. Was hast du getan?« Jesus antwortete: »Mein Reich ist nicht von dieser Welt. Wäre mein Reich von dieser Welt, dann hätten meine Diener gekämpft, daß ich den Juden nicht ausgeliefert worden wäre. Nun ist aber mein Reich nicht von hier.« Da sagte Pilatus zu ihm: »Du bist also doch ein König?« Jesus ant-

46 Die Residenz des römischen Statthalters.

wortete: »Gewiß, ich bin ein König. Ich bin dazu geboren und in die Welt gekommen, um für die Wahrheit Zeugnis abzulegen. Jeder, der aus der Wahrheit ist, hört auf meine Stimme.« Pilatus sagte zu ihm: »Was ist Wahrheit?« Und nach diesen Worten ging er wieder hinaus zu den Juden und sagte zu ihnen: »Ich finde keine Schuld an ihm.« (18, 28–38)

Der Tod Jesu

Wie die einzelnen Evangelisten den Tod Jesu verstanden wissen wollen, zeigt sich mit besonderer Deutlichkeit an den Worten, die sie dem sterbenden Jesus in den Mund legen. Nach der älteren Passionsüberlieferung stirbt Jesus mit dem Schrei eines Verlassenen: »Mein Gott, warum hast du mich verlassen?« Der johanneische Jesus stirbt in dem Bewußtsein, das ihm aufgetragene Werk vollbracht zu haben.

Sie (die römischen Soldaten) übernahmen Jesus. Selbst das Kreuz tragend ging er hinaus zu der sogenannten Schädelstätte, die hebräisch Golgatha heißt. Da kreuzigten sie ihn und mit ihm zwei weitere Männer, rechts und links, Jesus aber in der Mitte. Pilatus aber ließ eine Aufschrift schreiben und an das Kreuz heften. Auf ihr war geschrieben: »Jesus, der Nazoräer, der König der Juden«. Diese Aufschrift lasen viele Juden; denn der Ort, an dem Jesus gekreuzigt wurde, lag nahe bei der Stadt. Und sie war auf hebräisch, lateinisch und griechisch geschrieben. Da sagten die Hohenpriester der Juden zu Pilatus: »Schreibe nicht: Der König der Juden, sondern, daß er behauptet habe: Ich bin der König der Juden.« Pilatus erwiderte: »Was ich geschrieben habe, habe ich geschrieben.«

Als die Soldaten Jesus kreuzigten, nahmen sie seine Kleider und machten vier Teile, für jeden Soldaten einen Teil, dazu das Untergewand. Das Untergewand war aber ohne Naht, von oben her ganz durchgewebt. Sie sprachen nun untereinander: »Wir wollen es nicht zerteilen, sondern losen, wem es gehören soll« – damit die Schrift erfüllt würde: ›Sie teilten meine Kleider unter sich, und über mein Gewand warfen sie das Los.‹

Das taten die Soldaten. Es standen aber bei dem Kreuz Jesu seine Mutter und die Schwester seiner Mutter, Maria, die Frau des Klopas und Maria aus Magdala. Als Jesus die Mutter und den Jünger, den er liebte, dastehen sah, sagte er zur Mutter: »Frau, da ist dein Sohn!« Darauf sagte er zu dem Jünger: »Da ist deine Mutter.« [47] Und von jener Stunde an nahm sie der Jünger zu sich.

Da sagte Jesus, da er wußte, daß bereits alles vollbracht war, damit die Schrift erfüllt würde: »Mich dürstet.« Es stand da ein Gefäß voll Essig. Da

---

47 Die Worte haben offenbar symbolischen Sinn, der freilich kaum mehr anzugeben ist. Man hat gemeint, die Mutter Jesu repräsentiere die Judenchristen, der Lieblingsjünger die Heidenchristen. Beide würden einander zugewiesen und in die eine Kirche hineingestellt. – Zum Gedanken der Juden und Heiden umgreifenden Einheit der Kirche vgl. S. 403.

steckten sie einen Schwamm voll Essig auf einen Ysopstengel und führten ihn an seinen Mund. Als Jesus nun den Essig genommen hatte, sagte er: »Es ist vollbracht«, neigte das Haupt und gab den Geist auf. (19, 17–30)

Der Auferstandene und der ungläubige Thomas

Johannes schildert eine Erscheinung des Auferstandenen vor den Jüngern, die sich aus Furcht vor den Juden in einem Haus eingeschlossen haben (vgl. S. 155). Sie erzählen einem aus ihrem Kreis, Thomas, der nicht dabei gewesen war, von ihrem Erlebnis. Dieser will aber nicht glauben, ohne sich von der Wahrheit des Berichteten mit eigenen Augen überzeugt zu haben. Der Auferstandene geht auf die Bedingungen des Zweiflers ein und läßt ihn »sehen«, wie er verlangt hatte. So wird auch Thomas zum Glauben geführt. Der Evangelist deutet mit keinem Wort an, daß dies kein echter Glaube gewesen sein sollte. Nach seinem Verständnis können Wunder durchaus echten Glauben hervorrufen. Dennoch wird der Glaube, der im Sehen gründet, entschieden abgewehrt. Der Glaube hat das Sehen nicht nötig und sollte in dieser Richtung keine Bedingungen stellen. Johannes hat hier offenbar die Situation der Gemeinde nach Ostern im Auge; sie ist zum Glauben aufgerufen, ohne etwas an Wundern zu sehen zu bekommen.

Thomas aber, einer von den zwölfen, Didymus genannt, war nicht bei ihnen, als Jesus kam. Da sagten ihm die anderen Jünger: »Wir haben den Herrn gesehen.« Er aber sagte zu ihnen: »Wenn ich in seinen Händen nicht das Mal der Nägel sehe und meinen Finger an die Stelle der Nägel und meine Hand in seine Seite lege, kann ich nicht glauben.« Acht Tage danach waren nun seine Jünger wiederum drinnen und Thomas bei ihnen. Da kam Jesus bei verschlossenen Türen, trat in die Mitte und sagte: »Friede sei mit euch!« Darauf sagte er zu Thomas: »Lege deinen Finger hierher und sieh meine Hände an, nimm deine Hand und lege sie in meine Seite – und sei nicht ungläubig, sondern gläubig.« Thomas antwortete und sagte zu ihm: »Mein Herr und mein Gott!« Jesus sagte zu ihm: »Weil du mich gesehen hast, glaubst du. Selig, die nicht sehen und doch glauben.« (20, 24–29)

Der Schluß

Das Evangelium schließt mit einer Zweckangabe. Dieser Schluß ist insofern merkwürdig, als er nur von »Zeichen« spricht und die Reden, die doch das theologische Hauptgewicht tragen, völlig übergeht. Wahrscheinlich hat der Evangelist den Schluß der Zeichenquelle ungeachtet aller Differenzen im theologischen Urteil übernommen (vgl. S. 384) und zum Schluß seines Evangeliums gemacht.

Noch viele andere Zeichen tat Jesus vor den Jüngern, die nicht in diesem Buche aufgeschrieben sind. Diese aber sind aufgeschrieben, damit ihr glaubt, daß Jesus der Christus ist, der Sohn Gottes, und damit ihr im Glauben Leben habt durch seinen Namen. (20, 30–31)

2. Der erste Johannesbrief

Das johanneische Christentum hat noch in einem weiteren Dokument seinen literarischen Niederschlag gefunden, im 1. Johannesbrief. Seine Nähe zum Evangelium ist augenfällig. Wie dieses denkt auch er in den Begriffen des gnostischen Dualismus, sieht er im Kommen Jesu das entscheidende Heilsereignis und betont die volle Heilsgegenwart im Glauben. Die traditionelle Enderwartung ist zwar nicht völlig verdrängt, spielt aber so gut wie keine Rolle. Auch hier kann mit jener außerordentlichen Kühnheit, die im Evangelium zu beobachten war, gesagt werden: »Wir sind vom Tod ins Leben hinübergeschritten«.

Über dem hohen Maß an Übereinstimmung ist allerdings nicht zu übersehen, daß sich der Brief in charakteristischer Weise vom Evangelium abhebt. Er entfaltet nicht mehr unmittelbar das Offenbarungsgeschehen selbst; er sieht seine Aufgabe vielmehr darin, die Offenbarungsinhalte über einen zeitlichen Abstand hinweg weiter zu vermitteln. Auf dieses Geschehen »am Anfang« blickt er bereits zurück. Von ihm kann die gegenwärtige Gemeinde nur noch durch eine Mittelinstanz, die Zeugen und Verkündiger, erfahren. Ihrer bedarf es, um die Zwischenzeit zu überbrücken. Es wird sogar eine besondere johanneische Tradition greifbar, die die Offenbarungswahrheit fixiert. Auch sonst sind im Brief Verschiebungen zu beobachten. Anders als im Evangelium heißt hier beispielsweise die Alternative nicht Glaube–Unglaube, sondern rechter Glaube–Irrglaube; sein Blick ist demnach auf eine innerkirchliche Problematik gerichtet. Wenn hier jetzt auch die Sakramente wieder mit in Ansatz gebracht werden, so zeigt das im Zusammenhang mit all dem anderen an, daß im 1. Johannesbrief das johanneische Christentum in verkirchlichter Gestalt vorliegt. Mit gutem Grund kann man ihn als Dokument einer zweiten johanneischen Generation betrachten und analog zu den deuteropaulinischen Briefen von einer »deuterojohanneischen« Schrift sprechen. Der Brief ist wahrscheinlich am Anfang des 2. Jahrhunderts entstanden. Sein Verfasser bleibt anonym. Mit einiger Sicherheit kann gesagt werden, daß er mit dem Verfasser des Evangeliums nicht identisch ist. Dazu sind die Unterschiede zwischen beiden Schriften zu gewichtig. In der alten Kirche wurden beide einem Verfasser zugeschrieben, dem Jünger Johannes.

Der 1. Johannesbrief wird üblicherweise unter die Briefe des Neuen Testamentes eingereiht. Er ist indes kein Brief, sondern ein theologischer Traktat, der nicht einmal in die Form eines Briefes gekleidet worden ist. Unter den Themen, die er verhandelt, zeichnen sich zwei Schwerpunkte ab. Den einen bilden die Ausführungen über das Gebot der Liebe, die hier wie im Evangelium hauptsächlich als Bruderliebe verstanden ist. Zum anderen bekämpft die Schrift eine im Bereich der Gemeinde aufgekommene Häresie. Es gibt Anzeichen dafür, daß sie mit der Einschärfung des Liebesgebotes Parolen der Häretiker entgegenwirken wollte.

Die häretische Lehre kommt nicht ausführlich zur Sprache. Der entscheidende Punkt war, daß man die Menschwerdung des Gottessohnes, sein wirkliches Menschsein bestritt. Man vertrat demnach eine doketische Christologie (vgl. S. 420). Wie der Brief erkennen läßt, waren die Irrlehrer aus der johanneischen Gemeinde hervorgegangen. Die Grundlage ihrer Entwicklung war offenbar eine theologische Konzeption, wie sie im Johannesevangelium vorliegt. Dieses wehrt sich zwar entschieden gegen ein doketisches Verständnis seiner Christologie, wie vor allem die Passions- und Ostergeschichte zeigen. Trotzdem ist eine gewisse Nähe zum Doketismus nicht zu verkennen. So ist begreiflich, daß sich auf dem Boden des johanneischen Christentums eine doketische Christologie entwickeln konnte und den Verfasser des 1. Johannesbriefes in die Situation brachte, das Erbe der johanneischen Tradition gegen eine radikalisierende Entstellung verteidigen zu müssen.

In seinem Kampf gegen die Irrlehrer schlägt der Brief scharfe Töne an. Er diskutiert nicht mehr mit ihnen. Sie sind für ihn erwiesenermaßen »Antichristen« und »falsche Propheten«. Ähnlich wie etwa die Pastoralbriefe (vgl. S. 347 ff.) beruft er sich in seinem Kampf auf die Tradition. Sie liefert eindeutige Maßstäbe, um Wahrheit und Irrtum in Fragen des Glaubens zu unterscheiden. Auch in dem Rückgriff auf die Tradition zeigt sich die fortgeschrittene kirchliche Entwicklung, die den 1. Johannesbrief charakterisiert [48].

Das Vorwort

Der Autor faßt sich mit den ursprünglichen Zeugen des Christusgeschehens »am Anfang« in einem autoritätsgeladenen »wir« zusammen. Die Zeugenschaft dieser »wir« wird mit Begriffen der sinnlichen Wahrnehmung beschrieben und dadurch mit einem besonderen Gewicht versehen. Es soll deutlich werden, daß sie die legitimen Träger der Verkündigung sind. Von dem Wir der Zeugen und Verkündiger ist das Ihr der Gemeinde abgehoben. Auch sie soll die Gemeinschaft mit dem Vater und dem Sohn erlangen; aber dazu bedarf es einer Instanz, die »das Wort des Lebens« vermittelt.

Was von Anfang an war, was wir gehört, was wir mit unseren Augen gesehen, was wir geschaut und unsere Hände betastet haben, über das Wort des Lebens – das Leben wurde offenbar; wir haben gesehen und bezeugen und verkündigen euch das ewige Leben, das beim Vater war und uns erschienen ist. Was wir gesehen und gehört haben, verkündigen wir auch euch, damit auch ihr Gemeinschaft mit uns habt. Unsere Gemeinschaft ist aber die Gemeinschaft mit dem Vater und mit seinem Sohn Jesus Christus. Das schreiben wir, damit unsere Freude erfüllt sei. (1, 1–4)

---

48 Zur johanneischen Schriftengruppe gehören noch zwei weitere, kurze Briefe, der zweite und dritte Johannesbrief. Sie bleiben hier außer Betracht.

Gottesgemeinschaft und Lebensführung

Zu der doketischen Christologie kam bei den Häretikern, gegen die der Brief angeht, ein ethischer Libertinismus. Für sie gehörte das Gebot Gottes nicht zum unabdingbaren Grundbestand christlicher Verkündigung. Sie rühmten sich ihres religiösen Besitzes: der Gemeinschaft mit Gott und der Sündlosigkeit. Auch der 1. Johannesbrief selbst sieht hierin den Ertrag des Glaubens. Den Häretikern gegenüber stellt er aber mit Nachdruck heraus, daß wirkliche Gemeinschaft mit Gott sich im Handeln ausweist. Zugleich entlarvt er als Selbstbetrug, sich für sündlos zu halten. Zwar kann auch er sagen, daß der »aus Gott Geborene« keine Sünde tut. Aber diese Sündlosigkeit versteht er nicht als einen Zustand, in den der Christ ein für allemal hineinversetzt worden ist, sondern als ein Angebot, das im Lebensvollzug stets aufs neue zu verwirklichen ist. Darum gilt es, sein Versagen zu bekennen. Christliche Existenz ist für Johannes eine Bewegung, ein immer neues Werden.

Dies ist die Botschaft, die wir von ihm gehört haben und euch verkündigen: »Gott ist Licht, und Finsternis ist in ihm überhaupt nicht.« Wenn wir sagen: »Wir haben Gemeinschaft mit ihm«, und doch in der Finsternis wandeln, dann lügen wir und tun nicht die Wahrheit. Wenn wir im Licht wandeln, wie er im Licht ist, dann haben wir Gemeinschaft miteinander und das Blut Jesu, seines Sohnes, reinigt uns von aller Sünde[49]. Wenn wir behaupten, keine Sünde zu haben, dann betrügen wir uns selbst, und die Wahrheit ist nicht in uns. Wenn wir unsere Sünden bekennen, so ist er treu und gerecht, uns die Sünden zu erlassen und von jeder Ungerechtigkeit zu reinigen. Wenn wir sagen, wir hätten nicht gesündigt, machen wir ihn zum Lügner, und sein Wort ist nicht in uns.

Meine Kinder, das schreibe ich euch, damit ihr nicht sündigt. Und wenn einer doch sündigt, dann haben wir einen Fürsprecher beim Vater, Jesus Christus, den Gerechten. Er ist die Sühne für unsere Sünden, aber nicht allein für die unseren, sondern für die ganze Welt. (1, 5–2, 2)

Das Gebot

Die Bruderliebe ist für den 1. Johannesbrief *das* Gebot. An ihr erweise sich, ob man »im Licht wandelt« und den Sinn christlicher Existenz erfüllt. Der Verfasser ist sich dessen bewußt, damit ein altes Gebot zu verkündigen. Schon immer ging es darum, seit es christliche Verkündigung gibt. Andererseits handelt es sich doch um ein neues Gebot, weil es ein Element des neuen Äons und eines neuen Lebens ist und für den Menschen nie zur Selbstverständlichkeit wird.

Geliebte, kein neues Gebot schreibe ich euch, sondern das alte Gebot, das ihr von Anfang an hattet. Das alte Gebot ist das Wort, das ihr gehört habt.

---

49 Hier greift der Verfasser auf den im Urchristentum verbreiteten, aber nicht spezifisch johanneischen Gedanken von der sühnenden Wirkung des Todes Jesu zurück. Auch hierin kann man ein Moment seiner »Kirchlichkeit« (vgl. die Einleitung) sehen.

Und doch schreibe ich euch ein neues Gebot, und das ist wahr bei ihm und bei euch, nämlich, daß die Finsternis vergeht und das echte Licht bereits scheint. Wer behauptet, im Lichte zu sein, und haßt seinen Bruder, ist bis jetzt in der Finsternis. Wer seinen Bruder liebt, bleibt im Licht, und kein Makel ist an ihm. Wer seinen Bruder haßt, ist in der Finsternis und wandelt in der Finsternis, und er weiß nicht, wohin er geht, weil die Finsternis seine Augen blind gemacht hat. (2, 7–11)

Die Antichristen

Die Wirksamkeit eines Antichristus war Bestandteil der urchristlichen Enderwartung. Dieser Antichristus werde am Ende der Tage die Gemeinde zu verwirren und zum Abfall von Christus zu verleiten suchen. Im 1. Johannesbrief ist die Gestalt des Antichristus seiner mythologischen Züge entkleidet und zu einer geschichtlichen Erscheinung uminterpretiert worden. Der Antichristus – das sind die Häretiker! Ihr Wirken zeigt, daß die Endzeit da ist!

Die Häretiker haben einmal zur Gemeinde gehört, sich aber von ihr getrennt. Ihre damalige Zugehörigkeit sei nur Schein gewesen. Die Wahrheit sei jetzt an den Tag gekommen. Hätten sie wirklich zur Gemeinde gehört, dann wären sie geblieben.

Die johanneische Gemeinde hat die Gefahr der Irrlehre erkannt und ihr zu begegnen gewußt. Damit hat sie sich als mündig und urteilsfähig erwiesen. Noch einmal wird der Maßstab der Wahrheit in Erinnerung gebracht: die Tradition. An ihr muß festgehalten werden; so nur hat man Anteil am Leben. Ein für die Lehre verantwortlicher Amtsträger kommt – anders als z. B. in den Pastoralbriefen (vgl. S. 352 ff.) – nicht in den Blick. Verantwortlich ist nach johanneischem Verständnis die Gemeinde im ganzen.

Kinder, es ist letzte Stunde. Wie ihr gehört habt, daß der Antichrist kommt, so sind jetzt tatsächlich Antichristen in großer Zahl aufgetreten. Daran erkennen wir, daß es letzte Stunde ist. Aus unserer Mitte sind sie hervorgegangen; aber sie gehörten nicht zu uns. Denn, hätten sie zu uns gehört, wären sie bei uns geblieben. Es sollte aber offenkundig werden, daß sie nicht alle zu uns gehören. Ihr habt eine Salbung[50] von dem Heiligen; ihr seid alle Wissende. Ich habe euch nicht geschrieben, daß ihr die Wahrheit nicht kennt, sondern daß ihr sie kennt und daß keine Lüge aus der Wahrheit kommt.

Wer ist der Lügner, wenn nicht der, der leugnet, daß Jesus der Christus ist[51]? Das ist der Antichrist, der den Vater und den Sohn leugnet. Jeder,

---

50 Damit wird auf den Empfang des Geistes in der Taufe angespielt. Der Ausdruck »Salbung« ist ungewöhnlich. In Kreisen der christlichen Gnostiker späterer Zeit war ein Sakrament der Salbung verbreitet. Vielleicht sprachen auch die Häretiker des 1. Johannesbriefes in diesem Sinne von einer Salbung. Johannes hätte dann den Ausdruck von daher übernommen und seinerseits auf die Taufe bezogen.

51 Das Bekenntnis, auf das sich der Brief bezieht, ist das alte Christusbekenntnis der Judenchristen. Er aktualisiert es aber auf seine besondere Weise im Blick auf die theologische Auseinandersetzung. Für ihn besagt es in seiner Situation: Jesus Christus ist im Fleisch (als wirklicher Mensch) gekommen.

der den Sohn leugnet, hat auch den Vater nicht. Wer den Sohn bekennt, hat auch den Vater. Ihr – was ihr von Anfang an gehört habt, soll in euch bleiben. Wenn in euch bleibt, was ihr von Anfang an gehört habt, dann werdet ihr auch in dem Sohn und dem Vater bleiben. Und das ist die Verheißung, die er selbst uns gegeben hat: das ewige Leben.

Das habe ich euch über die geschrieben, die euch in die Irre führen wollen. Doch ihr – die Salbung, die ihr von ihm empfangen habt, bleibt in euch, und ihr habt es nicht nötig, daß euch jemand belehrt. Vielmehr: Wie seine Salbung euch über alles belehrt, so ist es wahr und keine Lüge. Wie er euch gelehrt hat, so bleibt in ihm. (2, 18–27)

Warnung vor den falschen Propheten

Der folgende Abschnitt mahnt die Leser, die Geister anhand des Bekenntnisses zu prüfen. Von ihm her sei eindeutig bestimmbar, wo der Geist Gottes oder der des Antichristus ist. Das entscheidende Kriterium ist das Kommen des Gottessohnes »im Fleisch«.

Der Abschnitt enthält darüber hinaus Zuspruch. Er versichert die Leser, daß sie um ihres Bekenntnisses willen »aus Gott« sind und an der Größe und Überlegenheit Gottes teilhaben. In dem Widerspruch der Häretiker gegen sie kommt an den Tag, daß sie – die Häretiker – aus der Welt und im Geist des Irrtums gefangen sind.

Geliebte, traut nicht jedem Geist, sondern prüft die Geister, ob sie aus Gott sind; denn viele falsche Propheten sind in die Welt ausgegangen. Daran erkennt ihr den Geist Gottes: Jeder Geist, der bekennt, daß Jesus Christus im Fleisch gekommen ist, ist aus Gott. Jeder Geist, der Jesus ablehnt, ist nicht aus Gott; und das ist der Geist des Antichristen, von dem ihr gehört habt, daß er kommt. Und jetzt ist er bereits in der Welt. Ihr seid aus Gott, Kinder, und habt sie überwunden; denn der, der in euch ist, ist größer als der, der in der Welt ist[52]. Sie sind aus der Welt; deshalb reden sie aus der Welt heraus, und die Welt hört auf sie. Wir sind aus Gott. Wer Gott erkennt, hört auf uns; wer nicht aus Gott ist, hört nicht auf uns. Daran erkennen wir den Geist der Wahrheit und den Geist des Irrtums. (4, 1–6)

Die Liebe Gottes und die Liebe zum Bruder

In der Bruderliebe sieht der 1. Johannesbrief die Zusammenfassung dessen, was vom Christen gefordert ist. Wie im Evangelium ist auch hier das Gebot der Liebe auf die Gemeinde bezogen; und diese Gemeinde ist als Bruderschaft verstanden. Man hat freilich nicht den Eindruck, als sollte die Verpflichtung zur Liebe auf die Bruderschaft der Christen beschränkt sein.

Das Gebot der Bruderliebe erhält eine bemerkenswerte Begründung: Es gilt darum, weil Gott in Sendung und Tod Christi zuerst seine Liebe hat erfahren lassen,

---

52 Gemeint ist der Teufel.

ja, weil er Liebe ist. Der Satz: »Gott ist Liebe« darf freilich nicht im Sinne einer Definition verstanden werden. Er will bewußt machen, was Gott bedeutet und worauf der Mensch von Gott her gewiesen ist.

Nach Johannes gehören Gott und Liebe zusammen. An verwirklichter Bruderliebe kann darum erkannt werden, wer »aus Gott geboren« ist und Gott wirklich erkannt hat. Sie ist der Ausweis echter Gemeinschaft mit Gott.

Geliebte, wir wollen einander lieben; denn die Liebe ist aus Gott, und jeder, der liebt, ist aus Gott gezeugt und erkennt Gott. Wer nicht liebt, hat Gott nicht erkannt; denn Gott ist Liebe. Darin ist die Liebe Gottes bei uns sichtbar geworden, daß Gott seinen einzigen Sohn in die Welt gesandt hat, damit wir durch ihn zum Leben kommen. Darin besteht die Liebe, nicht daß wir Gott geliebt haben, vielmehr daß er uns geliebt und seinen Sohn zur Sühne für unsere Sünden gesandt hat. Geliebte, wenn Gott uns so geliebt hat, dann sind wir auch verpflichtet, einander zu lieben. Niemand hat Gott je gesehen. Wenn wir einander lieben, dann bleibt Gott in uns und ist seine Liebe in uns ans Ziel gekommen ...

Gott ist Liebe, und wer in der Liebe bleibt, bleibt in Gott und Gott in ihm. Darin kommt die Liebe mit uns zum Ziel, daß wir am Tage des Gerichts frei und zuversichtlich sein können ... Furcht ist nicht in der Liebe. Vielmehr treibt die vollkommene Liebe die Furcht aus, weil die Furcht Strafe vor sich hat. Wer sich aber fürchtet, in dem ist die Liebe nicht vollendet.

Wir wollen lieben; denn er hat uns zuerst geliebt. Wenn einer behauptet, daß er Gott liebt, seinen Bruder jedoch haßt, dann ist er ein Lügner. Denn wenn er seinen Bruder nicht liebt, den er gesehen hat, dann kann er Gott, den er nicht gesehen hat, erst recht nicht lieben. Wir haben dieses Gebot von ihm: Wer Gott liebt, soll auch seinen Bruder lieben. (4, 7–12.16–21)

XII. Die Apokalypse (Offenbarung des Johannes)

Die Apokalypse gibt sich als Bericht einer Vision, die einem christlichen Prediger namens Johannes auf der Insel Patmos zuteil geworden ist [1]. In der Ekstase ist dem Seher das Endgeschehen enthüllt worden. Ein Drama von ungeheurem Ausmaß bot sich in einer Fülle einzelner Bilder seinem Auge dar: die über diese Welt hereinbrechende Katastrophe und das Heraufkommen einer neuen Welt, das Ende dieses Äons im göttlichen Gericht und der Beginn einer neuen Zeit, in der Gott das Heil der Menschen verwirklicht.

Die Apokalypse gehört zu der Gattung von Schriften, die das augenblicklich im Schoße der Zukunft noch verborgene Schicksal der Welt offenlegen wollen. Ihre Zukunftsschau gründet nicht auf vernünftiger Erkenntnis geschichtlicher Tendenzen und Notwendigkeiten, sondern auf einer übernatürlichen Mitteilung, in der Gott einem erwählten Frommen sein Geheimnis eröffnet. Die Apokalypsen sind die literarischen Zeugnisse einer breiten religiösen Bewegung des Spätjudentums, der Apokalyptik [2]. Beispiele dieser Literatur sind neben dem alttestamentlichen Danielbuch (um 150 v. Chr.) die Apokalypsen Henochs, Baruchs oder Esras. Schriften dieser Art hat auch das frühe Christentum in großer Zahl hervorgebracht. Nur die Apokalypse des Johannes hat jedoch Eingang in das Neue Testament gefunden. Dem Interesse des frühen Christentums ist es zu verdanken, daß die spätjüdischen Apokalypsen erhalten geblieben sind. Hier wurden sie gelesen und weiterüberliefert. Das orthodoxe Judentum, das sich nach dem jüdischen Krieg (70 n. Chr.) auf die Theologie der pharisäischen Schriftgelehrten festlegte, verwarf die Anschauungen der Apokalyptik und vernichtete ihre Literatur.

Zwischen Apokalyptik und Christentum bestand von Anfang an ein Zusammenhang. Johannes der Täufer und Jesus waren zwar keine Apokalyptiker; aber apokalyptische Anschauungen bildeten den Rahmen und den

1 Johannes ist der Name des Verfassers. Wir wissen über ihn nichts Näheres. Allem Anschein nach genoß er in der kleinasiatischen Christenheit hohes Ansehen. Mit dem Jesusjünger Johannes hat er nichts zu tun. Es ist in dem Buch selbst auch nirgends angedeutet, daß der Verfasser dessen Autorität beansprucht. Erst in der altkirchlichen Tradition wird der unbekannte Seher Johannes mit dem Jünger und Apostel gleichen Namens und damit zugleich mit dem angeblichen Verfasser des Johannesevangeliums und der Johannesbriefe identifiziert. – Die Insel Patmos liegt vor der Westküste Kleinasiens.

2 Zur spätjüdischen Apokalyptik vgl. S. 16.

Hintergrund ihrer Verkündigung (vgl. S. 21, 36 f.). Die Gemeinde griff bei der Ausgestaltung der Jesusüberlieferung zunehmend stärker apokalyptische Traditionen auf. Sie hat sogar eine kleine Apokalypse zusammengestellt, die als Rede Jesu in die synoptischen Evangelien aufgenommen wurde (vgl. S. 165 f.). Bei der Johannesapokalypse liegt insofern etwas Neues vor, als hier apokalyptische Stoffe mit ihrem ganzen Gewicht zur Geltung kamen und zum ausschließlichen Buchinhalt wurden.

Die apokalyptischen Entwürfe und Aussagen sind verwirrend vielfältig und widersprüchlich. Ihr Denken wird aber von einer gemeinsamen Grundanschauung getragen. Diese besteht in dem dualistisch verstandenen Nacheinander und Gegeneinander zweier Äonen (Weltzeiten), dieses gegenwärtigen und eines kommenden Äons. Dabei gilt dieser Äon als Zeit der Gottlosigkeit und Ungerechtigkeit, der Dämonen- und Satansherrschaft, der kommende dagegen als Zeit des Heils, der Freude und des Lebens ohne Krankheit und Tod. Der Apokalyptiker ist dementsprechend konsequent zukunftsorientiert. Er lebt ganz in der Erwartung; ja, er brennt darauf, daß Gott seine Zeit kommen läßt. »Wann endlich?« – das ist die Frage, die seine Einstellung charakterisiert [3].

Es ist eine eigene, uns heute fremd anmutende Welt, in die die Apokalypsen hineinführen. Ihre Elemente sind mythische Motive und Vorstellungen verschiedenster Art und Herkunft. Zum Teil sind hier uralte Stoffe aufgegriffen und aktualisiert worden [4]. Weiter wird der Zugang dadurch erschwert, daß sich die apokalyptischen Schriftsteller nicht bemühen, unterschiedliche oder widersprüchliche Traditionen auszugleichen und zu einem einheitlichen Ganzen zu ordnen. Ihre Schriften haben vielfach etwas Wirres. Zu diesem Eindruck trägt auch die Überfülle der Bilder bei, in der sie ihre Zukunftsschau darbieten. Entsprechend ihrem Ursprung in ekstatischen Visionen und Träumen sucht die apokalyptische Literatur die Anschaulichkeit. So spricht der Apokalyptiker nicht abstrakt von Gottes Majestät oder Herrlichkeit; er schildert Gottes Thron bis in die Details hinein, den himmlischen Thronsaal und Hofstaat oder das gewaltige Heer der dienstbereiten Engel. Um die Bosheit des Satans deutlich zu machen, gibt er ihm die Gestalt eines feuerroten Drachens mit vielen Köpfen und Hörnern, der mit seinem Schwanz ein Drittel der Sterne vom Himmel fegt. Indes, oft schlägt die Anschaulichkeit un-

---

3 Mit diesem zeitlichen Dualismus hängt eine bestimmte Geschichtsauffassung zusammen. Für den Apokalyptiker, der total auf den kommenden Äon ausgerichtet ist, stellt sich die Menschheitsgeschichte als eine geschlossene Einheit dar, als eine einzige Geschichte des Unheils, der Sünde und des Verderbens. Im Danielbuch sind zwar vier weltgeschichtliche Epochen unterschieden, aber angesichts der Gottesherrschaft bilden diese Epochen doch nur *eine* Weltzeit. Bemerkenswert ist an dieser Geschichtsauffassung, daß hier zum erstenmal die Geschichte umfassend als *Welt*geschichte, wenngleich unter negativem Aspekt, gedacht ist.

4 Nach verbreiteter Auffassung haben vor allem iranische Einflüsse auf die Ausbildung der Apokalyptik eingewirkt.

versehens ins Gegenteil um. Vielfach sind die einzelnen Bildzüge einfach nicht mehr vorstellbar. Ein Tier, das zugleich wie ein Panther, Löwe und Bär aussieht, ist eben – ein Untier! Und gerade dies ist der Eindruck, den der Seher vermitteln will. Ihm ist die Aussage eines Bildes wichtiger, als daß es »stimmt«.

Befremdlich an den Apokalypsen ist ferner ihre verschlüsselnde Redeweise. Durch häufige Verwendung von Symbolen, Decknamen oder Zahlen breitet der Autor über seine Aussagen gleichsam einen Schleier des Geheimnisses. Das ist apokalyptischer Stil; was in diesen Schriften zur Sprache gebracht wird, ist göttliches Geheimnis, das nur einem Kreis von Eingeweihten zugänglich gemacht werden darf.

Die Johannesapokalypse gehört ganz in den Zusammenhang der spätjüdischen Apokalyptik. Dennoch hat sie ein eigenes Gesicht und ist von unverkennbarer Eigenart. Das gilt vor allem im Blick auf die Gesamtkonzeption des Buches. Das wird an den Texten deutlich werden. Hier sollen einige grundsätzliche Unterscheidungsmerkmale angeführt werden.

(1) Der Seher Johannes schreibt unter seinem wirklichen Namen, während die jüdischen Apokalypsen Pseudonyme tragen. Ihre fiktiven Verfasser sind Fromme der Urzeit oder aus der Zeit des Exils. Dies signalisiert einen bedeutsamen konzeptionellen Unterschied. Die jüdischen Apokalypsen schikken der Schilderung der Endereignisse einen summarischen Geschichtsüberblick voraus. Dabei handelt es sich um eine rückdatierte und durch den Geschichtsverlauf erfüllte Weissagung. Sie sollte die eigentliche Zukunftsschau beglaubigen und so den Lesern im Blick auf die noch ausstehenden Ereignisse Gewißheit geben. Bei Johannes fehlt dieser Geschichtsüberblick. Er sieht keine Geschichte mehr vor sich, sondern nur noch das Endgeschehen selbst. Diese Sicht gründet in der Überzeugung des Urchristentums, daß mit Jesus die endzeitliche Zukunft begonnen hat und das Endgeschehen bereits in Gang gesetzt ist.

(2) Es wird darauf verzichtet, das Weltende zu berechnen oder zeitlich zu fixieren. Terminangaben spielten dagegen in den jüdischen Apokalypsen eine große Rolle. Hier waren sie Bestandteil der Botschaft, und zwar insofern, als damit die bedrängende Frage nach dem Wann des Endes beantwortet und seine zeitliche Nähe einleuchtend angesagt werden konnte. Für den christlichen Apokalyptiker ergibt sich die Nähe des Endes aus unmittelbarer Gegenwartserfahrung – aus der Verfolgung, der die Gemeinde ausgesetzt ist; das sind die »Wehen«, die nach apokalyptischem Gesetz die »Geburt« des neuen Äons einleiten.

(3) Das eigentümlich Christliche kommt in der christologischen Zuspitzung zutage: Christus erscheint als der Bürge und Herr des Endgeschehens. Die Stellung zu ihm ist Kriterium des Gerichts. Wer ihn oder die Seinen bekämpft oder tötet, ist Werkzeug des Satans. Ihm ist das Verderben bereitet. Wer den Versuchungen der Zeit vor dem Ende standhält, darf des Heils gewiß sein.

(4) Eine Besonderheit der Johannesapokalypse ist schließlich ihre durch und durch alttestamentlich geprägte, gewollt »heilige« Sprache. Auf weite Strecken spricht sie in Wendungen des Alten Testamentes, wobei vor allem die Prophetenbücher Ezechiel und Daniel eine Rolle spielen. Merkwürdigerweise findet sich aber kein einziges wörtliches Zitat!

Wie keine andere Schrift des Neuen Testamentes steht die Apokalypse im Widerstreit der Meinungen und Urteile. Weithin ist sie eine große Verlegenheit, und man bekennt, nichts mit ihr anfangen zu können; allenfalls, daß man ihr einige Elemente für eine Lehre von den »letzten Dingen« entnimmt. Dieser normal-christlichen Haltung radikal entgegengesetzt ist die eines sektiererischen Christentums, das in seinen Überzeugungen gerade auf sie fixiert ist. Mit leidenschaftlicher Beharrlichkeit hält man hier an der Meinung fest, sie schildere den Gang der Weltgeschichte, und versucht, die einzelnen Ereignisse zu identifizieren und auf diese Weise den Stand der Weltenuhr abzulesen. Diese Deutungen sind willkürlich und phantastisch und gewiß nicht dazu angetan, den Sinn der Apokalypse zu erschließen.

Es hat in der 2000jährigen Kirchengeschichte Zeiten gegeben, in denen die Apokalypse kein fremdes und mit sieben Siegeln verschlossenes Buch war, sondern brennend aktuell und von unmittelbarer Aussagekraft. Das waren Zeiten allgemeiner Unsicherheit und Angst, der großen Kriegskatastrophen oder politischen Terrors, »apokalyptische Zeiten«, wie man sie nennt. Es war kein Zufall, daß gerade in solchen Zeiten ein unmittelbares Verstehen aufblitzte. Denn die Johannesapokalypse ist, wie die Apokalyptik überhaupt, auf dem Boden geschichtlicher Katastrophenerfahrung erwachsen. Man suchte Halt und Kraft, indem man sich über die bedrückende Gegenwart in eine jenseitige herrliche Zukunft hineindachte. Der zeitgeschichtliche Hintergrund scheint in allen Apokalypsen mehr oder weniger deutlich durch. Im Danielbuch ist es die Terrorherrschaft der seleukidischen Könige, besonders des Antiochus Epiphanes (175–164 v. Chr.), in den späteren Apokalypsen die der Römer.

Eine vergleichbare Situation setzt auch die Johannesapokalypse voraus. Die Gemeinde in Kleinasien, an die sie sich wendet, wird von den staatlichen Behörden bedroht und verfolgt. Von einigen Gemeindegliedern ist bereits das Martyrium gefordert worden. Die Verfolgungswelle hält an. Eine loyale Haltung gegenüber dem römischen Staat scheint grundsätzlich unmöglich. Man verlangte auch von den Christen die göttliche Verehrung des Kaisers in einem Kultakt. Dies und noch andere Momente deuten übrigens darauf hin, daß die Johannesapokalypse in der Zeit Domitians (um das Jahr 95 n. Chr.) entstanden ist.

Von dieser Situation her will die Johannesapokalypse begriffen werden. Ihre Absicht ist klar erkennbar. Es geht ihr in erster Linie darum, der bedrängten Gemeinde die Situation theologisch durchsichtig zu machen und ins Bewußtsein zu rufen, daß sie jetzt zu einer Entscheidung zwischen Gott und dem Satan gefordert ist. Das ganze Buch ist durchzogen von Mahnungen zur Glaubenstreue, und das hieß in dieser Lage konkret: gegenüber den Zumutungen des Staates fest zu bleiben und allen Verführungen standzuhalten. Seine Grundintention ist Zuspruch und Ermunterung. Dies bedeutet es, wenn der Seher der bedrängten Gemeinde die alle irdischen Mächte und Geschichte umgreifende Macht Gottes in den Blick rückt und die jenseitige Zukunft aufleuchten läßt.

Das *Problem* der Apokalypse besteht darin, daß sie diese Grundintention in einer erdrückenden Fülle mythologischer Bilder und in Form einer mythologischen Zukunftsschilderung zum Ausdruck bringt. Der apokalyptische Stoff hat sein eigenes Gewicht. Johannes hat auch nichts getan, dieses Gewicht zu verringern. Man möchte sagen: im Gegenteil. Unbeschadet des aktuellen Sinnes, den er im Auge hat, ist er bewußt ein Apokalyptiker, der das Endgeschehen in seinen Abläufen und einzelnen Akten darstellen möchte – und eben damit einen apokalyptischen Mythos bietet, in dem Gottes Handeln und die jenseitige Zukunft der Endzeit geschichtlich berechenbar und verfügbar gemacht wird. Diesem Mythos gelten die Fragen an die Apokalypse und das Unbehagen, das man ihr gegenüber empfindet. Kritische Einwände wird man speziell gegen das Bild eines glorreichen Kriegsherrn geltend machen, das Johannes am Ende seines Buches von Christus zeichnet und mit dem er das Bild des Gekreuzigten überdeckt.

Die Apokalypse läßt eine klar durchgeführte Gliederung vermissen. Die Übersicht wird durch viele Wiederholungen erschwert. Gliedernde Hinweise fehlen jedoch nicht ganz. Gleich zu Anfang des Buches macht der Verfasser eine Dispositionsangabe: Er will darstellen, »was ist« und »was sein wird«, also die Gegenwart der Gemeinde und die künftigen Ereignisse. Die Gegenwart der Gemeinde ist dann Thema des ersten, kürzeren Teils. Er enthält fiktive Briefe an sieben kleinasiatische Gemeinden. Die eigentliche Apokalypse umfassen die Kapitel 4–22. Ihr Gerippe bilden drei Visionsreihen mit je sieben Einzelbildern: die sieben *Siegel, Posaunen* und *Schalen*. Diese drei Reihen schildern parallel die Ereignisse, Katastrophen und Bedrängnisse, die das Ende einleiten. Johannes stellt die Reihen freilich nicht nebeneinander, sondern verklammert sie miteinander, so daß im siebenten Siegel die sieben Posaunen und in der siebenten Posaune die sieben Schalen enthalten sind.

Das Schema der Visionsreihen ist freilich nicht streng durchgeführt. Der Verfasser hat sich die Freiheit genommen, Einfügungen und Nachträge zu machen, und diese gehören zu den inhaltlich gewichtigsten Teilen des Buches. Es sind die Kapitel 12–14, die den Kampf des Teufels gegen die Christen durch die römische Staatsmacht darstellen und deren Vernichtung ankündigen. Ferner gehören dazu auch die Kapitel, in denen über den Vollzug dieser Ankündigung berichtet wird (Kapitel 17–20): das Gericht über Rom, die Vernichtung der widergöttlichen Mächte und das Weltgericht einerseits und die Errichtung eines 1000 Jahre währenden messianischen Reiches andererseits. Den Schluß des Buches bildet die Schilderung des End-Heils, der neuen Welt Gottes und des neuen Jerusalem (Kapitel 21–22).

Die Eingangsvision

In der Ekstase erhält der Seher Johannes den Auftrag, alles was er jetzt sehen wird, auf eine Buchrolle zu schreiben und diese an die sieben Gemeinden in Kleinasien zu schicken. Zunächst hört er nur die Stimme seines Auftraggebers. Sich umwendend, erkennt er den erhöhten Christus, der sich als der Getötete und zum Leben Erweckte vorstellt. Indem der Seher seine Erscheinung umschreibt (Kleidung, Blick, Symbole), bezeugt er seine Majestät und Macht. Ihr Eindruck ist so gewaltig, daß er sich zu Boden wirft. Bei der Beschreibung des erhöhten Christus bedient sich Johannes u. a. einiger Motive aus der Menschensohnvision in Dan 7 (vgl. Band AT, S. 555 ff.).

In früherer Zeit ist die Frage diskutiert worden, ob es ein echtes visionäres Erlebnis war, von dem Johannes berichtet, oder ob die Vision als stilistische Form apokalyptischer Darstellung zu werten ist. Im Fall der Johannesapokalypse wird an beides zu denken sein. Sie verwendet in großem Umfang überliefertes Material. Damit ist aber nicht ausgeschlossen, daß sie zum Teil wirklich vom Verfasser in Ekstase geschaute Bilder enthält.

Ich, Johannes, euer Bruder, der ich teilhabe an der Trübsal und dem Reich und dem Ausharren in Jesus, ich war auf der Insel, die Patmos heißt, um des Wortes Gottes und des Zeugnisses Jesu willen[5]. Ich geriet in Ekstase am Herrentage und hörte hinter mir eine laute Stimme wie von einer Posaune, die sagte: »Was du siehst, das schreibe in ein Buch und schicke es den sieben Gemeinden, nach Ephesus und nach Smyrna und nach Pergamon und nach Thyatira und nach Sardes und nach Philadelphia und nach Laodizea.« Und ich wandte mich um, die Stimme zu sehen, die mit mir sprach. Und als ich mich umwandte, sah ich sieben goldene Leuchter und inmitten der Leuchter einen wie einen Menschensohn, angetan mit einem langen Gewand und um seine Brust mit einem goldenen Gürtel umgürtet. Sein Haupt aber und seine Haare waren weiß wie weiße Wolle, wie Schnee, und seine Augen wie Feuerflamme, und seine Füße wie Golderz, im Ofen geläutert, und seine Stimme wie das Rauschen vieler Wasser. Und er hatte in seiner Rechten sieben Sterne, und aus seinem Munde ging ein scharfes zweischneidiges Schwert, und sein Angesicht war, wie die Sonne in ihrer Kraft leuchtet. Und als ich ihn sah, fiel ich zu seinen Füßen nieder wie ein Toter. Da legte er seine Rechte auf mich und sprach: »Fürchte dich nicht, ich bin der Erste und der Letzte und der Lebendige. Ich war tot, und siehe, ich bin lebendig in alle Ewigkeiten. Und ich habe die Schlüssel des Todes und der Hölle. Schreibe nun, was du gesehen hast: was ist und was hernach geschehen wird.« (1, 9–19)

Die Briefe an die Gemeinden

Dem Seher werden sieben Briefe an sieben Gemeinden in Kleinasien diktiert (Ephesus, Smyrna, Pergamon, Thyatira, Sardes, Philadelphia, Laodizea). Die Zahl »sieben« deutet darauf hin, daß diese Gemeinden als Repräsentanten der Gesamtkirche in Kleinasien gedacht sind.

Diese Briefe haben eine feste Form. Zunächst stellt sich Christus als der »Absender« vor und nennt ein charakteristisches Merkmal seiner Identität:

---

5 Johannes befand sich auf Patmos offenbar als Verbannter.

einen einzelnen Zug aus dem Erscheinungsbild, das er den Seher in der Eingangsvision hatte schauen lassen. Dann kommen jeweils die Probleme der Gemeinde zur Sprache. Daran schließt sich ein Wort der Mahnung, der Zurechtweisung oder Ermutigung an. Die Briefe enden jeweils mit einem Verheißungswort.

Es handelt sich nicht um wirkliche Briefe. Dennoch sind sie wichtige Zeugnisse für die Geschichte der Christenheit in Kleinasien kurz vor der Wende zum 2. Jahrhundert. Ein hervorstechendes Merkmal ihrer Lage war demnach – abgesehen von der Bedrohung durch die Staatsgewalt – der Kampf gegen gnostische Häresie.

Alle Briefe beginnen mit einer merkwürdigen Anweisung. Christus befiehlt dem Seher, dem *Engel* der Gemeinde zu schreiben. Man hat diesen Engel wohl als himmlischen Repräsentanten der jeweiligen Gemeinde zu verstehen. Durch die Ekstase ist der Seher in den Himmel versetzt. Alles, was er sieht, hat hier seinen Ort. Darum können die Briefempfänger nicht die Gemeinden unmittelbar sein.

Wir greifen aus den Briefen den ersten, an die ephesinische Gemeinde gerichteten heraus:

Dem Engel der Gemeinde in Ephesus schreibe:

So spricht, der die sieben Sterne in seiner Rechten hält, der inmitten der sieben goldenen Leuchter wandelt: Ich kenne deine Werke, deine Mühe und deine Ausdauer und daß du Bösewichte nicht ertragen kannst und daß du diejenigen, die behaupten, sie seien Apostel, und es doch nicht sind, geprüft und sie als Lügner erfunden hast. Und du hast ausgehalten um meines Namens willen und bist nicht müde geworden. Aber ich habe gegen dich, daß du deine erste Liebe gelassen hast. Gedenke nun, von welcher Höhe du gefallen bist, und kehre um und tue wieder die ersten Werke. Wenn aber nicht, dann komme ich zu dir und werde deinen Leuchter von seiner Stelle stoßen, wenn du nicht umkehrst. Aber das hast du, daß du die Werke der Nikolaiten hassest, die ich auch hasse [6]. Wer ein Ohr hat, der höre, was der Geist den Gemeinden sagt! Wer überwindet, dem will ich von dem Holz des Lebens zu essen geben, welches im Paradiese Gottes ist. (2, 1–7)

Das Buch mit den sieben Siegeln

Der himmlische Thronsaal. Der Neueinsatz des zweiten Teils ist deutlich markiert. Der Seher berichtet von einer erneuten Entrückung. Zu Beginn tritt der Ort ins Bild, von dem die Endereignisse ausgehen. Gott selbst wird dem Seher sichtbar, und er scheut sich nicht, seine Erscheinung zu beschreiben. Daß er Gott auf seinem Thron sitzen sieht, ist kein unbedeutender Nebenzug. Thron besagt: Macht und Herrschaft in Aktion. Gott ist umgeben von 24 Ältesten, die ihrerseits auf kleinen Thronen sitzen: eine himmlische Ratsversammlung.

---

6 Mit den Nikolaiten sind wahrscheinlich gnostische Häretiker gemeint. Die Gemeinde hat die Gefahr erkannt und ihr durch Ausschluß der Häretiker zu begegnen gewußt.

Danach schaute ich, und siehe, eine Tür war geöffnet im Himmel; und die erste Stimme, die ich zu mir wie eine Posaune hatte reden hören, sprach: »Steige herauf hierher, und ich will dir zeigen, was hernach geschehen muß.« Sogleich geriet ich in Ekstase, und siehe, ein Thron stand im Himmel, und auf dem Thron saß einer. Und der Sitzende war anzusehen wie Jaspisstein und Karneol, und ein Strahlenkranz war rings um den Thron, anzusehen wie Smaragd. Und rings um den Thron sah ich vierundzwanzig Throne und auf den Thronen vierundzwanzig Älteste sitzen, angetan mit weißen Kleidern, und auf ihren Häuptern goldene Kronen [7]. Und von dem Thron gehen Blitze aus und Getöse und Donner. Und sieben Feuerfackeln brennen vor dem Thron, welches die sieben Geister Gottes sind [8]. (4, 1–5)

Das Sieben-Siegel-Buch. Dem Buch mit den sieben Siegeln kommt in der Komposition der Apokalypse eine wichtige Funktion zu. Sein Inhalt ist nichts anderes als das endzeitliche Geschehen. Die Öffnung der Siegel bedeutet, daß dieses Geschehen in Gang kommt. Der Inhalt ist allerdings erst dann zugänglich, wenn das siebente Siegel erbrochen ist. Das Eigenartige an dem Buch ist, daß es innen und außen beschrieben ist. Die innere Seite ist die siebenfach versiegelte. Sie ist das rechtsgültige Dokument. Die äußere Seite enthält eine ungefähre Inhaltsangabe. So ist es möglich, daß die Endereignisse, wenigstens in groben Umrissen, sichtbar werden – bevor das letzte Siegel erbrochen worden ist.

Der Seher ist im Blick auf das geheimnisvolle Buch in Sorge: Wer ist in der Lage, dieses Buch zu öffnen? Hier spricht sich die Sorge derer aus, die darauf brennen, daß Gott seine Herrschaft gegen die Mächte der Welt durchsetzt und seine Heilsverheißung wahr macht.

Und ich sah in der Rechten dessen, der auf dem Thron sitzt, eine Buchrolle, beschrieben auf der Innen- und Rückseite, versiegelt mit sieben Siegeln. Und ich sah einen mächtigen Engel, der mit lauter Stimme rief: »Wer ist würdig, das Buch zu öffnen und seine Siegel zu lösen?« Und niemand im Himmel und auf der Erde und unter der Erde konnte das Buch öffnen und einsehen. Und ich weinte sehr, weil keiner würdig befunden wurde, das Buch zu öffnen oder einzusehen. (5, 1–4)

Das geschlachtete Lamm. Bei der Wendung »geschlachtetes Lamm« handelt es sich um einen Christusnamen, den die Apokalypse mit Vorliebe gebraucht und der für ihre Christusauffassung von zentraler Bedeutung ist. Sie drückt aus, daß Christus um seines Todes willen der Heilbringer ist. Er hat mit seinem Opfer am Kreuz das Recht erworben, die Siegel zu erbrechen. Wenn ihm das Buch mit den sieben Siegeln ausgehändigt wird, so soll man verstehen, daß das endzeitliche Heil an den Gekreuzigten gebunden ist und denen zukommt, die im Zeichen des »Lammes« ihren Weg gehen, unter Umständen bis zum Martyrium.

---

7 Die Zahl vierundzwanzig geht letztlich auf Vorstellungen aus dem Bereich des Gestirnglaubens zurück.

8 Mit den »sieben Geistern Gottes« soll die umfassende Fülle des Gottesgeistes angedeutet werden. Das Motiv ist mythologischer Herkunft. Wahrscheinlich hat man an sieben Gestirngötter zu denken: Sonne, Mond, 5 Planeten.

Und einer von den Ältesten spricht zu mir: »Weine nicht; siehe, überwunden hat der Löwe aus dem Stamm Juda, die Wurzel Davids[9], um das Buch und seine sieben Siegel zu öffnen.« Und ich sah inmitten des Thrones und der vier Wesen[10] und inmitten der Ältesten ein Lamm stehen wie geschlachtet; das hatte sieben Hörner und sieben Augen, welches die sieben Geister Gottes sind, gesandt auf die ganze Erde. Und es trat herzu und empfing das Buch aus der Rechten dessen, der auf dem Thron sitzt. Und als es das Buch empfangen hatte, fielen die vier Wesen und die vierundzwanzig Ältesten vor dem Lamm nieder. Sie hielten jeder eine Zither und goldene Schalen voll von Räucherwerk, welches die Gebete der Heiligen sind. Und sie singen ein neues Lied und sprechen:

»Du bist würdig,
das Buch zu empfangen und seine Siegel zu öffnen!
Denn du wurdest geschlachtet
und hast für Gott losgekauft mit deinem Blut
Menschen aus jedem Stamm, Sprache, Volk und Nation
und hast sie unserem Gott zu einem Königtum und zu Priestern gemacht,
und sie werden auf Erden herrschen.« (5, 5–10)

Die Öffnung der sieben Siegel. In der Sieben-Siegel-Vision wird das Endgeschehen vorerst nur in Umrissen sichtbar. Das Ausmaß der Katastrophe, die auf die Menschheit zukommt, bleibt noch verhüllt. Man hat diesen Abschnitt des Buches als Ouvertüre oder Vorspiel im Himmel charakterisiert. In der Tat: In dieser Vision kündigt sich die furchtbare Katastrophe nur erst an; es werden die Vorbereitungen getroffen. Zunächst treten die vier apokalyptischen Reiter auf. Sie repräsentieren die Mächte, die von Gott zum Strafgericht über die Welt aufgeboten werden (Siegel 1–4). Bei der Öffnung des 5. Siegels werden die Märtyrer unter dem himmlischen Altar sichtbar. Johannes will deutlich machen, weshalb Gottes richtendes Eingreifen in den Lauf der Dinge notwendig ist. Das 6. Bild spricht von der Erschütterung der Welt und der Angst der Menschen: Sie spüren die Nähe der Katastrophe, ohne ihr entgehen zu können.

Bevor das endzeitliche Geschehen mit der Öffnung des siebenten Siegels einsetzt, wird die Schilderung unterbrochen. Der Apokalyptiker will der bedrängten Gemeinde sagen, daß sie frei von aller Angst sein darf. Die Katastrophe ist nicht ihre Zukunft! Um das zum Ausdruck zu bringen, zeigt er die Schar der »Versiegelten«, das heißt derer, die bewahrt bleiben. Ihre Zahl wird mit 144 000 angegeben. Damit ist die Gesamtheit des zum Heil gelangenden Gottesvolkes, die Schar der Glaubenden, gemeint.

Und ich schaute: Als das Lamm das erste der sieben Siegel öffnete, da hörte ich das erste der vier Wesen wie mit Donnerstimme rufen: »Komm!« Und

9 Damit wird Christus als der Messias im Sinne alttestamentlich-jüdischer Tradition bezeichnet. Wenn er »Löwe« genannt wird, so heißt das, daß er der Sieger, der Mächtige ist – paradoxerweise als das »geschlachtete Lamm«.

10 Die vier Wesen sind als machtvolle Diener Gottes gedacht, die bei dem Thron Gottes ihren Platz haben. Von ihnen war an einer früheren Stelle der Apokalypse ausführlicher die Rede. Ihre Beschreibung dort weist auf ihre Herkunft aus mythischer Vorstellung (Tierkreiszeichen) hin.

ich schaute, und siehe, ein weißes Roß; und der, der darauf saß, hatte einen Bogen, und es wurde ihm ein Kreuz gegeben; und er zog aus als Sieger und um zu siegen. Und als es das zweite Siegel öffnete, hörte ich das zweite Wesen rufen: »Komm!« Und es zog ein anderes, ein feuerfarbenes Roß aus; und dem, der darauf saß, wurde gegeben, den Frieden von der Erde zu nehmen, und daß sie einander mordeten; und es wurde ihm ein großes Schwert gegeben. Und als es das dritte Siegel öffnete, hörte ich das dritte Wesen rufen: Komm! Und ich schaute, und siehe, ein schwarzes Roß; und der, der darauf saß, hatte eine Waage in seiner Hand. Und ich hörte es wie eine Stimme inmitten der vier Wesen sprechen: »Ein Maß Weizen für einen Denar und drei Maß Gerste für einen Denar. Und dem Öl und dem Wein sollst du keinen Schaden tun.« Und als es das vierte Siegel öffnete, hörte ich die Stimme des vierten Wesens rufen: Komm! Und ich schaute, und siehe, ein fahles Roß; und der, der darauf saß, hatte den Namen Tod, und der Hades folgte ihm auf dem Fuß; und es wurde ihnen Macht gegeben über ein Viertel der Erde, zu töten mit Schwert, Hunger und Pest und durch die wilden Tiere der Erde.

Und als es das fünfte Siegel öffnete, sah ich am Fuße des Altars die Seelen derer, die geschlachtet worden waren um des Wortes Gottes und des Zeugnisses willen, das sie festhielten. Und sie riefen mit lauter Stimme: »Wie lange soll es noch dauern, Herr, Heiliger und Wahrhaftiger, daß du nicht Gericht hältst und rächst unser Blut an den Bewohnern der Erde?« Und es wurde ihnen einem jeden ein weißes Gewand gegeben, und es wurde ihnen gesagt, daß sie sich noch kurze Zeit gedulden sollten, bis die Zahl ihrer Mitknechte und ihrer Brüder, die ebenso wie sie getötet werden müssen, voll geworden sei.

Und ich schaute: Als es das sechste Siegel öffnete, da geschah ein großes Beben, und die Sonne wurde schwarz wie ein härener Sack, und der Mond wurde ganz wie Blut, und die Sterne des Himmels fielen auf die Erde, wie ein Feigenbaum seine Spätfeigen abwirft, wenn er von starkem Wind geschüttelt wird. Und der Himmel entwich, wie eine Buchrolle zusammengerollt wird, und alle Berge und Inseln wurden von ihren Plätzen gerückt. Die Könige der Erde und die Großen und die Befehlshaber und die Reichen und die Mächtigen und alle Knechte und Freien verbargen sich in den Höhlen und in den Felsklüften der Berge. Und sie sprechen zu den Bergen und Felsen: »Fallt auf uns und verbergt uns vor dem Angesicht dessen, der auf dem Throne sitzt, und vor dem Zorn des Lammes. Denn gekommen ist der große Tag seines Zorns. Wer kann da bestehen?«

Danach sah ich vier Engel stehen an den vier Ecken der Erde. Die hielten die vier Winde der Erde fest, damit kein Wind über das Land noch über das Meer noch über alle Bäume wehen kann. Und ich sah einen anderen Engel aufsteigen von Sonnenaufgang her, der ein Siegel des lebendigen Gottes hatte. Und er rief mit lauter Stimme den vier Engeln zu, denen gegeben war, dem Land und dem Meer Unheil zu bringen, und sprach: »Tut weder dem Land noch dem Meer noch den Bäumen Unheil an, bis wir die Knechte

Gottes auf ihren Stirnen versiegelt haben.« Und ich hörte die Zahl der Versiegelten, einhundertvierundvierzigtausend Versiegelte aus allen Stämmen der Söhne Israels [11].

»Diese da, die angetan sind mit weißen Gewändern, wer sind sie, und woher sind sie gekommen?« Und ich sprach zu ihm: »Mein Herr, du weißt es.« Und er sprach zu mir: »Das sind die, die aus der großen Trübsal kommen und ihre Gewänder gewaschen und sie weiß gemacht haben in dem Blut des Lammes.« (6, 1–17; 7, 1–4.13–14)

Die sieben Posaunen

Das siebente Siegel ist erbrochen, das Geheimnis des Buches enthüllt. Was dabei sichtbar geworden ist, läßt den Himmel in Schweigen erstarren. Die endzeitliche Katastrophe bricht jetzt über die Welt herein. Aber Johannes zögert noch, sie in ihrem vollen Ausmaß ins Bild zu bringen. Das geschieht erst in der Vision der sieben Schalen. Bedeutet das Zögern, daß den Menschen noch Gelegenheit gegeben ist, sich zu ändern?

Johannes entwirft das vorläufige Bild der Endereignisse im Rahmen einer Vision, in der sieben Engel mit Posaunen auftreten und bei jedem Posaunenstoß ein Teilbild sichtbar wird. Die Ereignisse, die die Posaunen ankündigen, sind kosmische Katastrophen, Naturkatastrophen (Verwandlung von Wasser in Blut, Vernichtung der Vegetation, Heuschreckenplage) und die Vernichtung eines Drittels der Menschheit.

Und als es das siebente Siegel öffnete, trat eine Stille im Himmel ein, wohl eine halbe Stunde lang. Und ich sah die sieben Engel, die vor Gott stehen, und es wurden ihnen sieben Posaunen gegeben. ... Und die sieben Engel, die die sieben Posaunen hatten, rüsteten sich, um zu blasen. (8, 1–2.6)

Der Drache, die beiden Tiere und die Gemeinde

Nach der 7-Posaunen-Vision erreicht das eschatologische Drama seinen Höhepunkt: Der Satan tritt auf den Plan und kämpft gegen Christus um die Weltherrschaft. Im Himmel wurde er bereits besiegt. Jetzt führt er mit seinen scheinbar unbesiegbaren Helfern den Kampf auf der Erde – gegen die christliche Gemeinde, die sich seinem Anspruch nicht beugen will.

Der folgende, in verschiedene Szenen gegliederte Abschnitt, dient dazu, die Hintergründe des Geschehens zu enthüllen, in das die Gemeinde hineingezogen ist.

---

11 Die Zahl 144 000 hängt mit der Zwölf-Zahl der Stämme Israels zusammen. Von jedem gehören 12 000 zur Schar der »Versiegelten«. In dieser Angabe steckt die Idee des neuen Gottesvolkes.

Der Sieg über den Drachen. Der Seher wird Zeuge einer himmlischen Szene. Eine Frau, durch ihre Attribute: Sonne, Mond und Sterne als Himmelskönigin kenntlich gemacht, ist im Begriff, das Messias-Kind zu gebären. Der als Drachenungeheuer vorgestellte Teufel lauert ihr auf, um seinen Widersacher, den Messias, zu töten. Dieser wird aber gleich nach der Geburt zu Gott entrückt, und die Himmelskönigin entkommt. Der Erzengel Michael tritt gegen den Drachen an und besiegt ihn. Dieser wird aus dem Himmel verbannt und auf die Erde hinabgeworfen. Im Himmel wird ein Triumphlied angestimmt. Auf der Erde aber beginnt der Drache in seinem Zorn, die anderen Nachkommen der Himmelskönigin, das heißt: die Christen, zu drangsalieren.

Die Szene ist durch und durch mythologisch gestaltet. Man muß sich nur vergegenwärtigen, wie hier von der Geburt Jesu die Rede ist! Die Schilderung läßt jeden geschichtlichen Zug vermissen. Zugrunde liegt ein verbreiteter, in mehreren Völkern bekannter Mythos. So wurde in Griechenland erzählt: die Göttin Leto sei von Zeus schwanger gewesen und sollte Apollo gebären. Der Drache Python weiß, daß ihm von diesem Kind tödliche Gefahr droht, und stellt deshalb der Leto nach. Poseidon bringt sie auf einer Insel in Sicherheit. Dort gebiert sie Apollo, der in wenigen Tagen so stark ist, daß er den Drachen Python töten kann.

Ein großes Zeichen erschien am Himmel, ein Weib, bekleidet mit der Sonne, und der Mond unter seinen Füßen, und auf seinem Haupt ein Kranz von zwölf Sternen. Es ist schwanger und schreit in den Wehen und in der Pein des Gebärens. Und ein anderes Zeichen erschien am Himmel, und siehe, ein großer, feuerroter Drache mit sieben Köpfen und zehn Hörnern und auf seinen Köpfen sieben Diademe. Und sein Schwanz fegt den dritten Teil der Sterne des Himmels hinweg und warf sie auf die Erde. Und der Drache steht vor dem Weib, das gebären soll, um, wenn es geboren hat, sein Kind zu verschlingen. Und es gebar einen Sohn, ein Männliches, der alle Völker mit eisernem Stabe weiden wird[12]. Und sein Kind wurde zu Gott und zu seinem Thron entrückt. Und das Weib floh in die Wüste, wo es eine von Gott bereitete Stätte hat. Und es brach Krieg aus im Himmel. Michael und seine Engel erhoben sich, um mit dem Drachen zu kämpfen. Und der Drache nahm den Kampf auf und seine Engel. Und er konnte sich nicht behaupten, und es gab keinen Platz mehr für sie im Himmel. Und hinabgeworfen wurde der große Drache, die alte Schlange, die der Teufel und der Satan heißt, der den ganzen Erdkreis verführt. Er wurde auf die Erde hinabgeworfen, und seine Engel wurden mit ihm hinabgeworfen.

Und ich hörte eine gewaltige Stimme im Himmel rufen:
»Jetzt ist angebrochen das Heil und die Macht
und die Königsherrschaft unseres Gottes
und die Gewalt seines Gesalbten!
Denn hinabgeworfen wurde der Verkläger unserer Brüder,
der sie verklagte vor unserem Gott bei Tag und Nacht.

---

12 Diese Beschreibung deutet auf den Messias hin, zu dessen Amt es nach jüdischer Vorstellung gehört, die Völker zu richten.

Und sie haben ihn überwunden durch das Blut des Lammes
und durch das Wort ihres Zeugnisses;
und sie haben ihr Leben nicht geliebt bis zum Tode.
Darum frohlockt, ihr Himmel, und die darin wohnen.
Wehe der Erde und dem Meer!
Denn der Teufel ist zu euch hinabgestiegen
und hat großen Zorn,
weiß er doch, daß er nur noch kurze Frist hat.«

Und als der Drache sah, daß er auf die Erde hinabgeworfen war, verfolgte er das Weib, das den Knaben geboren hatte ... und ging hin, um mit den übrigen seines Samens Krieg zu führen, die die Gebote Gottes halten und das Zeugnis Jesu bewahren. (12, 1–13.17)

Das erste Tier. Auf die Erde verbannt, entfaltet der Satan eine Schrecken verbreitende Aktivität. Zunächst ruft er ein Tier auf den Plan, in dem man den endzeitlichen Widersacher des Messias zu sehen hat. Von einer derartigen Gestalt sprach man auch in der jüdischen Apokalyptik. Im Bereich christlicher Tradition wird für diese Gestalt der Begriff des Antichristus geprägt. Sein Auftreten fällt in die Zeit unmittelbar vor dem Ende. Es wird für die Glaubenden eine Zeit gefährlicher Bedrängnis sein. Viele Menschen werden durch seine Worte und Taten verwirrt und zum Abfall verführt werden.

In der Apokalypse wird der Antichrist, das erste Tier also, geschichtlich gedeutet und mit dem römischen Imperium identifiziert. Um seinen satanischen Charakter anschaulich zu machen, verleiht ihm Johannes – in Anlehnung an Dan 7 (vgl. Band AT, S. 555 ff.) – die Züge eines Ungeheuers, das furchtbarer und gewaltiger nicht gedacht werden kann. Auf seinen Hörnern trägt es die Zeichen herrscherlicher Würde. Seine Macht hat es vom Drachen. In dem Abschnitt wird seine Inthronisation geschildert. Alle Welt hält das »Tier« für unüberwindlich. Niemand wagt, ihm zu widerstehen. Auch die Gemeinde ist seiner Macht preisgegeben. Es brüstet sich mit Lästerung und Verachtung Gottes.

Der Apokalyptiker ruft die Gemeinde nicht dazu auf, in gewaltsamen Aktionen gegen die römische Staatsmacht zu rebellieren. Er ermuntert zu einer anderen Art der Rebellion – der des radikalen Sich-Verweigerns: daß man sich von ihr in Gefangenschaft oder in den Tod führen läßt und ihr damit auch die Spur einer Anerkennung versagt.

Und er trat an den Strand des Meeres. Und ich sah aus dem Meer ein Tier aufsteigen, das hatte zehn Hörner und sieben Häupter, und auf seinen Hörnern zehn Diademe, und auf seinen Häuptern gotteslästerliche Namen. Und das Tier, das ich sah, war gleich einem Panther, und seine Füße wie die eines Bären, und sein Maul wie das Maul eines Löwen. Und es gab ihm der Drache seine Macht und seinen Thron und große Gewalt. Und ich sah eines seiner Häupter wie zu Tode getroffen, und seine Todeswunde wurde wieder geheilt [13]. Und es staunte die ganze Erde hinter dem Tier her, und sie beteten

---

13 Hier liegt wahrscheinlich ein verschlüsselter Hinweis auf den römischen Kaiser Nero vor. Er war eines gewaltsamen Todes gestorben. Schon bald entstand die Sage, er sei wieder zum Leben erweckt worden. Johannes spielt auf diese Sage an, um das Tier als satanisches Gegenbild Christi darzustellen.

den Drachen an, weil er die Macht dem Tiere gegeben hatte; und sie beteten das Tier an mit den Worten: »Wer ist dem Tiere gleich, und wer kann mit ihm den Kampf aufnehmen?« Und es wurde ihm ein Maul gegeben, das sprach große Worte und lästerliche Reden, und es wurde ihm Macht gegeben, es zweiundvierzig Monate lang so zu treiben. Und es öffnete sein Maul zu Lästerungen gegen Gott, um seinen Namen und seine Wohnung und die, die im Himmel wohnen, zu lästern[14]. Und es wurde ihm gegeben, Krieg zu führen mit den Heiligen und sie zu besiegen. Und es wurde ihm Macht gegeben über jeden Stamm und jedes Volk und jede Sprache und jede Nation. Und alle Bewohner der Erde werden ihn anbeten – jeder, dessen Name nicht im Lebensbuch des geschlachteten Lammes seit Grundlegung der Welt geschrieben steht. Wenn einer ein Ohr hat, der höre. Wenn einer in Gefangenschaft ziehen soll, der soll in Gefangenschaft ziehen. Wenn einer durch das Schwert getötet werden soll, der soll durch das Schwert getötet werden. Darin besteht Standhaftigkeit und Glaubenstreue der Heiligen[15].

(12, 18–13, 10)

Das zweite Tier. Der Satan wird noch in einer weiteren Gestalt geschichtlich wirksam. Sie wird als »zweites Tier« dem ersten zugeordnet. Das Interesse des Sehers haftet hier an der Charakterisierung seiner Tätigkeit. Es ist kein Zweifel, daß er an die Propagandisten des Kaiserkultes, die »Ideologen« des römischen Imperiums, denkt. Ihre »Botschaft« hat in der Anbetung des kaiserlichen Kultbildes ihr Ziel. Sie bedienen sich nicht nur verführerischer Worte, sondern auch Staunen erregender Mirakel.

Die göttliche Verehrung der Herrscher war im Orient gang und gäbe. Die ersten römischen Kaiser waren in dieser Hinsicht zurückhaltend, widersetzten sich aber auch nicht, wenn man ihnen, wie etwa in Kleinasien, Opfer darbringen wollte. Eine planmäßige Förderung erfuhr die religiöse Form eines Kaiserkultes unter Domitian (81 bis 96 n. Chr.). Er ließ sich »Gott und Herr« anrufen und seine Statue als Kultbild aufstellen. Seitdem galt im römischen Imperium die Teilnahme am Kaiserkult als Beweis der Loyalität.

Das römische Imperium hat sich mit der Etablierung des Kaiserkultes als widergöttliche Macht entlarvt. So sah es der christliche Apokalyptiker und rief die Gemeinde zum entschlossenen Widerstand auf. Er machte zugleich bewußt, daß dieser Widerstand einschneidende Konsequenzen nach sich ziehen wird: gesellschaftliche Isolierung und u. U. wirtschaftlichen Ruin.

Und ich sah ein anderes Tier vom Lande heraufsteigen, und es hatte zwei Hörner wie ein Lamm, und es redete wie ein Drache. Es übt alle Macht des ersten Tieres vor ihm aus, und es bewirkt, daß die Erde und ihre Bewohner das erste Tier anbeten, dessen Todeswunde wieder geheilt wurde. Und es tut gewaltige Zeichen, so daß es auch Feuer vom Himmel auf die Erde herabfallen läßt vor den Augen der Menschen. Und es verführt die Bewohner der

14 Die Lästerung Gottes besteht darin, daß auf den Kaiser göttliche Namen wie Göttlicher, Retter, Erhabener (= Augustus), Herr übertragen wurden und man dem Kaiser einen religiösen Kult widmete.

15 Die Deutung dieser Verse ist nicht sicher. Wahrscheinlich enthalten sie die Aufforderung an die Christen, um jeden Preis im Glauben standhaft zu bleiben und das Schicksal anzunehmen, das sich als Konsequenz aus dieser Haltung ergibt.

Erde durch Zeichen, die ihm gegeben wurden, sie vor dem Tier zu tun, indem es die Bewohner der Erde beredet, sie sollten ein Bild für das Tier machen, das die Schwertwunde hat und wieder lebendig wurde. Und es wurde ihm gegeben, Geist dem Bilde des Tieres einzugeben, so daß das Bild des Tieres sogar zu sprechen begann und bewirkte, daß alle, die das Bild des Tieres nicht anbeten wollten, getötet wurden. Und es bringt alle die Kleinen und die Großen und die Reichen und die Armen und die Freien und die Sklaven dazu, daß sie sich ein Malzeichen auf ihre rechte Hand oder ihre Stirn machen und daß keiner kaufen oder verkaufen kann außer demjenigen, der das Malzeichen trägt, den Namen des Tieres oder die Zahl seines Namens [16]. (13, 11–17)

Das Lamm und die erwählten Gläubigen. Johannes hat seinen Mitchristen vor Augen gestellt, daß ihnen in dieser Zeit, in der der Widersacher Gottes Triumphe feiert, das Letzte abverlangt wird. Als Zuspruch ist es gemeint, wenn er ihnen das Bild ihrer Zukunft enthüllt: das »Lamm« (Christus) und die einhundertvierundvierzigtausend, die das »Malzeichen« Gottes an sich haben (sich als Christen bewährt haben), auf dem Berg Zion, dem Ort des Heils. Hier wird ein Gottesdienst gefeiert, in dem ein »neues Lied«, das Lied der Erlösten, erklingt. Sein Inhalt kann freilich noch nicht mitgeteilt werden. Was Johannes auf dem Berg Zion sieht, ist ja noch Heilszukunft.

Und ich schaute, und siehe, das Lamm auf dem Berge Zion [17], und mit ihm hundertvierundvierzigtausend, die seinen Namen und den Namen seines Vaters auf ihrer Stirn geschrieben trugen. Und ich hörte eine Stimme vom Himmel wie das Rauschen vieler Wasser und wie das Rollen eines lauten Donners; und die Stimme, die ich hörte, klang wie die von Zitherspielern, die auf ihren Zithern spielen. Und sie singen ein neues Lied vor dem Thron und den Ältesten. Und niemand konnte das Lied lernen außer den hundertvierundvierzigtausend, die von der Erde losgekauft waren. Das sind die, die sich mit Weibern nicht befleckt haben, denn sie sind jungfräulich [18]. Das sind die, die dem Lamme folgen, wohin es auch geht. Diese sind losgekauft aus den Menschen als Erstlingsgabe für Gott und das Lamm, und in ihrem Munde wurde keine Lüge erfunden, sie sind ohne Fehl. (14, 1–5)

Ankündigung und Vorbereitung des Gerichts. Gott wird die wahrhaft und standhaft Glaubenden nicht nur in schlimmster Bedrängnis bewahren und an den Ort des Heils bringen. Er wird seine Macht darin erweisen, daß er seine Widersacher und die satanischen Mächte vernichtet und über die Welt Gericht hält. Kriterium des Gerichts ist das Malzeichen des Tieres.

Die »Zeit« ist fortgeschritten. Das Gericht wird jetzt nicht mehr nur angekündigt; es beginnt. Es beginnt damit, daß der Richter – in Gestalt des »Menschenähnlichen« auf den Plan tritt, angetan mit den Insignien seiner Macht und dem Symbol des vernichtenden Gerichts: der Sichel. Er erhält Befehl, nun die Erde abzuernten.

---

16 Man hat bei dem »Malzeichen« an ein Siegel oder Stempel zu denken, mit dem die Teilnahme am Kaiserkult amtlich beglaubigt wird.

17 Der Berg Zion ist nach jüdischer Tradition der Ort endzeitlichen Heils.

18 Wahrscheinlich ist diese Wendung symbolisch, nicht im Sinne sexueller Askese gemeint.

Und ich sah einen anderen Engel hoch oben am Himmel fliegen, der hatte eine ewige Botschaft den Bewohnern der Erde zu verkünden, und zwar allen Völkern und Stämmen und Sprachen und Nationen. Der rief mit lauter Stimme: »Fürchtet Gott und gebt ihm Ehre; denn gekommen ist die Stunde seines Gerichtes; und betet an den, der den Himmel und die Erde und das Meer und die Wasserquellen gemacht hat.« Und ein anderer Engel folgte ihnen und rief mit lauter Stimme: »Wenn einer das Tier und sein Bild anbetet und das Malzeichen auf seiner Stirn oder auf seiner Hand empfängt, der soll auch von dem Zorn-Wein Gottes trinken, der unvermischt gereicht wird in dem Becher seines Zornes, und er soll gepeinigt werden mit Feuer und Schwefel vor den heiligen Engeln und vor dem Lamm. Und der Rauch von ihrer Peinigung steigt in alle Ewigkeit auf, und sie haben keine Ruhe bei Tag und Nacht, die das Tier und sein Bild anbeten, und wenn einer das Malzeichen seines Namens empfängt. Hier gilt es Standhaftigkeit der Heiligen, die die Gebote Gottes und die Glaubenstreue zu Jesus halten.« Und ich hörte eine Stimme vom Himmel sprechen: »Schreibe! Selig sind die Toten, die in dem Herrn sterben von nun an. Ja, der Geist spricht, sie sollen ruhen von ihren Mühen; denn ihre Werke folgen ihnen nach.« Und ich schaute, und siehe, eine weiße Wolke, und auf der Wolke sah ich einen, der einem Menschensohn gleicht, sitzen; der hatte auf seinem Haupte einen goldenen Kranz und in seiner Hand eine scharfe Sichel. Und ein anderer Engel trat aus dem Tempel, der rief mit lauter Stimme dem, der auf der Wolke saß, zu: »Sende deine Sichel aus und ernte, denn gekommen ist die Stunde zum Ernten, da die Ernte auf Erden überreif geworden ist.« Und der, der auf der Wolke saß, warf seine Sichel auf die Erde, und die Erde wurde abgeerntet. (14, 6–16)

Das Gericht Gottes über die Welt

Das Gericht Gottes vollzieht sich in mehreren Akten. Zunächst trifft es die Menschen in Form von »Plagen«, die aus »Schalen« über sie ausgegossen werden. Besonderes Gewicht hat sodann die Vernichtung der »Hure Babylon«, womit die Welthauptstadt Rom gemeint ist. Die Schilderung des Gerichts hat eine politische Spitze: Die Gottesherrschaft betrifft nicht nur den einzelnen oder gar nur dessen inneres, geistiges Leben, sondern die Welt im ganzen; sie kann nur in den Dimensionen der Weltgeschichte angemessen begriffen werden.

In der Apokalyptik stand von Anfang an die Weltgeschichte im Blick. Daniel, ihr ältestes Dokument, hat den Nachfolgestaaten des Alexander-Reiches die Vernichtung durch Gottes machtvolles Eingreifen angesagt und die Übertragung der Herrschaft auf das Volk Gottes verkündet. Die hier leitende national-jüdische Komponente begegnet indes in der jüdischen Apokalyptik nicht durchweg. Meist ist die Erwartung darauf gerichtet, daß in der neuen Weltzeit Gott selbst zur Herrschaft kommt. Diese Grundauffassung liegt auch in der Johannesapokalypse vor.

Die sieben Schalen. Das Maß ist voll. Gottes Zorn ergießt sich in voller Härte über die Menschheit und die Welt. Sieben Engel stehen bereit, um die Schalen des göttlichen Zorns, angefüllt mit unvorstellbar furchtbaren Plagen, zu leeren. Die Schilderung der Plagen lehnt sich an die sog. ägyptischen Plagen der alttestamentlichen Auszugsgeschichte an (vgl. Band AT, S. 29 ff.).

Und ich sah ein anderes Zeichen am Himmel, groß und wunderbar: sieben Engel, welche sieben Plagen hatten, die letzten; denn in ihnen ist Gottes Zorn vollendet.

Und ich hörte eine laute Stimme aus dem Tempel den sieben Engeln zurufen: »Geht hin und gießt die sieben Schalen des Zornes Gottes über die Erde aus.« Und der *erste* ging hin und goß seine Schale aus über die Erde. Da befielen schlimme und böse Geschwüre die Menschen, die das Malzeichen des Tieres trugen und sein Bild anbeteten. Und der *zweite* goß seine Schale über das Meer aus. Da wurde es Blut wie von einem Toten, und alle lebendigen Wesen, die im Meer sind, starben. Und der *dritte* goß seine Schale aus über die Flüsse und Wasserquellen. Da wurde es Blut. Und ich hörte den Engel der Wasser sprechen: »Gerecht bist du, der da ist und der da war, du Heiliger, daß du dieses Gericht gehalten hast. Denn sie haben Blut von Heiligen und Propheten vergossen. Nun hast du ihnen Blut zu trinken gegeben. Sie haben es verdient.« Und ich hörte den Altar sprechen: »Ja, Herr, Gott, Allherrscher, wahrhaftig und gerecht sind deine Gerichte.« Und der *vierte* goß seine Schale über die Sonne. Da wurde ihr gegeben, die Menschen mit Feuerglut zu versengen. Und die Menschen wurden von großer Glut versengt, aber sie lästerten den Namen Gottes, der die Macht über diese Plagen hat, und sie bekehrten sich nicht, ihm die Ehre zu geben. Und der *fünfte* goß seine Schale aus über den Thron des Tieres. Da wurde sein Reich verfinstert, und sie zerbissen sich ihre Zungen vor Schmerz, aber sie lästerten den Gott des Himmels wegen ihrer Schmerzen und ihrer Geschwüre, und sie bekehrten sich nicht von ihren Werken. Und der *sechste* goß seine Schale aus über den großen Euphrat. Da trocknete sein Wasser aus, damit der Weg bereitet würde für die Könige vom Aufgang der Sonne. Und ich sah aus dem Maul des Drachen und aus dem Maul des Tieres und aus dem Maul des falschen Propheten drei unreine Geister hervorkommen wie Frösche. Dämonengeister sind es, die Zeichen tun, die ausziehen zu den Königen des ganzen Erdkreises, um sie zum Kampf des großen Tages Gottes, des Allherrschers zu sammeln. Und sie führten sie zusammen an die Stätte, die auf hebräisch Harmagedon heißt[19]. Und der *siebente* goß seine Schale aus über die Luft. Da ging eine laute Stimme vom Tempel aus, vom Throne her, die rief: »Es ist geschehen!« Und es geschahen Blitze und Getöse und Donner, und es geschah ein großes Erdbeben, wie es nicht geschehen ist, seit Men-

---

19 Dieser Schilderung liegt die Vorstellung von einer apokalyptischen Entscheidungsschlacht zugrunde. »Harmagedon« ist ein apokalyptischer Ort, keine geographische Angabe.

schen auf der Erde waren – so groß war dieses Erdbeben, so gewaltig. Und die große Stadt zerfiel in drei Teile, und die Städte der Heiden stürzten ein. Und der großen Stadt Babylon wurde gedacht vor Gott, ihr den Becher mit dem Wein seines grimmigen Zornes zu geben. Und alle Inseln schwanden dahin, und Berge waren nicht mehr zu finden. Und gewaltiger Hagel, zentnerschwer, fällt vom Himmel auf die Menschen nieder. Aber die Menschen lästerten Gott wegen der Plage des Hagels, denn seine Plage ist gar zu groß.

(15, 1; 16, 1–21)

Die Vernichtung Roms. Der Abschnitt, der das Strafgericht über Rom ausmalt, ist sehr umfangreich. Schon dies zeigt an, daß hier ein Schwerpunkt des Buches liegt.

Zunächst kommt dem Seher der Gegenstand des Gerichts in den Blick. Er erscheint in Gestalt einer herrlich gekleideten und reich geschmückten Frau, die auf einem scharlachroten Tier reitet. Der Glanz verdeckt, wer diese Frau wirklich ist: die »Mutter der Huren«, der »Greuel der Erde«. Der Seher versteht zunächst nicht, was er sieht. Die Erscheinung muß ihm gedeutet werden. Im Rahmen dieser Deutung erläutert er dann, wie er sich den Vollzug des Gerichts konkret vorstellt: als Aufstand der unterworfenen Könige. Ihrer bedient sich Gott, so soll man verstehen, als Werkzeug, um seine Herrschaft aufzurichten.

Und es kam einer von den sieben Engeln, die die sieben Schalen hielten, und redete mit mir und sprach: »Komm, ich will dir das Gericht über die große Hure [20] zeigen, die an vielen Wassern sitzt, mit der die Könige der Erde Hurerei getrieben haben, und die Bewohner der Erde sind von dem Wein ihrer Hurerei trunken geworden.« Und er trug mich in der Ekstase fort in die Wüste.

Und ich sah ein Weib sitzen auf einem scharlachroten Tier, das ganz und gar mit Lästernamen bedeckt war und sieben Häupter und zehn Hörner hatte. Und das Weib war in Purpur und Scharlach gekleidet und war reich geschmückt mit Gold und Edelsteinen und hatte einen goldenen Becher in seiner Hand, angefüllt mit Greueln und Schmutz seiner Hurerei. Und auf seiner Stirn war ein Name geschrieben, ein Geheimnis: die große Stadt Babylon, die Mutter der Huren und der Greuel der Erde. Und ich sah das Weib trunken vom Blut der Heiligen und vom Blut der Zeugen Jesu. Und als ich es sah, staunte ich in starrem Entsetzen.

Und der Engel sprach zu mir: »Warum staunst du? Ich will dir das Geheimnis des Weibes und des Tieres, das es trägt und sieben Häupter und zehn Hörner hat, erklären. Das *Tier*, welches du sahst, war und ist nicht und wird wieder aus dem Abgrund heraufsteigen, und es geht ins Verderben.

Und die *zehn Hörner*, die du sahst, sind zehn Könige, die die Herrschaft noch nicht empfangen haben. Aber sie erhalten Macht wie Könige für eine Stunde zusammen mit dem Tier. Diese sind *eines* Sinnes, und ihre Macht und Gewalt geben sie dem Tier.«

---

20 Daß Rom hier als Hure charakterisiert wird, entspricht alttestamentlicher Redeweise. So wurden gottlose und sich Gottes Gebot widersetzende Städte gebrandmarkt.

Und er spricht zu mir: »Die *Wasser*, die du sahst, wo die Hure sitzt, sind Völker und Scharen und Nationen und Sprachen. Und die zehn Hörner, die du sahst, und das Tier – diese werden die Hure hassen und werden sie verwüstet und nackt machen und werden ihr Fleisch fressen und sie mit Feuer verbrennen. Denn Gott hat es ihnen ins Herz gegeben, seinen Plan auszuführen und nach einem Plan zu handeln.«

(17, 1–8.12–13.15–17)

Der Fall Roms wird nicht geschildert. Johannes hat in dem vorangegangenen Abschnitt so etwas wie eine geschichtliche Prognose gewagt, deren Eintreffen er gar nicht schildern konnte. Er zeigt aber den Fall Roms in indirekter Weise an; und zwar doppelt: einmal, indem er einen Engel auf Erden diesen Fall ausrufen läßt; zum anderen durch die Klage der Freunde Roms – wobei an die Könige der Erde und die Kaufleute zu denken ist – über die zerstörte Pracht.

Danach sah ich einen anderen Engel aus dem Himmel herabsteigen; der hatte große Macht, und die Erde wurde hell von seinem Lichtglanz. Und er schrie mit lauter Stimme: »Gefallen, gefallen ist die große Stadt Babylon und zu einer Wohnstätte der Dämonen und einer Behausung für allerlei unreine Geister und zu einer Behausung für allerlei unreine und verhaßte Vögel geworden.«

Und weinen und wehklagen werden um sie die Könige der Erde, die mit ihr gehurt und geschwelgt haben, wenn sie den Rauch von ihrem Brande sehen. Sie bleiben fernab stehen aus Furcht vor ihrer Qual und sprechen: »Wehe, wehe, du große Stadt, Babylon, du starke Stadt, denn in einer einzigen Stunde ist das Gericht über dich gekommen.« Und die Kaufleute der Erde weinen und trauern um sie, weil niemand mehr ihre Ware kauft, Ware von Gold und Silber und Edelsteinen und Perlen und feiner Leinwand und Purpur und Scharlach, und all das Thujaholz und all das Gerät aus Elfenbein und all das Gerät aus edelstem Holz und Erz und Eisen und Marmor, und Zimt und Amomum und Räucherwerk und Salböl und Weihrauch und Wein und Öl und Feinmehl und Weizen und Rinder und Schafe, und Pferde und Wagen und Sklaven und Menschenseelen. Und das Obst, woran deine Seele Lust hatte, ist für dich dahin, und all die Pracht und all der Glanz ist dir verlorengegangen, und nimmermehr wird man sie finden. Die Kaufleute, die mit diesen Dingen Handel treiben, die reich an ihr geworden sind, sie werden fernab hintreten aus Furcht vor ihrer Qual, weinend und trauernd, und sprechen: »Wehe, wehe, die große Stadt, die bekleidet war mit einer Leinwand und Purpur und Scharlach, die geschmückt war mit Gold und Edelsteinen und Perlen. Denn in einer einzigen Stunde ist solcher Reichtum verwüstet worden.« Und alle Steuerleute und alle Küstenfahrer und die Seeleute und alle, die auf dem Meer zu tun haben, stellten sich fernab hin und schrieen, als sie den Rauch von ihrem Brand sahen und sprachen: »Wer glich der großen Stadt?« Und sie warfen sich Staub auf das Haupt und riefen weinend und trauernd und sprachen: »Wehe, wehe, die große Stadt, in der alle, die Schiffe auf dem Meere haben, durch ihren Wohlstand reich geworden sind. Denn in einer einzigen Stunde ist sie verwüstet worden.«

(18, 1–2.9–19)

Den Abschluß des Abschnitts bildet ein im Himmel angestimmtes Siegeslied:

Danach hörte ich etwas wie den lauten Gesang einer großen Schar im Himmel, die riefen:

»Halleluja!
Das Heil und die Herrlichkeit und die Macht sind unseres Gottes!
Denn wahrhaftig und gerecht sind seine Gerichte,
daß er gerichtet hat die große Hure,
die die Erde mit ihrer Hurerei verdarb,
und gerächt das Blut seiner Knechte von ihrer Hand.«

Und ich hörte etwas wie das Rufen einer großen Schar und wie das Rauschen vieler Waser und wie das Rollen starker Donner, die riefen:

»Halleluja!
Denn König wurde der Herr,
unser Gott, der Allherrscher.
Laßt uns fröhlich sein und jubeln
und ihm die Ehre geben!
Denn gekommen ist die Hochzeit des Lammes,
und seine Braut hat sich bereit gemacht.
Und es wurde ihr gegeben,
sich mit glänzender, reiner Leinwand zu kleiden.
Denn die Leinwand sind die Rechttaten der Heiligen.«

Und er spricht zu mir[21]: »Schreibe! Selig sind, die zum Hochzeitsmahl des Lammes geladen sind.« Und er spricht zu mir: »Dies sind die wahrhaftigen Worte Gottes.« Und ich fiel zu seinen Füßen nieder, um ihn anzubeten. Aber er spricht zu mir: »Nicht doch! Ich bin dein Mitknecht und einer von deinen Brüdern, die das Zeugnis Jesu haben. Bete Gott an!« (19, 1–2.6–10)

Das Kommen Christi und die Vollendung des Heils

Das Ende der Geschichte und die Heilsvollendung in einer neuen Welt werden durch das Kommen Christi auf die Erde eingeleitet. Der Fall Roms war noch nicht das Ende. Noch sind die widergöttlichen Mächte, das Tier und sein Prophet und der Satan selbst am Werk. Sie müssen überwunden werden, damit das Heil Wirklichkeit werden kann.

In der Schilderung der Johannesapokalypse vollzieht sich die Heilsverwirklichung in zwei Stufen. Dies gehört zu den Besonderheiten, die sie aus-

21 Der Seher kommt an dieser Stelle selbst mit ins Bild.

zeichnen. Die *erste* Stufe hat die Gestalt eines *irdischen* Friedensreiches, in dem der wiedergekommene Christus die bewährten Christen sammelt. Während dieser Zeit, die auf 1000 Jahre eingegrenzt wird, ist der Satan nur gebunden. Er kommt noch einmal frei und versucht, in einem letzten Kampf die Weltherrschaft zu erringen. Nach seiner Vernichtung wird das Weltgericht gehalten, zu dem alle Menschen auferstehen, um ihr Urteil zu empfangen. *Dann* erst bricht die Heilsvollendung an. Sie wird doppelt gekennzeichnet, was darauf hinweist, daß Johannes verschiedene, im Grunde konkurrierende Überlieferungen verarbeitet. Einmal spricht er von einem neuen Himmel und einer neuen Erde, zum anderen davon, daß das neue Jerusalem sich von dem Himmel herabsenkt und Wohnstatt der Erlösten wird.

Der Sieg über das Tier und seine Streitmacht. In dem ersten Bild tritt Christus auf den Plan. Er erscheint mit einer gewaltigen Streitmacht. Die Wendungen, mit denen er beschrieben wird, kennzeichnen ihn als Messias-König und Richter im Sinne jüdischer Tradition. Sein Kampf gilt dem Tier und dessen Propheten (vgl. Kap. 13, oben S. 442 ff.), die ihrerseits ein Heer gesammelt haben. Bei der überwältigenden Macht des »Königs der Könige« haben sie jedoch keine Chance. Ein Kampf findet gar nicht erst statt. Christus ist von vornherein der überlegene Sieger, dessen Sieg keinen Augenblick in Frage steht. Die Widersacher Christi werden in dem »Feuersee« (Hölle) vernichtet.

Und ich sah den Himmel offen, und siehe, ein weißes Roß, und der Reiter darauf heißt Treu und Wahrhaftig. Und er richtet und kämpft mit Gerechtigkeit. Seine Augen sind Feuerflamme, und auf seinem Haupt hat er viele Diademe; er trägt einen Namen geschrieben, den niemand kennt außer ihm selbst. Und er ist angetan mit einem Gewand, das in Blut getaucht ist, und sein Name heißt: »Das Wort Gottes«. Und die Heere im Himmel folgten ihm auf weißen Rossen, angetan mit weißer reiner Leinwand. Und aus seinem Munde geht ein scharfes Schwert hervor, damit er die Heiden schlage. Und er wird sie mit einem Stabe weiden; und er tritt die Kelter des Weines des grimmigen Zornes Gottes, des Allherrschers. Und er trägt auf seinem Gewand und seiner Hüfte einen Namen geschrieben: »König der Könige und Herr der Herren«.

Und ich sah das Tier und die Könige der Erde und ihre Heere versammelt, um Krieg zu führen mit dem Reiter auf dem Roß und mit seinem Heer. Und das Tier wurde ergriffen und mit ihm der falsche Prophet, der die Zeichen vor ihm tat, durch die er diejenigen verführte, die das Malzeichen des Tieres empfangen hatten und sein Bild anbeteten. Lebendig wurden sie beide in den feurigen Pfuhl geworfen, der mit Schwefel brennt. Und die übrigen wurden mit dem Schwert getötet, das aus dem Munde des Reiters hervorging, und alle Vögel wurden satt an ihrem Fleisch. (19, 11–16.19–21)

Das 1000jährige Reich. Nach dem Sieg Christi wird der Satan von einem Engel ergriffen und gefesselt in den »Abgrund« geworfen; dies ist der Ort, wo nach apokalyptischer Anschauung die Dämonen gefangen gehalten werden. Damit ist er für 1000 Jahre außer Gefecht gesetzt. Die 1000 Jahre sind zugleich die Zeit des messianischen Reiches, in dem die in einer *ersten* Auferstehung zum Leben erweckten Märtyrer und die gegenüber den Zumutungen der römischen Staatsmacht standhaft gebliebenen Christen zusammen mit Christus herrschen.

Die Zeit wird beendet durch die Wiederkehr des Satans, der zum letzten Kampf gegen Christus sammelt und aufruft. Er umzingelt die »geliebte Stadt« (Jerusalem). Sein Heer wird durch ein vom Himmel fallendes Feuer vernichtet, er selbst in den Feuersee geworfen.

Die Vorstellung eines messianischen Reiches, das der Gottesherrschaft und dem neuen Äon vorausgeht, ist in der jüdischen Apokalyptik in verschiedenen Formen belegt, während sie in den urchristlichen Endzeitvorstellungen keine Rolle spielt. Sie ist ein Spätprodukt der apokalyptischen Lehre und erklärt sich als ein Versuch, konkurrierende Vorstellungen miteinander zu verknüpfen, nämlich die Vorstellung eines irdischen, messianischen Friedensreiches auf der einen Seite und die Vorstellung der Gottesherrschaft in einer neuen Welt auf der anderen. Die Verknüpfung geschah so, daß man das messianische Reich der endgültigen Heilszeit vorordnete – wie es ähnlich auch die Johannesapokalypse tut. Für Johannes war diese Verknüpfung deswegen wichtig, weil sie ihm die Möglichkeit bot, den in schwerster Zeit bewährten Christen eine besondere Auszeichnung zuteil werden zu lassen.

Und ich sah einen Engel vom Himmel herabsteigen, der hatte den Schlüssel des Abgrunds und eine große Kette in seiner Hand. Und er ergriff den Drachen, die alte Schlange, welche der Teufel und der Satan ist, und band ihn für tausend Jahre und warf ihn in den Abgrund und schloß zu und legte ein Siegel darauf, damit er nicht mehr die Völker verführe, bis die tausend Jahre vollendet sind. Danach muß er für kurze Zeit wieder losgelassen werden.

Und ich sah Throne, und sie setzten sich darauf, und das Gericht wurde ihnen übertragen, und ich sah die Seelen derer, die enthauptet worden waren um des Zeugnisses Jesu und des Wortes Gottes willen und diejenigen, die nicht das Tier oder sein Bild angebetet hatten und nicht das Malzeichen auf ihrer Stirn und ihrer Hand empfangen hatten. Und sie wurden wieder lebendig und herrschten mit Christus tausend Jahre. Die übrigen Toten wurden nicht wieder lebendig, bis die tausend Jahre vollendet sind. Dies ist die erste Auferstehung. Selig und heilig, wer teilhat an der ersten Auferstehung. Über diese hat der zweite Tod keine Macht, sondern sie werden Priester Gottes und Christi sein und mit ihm die tausend Jahre herrschen.

Und wenn die tausend Jahre vollendet sind, wird der Satan aus seinem Gefängnis losgelassen werden; und er wird ausziehen, um die Völker an den vier Enden der Erde zu verführen, den Gog und Magog [22], um sie zum Kampf zu sammeln; deren Zahl ist wie der Sand am Meer. Und sie zogen herauf auf die Ebene der Erde und umzingelten das Lager der Heiligen und die geliebte Stadt. Da fiel Feuer vom Himmel und verzehrte sie. Und der Teufel, der sie verführt hatte, wurde in den Pfuhl von Feuer und Schwefel geworfen, wo auch das Tier und der falsche Prophet sind. Und sie werden gepeinigt werden bei Tag und Nacht in alle Ewigkeiten. (20, 1–10)

---

22 Von einem König Gog aus dem Volk Magog war bei Ezechiel (vgl. Band AT, S. 437 ff.) die Rede. Für Johannes sind Gog und Magog nur noch Namen geheimnisvoller mythischer Mächte.

Das Weltgericht. Das Weltgericht wird als ein förmlicher Gerichtsakt beschrieben. Seine Voraussetzung ist die allgemeine (die *zweite*) Auferstehung, die alle Menschen vor ihren Richter bringt. Maßstab des Urteils sind die Werke, die in den »Büchern« aufgezeichnet sind. Das entspricht jüdischer Theologie. Christliche Motive sind in dieser Weltgerichtsszene nicht zu entdecken.

Und ich sah einen großen weißen Thron und den, der darauf saß; vor dessen Angesicht flohen die Erde und der Himmel, und es fand sich keine Stätte mehr für sie. Und ich sah die Toten, die Großen und die Kleinen, vor dem Thron stehen. Und Bücher wurden aufgeschlagen, und ein anderes Buch wurde aufgeschlagen, welches das des Lebens ist. Und die Toten wurden nach dem gerichtet, was in den Büchern geschrieben stand, nach ihren Werken. Und das Meer gab die Toten heraus, die in ihm waren, und der Tod und der Hades gaben die Toten heraus, die in ihnen waren, und sie wurden gerichtet, ein jeder nach seinen Werken. Und der Tod und der Hades wurden in den feurigen Pfuhl geworfen. Das ist der zweite Tod[23], der feurige Pfuhl. Und wenn einer nicht in dem Buch des Lebens eingeschrieben gefunden wurde, so wurde er in den feurigen Pfuhl geworfen. (20, 11–15)

Die neue Welt. Kennzeichen der neuen Welt ist die ungebrochene Gegenwart Gottes und das Leben ohne Angst, Leid und Tod. Der Abschnitt schließt mit einer eindringlichen Mahnung an die Gemeinde; denn nur wer »überwindet«, wird am Leben der neuen Welt teilhaben.

Und ich sah einen neuen Himmel und eine neue Erde; denn der erste Himmel und die erste Erde sind vergangen, und das Meer ist nicht mehr. Und ich hörte eine mächtige Stimme vom Thron her rufen: »Siehe, die Wohnstätte Gottes bei den Menschen, und er wird bei ihnen wohnen, und sie werden seine Völker sein, und er selbst, Gott, wird bei ihnen sein. Und abwischen wird er alle Tränen von ihren Augen, und der Tod wird nicht mehr sein, weder Leid noch Jammer, noch Mühsal wird mehr sein; denn das Erste ist vergangen.« Und der auf dem Throne saß, sprach: »Siehe, ich mache alles neu.« Und er spricht: »Schreibe, denn diese Worte sind zuverlässig und wahr.« Und er sprach zu mir: »Es ist geschehen. Ich bin das A und das O, der Anfang und das Ende. Ich werde dem Dürstenden von der Quelle des Lebenswassers umsonst geben. Wer überwindet, der wird dies erben, und ich werde ihm Gott sein, und er wird mir Sohn sein. Aber den Feiglingen und Ungläubigen und mit Greuel Befleckten und Mördern und Hurern und Zauberern und Götzendienern und allen Lügnern wird ihr Teil beschieden sein in dem Pfuhl, der mit Feuer und Schwefel brennt; das ist der zweite Tod.«

(21, 1–8)

---

23 Im Sinne von: endgültiger Tod.

Das neue Jerusalem. Um das Heil anschaulich werden zu lassen, greift Johannes noch eine andere Überlieferung auf, die in der jüdischen Apokalyptik eine Rolle spielte, ihre Wurzeln aber bereits im Alten Testament (Ezechiel) hat: die Überlieferung von einem neuen Jerusalem, das vom Himmel auf die Erde herabkommt und den Lebensraum der Erlösten darstellt. In die Schilderung des neuen Jerusalems sind Züge eingeflochten, die seinen paradiesischen Charakter hervorheben. So ist etwa im Rückgriff auf die alttestamentliche Paradiesgeschichte von einem Strom des Lebenswassers und einem Baum des Lebens die Rede. Johannes will das neue Jerusalem als Gegenbild zu »Babylon« (Rom) verstanden wissen und damit die gleichsam weltgeschichtliche Realität des Gottesreiches zur Geltung bringen.

Und es kam einer von den sieben Engeln ... Und er trug mich fort in der Ekstase auf einen großen und hohen Berg und zeigte mir die heilige Stadt Jerusalem, die aus dem Himmel von Gott her herabkommt, die die Herrlichkeit Gottes hat. Ihr Lichtglanz ist gleich kostbarstem Edelstein, wie glänzender Jaspisstein[24].

Einen Tempel sah ich nicht darin. Denn der Herr, Gott, der Allherrscher ist ihr Tempel und das Lamm. Und die Stadt bedarf weder der Sonne noch des Mondes, daß sie ihr scheinen. Denn die Herrlichkeit Gottes erleuchtete sie, und ihre Leuchte ist das Lamm. Und die Völker werden in ihrem Licht wandeln, und die Könige der Erde bringen ihre Pracht in sie hinein. Und ihre Tore werden bei Tag niemals geschlossen werden, denn Nacht wird es dort nicht geben. Und man wird die Pracht und die Schätze der Völker in sie hineinbringen. Und nichts Unreines wird mehr in sie hineinkommen und keiner, der Greuel und Lüge tut, sondern nur diejenigen, die im Lebensbuch des Lammes geschrieben stehen.

Und er zeigte mir einen Strom von Lebenswasser, klar wie Kristall; der ging aus von dem Throne Gottes und des Lammes. In der Mitte zwischen ihrer Straße und dem Strom hüben und drüben stand Holz des Lebens, das zwölfmal Früchte trägt, jeden Monat bringt es seine Frucht, und die Blätter des Holzes dienen zur Heilung der Völker. Und nichts Verfluchtes wird es mehr geben. Und der Thron Gottes und des Lammes wird darin sein, und seine Knechte werden ihm dienen, und sie werden sein Angesicht schauen, und sein Name steht auf ihren Stirnen. Und es wird keine Nacht mehr geben, und sie bedürfen nicht des Lichtes einer Leuchte oder des Sonnenlichtes, denn der Herr, Gott, wird über ihnen leuchten, und sie werden herrschen in alle Ewigkeit. (21, 9–11.22–27; 22, 1–5)

---

24 Es folgt hier eine ausführliche Beschreibung des himmlischen Jerusalem. Seine transzendente Herrlichkeit wird an dem Baumaterial veranschaulicht: Edelsteine, Gold, Perlen.

Der Schluß

Den fiktiven Sehern der jüdischen Apokalypsen wird ausdrücklich die Versiegelung, das heißt: die Geheimhaltung der Offenbarung befohlen. Dieser Befehl sollte bis zu dem Zeitpunkt gelten, an dem die endzeitlichen Ereignisse beginnen. Dem christlichen Apokalyptiker wird eine Versiegelung ausdrücklich untersagt. Das besagt: Die Endereignisse werden *jetzt* unmittelbar in Gang gebracht. Die Johannesapokalypse kennzeichnet eine gespannte Naherwartung. In einer solchen lebte auch die christliche Gemeinde der allerersten Zeit. Sie ließ jedoch bald nach. Die Enderwartung wurde zu einem Bestandteil christlicher Lehre. In bestimmten Kreisen und Zeiten hat die Naherwartung aber neue Impulse bekommen. Das zeigt gerade die Apokalypse (wie etwa auch der gleichzeitige 1. Petrusbrief; vgl. S. 483 f.). Offenbar hängt die Aktualisierung der Naherwartung mit den bedrückenden Erfahrungen zusammen, die die Gemeinde am Ende des 1. Jahrhunderts vielfach machen mußte.

Und er sprach zu mir: »Diese Worte sind zuverlässig und wahr, und der Herr, der Gott der Geister und Propheten, hat seinen Engel gesandt, um seinen Knechten zu zeigen, was in Kürze geschehen muß. Und siehe, ich komme bald. Selig, wer die Worte der Weissagung dieses Buches bewahrt.«

Und er spricht zu mir: »Versiegle die Worte der Weissagung dieses Buches nicht; denn die Zeit ist nahe! Wer frevelt, frevle weiter! Und wer schmutzig ist, beschmutze sich weiter! Und wer gerecht ist, tue weiter Gerechtigkeit! Und wer heilig ist, heilige sich weiter! Siehe, ich komme bald und mein Lohn mit mir, um einem jeden zu vergelten, wie sein Werk ist. Ich bin das A und das O, der Erste und der Letzte, der Anfang und das Ende. Selig, welche ihre Gewänder waschen, damit sie Anrecht bekommen an dem Holz des Lebens und durch die Tore in die Stadt eingehen können. Draußen sind die Hunde und die Zauberer und die Hurer und die Mörder und die Götzendiener und jeder, der Lüge liebt und tut.«

»Ich bezeuge jedem, der die Worte der Weissagung dieses Buches hört: Wenn einer etwas dazu hinzufügt, so wird Gott ihm die Plagen zufügen, die in diesem Buch geschrieben stehen. Und wenn einer etwas von den Worten des Buches dieser Weissagung wegnimmt, so wird Gott seinen Teil an dem Holz des Lebens und an der heiligen Stadt, von denen in diesem Buch geschrieben ist, wegnehmen.«

Der dieses bezeugt, spricht: »Ja, ich komme bald.« »Amen, komm, Herr Jesu!« Die Gnade des Herrn Jesu sei mit allen! (22, 6–7.10–15.18–21)

XIII. An die Hebräer

Der Hebräerbrief ist eines der bedeutendsten literarischen Zeugnisse des Urchristentums. Er stand aber von je her im Schatten der großen Namen eines Paulus oder Johannes. So hat er selten die Beachtung gefunden, die er um seines theologischen Gehalts willen verdient.

Über seine Absicht gibt er selbst Auskunft. Er bezeichnet sich als »Wort der Mahnung und des Zuspruchs«. Seine breiten theoretischen Erörterungen über den »Hohenpriester« Christus, die dem Leser zunächst in die Augen fallen, widersprechen dem nicht. Denn diese münden immer unmittelbar in die energische und vielfach variierte Aufforderung, am Glauben bis zum Ende unbeirrt festzuhalten.

Der Verfasser lebt in schwerer Sorge um die Gemeinde. Er sieht in ihr Müdigkeit und Zweifel um sich greifen. Man ist seiner Sache nicht mehr sicher. Das eschatologische Heil, das man als Nahziel vor Augen hatte, ist in eine ferne Zukunft gerückt. Zu lange ist man schon unterwegs. Das hat viele entmutigt. Diese Lage beschwört das Bild vom Israel der Wüstenwanderung herauf. Auch ihm war der Weg zu lang und beschwerlich geworden. Es hat sich gegen Gott aufgelehnt, wollte ihn nicht mehr – und wurde, das verheißene Ziel vor Augen, doch von ihm ausgeschlossen. Der Gemeinde wird dies zur Warnung vorgehalten. Ihre Lage wurde durch äußeren Druck, von seiten der staatlichen Gewalt, verschärft. Bisher ist sie zwar standhaft geblieben; aber noch ist nicht das Letzte von ihr gefordert worden. Um so dringlicher muß sie dazu aufgerufen werden, sich nicht wegzuwerfen.

Der Hebräerbrief stellt sein mahnendes und ermutigendes Wort auf eine breite theologische Grundlage. Er läßt es nicht dabei bewenden, den Durchhaltewillen zu mobilisieren, sondern führt der Gemeinde vor Augen, was das Werk Christi bedeutet, um von daher Einsicht zu wecken. Dabei entwickelt er eine eigenständige und eigenwillige Theologie. Verbindungslinien zu anderen neutestamentlichen Schriften sind da und dort erkennbar. Er verarbeitet auch urchristliche Traditionen. In der Entfaltung seiner Gedanken geht er aber seine eigenen Wege. Die Gestalt des alttestamentlichen Hohenpriesters dient ihm als Modell für seine christologische Lehre; das Heilsgeschehen beschreibt er als hohenpriesterlichen Dienst.

Die Bestimmungen des alttestamentlichen Kultgesetzes werden detailliert herangezogen. Sie dienen dem Nachweis, daß Jesus dem Bild des Hohenpriesters aufs genaueste entspricht, zugleich jedoch, daß er der *wahre* Hohepriester ist. Was im alttestamentlichen Kult geschah, führte nicht zum Ziel, war im Grunde sinnlos. Hatte Paulus Christus als das Ende des *Gesetzes* verkündigt, so zeigt der Hebräerbrief, daß Christus das Ende des *Kultus* bedeutet, indem er ihn überbietet und so außer Kraft setzt [1]. Der Mensch kann sich durch kultische Handlungen, Gebärden oder Gegenstände des Lebens nicht bemächtigen, Heil nicht erwirken und Unheil nicht abwenden – das sind die theologischen Aussagen des Hebräerbriefes. Er arbeitet damit kultkritische Motive, die bereits in Jesu Verkündigung aufgeklungen waren (vgl. S. 62 ff.), zu einer umfassenden Konzeption aus.

Gestalt und Werk des Hohenpriesters Jesus haben kosmische Dimensionen. Der »Kult«, den er ausübt, ist ein Geschehen, das Himmel und Erde umspannt. Die die Erde umschließenden Sphären durchschreitend, ist er in das himmlische Allerheiligste eingetreten. Er sitzt auf dem Thron der Gnade, und die Gemeinde, die vor ihn hintritt, empfängt von ihm »Hilfe«. Geradezu überschwenglich sind die Bilder, in denen er ihren Ort bestimmt: Sie sei zum himmlischen Berg Zion, zum himmlischen Jerusalem, ja, zu einer himmlischen Festversammlung zusammen mit den Engeln und den vollendeten Gerechten herangetreten. Das kultische Geschehen ist hier überall natürlich nur Bild. Damit soll die gegenwärtige Heilswirklichkeit veranschaulicht werden, in die die Gemeinde einbezogen worden ist und an der jeder einzelne teilhat, der sich zur Gemeinde hält.

Trotz der überschwenglichen Bilder verfällt der Hebräerbrief nicht in religiösen Enthusiasmus. Die endgültige Heilsvollendung, die »Ruhe Gottes«, wie es heißt, ist ein Ziel, auf das die Gemeinde als das »wandernde Gottesvolk« erst zugeht. Jesus ist diesen Weg vorangegangen; er wird die Seinen zum Ziel führen. In der Taufe sind sie auf den Weg gebracht; jetzt gilt es, den damals gemachten Anfang zu bewahren und an dem Bekenntnis zu Jesus mit Zuversicht und Ausdauer festzuhalten.

Trotz der überaus zahlreichen Bezugnahmen auf das Alte Testament, insbesondere die Kultgesetze und die Geschichte der Wüstenwanderung, ist dieses nicht der Boden, auf dem die theologischen Anschauungen des Hebräerbriefes erwachsen sind. Religionsgeschichtlich gehört er in den Umkreis gnostischen Denkens, wie das Motiv des in den Himmel aufsteigenden Erlösers zeigt, und hellenistisch-jüdischer Religionsphilosophie. Insbesondere erinnert seine Argumentationsweise an die hier geübte vergeistigende, die eigentlich gemeinten philosophisch-theologischen Sachverhalte enthüllende Auslegung des Alten Testamentes, deren berühmtester Vertreter Philo von Alexandrien war (gest. nach 40 n. Chr.).

Die Form des Hebräerbriefes gibt große Rätsel auf. Man rechnet ihn zu den neutestamentlichen Briefen. In der Tat hat er einen ausgeführten Brief-

---

1 Im Unterschied zu Paulus steht der Hebräerbrief aber nicht in unmittelbarer Auseinandersetzung mit dem Judentum und enthält keine Polemik.

schluß mit Mahnungen, persönlichen Mitteilungen und Grüßen. Ein Briefeingang fehlt jedoch. So erfährt man auch nichts über Verfasser und Absender. Schon um 100 n. Chr. hat man nicht mehr anzugeben gewußt, wem er zu verdanken ist. Alle Versuche, das Dunkel der Verfasserschaft aufzuhellen, sind fehlgeschlagen. Unter anderem hat man auch an Paulus gedacht. So bleibt der Hebräerbrief für uns eine anonyme Schrift. Sie ist gegen Ende des 1. Jahrhunderts entstanden.

Das Fehlen des Briefeingangs deutet darauf hin, daß die Schrift »An die Hebräer« kein Brief ist. Man ist heute weithin der Auffassung, daß es sich um eine Predigt handelt, die in einem Gemeindegottesdienst gehalten wurde. Der briefliche Schluß wird dann durch die Annahme erklärt, daß diese Predigt nachträglich einer anderen Gemeinde zugesandt worden sei. Wahrscheinlich hat man jedoch im Hebräerbrief eine als Predigt stilisierte und an die Christenheit allgemein gerichtete Schrift zu sehen, die als eine Art Hirtenbrief veröffentlicht und deshalb mit einem brieflichen Schluß versehen wurde. Der Briefschluß wäre dann als eine literarische Form zu beurteilen. – Die seit etwa 200 n. Chr. belegte Adresse »An die Hebräer« stellt eine nachträgliche Etikettierung dar, hervorgerufen durch den stark alttestamentlich bestimmten Inhalt der Schrift.

Der Hebräerbrief ist eine sorgfältig gegliederte Schrift. Drei große Abschnitte heben sich heraus. In dem *ersten* geht es um den Rang und die Macht des Wortes, das Gott durch seinen Sohn am Ende der Zeiten gesprochen hat. Der *zweite* Teil schildert Jesus als Hohenpriester, der der Gemeinde den Zugang zum Himmel eröffnet hat und offen hält. Thema des *dritten* schließlich ist der Glaube, der auch in schwerer Bedrängnis nicht aufgibt, sondern voller Zuversicht an Jesus als dem Anführer und Vollender festhält. Nicht nur der letzte Teil, auch die beiden vorangehenden, stark mit theoretischen Erörterungen durchsetzten Teile stehen ganz im Dienst der Paränese.

1. Verhärtet euch nicht gegen Gottes Wort

Der erste Abschnitt ruft dazu auf, das durch Jesus ergangene Wort Gottes zu hören und unbeirrt festzuhalten. Sein unvergleichlicher Rang wird von Wesen, Weg und Werk seines Trägers, Jesu, her erläutert. Der christologische Hauptbegriff ist der des »Sohnes«. Aber bereits hier klingt der Hohepriester-Name auf, um den dann die Gedanken des zweiten Abschnitts kreisen.

Das Wort des Sohnes. Gott hat auch in alter Zeit zu den Menschen gesprochen. Abschließend und endgültig ist sein Wort jetzt, in dieser »letzten Zeit«, in seinem Sohn ergangen. Es ist von höchster Autorität; denn Jesus ist das Abbild göttlicher Herrlichkeit und Wirklichkeit; sein Name überragt alles, was Namen hat, auch die himmlischen Wesenheiten.

Nachdem Gott vor Zeiten vielfach und auf mancherlei Weise zu den Vätern gesprochen hat durch die Propheten, hat er jetzt am Ende dieser Tage zu uns durch seinen Sohn gesprochen. Ihn hat er zum Erben des Alls eingesetzt, wie er durch ihn auch die Welten geschaffen hat:

Er ist der Abglanz seiner Herrlichkeit und Abdruck seiner Wirklichkeit.
Er trägt das All durch sein mächtiges Wort.
Er hat eine Reinigung von den Sünden erwirkt und sich dann zur Rechten gesetzt der Majestät in der Höhe.
Er ist so viel mächtiger geworden als die Engel, wie er ja auch einen den ihren bei weitem überragenden Namen empfangen hat[2]. (1, 1–4)

Nachdem der Verfasser die Überlegenheit Jesu über die Engel aus alttestamentlichen Texten bewiesen hat, fährt er, die Konsequenzen ziehend, fort:

Darum müssen wir uns um so fester an das halten, das wir gehört haben, damit wir nicht abgetrieben werden. Denn wenn schon die durch Engel geschehene Verkündigung rechtskräftig war und jede Übertretung und jeder Ungehorsam eine gerechte Vergeltung empfing, wie sollten wir entrinnen können, wenn wir ein so großes Heil unbeachtet ließen? Dieses Heil nahm seinen Anfang mit der Verkündigung des Herrn und wurde dann von den Hörern bei uns bestätigt[3], wobei Gott selbst Zeugnis gab durch Zeichen, Wunder, mannigfache Krafttaten und Zuteilungen des heiligen Geistes nach seinem Willen. (2, 1–4)

Der Weg des Gottessohnes. Die Solidarität des Gottessohnes mit den Menschen ist für den Hebräerbrief ein grundlegender Gedanke. Dadurch, daß er in die Geschichte der Menschen hineinging und ihr Schicksal auf sich nahm, kann er für sie das Heil erwirken. Heil heißt hier: Befreiung von der versklavenden Todesfurcht durch Überwindung des Teufels und Tilgung der Sünde. Dieses letztere ist das Ergebnis des hohenpriesterlichen Werkes Jesu.

---

2 In diesen Sätzen werden Aussagen eines älteren Christushymnus aufgenommen. Sie haben ein hohes eigenes Gewicht. Der Hymnus steht anderen urchristlichen Hymnen nahe. Christus als Abbild Gottes und Träger der Schöpfung: Kol 1, 15 ff. (vgl. S. 89); der Gedanke der Erhöhung und das Motiv des alles überstrahlenden Namens: Phil 2, 6–11 (vgl. S. 88). Nicht in den hymnischen Rahmen paßt der Gedanke der Sündenvergebung. Vermutlich war hier ursprünglich ähnlich wie im Philipperhymnus vom Tod Jesu die Rede. Offenbar hat der Verfasser des Hebräerbriefes den Text umgearbeitet. Sündenvergebung war für ihn ein tragendes theologisches Motiv im Zusammenhang der Hohenpriesterlehre.

3 Die jetzigen Träger der Verkündigung blicken auf die Zeit der Apostel zurück. Darin zeigt sich, daß der Hebräerbrief der zweiten oder dritten christlichen Generation angehört.

Da nun die ›Kinder‹ [4] an Blut und Fleisch teilhaben, so nahm er ganz ebenso Anteil an denselben Dingen, um durch seinen Tod den zu vernichten, der die Macht über den Tod hat, nämlich den Teufel, und um alle die zu befreien, die durch die Todesfurcht ihr ganzes Leben lang Sklaven waren ... Daher mußte er in allem den Brüdern gleich werden, damit er ein barmherziger und getreuer Hoherpriester vor Gott wurde, um die Sünden des Volkes zu sühnen. Denn nur dadurch, daß er selbst Versuchungen ausgesetzt war und erlitt, kann er denen helfen, die in Versuchung stehen. (2, 14–18)

Die himmlische Berufung der Christen. Die himmlische Berufung und die Zugehörigkeit zum Haus Christi kennzeichnen den Stand der Christen. Das Ziel ihres Weges ist die »Ruhe Gottes« – im Hebräerbrief eine Bezeichnung für das endgültige Heil. Dies wird den Lesern in den Blick gerückt, um neue Kräfte zu aktivieren. Es gilt, das Ziel im Auge zu behalten und seinen Stand zu bewahren.

Die Möglichkeit des Scheiterns ist auch für die »Teilhaber Christi« nicht ausgeschlossen. Das Schicksal des Israel der Wüstengeneration, dem ein hohes Ziel vor Augen gestellt war, muß den Christen ein warnendes Beispiel sein. Israel hat sich in seinem Unverstand damals gegen Gottes Ruf verhärtet und seinen Zorn auf sich gezogen. Dieser Gefahr muß die christliche Gemeinde entgegentreten, um so mehr, als es sich nicht um ein irdisches, sondern ein himmlisches Ziel, um das End-Heil handelt.

Daher, heilige Brüder, Teilhaber an der himmlischen Berufung, richtet euren Blick hin auf den Gesandten und Hohenpriester unseres Bekenntnisses, Jesus, ... Christi Haus sind wir, wenn wir an der Zuversicht und an unserer stolzen Hoffnung bis zum Ende unverrückt festhalten. Daher gilt, wie der heilige Geist sagt: ›Heute, wenn ihr seine Stimme hört, verhärtet eure Herzen nicht wie einst bei dem Aufstand am Tag der Versuchung in der Wüste, wo eure Väter mich versuchten und auf die Probe stellten – und sie sahen (doch) meine Werke vierzig Jahre lang!‹ Deshalb ergrimmte ich über dies Geschlecht und sprach: ›Immer gehen sie irre in ihrem Herzen. Sie aber begriffen meine Wege nicht; daher schwor ich in meinem Zorn: Nie sollen sie eingehen in meine Ruhe.‹ [5] Seht zu, Brüder, daß nicht etwa bei einem von euch ein schlechtes und ungläubiges Herz da ist, das vom lebendigen Gott abfällt, vielmehr redet jeden Tag einander zu, solange es ›heute‹ heißt, damit keiner von euch durch den Betrug der Sünde verhärtet werde. Denn Teil-

4 Die Formulierung erklärt sich aus dem vorangegangenen Zitat, wo von den »Kindern, die Gott mir gab« die Rede ist. Gemeint sind die Christen.

5 In dem Psalm, der hier zitiert wird (95, 7–11), ist mit »Ruhe« das von Gott verheißene Land Kanaan bezeichnet, in dem das wandernde Gottesvolk zur Ruhe kommen sollte. Der Hebräerbrief versteht darunter jedoch den *himmlischen* Ruheort, den Ort jenseitiger Heilserfüllung. Im gleichen Sinne hat man im Bereich des hellenistisch-gnostischen Denkens von der »Ruhe« gesprochen.

haber Christi sind wir, wenn wir den Stand, wie er am Anfang war, bis zum Ende fest bewahren [6]. (3, 1.6–14)

Die Macht des Wortes. So wollen wir eifrig bemüht sein, in jene Ruhe einzugehen, damit niemand durch eben dies Beispiel des Ungehorsams zu Fall komme. Denn lebendig ist das Wort Gottes, voller Kraft und schärfer als jedes zweischneidige Schwert; es dringt durch bis zur Scheidung von Seele und Geist, Gelenken und Mark, und es ist ein Richter über die Regungen und Gedanken des Herzens. Kein Geschöpf ist vor ihm verborgen, sondern alles liegt bloß und enthüllt vor seinen Augen. (4, 11–13)

2. Haltet fest an Jesus, dem Hohenpriester unseres Bekenntnisses

Im Mittelpunkt des zweiten Teils steht das Bild vom Hohenpriester Jesus. Seine Ausführung verfolgt zwei gegeneinander laufende Linien. Auf der einen Seite wird gezeigt, daß der hohepriesterliche Dienst Jesu dem des alttestamentlichen Hohenpriesters *entspricht*. Damit wird dem Kultgeschehen des Alten Testamentes eine gewisse Wahrheit zugesprochen. Auf der anderen Seite wird mit Nachdruck geltend gemacht: In Jesus ist der *einzige*, der *wahre* Hohepriester auf den Plan getreten. Durch ihn ist die alte Kultordnung überholt und als sinnlos erwiesen. Diese ist ein Schatten der neuen und verweist auf sie, aber sie ist *nur* ein Schatten, keine heilschaffende Wirklichkeit. In seiner Beweisführung, die dem heutigen Leser befremdend, bisweilen spitzfindig anmutet, beruft sich der Hebräerbrief auf das Zeugnis des Alten Testamentes selbst. Nach seinem Verständnis weist das Alte Testament also über sich hinaus – auf die Zukunft, die es überwindet. Die Hohepriester-Christologie dient im Briefzusammenhang dazu, den ermahnenden Zuspruch zu begründen.

---

6 Der Hebräerbrief betont sehr stark die Zusammengehörigkeit Christi und der Christen, spricht geradezu von einer seinsmäßigen Verwandtschaft. *Der* Sohn ist mit den *vielen* Söhnen »von einem her« geeint; Christus nennt die Seinen »Brüder«; diese sind Teilhaber Christi und sein Haus. Darin klingt ein Grundmotiv gnostischer Theologie nach, in der Erlöser und die zu Erlösenden (Seelen) von derselben Licht-Substanz, also ihrer Natur nach verwandt sind. Der Hebräerbrief denkt die Zusammengehörigkeit der Christen mit Christus nicht naturhaft, sondern sieht sie darin begründet, daß sie an seinem Wort und dem Bekenntnis der Gemeinde festhalten. Zudem besteht ein fundamentaler Unterschied: Christus führt die vielen Söhne zum Heil, schafft es durch sein Werk; er erst heiligt sie.

Der Zugang zum Thron der Gnade. In dem einleitenden Abschnitt werden die maßgeblichen Gesichtspunkte der Christologie zusammengefaßt. Das Bild, das hier mit wenigen Strichen entworfen wird, hat etwas Großartiges: Jesus hat als Hoherpriester die Himmelssphären durchschritten und ist in das Allerheiligste eingetreten. Sein Platz ist an der Seite der göttlichen Majestät. Den Christen auf Erden ist damit die Möglichkeit eröffnet, herzuzutreten und »Hilfe« zu empfangen. Der Zugang zu der himmlischen Welt Gottes ist das entscheidende Merkmal christlicher Existenz. Von Christus her wirken »Gnade und Erbarmen« in das Leben der Christen hinein und geben ihnen freien Raum, *wenn* sie am Bekenntnis festhalten und zu dem »Thron der Gnade« kommen.

Da wir nun einen großen Hohenpriester haben, der durch die Himmel hindurchgeschritten ist [7], Jesus, den Sohn Gottes, so wollen wir am Bekenntnis festhalten [8]. Denn wir haben keinen Hohenpriester, der nicht Mitleid mit unseren Schwachheiten empfinden könnte, sondern einen, der in jeder Hinsicht gleich wie wir versucht worden ist, doch ohne Sünde [9]. So laßt uns mit Zuversicht an den Thron der Gnade herzutreten, damit wir Barmherzigkeit empfangen und Gnade finden zu rechtzeitiger Hilfe. (4, 14–16)

Der Hohepriester. Nach dem Modell des Alten Testamentes läßt der Hebräerbrief Zug um Zug die Gestalt des Hohenpriesters Jesu erstehen. Ein großangelegter Vergleich zeigt die durchgängige Entsprechung auf, zugleich und vor allem aber das Neue. Das Hohepriestertum Jesu hält sich nicht im Rahmen der alten Ordnung; mit ihm ist eine neue gesetzt.

Das grundlegend Neue bei Jesus besteht darin, daß er sich selbst als Opfer darbringt und damit als der wahre Hohepriester erweist. Hohepriesterlicher Dienst ist es auch, daß er dem Leidensgeschick und der Todesangst ausgesetzt wird und darin Gehorsam bewährt. Darin erfährt er gleichsam die hohepriesterliche Weihe, die ihn befähigt, »ewiges Heil« zu spenden – denen, die ihm ihrerseits *gehorchen.*

Denn jeder Hohepriester wird aus den Menschen ausgewählt und für Menschen zum Dienst vor Gott bestellt, damit er Gaben und Opfer für die Sünden darbringe. Dabei kann er sich in die Unwissenden und Irrenden einfüh-

7 Hinter dieser Deutung des Werkes Jesu steht die gnostische Anschauung vom Erlöser, der durch die von widergöttlichen Mächten beherrschten Himmelssphären hindurch sich den Weg in die Lichtwelt bahnt.

8 Hier ist an das Taufbekenntnis zu denken. In ihm wurde Jesus als der Gottessohn bekannt. Das folgende versteht der Verfasser als Auslegung dieses Bekenntnisses.

9 Diese dogmatische Bestimmung dient dazu, den qualitativen Unterschied zwischen dem »Sohn« und den »Söhnen« unbeschadet aller Solidarität festzuhalten. Sachlich ist damit der rückhaltlose Gehorsam gemeint, von dem Paulus spricht: »Er ward gehorsam bis zum Tod, bis zum Tod am Kreuz« (Phil 2, 8).

len, da er auch selbst mit Schwachheit behaftet ist; und um ihretwillen muß er wie für das Volk, so auch für sich Opfer zur Tilgung der Sünden darbringen. Keiner auch nimmt sich die Würde selbst, sondern er empfängt sie, als von Gott Berufener gleich wie Aaron [10].

So hat auch Christus nicht sich selbst die Würde angemaßt, Hoherpriester zu werden, vielmehr hat es der getan, der zu ihm sprach: ›Mein Sohn bist du, heute habe ich dich gezeugt‹, wie er auch an anderer Stelle sagt: ›Du bist Priester in Ewigkeit nach der Ordnung des Melchisedek [11].‹ Er hat in den Tagen seines Fleisches Bitten und Flehen dem dargebracht, der ihn aus der Gewalt des Todes retten konnte, mit starkem Geschrei und unter Tränen; und er wurde aufgrund seiner Gottesfurcht (?) erhört. Obwohl er Sohn war, lernte er an dem, was er litt, Gehorsam [12]. Dadurch geweiht, wurde er allen, die ihm gehorchen, Urheber ›ewigen Heils‹, von Gott Hoherpriester ›nach der Ordnung des Melchisedek‹ genannt. (5, 1–10)

Der Mittler des neuen Bundes. In dem folgenden Text wird der Blick vom Priester auf den Opferdienst gerichtet. Die leitende Frage des Vergleichs ist die nach Wirkung, Sinn und Erfolg des Opfers im alten bzw. neuen Bund. Im alttestamentlichen Kult ist durchaus begriffen, daß der Mensch so, wie er ist, der »Reinigung« bedarf. Was hat er jedoch in dieser Hinsicht vermocht? Doch jedenfalls nicht, daß der Mensch mit reinem Gewissen und von Sünde befreit vor Gott treten kann, daß er »in Ordnung« ist, der Mensch, der er sein soll. Das bewirke erst das Werk Jesu Christi.

Es fällt dem heutigen Leser schwer, sich in diesem Gedankengang zurechtzufinden. Die Welt des antiken Kults ist ihm gar zu fern. So kann man fragen, wieso das Opfer Jesu im Gegensatz zu den Tieropfern die Reinigung des Gewissens bewirke. Mit dogmatischen Theorien ist hier nichts zu gewinnen. Man muß die Aussagen in ihrer Fremdheit gelten lassen. Letztlich soll damit etwas höchst Einfaches zum Ausdruck gebracht werden – dies, daß der Mensch durch Jesu Wort und Werk ein anderer wird und daß er durch Jesus ermächtigt wird, sich selbst und seine Mitmenschen anders zu sehen.

---

10 In der alttestamentlichen Überlieferung gilt Aaron (Mosezeit) als erster Hoherpriester und Ahnherr der legitimen Priesterschaft. Er ist hier der Repräsentant des Priestertums alter Ordnung.

11 Melchisedek ist eine Gestalt aus der Abrahamgeschichte. Von ihm wird erzählt, er habe den Erzvater Israels nach Rückkehr aus einer Schlacht gesegnet, ihm also seinen priesterlichen Dienst zuteil werden lassen. Für den Hebräerbrief verbindet sich mit dem Namen Melchisedek eine neue priesterliche Ordnung, die der aaronitischen überlegen ist. Diese Überlegenheit besteht vor allem darin, daß es sich um ein Zeit und Ewigkeit umspannendes Priestertum handeln soll.

12 Die Sätze erinnern an Jesu Kampf in Gethsemane, vgl. S. 127, greifen aber nicht auf die in den Evangelien erzählte Geschichte, sondern auf eine selbständige Überlieferung zurück.

Christus ist als der Hohepriester der zukünftigen Güter [13] erschienen und ist durch das größere und vollkommenere Zelt [14], das nicht mit Händen gemacht ist (das heißt, daß es nicht von dieser Welt ist), auch nicht kraft des Blutes von Böcken und Kälbern, sondern kraft seines eigenen Blutes ein für allemal in das Heiligtum eingetreten und hat eine ewige Erlösung erworben. Denn wenn das Blut von Böcken und Stieren und die Asche der Kuh durch Besprengung die Verunreinigten heiligt und Reinheit des Fleisches bewirkt, wieviel mehr wird das Blut Christi, der kraft ewigen Geistes sich selbst als untadeliges Opfer Gott dargebracht hat, unser Gewissen von toten Werken reinigen, damit wir dem lebendigen Gott dienen. Deshalb ist er der Mittler eines neuen Bundes, damit die Berufenen die Verheißung des ewigen Erbes empfingen – aufgrund des Todes, der zur Befreiung von den Übertretungen im ersten Bund erfolgte.

Da nämlich das Gesetz nur den Schatten der zukünftigen Güter zeigt, nicht aber die Gestalt der Dinge selbst, so kann es mit denselben Opfern, die man jährlich darbringt, die Hinzutretenden niemals für immer weihen [15]. Denn hätte man sonst nicht aufgehört, sie darzubringen, da dann diejenigen, die Gott damit dienten, einmal gereinigt, kein Sündenbewußtsein mehr gehabt hätten? Vielmehr wird gerade durch sie die Erinnerung an die Sünden Jahr für Jahr wachgehalten! Unmöglich kann doch das Blut von Stieren und Böcken Sünden beseitigen! (9, 11–15; 10, 1–4)

Haltet fest am Bekenntnis der Hoffnung. Die Lage der Christen ist dadurch gekennzeichnet, daß der Hohepriester Christus Zutritt ins himmlische Heiligtum erwirkt hat und die Tragfähigkeit der Hoffnung verbürgt. Es gilt, daraus die Konsequenz zu ziehen. Sie lautet: das Bekenntnis *durchhalten.* Der Anfang ist ja längst gemacht. In der Taufe ist man in die Gemeinde des Hohenpriesters Jesus einbezogen worden. Jetzt kommt es darauf an, bei der damals ergriffenen Wahrheit zu *bleiben,* und das heißt auch: am Leben der Gemeinde teilzunehmen. Für den, der abfällt, gibt es keine Rückkehr; ihn erwartet das Gericht.

Brüder, wir haben also durch das Blut Jesu die Ermächtigung, in das Heiligtum einzutreten – durch den Vorhang hindurch ... auf einem neuen lebendigen Weg, den er uns eröffnet hat; und wir haben einen ›Hohenpriester im Hause Gottes‹. Darum laßt uns mit wahrhaftigem Herzen in voller Glau-

13 Damit ist die jenseitige Heilswirklichkeit gemeint, die der Hohepriester Christus zugänglich macht.

14 Mit »Zelt« ist der alttestamentliche Kultort gemeint. Er war in alter Zeit ein Zeltheiligtum; Salomo erst baute einen festen Tempel (vgl. Band AT, S. 68 ff.). Im Hebräerbrief wird das irdische Zelt von einem himmlichen (Ort der Heilsvollendung) unterschieden.

15 Das heißt: dazu befähigen, daß man vor Gott treten kann.

bens-Überzeugung hinzutreten[16], die Herzen besprengt und so befreit vom bösen Gewissen und gewaschen am Leib mit reinem Wasser[17]. Laßt uns am Bekenntnis der Hoffnung unwandelbar festhalten; denn treu ist der, der die Verheißung gab. Auch laßt uns aufeinander achten und so zur Liebe und zu guten Werken anspornen. Wir wollen nicht unsere Gemeinde-Versammlung verlassen, wie einige zu tun pflegen, sondern einander ermahnen, und das um so mehr, je mehr ihr seht, daß der Tag naht. Denn wenn wir bewußt sündigen[18], nachdem wir die Erkenntnis der Wahrheit empfangen haben, bleibt kein Opfer für die Sünden mehr, sondern nur noch ein furchtbares Erwarten des Gerichts ... Hat jemand das Gesetz des Mose gebrochen, so muß er ›aufgrund zweier oder dreier Zeugen ohne Erbarmen sterben‹! Eine wieviel schwerere Strafe, meint ihr wohl, wird der zu gewärtigen haben, der den Sohn Gottes mit Füßen getreten und das Blut des Bundes, durch das er geheiligt wurde, mißachtet und den Geist der Gnade geschmäht hat? ... Furchtbar ist es, in die Hände des lebendigen Gottes zu fallen.

(10, 19–31)

3. Wir gehören nicht zu denen, die weichen, sondern zu denen, die glauben!

Im dritten Teil erreicht das Mahnwort, das der Hebräerbrief sein will, seinen Höhepunkt. Die theologische Erörterung tritt zurück. Die Paränese in ihrer doppelten Funktion als Ermahnung und aufmunternder Zuspruch beherrscht das Feld. Der Leser wird mit dem Eindruck entlassen, daß es jetzt an ihm ist, seinen Ort zu bestimmen. Hier kommt ferner die äußere Situation der Gemeinde ins Blickfeld. Der Gemeinde ist auferlegt, in Verfolgung und Leiden standhaft zu bleiben; sie muß auch zum Martyrium bereit sein. Auf den, der bis zum Ende durchhält, wartet die Einlösung der Verheißung jenseits dieser Zeit und Welt. Der Hebräerbrief ist sich dessen bewußt, welch schweren Weg er seinen Lesern weist. Darum bemüht er sich, ihnen das Durchhalten zu erleichtern: Es werde nicht mehr lange dauern; die Leiden seien als die Züchtigung zu begreifen, die Gott wie ein Vater seinen Söhnen zuteil werden läßt. Um Energien freizusetzen, erinnert er

---

16 Diese Sätze lassen noch einmal (vgl. oben S. 461) jenes Bild des Himmel und Erde umspannenden hohepriesterlichen Dienstes Jesu Christi aufscheinen, mit dem der Hebräerbrief das Heilsgeschehen erläutert. In diesem Sinn werden die Leser des öfteren aufgefordert »heranzutreten«. Das alles klingt nach kultischem Gottesdienst. Es ist aber ganz unkultisch gemeint: dem Bekenntnis treu bleiben, in der Hoffnung ausharren, im Glauben feststehen.

17 Hier wird auf das verwiesen, was die Christen in der Taufe erfahren haben; mit dem Bekenntnis, das es zu bewahren gilt, ist das Taufbekenntnis gemeint.

18 Hier ist in erster Linie an den Abfall vom christlichen Glauben und das Ausscheiden aus der Gemeinde gedacht.

schließlich an die großen Zeugen des Glaubens aus der Geschichte Israels von der Schöpfung bis zu den Propheten: Was diesen möglich war, muß es Christen erst recht sein; denn die ihnen gegebene Verheißung ist unvergleichlich besser verbürgt.

Gebt euren festen Stand nicht auf. Die Leser werden daran erinnert, daß sie eine schlimme Zeit bereits durchgestanden *haben.* Das ist der Ausgangspunkt der Mahnung, auch in *Zukunft* nicht aufzugeben.

Erinnert euch der früheren Tage, in denen ihr, eben erleuchtet, einen großen Leidenskampf ausgehalten habt; teils seid ihr damals selbst unter schimpflichen Bedrängnissen zur Schau gestellt worden, teils seid ihr Genossen der davon Betroffenen gewesen. Ihr habt doch die Leiden der Gefangenen geteilt und den Raub eures Besitzes mit Freuden auf euch genommen – in der Erkenntnis, daß ihr einen besseren und bleibenden Besitz habt. Werft eure Zuversicht also nicht weg, die doch einen großen Lohn zu erwarten hat. Ihr braucht nämlich Ausdauer, um nach Erfüllung des Willens Gottes die Verheißung (wirklich) zu erlangen. ›Denn nur noch eine ganz kleine Weile, dann wird kommen, der kommen soll, und nicht ausbleiben; mein Gerechter aber wird durch Glauben leben; wenn er jedoch zurückweicht, dann hat meine Seele keinen Gefallen an ihm.‹ Wir aber gehören nicht zu denen, die zurückweichen und verlorengehen, sondern sind Leute, die glauben zum Gewinn des Lebens. (10, 32–39)

Der Glaube. Der Hebräerbrief enthält – als einzige Schrift des Neuen Testamentes! – eine Art Abhandlung über den Glauben. Sie will aufzeigen, daß sich am Glauben alles entscheidet. Merkwürdigerweise hat Glaube hier aber keinen spezifisch christlichen Inhalt. Er ist weder Glaube an Jesus Christus, noch ist er auf das Evangelium oder die christliche Lehre bezogen. Auch Gestalten des Alten Testamentes können ohne weiteres als Glaubensbeispiel angeführt werden. Glaube ist auch im Hebräerbrief Kennzeichen des Christen, aber in einem anderen Sinne. Er versteht darunter die vom Christen erwartete Standhaftigkeit, das geduldige Ausharren – um des in der Zukunft liegenden, jenseitigen Zieles willen. In diesem Sinne wird er zu Beginn des Abschnitts umschrieben: als ein »Feststehen bei dem Erhofften« und »Überführtsein vom Nicht-Sichtbaren«.

Es ist aber der Glaube ein Stehen zu den Dingen, die man erhofft, ein Überführtsein von Tatsachen, die man nicht sieht. Aufgrund des Glaubens haben die Alten nämlich ein gutes Zeugnis empfangen ...

Durch Glauben ließ sich *Noah* im Orakel über die noch nicht sichtbaren Dinge belehren und baute in frommer Scheu eine Arche zur Rettung seines Hauses; und durch ihn sprach er der Welt das Urteil und wurde ein Erbe der aus dem Glauben kommenden Gerechtigkeit. Durch Glauben gehorchte *Abraham*, als der Ruf an ihn erging, wegzuziehen an einen Ort, den er zum Erbe erhalten sollte; und er zog aus, ohne zu wissen, wohin er käme. Durch Glauben siedelte er sich in dem verheißenen Lande wie in der Fremde an und wohnte mit Isaak und Jakob, den Miterben der gleichen Verheißung, in Zelten. Denn er wartete auf die Stadt mit den festen Grundmauern, deren Baumeister und Gründer Gott ist. Durch Glauben empfing auch *Sara* Kraft, Nachkommenschaft zu begründen, und dies trotz ihres Alters, weil sie den für zuverlässig hielt, der die Verheißung gab. Daher sind auch aus dem Einen, dazu aus einem Erstorbenen Nachkommen hervorgegangen, ›so zahlreich wie die Sterne am Himmel und wie der unzählige Sand am Meeresstrand‹ ...

Durch Glauben ›hat *Abraham* den Isaak als Opfer dargebracht, als er auf die Probe gestellt wurde‹; er war daran, den einzigen Sohn als Opfer darzubringen, er, der die Verheißung empfangen hatte und zu dem gesagt worden war: ›in Isaak sollst du Nachkommenschaft haben‹, und er tat es, weil er dachte, daß Gott auch von den Toten auferwecken kann; darum hat er ihn auch als Sinnbild [19] wiederbekommen ...

Durch Glauben fielen die Mauern *Jerichos*, nachdem man sie sieben Tage umringt hatte. Durch Glauben kam die Hure *Rahab* nicht mit den Ungehorsamen um, da sie die Kundschafter in Frieden aufgenommen hatte. Und was soll ich noch sagen? Es wird mir die Zeit fehlen, wollte ich erzählen von Gideon, Barak, Simson, Jephta, David und Samuel und den Propheten; durch Glauben haben sie Königreiche niedergezwungen, Gerechtigkeit getan, Verheißungen erlangt, Löwenrachen verschlossen, Feuerkräfte ausgelöscht, sind sie gezückten Schwertern entronnen, aus der Schwachheit heraus wieder zu Kraft gekommen, sind sie Helden geworden im Krieg und haben die Reihen der Feinde zum Weichen gebracht. Da empfingen Frauen ihre Toten durch Auferstehung wieder; andere aber ließen sich foltern, und nahmen die Freilassung nicht an, damit sie eine bessere Auferstehung erlangten; wieder andere mußten Spottreden und Geißelhiebe über sich ergehen lassen, dazu noch Fesseln und Gefängnis; sie wurden gesteinigt, ... zersägt, starben den Tod durch das Schwert, liefen herum in Schaffellen, in Ziegenhäuten, verlassen, bedrängt, mißhandelt – die Welt war ihrer nicht wert; in den Wüsten irrten sie umher, auf Bergen, in Höhlen und den Klüften der Erde. Doch alle diese, die durch den Glauben eines guten Zeugnisses teilhaftig geworden sind, haben die Verheißung nicht davongetragen, da Gott, was uns anlangt, etwas Besseres im Auge hatte, daß sie nämlich nicht ohne uns die Vollendung erlangen sollten. (11, 1–2.7–12.17–19.30–40)

Als letztes Glaubensbeispiel steht Jesus Christus selbst. Der Brief schildert ihn als Vorbild und Urbild christlicher Existenz. Auf der anderen Seite ist deutlich, daß er in ihm mehr sieht, nämlich den, der den Glauben zum Ziel *führt* und *bewirkt*, daß die Christen freien Zugang zu Gott haben und als »Söhne« vor Gott stehen. Der

---

19 Gemeint ist: Sinnbild für die Auferweckung.

Hohepriester Jesus ist nicht allein der erste, der ans Ziel der Verheißung gelangt ist, sondern er ist *Urheber* des »ewigen Heils« (vgl. oben Anm. 6).

Daher wollen auch wir, die wir eine solche Menge von Zeugen um uns haben, alles Beschwerliche und die uns leicht verstrickende Sünde ablegen und mit Ausdauer in den uns auferlegten Kampf laufen und dabei aufblicken zu dem Anführer und Vollender des Glaubens, auf Jesus. Er, der um der vor ihm liegenden Freude willen das Kreuz auf sich nahm und auf die Schmach nicht achtete, hat sich zur Rechten des Thrones Gottes niedergesetzt. Betrachtet doch den, der solche Anfeindung von seiten der Sünder gegen sich erduldete, damit ihr nicht ermattet, weil eure Seelen kraftlos werden.

(12, 1–3)

Wen der Herr liebt, den züchtigt er. Der Hebräerbrief sieht schwere Bedrängnis auf die Christen zukommen. Mit einem Gedanken aus der Spruchweisheit Israels zeigt er, wie man sie zu verstehen und anzunehmen hat. Leiden, Schicksalsschläge, Bedrohung des Lebens – das sind Erfahrungen, die immer neu die Frage nach der Gerechtigkeit und Liebe Gottes aufdrängen. Im Blick darauf sagt der Hebräerbrief:

Noch habt ihr im Kampf mit der Sünde nicht bis aufs Blut Widerstand geleistet; ihr habt den Zuspruch vergessen, der sich zu euch wendet wie zu den Söhnen: ›Mein Sohn, verachte nicht die Zucht des Herrn und erschlaffe nicht, wenn du von ihm gestraft wirst; denn wen der Herr lieb hat, züchtigt er; er schlägt jeden Sohn, den er annimmt.‹ Der Zucht dient es, was ihr leidet; wie Söhne behandelt euch Gott. Denn wo ist ein Sohn, den der Vater nicht züchtigt? Wenn ihr aber ohne Zucht seid, an der alle teilhaben, dann seid ihr unehelich und nicht Söhne ... Denn jede Züchtigung scheint für den Augenblick nicht Freude, sondern Kummer zu bringen; später aber bringt sie denen, die durch sie geübt sind, die Friedensfrucht der Gerechtigkeit.

(12, 4–8.11)

XIV. Die katholischen Briefe

Unter dem Namen »Katholische Briefe« faßt man seit dem 4. Jahrhundert die sieben Briefe des Jakobus, Judas, die beiden des Petrus und drei des Johannes zusammen. Um eine einheitliche Schriftengruppe handelt es sich dabei allerdings nicht. Ihre Gemeinsamkeiten beschränken sich auf Äußerlichkeiten. So werden sie anders als die paulinischen und deuteropaulinischen Briefe nach ihren Verfassern benannt und wenden sich nicht an einzelne Gemeinden bzw. Personen, sondern an die Kirche im *allgemeinen*. Eben deshalb werden sie »katholisch« genannt. Die wichtigeren Schriften dieser Gruppe sind der 1. Johannesbrief [1], ferner der Jakobus- und der 1. Petrusbrief.

1. Der Jakobusbrief

In der Briefzuschrift nennt sich der Verfasser »Jakobus, Knecht Gottes und des Herrn Jesus Christus«. Gemeint ist der Bruder Jesu, der angesehene und einflußreiche Leiter der Jerusalemer Urgemeinde. Aber das ist ein Pseudonym, das der Schrift Autorität verleihen sollte. Dafür spricht unter anderem, daß er die Wirksamkeit des Paulus voraussetzt und sogar gegen einen Grundgedanken paulinischer Theologie polemisiert, woraus auf eine Abfassung gegen Ende des 1. Jahrhunderts zu schließen ist [2].

Der Jakobusbrief ist kein wirklicher Brief, sondern eine ethische Lehrschrift mit Verhaltensanweisungen unterschiedlichen Inhalts. Eine durchgeführte Gliederung ist nicht zu erkennen. Jakobus bietet seinen Stoff in loser Folge dar; vielfach reiht er einfach Spruch an Spruch – ein durchgehendes Stilmerkmal des Briefes. Er bedient sich damit einer typischen Form zur Vermittlung ethischer Weisungen, wie die Zusammenfassungen von Jesusworten in der synoptischen Tradition und die Paränesen der Paulusbriefe zeigen. Diese Darstellungsform ist indes nicht erst christlich. Die Gattung der Sprüche ist bereits in Israel ausgebildet worden und war vor allem im hellenistischen Judentum verbreitet. In der Spruchweisheit

1 Vgl. dazu Kap. XI, 2 (S. 424 ff.).

2 Jakobus ist Anfang der 60er Jahre eines gewaltsamen Todes gestorben, also etwa gleichzeitig mit Paulus. – Gegen Jakobus als wirklichen Verfasser spricht weiter das relativ gebildete Griechisch, das einem Palästinenser schwerlich zuzutrauen ist.

des Alten Testaments (vgl. Band AT, S. 248 ff.; 520 ff.) sind die Anfänge dieser Gattung greifbar. Der Jakobusbrief steht auch inhaltlich gesehen in dieser Tradition. Weisheitlicher Einschlag bestimmt in einem hohen Maße seinen theologischen Charakter. Ganz anders als Jesus selbst oder auch Paulus konfrontiert er nicht mit dem unbedingten Gotteswillen, sondern bietet weithin Erfahrungsweisheit – natürlich in der Absicht, einen Begriff von christlicher Lebensführung zu geben.

Neben den Spruchreihen finden sich kleinere Abhandlungen über einzelne Probleme. Hier wie dort bewegt sich der Brief im Rahmen *allgemeiner* Belehrung.

Der Jakobusbrief will zu rechtem christlichen Verhalten anleiten. Er schärft seinen Lesern ein, nicht nur Hörer, sondern Täter des Wortes zu sein. Der Schlüssel zum Verständnis seiner Eigenart liegt in dem abhandlungsartigen Abschnitt über »Glaube und Werke«. In diesem Abschnitt verkündet er sein »Programm«: Gerechtigkeit aufgrund von Werken.

Diese Formel überrascht. Paulus hatte das genaue Gegenteil gesagt: gerecht aus Glauben, nicht aufgrund von Gesetzeswerken. So kann man zunächst den Eindruck gewinnen, Jakobus rufe zum Angriff gegen Paulus auf. Er trifft ihn in Wirklichkeit nicht. Denn für Paulus bedeutet Glaube: in der Liebe wirkender und in Taten der »Gerechtigkeit« sich äußernder Glaube. Die Front, in der der Jakobusbrief polemisiert, ist vielmehr ein Christentum, das – sich paulinischer Formeln bedienend – von »Glauben« sprach, aber den Glauben nur noch als religiöse Theorie, Frömmigkeit oder Moral*lehre* interpretierte. Damit hatte man sich weit von Paulus entfernt! Daß Jakobus solchem Glauben gegenüber energisch auf das Tun drängte, ist begreiflich und berechtigt. Er geht aber darüber hinaus. Er bindet die »Gerechtigkeit« an die »Werke« und verweist den Menschen in der Heilsfrage damit wieder an sich selbst und seine Leistung. So gerät er in einen Moralismus und eine Gesetzlichkeit, die vielfache theologische Kritik hervorgerufen hat. Seine Grundauffassung unterscheidet sich nicht wesentlich von der jüdisch-schriftgelehrten Theologie. Auch sonst fehlen spezifisch christliche Motive fast völlig; alles, was er sagt, hält sich im Rahmen der Anschauungen und Lehren, die das hellenistische Judentum in dieser Zeit vertrat. Jesus Christus wird nur zweimal beiläufig erwähnt. Die alten Bekenntnisse und christologischen Begriffe haben keine Spuren hinterlassen. Offensichtlich sieht der Jakobusbrief die Bedeutung Jesu lediglich darin, daß er das »Gesetz der Freiheit« – wie er formuliert –, also eine neue Morallehre verkündigt hat [3].

Neben dem Moralismus der Gesetzlichkeit kennzeichnet den Jakobusbrief ein bestimmtes Frömmigkeitsideal, eine »Armenfrömmigkeit«. Bei der Fülle der meist nur kurz anklingenden Inhalte fällt auf, daß er zu verschiedenen

3 Der im ganzen unchristliche Charakter des Jakobusbriefes hat zu der Vermutung geführt, bei ihm handle es sich um eine ursprünglich jüdische Schrift, die eine kaum spürbare christliche Bearbeitung erfahren habe.

Malen auf die Reichen zu sprechen kommt und hier kritische, manchmal sogar scharfe Worte findet. Dahinter steht die Einstellung, daß der Arme und sozial Schwache der vorbildlich Fromme sei und Gottes Wohlgefallen besitze. Der Ursprung dieser Armenfrömmigkeit, die den Hintergrund auch der Seligpreisungen Jesu bildet, reicht bis weit ins Alte Testament zurück. Die Propheten sind mit Nachdruck für die Armen und Unterdrückten eingetreten. Sie taten das, um ihnen zu ihrem Recht zu verhelfen. Eine religiöse Bedeutung hatte der Begriff »arm« allerdings erst in späterer Zeit erhalten. Sie wird vor allem in den Psalmen greifbar. Hier gilt als »Armer« nicht schon der Mittellose, sondern derjenige, der *vor Gott* sein Los beklagt, sich seiner Hilfe anvertraut und mit Geduld darauf wartet, daß Gott ihn »erhöht«. In Kreisen sozial Armer ist diese Einstellung zu Gott und der eigenen Armut entwickelt worden, die in bestimmten Kreisen des Judentums zum Frömmigkeitsideal wurde und als solches dann auch in die christliche Tradition einging[4].

Im Sinne dieses Ideals mahnt der Jakobusbrief zu Demut, Bescheidenheit, Geduld, Selbstlosigkeit, Niedrigkeit. Das ist für ihn die Haltung, die den Christen kennzeichnet. Gott hat sein Heil den Armen zugesagt. Daraus folgt zwar nicht schon die Verdammnis des Reichen um seines Besitzstandes willen, aber die Forderung an ihn, die Haltung des »Armen« anzunehmen, das heißt: sich nicht selbstherrlich zu geben, sondern sich der »Niedrigkeit« zu rühmen.

Bewährung christlicher Haltung

Die Eingangsverse sind beispielhaft für die literarische Eigenart des Jakobusbriefes: Zusammenstellung inhaltlich verschiedener paränetischer Aussagen. Die einzelnen Sprüche sind nicht gedanklich, sondern nur über ein Stichwort verbunden.

Für lauter Freude seht es an, meine Brüder, wenn ihr in mannigfache Versuchungen geratet, und erkennt, daß die Prüfung eures Glaubens Standhaftigkeit bewirkt. Die Standhaftigkeit aber soll ein vollkommenes Werk zeigen, damit ihr vollkommen und tadellos seid und an keinem Punkt einen Mangel aufweist. (1, 2–4)

Wenn einem von euch Weisheit mangelt, so soll er sie von Gott erbitten, der allen ohne Vorbehalt und Nörgeln gibt; und sie wird ihm gegeben wer-

4 Auch im Selbstverständnis des Frommen der Qumran-Gemeinde hat die Armenfrömmigkeit eine Rolle gespielt. In einem psalmartigen Text heißt es: »Gepriesen seist du, Herr! Denn du hast nicht verlassen die Waise und den Geringen nicht verachtet. Denn deine Macht ist unerforschlich und deine Herrlichkeit ohne Maß, und wunderbare Helden sind deine Diener! Mit den Demütigen bist du, wenn ihre Füße versinken, mit denen, die Gerechtigkeit fürchten, um emporzuführen aus dem Getümmel miteinander alle Armen der Gnade.«

den. Er soll aber im Glauben bitten, ohne zu zweifeln. Denn der Zweifler gleicht einer Meereswoge, die vom Wind bewegt und hin und her getrieben wird. Jener Mensch meine nur ja nicht, daß er vom Herrn etwas empfangen werde – ein Mann mit geteiltem Herzen, haltlos auf allen seinen Wegen[5]!

(1, 5–8)

Der niedrig gestellte Bruder rühme sich seiner Höhe, der reiche dagegen seiner Niedrigkeit, weil er wie eine Wiesenblume vergehen wird. Denn die Sonne geht auf mit der Hitze und versengt das Gras; seine Blüte fällt ab, und die Schönheit ihres Aussehens verschwindet. So wird auch der Reiche mit allen seinen Unternehmungen dahinwelken. (1, 9–11)

Wohl dem Mann, der die Versuchung durchsteht! Denn als Bewährter wird er den Kranz des Lebens empfangen, den Gott denen verheißen hat, die ihn lieben. (1, 12)

Seid Täter des Wortes

Das bloße Hören des Wortes wird mit dem flüchtigen Blick in den Spiegel verglichen. Bei dem »Gesetz der Freiheit«, wie der Verfasser die an den Christen gerichtete Forderung nennt, entscheidet allein das Tun. Nur der Täter darf auf den »Kranz des Lebens« rechnen. Wie das bloße Hören wird auch die zur Schau getragene Frömmigkeit (etwa beim Besuch des Gemeindegottesdienstes) verurteilt. Wahre Frömmigkeit ist die soziale Tat.

Deshalb legt jeden Schmutz und all die viele Bosheit ab und nehmt in Sanftmut das eingepflanzte Wort an, das euere Seelen zu retten vermag[6]. Seid aber Täter des Wortes und nicht bloß Hörer; ihr betrügt euch sonst selbst! Denn wenn einer bloß Hörer des Wortes ist und nicht auch Täter, der gleicht einem Manne, der sein natürliches Gesicht im Spiegel betrachtet. Er hat sich nämlich betrachtet, ist fortgegangen und hat sofort vergessen, wie er aussah. Wer dagegen in das vollkommene Gesetz der Freiheit[7] hineinschaut und darin verharrt, also kein vergeßlicher Hörer ist, sondern ein wirklicher Täter, der wird durch sein Tun selig sein. (1, 21–25)

---

5 Der Verfasser kann nicht mehr unbefangen dazu auffordern, sich bittend an Gott zu wenden. Das Bittgebet ist zum Problem geworden: Man muß *richtig*, vertrauensvoll und ohne zu zweifeln bitten können. Der Zweifel ist unchristlich, und zwar deswegen, weil er auf einen in sich gebrochenen und ungefestigten Menschen weisen soll.

6 Der Hintergrund dieser Ermahnung könnte die Taufe sein. Sie wurde im Urchristentum als ein totales Neuwerden verstanden. Die daran anknüpfende Ermahnung dringt darauf, dem bisherigen Leben abzusagen und ein neues zu beginnen.

7 Es wird nicht klar, weshalb Jakobus das dem Christen auferlegte Gesetz »Gesetz der Freiheit« nennt. Will er es damit vom Gesetz des Alten Testamentes abheben? Daß das Moment der Freiheit für ihn sachlich wichtig ist, wird in dem Brief nicht deutlich!

Wenn jemand meint, er sei fromm, aber seine Zunge nicht im Zaum hält, vielmehr sein Herz betrügt, dessen Frömmigkeit ist wertlos. Reine und unbefleckte Frömmigkeit bei Gott, dem Vater, besteht darin: Waisen und Witwen in ihrer Not aufzusuchen, sich selbst von der Welt unbefleckt halten.

(1, 26–27)

Das Ansehen der Person

Den Reichen soll keine Vorzugsstellung eingeräumt werden. In der Gemeinde gelten andere Maßstäbe als in der »Welt«! Gott hat den Armen seine Heilszusage gegeben. Das ist die Orientierungsmarke.

Es fallen hier harte Worte gegen die Reichen. Die Leser werden daran erinnert, daß diese es sind, die sie unterdrücken, vor Gericht schleppen und den Namen Jesu lästern. Das sind indessen keine Vorwürfe, die eine Beziehung zum Vermögensstand des Reichen erkennen lassen. Man hat deshalb vermutet, daß hier traditionelle Polemik gegen die *Juden* auf die Reichen übertragen worden sei. Der Verfasser könnte das getan haben, um seiner Warnung vor einem den Reichen bevorzugenden »Ansehen der Person« Nachdruck zu verleihen. Jedenfalls weist nichts darauf hin, daß die Polemik in Erfahrungen gründet, die die Christen mit den Reichen tatsächlich gemacht haben, wie überhaupt die Ausführungen des Jakobusbriefes keine Schlüsse auf konkrete Gemeindeverhältnisse zulassen. Er bietet weithin Traditionsgut.

Meine Brüder, verbindet doch den Glauben an unseren Herrn der Herrlichkeit, Jesus Christus, nicht mit Ansehen der Person! Wenn nämlich in eure Versammlung ein Mann mit goldenen Ringen an den Fingern und in prächtigem Gewand eintritt und es tritt gleichzeitig ein Armer in schmutzigem Kleide herein, ihr aber schaut zu dem hin, der das prächtige Gewand trägt, und sprecht: »Du, setz dich hier bequem hin«, und zu dem Armen sagt ihr: »Du, setz dich dorthin oder setz dich unten an meinen Fußschemel« – habt ihr nicht da bei euch selbst unberechtigte Unterscheidungen gemacht und seid Richter mit schlechter Gesinnung geworden[8]? Hört doch, meine lieben Brüder: Hat Gott nicht die Armen in der Welt zu Reichen im Glauben und zu Erben des Reiches erwählt, das er denen verheißen hat, die ihn lieben? Ihr aber habt dem Armen die Ehre genommen! Sind es nicht die Reichen, die euch Gewalt antun und euch vor die Gerichte schleppen? Sind nicht sie es, die den guten Namen[9] lästern, der über euch angerufen worden ist? Wenn ihr das königliche Gesetz erfüllt gemäß der Schrift: ›Du sollst deinen Nächsten lieben wie dich selbst‹, tut ihr recht. Wenn ihr aber parteiisch seid, so tut ihr Sünde und werdet von dem Gesetz als Übertreter erwiesen. (2, 1–9)

8 Es handelt sich hier um ein konstruiertes Beispiel, das die Problematik des »Ansehens der Person« kraß veranschaulichen soll.

9 Damit ist der Name Jesu gemeint.

Gegen die unmenschlichen Reichen

Jakobus gibt seiner Kritik an den Reichen die Gestalt einer an die alttestamentlichen Propheten erinnernden Gerichtsrede, die ihr Versagen im sozialen Miteinander aufdeckt.

Auf jetzt, ihr Reichen, weint und klagt über das Verderben, das über euch kommt. Euer Reichtum ist verfault, und euere Kleider sind von Motten zerfressen; euer Gold und Silber ist verrostet; der Rost daran wird Beweis gegen euch sein und euer Fleisch wie Feuer verzehren. Schätze habt ihr in den letzten Tagen gesammelt. Seht, der von euch vorenthaltene Lohn der Arbeiter, die eure Felder abgeerntet haben, schreit, und die Rufe der Erntearbeiter sind zu den Ohren des Herrn Zebaoth gedrungen. Geschwelgt habt ihr auf Erden und üppig gelebt, habt euch gefüttert am Schlachttage. Ihr habt verurteilt, gemordet den Gerechten – er setzt euch ja keinen Widerstand entgegen! (5, 1–6)

Glaube und Werke

Für Paulus ist »Glaube« das die ganze Existenz des Menschen umspannende, den Dienst der »Gerechtigkeit« in sich schließende Ja des Menschen, zu dem, was Gott in Christus gesagt hat. Glaube und Tun sind für ihn eine Einheit. Jakobus setzt eine Entwicklung voraus, in der diese Einheit zerbrach und Glaube und Tun auseinandertraten. Sein Protest wendet sich gegen ein Christentum, das sich – unter fälschlicher Berufung auf paulinische Formeln – mit religiösen Anschauungen zufrieden gab, aber den zur Tat drängenden Ernst des Glaubens vermissen ließ. Über sein Ziel schießt er insofern hinaus, als er das Heil an »Gesetzeswerke« band und damit in einen christlichen Judaismus hineingeriet.

Was nützt es, meine Brüder, wenn jemand behauptet, Glauben zu haben, aber keine Werke aufzuweisen hat? Kann ihn etwa der Glaube retten? Wenn da ein Bruder oder eine Schwester ist, unbekleidet und ohne die tägliche Nahrung, und es sagt einer von euch: »Geht hin in Frieden; wärmt und sättigt euch«, ohne ihnen den Bedarf des Leibes zu geben – was nützt das? So ist auch der Glaube, wenn er keine Werke aufzuweisen hat, in sich tot. Da könnte einer sagen: »Du hast eben Glauben und ich habe Werke.« Zeige mir deinen Glauben ohne Werke, so will ich dir aus meinen Werken den Glauben zeigen! Du glaubst, daß Einer Gott ist? Du tust gut daran – doch auch die Dämonen glauben das und zittern! Willst du aber wohl einsehen, du leerer Mensch, daß der Glaube ohne die Werke nutzlos ist? Wurde Abraham, unser Vater, nicht aus Werken gerechtfertigt, als er Isaak, seinen Sohn, auf dem Altar darbrachte? Du siehst, der Glaube wirkte mit seinen Werken zusammen; und aus den Werken wurde der Glaube zur Vollendung gebracht; und damit wurde die Schrift erfüllt, die sagt: ›Abraham aber glaubte an Gott, und es wurde ihm zur Gerechtigkeit gerechnet, und er wurde Freund

Gottes genannt.‹ Ihr seht, daß der Mensch aufgrund von Werken gerechtfertigt wird und nicht aus Glauben allein. Wurde nicht auch ebenso Rahab, die Dirne, aus Werken gerechtfertigt, als sie die Boten aufnahm und auf anderem Wege wieder fortließ? Wie nämlich der Leib ohne Geist tot ist, so ist auch der Glaube ohne Werke tot[10]. (2, 14–26)

Die Dämonie der Zunge

Die antike Weisheitsliteratur faßt erprobte Erfahrungen in knappen Formulierungen zusammen und will damit den nachfolgenden Generationen eine Lebenshilfe an die Hand geben. Dabei war die »Zunge« ein beliebtes Thema. In der israelitisch-jüdischen Spruchweisheit klingt es vielfach an; meist ist hier von der Gefährlichkeit der Zunge die Rede. Jakobus nimmt es auf und gestaltet es zu einer Abhandlung aus. Im Stile der Weisheit stellt er heraus, wo die größte Gefahr auf den Menschen lauert. Nur ein »vollkommener« Mann wird mit der Zunge fertig! Wer sie nicht im Zaum halten kann, für den ist alles verloren! Jakobus übertreibt, um die Gefahr bewußt zu machen und seiner Mahnung erhöhten Nachdruck zu verleihen: Es muß und darf nicht sein, daß man mit derselben Zunge segnet und flucht.

Werdet nicht in zu großer Zahl Lehrer, meine Brüder! Ihr wißt doch, daß wir ein strengeres Urteil empfangen werden[11]. In vielem nämlich verfehlen wir uns alle. Wenn einer sich im Reden nicht verfehlt, der ist ein vollkommener Mann, fähig, auch den ganzen Leib im Zaum zu halten. Wenn wir aber den Pferden Zügel ins Maul legen, damit sie uns gehorchen, leiten wir auch ihren ganzen Körper. Seht, auch die Schiffe, so groß sie sind und von heftigen Winden getrieben, werden von einem ganz kleinen Steuer gelenkt, wohin der Antrieb des Steuermanns will. So ist auch die Zunge ein kleines Glied und rühmt sich doch großer Dinge. Seht, wie klein das Feuer und wie groß der Wald, den es anzündet. Auch die Zunge – ein Feuer, eine Welt des Unrechts steht die Zunge unter unseren Gliedern da. Sie befleckt den ganzen Leib und setzt das »Rad des Daseins« in Brand, selbst in Brand gesetzt von der Hölle. Jede Art von Tieren und Vögeln, Kriechtieren und Seetieren wird doch gebändigt und ist gezähmt worden von der menschlichen Natur. Die Zunge jedoch kann kein Mensch bändigen, ein unruhvolles Übel, voll tödlichem Gift. Mit ihr preisen wir den Herrn und Vater, und mit ihr verfluchen wir die Menschen, die nach Gottes Bild geschaffen sind. Aus demselben Mund kommen Preis und Fluch heraus. Läßt etwa die Quelle aus derselben Öffnung Süßes und Bitteres herausströmen? Kann etwa, meine Brüder, ein Feigenbaum Oliven tragen oder ein Weinstock Feigen oder Salzwasser süßes Wasser hervorbringen? (3, 1–12)

---

10 Jakobus bezieht sich hier auf bekannte Geschichten aus dem Alten Testament: (1) 1. Mose 22 (Band AT, S. 84 ff.), (2) 1. Mose 15 (Band AT, S. 75 ff.) und (3) Josua 2 (Band AT, S. 47 ff.).

11 Der Hinweis auf die Situation der christlichen Lehrer ist nur ein Einstieg, der für das folgende keine Bedeutung hat.

Der eigenmächtige Mensch

Wer meint, sein Leben in der Hand zu haben, hängt einer Illusion an. Es liegt in Gottes Hand und ist unverfügbar. Dieser Gedanke erinnert an das, was Paulus über das Rühmen sagt (vgl. S. 304). Es besteht aber ein wesentlicher Unterschied: Für Paulus ist das Rühmen in allen seinen Formen Merkmal der Verfallenheit des Menschen an die Macht der Sünde; bei Jakobus ist es nur Ausdruck seiner Torheit, der seine tatsächliche Situation nicht durchschaut.

Auf jetzt, ihr, die ihr sprecht: »Heute oder morgen werden wir in die und die Stadt reisen und dort ein Jahr zubringen und wollen Handel treiben und Gewinne machen« – die ihr doch nicht einmal wißt, was morgen sein wird! Was ist denn euer Leben? Ein Dampf seid ihr doch, der für eine Weile erscheint und dann verschwindet. Statt zu sagen: »Wenn der Herr es will, so werden wir leben und dies oder das tun.« Jetzt aber rühmt ihr euch in eueren Prahlereien. Jede solche Prahlerei ist schlecht! (4, 13–16)

Zum Verhalten in der christlichen Gemeinschaft

Am Schluß stellt Jakobus verschiedene Anweisungen zusammen, die speziell das Verhalten zum christlichen Bruder betreffen. Die Themen sind verschieden: Was ist zu tun, wenn ein Bruder krank ist; wie soll man sich einem gegenüber verhalten, der gefehlt hat? Aber auch die Eidesfrage ist hier aufgenommen.

Eingeleitet wird die Spruchreihe durch eine Ermahnung zu geduldigem Ausharren. Begründet wird sie mit dem Hinweis auf die nahe Parusie. Die Enderwartung ist freilich nicht mehr als ein überliefertes Motiv.

Brüder, haltet geduldig aus bis zur Ankunft des Herrn! Seht, der Bauer wartet auf die herrliche Frucht des Feldes; voller Geduld harrt er im Blick auf sie aus, bis sie Früh- und Spätregen empfängt. So haltet auch ihr geduldig aus, stärkt euere Herzen; denn die Ankunft des Herrn ist nahe gerückt. (5, 7–8)

Murrt nicht gegen einander, Brüder, damit ihr nicht gerichtet werdet! Seht, der Richter steht vor der Tür. (5, 9)

Brüder, nehmt als Vorbilder des Leidens und Aushaltens die Propheten, die im Namen des Herrn geredet haben. Seht, wir preisen sie selig, die standhaft geblieben sind. Von der Standhaftigkeit Hiobs habt ihr gehört und das Ende gesehen, das der Herr herbeiführte; denn der Herr ist ›voller Erbarmen und Mitleid‹. (5, 10–11)

Vor allem, meine Brüder, schwört nicht, weder beim Himmel noch bei der

Erde, noch irgend einen anderen Eid. Vielmehr sei euer Ja ein Ja und euer Nein ein Nein, damit ihr nicht unter das Gericht fallt[12]. (5, 12)

Erleidet jemand Unglück bei euch, soll er beten; ist jemand guten Mutes, soll er lobsingen. Ist jemand bei euch krank, soll er die Ältesten der Gemeinde zu sich rufen, und sie sollen über ihm beten und ihn im Namen des Herrn mit Öl salben[13]. Das gläubige Gebet wird den Kranken gesund machen, und der Herr wird ihn aufrichten. Wenn er Sünden begangen hat, wird ihm vergeben werden. Bekennt also einander die Sünden und betet für einander, damit ihr geheilt werdet. Viel vermag das Gebet eines Gerechten, wenn es sich auswirkt. Elia war nur ein Mensch, uns gleichgeartet. Er flehte im Gebet, es möchte nicht regnen. Und es regnete auf der Erde drei Jahre und sechs Monate nicht. Und wieder betete er, und der Himmel gab Regen und die Erde ließ ihre Frucht emporsprießen. (5, 13–18)

Meine Brüder, wenn einer bei euch von der Wahrheit abgeirrt ist und jemand hat ihn zurückgebracht, so erkennt: Wer einen Sünder von seinem Irrweg zurückbringt, wird seine Seele vom Tode erretten und ›eine Menge Sünden zudecken‹. (5, 19–20)

2. Der erste Petrusbrief

Nach Art, Inhalt und Rang gehört der 1. Petrusbrief in die Nähe der Deuteropaulinen. An verschiedenen Stellen wird der Einfluß paulinischer Theologie sogar direkt greifbar. Dennoch bekundet sich in ihm ein eigenständiges Denken. Absicht und Zweck des Briefes sind nicht sofort durchsichtig. Der größte Teil seiner Ausführungen stellt eine Mahnrede dar, die in immer neuen Variationen die Pflicht zur Bewährung einschärft. Die »Echtheit des Glaubens« solle sich erweisen »zu Gottes Lob, Ehre und Herrlichkeit«. Was hier gesagt wird, ist von allgemeiner Bedeutung, an keine Zeit und an keine bestimmte Gemeinde oder Gemeindeverhältnisse gebunden, immer aktuell, wo Christen nach Maßstäben für ihre Lebensführung fragen. Deutlich abgehoben sind davon die Schlußabschnitte des Briefes. Sie sind auf eine konkrete Situation zugeschnitten, auf die Situation akuter Bedrohung. Offenbar war ein sich verschärfender Druck auf die Christen sein unmittelbarer Anlaß.

---

12 Eine enge Parallele stellt das Wort aus der Bergpredigt dar, in der Jesus den Eid verbietet (vgl. S. 72).

13 Von dieser Anweisung ist das in der katholischen Kirche gespendete Sakrament der »letzten Ölung« abgeleitet. Der Jakobusbrief denkt jedoch nicht an ein Sterbesakrament, sondern versteht die Ölung als eine Handlung, die dem Kranken auf wunderbare Weise Heilung bringen soll.

Die bedrohlichen Vorgänge werden allerdings mehr angedeutet als geschildert. Eine »Feuersglut« sei über die Christen gekommen; der Teufel gehe wie ein »brüllender Löwe« umher und suche seine Opfer. Was im einzelnen vorgefallen ist, bleibt ungesagt. Deutlich wird allerdings, daß damals weite Teile der Christenheit betroffen waren. Dies ermöglicht die geschichtliche Einordnung des Briefes in die Zeit des Kaisers Domitian (81–96 n. Chr.). Er war der erste Kaiser, der planmäßig gegen die Christen vorging. Unter seiner Regierung kam es insbesondere in Kleinasien zu schweren Christenverfolgungen. Sie bilden auch den Hintergrund der Johannesapokalypse. Man kann den 1. Petrusbrief also in das letzte Jahrzehnt des 1. Jahrhunderts datieren.

Es ist nicht ohne weiteres ersichtlich, weshalb der Brief seinen Zuspruch an die verfolgte Gemeinde in Kleinasien mit einer allgemein gehaltenen und mit theologischen Erörterungen durchsetzten Mahnrede verbindet. In dieser wird auch nur von möglicherweise kommenden Leiden gesprochen. Die Zusammenhänge erklären sich daraus, daß er die Verfolgungssituation eschatologisch, das heißt: als Bestandteil des Endgeschehens deutet. Für ihn ist die Zukunftserwartung kein traditionelles Element der Lehre, sondern der Horizont, in dem er die Gegenwart erfährt. Die Verfolgung in seinen Tagen hat ihn zu der Überzeugung gebracht, daß das »Ende aller Dinge« unmittelbar bevorsteht. Aus dieser akuten Naherwartung heraus spricht er den Geängsteten und Bedrängten Mut zu. Denn das Ende bedeutet für den Christen die Erfüllung seiner Hoffnung, die Vollendung des Heils. Zugleich ist es aber Tag des Gerichts und der Rechenschaft. Sie wird auch von der Gemeinde gefordert. Der 1. Petrusbrief möchte mit seiner breiten Paränese offenbar dies bewußt machen und auf den Ernst der Lage in *diesem* Sinne hinweisen. Die Frage des Bestehens im Gericht erhielt gerade von den Ereignissen her höchste Dringlichkeit.

Der Gerichtsgedanke steht indes nicht im Vordergrund. Er wird überstrahlt von der Gewißheit, auf den Weg des Heils gebracht zu sein und zu dem Gottesvolk zu gehören, dem ein »unvergängliches, unbeflecktes und unverwelkliches Erbe« aufbewahrt ist. Von daher wird die Ermahnung motiviert. So ist der Grundtenor nicht: Die Stunde der Abrechnung schlägt; wehe euch, wenn ihr euch nicht anstrengt! Sondern: Ihr seid zum Heil ausersehen und wiedergeboren zu einer wirklichen Hoffnung; bewährt euch darum in einem neuen Gehorsam. Daß das Sollen im gegenwärtigen und zugesagten Sein des Christen begründet wird, bestimmt grundlegend die Struktur des Denkens, das im 1. Petrusbrief zur Sprache kommt. An diesem Punkt ist die sachliche Nähe zu Paulus besonders augenfällig (vgl. S. 309 f.).

Bei der Entfaltung seiner Gedanken benutzt der Brief in erheblichem Ausmaß Überlieferungen. Neben paränetischen Stoffen sind liturgisches Gut und kleine Lieder verarbeitet. Es wurde sogar die These vertreten, der Verfasser des Briefes habe eine Taufansprache in vollem Wortlaut übernommen und dieser lediglich einen Schluß hinzugefügt, der auf die aktuelle Situation der Gemeinde Bezug nehme. Diese These ist umstritten. Richtig ist daran jedenfalls, daß die Paränesen des Briefes durch ihren umfassend-grundsätzlichen Inhalt auf die Taufe hindeuten.

Der 1. Petrusbrief gibt sich als Schrift des Apostels Petrus. Indes handelt es sich auch in diesem Fall um ein Pseudonym. Das ergibt sich schon aus der Abfassungszeit des Briefes am Ende des 1. Jahrhunderts [14]. Außerdem sprechen gegen Petrus die gewandte Sprache, in der der Brief geschrieben ist, seine Nähe zu paulinischer Theologie und die Tatsache, daß nichts Persönliches aus der Zeit des irdischen Jesus anklingt. Auch ist mit keinem Wort auf die Ostererscheinung vor Petrus Bezug genommen, die eines der grundlegenden Daten des Urchristentums war und auf der die Autorität des Petrus beruhte.

Wiedergeboren zu einer lebendigen Hoffnung

Nach einer Zuschrift, die als Adressaten die Gemeinden in Kleinasien nennt, setzt der Brief mit einem reich ausgestalteten »Lobpreis« ein. Hier faßt Petrus die Grunderfahrung des Glaubens in dem Satz zusammen: Durch Gottes Erbarmen ist dem Christen eine unzerstörbare, sich durchhaltende Lebenshoffnung erschlossen. Dabei bringt er die Taufe in den Blick, die er – wie das hellenistische Urchristentum auch sonst (vgl. S. 349 f.) – als Wiedergeburt versteht. Die Taufe setzt den Anfang einer neuen Lebensgeschichte und gibt zugleich ein verbindliches Versprechen für die Zukunft, das Heil der »letzten Zeit«.

Die Eingangssätze sind getragen von freudiger Gewißheit. Sie fordern die Leser auf, in endzeitlichen Jubel einzustimmen – trotz der *möglicherweise* sie betreffenden Bedrängnisse. Diese können nur dazu dienen, die Echtheit ihres Glaubens sichtbar werden zu lassen.

Gepriesen sei Gott, der Vater unseres Herrn Jesus Christus, der uns nach seinem großen Erbarmen wiedergeboren hat zu einer lebendigen Hoffnung durch die Auferstehung Jesu Christi von den Toten, zu einem unvergänglichen, unbefleckten und unverwelklichen Erbe, das im Himmel aufbewahrt ist für euch, die ihr in der Kraft Gottes geborgen seid durch den Glauben für das Heil, das bereitsteht, um in der letzten Zeit offenbart zu werden. Dann jubelt ihr, die ihr – wenn es sein muß – jetzt ein wenig bedrückt seid in mancherlei Versuchungen, damit die Echtheit eures Glaubens, weit wertvoller als vergängliches Gold, das doch im Feuer geläutert wird, bei dem Offenbarwerden Jesu Christi ans Licht kommt zu Lob, Herrlichkeit und Ehre. Ihn liebt ihr, ohne ihn gesehen zu haben; an ihn glaubt ihr, ohne ihn jetzt zu schauen; doch ihr könnt mit unaussprechlicher und verklärter Freude jubeln, wenn ihr das Ziel des Glaubens erreicht, das Heil der Seelen.

(1, 3–9)

---

14 Petrus ist aller Wahrscheinlichkeit nach in den 60er Jahren in Rom hingerichtet worden, vielleicht im Zusammenhang mit der neronischen Verfolgung (64 n. Chr.).

Kinder des Gehorsams

Der Christ hat sein himmlisches Erbe noch nicht angetreten, aber er weiß sich durch Christi Tod befreit von einem Leben in Nichtigkeit unter Begierden und Leidenschaften. Dies muß sich als greifbare Wende in der Lebensführung realisieren. Der Brief greift sehr hoch: Im Leben des Christen soll sich die Heiligkeit Gottes widerspiegeln.

Die Gedankenführung trägt paulinische Züge, vor allem darin, daß die sittliche Verpflichtung aus der Heilserfahrung hergeleitet wird. Während Paulus aber die Lage des Menschen als ein auswegloses Verfallensein an die Macht der Sünde schildert, spricht der 1. Petrusbrief »nur« von einem durch Begierden verdorbenen Lebenswandel. Von daher haftet ihm etwas Moralistisches an.

Deshalb umgürtet die Lenden eures Sinnes, seid nüchtern und setzt eure ganze Hoffnung auf die Gnade, die euch bei dem Offenbarwerden Jesu Christi zuteil wird[15]. Paßt euch als Kinder des Gehorsams nicht den Begierden an, die euch früher in der Zeit der Unwissenheit beherrscht haben, sondern: wie der, der euch berufen hat, heilig ist, werdet auch ihr heilig in eurem ganzen Lebenswandel. Steht doch geschrieben: ›Heilig sollt ihr sein, weil ich heilig bin.‹ Und wenn ihr den als Vater anruft, der ohne Ansehen der Person nach eines jeden Werk richtet, so wandelt in der Zeit eures Aufenthalts in der Fremde in Furcht; ihr wißt ja, daß ihr nicht mit vergänglichen Dingen, Silber oder Gold, losgekauft worden seid von eurem nichtigen, von den Vätern überlieferten Wandel, sondern mit dem kostbaren Blut eines gleichsam fehl- und fleckenlosen Lammes, Christi[16], der vor Gründung der Welt ausersehen worden war, aber geoffenbart wurde am Ende der Zeiten – um euretwillen, die ihr durch ihn an den Gott glaubt, der ihn von den Toten auferweckt und ihm Herrlichkeit gegeben hat, so daß euer Glaube und eure Hoffnung auf Gott gerichtet sind. (1, 13–21)

Ihr seid Gottes heiliges Volk

Das Wesen der christlichen Gemeinde wird in verschiedenen, dem Alten Testament entnommenen Begriffen umschrieben: geistliches Haus, auserwähltes Geschlecht, königliches Priestertum, heiliges Volk, Volk des Eigentums Gottes. Diese Bestimmungen lassen erkennen, daß sich die Christen nicht als eine Religionsgemeinschaft wie andere, vielleicht mit besonderen religiösen Prinzipien, Formen, Pflichten verstanden, sondern als die endzeitliche Heilsgemeinde, in der Gottes Heil bereits zu Wirkung und Geltung gekommen ist. Zugleich ist die Gemeinde gewiß, in das Erbe des alten Gottesvolkes, Israels, eingesetzt worden zu sein. Israel hat Jesus, den »Eckstein«, verworfen. Damit ist es als Gottesvolk gescheitert.

---

15 Dieser Satz schärft die Aufgabe ein, eschatologisches Bewußtsein zu lebensgestaltender Kraft werden zu lassen.

16 Das Christusgeschehen wird hier als Loskauf gedeutet. Kaufpreis ist der Tod Jesu. In das Bild vom Loskauf mischt sich der Gedanke von einem Opfer, in dem Christus als Opferlamm vorgestellt wird (vgl. S. 437 f.).

Legt alle Bosheit, alle Hinterlist, alle Heuchelei, Neid und alle üble Nachrede ab ... Zu dem Herrn tretet heran, dem lebendigen ›Stein‹, der von den Menschen verworfen worden ist, bei Gott aber ›auserlesen und kostbar‹ ist, und laßt euch selbst als lebendige Steine aufbauen als geistliches Haus zu heiliger Priesterschaft, um geistliche Opfer darzubringen, die Gott durch Jesus Christus wohlgefällig sind. Deshalb heißt es in der Schrift: ›Siehe, ich lege in Zion einen erlesenen, einen wertvollen Eckstein; und wer an ihn glaubt, soll nicht zuschanden werden.‹ Euch also, den Glaubenden, wird die Ehre zuteil. Für die Nichtglaubenden hingegen ist der ›Stein, den die Bauleute verworfen haben, zum Eckstein geworden und zum Stein, an den man stößt, und zum Fels, über den man fällt‹. Sie stoßen sich daran, weil sie dem Worte nicht gehorchen, wozu sie auch bestimmt sind. Ihr aber seid das ›auserwählte Geschlecht, die königliche Priesterschaft, der heilige Stamm, das Volk zum Eigentum‹, damit ihr die großen Taten dessen verkündigt, der euch aus der Finsternis in sein wunderbares Licht berufen hat [17]. Die ihr einst ›Nicht-Volk‹ wart, seid jetzt Gottes Volk; die ihr ›ohne Erbarmen‹ wart, habt jetzt Erbarmen gefunden [18]. (2, 1.4–10)

Christliche Lebensführung

Der Brief konkretisiert in einzelnen Anweisungen, was er sich unter einem neuen Leben vorstellt. Er tut das mit Hilfe paränetischen Materials, das die Überlieferung bereithielt. Als Leitfaden diente ihm, wie den Deuteropaulinen, eine Haustafel (vgl. S. 336 f.). In der Darbietung der ethischen Anweisungen hält er sich allerdings nicht im Rahmen des Herkömmlichen, sondern setzt eigene Akzente, berücksichtigt Einwände, argumentiert – wenigstens an manchen Stellen. Die gebotenen Inhalte sind (wie auch sonst in neutestamentlicher Paränese; vgl. S. 232, 468 f.) nicht spezifisch christlich. Anders als im Jakobusbrief wird aber gesagt, weshalb sie den Christen zur Pflicht gemacht werden. Sie werden im Christusgeschehen verankert und auf die Gemeinde bezogen.

Das Leben des Christen vor dem Forum der Welt. Geliebte, ich ermahne euch als Gäste und Fremde: Enthaltet euch der fleischlichen Begierden, die gegen die Seele streiten, und führt einen guten Lebenswandel unter den Heiden, damit sie, wenn sie euch als Übeltäter verleumden, aufgrund eurer guten Taten, wenn sie genauer zusehen, Gott am ›Tage der Heimsuchung‹ preisen. (2, 11–13)

Verhalten gegenüber dem Staat. Die christliche Loyalität gegenüber dem römischen Staat ist nicht mehr ohne Probleme. Man hält an ihr zwar noch immer fest; aber es

---

17 Zitiert werden in diesem Text: Jes 28, 16; Ps 118, 22 und Jes 8, 14.,

18 Dieser Satz spielt auf eine Stelle im Hosea-Buch an. Er kehrt die prophetische Aussage völlig um. Hosea spricht von der gnädigen Wiederaufnahme des widerspenstigen Volkes Israel. Im 1. Petrusbrief ist der Satz auf die Erwählung der *Heiden*völker bezogen worden, die die *Verwerfung* Israels besiegelt.

scheint, als begänne der gesellschaftliche Druck die loyale Einstellung zu belasten. Die Leser werden dazu aufgerufen, die Auseinandersetzung mit der öffentlichen Meinung durch ein Tun des Guten zu führen.

Unterwerft euch jedem menschlichen Geschöpf um des Herrn willen, sei es dem Kaiser als dem Oberherrn, sei es den Statthaltern als denen, die zur Bestrafung der Übeltäter und zum Lob der Guten gesandt sind. Denn so ist der Wille Gottes, daß ihr durch Gutestun den Unverstand der törichten Leute zum Schweigen bringt [19]. Tut das als Freie und nicht als solche, die die Freiheit als Deckmantel der Bosheit gebrauchen, sondern als Gottes Sklaven [20]. Erweist allen Achtung, liebt die Bruderschaft, fürchtet Gott, ehrt den Kaiser. (2, 13–17)

Die Sklaven. Die Anrede an die Sklaven ist besonders ausführlich gestaltet und theologisch durchreflektiert. Die Anweisung zum Gehorsam gegenüber dem Sklavenhalter wird zugespitzt: Man schuldet Gehorsam auch üblen Herren! Im Sklavenstand sieht der 1. Petrusbrief eine besondere Gelegenheit zu christlicher Bewährung, weil er einem zumutet, Unrecht zu erleiden. Unschuldiges Erleiden des Unrechts ist christlich gesehen Gnade und Ruhm. Denn das ist auch Christus widerfahren und kennzeichnet echte Nachfolge.

Ihr Sklaven, ordnet euch den Herren in aller Furcht unter, nicht nur den gütigen und freundlichen, sondern auch den verkehrten! Denn das ist Gnade, wenn einer um seines Gewissens vor Gott willen ungerechterweise Kummer leidet. Denn was ist das für ein Ruhm, wenn ihr leidet, weil ihr gefehlt habt und dafür gezüchtigt wurdet? Vielmehr, wenn ihr das Gute tut und leiden müßt, das ist Gnade bei Gott. Dazu nämlich seid ihr berufen; denn auch Christus litt für euch und hinterließ euch ein Vorbild, damit ihr seinen Spuren folgen solltet:

Er [21] hat ›keine Sünde getan und kein Trug wurde in seinem Munde gefunden‹.
Gescholten, schalt er nicht wieder.
Als er leiden mußte, drohte er nicht; vielmehr stellte er es dem anheim, der gerecht richtet.

---

19 Offenbar sahen sich die Christen damals diffamierenden Verleumdungen von seiten ihrer Mitbürger ausgesetzt. Sie waren gesellschaftliche Außenseiter. Tacitus (gest. 117 n. Chr.) bezeichnete die Christen als »Feinde des Menschengeschlechts« und gab damit eine weit verbreitete Stimmung wieder.

20 Es hat in den Gemeinden offensichtlich Leute gegeben, die moralische Zügellosigkeit als Freiheit ausgaben. Dagegen wird erinnert, daß der Christ nur als »Sklave Gottes« Freiheit hat. Diese Dialektik entspricht dem Paulinischen Wort: »Alles ist euer, ihr aber seid Christi« (vgl. S. 244).

21 Die folgenden Sätze sind ein in den Zusammenhang eingebrachtes älteres »Lied« oder Liedfragment, das die Heilstat Christi deutend vergegenwärtigt. Es entstammt judenchristlicher Tradition. Die theologische Grundlage der Deutung sind Aussagen über den leidenden Gottesknecht in Jes 53 (vgl. Band AT, S. 478 f.).

Er hat ›unsere Sünden mit seinem Leib an das Holz hinaufgetragen‹, damit wir, für die Sünden gestorben, der Gerechtigkeit leben sollten.
Durch seine ›Wunden wurdet ihr geheilt‹.
Denn ihr wart wie ›irrende Schafe‹; aber jetzt habt ihr euch hingewandt zu dem Hirten und Hüter eurer Seelen. (2, 18–25)

Die Frauen. Die Paränese greift noch ein spezielles Problem auf: das Verhalten der christlichen Frau einem nichtchristlichen Partner gegenüber. Bekehrungsversuche werden ausdrücklich untersagt. Die Frauen sollen durch überzeugende Lebensführung ihre Männer »gewinnen«.

Ebenso ihr Frauen: Ordnet euch euren Männern unter, damit auch die, die dem Worte nicht gehorchen, durch den Wandel der Frauen ohne Worte gewonnen werden, wenn sie euren in Furcht geführten, lauteren Lebenswandel betrachten[22]. Euer Schmuck soll nicht der äußerliche sein, der in Haargeflecht, im Anlegen von Goldgeschmeide oder Anziehen von Gewändern besteht, sondern der verborgene Mensch des Herzens mit dem unvergänglichen Wesen eines milden und stillen Geistes – das ist allein wertvoll vor Gott. Denn so schmückten sich einst auch die heiligen Frauen, die auf Gott hofften, in Unterordnung unter ihre Männer, wie Sara dem Abraham gehorchte und ihn »Herr« nannte. Ihre Kinder seid ihr geworden, wenn ihr das Gute tut und euch durch nichts einschüchtern laßt. (3, 1–6)

Die Männer. Die patriarchalische Ordnung der Ehe, die damals allgemein in Geltung stand, wird nicht als Struktur aufgehoben, aber durch eine neue, christliche Sicht der Ehe überwunden. In diesem Sinne werden die Männer verpflichtet, den Frauen mit Achtung zu begegnen: Sie seien nicht weniger Erben des Lebens als sie selbst.

Ebenso ihr Männer: Geht einsichtsvoll mit dem weiblichen Geschlecht als dem schwächeren um; erweist ihnen Achtung als den Miterben der Gnade des Lebens, damit eure Gebete nicht um ihre Wirkung gebracht werden. (3, 7)

Allgemeine Anweisungen. Endlich: Seid alle eines Sinnes, mitfühlend, voll Bruderliebe, barmherzig und demütig. Vergeltet nicht Böses mit Bösem oder Scheltwort mit Scheltwort; im Gegenteil: segnet; denn dazu seid ihr berufen, daß ihr Segen erbt. Denn ›wer das Leben lieben und gute Tage sehen will, der halte seine Zunge vom Bösen zurück und seine Lippen, daß sie nicht Trug reden. Er weiche vom Bösen und tue Gutes; er suche Frieden und jage ihm nach. Denn die Augen des Herrn sind den Gerechten zugewandt und seine Ohren ihrem Flehen. Das Antlitz des Herrn aber kehrt sich gegen die, die Böses tun.‹[23] (3, 8–12)

---

22 Diese Anweisung setzt voraus, daß die heidnisch-christliche Mischehe zur Zeit des 1. Petrusbriefes den Normalfall, jedenfalls keine Ausnahme darstellte.
23 Die ethische Belehrung wird durch einen Psalm (34, 13–17) abgerundet.

Die Christen in Verfolgung und Leiden

Die folgenden beiden Texte sind unmittelbar auf die bedrängte Situation bezogen, in der die Leser des Briefes stehen: Eine Feuerglut ist über sie hereingebrochen. Das darf sie weder überraschen noch befremden. Das ist das Los der Christen, wie auch Christus gelitten hat. Ihr eigenes Leiden ist das Zeichen der Gemeinschaft mit ihm – im Grunde Anlaß zur Freude. Denn diese Gemeinschaft hat eine jetzt noch verborgene Zukunft: die Teilhabe auch an Christi Herrlichkeit.

Der Brief deutet Verfolgung und Bedrängnis in doppelter Weise: als Prüfung, in der sich die Echtheit des Glaubens herauszustellen hat, wie als Anfang des Endgerichts. Die Gemeinde ist dem Gericht nicht entnommen. Gott beginne mit seinem Gericht bei ihr. Aber – wenn es ihr schon schwer werde, wie werde es erst denen ergehen, die sich Gott verweigert haben?

Geliebte, seid nicht befremdet über die Feuersglut bei euch, die zu eurer Prüfung über euch gekommen ist, als ob euch da etwas Befremdliches widerführe. Wie ihr vielmehr an den Leiden Christi teilhabt, so freut euch, damit ihr auch bei der Offenbarung seiner Herrlichkeit euch voller Jubel freuen könnt[24]. Wenn ihr im Namen Christi geschmäht werdet, selig seid ihr; denn dann ›ruht der Geist der Herrlichkeit und der Geist Gottes‹ auf euch. Niemand von euch darf als Mörder, Dieb, Verbrecher oder als Störenfriede leiden. Wenn er indes als Christ leiden muß, soll er sich nicht schämen, sondern Gott mit diesem Namen verherrlichen[25]. Denn die Zeit ist da, wo das Gericht beim Hause Gottes beginnt. Wenn es aber bei uns beginnt, was wird das Ende derer sein, die dem Evangelium Gottes nicht gehorchen? Und wenn ›der Gerechte kaum gerettet wird, wo wird dann der Gottlose und Sünder zu finden sein‹? Darum sollen auch die, die nach Gottes Willen leiden müssen, dem treuen Schöpfer ihre Seelen anempfehlen – im Tun des Guten.

(4, 12–19)

Seid nüchtern und wachsam

Im Blick auf die Lage, in der es um Sein und Nichtsein geht, wird die Ermahnung nach zwei Richtungen hin konkretisiert. Zunächst wird dazu aufgerufen, das Schicksal anzunehmen; denn Gott werde den Demütigen erhöhen. Sodann: Es komme jetzt entscheidend darauf an, standhaft zu bleiben. Der Brief läßt keine Zweifel daran, daß die kommende Zeit Einsatz, Übersicht und Festigkeit abverlangen wird. Aber er sagt dies in Form der Ermutigung: Was immer geschehen wird, die Verfolgten dürfen gewiß sein, daß sie von Gottes Macht getragen und von seiner Gnade umfangen sind.

---

24 Ähnlich sagt Paulus, vgl. S. 266, 316.

25 Die Leiden der Christen waren offenbar keine eindeutige Sache. Im Blick auf mögliche Mißverständnisse wird eine Grenze gezogen. Der Zukunft in Herrlichkeit darf sich nur der freuen und getrösten, der wirklich um seines Christseins willen leidet.

Demütigt euch unter die mächtige Hand Gottes; damit er euch zu seiner Zeit erhöhe! ›Werft alle eure Sorgen auf ihn‹; denn ihm liegt an euch. Seid nüchtern und wachsam! Euer Widersacher, der Teufel, geht umher wie ein brüllender Löwe und sucht, wen er verschlingen kann. Ihm widersteht, fest im Glauben. Ihr wißt, daß dieselben Leiden der Bruderschaft in der ganzen Welt auferlegt sind.

Der Gott aller Gnade, der euch in Christus in seine ewige Herrlichkeit berufen hat, wird euch, die ihr eine kurze Zeit zu leiden habt, selbst ausrüsten, stärken, kräftigen, befestigen. Sein ist die Macht in alle Ewigkeiten. Amen. (5, 6–11)

Verzeichnis der Texte

Matthäus

Personen- und Sachregister